KB146833

한국의 청년 고용

류장수, 이영민, 박철우 편

The Youth Employment
in Korea

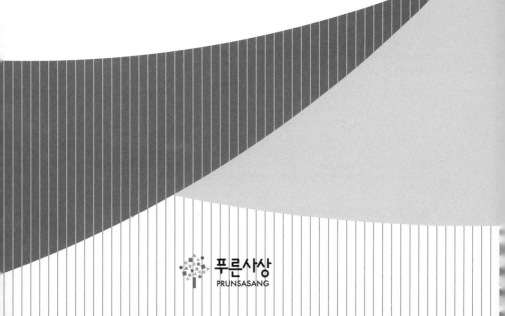

푸른사상
PRUNSASANG

한국의 청년 고용

초판 인쇄 · 2016년 3월 15일
초판 발행 · 2016년 3월 22일

편저자 · 류장수, 이영민, 박철우
펴낸이 · 한봉숙
펴낸곳 · 푸른사상사

편집 · 지순이, 김선도 | 교정 · 김수란
등록 · 1999년 7월 8일 제2-2876호
주소 · 서울시 중구 충무로 29(초동) 아시아미디어타워 502호
대표전화 · 02) 2268-8706~7 | 팩시밀리 · 02) 2268-8708
이메일 · prun21c@hanmail.net
홈페이지 · http://www.prun21c.com

ⓒ 류장수, 이영민, 박철우, 2016
ISBN 979-11-308-0617-4 93330
값 43,000원

이 도서의 국립중앙도서관 출판예정도서목록(CIP)은 서지정보유통지원시스템
홈페이지(http://seoji.nl.go.kr)와 국가자료공동목록시스템(http://www.nl.go.kr/
kolisnet)에서 이용하실 수 있습니다.(CIP제어번호 : CIP2016006688)

본 책자는 산학협동재단의 도움으로 발간되었습니다.

발간사

청년 실업의 문제는 청년 세대만의 문제가 아니라, 부모 세대와 후속 세대 모두에게 영향을 미칠 수 있는 국가적인 의제이다. 청년 실업 문제를 해결하기 위해 다양한 대책이 수립되고, 광범위한 예산이 투입되어왔다. 중앙정부 차원만이 아니라, 지방자치단체, 민간 기업, 대학 등 수많은 기관들이 청년 실업의 문제를 해결하기 위해 관심과 노력을 기울여왔다.

그럼에도 불구하고 가시적인 성과는 여전히 미흡하고, 완전한 해결도 요원한 상황이다. 청년 실업을 해결하기 위해 투입한 시간과 노력이 헛되지 않기 위해서는 새로운 시각과 자세로 청년 고용을 바라봐야 할 시점이다. 아울러 국가적인 난제로 부상한 청년 고용과 청년 실업을 해소하기 위해서는 정부, 기업, 노동단체, 대학 등 다양한 주체들이 적극적으로 나서야 한다.

2015년 2월부터 12월까지 약 1년여에 걸쳐, 청년 고용 활성화를 주제로 개최한 청년고용포럼의 발제들과 오랫동안 청년 고용의 문제를 연구한 전문가들의 원고를 모아서 이 책을 발간하게 되었다. 청년 고용과 관련하여 다양한 연구들이 이루어져왔고, 이를 토대로 정책들이 구현되어왔으며, 실행 가능한 사업들도 추진되어왔으나, 체계적인 시각에서 청년고용의 문제점과 해결책을 종합하여 제시하는 것이 필요하다는 요구가 높아져왔다.

이에 편저자들을 비롯하여 다수의 전문가들은 청년 고용의 문제점을 심층적으로 진단하고, 기존에 실행되어왔던 정책들의 한계와 문제점들을 분석하며, 새로운 관점에서 청년 고용 활성화를 위한 방안들을 제안해 보고자 책을 출판하게 되었다. 전문가들이 의견과 제언이 청년 실업의 양상을 획기적으로 변화시켜서 바람직한 방향으로 신속하게 유도할 수 있을 것으로 기대한다.

이 책을 통해 한국의 청년 고용 문제, 나아가 청년의 문제의 심각성을 많은 국민들이 인식하고, 이 문제들을 해결하기 위해 보다 적극적이고 가시적인 노력이 필요하다는 점을 공감할 수 있기를 기대한다.

이 책이 나오기까지 원고를 작성한 전문가들과 편저자들 외에도, 출판을 위해 수고한 숙명여대 석사과정의 조성은, 푸른사상사 한봉숙 대표님과 관계자 분들에게 감사의 마음을 전한다.

2016년 3월
저자 일동

추천사

청년고용포럼이 1년 이상 연구하고 토론한 결과를 정리한『한국의 청년 고용』발간을 진심으로 축하드립니다. 여기에는 두 가지가 돋보입니다. 첫째, 청년고용포럼은 대학과 연구기관, 고용노동부 관계자들이 참가하는 연구자와 정책 담당자들의 연구 모임입니다. 이런 모임에서 논의는 많고 구체적인 생산물을 합의하기 쉽지 않은데 1년 넘게 연구하고 이런 보고서를 만들어냈다는 것이 의미가 크다고 생각합니다. 둘째, 이 보고서는 그간의 정책 논의에서 지적되고 보완이 필요했던 부분을 두루 찾아내어 망라하고 있습니다.

이 보고서에서 다루고 있는 주제들은, 2조 원이 넘는 현행 청년 고용 정책의 현황과 한계, 개선 방향(지역 인재 유출과 청년 니트 문제 대책), 청년 일자리 미스매치 해소를 위한 노동시장 장벽 해소 방안(중소기업에의 취업 촉진, 임금과 직무 개선 등), 청년의 자신감 제고를 위한 일학습병행제, 장기현장실습과 직업훈련 활용, 대학의 취업 지원 역량 강화 등 고질적 체질 개선 전략, 청년 고용 확대를 위한 틈새시장 찾기(열린 고용, 창업, 해외 취업) 등이 있습니다.

청년 고용에 관한 주요 정책 연구를 마무리했으니 이제부터는 이 연구 결과를 토대로 효과적으로 실천에 옮기는 방안을 강구하는 데 더 지혜를 모으기를 제안합니다. 청년 고용은 한국 사회 최대 현안으로서 우리 사회의 모든 역량을 모아 해결 방안을 모색해야 할 과제입니다. 중앙과 지방정부, 산학연과 언론, 시민단체의 협력 등 우리 사회가 모두 참여하여 공감대를 만들고 각 부분에서 실천해야 한나는 깃올 의미합니다. 각계에서 이 보고서를 널리 읽고 사회적 공감대를 이루기를 기대합니다.

청년들은 우리나라 노동시장의 룰이 공정하지 못하며 그래서 청년들에게는 기회가 없고 불리하다는 문제를 제기합니다. 청년들의 시각에서 현행 노동법은 기존의 정규직을 보호하는 데 치중하여 청년들에게 진입 기회 자체를 제한하는 불공정한 룰입니다. 보다 근본적으로는 저성장 기조에서 탈피하도록 노동 개혁뿐만 아니라 경제 시스템을 전면 혁신하여 서비스 산업 발전과 지속 가능한 성장 기반을 조성하기를 원합니다. 이 보고서를 토대로 이러한 논의에도 공감대가 모아지기를 함께 기대합니다.

경제사회발전노사정위원회 청년고용협의회 위원장
한양대학교 특훈교수 정병석

추천사

'청년'이라는 단어는 신체적, 정신적으로 성장하고 힘이 넘치는 시기에 있는 젊은이들을 말한다. 시원하게 펼쳐진 푸른 하늘과 바다가 어울리는 시기이다. 그러나, 요즘 청년이라는 말을 떠올리면 생동감, 푸르름과는 거리가 멀게 느껴진다. 청년의 또 다른 이름이 젊음, 패기이던 시기는 지나간 것 같다. 대신 그 자리를 차지한 것은 n포세대, 열정페이 등의 어두운 단어들이다. 안타까운 것은 여전히 높은 대학 진학률, 정년 연장 등으로 인해 단기적으로 청년고용절벽까지 우려된다는 점이다. 이와 더불어 청년 실업률은 발표시점마다 사상최대를 기록하는 등 우리 청년들은 푸르름 대신 흑백사진 속에 살아가고 있다.

이러한 문제를 해결하기 위해 다양한 연구가 이루어지고, 새로운 정책들이 등장하고 있다. 이 책은 당면한 청년 고용 문제를 해결하기 위해 가장 필요하고 핵심적인 아이디어만을 담고 있다. 지금껏 이 책과 같이 전문가의 아이디어를 모아 청년 문제를 해결하려는 책은 볼 수 없었다. 각계 최고의 전문가들이 참여하여 청년 고용에 대하여 심도 있는 생각과 연구 결과를 담아 높은 학술적 가치를 지니고 있다. 이 책은 우리나라 청년 고용 문제에도 지침이 될 바이블로서의 역할을 할 수 있을 것이라 생각한다. 또한, 이 책에 실린 아이디어를 바탕으로 우리나라의 청년 고용 문제라는 거대한 빙하가 조금이라도 녹아내릴 수 있기를 기대한다.

산학협동재단 사무총장
김무한

추천사

 '이 땅에서 청년으로 산다는 것', 한 언론사 주관 심포지엄의 주제이기도 하였지만, 이 시대 우리 젊은이들의 삶은 어떠한가? 잉여세대, 또는 연애, 결혼, 출산을 포기한 3포, 집 마련과 인간관계까지 포기한 5포, 심지어는 희망과 꿈까지 포기한 7포 등의 조어가 이에 대한 답을 제시하고 있다. 왜 그럴까? 그 이유는 여러 가지겠지만, 위 심포지엄의 조사에 의하면 청년들이 우선적인 관심사인 일자리, 주거, 연애와 결혼, 출산, 인간관계 등 5대 지표에서의 좌절이 크게 작용하고 있으며, 이들 중에서도 일자리 문제가 우선하고 있다. 이는 당연한 결과일지 모른다. 청년기는 진로에 대한 탐색에서 정착 단계로 넘어가는 전환기로서, 그간의 꿈을 현실로 만들어가야 할 생애 단계에서 여건, 능력이나 가능성을 고려하면서 홀로서기를 하여야 할 때이다. 그 중심에서 가장 먼저 부딪치는 것이 일자리를 마련하는 것이기 때문이다.

 하지만 현실은 너무 막막하다. 청년층의 일자리 문제는 좀처럼 해결 기미를 보이지 않고 있으며, 각종 대책에도 불구하고 청년 실업률은 지속적으로 상승하고 있다. 청년의 실업률은 전체 실업률의 3배에 육박하고 있으며, 청년 인구 중에 취업하고 있는 사람이 차지하는 비율인 고용률은 경제협력개발기구(OECD) 전체 평균의 2/3 수준에 불과하다. 더구나 공식 통계로 잡히지 않는 청년 백수, 예를 들면 취업하지 않은 상태에서 교육이나 훈련도 받지 않고 일자리도 찾지 않고 있는 이른바 청년 니트족은 백만 명을 웃도는 것으로 파악되고 있기도 하다.

 이러한 청년 일자리 문제가 심각한 구조적 어려움에 놓여 있는 상황에서 정부는 많은 청년 고용 정책을 수립하고 있으며, 특히 2015년에는 청년에 초점을 맞춘 고용 정책을 300여 개 가까이 발표하기도 하였다. 하지만 정책의 가짓수가 대안이 되지는 못한다. 각 정책을 모니터링하고 정책 간 연계를 체계화하거나 문제 정책을 정리 · 보완하는 등 정책의 실질적 효과를 높일 수 있도록 하는 것이 중요하다. 그 일환으로 작년에 학계와 현장의 전문가, 고용노동부 등 정부 관계자들이 중지를 모아 '청년고용포럼'을 구성하여 정기적인 모임을 통해 청년 고용 정책에 관한 이론, 실증분석, 정책을 논의하고 때로는 현장의 목소리를 듣는 활동을 하였다고 한다. 이 보고서는 그 결과를 집대성한 것이다. 더욱이 여기에는 청년고용포럼 회원들의 생각을 담는 데 그치지 않고 이 분야 최고 전문가들의 글도 추가로 포함하고 있어 명실 공히 한국의 청년 고용 정책에 관한 집단 지성의 종합 결과물이라 할 수 있다. 이 책은 그간 제기되었던 청년 고용 정책에 관한 주요 이슈는 거의 망라하여 현황, 한계, 방향과 과제 등으로 나누어 다루고 있을 뿐만 아니라, 청년 고용 문제의 심각성을 제기하고, 담론에 그치지 않고 최대한 실현 가능한 정책 과제를 제시하고자 한다는 측면에서 그간의 청년 고용 관련한 보고서들과 구별이 된다.

청년 고용 정책의 효과를 극대화하기 위해서는 대상맞춤형 세부적인 정책의 형성과 더불어 정책 작동 메커니즘을 정교하게 구축하여야 하는바, 이 책이 그 디딤돌이 될 것으로 기대한다. 아무쪼록 이 책이 부디 많은 정책 관계자와 다양한 이해관계자들에게 고루 전파되어 '청년들에게 좋은 일자리, 많은 일자리를 제공'하는 데 일조를 하길 바란다.

한국노동경제학회장
경기대학교 교수 강순희

차례

제4부 일 경험을 통한 청년 고용 자신감 찾기

제6부 청년 고용 확대를 위한 틈새시장 찾기

제 1 부

들어가며

청년에게 **좋은 일자리,**
많은 일자리 제공을 지향하며

류 장 수 (부경대학교)*

* jsryu@pknu.ac.kr

청년에게 좋은 일자리,
많은 일자리 제공을 지향하며

I. 청년 고용과 청년 고용 정책의 중요성

청년이 힘들어하고 있다. 기성세대가 상상하기조차 어려운 고통을 온몸으로 겪고 있는 층이 현재 우리의 청년층이다. 초등학교, 중학교, 고등학교를 거치는 동안 대부분의 청년들은 대학 입시 준비에 전력을 쏟았고, 대학 미진학 청년들은 높은 학력의 벽을 실감하면서 산업현장의 어려운 조건에 힘들어하였다. 이후 대학에 진학한 청년들은 원하는 직장을 얻기 위해 짧게는 2년, 길게는 4년 이상을 이른바 자신의 인적 자원에 많은 투자를 하였지만, 자신이 들어갈 일자리가 턱없이 부족하다는 현실을 마주하면서 심리적 고통까지 극에 달하고 있다. 이러한 고통은 노동시장 진입 직전의 청년층에서 시작해 아직 몇 년의 여유를 가진 청년층에게까지 빠르게 전달되고 있다.

누구에게나 일자리는 중요하다. 일자리를 얻지 못하면 경제적 어려움은 물론이고 소외감, 패배감 등으로 인한 심리적 고통도 크게 늘어난다. 더욱이 장기간의 실업을 경험하게 되면 삶은 피폐화되지 않을 방법이 없다. 특히 이제 처음으로 노동시장에 진입하려는 청년들이 '일자리가 너무 없다, 그리고 몇 년 후에도 일자리를 얻을 가능성이 보이지 않는다'라는 절망이 현실화될 때 그들은 이것을 어떻게 감내할 것인가? 생각만 해도 가슴이 아파진다.

최근 청년 고용과 관련하여 우리가 자주 접하는 것은 청년 고용 통계를 조사·발표한 이래 가장 높은 실업률을 기록하고 있다, 전체 실업률에 비해 청년 실업률은 몇 배나 높다는 얘기이다. 이러한 청년 고용 문제의 심각성으로 인해 현재 우리의 청년들은 인생에서 소중한 많은 것을 포기한, 포기하고 있는, 포기해야만 하는 세대라고 지칭된다. 결론적으로 희망을 가지지 못한 청년 세대라는 것이다.

한편 청년 고용 문제는 청년 개인의 문제에만 한정되는 것이 아니다. 기업과 국민경제에서 인적 자본이 미치는 영향은 지대하다. 생산함수에서 노동은 토지와 자본과 함께 핵심적인 생산요소이다. 특히 지식 기반 경제 시대로 접어들면서 인적 자본, 즉 사람의 경쟁력이 개인은 물론이고 기업과 국가의 경쟁력을 결정짓는 가장 중요한 요소로 격상되고 있다. 그리고 사람 부분에 있어서도 경험 있는 숙련 근로자들도 중요하지만, 이를 이어받아 미래의 중심층이 되어야 할 청년층이 얼마나 견고하게 기초를 다지고 있는가는 현재와 함께 장래의 기업 및 국가 발전에 필수적인 사항이다. 이른바 젊은 피가 수혈되지 않는 조직과 국가의 장래는 전혀 희망적이지 않다. 그런 점에서 청년이 현재 경험하고 있는 일자리의 고통을 조속히 치유함으로써 개인에게 희망을 주고 나아가 조직과 국가에게도 희망을 주는 정책 개발이 매우 중요한 시점이다.

청년 고용 정책이 필요하지만, 현재만큼 그 필요성이 높은 시점이 없었다고 해도 과언이 아니다. 현재의 청년 노동시장은 구조적인 면에서 매우 어려운 상황에 놓여 있다. 우선 경제성장률은 3% 내외의 저성장 기조에 있고, 자본·기술 집약적 경제구조로 인해 고용 계수 역시 낮아지고 있으며, 베이비 부머 세대가 여전히 노동시장에 있음으로써 신규 일자리 수 증가 규모에 문제가 생기고 있는 데 반해 최근 몇 년은 오히려 핵심 청년층 인구가 증가하기도 하고 있다는 점으로 인해 현재 청년 노동시장은 전형적인 초과 공급 현상을 보이고 있다. 총량적인 측면에서 초과 공급을 보이고 있는 청년 노동시장의 어려움에 더해 고학력화의 급속한 진전, 대기업과 중소기업 간의 이중구조화 등으로 인한 미스매치의 심화까지 추가되면서 청년들의 일자리 구하기는 최악의 상황이라 할 수 있다.

이와 같이 청년 노동시장이 심각한 구조적 어려움에 놓여 있는 상황에서 청년 개인의 노력 부족에 비판의 초점을 맞추는 것은 과녁 자체가 잘못된 것이다. 물론 이러한 어려움 속에서도 더욱 열심히 해서 좋은 일자리를 구하는 우수 사례들이 적지 않겠지만, 현재 우리에게 가장 중요한 것은 실효성 있는 청년 고용 정책을 마련하고 실행하는 것이다. 정부에서도 이 점을 인식하고 많은 청년 고용 정책을 수립하였고, 특히 작년에는 청년에 초점을 맞춘 고용 정책을 다수 발표하기도 하였다.

Ⅱ. 글의 구성

글의 구성에 대해 설명하기에 앞서 이 책이 나오게 된 과정을 먼저 설명하는 것이 도움이 될 듯하다. 우리는 처음부터 책을 만들어보자는 생각으로 시작한 것은 아니다. 현재의 청년 고용 문제가 심각하다는 점, 이 문제를 적기에 내실 있게 해결해야 한다는 점, 청년 개개인의 노력도 중요하지만 현재의 상황에선 제대로 된 청년 고용 정책 수립·시행이 무엇보다 중요하다는 점, 이를 위해 학제간 연구와 함께 연구자와 정책 담당자 간의 심도 있는 논의가 필요하다는 인식을 가지고 '청년고용포럼'을 만들게 되었다. 청년고용포럼은 대학교, 연구기관, 고용노동부 관계자들이 참가한 청년 고용 정책 연구모임이다. 청년고용포럼 회원들은 정기적인 모임을 통해 청년 고용 정책에 관한 이론, 실증 분석, 정책을 논의하고 때로는 현장의 목소리를 듣기도 하였다. 그리고 단순한 학습 모임 형태를 넘어 시행되어야 할 정책을 제안하고 현재 시행되고 있는 정책을 평가하기도 하였다. 청년 고용 정책에 관한 것이라면 어떤 주제도 논의가 가능한 모임이었다.

우리는 청년고용포럼에서 1년 이상 토론하고 정제한 글들을 정리하면서 이것을 청년 고용 정책에 관심이 있는 분들은 물론이고 청년들과도 공유할 필요성을 느꼈다. 특히 2015년 6월에 청년고용포럼이 주관한 '청년 일 경험 기회 확대' 토론회에서 청년들의 뜨거운 관심을 보면서 비록 작고 부족한 성과라도 세상에 내놓는 것이 청년 고용 정책의 중요성을 더욱 부각시키고 더욱 효과적인 정책을 만드는 데 기여할 수 있다는 생각이 들었다. 그러면서 청년고용포럼 회원들의 생각을 정리하는 데 그치지 말고 이 분야 최고 전문가들의 글을 담아 명실 공히 한국의 청년 고용 정책 종합서를 내자는 욕심으로 연결되어 이 책이 나오게 되었다.

이 책의 구성 및 집필에서 우리는 몇 가지 원칙을 가지고 준비하였다. 청년 고용 정책에 관한 주요 이슈는 가능한 최대한 많이 다뤄보는 것, 문제의 심각성을 독자와 함께 공유하기 위해 현 실태를 정확히 보여주는 것, 담론에 그치지 말고 정책 과제까지 제시하는 것이 핵심적 원칙이었다.

이 책은 크게 청년 고용 정책의 현황과 한계, 그리고 개선 방향, 일자리 미스매치 해소를 위한 노동시장 장벽 넘기, 일 경험을 통한 청년 고용 자신감 찾기, 고질적 청년 고용 문제 해소를 위한 체질 개선 전략, 청년 고용 확대를 위한 틈새시장 찾기로 구성되어 있다. 청년 고용 정책의 현황과 한계, 그리고 개선 방안 부분에서는 청년 고용의 실태와 정책적 시사점을 총론적 차원에서 보여주는 글과 함께 실태와 정책 차원에서 보다 세부적인 글들을 실었다. 즉 청년 노동시장의 직무 및 임금 관련 내용과 신규 취업자의 노동시장 차별에 관한 내용, 재정 구조적인 면에서 본 청년 고용 정책에 관한 내용이 주목된다.

일자리 미스매치 해소를 위한 노동시장 장벽 넘기 부분에서는 역시 가장 중요한 미스매치에 관한 내용이 주를 이룬다. 먼저 중소기업과 청년층 간에 존재하는 미스매치의 실태, 이를 완화하기 위한 정책을 제안한다. 그리고 청년층이 중소기업에 취업하도록 유인하는 대표적 정책들을 정리한다. 우리는 청년 고용 문제 해결을 위해 청년들이 중견기업, 중소기업에 들어갈 수 있는 구조를 만들지 않으면 안 된다는 문제의식을 강하게 가지고 있다.

최근 청년 고용 활성화를 위해 일 경험이 매우 중요하다는 연구 결과들이 많이 나오고 있다. 이를 반영하여 일 경험과 청년 고용에 관한 글들을 별도로 모았다. 일 경험을 통한 청년 고용 자신감 찾기 부분에서는 대학생 장기 현장 실습 시스템 활성화 방안, 일학습병행제 전달 체계 개선 및 성과 제고를 위한 정책 제언 등을 담았다. 일 경험과 청년 고용에 관한 주제에서 빠질 수 없는 것이 미스매치의 문제이기 때문에 청년 노동시장의 직무 및 임금 관련 정책 제언을 별도의 글로 수록하였다. 그리고 이러한 주제를 총괄하는 글로 청년 고용 확대를 위한 노동시장 정책을 소개하였다. 학교로부터 직장으로의 이동을 원활하게 하기 위한 방안이 무엇인지를 이해하는 데 도움이 될 것으로 기대된다.

청년 고용 정책의 효과를 극대화하기 위해서는 정책 작동 메커니즘이 정교화되지 않으면 안 된다. 전달 체계가 제대로 되어야 하며, 무엇보다 그것을 수행하는 기구 및 거버넌스, 즉 인프라 구축이 매우 중요하다. 이 점을 반영하여 청년 고용 인프라 구축과 관련된 글을 함께 모았다. 먼저 청년고용센터를 통한 미스매치 해소 방향을 제시하고 있으며, 청년 고용 정책 총괄 모니터링 기구 설치도 제안하고 있다. 또한 취약 청년층에 대해서는 이를 지원할 수 있는 인프라가 특히 중요하다는 점을 반영하여 청년 니트 등 취약 청년층에 초점을 맞춘 취업 지원 정책에 관한 논의도 전개된다.

최근 청년 고용 문제를 해결하기 위해 중요한 역할을 부여받고 있는 기관은 대학이다. 그동안 노동시장 참여 이후에 관계되어 있는 기관 및 사람에 초점을 맞춰왔던 고용노동부도 학교에서 노동시장으로의 이행 정책에 대한 강조와 맞물려 대학 재학생들에 대한 지원에 많은 노력을 보이고 있다. 고질적 청년 고용 문제 해소를 위한 체질 개선 전략에서 이를 상세하게 다룰 것이다. 대학 내에서 취업 역량 제고를 위해 어떠한 정책이 필요한지, 청년 고용 확대를 위해 대학의 취업 지원 기능이 얼마나 그리고 어떻게 강화되어야 할지를 정리하였다. 그리고 취업 영역에서도 여전히 중요한 산학협력에 관해서도 분석하였다.

마지막으로 앞의 주제들과 관련되면서도 청년 고용 문제에 관련하여 특히 중요한 주제로 등장하고 있는 이슈들에 대해서는 별도로 구분해서 정리하였다. 열린 고용이나 NCS 채용 제도와 청년 고용과의 정합성 제고 주제, 청년 해외 취업 활성화를 위한 논의, 청년 창업 활성화를 통한 청년 고용 문제의 해결 방안이 독립된 논문으로 소개될 것이다. 청년 고용 정책은 현장에 초점을 맞춰야 성과를 극대화할 수 있다. 이러한 문제의식을 가지고 현장인 지역의 청년 노동시장에 관한 글을 실었다. 지역 청년 노동시장에서 지방 청년들의 외부 유출이 어떤 모습으로 진행되고 있고, 이를 개선하기 위해 어떠한 정책 과제가 시행되어야 할 지를 담고 있다.

Ⅲ. 청년 고용 문제 해결을 기대하며

모든 정책에서 고용 정책이 최우선적으로 위치지워져야 한다. 그리고 고용 정책 중에서도 청년 고용 정책이 가장 시급하고 중요하게 다뤄져야 한다는 것이 우리의 공통된 생각이다. 이러한 문제의식이 없었더라면 우리는 이 어려운 주제를 세상에 내놓겠다는 용기를 갖지 못했을 것이다. 오히려 풀기 어려운 문제이기 때문에 우리가 가진 문제의식과 대안을 제출하는 것이 이 분야 연구를 업으로 하는 연구자들이 가져야 하는 최소한의 도리라는 생각을 가지고 있다. 우리의 부족한 역량에도 불구하고 이 책무성으로 인해 우리는 글들을 발표하는 용기를 가질 수 있었다.

이 글들을 통해 청년 고용 및 청년 고용 정책의 중요성이 더욱 확인되고 구체적 방안 제시를 위해 국가의 온 역량을 집중해야 한다는 공감대가 확산되었으면 하는 기대를 가지고 있다. 이 글들이 청년 고용 정책 영역에서의 종결점은 물론이고 중간점이 아니라 시작점에 불과하더라도 우리는 만족한다. 청년 고용 및 청년 고용 정책에 대한 치열한 토론의 장을 마련하고 그 결과 청년 고용 문제 해결에 일정한 기여를 할 수 있다면 이보다 더 의미 있는 일은 어디에 있을까.

청년고용포럼 회원들의 의지가 이 책을 출간하는 계기가 된 것은 분명하지만, 이 책의 완성은 청년 고용 문제를 걱정하고 해결하기 위해 노력하는 많은 다른 연구자들과의 협력으로 가능하였다. 이와 마찬가지로 청년 고용 문제는 고용노동부 등 정부 부처에 의해서만 해결될 수는 없고, 이해관계자들 모두 합심해야만 해결의 실마리를 찾을 수 있다. 중앙부처와 지방자치단체가 협력해야 하고, 산업체-학계-연구기관-정부가 합심해야 하고, 대기업이 중소기업과 상생해야 하며, 중장년 세대와 청년 세대가 함께해야 지난한 청년 고용 문제를 해결할 수 있다. 이 책이 '청년들에게 좋은 일자리, 많은 일자리를 제공'하는 데 일조를 했으면 하는 바람이다.

청년 고용 정책의 역사
: 과거부터 현재까지

이 영 민 · 조 성 은 (숙명여자대학교)*

*   ymlee@sm.ac.kr

청년 고용 정책의 역사
: 과거부터 현재까지

I. 서론

2016년 1월, 현재 청년 실업률(15~29세)은 9.5%로 1월 기준 16년 만에 최고치를 기록했다. 청년의 고용 문제는 우리 사회의 가장 심각한 문제가 되었다. 정부는 청년 실업 문제를 타개하기 위해 청년 고용 종합 대책, 청년 희망 펀드 조성 등 다양한 대책을 내놓고 있다. 이처럼 청년의 고용 문제를 해결하기 위해 정부가 청년 고용 정책을 적극적으로 추진한 것은 역사가 그리 오래되지 않았다. 우리나라 청년 고용 정책은 국제통화기금(이하 IMF) 위기 직후인 1998년부터 본격적으로 시행되었다. IMF 체제 이전에는 청년층만을 대상으로 하는 고용 정책은 거의 존재하지 않았으며, 고용 정책 중 일부에 취약 계층 청년이 대상으로 포함되는 정도였다. 그러나 IMF 체제로 인해 청년층 실업률이 전년 대비 두 배 이상 높아지면서 청년층 실업 문제가 실업 및 고용 문제와 정책의 중요한 축이 되었다. 이에 정부는 고용 정책의 대상으로 청년층을 고려하고 이들을 위한 고용 정책을 시작하였다.

IMF 체제 이후 본격적으로 시작된 청년 고용 정책은 이후 시대별로 정부의 국정 기조와 세계적인 금융 위기 등의 큰 사건에 따라 다른 양상을 보였다. 정부가 추구한 고용 정책 및 청년 고용 정책의 노선은 각 정부에 따라 달랐으나, 그 최종 목표는 실업률 감소 및 양질의 일자리 제공에 주력하는 것이었다.

본 논문에서는 역대 정부별 청년 고용 정책의 탐색을 위해 그 영역을 1) 일자리 제공, 2) 직업능력 개발, 3) 고용 서비스, 4) 고용 정보 인프라 구축 5) 창업 지원의 다섯 가지 측면으로 분류하여 살펴보고자 한다. 이는 1998년 발표

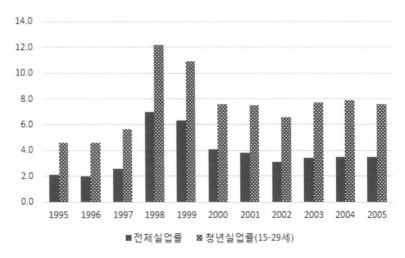

출처 : 통계청, 연령별 실업률 통계, 각 연도

[그림 1] 연도별 실업률(1995~2005년, 단위 : %)

된 실업 문제 종합 대책의 기본 골격을 기반으로 한다. 이 시기 발표된 실업 대책은 적극적 대책과 실직자 취업 및 보호 대책으로 구성되었으며 하위 영역으로 고용 유지 지원, 새로운 일자리 창출, 직업훈련 및 취업 알선, 실업자 생활 안정 지원을 두었다(고용노동부, 2001).

본 논문에서 살펴본 청년 고용 정책의 틀은 이를 청년층 지원에 맞게 재구성하여 일자리 제공, 직업능력 개발, 고용 서비스로 나누었으며 1999년 이후 개설된 각종 고용 정보망 등의 부분을 포함하기 위한 고용 정보 인프라 구축을 포함하였다. 또한, 청년 창업 지원과 관련된 정책을 청년 고용 정책에 포함하여 넓은 범위에서 청년 고용 정책을 살펴볼 수 있도록 창업 지원을 추가하여 구성하였다. 이에 따라 본 논문은 정부별 청년 고용 정책의 흐름을 위 다섯 가지 영역에 따라 탐색함으로써 우리나라 청년 고용 정책의 전체적인 역사를 살펴보는 것을 목적으로 한다.

[표 1] 청년 고용 정책 탐색을 위한 틀 구성

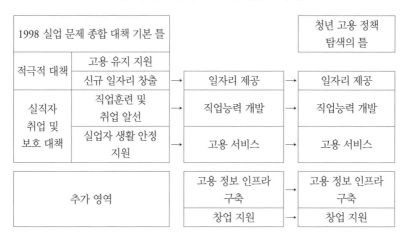

1998 실업 문제 종합 대책 기본 틀				청년 고용 정책 탐색의 틀
적극적 대책	고용 유지 지원			
	신규 일자리 창출	→ 일자리 제공	→	일자리 제공
실직자 취업 및 보호 대책	직업훈련 및 취업 알선	→ 직업능력 개발	→	직업능력 개발
	실업자 생활 안정 지원	→ 고용 서비스	→	고용 서비스
추가 영역		고용 정보 인프라 구축	→	고용 정보 인프라 구축
		창업 지원	→	창업 지원

II. 역대 정부별 청년 고용 정책의 흐름

1. 김대중 정부(1998~2003)

우리나라의 본격적인 청년 고용 정책은 IMF 직후인 김대중 정부 시기부터 시작되었다. 외환 위기로 우리 경제 전반이 어려워졌고, 청년층에게는 입직의 기회가 줄어들었다. 김대중 정부는 외환 위기 극복을 위해 1998년 실업 문제 종합 대책을 발표하였고 청년층을 대상으로 포함하였다. 1998년 실업 문제 종합 대책은 고용 안정, 고용 창출, 직업훈련 및 취업 알선, 실업자 생활 안정의 다섯 가지 축으로 이루어진다. 이 중, 직업훈련 및 취업 알선에 고학력 미취업자 지원을 통해 외환 위기로 인해 입직 기회가 줄어든 청년층을 실업 대책 대상으로 포함하였다. 1998년 실업 문제 종합 대책은 여전히 전반적 실업 문제에 청년층이 극히 일부 포함되는 정도에 그쳤지만 청년층을 실업 정책의 대상으로 포함하였다는 점에 의의가 있다.

[표 2] 1998년 실업 문제 종합 대책 주요 내용

부문	고용 안정	고용 창출	직업훈련, 취업 알선	실업자 생활 안정
주요 내용	· 해고 회피 노력 지원 · 신용보증 확충 · 주택 건설 지원	· 한전 송배선 시설 투자 확대 · 벤처기업 지원 · 귀농, 창업 지원 · 주요 SOC 투자 확대	· 실업자 구직 훈련 · 구인, 구직 연계 체계 확충 · 고학력 미취업자 지원 · 여성 훈련 및 취업 지원 강화	· 공공 근로 사업 · 실업 급여 사업 · 실직자 대부 · 저소득자 생계 보호

1) 일자리 제공

IMF 체제 이후, 김대중 정부는 외환 위기 극복을 위해 다양한 정책을 추진했다. 청년 고용 정책 또한 그 일부분으로 지난 정부에 비해 다양한 양상으로 추진되었다. 외환 위기 직후는 단기에 증가한 실업 해결과 일자리 증가를 위한 정책을 주로 시행하였다. 외환 위기 이전에도 청년층의 실업률이 전체 실업률에 비해 높았지만, 실업의 이유가 개인에게 있으며 경제성장을 통해 해결될 수 있을 것이라 생각하였다. 그러나 IMF 체제 이후 청년층의 높은 실업률이 마찰적, 경기적 요인이 아니라 구조적 문제임을 인식하게 되었고 이에 따라 청년층 일자리 제공 정책의 필요성이 대두되었다.

이러한 흐름에 따라 IMF 체제 이후 나타난 청년층 일자리 제공 정책은 우선 정부 부문에서 주도한 정보화 공공 근로, 각급 학교 보조 요원 지원, 공직 채용 확대 등이 있다. 정부가 민간 기업을 활용하여 시행한 정부지원인턴제는 단기적으로는 일자리 제공을 통한 청년층 실업 문제 해결, 장기적으로는 산업 현장 경험 제공을 통한 취업 능력 배양과 정규직으로의 취업 도모를 목적으로 하였다. 정부지원인턴제는 대졸·고졸 미취업자 인턴 채용시 인건비 보조와 정규직 채용시 추가 지원을 통해 인턴사원 및 정규직 채용을 장려하였다. 이후 2002년 정부지원인턴제는 직장체험제형(연수지원제)과 인턴제로 이분화되어 지원자의 필요에 따라 참여할 수 있도록 세분화되었다.

이와 같이 김대중 정부의 일자리 제공 부문 정책은 정부 주도, 정부의 민간

지원 형태로 이루어졌다. 이는 단기적으로 일자리를 제공하여 청년층 실업으로 인한 충격을 완화했다는 점에서 의의가 있었으며, 시기적 측면에서 정부가 주도적으로 대책을 수립했다는 긍정적인 측면이 있었다. 그러나 지원 기간이 장기가 아닌 단기 고용 확대에 초점을 맞추었다는 비판적인 평가도 있었다.

2) 직업능력 개발

김대중 정부 직업능력 개발 정책의 주요 대상은 전문직 진출 준비생, 과학기술 인력, 대학원생 등 고급 청년 인력이었다. 외환 위기 이전의 고학력 청년층은 지속된 경제성장과 호황으로 인해 취업 문제가 심각하지 않았으나, 급격한 상황 변화로 이들의 상황이 가장 크게 바뀌었기 때문이다. 주요 정책은 전문직 자격 취득을 위한 직업훈련, 정보통신 분야 전문 교육, 취업 유망 전문 직종 훈련, 고급 과학기술 인력 지원, 대학원 연구 과정 지원, 정부 지원 연수 지원제(직장 체험, 구 정부지원인턴제) 등으로 대졸자 이상의 청년층을 그 대상으로 하였다.

전문 자격 취득, 특정 분야 전문 교육, 고급 인력 지원 외 대학원 연구 과정 지원은 대졸 미취업자를 대상으로 대학원 연구 과정을 지원하는 것이다. 1년간 전공과목, 취업에 활용될 수 있는 외국어, 정보처리 등의 교육을 지원하여 취업을 위한 역량을 쌓을 수 있도록 하는 프로그램으로 대졸(예정)자 이상을 대상으로 하였다.

3) 고용 서비스

김대중 정부의 고용 서비스는 IMF 직후엔 고용 서비스를 위한 인프라 확충이 주로 이루어졌다. 고용안정센터 및 인력은행 증설, 민간 상담원 신규 채용 확대 등 외환 위기로 수요가 증가한 고용 서비스를 충분히 제공하기 위해 서비스의 공급량을 확대하였다. 이후 21세기 들어서는 청소년, 청년층을 대상으로 하는 본격적 고용 서비스가 이루어졌다. CAP(Career Assistance Program)의 경우, 진로 탐색을 원하는 청년층에게 적성에 맞는 직업 선택, 구직 기술 향상, 실제 구직을 지원하는 종합적 프로그램을 제공함으로 청년층의 구직 및 취업 활동 전반을 지원하였다. CAP은 이후 2007년 대학생용, 고등학생용으로 분리되어 대상별로 특화된 프로그램을 제공하였으며 개정 및 보완 이후 현재는 종합 취업 지원 프로그램인 CAP+을 운영하였다.

4) 고용 정보 인프라 구축

고용 정보 관련 인프라 구축은 실업 관련 DB구축, Work-Net 구축이라는 두 개의 축으로 이루어졌다. 1999년 우리나라 고용 안정 정보망인 Work-Net이 완성되었고 2000년부터 보급되기 시작하였다. Work-Net은 취업 알선, 직업 및 취업 관련 정보 제공, 관련 기관 상호 연계 강화 등을 위해 기존 노동부 내부에서 사용되던 시스템을 보완·확장하여 개발되었다. 1998년 1차 취업 알선 서비스 우선 시행 이후, 1999년 인터넷을 통해 일반인들이 취업·직업·훈련·해외 취업·훈련 과정 등의 정보를 활용할 수 있도록 구축하였다(김우현, 2000).

Work-Net은 국내 최대의 고용 정보 전산망으로 직업 관련 정보(구인, 구직, 직업훈련, 실업 대책, 고용보험 등)를 체계적으로 제공하며 관련 단체의 정보를 연결하여 한꺼번에 제공한다는 특징이 있다. 또한, 진로 가이드 및 심리검사 등을 통한 진로 설정부터 상담, 구직 활동까지 한꺼번에 해결할 수 있다는 장점이 있다. Work-Net은 1999년 구축 이후 현재까지 직업 및 고용 관련 종합 정보 전산망으로 활용되고 있다.

5) 창업 지원

청년층 창업 지원 정책은 외환 위기 이후 증가한 청년 및 청소년층의 실업 문제 해결 및 새로운 일자리 창출을 통한 청년 실업 문제의 근원적 접근을 위해 실시되었다. 외환 위기 직후에는 창업 동아리 지원을 통해 창업 활동을 적극 권장하였으며, 2000년 청소년 인력 개발 및 고용 촉진 대책을 마련하여 대학생의 창업 활성화를 위해 400만 원 한도의 창업 아이템 개발 비용을 지원하는 등 창업 지원을 강화하였다(고용노동부, 2000).

[표 3] 김대중 정부 청년 고용 관련 주요 정책

연도 / 부문	1998	1999	2000	2002
일자리 제공	· 정부지원인턴제 · 정보화 공공 근로 · 각급 학교 보조 요원 지원 · 공직 채용 확대			· 정부지원인턴제 이분화 −인턴제/연수지원 제(직장 체험)
직업 능력 개발	· 전문가 자격증 취득 직업훈련	· 정보통신 분야 전문 교육 · 취업 유망 직종 훈련 · 고급 과학기술 인력 지원 · 대학원 연구 과정 지원		
고용 서비스	· 고용안정센터, 인력은행 증설 · 민간 상담원 신규 채용		· 명예 직업 상담원 위촉 · 청소년(18~24세) 취업 후견인 제도	· CAP(Career Assistance Program) 도입
고용 정보 인프라 구축		· 실업 관련 DB구축 · Work−Net(고용 안정 정보망) 완성	· Work−Net 보급	
창업 지원	· 창업 동아리 지원		· 창업보육센터 추가 설치 · 벤처 투자금 조성, 지원	

2. 노무현 정부(2003~2008)

노무현 정부 시기는 일자리가 줄어든 상태가 지속되며 '고용 없는 성장'이 진행되었다. 이 시기는 노동시장 양극화 해소, 고용 친화적 경제성장, 성장−

고용—복지의 선순환 재구축의 목표를 두고 다양한 고용 정책을 추진하였다. 노무현 정부의 청년 고용 정책 특징은 국가 주도 고용 서비스 부문의 확대이다. 2005년부터 '국가고용지원서비스 혁신 방안' 수립을 통해 고용 서비스 선진화를 국가 전략 과제로서 추진하였으며 이를 통해 맞춤형 고용 지원 서비스를 확대하였다(국정홍보처, 2008).

1) 일자리 제공

일자리 제공 정책의 경우, 공공 부문 주도로 일자리 확대 정책이 이루어졌다. 공공 기관, 공무원 등 공공 부문에서 채용하는 인력을 직접 늘리는 방안을 시행하였고 각 부문의 임시직 일자리 확충을 통해 일자리를 제공하고자 하였다. 또한, 고용보험에 가입한 전 사업장을 대상으로 청년 실업자 채용시 청년 신규 고용 촉진 채용 장려금을 지급하는 일자리 확충 정책을 시행하였다. 노무현 정부의 정책 기조인 양극화 해소는 고용 정책에도 반영되었다.

학력, 학벌 위주의 대한민국 사회에서 경제적 상황에 따라 학력 양극화가 우려됨에 따라 고학력 청년 위주의 기존 정책에 변화를 주었다. 기 시행 정책의 경우, 대졸(예정)자에 중점을 둔 사업이 고졸 이하 청년층을 위한 사업보다 중심이 되었다. 또한, 사업의 홍보 및 신청이 대학을 통해 이루어져 고졸 이하 청년층의 참여가 어려웠다. 이러한 우려에서 고졸자에 대한 정책적 배려가 일자리 제공 부문에서도 나타나기 시작하였다. 대졸(예정)자를 대상으로 시행하던 인턴취업지원제도는 2006년 폐지되었고, 직장 체험 부문만 지속되었다.

2) 직업능력 개발

이전 정부의 직업능력 개발 정책 주요 대상이 고학력 청년층이었다면, 노무현 정부의 직업능력 개발 정책은 실업 및 구직 중 청년이 주요 대상이었다. 직업능력 개발 부문은 고용 지원 서비스 선진화와 더불어 시행되어 개인 특성에 따라 다양한 형태의 직업능력 개발이 이루어질 수 있도록 하였다. 해외 인턴 및 연수, 주문형 직업훈련, 직업능력개발계좌제가 도입되었다. 직업능력

개발계좌제의 경우, 자율적인 직업능력 개발 기회를 갖고 새로운 기술 업무에 적응하여 자기 주도적 문제해결력을 갖춘 지식 근로자 육성을 목표로 하여 2008년부터 도입되었다. 직업능력개발계좌제의 경우 사업주 주도 방식이 아닌 근로자 스스로 과정을 선택하여 수강함으로 자율적 직업능력 개발을 할 수 있다는 장점이 있었다.

3) 고용 서비스

노무현 정부 시기 청년 고용 정책의 가장 큰 특징은 고용 서비스 선진화 정책이다. 고용 서비스 선진화의 대표적인 내용은 개인 특성별 취업 지원을 시행한다는 점이다. 상담 및 검사를 통해 개인별 취업 활동 계획(Individual Action Plan : IAP)을 수립하고 이에 따라 구직 활동 및 취업을 할 수 있도록 지원한다. 구직자는 개인별 계획을 중심으로 직업능력 개발 등 일체의 활동을 수행함으로 기존에 시행되었던 개별 취업 지원 활동과는 차별화되었다.

[표 4] 고용 서비스 선진화 정책 주요 내용

내용	세부내용
개인 특성별 원스톱 취업 지원제 도입	– 고용안정센터에서 '실업 급여 – 직업훈련 – 정보 제공 – 심층 상담 – 취업 알선' 등 취업에 필요한 모든 서비스를 종합적으로 제공하는 원스톱 서비스 구축 – 기초 상담 · 직업능력 진단 · 적성검사를 통해 필요한 서비스 유형을 선정하고, 직업 상담원과 함께 개인별 취업 활동 계획(Individual Action Plan)을 수립하여 체계적으로 취업을 준비하도록 지원 – 6월 이상 장기 구직자 등 취업 애로 계층 취업시까지 체계적인 취업 지원 서비스 지원
맞춤식 온라인 고용 정보 서비스 확충	– Work-net, 고용보험, 직업훈련 등 고용관련 9대 전산망을 단계적으로 통합하고, 민간 부문과도 연계시킨 '노동시장 통합 정보시스템(LMIS)' 구축 – 지자체, 민간 기관, 경제 단체 등의 구인 정보망을 통합하여 제공하는 'Job-net(구인 정보 허브 시스템)' 구축 – '중앙고용정보원'을 산업인력공단으로부터 분리, 독립 법인화하여 국가 고용 정부의 허브 기관으로 육성

내용	세부내용
청년에 대한 직업 지도 및 직장 체험 강화	– 학령기별로 체계적인 직업 지도 교육 인프라 확충 – 청년층 직업 지도 프로그램(Career Assistance Program : CAP) 대폭 확대 및 대학이 CAP을 운영할 수 있도록 프로그램과 비용을 지원 – 직장 체험 프로그램 확대 및 대학의 역할 강화 – 산업인력공단에 해외취업지원센터 설치 및 해외 취업 활성화 추진
고용안정센터를 고객 중심의 서비스 기관으로 재편	– 조직 운영 혁신 – 선진화시범센터 운영
민간 고용 지원 서비스 활성화(산업으로 육성)	– '인력서비스산업육성종합 대책' 수립 · 추진 – 고용 정보 제공, 상담, 교육 훈련, 취업 알선, 인재 파견, 전직 지원(Out-placement), 채용 대행, 인재 관리 컨설팅 등을 유망 산업으로 발전할 수 있도록 지원 – 민관 파트너십 강화 : 취업 지원 프로그램 민간 위탁 시범 실시
고용안정센터를 중심으로 네트워킹, 지역밀착형 서비스 제공	– 고용안정센터를 중심으로 지자체, 학교, 민간 고용 지원 서비스 기관, 훈련 기관, 기업, 사회복지기관, 노사 단체 등이 함께 참여하는 '지역 고용네트워크' 구성 – 평가, 지원을 통한 혁신 : 중앙고용정보원에 고용지원서비스모니터링센터 설치

또한, 노무현 정부 시기 2003년 발표된 청년 실업 종합 대책과 2005년 청년고용 촉진대책은 청년 대상 고용 서비스의 창구를 확대하기 위해 노력하였다. 2003년 청년 실업 대책 이후 전국 40여 개 고용안정센터 내 청년 전담부서인 '청년취업지원실'을 개소하였다. 2005년 청년고용 촉진대책은 청년층 고용 서비스 확대를 위해 대학에서부터 장기적 고용 서비스 인프라를 구축하는 대학 취업 지원 부서의 기능 확충을 도모하고자 하였다. 이를 위해 전국 140여 개 대학을 지원하였고 대학 내 물적(잡카페, 홈페이지, 진로 지도교수제 등 시스템 구축, 상담 공간 확보, 워크숍 공간 확보), 인적(부서 전담 인력, 상담 인력 등) 인프라가 증가하였다.

또한, 대졸자 공급 증가에 따른 하향 취업 문제 발생, 고졸 이하 실업률의 대졸자 실업률 상회, 고졸 이하 유휴인력 및 비경제활동인구 증가, 대졸 및 대학생 중점 청년 고용 사업이 고졸 이하 사업보다 많음, 사업 신청 및 홍보가 대학을 통해 이루어져 고졸 청년층의 접근이 어렵다는 이유로 인해 고졸 이하 청년층 특성에 적합한 프로그램이 필요했다. 2006년 발표된 고졸 이하 청년층 고용 촉진대책을 통해 15~29세 고졸 이하 청년 구직자를 대상으로 개별 상담, 직업훈련을 통한 종합 취업 지원 서비스인 YES프로그램(개인별 종합 취업 지원 서비스)이 시행되었다. 전국 15개 고용지원센터에서 600명을 대상으로 시범 운영되었고 이후 취업 성공 패키지가 시행됨에 따라 그 일부로 편입되었다.

4) 고용 정보 인프라 구축

1999년 Work-Net 구축 이후 워크넷, 잡코리아, 사람인 등 민간취업 사이트 8곳의 채용 정보를 집적한 리쿠르팅 허브사이트 Job-Net이 개설되었다. Job-Net은 주요 취업 사이트와 구직자 간 중계 역할을 담당하여 구직자가 주요 사이트의 취업 공고를 한 번에 탐색할 수 있는 서비스를 제공하였다.

[표5] 노무현 정부 청년 고용 관련 주요 정책

부문＼연도	2004	2005	2006	2008
일자리 제공	· 공공 부문 주도 일자리 확대(노동, 복지, 문화 분야) · 임시직 일자리 확충 · 중소기업 채용 장려금 · 공무원 신규 채용 확대		· 정부인턴제(인턴제, 직장체험제) 중 직장체험제만 운영 − 인턴제 폐지	
직업능력 개발	· 인턴제 확대(지원 대상, 지원기업, 지원금) · 해외 인턴, 연수 확대(KOICA, KO-1RA 등 활용) · 주문형 직업훈련			· 직업능력개발 계좌제 도입

연도 부문	2004	2005	2006	2008
고용 서비스	·고용안정센터 내 청년 전담 부서(청년 취업지원실) 설치	·대학 취업 지원 부서 지원 확충	·고용 지원 서비스 선진화 ·YES(개인별 종합 취업 지원 서비스)	
고용 정보 인프라 구축			·Job-Net(일자리 정보 허브 시스템) 개설	

3. 이명박 정부(2008~2013)

2007년 말 발생한 세계 금융 위기 이후 이명박 정부는 이를 극복하기 위한 일자리 대책 마련에 집중하였다. 이를 위해 2008 청년고용 촉진대책을 통해 글로벌 금융 위기로 인한 청년층 고용 위축의 영향을 감소하고자 단기 고용 대책을 시도하였다. 2008 청년고용 촉진대책은 실업 및 비경제활동 상태의 취업 애로 계층의 노동시장 진입 촉진, 업종·직종·전공별 정보 제공을 통한 직업 및 취업 활동 지원 등을 통해 고용 서비스를 확대하고 청년층을 취업으로 연계하고자 하였다. 이후 해외 취업 확대, 청년인턴제 확대 추진 등의 다양한 부문의 일자리 마련 정책을 시행하였다. 이명박 정부의 청년 고용 정책의 또 다른 특징은 '후진학 체제 구축'이다. 선취업 후진학을 위한 재직자 특별전형, 계약학과, 사내 대학, 산업체 위탁 교육 등을 통해 일, 학습을 병행할 수 있는 다양한 정책을 마련하였다(대한민국정부, 2013).

1) 일자리 제공

이명박 정부의 일자리 제공 정책은 청년인턴제 확대와 해외 취업 확대가 주축을 이루었다. 고학력 청년층의 취업난에 대처하기 위해 대졸자 중심의 청년인턴제를 확대하였다. 민간 고용을 확대하기 위한 중소기업 중심 청년인턴제를 시작으로, 중앙부처 및 지자체, 공공 기관 등 여러 분야로 대졸자 청년인턴제가 확대되었다. 해외 취업 확대를 위한 정책은 9개 부처 공동으로 해외 취업·인턴·자원봉사의 영역에서 '글로벌 청년 리더 양성'이라는 이름으로 추진되었다(김영재, 정상완, 2013).

[표 6] 주관 부처별 글로벌 청년 리더 양성 사업

주관 부처	사업 내용
고용노동부	해외 취업 연수
	해외 취업 알선
국토해양부	해외 건설 인력 양성
지식경제부	글로벌 무역 전문가 양성 사업
교육과학기술부	전문대학생 해외 인턴십 지원
	대학생 글로벌 현장학습
	한미 대학생 연수 취업 사업(WEST)
외교통상부, 행정안전부, 교육과학기술부	해외 자원봉사

또한, 대졸자 중 미취업자를 대학의 인턴 조교, 연구원 등으로 교내에서 활용하도록 한 '미취업 대졸생 지원 사업' 등 정책의 중심에서 소외될 수 있는 청년층을 위한 정책을 도입하기도 하였다.

2) 직업능력 개발

선취업 후진학 체계의 구축은 이명박 정부의 청년 고용 정책 중 가장 중요한 영역이었다. 평생학습 사회가 도래함에 따라 중등 및 고등교육의 정규 교육과정 이후 산업계로 이전하는 것이 아니라 개개인의 환경에 맞추어 유연하게 일과 학습을 병행할 수 있도록 하는 제도를 마련하였다. 그 형태는 재직자 특별 전형, 계약학과 설치, 사내 대학 설치, 산업체 위탁 교육 등으로 시행되었다. 이러한 시도는 교육과정 및 학사 운영과 학습자 개인 모두에게 유연성을 갖도록 하기 위함이었다(대한민국정부, 2013).

또한, 선취업 후진학 여건을 조성하고자 2010년 '고등학교 직업교육 선진화 방안'을 발표하여 전문계고 체제 개편을 시행하였다. 이는 마이스터고 도입을 통한 취업 선도 모델 정착, 산학협력형 특성화고 확대 등을 통해 전문계고를 '분야별 특화된 직업교육 기관'으로 개편하기 위하여 시도되었다(관계 부처 합동, 2010). 이후 고졸 취업에 대한 사회적 관심이 높아졌고 고교 체제 개편 이후 특성화고 취업률은 2009년 16.7%에서 지속적으로 증가하였다.[1]

3) 고용 서비스

이명박 정부 시기에는 청년층 대상 고용 서비스의 대상별 세분화가 이루어졌다. 금융 위기로 인한 취약 청년(중·고교 중퇴자, 장기구직자, 위기 청소년, NEET족 등)을 위한 청년 뉴스타트 프로젝트를 시작으로 특성화고 재학생을 대상으로 하는 '취업 일굼 프로그램'이 시행되었다. 또한, 대학 재학생을 대상으로 하는 Job Young Plaza(이후 대학청년고용센터), 대졸자 및 졸업 예정자를 대상으로 하는 청년취업아카데미 등이 시행되었다. 이후 저소득층 청년이 취업 성공 패키지의 주요 대상으로 포함되어 운영되었다. 고용 서비스의 대상별 세분화는 각 청년층의 특성에 따라 요구되는 것이 세밀하게 지원될 수 있다는 점에서 그 의의가 있다.

4) 고용 정보 인프라 구축

금융 위기 이후, 청년층 고용 위축의 영향을 줄이기 위하여 다양한 정책이 시도되었다. 이 중, 고용 정보 인프라 측면에서 구직자와 구인처 간 취업 눈높이 차이로 인한 미스매치, 산업 수요와 인력 공급 간 미스매치를 해소하기 위한 방안이 2008 청년고용 촉진대책을 통해 발표되었다. 업종·직종·전공별 인력 수급 전망 정보 제공을 통해 직업 선택에 필요한 정보를 제공하고 원활한 선택을 할 수 있도록 하는 방안, 청년 대상 정보 제공을 통해 취업 활동을 지원하는 포털을 구축하는 방안 등이 제시되었다. 이후 2010년 3월 신규 대졸

---

1   특성화고 취업률 : 16.7%(2009), 19.2%(2010), 25.9%(2011), 37.5%(2012), 40.9%(2013), 44.2%(2014), 46.6%(2015) (출처 : KEDI 교육 통계)

자에게 우수 중소기업 채용 정보를 제공하는 Job Young(http://jobyoung.work. go.kr)이 개설되었으나 이후 워크넷과 통합되었다.

5) 창업 지원

2010년 청년층 창업 지원 정책으로 창업 · 창직인턴제가 처음 도입되었다. 창업 · 창직인턴제는 창업 자금, 컨설팅 등이 아닌 창업기업에서 인턴십을 지원함으로 창업 역량을 증진할 수 있도록 하였다. 인턴십 종료 후 향후 창업 시 지원금을 주는 형태로 이루어진다. 이는 개인의 인턴십 및 취업에서 나아가 창업 및 창직 이후의 생존 확률을 높일 수 있기를 기대하며, 추가적인 고용 창출을 하는 것을 궁극적인 목적으로 한다(이장우 · 구문모 · 황신희, 2010). 2010년 시범 사업으로 시작된 창업 · 창직인턴제는 이후 창조경제의 흐름에 따라 지속적으로 확대, 시행되었다.

[표 7] 이명박 정부 청년 고용 관련 주요 정책

연도 부문	2008	2009	2010	2011
일자리 제공	· 중소기업청년인턴제	· 대졸자 청년인턴제 확대(중앙부처, 지자체, 공공 기관, 금융권, 중소기업 등) · 미취업 대졸생 지원 사업	· 해외 취업/연수 확대 (대학생 글로벌 현장학습, 글로벌 무역 전문가 양성 사업, 한미 대학생 연수 취업 사업 등)	
직업능력 개발		· 이공계 전문 기술 연수 사업	· 재직자 특별 전형 도입 · 사내학과, 계약학과, 산업체 위탁 교육 등 도입 · 전문계고 체제 개편	

부문＼연도	2008	2009	2010	2011
고용 서비스	· 청년 뉴스타트 프로젝트	· 청년취업아카데미	· Job Young Plaza(이후 대학청년고용센터) · 취업 일굼 프로그램	· 취업 성공 패키지
고용 정보 인프라 구축			· 중장기 인력 수급 전망 발간 · Job Young 개설(청년 종합 취업 포털)	
창업 지원			· 청년 창직, 창업 인턴제 도입	

4. 박근혜 정부(2013~)

박근혜 정부는 2013년 취임시 국정 과제로 청년 친화적 일자리 확충 기반 조성, 학벌이 아닌 능력 중심 사회 조성 등을 제시하였다. 이를 위해 공공 부문에서부터 해당 직무에 맞는 능력을 갖춘 인재를 NCS 기반 평가 도구를 활용하여 선발하는 등 능력 중심 사회로 전환을 위해 노력하고 있다. 또한, 저성장 기조의 지속, 산업현장 수요와 대학 배출 인력 간 미스매치 등이 지속되고 기존의 경제 · 구조적 요인에 단기 인구 · 제도적 요인이 더해짐에 따라 향후 3~4년간 청년 고용절벽이 현실화될 것으로 우려되었다. 이러한 상황을 극복하기 위해 2015년 7월 청년 고용절벽 해소 종합 대책이 발표되었다.

1) 일자리 제공

박근혜 정부의 일자리 제공 정책은 주로 공공 부문에서 시작되었다. 공공 부문이 직접 할 수 있는 신규 채용을 확대하고 공공 부문에서부터 시간선택제와 임금피크제를 도입하여 일자리의 개수를 늘려 더 많은 청년들이 일자리를 가질 수 있도록 하였다. 또한, 청년들이 국내뿐 아니라 해외로 취업할 수 있도록 해외 취업을 위한 정책을 마련하였다. 청년인턴제는 인턴 활동에서 그치는 것이 아니라 이후 취업으로 연계될 수 있도록 청년인턴제를 취업연계형과 직업체험형으로 이분화하여 재설계하였다(관계 부처 합동, 2015).

능력 중심 사회 구현이라는 국정 기조에 맞추어 학벌 및 스펙보다 직무에 맞는 능력이 있는 이들에게 일자리를 제공하기 위해 공공 부문부터 NCS(National Competency Standards : 국가직무능력표준) 채용이 도입되었다. NCS 기반 채용은 해당 직무에 요구되는 직업 기초 능력과 직무 수행 능력을 제시하고 지원자는 그에 맞추어 본인의 준비 정도를 나타낸다. 이는 취업 준비를 위해 불필요한 스펙을 쌓아 과도한 자원을 낭비하는 것을 방지하는 긍정적인 효과를 거둘 수 있다. 2015년 도입된 공공 기관 NCS 채용은 지속적으로 확대되어 2016년 230여 기관이 이를 통해 신규 인력을 채용할 예정이다.

2) 직업능력 개발

직업능력 개발 부문의 직장 체험 프로그램의 경우 참여 기업 및 대상의 범위를 확대하여 수혜자의 대상을 확대하였다. 고용디딤돌 프로그램, 계약학과 활성화 등은 직업능력 개발이 대상별 능력 개발에서 나아가 직접 취업으로 연계될 수 있도록 하는 정책이다. 고용디딤돌 프로그램은 대기업 및 협력업체가 참여하여 대기업의 프로그램와 인력 양성 노하우를 통한 훈련 후 취업으로 연계하는 프로그램이다. 기존 청년인턴제 및 직업훈련 프로그램이 중소기업 중심으로 운영되었던 것에 비해 고용디딤돌 프로그램은 청년층이 선호하는 대기업을 참여시켜 운영한다는 점이 특징이다(고용노동부, 2016).

3) 고용 서비스

고용 서비스는 대상 측면에서 청년층을 대상으로 특화된 경향을 보인다. 2015년 9월 청년 고용 문제가 심화됨에 따라 청년에게 질 좋은 일자리를 제공하기 위해 청년희망펀드를 조성, 운용을 위한 청년희망재단이 설립되었다. 또한, 대학 내 분산되어 있던 취업 및 창업 기능을 통합하여 취·창업 지원 및 상담, 일자리 정보 등을 제공하는 대학창조일자리센터를 전국 대학에 개소하였다. 청년층에 특화된 고용센터의 역할을 하는 대학창조일자리센터는 청년층이 고용센터에 방문하지 않고도 고용 서비스를 제공받을 수 있도록 접근성을 높인 장점이 있다. 이외에도, 기존 취업 성공 패키지 내 청년 부문을 '청년 내일찾기' 패키지로 분리하여 청년층만을 위한 고용 서비스를 확대·지속하게 되어 대상에 맞는 고용 서비스를 지속할 수 있을 것으로 기대할 수 있다.

4) 고용 정보 인프라 구축

고용 정보 인프라는 해외 취업 활성화에 따라 해외 취업과 관련된 정보를 모은 World Job+(해외 진출 통합 정보망)을 구축하였다. 청년층의 해외 진출에 대한 관심 및 수요는 지속적으로 증가하는 반면, 해외 진출 관련 정보와 프로그램이 주관 부처, 시행 기관별로 산재해 있어 청년층이 원하는 정보를 한번에 볼 수 있는 플랫폼이 요구되었다. 청년층 해외 진출 촉진을 위한 K-MOVE 사업의 일환으로 해외 진출 통합 정보망이 새로이 구축되었다.

5) 창업 지원

박근혜 정부는 국정 과제로서 '창업 벤처 활성화를 통한 일자리 창출'을 제시하고 그 추진 과제로 '우수한 청년 창업가 발굴 양성', '원활한 재도전 환경 조성' 등을 언급하였다. 취임 초기부터 '창조경제'를 언급함으로 창업 및 창직을 활성화할 것을 말하였다. 박근혜 정부의 창업 지원 정책은 이전에 시행 중이던 지원 정책을 확대하여 적극적인 창업 지원이 이루어질 수 있도록 하는 경향을 갖는다. 2014년 2월 벤처·창업 활성화를 위한 4조 원 재정 투자를 발표하며 창업 및 벤처 투자에 대한 지원을 강화하였다. 특히, 청년층 창업에 관하여는 대학에서부터 창업 인프라를 강화할 수 있도록 창업선도대학 확대, 창업보육센터 확대 등에 재정을 투입하였다.

[표 8] 박근혜 정부 청년 고용 관련 주요 정책

연도 부문	2014	2015

일자리
제공
		· 공공 기관 신규 채용 확대
		· 공공 부문 시간선택제 도입
		· 공공 기관 임금피크제 도입
		· 청년인턴제 재설계(취업연계형/직업체
		  험형)
		· 공공 부문 NCS 채용 도입
		· 해외 취업 활성화(해외 청년 일자리 협의
		  체)

직업능력
개발
	· 직장 체험 프로그램 확대(범위 : 강
	  소기업 포함하여 규모 확대. 대상 :
	  졸업생 포함하여 대상 확대)
		· 고용디딤돌 프로그램
		· 계약학과 활성화
		· 인문계고 재학생 훈련 확대

고용 서비스		· 청년희망펀드 조성 · 대학창조일자리센터 · 청년내일찾기 패키지
고용 정보 인프라 구축		· World Job+구축(해외 진출 통합 정보 망)

창업 지원	· 청년 창업 및 엔젤 투자 펀드 출자
	  확대
	· 창업선도대학 확대
	· 창업보육센터 대형화 및 지원성과
	  극대화	

Ⅲ. 결론

본 논문은 외환 위기 이후 본격적으로 시작된 우리나라의 청년 고용 정책을 정부별로 비교하여 보는 것에 그 목적이 있다. 이를 위하여 청년이 고용 정책의 주 대상으로 다루어지기 시작한 김대중 정부 이후 현재의 박근혜 정부까지를 연구 범위로 실정히어 정부별 청년 고용 정책의 특징을 살펴보았다. 또한, 각 정부별 청년 고용 정책을 1) 일자리 제공 2) 직업능력 개발 3) 고용 서비스 4) 고용 정보 인프라 구축 5) 창업 지원으로 구분하여 살펴보았다.

각 정부별, 부문별 고용 정책의 특징은 다음과 같다. 첫째, 일자리 제공 정책은 외환 위기 이후 단기적 충격 완화를 위한 직접 일자리 제공 정책에서 시작하여 민간 일자리 증가로 확장되었다. 이후 국내 일자리를 넘어 해외 취업을 지원하는 등 그 범위의 확장이 이루어졌다. 또한, 직무능력 및 업무 역량 중시 흐름이 신규 채용에도 강화됨에 따라 인턴제 확대, NCS 기반 채용 도입 등이 이루어졌다. 둘째, 직업능력 개발 부문은 정부별로 주된 대상이 변화하였다. 외환 위기 직후 정책의 주 대상은 대졸 이상 고학력 청년층이었으며, 노무현 정부 시기는 그 대상이 확대되었다. 이명박 정부 시기는 선취업 후진학 체계가 구축되며 고졸 청년층을 위한 정책이 강화되었다.

셋째, 고용 서비스 부문은 서비스의 양적 확대에서 청년층 특화로 그 흐름이 변화하였다. 노무현 정부 시기 고용 서비스 선진화 정책 이후, 고용 서비스 수혜 대상별 지원이 강화되었고, 이후 정부를 거치며 청년층 맞춤형 고용 서비스가 자리 잡기 시작하였다. 넷째, 고용 정보 인프라 구축 부문은 종합 정보망 구축 이후 필요에 따라 세분화된 서비스가 등장하였다. 채용 정보, 청년층 특화 포털 등이 개설 및 운영되었으며 청년층 해외 진출을 확대하는 흐름에 따라 통합 정보망이 개설되었다. 다섯째, 창업 지원 부문은 창업을 통한 일자리 창출로 청년 실업의 근원적 문제를 해결하기 위하여 시행되었으며 지원 형태와 범위가 점차 확대되고 있다.

아래 표에서는 우리나라의 청년 고용 정책의 역사를 정부별, 부문별로 구분하여 제시하였다. 각 정부의 청년 고용 정책은 당시의 경제적 환경과 정부의 국정 기조에 따라 조금씩 다르게 나타났으나 모든 정부의 궁극적인 정책 목표는 청년층의 고용 확대와 양질의 일자리 제공이었다. 향후 추진될 청년 고용 정책도 이와 같은 목표를 갖고 추진될 것이다. 본 논문을 통해 살펴본 우리나라 청년 고용 정책의 흐름을 통해 과거의 것을 배우고 더 나은 미래를 준비할 수 있기를 바란다. 나아가, 이를 통해 우리나라를 책임질 청년층이 더욱 건강할 수 있도록 하는 청년 고용 정책의 궁극적인 목표를 이루어 나갈 수 있기를 기대한다.

[표 9] 정부별 청년 고용 정책 특징 비교

	일자리 제공	직업능력 개발	고용 서비스	고용 정보 인프라 구축	창업 지원
김대중 정부 (1998~ 2003)	· 단기 일자리 제공을 통한 외환 위기 충격 완화	· 대졸 이상 고학력 청년층이 주 대상	· 외환 위기로 인한 수요증가에 따라 서비스 공급 확대	· 고용 안정 정보망(Work-Net) 최초 구축	· 실업 문제 해결을 위해 창업 활동 지원 확대
노무현 정부 (2003~ 2008)	· 공공 부문 직접 채용 확대 · 고용보험 전사업장에 채용 장려금 지원	· 실업 및 구직 중 청년층이 주 대상	· 고용 서비스 선진화 정책을 통한 개인 특성별 취업 지원 시행	· 민간 채용 정보 모은 허브 사이트(Job-Net)개설	
이명박 정부 (2008~ 2013)	· 청년인턴제 확대 · 해외 취업 확대(글로벌 청년 리더 양성)	· 선취업 후진학 체계 구축	· 청년층 대상 고용 서비스 대상별 세분화	· 청년 대상 취업 활동 지원 포털(Job Young) 구축	· 창업 · 창직 인턴제 최초 도입
박근혜 정부 (2013~)	· 공공 부문 신규 채용, 해외 취업 확대 · NCS 채용 도입	· 직장 체험 프로그램 확대 · 훈련 후 직접 채용으로 이어지는 프로그램 확대	· 고용 서비스의 청년 특화 (대학창조일자리센터, 청년희망펀드 조성 등)	· 해외 진출 통합 정보망(World Job+) 구축	· 기 시행 정책 확대를 통한 적극적 창업 지원

제2부

청년 고용 정책의
현황과 한계, 그리고 개선 방향

청년 고용의 실태와 문제, 그리고 정책적 시사점

김 유 빈 (한국노동연구원)*

* ykim@kli.re.kr

청년 고용의 실태와 문제,
그리고 정책적 시사점

Ⅰ. 서론

국가 경제의 중추이자 노동시장의 근간을 이루는 청년 고용의 부진은 현재 정부의 핵심 국정 과제로, 그 사안의 중요성이 더욱 증대되고 있으나, 채용 규모 감소 등 고용 여건의 악화 속에 청년 일자리 전망은 여전히 밝지 않다. 외환 위기 이후 지속적 하락 추세에 있던 우리나라의 전체 고용률은 취업자 수의 증가에 힘입어 회복세로 접어들었으나, 청년 고용률은 OECD 평균에 크게 못 미치는 40% 수준에서 정체되어 있는 상황이다. 실업 통계에 잡히지 않는 청년층 주변 노동력의 존재까지 고려한다면, 우리나라 청년 고용 문제는 통계 수치 이상으로 심각한 것일 수 있다.

우리나라의 높은 청년 실업률은 경제 악화와 더불어 양질의 노동 수요 부족으로 인한 비경제활동인구의 증가에서 비롯되었다 하겠지만, 근본적으로는 정규 교육과 산업현장 사이의 미스매치에서 기인한 바가 크다. 정규 교육이 기업에서 요구하는 직무 역량 학습의 기회를 제대로 제공하지 못함에 따라, 학력은 취업 자격 요건 중 하나로서의 역할에 그치고 있고, 이에 따라 취업 경쟁에서 차별성을 갖고자 하는 청년들은 소위, '스펙 쌓기'로 불리는 취업 준비 활동에 열중하고 있다. 하지만, 청년 취업자들이 수행하는 대부분의 취업 준비 활동은 기업이 실제 요구하는 실무 역량과는 대부분 거리가 먼 것이라는 평가가 지배적이다. 문제의 심각성이 더해지는 것은, 늘어난 취업 준비 활동이 취업 자격 요건의 기준을 상향시켜, 또 다른 수준에서의 경쟁 차별화를 요구하였고, 이는 취업 준비 활동의 증가로 다시 이어져 노동시장 진입을 더욱 지연시키는 악순환이 발생하고 있다는 점이다. 취업 준비 활동 증가가 인적 자본 축적이라는 본래의 기능을 수행치 못하고, 단순히 취업 자격 요건 충족으로서의 역할에 그치게 됨에 따라, 개인적·사회적 기회비용을 과도하게 유발시키고 있다는 회의적 시각이 우세하다. 김유빈·전주용(2014)은 대학 졸업 후 미취업 상태에서의 취업 준비 활동을 취업 재수로 정의하고, '대졸자 직업 이동 경로 조사'(Graduates Occupational Mobility Survey : GOMS) 자료를 이용하여 청년층의 취업 준비 실태를 분석하였는데, 졸업 후 1년 6개월 시점에서의 취업 재수자는 35,000여 명으로 전체 대졸자의 약 13%를 차지하였으며, 대졸 취업자의 45%가 재학 중 취업 준비를 위한 휴학을 한 것으로 나타나, 청년층의 취업 준비 활동이 고용률 정체 및 노동시장 이행을 늦추는 주요 요인임을 뒷받침한다. 노동시장 성과 측면에서도, 취업 재수를 거친 취업자의 월평균 임금은 182.1만 원~262.7만 원으로 휴학 유·무경험자, 전체 평균에 비해 낮은 수준을 보이고 있어, 취업 준비 활동의 임금 증가 효과는 명확하게 나타나지 않는다.

청년들의 취업 준비 활동은 공급 경쟁의 심화 속에서 증가 추세를 이어갈 것으로 전망되는데, 취업 준비 활동을 수행함에 있어 청년들의 근로 여건 실태는 청년 고용 문제에 있어 우려를 더하는 점이다. 패션업계로부터 불거져 한 소셜커머스 업체의 수습사원 집단 해고로 번진 '열정페이' 논란은 이의 일례라 할 수 있다. 수습·실습·인턴 활동 등 취업 준비 관련 근로를 수행함에 있어, 청년 학습 근로자 다수는 근로기준법상의 근로자성을 인정받지 못하여 근로 인권의 사각지대에 놓여 있다. 청년들은 직무 역량 학습과 경력 취득의 기회로 인턴제 참여를 희망하지만, 실제로는 단순 업무를 수행하거나 정규직을 대체해 과도한 업무를 수행하면서도 적정한 보상을 받지 못하고 있는 현실이다. 정부는 이와 관련해, '열정페이', '스펙쌓기'용이라는 비판이 제기되는 해외 인턴을 줄이고, 지원 예산을 대폭 축소했지만, 문제의 핵심은 인턴십의 기회를 축소하는 것이 아니라, 근로 사각지대 해소를 통한 청년 일자리 질의 개선에 있다. 인턴 악용을 예방하기 위한 가이드라인을 마련하고, 무급 인턴에 관한 법률을 제정함으로써, 학습 근로자의 개념을 확립시키고 청년들이 근로자로서의 법적 지위를 보장받을 수 있는 정책을 모색해야 한다. 노동과 교육의 기준을 명확히 규정하여, 교육기관 및 사업장의 책무성 역시 강화할 필요가 있다.

II. 정책 방안

1. 청년 고용 정책 재정비

1) 일학습병행제도

일학습병행제도는 2013년 말 시범 사업을 시행한 이래, 2014년 9월 17일 기준으로 1,721개 기업이 참여하고 있으나, 근로자 수 300인 미만의 중소기업이 참여 업체의 95%를 차지하고 있다. 기업당 평균 훈련 인원은 6명, 평균 훈련 기간은 17개월, 평균 임금은 월 163만 원 수준이다.[1] 대기업 및 중견기업의 제도 참여가 저조하며, 학습 근로자들의 임금은 일반 근로자의 임금 수준에 비해 현저하게 낮은 수준이다. 2015년 7월, 청년 고용절벽 해소 종합 대책의 일환에 따라 공공 기관과 대기업의 일학습병행제 도입이 허용되었지만, 제도의 자발적 참여가 부족하여 정부 주도적으로 운영되고 있는 실정이다. 규모가 작은 중소기업의 경우, 현재 가용 인력을 교육 담당 인력으로 배치하기 어려워, 일학습병행제를 단독으로 추진하는 데에는 한계가 존재하며, 중견기업 및 대기업의 경우에는 이미 자체 채용 프로세스가 갖춰져 있어 제도 도입의 필요성을 느끼지 못하고 있다. 현재 일학습병행제는 2017년까지 10,000개 기업, 70,000명 학습 근로자 참여를 목표로 추진 중이지만, 기업 여건 및 인식 수준을 고려하여 성과 목표를 재조정할 필요성이 있다고 판단된다. 순편익 분석에 있어 일학습병행제는 제도 도입 초기임에도 불구하고, 스위스, 호주 등

---

1 한국산업인력공단(2014. 9. 17), 『일학습병행제 사업현황』.
2 이러한 이유로 현행 근로기준법에서도 고도의 연구 업무자의 경우에 재량적 근로시간제를 가능하도록 한 것이다(근로기준법 제58조).

주요국과 비교시 높은 수치를 보이고 있지만, 제도 목표가 양적 지표의 확대에 있었음을 감안하여 평가되어야 한다. 양적 목표의 달성이 우선시됨에 따라, 참여 기업 및 교육의 질 저하가 우려되며, 벤치마크(benchmark) 국가들과의 기업 여건, 인식 수준의 차이를 고려하여 제도 부실화에 대비한 재검토가 필요할 것으로 보인다. 또한, 기업 내 교육 훈련의 질을 보장하고 사회적 신뢰를 확보하기 위해 역량이 우수한 기업을 확보하여 양질의 일 학습 병행 프로그램을 제공할 수 있도록 지원하여야 한다.

기업의 자발적 참여를 유도하기 위해서는 재정적 인센티브 등의 유인책 마련 역시 요구된다. 기업의 세금 감면, 수출 특혜 등 다양한 인센티브를 제공하고, 기업 업종의 특수성 및 편의를 고려한 체계적인 행·재정 지원이 필요하다. 불필요한 행정 처리 및 복잡한 예산 집행 절차는 간소화하고, 일학습병행제 전산 시스템의 사용자 편의성을 높여서 참여 기업과 학습 근로자의 부담을 줄여줘야 한다(전승한 외, 2015).

일학습병행제에 참여하고 있거나 참여 유인이 있는 기업의 경우에는 취업 준비생의 중소기업 기피 경향이나, 병역 문제로 인해 학습 근로자 모집·채용이 힘들며, 일학습병행제 이수 중 중도 탈락할 가능성이 부담으로 존재한다. 중소기업은 학습 근로자가 일학습병행제 이수 중, 혹은 이수 후에 대기업으로 이직하는 것에 대한 부담을 지니고 있으며, 병역특례 요건을 충족하지 못한 기업의 학습 근로자 역시 중도 탈락의 가능성이 높다. 학습 근로자의 이탈을 최소화하기 위해 이들을 상시적으로 상담·컨설팅할 수 있는 지원 창구가 마련되어야 하며, 일학습병행제 참여 기업의 병역특례 요건을 적정 수준 낮추는 방안을 검토해볼 필요가 있다.

2) 중소기업청년인턴제

중소기업청년인턴제는 2009년 제도 도입 이래, 미취업 청년들의 중소기업 정규직 정착에 일정 부분 기여했다는 평가를 받고 있으나, 여타 청년 고용 정책들과 같이 양적 지표 확대 중심으로 운영되어 질적 관리에 문제점을 드러내고 있다. 인턴 제도에 대한 청년들의 부정적 인식과, 각종 적용 제외 규정, 홍보 부족 등으로 인해 참여율이 제도 목표치를 밑돌고 있는 실정이다. 현재 인턴 참여자의 재고용 확률은 일반적인 고용보험 피보험자보다 낮게 나타나고 있어, 인턴 기회가 노동시장 진입 및 이행에 있어 긍정적인 효과를 미치지 못하고, 오히려 낙인 효과로 작동될 수 있는 가능성이 존재하는 것으로 보인다. 인턴 기회가 실질적인 경력 형성에 도움이 될 수 있도록 직무 관련 훈련 기회를 확대하고 해당 비용을 지원하는 실효성 있는 방안이 검토되어야 한다(고용노동부, 2013). 취업 준비, 인적 자본 축적에 도움이 되지 못하는 잔심부름, 청소, 문서 복사 등의 단순 반복 업무 사례들이 보고되는 만큼 현장 지도 및 관리 강화가 요구되며, 참여 기업의 질적 수준 제고, 신청 절차 간소화, 참여 근로자의 보호 강화 필요성 역시 제고되어야 한다.

제도의 성공적 운영을 위해서는 참여율 증가 등 양적 지표의 성장도 중요하지만, 참여 근로자 보호 및 성과 제고 측면에서의 질적 관리 역시 중요하다. 월급여가 110만 원 이하인 청년 인턴의 비율이 7.4% 달하는 등, 임금 수준과 정규직 전환율이 매우 낮은 기업들이 다수 존재하는 만큼, 최소 약정 임금 수준을 상향하고, 중도 탈락률과 정규직 전환율 지표에서도 참여 제한 수준을 강화하는 등, 사업 참여 조건을 강화할 필요가 있다(류장수, 2015).

3) 해외 취업 지원 사업

청년 해외 취업 지원의 일환인 K-Move 사업은 현재 해외 통합 정보망, K-Move 스쿨, K-Move 멘토단, K-Move센터 등의 세부 사업으로 구성되어 있다. 지원 대상 및 취업 인정 기준 요건에 해당하는 청년 1,200명을 연수 계획 인원으로 설정했지만, 실제 연수 인원은 40% 미만에 그쳤으며, 취업 성공률도 기대 수준에 못 미치는 등, 예산 책정 및 사업 실적에 있어 문제점을 보이고 있다. 해외 취업의 일자리 질과 종류에 있어서도, 대부분이 단순 사무 서비스직에 편중되어 있어 다양한 일자리 기회를 제공하지 못하고 있다.

해외 취업 활성화를 위해서는 취업 정보 제공이 우선시된다. 정부는 K-

Move 사업 등 해외 취업 지원 사업의 홍보 수준을 높여가고 있지만, 취업 희망자들의 정부 해외 정책에 대한 인지도는 여전히 부족하다. 정부의 해외 취업 지원센터와 대학의 취업센터 간에 정보 공유 등 상호간의 교류가 이루어지지 않아 정책의 효율성이 극대화되지 못하고 있다. 학교에서 예비 취업자 준비 과정을 강화하고, 정부와의 연계를 통해 정보 제공의 기회를 높인다면, 지원자 부족과 정책의 안정화 문제 해소를 도모할 수 있다. 해외 취업을 희망하는 청년들은 재학 중에 해외 취업에 대한 다양한 일자리 정보를 습득하고, 희망 직종의 취업에 요구되는 직무 역량 및 지식을 습득할 수 있도록 예비해야한다.

2. 지원 제도 확대 및 개선

1) 인턴 노동자의 권리 보호를 위한 법률 제정

청년유니온은 교육과정과 노동시장 진입 간 경계 간극에 놓여 있는 수습 · 실습 · 인턴 활동 등을 '과도기 노동'이라고 정의하였는데, 이들 과도기 노동자들은 근로조건에 대한 기준이 마련되어 있지 않고, 권익 보호를 위한 제도적 규정이 없는 사각지대에 놓여 있다는 점에서 우려된다.

미국의 경우, 노동부의 임금 · 시간 관청(Wage and Hour Division : WHD)에서 무급 인턴제의 기준을 다음과 같은 6가지 규정을 고시하여 제시하고 있다.

1. 훈련 및 실습 과정은 직업훈련 시설이나 교육 시설에서 제공되는 교육과 유사한 성격의 것이어야 한다.
2. 훈련 및 실습 과정은 실습자(trainee)의 혜택을 위해 제공되는 것이다.
3. 실습자의 업무는 정규직의 업무를 대체하는 것이 아니며, 정규직의 보호 관찰하에 이루어지는 것이다.
4. 훈련 및 실습 과정을 제공하는 고용주는 실습자들의 활동으로부터 직접적 이득을 얻지 않고, 실제적으로는 업무 지연의 영향을 받을 수도 있다.

5. 실습자들은 훈련 종료시, 채용 자격을 보장받지 않는다.

6. 고용주와 실습자들은 훈련 기간 중, 일반적인 임금 요건에 적용되지 않음을 상호간 인지한다.

프랑스 역시 '인턴 노동자의 권리 보호를 위한 법률'에 의해 인턴 및 수습사원의 업무에 대한 명확한 기준을 제시하였으며, 이는 2009년의 평생교육과 직업훈련을 위한 법률 개정, 2011년 Cherpion Law로 불리는 견습 과정(apprenticeship)과 고용 안정성의 발전을 위한 법률에 의해 한층 더 강화된 바 있다. 우리나라는 미국과 프랑스와 같은 무급 인턴에 관한 명확한 규정을 갖고 있지 않다. 청년들의 생애 초기 직업 형성 과정이 향후 노동시장 성과에 유의미한 영향을 끼치는 점을 고려할 때, 사각지대로 내몰려 있는 과도기 노동에 대한 사회적 합의를 이끌어내기 위해서는 노동시장 내부의 자성도 중요하겠지만, 기본적으로 과도기 노동자들의 권익을 보호할 수 있는 법적 테두리의 마련이 선행되어야 한다.

2) 노동시장 진입 및 안정적 정착을 위한 제도적 지원 확대

청년층 고용 대책의 대부분은 맞춤식 교육 훈련에 초점을 맞추고 있으나, 청년층 노동시장 성과 제고를 위해서는 노동 공급의 문제뿐만이 아니라, 일자리 이행 촉진의 관점에서의 접근 역시 필요하다(이규용, 2015). 학교교육에서 노동시장의 원활한 이행을 위한 첫 일자리 지원에 관한 법률 제정은 이의 한 방안이다(안주엽, 2015). 청년층의 생애 첫 일자리에 있어 소득공제, 인건비 추가 공제 등 세제 지원을 통해, 청년층의 노동시장 조기 진입을 도모하여 청년층 고용률을 제고하고, 중소기업 및 중견기업의 인력난을 완화할 수 있다. 청년 근로자에게 첫 일자리의 이행까지의 기간 및 근속기간, 기업 규모에 따라 혜택을 차등 지급하고, 취업 대상 기업에 대해서도 인건비에 대한 법인세 감면 혜택을 제공하여 참여 유인을 높일 수 있을 것으로 기대된다. 다만, 기업에 대한 세제 혜택은 매출액, 상시 근로자 수 등 일정 규모 이하의 기업에게만 제한 적용함으로써 사중손실을 최소화할 수 있도록 설계되어야 한다.

3) 전달 체계의 개선

청년 고용 정책의 개선을 위해 요구되는 또 하나의 정책 대안은 전달 체계의 효율성을 도모하는 것이다. 청년 일자리 창출 관련 예산은 직접 일자리, 고용 장려금, 고용 서비스, 직업훈련 및 창업 지원 등 여러 영역에 걸쳐 약 2조 정도가 투입되고 있으나, 일자리 사업 및 지원 체계가 기관별로 산재하여 있고, 체감도 및 접근성이 낮은 실정이다. 청년 일자리 지원 체계의 실효성 제고를 위해 산재해 있는 청년 일자리 사업들을 통합 및 정책 대상별로 패키지화하여 청년들의 접근성을 높여나가야 한다. 청년 고용 정책에 있어 단기간에 통합 체계의 구축이 어려운 만큼, 노동시장 이행 단계별 연계가 가능하도록 정비하고, 예산 배분 및 사업 평가 역시 이러한 틀에 입각하여 이루어질 수 있도록 전달 체계를 강화할 필요가 있다(이규용, 2015).

4) 청년고용할당제 확대

청년고용할당제로 인해 공공 기관과 공기업은 매년 정원의 3% 이상 청년 미취업자를 채용하도록 의무화하고 있지만, 현재 우리나라 청년 노동시장의 실태에 비추어볼 때 의무 고용 비율의 상향과 민간 기업으로의 한시적 확대 적용을 고려해야 할 필요성이 있다. 청년 고용의 상당 비중이 민간 기업에 귀속되어 있는 만큼, 청년고용할당제의 민간 기업 확대 적용 없이는 실효성을 기대할 수 없다. 공기업 및 대기업의 할당 비율 역시 기업 규모 및 매출액을 감안해 단계적 인상을 통한 고용 비율을 증대하여야 한다. 참여율 제고를 위해 제도 미이행 사업장에 대한 청년고용의무부담금 부과 방안도 고려되어야 한다.

5) 근로자 직접 지원 확대

현재 정부의 청년 일자리 창출 관련 보조금 사업은 기업(사업주) 위주의 지원 방식에 편중하여 있다. 일례로, 중소기업청년취업인턴제 사업의 경우, 사업주에 대한 지원으로 볼 수 있는 기업 지원금 및 정규직 전환 지원금 예산(2016년 기준)이 1,758억 2,100만 원에 이르는 반면, 취업 지원금은 435억 100만 원으로 사업주 고용 지원금이 취업 지원금의 약 4배에 이르고 있다(강세욱 2015). 중소기업청년취업인턴제 참여자 임금 상승 효과가 명확하지 않고, 자발적 이직률은 오히려 높게 나타나고 있는 만큼, 고용 보조금이 인건비 등 기업의 비용 절감 수단으로 활용될 수 있다는 비판이 존재한다. 따라서, 사업주 위주의 고용 보조금 지원 방식에 근로자 직접 지원 방식의 확대를 적절히 병행하여, 저소득 청년층의 노동시장 참여 유인을 강화할 필요가 있다. 또한, 대기 및 중견기업의 고용 보조금을 하향 조정하여 사중손실을 줄이는 방향으로 근로자 직접 지원의 재원을 마련하고, 근로조건 개선 등 일자리의 질 제고에 기여하는 중소기업에 가산점 부여 및 중점 지원하는 개선 방안이 검토되어야 한다.

3. 청년 고용 정책의 연계 및 정책 방향의 일관성 제고

1) 청년 고용 정책과 성과공유제의 연계 방안

대기업과 중소기업 간 양극화가 심화됨에 따라, 대기업과 중소기업의 상생 협력 및 동반 성장을 골자로 한 성과공유제가 하나의 대안으로 부각되고 있다. 나아가, 정부는 위탁 기업 근로자의 근로 개선에 중점을 두고, 정부의 주요 추진 정책과 성과공유제를 연계한 모델을 개발하여 근로자의 근로 여건 개선을 모색하고 있는데, 청년 고용 정책과의 연계성도 고려될 여지가 존재한다. 성과 공유의 모델에 청년 고용과 관련한 유형을 추가적으로 개발하고, 청년 고용과 관련하여 투자 재원에 기금을 출연한 기업에게 법인세 공제 등의 세제 인센티브를 제공하는 등의 방안을 고려해볼 수 있다.

2) 청년 고용 정책 방향의 일관성 제고

청년 고용 정책의 효율성 제고에 있어서는 정책들 간의 유기적 연계의 부족도 문제이지만, 정책 기조가 일관된 방향으로 향할 수 있도록 정책 설계의 효율성을 높이는 것 역시 중요하다. 최근 정부는 전년 대비 청년 정규직 근로자 수가 증가한 기업에 대해, 전체 상시 근로자 증가 인원을 한도로 1인당 500만 원(대기업 250만 원)을 법인세에서 공제하는 내용의 청년고용증대세제를 발표했다. 그러나 기업의 고용 투자 여력을 감안하지 않았기 때문에, 고용 여력이 상대적으로 높은 대기업에 혜택이 집중될 수밖에 없고, 근로자에게 돌아가는 세액공제의 혜택의 수준이 낮아 정책 실효성에 의문이 가는 상황이다. 기업의 입장에서도 청년고용증대세제로 인한 법인세 감면 혜택이 비정규직 고용의 비용보다 적은 수준이기 때문에, 비정규직법 개정과 같은 비정규직 기간 연장은 청년고용증대세제의 효과에 역행할 가능성이 존재한다. 산재해 있는 청년 고용 정책의 연계성을 재검토하고, 정책의 방향이 일관성 있게 흘러갈 수 있도록 정책 설계 단계에서부터 정책 통합 방안을 구체화하여야 한다.

Ⅲ. 제언

우리나라 청년층 노동시장의 문제는 노동 수요의 구조적 변화에 대응하지 못하는 교육제도에도 기인한 바 크며, 이는 청년층의 노동시장 진입뿐 아니라, 진입 후의 안정적 정착에도 부정적 영향을 미치는 요인으로 작용한다. 노동시장에의 안정적 정착에 실패한 근로자들은 일자리 이동을 통해 고용 기대치를 회복하려는 경향을 보이지만, 일자리 이동 및 직장 경험 횟수는 임금 상승, 근속 연수, 고용 형태 등에 대체로 부정적 효과를 미치는 것으로 분석된다(이병희, 2002 ; 천영민 · 윤정혜, 2008b).

정규 교육의 대안이라 할 수 있는 직업 교육 훈련 역시 그 성과가 아직은 미비하여 취업의 선별 도구로만 작용할 뿐, 취업 이후의 노동생산성 향상 및 임금 상승 등 노동시장 성과 개선에 도움을 주지 못하고 있다. 이는 곧, 현재의 교육제도가 교육의 본 목적인 인적 자본 축적의 방향에서 벗어나 단순히 경쟁 논리로 작용하고 있는 것을 의미하며, 학력, 자격증 등의 교육 성과가 노동시장 진입을 위한 지표 역할(screening effect)에 그치고 있다는 것을 의미한다. 따라서 우리나라의 교육제도는 기존의 안일하고 명목적인 교육 방향에서 벗어나, 효율적이고 실질적으로 노동생산성 향상을 기할 수 있는 기술 습득 기회를 제공하여야 할 것이며, 노동시장 및 교육시장 정보 제공 체계의 구축과 함께 전공 직무의 매칭을 촉진시키는 직업 안정 사업 역할의 강화 역시 요구된다 하겠다. 장기적으로는 대학 진학률을 낮추고, 인문·사회 계열에 치우친 전공의 다양화, 전공을 고려한 교육 훈련의 체계화를 통해 청년들이 노동시장의 변화에 능동적으로 대처할 수 있는 환경을 마련하는 것 역시 중요하다.

기업 친화적이고 노동 배제적인 사회·경제적 환경과 인식의 변화 역시, 청년 취업자들 더 나아가 모든 근로자들의 권익 보호·향상을 위한 선결과제이다. 청년을 학습 근로자로 채용하여 업무를 담당케 하면서 이론과 실무를 병행한 교육을 실시하는 도제식 교육의 본 취지와는 다르게, 많은 수의 청년들이 정규직 노동력의 대체로서 노동의 대가를 보장받지 못하는 일이 관행처럼 여겨져왔다. 학습 근로자로서 안정적인 환경에서 필요한 역량을 쌓을 수 있도록 보호받을 수 있는 사회 저변 인식의 확립과 법적 테두리의 마련이 요구된다 하겠다.

지역 청년 인재의 유출이 문제다[*]

류장수 (부경대학교)[**]

[*] 이 글은 『지역사회연구』 제23권 제1호(2015. 3)에 게재된 류장수, 「지역 인재의 유출 실태 및 결정 요인 분석」을 요약하고 일부 보완한 글임.

[**] jsryu@pknu.ac.kr

지역 청년 인재의 유출이 문제다

I. 서론

지역 기업의 경쟁력과 도시의 경쟁력을 결정짓는 핵심적 요소는 풍부하고 우수한 인력을 확보하는 것이다. 특히 현재와 같은 지식 기반 경제 시대에서 인력의 중요성은 더욱 높아지고 있다. 다시 말해 지역 발전과 지역 주민의 삶의 질 향상을 위해서는 해당 지역에 우수한 인재들이 무엇보다도 필요하다. 기존의 많은 연구 결과들은 지역 발전과 지역 고용 확대를 위해 그 지역이 우수한 인재를 다수 확보하고 있어야 한다는 것을 보여주고 있다. 예컨대 미국 첨단 기업들의 입지에 대한 설문 조사 결과, 입지 조건으로 우수 인력의 확보문제가 가장 중요한 요소로 조사되었다. 즉 미국 첨단 기업 경영자의 입지 선호 기준 조사에서 75%의 경영자들이 우수 인력이 중요하다고 답변하였다 (Joint Venture, 1999. 8).

이처럼 기업을 중심으로 한 인력 수요 기관들을 외부로부터 유치하고, 현재의 지역 내 일자리를 유지 확대하는 데 필수적인 요소는 바로 지역이 우수 인력을 안정적으로 확보하는 것이라 할 수 있다. 지방의 입장에서 보면, 우수 인력 확보 방안으로 외부 수혈은 한계가 있기 때문에 지역 내 우수 인력이 외부로 유출되지 않는 방안을 우선 적극 마련해야 하는 데 초점이 맞춰져야 할 것이다. 이러한 과정을 통해 지역의 우수 인재가 지역에 정주하고 이들에 의해 지역 발전과 고용 확대가 실현되면서 외부의 우수 인력이 그 지역으로 유입되는 효과까지 얻을 수 있다. 특히 지역 발전의 지속성을 위해서는 인력 중에서도 청년 인재의 확보가 더욱 중요하다.

그러나 현재 우리나라 지방에서는 그 지역의 우수 인재를 크게 두 차례에 걸쳐 수도권으로 유출시키고 있다. 1차 유출은 지역 고등학교 졸업자들의 수도권 대학 진학으로 인한 유출을 의미하고, 2차 유출은 지역 대학 우수 졸업자들의 수도권 일자리 획득으로 인한 유출을 의미한다. 이러한 어려움을 극복하기 위해 무엇보다 시급히 요구되는 것은 현재 지방 인재의 역외 유출에 관한 정확한 분석이 필요하다는 점이다. 본 연구는 이상의 문제의식하에서 우리나라의 지역 청년 인재들의 유출 실태를 분석하고 각 지역이 우수 인재를 유지 확보하기 위한 방안을 제시하는 데 목적이 있다.

이 글의 주요 연구 내용은 다음과 같다. 먼저 서론에 이어 제II절에서는 지역 청년 인재의 유출 실태 및 특성을 분석한다. 지역 인재의 1차 유출과 2차 유출을 구별하면서 각 유출 형태에 따른 구체적 규모를 분석하고, 지방 고교 졸업자의 대학 진학 지역별 주요 특성과 지방 대학 졸업자의 취업 지역별 주요 특성에 초점을 맞춰 유출자와 체류자 간의 특성을 비교 분석한다. 여기에서 사용되는 자료는 2012년 '대졸자 직업 이동 경로 조사'(Graduates Occupational Mobility Survey : GOMS) 자료로서 2010년 8월 혹은 2011년 2월 졸업자를 대상으로 한 자료이다. GOMS 자료는 지역의 인재 유출입을 파악할 수 있는 자료 중 표본 수가 가장 많기 때문에 이 분야 연구에서 매우 중요한 자료로 판단된다. 제III절에서는 지역 청년 인재의 역외 유출 방지를 위한 기본 전략과 주요 정책 과제들을 제시할 것이다.

II. 지역 청년 인재의 유출 실태 및 특성 분석

1. 지역 청년 인재의 유출 실태

1) 1차 유출 실태

지역 청년 인재의 1차 유출 비중, 즉 지방에서 고등학교를 졸업하고 수도권 대학으로 진학한 비중은 17.3%에 이르고 있다. 지방의 권역을 충청권, 호남권, 대구경북권, 부울경권, 강원권, 제주권과 같이 6개 권역으로 구분했을 때 수도권 대학으로 진학한 비중이 가장 높은 권역은 제주권으로 제주 지역 고졸자 중 22.5%가 수도권 대학으로 진학하였다.[1] 그다음이 강원권으로 21.6%이며, 충청권도 19.2%로 다른 지역보다 유출률이 높게 나타났고, 부울경권이 14.8%로 가장 낮은 유출률을 보이고 있었다. 한편 수도권에서 지방 대학으로의 1차 유출률은 29.3%로 매우 높으며, 이는 지방의 우수 인재들이 수도권 대학으로 진학함으로써 어쩔 수 없이 지방 대학으로 가는 수도권 고교 졸업자가 상당히 존재함을 알 수 있고 이들의 다수는 충청권 대학으로 진학하였다.

[표 1] 1차 인력 유출입(고교 → 4년제 대학) 현황(단위 : %, 명)

			대학교 소재지								전체
			수도권	지방	충청	호남	대구경북	부울경	강원	제주	
고교 소재지	수도권	빈도	83,655	34,627	22,848	2,696	2,063	766	6,036	217	118,282
		%	70.7	29.3	19.3	2.3	1.7	0.6	5.1	0.2	100.0
	지방	빈도	30,064	143,779	29,099	30,158	32,252	41,201	8,343	2,727	173,843
		%	17.3	82.7	16.7	17.3	18.6	23.7	4.8	1.6	100.0
	충청권	빈도	5,701	24,007	21,035	1,217	857	266	560	74	29,708
		%	19.2	80.8	70.8	4.1	2.9	0.9	1.9	0.2	100.0
	호남권	빈도	6,737	31,470	2,571	27,399	415	683	341	61	38,206
		%	17.6	82.4	6.7	71.7	1.1	1.8	0.9	0.2	100.0
	대구경북권	빈도	6,617	31,429	2,603	321	26,065	1,824	487	129	38,046
		%	17.4	82.6	6.8	0.8	68.5	4.8	1.3	0.3	100.0

---

1 지방의 권역을 이와 같이 6개 권역으로 구분한 근거는 2014년 7월에 공포된 「지방 대학 및 지역 균형 인재 육성에 관한 법률 시행령」에 기초하고 있음. 이 법은 지역 인재의 대학 입학 기회 확대와 공공 기관·기업의 지역 인재 채용 확대 지원을 하기 위해 지역의 범위를 이처럼 6개 권역으로 설정하면서 정책을 시행하는 것으로 되어 있음.

			대학교 소재지								전체
			수도권	지방	충청	호남	대구경북	부울경	강원	제주	
고교 소재지	부울경권	빈도	8,001	46,111	2,155	930	4,511	38,046	420	50	54,113
		%	14.8	85.2	4.0	1.7	8.3	70.3	0.8	0.1	100.0
	강원권	빈도	2,081	7,558	519	131	259	153	6,497	0	9,639
		%	21.6	78.4	5.4	1.4	2.7	1.6	67.4	0.0	100.0
	제주권	빈도	928	3,203	216	160	146	230	38	2,413	4,132
		%	22.5	77.5	5.2	3.9	3.5	5.6	0.9	58.4	100.0
전체		빈도	113,720	178,406	51,947	32,854	34,314	41,967	14,379	2,944	292,125
		%	38.9	61.1	17.8	11.2	11.7	14.4	4.9	1.0	100.0

2) 2차 유출 실태

지방에서 대학을 졸업한 후 수도권에서 직장을 구한 비중, 즉 2차 유출 비중은 34.2%로 1차 유출 비중의 두 배를 보이고 있다. 강원권과 충청권의 2차 유출 비중은 각각 56.2%, 53.7%로 절반 이상이 수도권에서 취업함으로써 상당한 유출률을 보이고 있고, 이 점에서 보면 수도권과 강원권 그리고 충청권은 사실상 동일한 대졸 노동시장을 보이고 있는 것으로 판단된다. 호남권과 대구경북권의 경우 대졸자 네 명 중 한 명이 수도권 지역의 직장으로 유출되고 있으며, 부울경권의 유출률은 18.8%로서 6개 권역 중 가장 낮은 수치를 보이고 있다. 한편 지방에서 수도권으로의 2차 유출 비율이 높은 것에 비해 수도권에서 지방으로의 2차 유출률은 8.3%로 매우 낮게 나타났다.

[표 2] 2차 인력 유출입(4년제 대학 → 취업) 현황(단위 : %, 명)

			대학교 소재지								전체
			수도권	지방	충청	호남	대구경북	부울경	강원	제주	
고교 소재지	수도권	빈도	82,876	7,510	2,950	885	1,175	1,798	637	66	90,386
		%	91.7	8.3	3.3	1.0	1.3	2.0	0.7	0.1	100.0

			대학교 소재지								전체
			수도권	지방	충청	호남	대구경북	부울경	강원	제주	
고교 소재지	지방	빈도	47,736	92,028	18,796	18,270	19,265	28,253	5,591	1,852	139,764
		%	34.2	65.8	13.4	13.1	13.8	20.2	4.0	1.3	100.0
	충청권	빈도	21,542	18,570	15,546	919	816	651	565	72	40,112
		%	53.7	46.3	38.8	2.3	2.0	1.6	1.4	0.2	100.0
	호남권	빈도	6,495	19,062	1,104	16,618	243	708	310	79	25,557
		%	25.4	74.6	4.3	65.0	1.0	2.8	1.2	0.3	100.0
	대구 경북권	빈도	6,677	21,067	1,244	220	16,488	2,620	337	158	27,744
		%	24.1	75.9	4.5	0.8	59.4	9.4	1.2	0.6	100.0
	부울경권	빈도	6,187	26,776	556	363	1,501	24,124	114	118	32,963
		%	18.8	81.2	1.7	1.1	4.6	73.2	0.3	0.4	100.0
	강원권	빈도	6,340	4,948	326	76	187	92	4,265	0	11,288
		%	56.2	43.8	2.9	0.7	1.7	0.8	37.8	0.0	100.0
	제주권	빈도	495	1,605	20	74	29	58	0	1,425	2,100
		%	23.6	76.4	0.9	3.5	1.4	2.8	0.0	67.8	100.0
전체		빈도	130,612	99,538	21,746	19,156	20,440	30,051	6,228	1,918	230,150
		%	56.8	43.2	9.4	8.3	8.9	13.1	2.7	0.8	100.0

2. 지방 고교 졸업자의 대학 진학 지역별 주요 특성

1) 지방 고교 졸업자의 대학 진학 지역별 인적 특성

지방 고교 졸업자는 대학 진학 지역에 관계없이 모두 남성의 비중이 더 높고, 지방 대학에 진학한 학생들보다 수도권으로 진학한 학생들 중에서 남성의 비중이 더 높게 나왔다. 부의 학력에서는 수도권 대학 진학자들의 부 학력이 더욱 높았다. 즉 부의 학력이 4년제 대졸 중퇴 이상 비중에서 수도권 대학 진학자에서는 44.8%로 26.3%의 지방 대학 진학자보다 더 높았다. 대학 입학 당시 부모 소득에서 월 500만 원 이상 비중은 수도권 대학 진학자의 경우 31.9%

로 18.5%에 그친 지방 대학 진학자보다 더 높았다. 이를 통해 지방 고교 졸업
자 중 가정 배경이 더 좋은 졸업자가 수도권 대학으로 더욱 많이 진학하고 있
음을 알 수 있다.

[표 3] 지방 고교 졸업자의 대학 진학 지역별 인적 특성(4년제 대학)(단위 : %, 명)

		지방	수도권	합계
특성별 합계		82.7	17.3	173,843
성	남성	51.6	60.0	92,254
	여성	48.4	40.0	81,590
부의 학력	고졸 이하	68.8	49.0	113,512
	전문대졸 이하	4.9	6.2	8,950
	대졸 이하	20.7	30.9	39,035
	대학원 이상	5.6	13.9	12,143
대학 입학 당시 부모 소득	100만 원 미만	2.2	1.3	3,460
	100~200만 원	11.5	7.1	18,014
	200~300만 원	23.3	15.5	36,888
	300~500만 원	44.6	44.0	74,778
	500만 원 이상	18.5	31.9	34,944

주 : 특성별 합계의 %는 소계 대비 비중, 각 범주별 %는 해당 지역 전체 대비 비중

외고·과학고 졸업자들의 수도권 대학 진학 비율이 월등히 높고, 반대로
특성화고 졸업자들의 대부분은 지방 대학에 머무는 것으로 나타났다. 토익 점
수로 본 영어 성적에서는 수도권대 진학자의 성적이 훨씬 더 높았다. 토익 850
점 이상이라고 답변한 비중을 보면, 수도권대 진학자에서는 거의 절반인 반면
지방대 진학자에서는 24.3%로 상당한 차이를 보이고 있었다. 어학연수 경험
에서도 수도권대 진학자가 더 높았다. 그러나 자격증에서는 지방 진학자가 더
많았다.

[표 4] 지방 고교 졸업자의 대학 진학 지역별 SPEC(4년제 대학)(단위 : %, 명)

		지방	수도권	합계
특성별 합계		82.7	17.3	173,843
영어 성적 (토익 점수)	850점 이상	24.3	49.3	18,480
	700~850점	43.5	39.5	25,780
	600~700점	17.5	8.1	9,211
	500~600점	9.2	2.0	4,523
	500점 미만	5.5	1.2	2,707
어학연수	함	20.4	27.1	37,456
	안함	79.6	72.9	136,387
자격증	없음	26.4	38.0	49,387
	1~2개	52.5	48.0	89,979
	3~5개	18.2	12.7	30,046
	6개 이상	2.8	1.2	4,431

주 : 특성별 합계의 %는 소계 대비 비중, 각 범주별 %는 해당 지역 전체 대비 비중

2) 지방 고교 졸업자의 대학 진학 지역별 직장 특성

지방대 졸업자의 22.8%가 수도권 소재 직장에서 근무하는 것으로 나타났다. 한편 수도권대 졸업자의 19.3%가 지방 소재 직장에서 근무하고 있어 이들이 지방에서 어떤 특성의 일자리를 가지고 있는지를 확인하는 것도 매우 의미있을 것이다. 일자리 질의 대표적 대리변수인 기업 규모와 월평균 급여에서 예상대로 수도권 대학 진학자의 조건이 더욱 좋다는 점이 확인된다. 즉 500인이상 규모의 대기업에서 근무하는 비중이 수도권대 진학자 중에서는 60.2%를 차지하고 있지만, 지방 대학 진학자 중에는 37.3%였다. 월평균 300만 원이상의 급여를 받는 비중에서는 수도권 대학 진학자 28.6%, 지방 대학 진학자 11.2%로 상당한 비중 차이를 보이고 있다.

[표 5] 지방 고교 졸업자의 대학 진학 지역별 직장 특성(4년제 대학)(단위 : %, 명)

		지방	수도권	합계
특성별 합계		82.7	17.3	173,843
취업 여부	미취업	21.4	20.5	37,014
	취업	78.6	79.5	136,829
현 직장 소재지	수도권	22.8	80.7	44,918
	지방	77.2	19.3	91,633
기업 규모	1~9	17.3	9.9	21,828
	10~49	17.7	11.0	22,582
	50~99	9.8	6.8	12,643
	100~299	11.8	6.9	14,967
	300~499	6.0	5.1	8,002
	500 이상	37.3	60.2	56,370
월평균 급여	없음	21.9	20.9	37,718
	100만 원 미만	6.3	7.7	11,379
	100~200만 원	34.1	15.6	53,666
	200~300만 원	26.6	27.2	46,371
	300~500만 원	10.2	26.6	22,676
	500만 원 이상	1.0	2.0	2,033

주 : 특성별 합계의 %는 소계 대비 비중, 각 범주별 %는 해당 지역 전체 대비 비중

3. 지방 대학 졸업자의 취업 지역별 주요 특성

지방 대졸자 중 수도권 지역에서 취업한 대졸자들의 가정환경이 더 양호한 것으로 나타났다. 즉 수도권 지역 취업자의 35.0%가 부의 학력이 4년제 중퇴 이상이고, 지방 취업자에서는 그 비중이 24.7%였다. 대학 입학 당시 부모 소득이 월 500만 원 이상인 비중을 보면, 수도권 지역 취업자 중에서는 25.2%, 지방 취업자 중에서는 16.3%로 적지 않은 차이를 보이고 있다. 이를 통해 1차 유출자의 가정환경이 체류자보다 더 좋았던 것과 마찬가지로, 2차 유출자의

가정환경 역시 체류자보다 더 양호하였다.

[표 6] 지방 대학 졸업자의 취업 지역별 인적 특성(4년제)(단위 : %, 명)

		지방	수도권	합계
특성별 합계		65.8	34.2	139,764
성	남성	53.3	54.7	75,154
	여성	46.7	45.3	64,610
부의 학력	고졸 이하	70.6	60.7	93,822
	전문대졸 이하	4.8	4.3	6,440
	대졸 이하	19.7	26.8	30,882
	대학원 이상	5.0	8.2	8,469
대학 입학 당시 부모 소득	100만 원 미만	2.4	1.8	3,028
	100~200만 원	11.4	9.6	14,587
	200~300만 원	24.6	19.8	31,050
	300~500만 원	45.2	43.6	60,361
	500만 원 이상	16.3	25.2	26,152

주 : 특성별 합계의 %는 소계 대비 비중, 각 범주별 %는 해당 지역 전체 대비 비중

수도권 지역 취업자의 영어 성적이 지방 지역 취업자보다 더 높았고, 어학 연수 경험자 비중에서 수도권 지역 취업자가 더 높았다. 그러나 자격증에서는 지방 직장 취업자가 더 많았다. 1차 유출자보다 체류자의 자격증 수가 더 많았던 것과 마찬가지로 2차 유출 유무 기준에서도 체류자의 자격증 수가 더 많았다. 이를 통해 취업 관련 여건이 열악한 지방 대학 졸업생이 자격증이라는 스펙 확보에 더 투자하고 있음을 추론할 수 있다.

[표 7] 지방 대학 졸업자의 취업 지역별 스펙(4년제)(단위 : %, 명)

	지방	수도권	합계
특성별 합계	65.8	34.2	139,764

		지방	수도권	합계
영어 성적 (토익 점수)	850점 이상	23.1	27.7	10,605
	700~850점	43.9	39.6	18,026
	600~700점	17.3	15.6	7,092
	500~600점	9.3	10.7	4,177
	500점 미만	6.4	6.4	2,732
어학연수	함	18.4	25.0	28,871
	안함	81.6	75.0	110,893
자격증	없음	24.9	30.1	37,318
	1~2개	53.3	51.1	73,400
	3~5개	18.7	15.8	24,793
	6개 이상	3.1	3.0	4,254

주 : 특성별 합계의 %는 소계 대비 비중, 각 범주별 %는 해당 지역 전체 대비 비중

[표 8] 지방 대학 졸업자의 취업 지역별 직장 특성(4년제)(단위 : %, 명)

		지방	수도권	합계
특성별 합계		65.8	34.2	139,764
기업 규모	1~9	18.9	14.3	24,131
	10~49	18.1	18.1	25,234
	50~99	10.1	10.6	14,256
	100~299	10.6	14.6	16,699
	300~499	6.1	6.1	8,511
	500 이상	36.2	36.3	50,474
월평균 급여	없음	0.5	0.7	819
	100만 원 미만	9.1	6.6	11,537
	100~200만 원	45.3	39.2	60,408
	200~300만 원	31.8	39.7	48,209
	300~500만 원	11.9	12.6	16,969
	500만 원 이상	1.4	1.2	1,822

주 : 특성별 합계의 %는 소계 대비 비중, 각 범주별 %는 해당 지역 전체 대비 비중

기업 규모와 월평균 급여 측면에서 보면, 1차 유출자와 체류자 간에 존재했

던 차이에 비해 2차 유출자와 체류자 간 차이가 더 적게 나타났다. 기업 규모에서는 2차 유출자와 체류자 간에 거의 차이가 없었고, 월평균 급여에서 2차 유출자가 체류자보다 더 높지만 그 차이는 크지 않았다. 직장 만족도에서도 지방 소재 직장 취업자보다 수도권 소재 직장 취업자가 높지만 그 차이 역시 작은 것이 특징적이다.

대학 소재지에 따라 대졸자의 현 직장 월평균 임금 수준을 보면, 4년제의 경우 수도권 244만 원, 지방 207만 원으로 수도권 대학 졸업자의 임금이 더 높게 나타났고, 이는 남성과 여성에 관계없이 일관되게 보이는 특징이다. 지방 대학 졸업자 중에는 대구·경북권 대졸자와 부산·울산·경남권 대졸자의 임금이 크지는 않지만 다른 지방대 졸업자의 임금보다 높았다.

[표 9] 대학 소재지 기준 졸업자의 월평균 임금(현재 직장)(단위 : 만 원)

		수도권	지방	충청권	호남권	대구경북권	부울경권	강원권	제주권	전체
전체	전체	219	200	193	197	204	206	200	185	207
	남성	243	223	212	225	230	232	216	191	231
	여성	196	175	172	172	175	177	181	177	183
전문대	전체	182	189	180	195	188	191	196	172	186
	남성	199	212	199	230	215	211	217	178	207
	여성	169	167	163	168	166	170	178	165	168
4년제 대학	전체	244	207	199	199	217	215	201	206	221
	남성	268	229	217	221	241	244	216	214	244
	여성	217	180	177	175	185	182	183	197	195

[표 10] 대학 소재지 기준 졸업자의 직장 소재지별 월평균 임금(4년제)(단위 : 만 원)

	수도권	지방	충청권	호남권	대구경북권	부울경권
지역별 합계	244	207	199	199	218	215

		수도권	지방	충청권	호남권	대구경북권	부울경권
직장 소재지	수도권	242	213	203	215	227	231
	지방	265	203	194	193	214	211
	충청권	257	198	191	216	239	256
	호남권	258	190	226	187	–	195
	대구경북권	272	213	203	260	207	262
	부울경권	295	214	224	271	244	208

주 : 강원권과 제주권 지역 대졸자 중 대구경북권과 부울경권 지역의 직장으로 이동한 샘플 수가 적어
강원권과 제주권 지역 대졸자의 월평균 임금 수준은 분석에서 제외. 또한 호남권 지역 대졸자 중
대구경북권 지역 직장 이동 샘플 수가 너무 적어 이 부분도 제외.

지방대 졸업자 중 수도권에서 직장을 구한 졸업자의 월평균 임금 수준은
213만 원으로 지방에서 직장을 구한 졸업자의 203만 원보다 더 높게 나타나 2
차 유출자의 임금 수준이 더 높음을 알 수 있다. 한편 수도권대 졸업자에서는
반대로 취업을 위해 지방으로 이동한 졸업자의 월평균 임금이 265만 원으로
수도권에서 직장을 구한 졸업자의 월평균 임금 242만 원보다 훨씬 더 높았다.
수도권대 졸업자의 지방 이동에 따른 보상적 임금 격차를 보여주고 있는 부분
이다. 여기에서 우리는 중요한 정책적 시사점을 얻을 수 있다. 즉 지방에 좋은
일자리가 생기더라도 시장 경쟁에 맡길 경우 수도권대 졸업자들이 가지고 갈
가능성이 높기 때문에 이 점에 대한 정책적 판단이 필요한 대목이다. 이러한
상황을 공공 기관의 지방 이전 정책과 연결해보면, 만약 공공 기관이 정부 정
책에 의해 지방으로 이전했다고 하더라도 다른 제도적 장치가 존재하지 않을
경우 지역의 좋은 일자리는 수도권 대졸자가 상당 부분 가져갈 수 있다는 추
론이 가능하다.

III. 지역 청년 인재의 역외 유출 방지를 위한 기본 전략 및 정책 과제[2]

1. 기본 전략

첫째의 기본 전략은 '좋은 일자리 확충 → 우수 인재의 지역 대학 입학 → 지역 대학 우수 졸업생의 지역 정주 → 지역 발전 → 좋은 일자리 확충'으로 연결되는 선순환 체계 정립 전략이다. 지방 인재를 지역 내 대학에 진학하고 지역 내에서 직장을 구하게 하기 위해서는 무엇보다 중요한 것은 지역 내에 좋은 일자리가 있어야 한다. 즉 노동시장의 수요측에 의해 사실상 결정되는 좋은 일자리 확충을 위한 방안이 인재의 역외 유출을 막을 수 있는 가장 강력한 방안이다.

두 번째 기본 전략은 교육과 문화의 수준 향상까지 포함하는 종합적 접근 방법을 고려해야 한다는 점이다. 좋은 일자리를 지역 내에 유치하고 창출하는 것이 가장 중요하지만 그것만으로는 지역 청년 인재의 유출을 막을 수 없다. 기존의 국내외 연구에 의하면, 지역 인재가 고향에서 거주할지 아니면 다른 지역으로 이동할지를 결정할 때 영향을 미치는 요소들로 교육 수준(양과 질), 문화 수준, 거주비, 의료 시설을 포함한 생활환경 등을 지적하고 있다.

세 번째 기본 전략은 선순환 체계 정립을 위해서는 중앙정부와 지방 대학, 그리고 지방자치단체의 획기적이고 혁신적인 역할이 요구되며 특히 삼자 간의 협력 체계가 구축되어야 한다는 점이다.

2　이 부분은 류장수·김종한·박성익·조장식(2012), 「부산지역 청년층 역외유출 현황과 방지 방안에 관한 연구」결과를 활용하면서 수정, 보완한 부분임.

2. 주요 정책 과제

1) 공공 기관의 지방대 졸업생 채용 확대

2014년 1월에 제정된 '지방 대학 및 지역 균형 인재 육성에 관한 법률'에 의하면 공공 기관과 대기업은 대졸자 신규 채용 인원의 35% 이상을 지방대 졸업생으로 채용할 경우 행·재정적 지원을 할 수 있도록 되어 있다. 채용할당제가 아니라 채용목표제로 되어 있기 때문에 대기업은 물론이고 적지 않은 수의 공공 기관들이 이 채용 비율을 지키지 않고 있다. 지방대 및 지역 발전을 촉진하려는 법의 취지를 정확히 살리기 위해서는 지방대 졸업생 채용목표제를 채용할당제로 전환하는 방안을 검토할 필요가 있다. 특히 최근 각 지방으로 이전한 공공 기관의 신규 채용시 해당 지역 인재들에 대한 채용할당제의 우선 시행은 더욱 적극적으로 검토해야 한다.

2) 세계적 수준의 지역 대학 육성

세계적 수준의 지방 대학 육성 전략을 추진하되 소수 대학에 대해서는 지금까지와 질적으로 다른 획기적인 지원책을 실시함으로써 우수 지방 고교 졸업생이 지역의 대학에 입학하도록 유인할 필요가 있다. 세계적 수준의 지방 대학을 선정할 경우 모든 학과 지원 방안보다는 대학 내 소수의 역량 집중 학과를 세계적 수준의 학과로 성장시키는 단계적 접근 방법을 채택하는 것이 현실적이고 효과적이다. 이 과정에서 그동안 대학에 대해 소극적인 입장을 견지해왔던 지방자치단체의 역할을 적극적으로 추동해내는 정책적 방향 전환이 필요할 것이다.

3) (가칭) '지역미래인재 트리플-윈' 프로그램 실시

단기적인 방안으로는 일정 기준 이상의 지역 우수 고교 졸업생들을 대상으로 지역 대학 입학시 등록금 전액과 생활비 지원, 지역 내 좋은 일자리 제공 등의 패키지 지원책을 제공하는 (가칭) '지역미래인재 트리플-윈(triple-win)'

프로그램 실시를 통해 지역 우수 인재의 유출을 줄일 필요가 있다. 이 프로그램의 핵심 주체는 대학, 지방자치단체, 좋은 일자리 제공 기관이라고 할 수 있다. 대학에 대해서는 지역의 우수 고교 졸업자 유치를 위해 장학금 및 생활비 제공, 좋은 일자리 제공 등을 통해 특화된 프로그램을 개발하도록 하고, 지방자치단체에 대해서는 '지역미래인재 트리플-원' 사업 대학 선정 및 학생 수 결정을 주관하며 선발된 장학생에 대한 대학 지원금 대비 매칭 펀드를 제공하도록 한다. 그리고 지역의 좋은 일자리 제공 기관은 대학과 우수인재 채용 MOU를 체결하고, 선발된 장학생들에 대한 방학 중 인턴십 기회 제공, 일정한 최소 조건 충족시 졸업과 동시에 정규직으로 채용하는 역할을 수행한다. 즉 '지역미래인재 트리플-원' 프로그램은 지역의 대학, 지방자치단체, 일자리 제공 기관이 모두 원-윈할 수 있는 프로그램이라 할 수 있다.

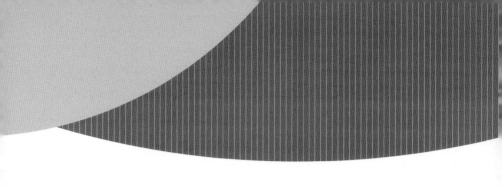

취약 청년층의 취업 지원을
확대해야 한다*

박 가 열 (한국고용정보원)**

* 본고는 2015년도 고용노동부 정책 과제「청년층 직업훈련 참여 및 취업활성화 방
  안 연구」중 일부를 수정 보완한 것임.
** kypark@keis.or.kr

취약 청년층의 취업 지원을
확대해야 한다

I. 서론

우리 사회에서 노동시장의 근본적 변화를 가져온 1990년 말 외환 위기 이후 고졸 이하의 경제적으로 곤궁한 취약 청년층의 고용은 양적 질적인 면에서 악화되고 있다. 학력 중시의 사회적 풍토에 기초해서 1990년 중반 이후 대학 설립이 무분별하게 확대되자, 직무에서 요구되는 학력 이상을 보유한 과잉 학력자들이 대거 배출되고 있다. 기업의 기계 자동화 설비 투자의 확대와 정보기술의 혁신적 발전으로 이들 취약 청년층이 종사하는 판에 박힌 일자리(routine jobs)는 사람의 손을 빌리지 않고 자동화된 기계와 컴퓨터 프로그램으로 넘어가고 있다.

이처럼 청년층 고용과 관련된 수급상의 부정적인 요인에도 불구하고 사회 전반에 고도 산업화 시대의 성공 지향적인 문화의 만성화로 취약 청년층에 대한 정책적 관심은 상대적으로 낮은 상태이다. 이들 취약 청년층은 노동시장으로의 이행이 원활하지 않고, 취업한 경우에도 안정적으로 정착하지 못하고 질 낮은 일자리를 전전하는 경우가 많다. 아직까지 우리나라의 청년 노동시장에서 학력은 고용의 양과 질에 커다란 영향을 미치고 있다. 학력 수준이 높으면 괜찮은 양질의 일자리에 취업할 가능성이 높은 반면에, 학력 수준이 낮으면 양질의 일자리에 취업할 가능성이 낮을 뿐만 아니라 유휴인력이 될 가능성이 높다(김유선·권혜자·김종진·이명규, 2009). 청년기는 전 생애 경력 형성의 결정적 시기이나, 취약 청년층은 이 시기 안정된 일자리로 안착하지 못하고 유휴화되어 취약 계층화 가능성이 높다는 우려가 제기되고 있다(박성재,

2014).

이러한 취약 청년층의 미취업 문제는 사회 경제적 양극화 문제에 직결되므로 사회 통합과 재정 부담의 예방 차원에서 최근 강조되고 있는 고용 복지의 중요한 의제로 다루어져야 한다. 주지하듯이 청년기에 비정규 단기 일자리에서 전전하는 것은 전 생애 인적 자본 형성의 결정적 시기를 허송세월로 흘려보내는 것이고, 장기적으로 국가 사회의 발전에도 부정적으로 작용한다. 따라서 사회 양극화의 해소와 지속 가능한 사회 발전을 위해서는 취약 청년층을 노동시장으로 유인할 수 있는 양질의 일자리 창출과 직업능력 개발 기회의 제공과 일자리와 이들 청년층을 촘촘히 연계할 수 있는 청년층 맞춤형 고용 서비스의 질적 제고가 더욱 강하게 요구된다.

우리나라의 산업화를 통한 국가 발전 과정에서 대학에 진학하지 않고 곧바로 사회생활에 뛰어든 특성화 고교 졸업자의 역할이 중요하게 한 축을 담당해왔다. 그럼에도 불구하고, 뿌리 깊은 학력 중심의 사회 풍토와 상대적으로 낮은 임금, 장시간 근로 및 높은 업무 강도, 열악한 근로 환경 등으로 고졸 취업에 대한 사회적 인식이 그다지 좋지 않은 것이 현실이다(노경란 · 허선주, 2015).

기존에는 산업계가 필요로 하는 인력을 양성하는 것에 초점을 맞춘 반면, 최근에는 고교 직업훈련 교육기관에서 양성된 인력의 노동시장 이행, 고졸 취업을 정책의 우선 순위에 두는 정책의 가시적인 성과가 보고되고 있다(최동선, 2014). 최근 들어 정부에서는 '고졸시대 정착을 위한 선취업 후진학 및 열린고용 강화방안'(교육과학기술부 외, 2012), '고졸 취업 활성화 방안'(교육부, 2014) 등을 통해 고졸 취업 지원 정책을 추진하고 있다. 이러한 정책적 노력으로 최근 들어 마이스터고 및 특성화고 졸업자의 취업률 증가, 노동시장에서의 고졸 고용 지표 개선, 고졸 청년층 후진학 제도에 참여하는 대학이 증가하고 있다.

한편, 이러한 대학 미진학 청년층의 취업 안정을 위해서는 노동시장 내 고졸 청년층이 겪고 있는 열악한 노동환경, 병역 문제에 대한 개선이 전제되어야 하고, 일한 만큼 성과가 배분되는 공정한 노동시장 정책을 펼칠 필요가 있다. 고졸 취업자는 열악한 일자리 여건과 병역 문제 등의 이유로 다른 비교 집단에 비해 이직률이 높은데, 반면에 충분한 직무능력을 미보유하였기 때문에 이직이 경력 형성에 부정적인 것으로 나타났다(박진희, 2012). 이러한 문제를 개선하기 위해서는 대졸 청년층과 무조건적으로 동일하게 노동환경, 고용 조건을 같게 하자는 것이 아니라 실제 생산하는 가치만큼의 정당한 대우와 보수를 받을 수 있도록 하는 공정한 노동시장 정책이 필요하다.

최근 들어 학교 밖 청소년과 같은 대표적인 취약 청년층의 일을 통한 자립 지원을 목표로 하는 취업 지원 정책 프로그램이 다양한 부처에서 실시되고 있다. 다음에서 취약 청년층의 원활한 노동시장 이행을 가능하게 하는 정책 대안을 모색하기 위해 취약 청년의 현황과 이들을 대상으로 하는 국내 외 취업 및 진로 개발 지원 프로그램의 구체적인 내용을 살펴보고 이후 정책 시사점을 도출하고자 한다.

Ⅱ. 취약 청년 취업 지원 정책 현황

1. 학업 중단 현황

매년 6만 명이 넘는 청소년들이 학업을 중단하고 학교로부터 이탈하여 정상적인 진로 이행으로부터 벗어나고 있다. 교육부 자료에 따르면 2014년 4월 기준 60,568명의 초 · 중 · 고 학생이 학업을 중단한 것으로 나타났다. 학업 중단의 사유를 구체적으로 살펴보면, 초 · 중학생의 경우 미인정 유학 · 해외 출국(초 83.5%, 중 47%)으로 인한 학업 중단의 비중이 가장 높았고, 중학생의 경우 장기 결석(27%)이 최근 급증하고 있으며, 반면에 고등학생의 주요 사유는 학교 부적응(51.6%)에 이어 기타에 해당하는 조기 진학, 방송 활동 등 자발적 의지에 의한 학업 중단(21.7%)의 비중도 높게 나타났다.

[표 1] 학교 급별 학업 중단 사유(2014. 4. 1. 기준, 교육부)

구분	합계	질병	미인정 유학·해외 출국	장기 결석	기타
초등학교	15,908명 (100%)	224명 (1.4%)	13,278명 (83.5%)	486명 (3%)	1,920명 (12%)
중학교	14,278명 (100%)	566명 (4%)	6,705명 (47%)	3,913명 (27%)	3,094명 (22%)

구분	합계	자퇴					퇴학	제적·유예·면제
		질병	해외 출국	가사	부적응	기타		
고등학교	30,382명 (100%)	1,272명 (4.2%)	3,923명 (12.9%)	1,572명 (5.2%)	15,672명 (51.6%)	6,589명 (21.7%)	788명 (2.6%)	566명 (1.8%)

자료 : 관계 부처 합동(2015. 5). 학교 밖 청소년 지원 대책, 보도자료.

학업 중단은 개인적으로 건강한 사회인으로의 진로 이행의 걸림돌로 작용하고, 국가 사회적으로 인적 자본 축적의 기회 상실, 사회 안전망 구축, 범죄율 증가 등에 따른 비용을 지불하게 한다. 학업 중단으로 비행에 가담하거나 노동시장에서 취약 계층으로 전락함에 따라 사회·경제적으로 부담해야 하는 손실은 11조 5,902억 원에 달할 것으로 추정되는데(최상근, 2010), 학교 밖 청소년에 대한 지원이 절실함에도 불구하고 일반 학생들을 위한 공교육에 비해 국가 차원의 예방적 투자는 상대적으로 매우 낮은 수준이다.

2. 국내 주요 정책 프로그램 현황

가. 고용노동부

1) 취업 성공 패키지

고용노동부에서는 근로 연계 복지의 일환으로 취업 취약 계층과 저소득층의 근로 의욕과 취업 역량 향상을 위해서 개인의 특성에 맞는 종합적인 취업 지원 서비스를 제공하는 취업 성공 패키지 사업을 추진하고 있다. 취업 성공 패키지는 적극적 노동시장 정책을 펼치기 위한 주요 정책 수단으로 사회적 배제의 위험이 높은 취업 취약 계층을 대상으로 취업 역량 판정, 심층 상담, 집단 상담 프로그램, 직업훈련 참여, 집중 취업 알선 등의 순차적인 과정을 통해 개인별로 맞춤형 서비스를 제공하고 있다. 이 중에서 학업 중단 청소년을 대상으로 한 I 유형은 만 15세 이상 24세 이하의 청년층을 대상으로 하고 있다.

[표 2] 취업 성공 패키지 지원내용

지원 사항	지원 내용
참여 수당	참여자가 1단계 수료 시 실시 최대 25만 원 지급
훈련 참여 지원 수당	2단계 직업훈련에 참여하는 경우 참여 기간 중 최대 6개월간 월 최대 40만 원 지원
훈련비 지원	직업훈련 참여시 훈련비 지원(최대 200~300만 원) (I 유형 대상의 경우 자부담 없음)
취업 성공 수당	취업시 최대 100만 원의 취업 성공 수당 지급 (최저임금 이상 일자리, 주당 30시간 이상 일자리로 취업하여 고용보험에 가입한 경우. 취업 1개월 후 20만 원, 3개월 후 30만 원, 6개월 후 50만 원 지급)
이행 급여 특례 적용	패키지에 참여한 기초생활수급자가 취업으로 기초생활수급자에서 벗어난 경우 2년간 교육 급여 및 의료 급여 지원

자료 : 한국청소년정책연구원, 『학교 밖 진로 가이드북』, 2014, 89쪽.

취업 성공 패키지는 '진단 · 의욕 증진 · 경로 설정(1단계)', '직업능력 향상(2단계)', '취업 알선(3단계)'의 세 단계로 구성되는데, 1단계에서는 개인의 취업 역량을 파악하고 취업 지원의 방향을 수립하기 위해 집중 상담이 진행되며, 개인별 취업 활동 계획(Individual Action Plan : IAP)을 수립한다. 이 단계에서 집중 상담 및 직업 심리검사 등을 통해 개인의 취업 역량, 구직 의욕 및 적성 등을 진단하고, 이를 토대로 개인별 '취업 지원 경로'를 설정하게 된다.

다음으로 2단계 직업능력 향상 단계는 IAP을 바탕으로 개인이 선택한 직업에서 요구되는 직무를 습득하고, 직장 생활에 필요한 직업훈련, 현장 경험 등을 병행하는 과정이다.

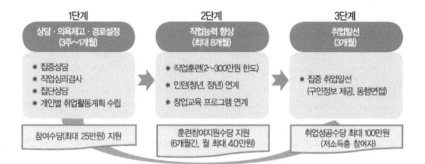

1단계	2단계	3단계

1단계
상담 · 의욕제고 · 경로설정
(3주~1개월)

* 집중상담
* 직업심리검사
* 집단상담
* 개인별 취업활동계획 수립

참여수당(최대 25만원) 지원

2단계
직업능력 향상
(최대 8개월)

* 직업훈련(2~300만원 한도)
* 인턴(청년, 장년) 연계
* 창업교육 프로그램 연계

훈련참여지원수당 지원
(6개월간, 월 최대 40만원)

3단계
취업알선
(3개월)

* 집중 취업알선
(구인정보 제공, 동행면접)

취업성공수당 최대 100만원
(저소득층 참여자)

➡ 1단계(진단 · 경로설정, 1개월): 상담 및 직업심리검사 등을 토대로 개인별 취업지원계획 수립
➡ 2단계(의욕 · 능력증진, 최장 8개월): 집단상담, 직업훈련, 일경험 지원, 창업지원 등 실시
➡ 3단계(집중취업알선, 최장 3개월): 동행면접 실시 등 집중적인 취업알선 실시

자료 : 한국청소년정책연구원, 『학교 밖 진로 가이드북』, 2014, 90쪽.

[그림 1] 취업 성공 패키지 단계별 지원 체계

3단계 집중 취업 알선 단계는 1단계(또는 2단계)를 마친 사람을 대상으로 3개월의 기간 동안 취업 알선을 집중적으로 실시하는 단계로, 초기 상담 실시 → 직업 정보 제공 및 동행 면접 → 참여 대상자의 구직 활동 실시 상황 확인으로 이뤄진다.

[표 3] 집중 취업 알선 실시 방법

구분	세부 내용
1단계 집중 취업 알선을 위한 초기 상담 실시	1단계 또는 2단계를 종료한 참여자를 대상으로 '집중 취업 알선'을 위한 초기 상담 실시 초기 상담을 통해 '집중 취업 알선' 기간 동안의 개략적인 진행 절차와 실시 방법 등에 대한 상세한 설명을 듣고, 개인별 직업 선호도, 직업 적성 및 취업 지원 프로그램 이력 등을 고려한 구체적인 취업 알선 전략에 대해 상담

구분	세부 내용
2단계 직업 정보 제공 및 동행 면접 실시	'집중 취업 알선' 대상자에 대하여 개인별 희망 직업적 특성을 감안하여 적정 구인처를 적극 탐색해줌 구인 정보 제공과 동시에 대상자의 면접 참여 의사와 동행 면접에 대한 희망 여부를 밝히면 담당자가 '동행 면접' 실시
3단계 참여 대상자의 구직 활동 실시 상황 확인	담당자는 집중 취업 알선을 실시하는 동안 4주 단위로 참여 대상자의 구직 활동 사실과 실시 상황을 확인하고 애로 사항 등을 파악하여 취업 알선 방향 등을 보완 내지 재설정하고, 참여 대상자와 이를 공유함(4주 단위로 확인)

자료 : 한국청소년정책연구원, 『학교 밖 진로 가이드북』, 2014, 90쪽.

이러한 3단계를 통해 취업 성공 패키지 참가자가 취업할 수 있도록 종합적으로 지원하며, 사후 관리 단계에서 취업 성공 패키지를 마친 참여자를 사업 종료일 기준 3개월 동안 추후 관리하도록 구성되어 있다. 통상적으로 매월 1회 이상 전화를 통한 상담이나 구인 정보 등을 제공해주며, 취업 후 1개월 미만에 퇴직한 경우 재참여할 수 있도록 지원한다.

2) 취업사관학교

고용노동부에서는 학업 중단·가출 등의 이유로 경제적·사회적·심리적 도움이 필요한 만 15세 이상 24세 미만의 학교 밖 청소년을 대상으로 맞춤형 훈련을 실시하여 취업을 통한 건전한 자립이 가능하도록 지원하는 것을 목적으로 한국산업인력공단을 통해 취업사관학교를 위탁하여 운영하고 있다.

훈련 운영 기관에서는 학교 밖 청소년의 선호 직종, 직종별 난이도·취업률 등을 종합적으로 고려하여 공모 신청하고, 이들 직업훈련 운영 기관이 신청한 직종에 대해 심사위원회에서 적정성을 판단하여 최종 결정된다. 취업사관학교의 훈련 기간과 훈련 시간은 각각 6개월, 700시간 이상을 기본으로 하고 있다.

훈련 운영 기관은 '근로자직업능력개발법'에 의한 직업능력 개발 훈련 시설, '고등교육법'에 의한 대학 등 학교, '평생교육법'에 의한 평생교육 시설, 그

밖에 직업능력 개발 훈련을 실시할 능력이 있는 시설 또는 기관을 의미한다.

훈련 방법 및 지원 내용과 관련하여, 훈련 인원은 운영 기관당 총 50명 이내로 배정하고, 학급당 30명 내외로 구성하는 것을 원칙으로 한다. 훈련 내용은 직무훈련뿐만 아니라 인성 및 심리 지도·진로 지도·취업 알선 및 사후 관리 등 특화·맞춤형 프로그램을 통해 단순히 취업뿐만 아니라 취업 이후 건전한 사회인으로 양성하는 것을 목적으로 한다. 훈련 운영 기관에 대한 훈련 비용을 실비로 지급하고 있고, 교육생에게는 자립 장려금으로 월 최대 30만 원을 지급하고 있다.

나. 여성가족부

1) 학교 밖 청소년 지원센터 운영

학교 밖 청소년 지원에 관한 법률(2014. 5. 28 제정, 2015. 5. 29 시행)에 근거하여, 학교 밖 청소년의 개인적 특성과 수요를 고려한 상담 지원, 교육 지원, 직업체험 및 취업 지원, 자립 지원 등 학교 밖 청소년이 건강한 사회 구성원으로 성장할 수 있도록 지원하는 것을 목적으로 하고 있다. 기존의 학업 중단 청소년 지원 프로그램인 두드림(2007), 해밀(2009), 두드림·해밀 통합 운영(2013)에 이어 꿈드림 프로그램을 운영하고 있는데, 학교 밖 청소년 발생 시 즉각적인 연계가 이루어질 수 있도록 각 센터에서는 협력 체제를 구축하고, 지원 프로그램 정보를 학교에 제공하며, 교육부의 학업중단숙려제 참여 후 학교를 그만두는 경우 지원 프로그램을 안내하고 참여할 수 있도록 유도하고 있다.

주요 프로그램의 내용을 살펴보면, 꿈드림 프로그램의 전신인 두드림·해밀은 기존의 "꿈을 가져라(Do Dream), 미래의 문을 두드려라(두드림)"는 의미와 "비 온 후 맑게 개인 하늘(해밀)"이라는 의미를 조합하여 "미래의 문을 두드려 맑게 개인 하늘을 열자"는 의미를 지닌다(여성가족부, 2015). 즉, 학생들이 희망하는 미래의 모습에 따라 학업 복귀를 지원하는 해밀 프로그램과 사회에서의 자립 준비와 동기 강화를 지원하는 두드림 프로그램으로 구성되어 있다.

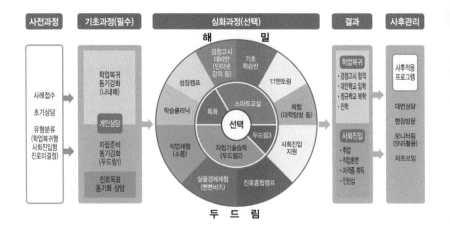

자료 : 여성가족부. 『2014 청소년 백서』, 2015, 183쪽.

[그림 2] 두드림·해밀 서비스 흐름도

프로그램 참가 신청 이후 초기 면접에서 진로 학습 검사, 성격 유형 검사, 지능검사 등의 심리 검사와 심리적/신체적 상태, 경제 사회적 환경, 개인의 욕구 등을 살펴보기 위한 심리 상담이 진행된다. 사례 접수 및 개인 상담을 거친 후, 학생 개인의 목표에 따라 학업복귀형, 사회진입형, 진로미결정형으로 분류하고, 개인의 경로가 설정되면 해밀 사업과 두드림 사업으로 경로가 구분된다.

자립 지원을 목표로 하는 두드림 사업은 기초 과정과 심화 과정으로 구성되는데, 기초 과정은 미래의 꿈과 비전, 성공에 대한 동기부여를 목적으로 하는 '드림빌딩', 게임을 통해 기본 경제 원리를 이해하고, 합리적 선택, 돈 관리를 깨닫는 '경제야 놀자', 직업 세계 탐구 및 직업 유형을 이해하고 나에게 맞는 직업 찾기, 직업 성공 전략을 구상해보는 '직업의 바다로', 구직 기술, 모의면접, 직장 예절, 근로권 교육에 대해 살펴보는 '일자리 구하기 대작전', 자립 준비 상태를 점검하고 일상생활을 되짚어보는 '독립만세', 끝으로 성공에 대한 목표를 설정하고, 성공 계획을 수립한 후 실천 결의를 다지는 '이 세상 최고의 밥상'으로 구성되어 있다.

[표 4] 두드림 기초 과정 프로그램 세부 내용

목표	프로그램명		구조	내용
사회 진입	두드림 1단계	드림빌딩 (1회기)	4시간	미래의 꿈과 비전, 성공에 대한 동기 부여
		경제야 놀자 (2회기)	5시간	게임을 통한 기본 경제원리 이해, 합리적 선택 및 돈 관리 등
		직업의 바다로 (3회기)	2시간 30분	직업 세계 탐구 및 직업 유형 이해 나에게 맞는 직업 찾기, 직업 성공 전략
		일자리 구하기 대작전 (4회기)	2시간 30분	구직 기술, 모의 면접, 직장 예절, 근로권 교육
		독립만세 (5회기)	2시간	자립 준비 상태 점검, 일상생활 기술
		이 세상 최고의 밥상 (6회기)	2시간 30분	성공 목표 설정, 성공 계획 수립, 실천 결의 다지기
	두드림 특성화		9영역 38회기	대상 : 학업 중단/시설 보호 청소년 9가지 자립 준비 영역 : 목표·가치관, 직업 준비, 경제 관리, 주거 생활, 사회성 기술, 학업 교육, 건강, 자원 활용 기술, 심리·정서

자료 : 여성가족부. 『2014 청소년 백서』. 2015. 184쪽.

한편, 심화 과정은 두드림 2단계 과정, 3단계 과정으로 구성된다. 2단계 과정은 단기 직업체험을 하는 '소·풍', 모의 창업을 경험하는 '뻔뻔비즈', 자립 준비를 위한 특강, 직업체험 실습, 협력 등을 익힐 수 있는 '진로종합캠프'로 구성되며, 이를 통해 사회로 자립할 수 있은 심리적인 준비와 기초적인 법령, 경제 관념 등을 준비할 수 있다. 3단계 과정은 현장에서 구직자에게 요구하는 역량을 갖추는 단계로 고용노동부 취업 성공 패키지와 연계하여 취업 정보 및 알선, 직업훈련, 자격증 취득에 대한 재정적 지원, 이력서 및 면접 지도 프로그램을 장기적으로 운영하고 있다.

[표 5] 두드림 심화 과정 프로그램 세부 내용

프로그램명		구조	내용
두드림 2단계	소 · 풍 (직업체험)	1일(직업별)	개인/단체 희망 직업체험(소/중/ 규모) (개인별 다수 참여 가능)
	뻔뻔비즈 (실물경제 체험)	2일 (1일 이론, 1일 체험)	모의 창업을 통한 실물경제 생활 이해 (창업 아이템 선정 및 창업 절차, 홍보, 마케팅 등)
	진로종합캠프	2~3일(숙박형) 20명 내외	자립 준비 관련 기숙형 특별 체험 과정 (성공인 특강, 직업체험 실습, 단체 생활 협력 등)
두드림 3단계	사회 진입 지원	1 : 1 개별 지원 1~3년(연장 가능)	취업, 직업훈련, 자격증 취득 지원(고용 노동부 취업 성공 패키지 등 연계)

자료 : 여성가족부. 『2014 청소년 백서』, 2015. 185쪽.

2) 청소년 쉼터 운영

청소년복지지원법 제16조(청소년 가출 예방 및 보호 · 지원), 청소년복지지원법 제31조(청소년복지시설의 종류)에 근거하여, 운영되고 있는 청소년쉼터란 가출 청소년에 대하여 가정 · 학교 · 사회로 복귀하여 생활할 수 있도록 일정 기간 보호하면서 상담 · 주거 · 학업 · 자립 등을 지원하는 시설을 말한다. 구체적으로 ① 가출 청소년에게(대상) ② 일시적으로(보호 기간) ③ 생활 지원, 보호(서비스), ④ 가정 · 사회로의 복귀(단기 목표), ⑤ 학업 및 자립을 지원하기 위한(중장기 목표) ⑥ 청소년복지시설(청소년 시설 유형)을 의미한다.

청소년쉼터는 기간의 구분에 따라 일시, 단기 및 장기로 구분된다. 일시 쉼터를 제외한 단기 쉼터와 장기 쉼터는 청소년들의 사회 진출을 지원하기 위해 진로 및 취업 지원을 지원하는 프로그램을 운영하고 있다. 프로그램의 종류에 따른 쉼터별 주요 특성은 다음의 표와 같이 정리될 수 있다.

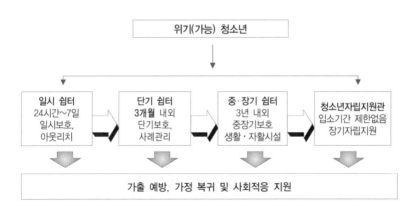

자료 : 여성가족부, 『청소년사업안내』 II권, 2015, 275쪽.

[그림 3] 청소년쉼터 운영 체계도

[표 6] 청소년쉼터의 종류

구분	일시 쉼터	단기 쉼터	중장기 쉼터
기간	24시간~7일 이내 일시 보호	3개월 이내의 단기 보호 3개월씩 2회에 한하여 연장 가능(최장 9개월)	3년 이내 중장기 보호 1회 1년에 한하여 연장 가능(최장 4년)
이용 대상	가출 · 거리 배회 · 노숙 청소년	가출 청소년	가출 청소년
핵심 기능	일시 보호 및 심리 상담 지원(아웃리치)	심리 · 정서 상담 지원 사례 관리를 통한 연계	심리 · 정서 상담 지원 사회 복귀를 위한 자립 지원
기능	위기 개입 상담, 진로 지도, 적성검사 등 상담 서비스 제공 가출 청소년 구조 · 발견, 청소년쉼터와 연결 먹거리, 음료수 등 기본적인 서비스 제공 의료 서비스 지원 및 연계	가출 청소년 문제 해결을 위한 상담 · 치료 서비스 및 예방 활동 의식주 및 의료 등 보호 서비스 제공 일시 · 중장기 청소년 쉼터와 연계 가정 및 사회 복귀를 위한 가출 청소년 분류, 연계 서비스 제공 등	가정 복귀가 어렵거나 특별히 장기간 보호가 필요한 위기 청소년을 대상으로 학업 · 자립 지원 등 특화된 서비스 제공 저연령 청소년(13세 이하)은 아동복지시설, 아동보호 전문 기관 등에 연계 권장

구분	일시 쉼터	단기 쉼터	중장기 쉼터
기능		저연령 청소년(13세 이하) 은 아동복지시설, 아동보호 전문 기관 등에 연계 권장	
위치	이동형(차량) 고정형(청소년 유동 지역)	주요 도심	주택가
지향점	가출 예방, 조기 발견, 초기 개입	보호, 가정 및 사회 복귀	자립 지원

자료 : 여성가족부. 『청소년사업안내』 II권, 2015, 274쪽.

청소년 쉼터에서는 시설을 이용하는 청소년들이 건강한 사회인으로 성장하기 위해 직업을 선택하고, 유지하기 위해 필요한 준비를 갖출 수 있도록 프로그램을 운영하고 있다. 이 프로그램에서는 청소년 개인이 원하는 직업은 무엇이며 이를 준비하기 위해 필요한 역량에 대한 탐색을 실시한 후, 취업 준비를 위해 다양한 자원을 활용하는 법을 학습하며, 이력서 작성, 면접 대비 등 직업을 준비하고 선택하는 데 필요한 여러 가지 구직 기술을 습득할 수 있도록 내용이 구성되어 있다.

3. 국외 주요 정책 프로그램 현황

가. 미국의 직업봉사단[1]

직업봉사단(Job Corps) 프로그램은 미국 노동부에 의해 실시되는 무료 교육 및 직업 훈련 프로그램으로, 16세에서 24세 청년층이 직업 및 학문적 훈련을 통해 자신들의 삶의 질을 개선할 수 있도록 돕는 것을 목적으로 한다. 미 의회에서 재정 지원을 받아, 1964년 이래 청년층의 의미 있는 진로를 위해 훈련시

---

1 미국 직업봉사단 홈페이지(http://www.jobcorps.gov/AboutjobCorps.aspx) 내용을 참고하여 정리함.

켜왔고 안전하고 약물이 없는 환경을 제공하고 있다. 이 프로그램은 취약 청년들에게 고용 가능하고 자립할 수 있는 직업능력을 가르치고, 의미 있는 직업을 갖거나 진학하게 하는 것을 사명으로 하고 있다.

1) 프로그램 설계

미국의 직업봉사단 프로그램은 2014년 노동력 혁신 및 기회법(Workforce Innovation and Opportunity Act of 2014)에 근거해 미국 전역의 16~24세 위기 청소년에게 성공적인 진로를 준비할 수 있도록 종합적인 진로 개발 서비스를 제공하는 프로그램이다. 이 프로그램에서는 통합적인 진로 개발 훈련 방식을 채택하고 있는데, 안정적이고 장기적인 고임금의 직업을 준비할 수 있도록 교실과 실제적이고 기본적인 학습 경험의 조합을 통해 학문적, 직업적, 고용 가능 직업능력 및 사회적 역량을 통합적으로 가르치고 있다.

직업봉사단 프로그램의 설계에는 다음의 특성들이 포함되어 있다.
· 표준 자격 기준
· 학문적, 직업적, 정보 기술, 고용 가능성 및 독립적 생활 기술에 있어서의 일련의 정리된 핵심 역량
· 재정 보고, 자료 수집, 학생 복지 및 책무에 관한 표준화된 체계
· 전국적으로 설정된 수행 결과, 목표 및 품질 기대치

이 프로그램의 설계는 각 참가자들의 요구를 충족시키기 위한 품질 서비스와 개별화된 지침 원리에 기초하고 있다. 훈련 과정이나 실행 방법은 재원을 효과적으로 사용하고 개별 참가자나 고용자의 요구를 충족시키기 위해 맞춤형으로 적용된다.

2) 프로그램 실행

직업봉사단은 미국 노동부에 의해서 실행되고, 국가 직업봉사단 사무소에

의해서 지원받으며, 6개의 지역 네트워크로 구성된다. 교육, 훈련, 지원 서비스는 125개 직업봉사단 센터에서 제공되는데, 이 센터는 경쟁 계약 과정을 통해 선정되니 민간 기업과 협약을 통한 타 연방 기관에 의해 운영된다.

지원자는 미국 노동부와 계약된 조직에 의해 자격 심사가 이뤄진다. 가입 후 직업이나 진학, 후속 진로 개발 이행 지원 서비스가 제공된다.

나. 캐나다의 직업능력 연계 프로그램[2]

직업능력 연계(Skill Link : SL) 프로그램은 캐나다 청년 고용 전략(Youth Employment Strategy)의 일환으로 고용 장벽에 직면한 청년층에게 적절한 활동을 제공하는 고용자와 기관에게 기금을 제공하는 프로그램이다.

1) 참가자 자격

재원 수혜 운영 기관에 의해 모집되는 SL 프로그램에 참가하는 청년층은 다음의 조건을 충족시켜야 한다 :

- 접수 및 선발 당시 15세에서 30세 연령
- 캐나다 시민, 영주권자, 난민 지위 인정된 자
- 관련된 법과 제도에 따라 합법적으로 일할 자격 보유
- 고용보험 비수급권자
- 고용 장벽 극복 위한 지원 필요 상태

이 프로그램 참가 청년은 노동시장으로의 성공적인 이행을 하지 못하고 위기 상태에 있으나, SL 프로그램의 일 경험 후 고용이 가능할 것으로 상당히 기대되는 사람이다. 고용 장벽의 예시에는 다음의 사항들이 해당된다.

---

2   관련 웹페이지(http://www.servicecanada.gc.ca/eng/epb/yi/yep/newprog/skillslink. shtml) 내용을 참고하여 정리함.

- 고교 비수료
- 장애 보유자
- 원주민 출신
- 인종 소수자
- 시골 혹은 외지 거주자
- 한 부모
- 공용어 지역 언어 장벽(예 : 퀘벡 밖 거주 프랑스어 사용자)
- 최근 이민 청년 및 기타 사유

2) 프로젝트 활동

재원은 프로그램 우선성, 노동 시장 요구, 프로그램 기간 및 조건, 가용 재원 등에 기초해 결정되며, 최소 8명 이상의 청년층이 참가해야 한다. 모든 교육 활동에는 일 경험 형태의 활동(일 경험, 일 경험을 통한 고용 가능성 직업능력이나 기업가 정신을 통한 고용 가능성 직업능력)을 포함해야 한다.

3) 청년 고용 서비스

청년 고용 서비스 중 찾아가는 서비스(Youth Outreach) 활동은 필요하지만 적극적으로 고용 서비스를 찾지 못하는 청년층 내에서 특정의 우선 집단(예 : 학업 중단 한 부모, 장애 청년 등)에게 지원된다. 이러한 찾아가는 서비스는 기반 시설(infrastructure)이 부족한 지방에서 특히 유용하다.

우리나라에서 취업 지원을 위한 집단 상담 프로그램이 운영되는 방식과 유사한 고용 소모임(Employment Session)은 지역사회 코디네이터 협약 내에서 집단적으로 제공되며, SL 자격 범위를 충족시켜주는 청년층에게만 가용하다. 고용 소모임에는 진로 및 직업 결정, 직무 준비, 직무 탐색, 직무 유지 등과 같은 고용 관련 주제가 포함되며, 촉진자(facilitator)를 통해 규정된 형식으로 제공된다.

청년층 고용 개입 활동(Employment intervention)은 수입 지원이 포함되며,

부양자 보호, 장애자 여비와 같이 사례에 기초해 제공된다. SL을 통해 청년층에게 가용한 고용 개입 활동에는 집단 기반 고용 직업능력, 일 경험이나 기업가 정신을 통한 고용 가능성 직업능력, 일 경험, 개인적 직업능력 향상 등이 해당된다.

Ⅲ. 제언

우리 사회에서 노동시장의 근본적 변화를 가져온 외환 위기 이후 고졸 이하 저학력 취약 청소년층의 고용은 양적 질적인 면에서 악화되었다. 이들 취약 청년층의 노동시장 이행은 원활하지 않았고 초기 일자리에 안정적으로 정착하지 못한 경우에 처해 있는 경우가 많았다. 전 생애 경력 형성의 결정적 시기에 기회를 잃고 주변부 일자리를 전전하며 유휴인력화되는 경향이 커서 취약 계층으로 전락할 가능성이 높다.

이러한 취약 청년층의 미취업과 불안정한 취업 문제는 사회 경제적 양극화 문제에 직결된다. 사회 통합과 재정 부담의 예방 차원에서 취약 청년층을 유인할 수 있는 양질의 일자리 창출과 능력 개발 기회 제공 및 노동 수급을 촘촘히 연계할 수 있는 청년층 맞춤형 고용 서비스의 질적 제고가 필요하다.

고용노동부를 필두로 여성가족부 등에서는 이들 취업 취약 청년층의 취업 지원을 통한 자립 지원을 위한 다양한 정책 프로그램을 구안하여 시행하고 있다. 이들 부처들이 시행하고 있는 다양한 프로그램의 효율성을 높이기 위해서는 부처별 특성과 강점을 바탕으로 각각의 프로그램을 유기적으로 연계할 필요성이 있다. 즉 취약 청년층 발굴에 강점을 가지고 있는 여성가족부와 관련 기관은 이들 청년층을 발굴하여 기초적인 생활 기술 능력을 높이고 자립 의식을 고취하기 위한 프로그램에 집중하는 것이 필요하다. 반면에 취업을 위한 실제적인 능력 배양과 관련하여 전문성이 높은 고용노동부는 직업훈련과 취업 지원 서비스를 제공하는 데 초점을 맞춰야 할 것이다. 이를 위해서 지역별 협력 체제 구축과 주기적인 협의회 개최를 통해 취약 청년층의 발굴과 취업 지원을 위한 자연스러운 연계가 이뤄질 수 있도록 해야 할 것이다. 이러한 부처 간 협력이 활성화되기 위해서는 취업 등의 성과를 공동으로 인정받도록 하고, 정부 부처별 평가에 협력 사업에 가점을 제공하는 지표를 제도적으로 반영하는 것이 필요하다.

또한 각 부처 내 취약 청년층 취업 지원 정책 프로그램 간의 연계 체계도 강화해야 할 것이다. 고용노동부의 사례를 예로 들면 취업 성공 패키지에 참가하는 취약 청년층의 경우 2단계 직업능력 개발 단계에서 우선적으로 학교 밖 청소년을 대상으로 취업 능력 개발을 위한 취업사관학교 프로그램에 대한 정보를 제공하고 참가 여부를 묻는 과정이 기본적으로 포함되어야 할 것이다. 또한 취약 청년층 대상 취업 지원 정책 프로그램을 정리한 가이드 개발과 담당자들에 대한 역량 강화 교육을 통해 질 높은 취업 지원 서비스 제공이 이루어져야 할 것이다.

끝으로, 국외 사례에서 확인할 수 있듯이 취약 청년층의 고용 가능 능력을 강화하기 위해서는 일 장면에서 실제 경험에 기초한 교육 훈련이 제공되어야 하며, 개인이 처한 고용 장벽을 해결하기 위한 맞춤형 서비스를 제공해야 할 것으로 판단된다. 또한 재원의 효율적 배분과 격차 해소를 위해서는 수동적인 내방객에 대한 서비스에서 탈피하여 찾아가는 고용 서비스를 강화해야 할 것으로 판단된다.

청년 니트 문제를 완화하자

채 창 균 (한국직업능력개발원)*

* che@krivet.re.kr

청년 니트 문제를 완화하자

Ⅰ. 서론

청년 실업률은 2015년 3/4분기 현재 8.4%로 높은 수준을 기록하고 있으며, 전체 실업률(15~64세, 3.6%)의 2.3배를 상회하고 있는 상황이다. 고용률 역시 전체적으로는 개선되었지만(15~64세 고용률 2000년 61.5% → 2014년 65.3% → 2015년 3/4분기 66.1%), 청년 고용률은 2004년 이후 하락하여 최근 40%대 초반에서 정체되고 있다. 특히 OECD 평균의 2/3 수준에 불과한 형편이다.

이렇게 OECD 평균에 비해 우리나라 청년의 고용률이 낮은 것은 높은 대학 진학률이 시사하듯이 일반적으로 교육에 참여하는 학생들이 많아서인 것으로 알려져 있지만, 실제는 그렇지 않다. 우리나라 청년층의 경우 높은 대학 진학률에도 불구하고 교육 참여율은 OECD 평균치에 비해 높지 않다. 청년층의 교육 참여율은 OECD 평균 48.8%에 비해 우리나라의 경우 46.5%로 오히려 더 낮은 편이다.

우리나라의 경우, 청년기(15~29세) 평균 7년간의 교육 기간 중 6.2년은 전업 학생으로, 0.8년은 취업과 병행하여 교육받는 반면, OECD 평균으로는 청년기의 7.3년 동안 교육을 받고, 그중 5.3년은 전업 학생, 2년은 취업과 병행하여 교육받는 것으로 나타나 OECD 주요국들의 경우 일학습병행이 활성화되어 있음을 확인할 수 있다.

OECD 평균에 비해 고용률이 낮을 뿐만 아니라 교육 참여율이 낮다는 사실은 우리나라에 니트족이 상대적으로 많을 가능성을 시사한다. 여기에서 니

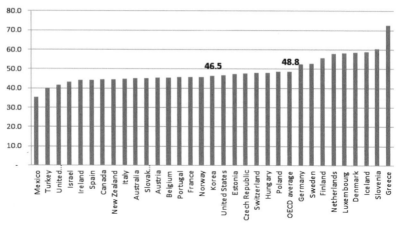

자료 : OECD, *Education at a Glance 2014*, 2014.

[그림 1] 청년층의 교육 참여율(단위 : %)

트(NEET)는 "Not in Education, Employment or Training"의 약자로, "교육을 받지도 않고 취업하지도 않으며, 취업을 위한 직업훈련도 받지 않는 청년층"을 의미한다.

OECD 기준에 따르면, 우리나라의 청년 니트 비율은 18.5%로 OECD 평균(15%)보다 3.5%p 높다. 그런데 OECD의 니트 정의에 따르면, 정규 교육 참여자와 고용된 이들만을 니트 인구에서 제외하여, 사설 학원 등 비형식 교육 참여가 광범위한 우리나라의 청년층 상황을 제대로 반영하고 있지 못하다는 비판이 제기될 수 있다는 점에 유념할 필요가 있다. 이런 점을 감안하여 OECD 니트 정의에서 입시 학원, 취업 학원 등 진학·취업을 위해 비정규 교육기관에 다니는 경우를 제외하고 다시 계산하더라도 OECD 평균과 유사한 15% 수준으로, 우리나라의 니트 비율이 결코 낮지 않음을 알 수 있다.

OECD의 정의에 따라 우리나라 니트의 내부 구성을 OECD 국가들과 비교해보면, 우선 우리나라는 20대 니트 비율이 높고, 특히, 대졸 이상 고학력 청년 니트 비율이 매우 높다는 특징을 보인다. OECD 국가 중 대졸 이상 청년층의 니트 비율이 우리나라보다 높은 국가는 터키(24.5%)가 유일하다. 또한

OECD 니트 정의는 교육에 참여하지 않는 실업자와 비경활자로 구성되는데, 우리나라는 경제활동에 참여하지 않는 비경활 니트 비율이 매우 높다는 점이 특징적이다(회원국 중 4번째로 높음). OECD 평균으로 실업자 니트는 6.5%, 비경활 니트는 8.7%인 데 반해, 우리나라의 경우 실업자 니트는 2.9%에 불과하지만, 비경활 니트는 무려 15.6%에 달한다. OECD와 비교할 때, 우리나라는 노동시장에서 적극적으로 구직 활동을 하는 비율이 매우 낮은 것으로 나타나는데, 이는 사설 학원 등을 이용하여 장기적인 취업 준비 활동을 하는 비율이 높거나 구직 단념자가 많기 때문으로 보인다. 따라서 우리나라에서 청년 니트 비율을 낮추기 위해서는 청년들의 취업 의사를 고취시키고 적극적으로 구직 활동을 할 수 있도록 유도하는 것이 매우 중요하다.

II. 정책 방안

1. 청년 니트 예방 및 추적 강화

1) 학교교육을 통한 청년 니트 발생 예방

가장 좋은 니트 대책은 니트의 발생을 예방하는 것이다. 이를 위해서는 학교교육의 역할이 매우 중요하다. 니트 가능성이 높은 청소년을 파악하고 이들에 대한 충분한 상담 및 체계적인 진로 교육과 진로 지도 등을 통해 니트로의 이탈을 최소화해야 한다. 학교에서 니트 가능성이 높은 청소년을 파악할 수 있기 위해서는 니트화 가능성 정도를 보여주는 '(가칭)니트 위험성 지수' 등의 개발을 추진할 필요가 있다. 참고로 EU의 청년보장제도(Youth Guarantee)에서도 청년들이 노동시장에 진입하기 전에 조기 개입할 필요성을 강조하고 있다.

2) 니트 실태 파악을 위한 주기적 조사 추진

니트의 유형화 및 실효성 있는 맞춤형 대책 수립을 위해서는 니트의 실태에 대한 구체적인 파악이 필요하다. 니트에 대한 조사는 경활 부가 조사 형태로 추진해볼 수 있을 것이다. 기존의 경활 조사상으로는 니트가 현재 구체적으로 무엇을 하고 있는지 파악할 수 없는 상황이다.

3) 교육 훈련 기관을 통한 니트 추적 시스템 구축

니트의 문제는 그 특성상 취업 의욕이 높지 않아 찾아오는 청년 위주의 대책이라고 볼 수 있는 정부의 청년 고용 대책이 효력을 발휘하기 어렵다는 점이다. 니트가 찾아오기를 기다려서는 안 되며, 정부가 니트를 찾아 나서야만 하는 것이다. 그러기 위해서는 니트가 어디에 있는지 정책을 실행하는 담당지가 파악하고 있어야만 한다. 이런 점에서 볼 때 교육 훈련 기관을 적절히 활용하여 학교-직업훈련 기관-지역사회 전 과정에서 니트를 주기적으로 추적 · 상담하는 니트 추적 시스템을 구축하는 것이 니트 대책의 전제가 되어야 한다. 일정 기간의 추적 · 상담 이후에도 여전히 니트로 남아 있거나 남아 있을 가능성이 높은 청년들에 대해서는 지역 내 니트 지원 기관에서 계속 상담받을 수 있도록 해당 기관에 연결하는 역할을 교육 훈련 기관이 수행하도록 의무화할 필요가 있다.

참고로 영국의 경우 2008년부터 16세 이상 청소년이 학교나 훈련 기관에서 중도 탈락할 경우 이들에게 커넥션스(Connexions) 서비스를 받도록 해당 학교나 훈련 기관이 고지하는 것을 의무화하고 있다. 여기에서 커넥션스는 13~19세의 청소년들에게 개인적 발달의 기회를 위하여 필요한 정보, 조언, 지도 및 접근에 관련된 통합적인 서비스를 제공하는 프로그램이다.

네덜란드에서는 지역 조정 기관(Regional Registration and Coordination Institutes)에서 니트를 모니터링하고 기록하여 니트에 대한 접촉과 지원이 가능하도록 하고 있다. 룩셈부르크에서는 2003년부터 교육부에서 매달 모든 학교 밖 청소년의 상태를 수집, 기록하고 있다.

2. 니트 유형별 대책 수립

니트의 특성에 따라 장애형, 부족형, 취업준비형의 3개 그룹으로 구분하는 것이 가능하다. 장애형은 신체적 건강 문제로 적극적 구직 활동이나 취업이 용이하지 않은 층으로, 이들 그룹에 대해서는 복지정책을 핵심 내용으로 하고 learn-fare와 work-fare를 결합한 대책이 필요하다. 부족형은 일할 의욕의 부족, 직업 기초 능력의 부족, 정서적 안정감의 부족, 대인 관계 능력의 부족 등 안정적 취업을 위한 특성이 결핍된 유형으로, 직업 기초 능력의 강화, 자신감 회복, 정서적, 심리적 안정 지원 대책이 전제될 필요가 있다. 취업준비형은 공무원 시험, 대기업 취업, 전문 자격증 취득 등을 준비 중인 그룹으로 일부는 준비 기간이 길어지면서 장기 니트화할 가능성이 존재한다. 이 그룹에 대해서는 통상적인 취업 지원 정책이 요구되며, 특히 적절한 진로 지도와 중소기업 취업을 유도하기 위한 정책이 매우 중요할 것이다.

[표 1] 니트의 특성에 따른 유형화 및 대책

구분	특징	대책
장애형	신체적 건강 문제로 적극적 구직 활동이나 취업이 용이하지 않은 층	복지 정책을 핵심 내용으로 하고 learn-fare와 work-fare를 결합
부족형	일할 의욕의 부족, 직업 기초 능력의 부족, 정서적 안정감의 부족, 대인 관계 능력의 부족 등 안정적 취업을 위한 특성이 결핍된 유형	직업 기초 능력의 강화, 자신감 회복, 정서적, 심리적 안정 지원이 전제될 필요
취업준비형	공무원 시험, 대기업 취업, 전문 자격증 취득 준비, 그러나 일부는 준비 기간이 길어지면서 장기 니트화 가능	통상적인 취업 지원 정책이 요구되며, 특히 적절한 진로 지도와 중소기업 취업을 유도하기 위한 정책이 매우 중요

니트 상태의 지속 여부에 따라서는 과도기형, 반복형, 장기지속형의 3개 그룹으로 구분이 가능하다. 과도기형은 일시적으로 쉬고 있는 상태로 적절한 정책 지원이 결합되면 곧바로 니트에서 탈출이 가능한 집단이며, 이들에 대해

서는 통상적인 취업 지원 정책을 보다 강화된 형태로 추진하면 될 것이다. 반복형은 불안정한 일자리 취업(단기간 아르바이트 등)과 니트 상태를 반복하는 집단으로 니트 상태를 반복하다가 장기지속형으로 변화될 가능성도 존재한다. 이들에 대해서는 보다 안정된 풀타임 일자리로 연결시켜주는 취업 지원 정책이 중요하며, 인적 자원 개발을 지원하는 정책도 필요하다. 장기지속형은 정서적 불안정, 직업 기초 능력의 부족 등에 따라 니트 상태를 장기적으로 계속하면서 사회적으로 고립되고, 경제적으로는 주로 가족에 의존하는 그룹이다. 이 그룹에 대해서는 대인 관계 능력을 포함한 직업 기초 능력의 강화 지원, 정서적, 심리적 측면의 안정 지원책이 우선시되어야 할 것이다.

[표 2] 니트 상태 지속 여부에 따른 유형화 및 대책

구분	특징	대책
과도기형	일시적으로 쉬고 있는 상태로 적절한 정책 지원이 결합되면 곧바로 니트에서 탈출 가능	통상적인 취업 지원 정책을 보다 강화된 형태로 추진
반복형	불안정한 일자리 취업(단기간 아르바이트 등)과 니트 상태를 반복하는 집단. 니트 상태를 반복하다가 장기지속형으로 변화 가능	보다 안정된 풀타임 일자리로 연결시켜주는 취업 지원 정책이 중요하며, 인적 자원 개발 필요
장기지속형	정서적 불안정, 직업 기초 능력의 부족에 따라 니트 상태를 장기적으로 계속하면서 사회적으로 고립. 경제적으로는 주로 가족에 의존	대인 관계 능력을 포함한 직업 기초 능력의 강화 지원, 정서적, 심리적 측면의 안정 지원책이 우선시되어야

장애형 니트의 경우 장기지속형이 될 가능성이 높고, 부족형 니트의 경우 반복형이나 장기지속형의 모습을 띨 것으로 판단된다. 또한 취업준비형의 경우 과도기형 니트일 가능성이 높지만, 일부 미취업자의 경우 장기지속형이 될 위험성이 존재한다. 따라서 현실적으로 존재 가능한 니트 유형은 장애형이면서 장기지속형인 경우, 부족형이면서 반복형이거나 부족형이면서 장기지속형인 경우, 취업준비형이면서 과도기형이거나 취업준비형이면서 장기지속형인 경우이다.

[표 3] 존재 가능 니트 유형

	과도기형	반복형	장기지속형
장애형	×	×	○
부족형	×	○	○
취업준비형	○	×	○

취업준비형과 과도기형을 겸한 니트에 대해서는 통상적인 취업 지원 정책을 보다 강화된 형태로 추진하는 것으로 충분하다. 또한 이들에 대해서는 특히 중소기업 취업 지원을 유도하기 위한 이중 노동시장 문제의 완화가 중요하다. 현재와 같은 이중 노동시장 구조하에서는 '괜찮은 일자리' 취업을 위한 대기 실업자를 양산하고 있으며, 이들 중 상당수가 취업 실패를 거듭하면서 니트화할 가능성이 존재하기 때문이다. 이중 노동시장 문제의 완화를 위해서는 원하청 관계 개선, 경제 민주화, 최저임금 인상 폭 확대 등이 매우 중요할 것이다.

장애형 니트의 경우 복지 정책 측면에서 접근하는 동시에 지속적인 인적자원 개발을 통한 취업 가능성의 제고와 고용할당제를 결합한 정책 추진이 필요하다. 예를 들어 직장 내 훈련과 의무 고용을 결합한 프로그램의 도입 및 참여 기업에 대한 재정 지원을 고려해볼 수 있다. 12개월 이내 직업훈련을 직장 내에서 실시하고, 훈련 종료 후 훈련 실시 기업에게 최소 훈련 실시 기간만큼의 고용을 의무화하는 것이다. 참여 기업에게는 훈련 비용과 인건비 일부 지원 등의 인센티브를 제공함으로써 기업의 참여를 독려할 필요가 있다. 이와 관련하여 벨기에의 IBO(Individual Vocational On-the-job Training) 사례를 참조해볼 만하다. 이 프로그램을 통해 참여 기업들은 12개월 이내 직장 내 훈련을 제공하고, 훈련이 끝나면 최소 훈련 기간만큼의 고용 의무를 갖게 되며, 일정 기간 금전적 인센티브를 제공받게 된다. 또한 장시간 근로가 어려운 장애형 니트에 맞는 '반듯한 시간선택제 일자리'를 활성화하는 깃도 중요히다.

반복형 니트의 경우 특정한 스킬 없이 노동시장으로 이행한 청년층(예를 들어 비진학 인문계고 졸업 또는 중퇴생)일 가능성이 높으므로 직업훈련 등 인적 자원 개발 지원 정책이 중요할 것으로 판단된다. 이들은 '정주(定住) 노동시장'이 약화되고, 취업과 재교육, 퇴직이 반복되는 '이동 노동시장'으로 변하고 있는 상황에 적응하지 못하는 층이므로, 산업현장에 기반한 인적 자원 개발 정책이 무엇보다 중요할 것이다. 이와 관련해서 일학습병행제의 적극 활용이 필요하다. 특히 일학습병행제 참여 기업이 니트를 학습 근로자로 채용하는 경우 추가 지원을 해줌으로써 기업의 니트 채용을 유도할 필요가 있다.

부족형 니트나 장기지속형 니트의 경우 심각한 가족 문제, 일할 의욕의 결핍, 자신감 저하, 정서적 건강 문제, 기초적인 직업 기초 능력의 결여(대인 관계의 어려움 등) 등의 문제에 봉착해 있을 것으로 짐작된다. 이들에 대해서는 통상적인 취업 지원 정책만으로는 불충분하며, 심리 상담이나 공동 생활을 통한 인간관계 자신감 회복, 주거와 의료 지원, 사회 체험 지원 등 보다 종합적인 접근이 필요하다. 취업 지원 정책에만 초점을 맞추거나 정책의 효율성만을 우선시해서는 정책 성과를 거두기 어려울 가능성이 높은 것이다.

이들에게는 일을 통한 자기실현의 중요성을 인식하고, 일의 윤리와 철학 등을 갖출 수 있도록 '일의 인문학'에 대한 학습 기회를 부여할 필요도 있다. 동기 유발, 자신감 회복, 개인적 효능감 배양, 핵심 기초 능력의 숙달 등을 위한 교육 기회를 제공하는 것도 중요하다. 참고로 영국에서는 니트 대상으로 E2E(Entry to Employment) 프로그램을 통해 자신감 회복, 취업 의욕 고취, 핵심기초 능력 배양 등을 위한 교육을 실시하며, 이 교육을 마친 이후 직무 관련 추가 교육 훈련 기회를 제공한다.

이들에 대해서는 기숙 형태의 프로그램을 제공함으로써 인간관계에 대한 자신감을 회복시켜주는 것도 중요하다. 참고로 일본에서는 니트 대상의 '청년 자립숙'을 통해 부모 곁을 떠나 3개월 정도 합숙 형식으로 생활 훈련을 시키고 취업 체험 기회도 제공해준다.

이런 유형의 니트에 대해서는 다양한 일 경험이나 사회생활 경험 기회를 제공함으로써 일과 사회에 대한 현실적 감각의 획득을 지원해주어야 한다. 또한 노동시장 이행을 위한 '디딤돌 일자리'로서 '사회 혁신형 일자리'에 참여할 기회를 제공해주는 것도 의미가 있어 보인다. 참고로 서울시는 기존의 공공근로를 청년층의 욕구에 맞게 사회적 경제, 사회복지, 문화예술, 교육, 국제교류, IT 등 '사회 혁신형 일자리'로 재설계함으로써 일의 의미를 높이고 이를 통해 청년층의 참여를 적극 유도하고 있다.

[표 4] 존재 가능 니트 유형과 정책적 대응

니트 유형	정책 방향	정책 내용
취업준비형 & 과도기형 니트	취업 지원 정책	중소기업 취업 지원 유도
장애형 니트	복지정책 + 인적 자원 개발 정책 + 고용할당제	– 직장내 훈련과 의무 고용 결합 프로그램 도입 반듯한 시간선택제 일자리 활성화
반복형 니트	인적 자원 개발 정책	일학습병행제 적극 활용
부족형 니트 or 장기지속형 니트	종합적 접근	'일의 인문학' 학습 기회 부여 자신감 회복, 핵심기초 능력의 숙달 등을 위한 교육 기회 제공 기숙 형태의 프로그램 제공 다양한 일 경험이나 사회생활 경험 기회 제공 '사회 혁신형 일자리' 참여 기회 제공

3. 지역 기반 니트 지원 기관 중심의 네트워킹

취업 상담 및 지원을 넘어선 보다 종합적 접근이 가능하기 위해서는 니트에만 특화된 새로운 지원 기관을 구축할 필요가 있다. 청년 대상 최소한의 사회 안전망으로서 교육–복지–고용 등이 연계되어 종합적으로 지원할 수 있는 지역 기반의 민관 협력 청년 대상 지원 기관이 필요한 것이다. 니트에 특화된 이 새로운 지원 기관이 중심이 되어 적극적 대국민 홍보를 실시함으로써 니트의 정부 지원 서비스 접촉을 독려해야 한다. 또한 청년 니트에 대한 접근성을 높이기 위해 니트 지원 기관 내에 청년들이 수시로 모여 고민과 정보를 공유하고 다양한 시도를 해볼 수 있게 청년 전용 공간을 설치할 필요도 있다.

기존에 존재하는 여가부 추진 지역사회 청소년 통합 지원 체계(CYS-Net)의 경우 지역 기반 네트워크 구축이라는 측면에서 바람직하지만, 청소년만을 대상으로 하고 있으며, 취업 지원 기능이 약하다는 한계점이 존재한다. CYS-Net을 보다 확대하는 방안도 검토 가능하지만, 이 경우 여가부 고유의 업무 영역을 넘어서게 된다. 반면 기존의 고용안정센터는 취업 상담 및 지원에 특화되어 있어, 이를 넘어선 종합적 지원 기능을 수행하기에 어려움이 있다. 따라서 기존 기관을 그대로 활용하기보다는 새로운 니트 전담 지원 기관을 만들 필요가 있어 보인다.

지역 기반 니트 지원 기관의 구축과 관련해서 일본의 청년서포트스테이션 사례를 참조해볼 수 있다. 일본은 청년 니트 지원 기관으로 전국 각지에 160개의 청년서포트스테이션을 구축하였다. 후생노동성이 사업 전체를 총괄 조정하는 중앙 서포트스테이션을 관할하며, 공모를 통해 1년 단위로 지역 단위 청년서포트스테이션을 선정한다. 또한 취약 청소년 지원 기능을 수행하는 NGO 등 비영리단체의 청년서포트스테이션 운영을 적극 유도하고 있다. 이런 청년서포트스테이션이 중심이 되어 지역 내 취업 지원 기관(Hello Work, JOB 카페 등), 교육기관, 복지기관, 지자체, 지역사회(자치회, 반상회 등), 니트 등 청년의 지원을 실시하고 있는 NPO 법인 등의 네트워크가 구축되어 있다.

EU의 경우에도 청년보장제도(Youth Guarantee)에서 정책 지원의 효과를 높이기 위해 교육 및 훈련 기관, 진로 지도 서비스 및 청년 서비스 관련 기관 등 다양한 유관 기관과의 네트워크를 강조하고 있으며, 단발식의 정책보다는 총체적 접근법을 중요시하고 있다.

4. 수요 맞춤형 교육 훈련 기회의 지속 제공

1) 일학습병행 시스템 확대·강화

고교 단계 직업 교육기관인 모든 특성화고에 도제 시스템을 도입할 필요가 있다. 특성화고 졸업 후, 비슷한 스킬 수준을 좀 더 현장에 맞게 길러낸다는 취지로 일학습병행제에 추가 참여하는 것보다, 특성화고교 교육 자체를 일학습병행 형태로 받게 하는 것이 훨씬 효율적이기 때문이다.

정부는 2017년까지 도제학교를 전체 공업계열 특성화고로 확대할 예정이자만, 도제학교를 공업 계열만으로 제한하지 말고, 모든 특성화고가 도제학교로 재편될 수 있어야 한다. 도제 시스템이 발달한 서구 선진국의 경우 서비스업 분야에서도 도제 제도가 잘 운영되고 있음을 염두에 두어야 할 것이다.

한편, 일반계 고등학교를 종합고등학교 체제로 전환하고, 직업 교육과정 희망 학생들에게는 일학습병행 교육을 실시해야 한다. 현재 마이스터고 및 특성화고의 경우 원하는 학생들이 모두 입학할 수 있는 것이 아니라 입학을 원하는 지원자 중에서 선발하는 시스템을 운영 중이다. 따라서 직업교육을 위해 마이스터고 및 특성화고 입학을 원하나 선발에서 탈락한 다수의 학생들 혹은 자격 부족으로 지원하지 못한 학생들이 대부분 일반계 고등학교에 입학하고 있는 현실이다. 그 결과 일반계 고등학교 진학자들의 특성의 편차가 매우 심해진 상태이기도 하다. 일반계 고등학교 입학생 중 대학 진학을 원하지 않는 학생들의 경우 최소한의 필수과목만 이수하도록 하고 원하는 직업교육을 집중적으로 받을 수 있도록 하는 것(일학습병행 형태로)이 향후 직업 세계로의 원활한 이행을 위해 효과적일 것이다.

청년 니트 대상의 새로운 일학습병행제를 구축할 필요성도 제기된다. 청년 니트는 일반 구직자와 특성이 상이하므로, 일반 청년 대상의 일학습병행제를 통해 효과적인 교육 훈련이 가능하지 않을 것으로 판단되기 때문이다. 이때 일학습병행제는 대졸 이상 고학력 니트와 고졸 이하 니트를 구분하여 운영할 필요가 있으며, 니트 중심 일학습병행제 참여 기업에 대해 추가 인센티브를 제공함으로써 기업의 니트 채용을 촉진할 필요가 있다.

2) 대학의 선취업 후진학 교육 및 계속교육 시스템 강화

대학 구조조정이 지속적으로 추진되어야 하나, 노동시장의 상황에 맞게 전공 분포도 재조정되어야 한다.

또한 현장 경험을 학점으로 인정하는 선행학습인정시스템(RPL)의 도입 및 활성화도 필요하다.

대학을 통해 다양한 비학위 과정이 제공될 필요도 있다. 즉, 대학에서 실업자 훈련을 위시한 직업훈련 기회를 제공할 수 있어야 한다. 이를 위해서는 NCS 기반 교육이 강화되어야 하며, 산업계의 대학 교육에 대한 참여를 제도화해야 한다. 이러한 산업 수요 맞춤형 교육을 전제로, 대학의 계속교육 기능 활성화를 위한 고용보험기금 지원 강화도 검토해볼 수 있을 것이다.

Ⅲ. 제언

현재 다양한 청년 고용 대책이 수립되어 추진 중에 있지만, 문제는 그 대책들이 주로 구직 의사를 가진 청년 대상이어서 청년 니트를 줄이는 데에는 실질적으로 그다지 도움이 되지 못할 것이라는 사실이다. 청년 니트가 명시적인 지원 대상으로 포함된 고용 지원 서비스로서 취업 성공 패키지(Ⅱ유형)(고용부, 2016년부터 청년내일찾기 패키지로 개편)가 유일한데, 이 사업 역시 직접 고용센터에 신청해야 하는 서비스 특성상 실제 청년 니트의 참여가 극히 제한적인 상황이다. 물론 일자리 창출 등을 통해 고용 여건이 개선되면, 일부 구직 단념자를 구직 활동으로 유도할 수 있다는 점에서, 기존 정책의 성공은 니트를 일정 정도 줄이는 데 기여할 수 있으나, 상당수의 니트는 직업 기초 능력의 부족, 자존감 결여, 잘못된 생활 태도, 신체적 장애 등의 문제가 있어, 기존 청년 고용 정책만으로 이들의 노동시장 참여를 유도하기에는 불충분하다. 니트의 특성에 맞춘 정책 수립이 필요한 이유가 바로 여기에 있다.

한편, EU(2012)에 따르면 니트의 경제적 비용(2011)은 EU 26개국 평균으로 GDP의 1.21%에 달하는 것으로 나타났다. EU 26개국 전체적으로는 총 1,530억 유로의 경제적 비용이 발생하고 있는 상황인 것이다. 이중 실업 급여, 교육 관련 수당 등 정부 재정 비용은 109억 유로, 니트의 상실된 소득 등의 비용은 1,421억 유로로 추정되었다. 이를 니트 1인당으로 환산하면 그 경제적 비용은 10,651유로 수준이었다. EU 국가 간 정부 재정 지원 정도나 소득 수준의 차이에도 불구하고 니트 비율과 니트의 경제적 비용 간에는 정의 상관관계가 존재하며, 우리나라에도 이 관계가 그대로 적용된다면, 우리나라의 니트로 인한 경제적 비용은 GDP의 1.91%에 달할 것으로 추정된다(2014).

이렇게 니트로 인해 유발되는 경제적 비용이 큰 상황이므로, 보다 적극적인 니트 대책을 모색해볼 필요성이 제기된다. 특히 니트의 경우 인간관계나 사회적 관계에 서툴고, 소극적, 수동적 성격인 경우가 많으므로 이들이 정부 정책을 찾아 나서도록 하기 위해서는 적절한 유인 체계를 제공하는 것이 불가피하다. 니트를 위한 유인 체계가 무엇이 되어야 할지에 대한 보다 적극적인 고민이 필요한 시점인 것이다.

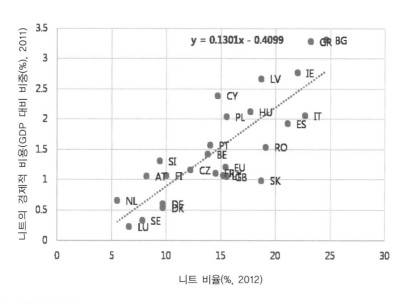

자료 : EU(2012)

주 : AT 오스트리아, BE 벨기에, BG 불가리아, CY 사이프러스, CZ 체코, DE 독일, DK 덴마크, EE 에스토니아, ES 스페인, EU 유럽연합 26개국 평균, FI 핀란드, FR 프랑스, GR 그리스, GB 영국, HU 헝가리, IE 아일랜드, IT 이탈리아, LT 리투아니아, LU 룩셈부르크, LV 라트비아, MT 말타, NL 네덜란드, PL 폴란드, PT 포르투갈, RO 루마니아, SE 스웨덴, SI 슬로베니아, SK 슬로바키아

[그림 2] 니트 비율과 니트의 경제적 비용 간의 관계

청년 고용 대책 재정 구조
어떻게 바꿀 것인가

주 무 현 (한국고용정보원)*

* jumuhyun@chol.com

청년 고용 대책 재정 구조
어떻게 바꿀 것인가

Ⅰ. 서론

청년 고용절벽 해소를 위한 재정 지원 구조의 효율화와 개편 방안이 필요하다. 고용률 70% 실현과 청년 고용 증대를 위한 정책 과제를 부처·자치단체가 경쟁적으로 도입·확대하였으나 청년 고용 문제는 해소되지 않고 있다. 그리고 청년 대상 직업훈련, 인턴 지원, 신규 고용 분야에서 유사·중복 일자리 사업이 생겨나 비효율성이 증대하고 재정 건전성을 악화시키고 있다. 이와 같은 현상은 청년 일자리 사업의 고용 효과에 대한 체계적인 성과 평가가 부재하고, '사업을 위한 사업'이 반복적으로 추진되는 악순환에 의해 초래된 현상이다. 청년 고용 사업 재정 지원 구조를 '취업 성과와 고용 효과' 중심으로 재편하여 수요자의 정책 체감도 제고하도록 유도해야 한다. 단기적으로 청년 일자리 사업 예산을 확대하면서 기존 청년 일자리 사업은 취업 성과(employment performance)를 중심으로 구조조정하여 청년 고용 활성화 조치가 궁극적으로 확대되어야 한다. 이처럼 청년 고용 사업의 효율적 운영과 효과성 제고를 위한 1차 작업은 재정 지원 현황과 구조를 파악하는 데 있다.

Ⅱ. 청년 고용 사업 재정 지원 추세와 구조

2015년 현재 청년 일자리 사업은 48개로 1.4조 원 규모의 재정이 투입되고 있다. 청년 고용 사업은 신규 고용, 직업훈련과 창업 지원을 중심으로 주로 확대되었으며 예산 규모는 2010년 7,867억 원에 비해 2배 가까이 증대했다. 직

업훈련과 인턴 지원 사업이 주로 확대되어왔으며 중장기적 정책과 단기적·
즉시적 고용 효과를 정책적으로 고려하여 재정 지출이 이뤄졌으나 그 성과 평
가에 대한 체계적 검증은 부재하다. 뿐만 아니라 청년 고용 사업의 정의 및 기
준이 일관되게 마련되지 않았고, 정책 집행 단계 및 주체에 따라 재정 지원 규
모가 들쑥날쑥하여 그 규모를 정확하게 파악하는 것은 현실적으로 용이하지
않다.

[표 1] 청년 고용 사업의 노동시장 정책 유형별 예산 현황(단위 : 억 원)

		2008	2009	2010	2011	2012	2013	2014	2015
직접 일자리	청년	487	2,127	1,366	1,262	1,402	1,632	2,435	1,678
	전체	13,880	36,880	24,423	22,885	24,236	28,855	28,918	24,663
직업훈련	청년	1,305	1,434	1,456	1,786	1,946	2,479	3,147	3,700
	전체	10,578	13,177	12,241	12,676	13,626	14,481	16,214	17,851
고용 서비스	청년	355	731	729	600	370	410	433	478
	전체	1,174	1,912	3,190	3,225	3,856	4,711	5,396	6,102
고용 장려금	청년	20	1,964	1,796	1,934	2,178	2,429	1,173	1,677
	전체	8,355	20,626	12,118	11,669	16,017	20,084	21,141	25,961
창업 지원	청년	–	–	–	112	112	112	183	201
	전체	7,821	15,879	14,604	16,446	15,741	17,935	17,289	18,339
ALMP	청년	2,168	6,256	5,346	5,694	6,008	7,061	7,372	7,734
	전체	41,808	88,475	66,576	66,900	73,476	86,066	88,958	92,916
실업 소득 유지 지원		27,714	45,965	38,196	39,360	38,612	41,566	43,500	46,832
일자리 사업 전체		69,521	134,440	104,773	106,260	112,088	127,633	132,459	139,748

주 : 실업 소득 유지 지원 예산은 실업자 등에 대한 구직 급여에 해당되므로 청년 대상 예산이 없다.
자료 : 고용노동부, 내부 자료

2015년 현재 청년 일자리 사업 비중은 적극적 노동시장 정책(ALMP) 전체
의 8.3%로서 2010년 8.0%에서 0.3%p만 증가해 큰 변동이 없다. 청년 실업률
과 고용률 등 노동시장의 구조적 여건 변동에 따라 청년 고용 정책 예산이 유
연하게 운영되지 못한 경직성이 존재한다. 다만, 청년 참여자 50% 이상 일자

리 사업 예산 비중은 2010년 8.1%에서 2015년 9.6%로 연평균 0.3%p씩 증가하고 있다. 청년 고용 정책 예산 비중을 늘리는 방식보다 기존 또는 신규 일자리 사업에서 청년 참여를 강화하는 정책 수단이 주로 활용된 것으로 평가할 수 있다.

청년 대상 직업훈련 재정 지출은 2013년 17.1%에서 2015년 20.7%로 지난 3년간 3.6%p 증가해 청년층 고용 위기에 대응하기 위한 정책 수단으로 직업훈련이 크게 활용되었다. 청년 참여자 50% 이상 직업훈련 사업을 기준으로 보면 2015년 현재 37%로서 직업훈련 예산이 청년층을 대상으로 주로 지출되고 있어 청년층 고용 활성화 정책의 방향성에 대해 긍정적으로 평가할 수 있을 것이다. 청년 대상 고용 서비스 비중은 지난 기간 큰 폭으로 감소되었고, 창업 지원은 여전히 미미하고, 한시적 일자리 창출 목적의 직접 일자리 사업에서도 전년 대비 1.6%p 감소해 '바람직한' 방향이라고 볼 수 있다.[1]

[표 2] 노동시장 정책 유형별 청년 고용 사업 예산 비중(단위 : %)

	2008	2009	2010	2011	2012	2013	2014	2015
직접 일자리	3.5	5.8	5.6	5.5	5.8	5.7	8.4	6.8
	(5.9)	(7.4)	(7.5)	(8.2)	(8.4)	(8.7)	(10.9)	(9.7)
직업훈련	12.3	10.9	11.9	14.1	14.3	17.1	19.4	20.7
	(32.1)	(27.8)	(27.5)	(31.9)	(33.4)	(37.6)	(38.8)	(37.0)
고용 서비스	30.3	38.2	22.9	18.6	9.6	8.7	8.0	7.8
	(30.3)	(38.2)	(22.9)	(18.6)	(9.6)	(8.7)	(8.0)	(7.8)
고용 장려금	0.2	9.5	14.8	16.6	13.6	12.1	5.5	6.5
	(1.8)	(9.5)	(16.1)	(17.6)	(14.3)	(12.7)	(6.0)	(6.7)
창업 지원	–	–	–	0.7	0.7	0.6	1.1	1.1
	(0.1)	(2.4)	(4.1)	(6.7)	(9.8)	(9.4)	(11.8)	(12.0)

---

1   직접 일자리 사업에 인턴 사업 예산이 들어 있어 적극적 평가에 신중하다.

	2008	2009	2010	2011	2012	2013	2014	2015
ALMP	5.2	7.1	8.0	8.5	8.2	8.2	8.3	8.3
	(6.8)	(7.0)	(8.1)	(9.1)	(9.6)	(9.9)	(10.0)	(9.6)

주 : 노동시장 정책 유형별 일자리 사업에서 청년 일자리 사업이 차지하는 비중이다. 괄호 안은 청년
　　참여자 50% 이상 일자리 사업을 기준으로 작성된 비중이다. 직접 일자리 사업에서 청년 참여자
　　비중이 50% 이상인 일자리 사업 예산 비중을 나타낸 것이다. 실업 소득 유지 지원은 분석에서 제
　　외한다.
자료 : 고용노동부, 내부 자료

　청년 고용 정책에서 직업훈련 예산 비중은 2013년 35.1%에서 2015년
47.8%로 지난 3년간 12.7%p 증가하고, 직접 일자리 사업은 전년 대비 11.3%p
감소했다. 적극적 노동시장 정책(ALMP=100)에서 전 연령 직업훈련은 2015
년 현재 19.2%를 차지하는 데 반해 청년층 직업훈련은 47.8%로 나타나 청년
고용 정책의 방향성이 분명히 제시되었다고 볼 수 있다. 다시 말해 청년 고용
대책은 대부분 직업훈련 등에 대해 집중적으로 재정 투입을 하겠다는 의지가
표현된 것이다. 전 연령 직접 일자리 사업 예산 비중은 2012년 현재 37.8%로
OECD 주요 국가 가운데 가장 높으나 고용 서비스나 직업훈련은 전반적으로
낮다. 청년 고용 사업의 직업훈련 비중 증가 현상은 바람직하다고 볼 수 있으
나 직접 일자리 사업 비중도 여전히 높고, 고용 서비스 비중은 크게 낮은 수준
이다. 때문에 청년 고용 사업의 선택과 집중을 위한 정책 방향이 더욱 체계적
이고 광범위하게 논의되어야 한다.

　청년층 창업 지원 재정 지출 비중은 2% 내외에 맴돌고 있어 청년 벤처기업
가 육성과 지원 사업은 활력이 낮다고 볼 수 있다. 반면 적극적 노동시장 정책
전체에서 창업 지원 예산 비중은 2015년 19.7%로서 아주 높아 대조적 양상이
다. 청년층 창업 및 벤처기업의 위험 및 실패에 대한 '보수적' 시각이 반영되어
있으며, 향후 청년층 창업 지원을 위한 노력이 크게 요구된다. 청년 고용 정책
의 직접 일자리 사업과 고용 장려금 사업 비중은 2015년 44%로 2013년 57.5%
에 비해 14.1%p 감소하였지만, '한시적' 단기 일자리 창출 및 유지를 위한 재

정 지출이 대부분을 차지한다. 청년층 고용 장려금 사업은 2015년 현재 중소기업 근속 장려금과 중소기업청년취업인턴제(고용부)가 청년 참여자 50% 이상 기준에서 산업전문인력역량강화사업(산자부)도 포함된다. 재정 지출 기준에서 최근 3년간 청년 고용 정책은 직업훈련과 한시적 단기 일자리 창출이라는 두 개의 흐름으로 실행되고 있다.

[표 3] 청년 고용 사업의 노동시장 정책 유형별 예산 비중(ALMP=100)(단위 : %)

	2008	2009	2010	2011	2012	2013	2014	2015
직접 일자리	22.5	34.0	25.5	22.2	23.3	23.1	33.0	21.7
	(33.2)	(41.7)	(36.7)	(34.2)	(33.0)	(33.5)	(32.5)	(26.5)
직업훈련	60.2	22.9	27.2	31.4	32.4	35.1	42.7	47.8
	(25.3)	(14.9)	(18.4)	(18.9)	(18.5)	(16.8)	(18.2)	(19.2)
고용 서비스	16.4	11.7	13.6	10.5	6.2	5.8	5.9	6.2
	(2.8)	(2.2)	(4.8)	(4.8)	(5.2)	(5.5)	(6.1)	(6.6)
고용 장려금	0.9	31.4	33.6	34.0	36.3	34.4	15.9	21.7
	(20.0)	(23.3)	(18.2)	(17.4)	(21.8)	(23.3)	(23.8)	(27.9)
창업 지원	–	–	–	2.0	1.9	1.6	2.5	2.6
	(18.7)	(17.9)	(21.9)	(24.6)	(21.4)	(20.8)	(19.4)	(19.7)

주 : 괄호 안은 전연령 대상 노동시장 정책 유형별 일자리 사업 예산 비중이다. 예컨대 직접 일자리 사업 예산이 적극적 노동시장 정책 예산 전체에서 차지하는 비중이다. 그리고 실업 소득 유지 지원은 분석에서 제외되었다.
자료 : 고용노동부, 내부 자료

청년 고용 사업은 2010년부터 2015년까지 5년간 연평균 7.8%씩 증가하여 전체 적극적 노동시장 정책보다 증가율이 7.0%p 높았으며, 직업훈련은 13%p나 높게 증가하여 고무적 현상이라고 평가할 수 있다. 전체 연령 취업 취약 계층 대상 직접 일자리 사업 재정 지출이 전반적으로 완만한 증가 추세를 보였던 반면, 청년층 대상 직접 일자리 사업 재정 지원은 2008년 세계 금융 위기 이후 급격하게 증가하였다. 이와 같은 현상은 중앙부처가 2008년 세계 금융 위기에 따른 청년 고용 문제에 적극 대처하기 위한 수단으로 대상 청년 대상 직접 일자리 사업을 경쟁적으로 확대시킨 결과이다. 그러나 청년층 대상 직접 일자리 사업이 취약 계층에 대한 한시적·일시적 일자리 창출과 소득 보전을 주요 목적으로 하는 직접 일자리 사업의 성격에 조응하는지 여부에 대한 논란이 적지않다. 예컨대 청년 대상 직접 일자리 사업으로서 스포츠 강사, 영어 회화, 박물관 지원 근무 등이 여기에 해당된다.

[표 4] 청년 고용 사업의 노동시장 정책 유형별 예산 증가율 추이(단위 : %)

		2011	2012	2013	2014	2015	2011–2015
직접 일자리	청년	-7.6	11.0	16.4	49.3	-31.1	7.6
	전체	-6.3	5.9	19.1	0.2	-14.7	0.8
직업훈련	청년	22.7	8.9	27.4	27.0	17.6	20.7
	전체	3.5	7.5	6.3	12.0	10.1	7.9
고용 서비스	청년	-17.8	-38.4	10.8	5.8	10.4	-5.8
	전체	1.1	19.6	22.2	14.5	13.1	14.1
고용 장려금	청년	7.7	12.6	11.5	-51.7	43.0	4.6
	전체	-3.7	37.3	25.4	5.3	22.8	17.4
창업 지원	청년	-	-	-	63.5	9.6	36.6
	전체	12.6	-4.3	13.9	-3.6	6.1	5.0
ALMP	청년	6.5	5.5	17.5	4.4	4.9	7.8
	전체	0.5	9.8	17.1	3.4	4.4	7.0

주 : 실업 소득 유지 지원은 분석에서 제외되었다.
자료 : 고용노동부, 내부 자료

청년층 고용 서비스 비중은 2011년과 2012년 크게 감소한 이후 2013년 이후 소폭 회복세를 보이고 있으나 고용 서비스 예산의 전반적 상승세와 다른 측면을 보이고 있다. 청년층 고용 서비스 수요가 감소하여서 재정 투입이 하락한 것인지, 고용 서비스 전반이 정책 대상을 포괄하면서 전환하는 과정에서 청년층 대상 고용 서비스가 불필요하게 되었는지 등에 대한 검토가 필요하다. OECD 주요 국가가 고용 서비스의 주요 대상을 기존 실업자 등 장년층에서 청년층으로 전환하면서 집중하고 있을 뿐만 아니라 청년층 고용 서비스 전달 체계를 단순화하고 있다는 사실에 정부도 주목해야 할 것이다. 청년층 고용 서비스 전달 체계가 복잡하고, 체감도도 크게 낮다는 현실은 어제 오늘 지적된 사항이 아니다.

Ⅲ. GDP와 청년 고용 정책 재정 비중

청년 고용 사업 재정 구조는 청년 고용 정책의 구조를 보여주는 다른 지표가 될 수 있다. 2015년 현재 고용보험기금이 청년 고용 사업 예산의 재원에서 60%를 차지하며, 2013년 대비 14.5%p 증가하여 고용부가 청년 고용 정책을 기획·집행한다고 볼 수 있다. 최근 들어 일반회계 비중이 크게 감소하고, 기타 특별회계와 기금 규모와 비중은 미미한 수준에서 점차 감소하고 있다. 직접 일자리 사업이나 창업 지원 사업과 달리 고용부가 청년 고용 사업의 효율화 및 총괄 관리에서 주요 역할을 할 수 있는 기반이 구축되어 있다. 청년 고용 사업의 일반회계는 대부분 직접 일자리 사업과 관련되어 있어 부처 간 협의와 조정을 위한 수단 개발 또는 조정 기제(Governance)로 활용될 수 있다. 그럼에도 불구하고 청년 고용 사업이 대체로 고용보험기금에서 활용되고 있는데 불구하고 청년 고용 정책의 특성이 제대로 드러나고 있지 못하다.

[표 5] 청년 고용 사업의 재원별 예산과 비중 추이
(청년 참여자 50% 이상 기준)(단위 : 억 원, %)

	2013	2014	2015
고보기금	5,701	7,732	8,017
	(45.3)	(58.6)	(59.8)
일반회계	5,867	4,478	4,426
	(46.6)	(33.9)	(33.0)

	2013	2014	2015
소진기금	305	422	403
	(2.4)	(3.2)	(3.0)
체육기금	275	305	305
	(2.2)	(2.3)	(2.3)
국민체육진흥기금	349	160	165
	(2.8)	(1.2)	(1.2)
문화예술진흥기금	46	46	46
	(0.4)	(0.3)	(0.3)
방송통신발전기금	37	37	36
	(0.3)	(0.3)	(0.3)
환경개선특별회계	10	9	9
	(0.1)	(0.1)	(0.1)
지특회계	5	5	5
	(0.0)	(0.0)	(0.0)
에너지특별회계	2	2	
	(0.0)	(0.0)	
합계	12,596	13,195	13,410
	(100.0)	(100.0)	(100.0)

자료 : 고용노동부, 내부 자료

2015년 현재 청년 고용 사업 예산 1조 4천억에서 청년 참여자 50% 이상 기준 사업으로 고용부가 66.4%로 가장 많고, 그다음 중기청이 15.3%를 차지한다. 2015년 외교부는 8.6%로 전년 대비 0.3% 감소, 문화부도 5.4%로 전년 대비 0.1% 감소했다. 청년 고용 사업은 고용부가 주도하고, 중기청, 외교부와 문화부 등이 직접 일자리 사업 중심으로 수행하고 있다. 이 외에도 다수 정부 부처들이 경쟁적으로 청년 고용 사업을 추진하고 있다. 이것은 청년 고용 사업의 전달 체계를 복잡하게 만들고, 청년들의 고용 정책에 대한 체감도를 떨어트려 정책 효율성과 효과성을 저하시키는 요인으로 작용하게 만든다.

[표6] 부처별 청년 고용 사업 예산 및 비중 추이
(청년 참여자 50% 이상 사업 기준)(단위 : 억 원, %)

	2008	2009	2010	2011	2012	2013	2014	2015
고용부	3,641	6,020	5,586	6,498	7,015	8,113	8,669	8,917
	(77.1)	(63.6)	(65.9)	(67.1)	(64.9)	(64.4)	(65.7)	(66.4)
교육부	65	501	237	215	207	208	120	101
	(1.4)	(5.3)	(2.8)	(2.2)	(1.9)	(1.7)	(0.9)	(0.8)
국토부		25	35	32	59	99	65	54
	(0.0)	(0.3)	(0.4)	(0.3)	(0.5)	(0.8)	(0.5)	(0.4)
농진청	51	195	70	76	81	80	52	52
	(1.1)	(2.1)	(0.8)	(0.8)	(0.8)	(0.6)	(0.4)	(0.4)
문화부	280	473	435	554	615	908	727	725
	(5.9)	(5.0)	(5.1)	(5.7)	(5.7)	(7.2)	(5.5)	(5.4)
미래부	116	258	272	188	192	239	251	241
	(2.5)	(2.7)	(3.2)	(1.9)	(1.8)	(1.9)	(1.9)	(1.8)
방통위		101	42	24				
	(0.0)	(1.1)	(0.5)	(0.2)				
복지부		375			15	15	7	
		(4.0)			(0.1)	(0.1)	(0.1)	
산림청	3	3	3	3	3	3	4	4
	(0.1)	(0.0)	(0.0)	(0.0)	(0.0)	(0.0)	(0.0)	(0.0)
산자부	130		162	137	137	122	98	66
	(2.8)		(1.9)	(1.4)	(1.3)	(1.0)	(0.7)	(0.5)
안행부	53	428	233	80	73	67	67	51
	(1.1)	(4.5)	(2.7)	(0.8)	(0.7)	(0.5)	(0.5)	(0.4)
외교부	369	559	756	849	964	1,087	1,171	1,156
	(7.8)	(5.9)	(8.9)	(8.8)	(8.9)	(8.6)	(8.9)	(8.6)
중기청	14	534	645	1,028	1,437	1,645	1,955	2,051
	(0.3)	(5.6)	(7.6)	(10.6)	(13.3)	(13.1)	(14.8)	(15.3)

	2008	2009	2010	2011	2012	2013	2014	2015
환경부					10	10	9	9
					(0.1)	(0.1)	(0.1)	(0.1)
합계	4,721	9,472	8,476	9,683	10,807	12,596	13,195	13,425
	(100.0)	(100.0)	(100.0)	(100.0)	(100.0)	(100.0)	(100.0)	(100.0)

2015년 현재 GDP 대비 청년 고용 사업의 재정 지출 비율은 2014년 0.05%로 2008년 0.02%에 비해 0.03%p 증가했다. 일자리 사업 재정 지출 비율은 2008년 0.63%에서 2014년 0.89%로 분석 대상 기간 동안 0.26%p 증가했다. 적극적 노동시장 정책(ALMP)은 2008년 0.38%에서 2014년 0.60%로 같은 기간 0.22%p 증가했다. GDP 대비 청년 고용 사업 재정 지출 비율 증가폭은 예산 증가율과 구별해서 봐야 한다. 청년 고용 사업 재정 지출 비율과 청년 고용률 사이의 인과관계 분석을 위한 보다 구조화된 자료가 필요하지만, 재정 지출 증대가 청년 고용률 개선에 큰 영향을 주지 못하고 있다고 볼 수 있다. 국내외 경제성장, 산업과 노동시장의 구조적 요인 등이 복합적으로 작용하고, 경기 변동에 더욱 민감한 청년 고용률 및 실업률을 재정 지출과 연계하는 거시적 분석보다 특정 일자리 사업의 고용 성과를 비교하는 미시적 접근이 현실적으로 설득력을 가질 수 있다.

[표 7] GDP 대비 청년 고용 사업의 재정 지출 비율과 청년 고용률(단위 : %)

	2008	2009	2010	2011	2012	2013	2014
일자리 사업	0.63	1.17	0.83	0.80	0.81	0.89	0.89
ALMP	0.38	0.77	0.53	0.50	0.53	0.60	0.60
청년 고용 사업	0.02	0.05	0.04	0.04	0.04	0.05	0.05
15~29세 고용률	41.6	40.5	40.3	40.5	40.4	39.7	40.7

자료 : 국민계정, KOSIS, 고용부 내부 자료

OECD 주요 국가의 GDP 대비 노동시장 정책 재정 지출 비율은 덴마크가 3.59%로 가장 높고, 그다음 네덜란드와 벨기에가 2.97%와 2.96%, 핀란드와 독일이 각각 2.66%와 2.57%이다. 한국은 0.48%로서 OECD 평균 1.4%보다 1%p 낮다. 2010년 이후 3년간 한국은 GDP 대비 노동시장 정책 재정 투입 비율이 0.62%로 예년에 비해 크게 개선되었으나 OECD 평균과 차이가 존재한다. 한국은 일본, 뉴질랜드, 호주, 캐나다와 미국 등과 함께 GDP 대비 적극적 · 소극적 조치 재정 지출 비율이 모두 OECD 평균보다 낮은 국가이다. GDP 대비 ALMP 재정 지출 비율이 낮은 국가일수록 PLMP 재정 지출 비율도 낮다.

[표 8] OECD 주요 국가의 GDP 대비 노동시장 정책 재정 지출 비율(단위 : %)

	AUS	AUT	BEL	CAN	DNK	FIN	FRA
2012	n.a.	2.04	2.89	0.83	3.80	2.48	2.35
2003-2012	0.86	2.07	2.96	1.00	3.59	2.66	2.43

	DEU	JPN	KOR	NLD	NZL	USA	OECD
2012	1.68	0.55	0.61	2.90	0.65	0.53	1.42
2003-2012	2.57	0.60	0.48	2.97	0.80	0.65	1.46

자료 : OECD Statistic Databases

Ⅳ. 향후 개선 과제

청년 고용 사업은 다양한 현안에 직면하고 있다. 앞서 살펴본 청년 고용 사업 재정 구조와 문제점을 통해 풀어야 할 과제를 몇 가지 제시하고자 한다. 우선 청년 고용 대책은 유사 중복 사업의 통폐합, 효율적 운영 관리 방안(합동 지침 등), 예산 규모에 따라 청년 고용 사업을 통합해야 한다. 둘째, 신규 고용과 인턴 사업의 획기적 증대와 구조조정이 필요하다. 경기 침체기의 청년 실업을 즉각 해소하기 위한 취업연계형 인턴 사업의 획기적 증대를 위한 재정 지원이 확대 · 개편되어야 한다. 셋째, 기존 직접 일자리 사업과 식업훈련을 취업 성과와 고용 효과 중심으로 구조조정하고, 직업훈련 사업의 통폐합 기준 마련과 성과 평가에 연계한 예산 조정 방안이 마련되어야 한다. 넷째, 청년 대상 고용 서비스와 창업 지원으로 전환 시기가 마련되어야 한다. OECD는 고용 활성화 조치가 정책 대상을 명확하게 설정(targeting)할 것을 꾸준히 권고하고 있다. 지금처럼 청년 고용 사업이 인턴 사업으로 착시되는 현상을 조속히 극복하고 청년 친화적 고용 인프라를 구축해야 한다. 마지막으로 청년 고용 사업과 정책 대상별 일자리 사업의 균형적 구조조정 방안이 모색되어야 한다. 노동시장의 고용률과 실업률 등에 따른 정책 대상 또는 계층별 정책 조정 및 재정 지출 유연화(장년, 여성, 취약 계층 범주 등)가 필요하다. 더 나아가서 청년 고용 사업의 예산 규모와 비중에 대한 균형 재정 방안 등이 논의되어야 한다. 이와 같은 정책 구상과 논의에서는 현재 청년 고용 사업에 투입되고 있는 재정 지원 규모를 정확하게 분석하고 파악하는 것을 실제 가장 중요한 작업이라고 파악하고 있다.

청년층 대상 직접 일자리 사업은 중앙정부 간 유사 중복 사업은 반드시 통합되어야 한다. 첫째, 외교부의 국제기구 협력, 협력 사업 지원과 농진청의 해외 농업기술 개발 지원 사업은 사업의 성격과 목적이 해외 인턴 경험을 통한 국제경쟁력 제고에 있지만, 유사 사업이기 때문에 통합 운영되어야 할 것이다. 둘째, 지방자치단체에서 운영하고 있는 인턴 사업에도 유사·중복 운영 사례가 발견되고 있다. 예컨대 강원과 울산과 같이 유사한 일자리 사업을 군구별로 운영하는 경우 인근 지역 간 갈등 방지 및 선택 참여 문제를 방지하기 위해 지원 규모를 통일해야 한다. 셋째, 중앙정부와 지자체 간 유사 중복 사업은 전달 체계 단일화 및 통합 운영되어야 한다. 중앙정부와 지자체 간 유사 사업은 중복 수혜 및 선택 참여 문제가 발생할 수 있으나 지역 내 수요 및 지역 여건을 반영한 사업 운영으로 사업의 통합보다는 전달 체계 단일화를 통한 수요자 관리 강화 방안이 마련되어야 한다.

청년 고용 정책의 대표적 프로그램으로서 인턴 사업의 효율적 운영 방안 마련을 통해 효과성이 제고되어야 한다. 다시 말해 기존 인턴 사업을 직무체험형과 취업연계형으로 표준화하여 목적에 맞춘 사업 운영의 내실화 방안이 마련되어야 한다. 첫째, 직무체험형 인턴 사업은 재학생 대상 사업으로 운영하며, 각 전공 분야별로 흩어져 있는 사업을 브랜드 사업(현장 체험 프로그램)으로 묶어 내역 사업으로 운영해야 한다. 전공 맞춤형 연수 기회 제공으로 내실 있는 현장 체험이 이뤄지도록 지원되어야 한다. 둘째, 취업연계형 인턴 사업은 졸업생 대상 인턴을 기본적으로 취업연계형 인턴으로 추진하며 취업 전환 실적에 따라 차년도 사업 축소·확장 연동 작업이 필요하다. 취업 전환 목표를 설정하여 관리하고, 정규직 전환의 경우 인센티브를 지급하는 등 지원이 이루어져야 한다. 무급 인턴 및 열정 인턴 등의 문제가 발생하지 않도록 근로시간, 임금 등 근로조건에 대한 보호 관리가 강화되어야 한다. 특정 분야에 한정한 인턴 사업은 유지 및 부분적 확대가 필요하다. 예술, 문화, 과학기술 등 특정 분야는 취업연계형 인턴 사업으로 일괄 통합시 전문성 부족에 의해 사각지대에 놓일 가능성이 높다. 취업률 등 성과 지표에 따른 관리를 강화하고, 취업 연계 프로그램 개발 등 취업률 제공 방안이 강화되어야 한다. 인턴 사업은 반드시 성과 평가를 통해 재정 지원 규모가 연계되어야 한다.

재정 지원 청년 일자리 정책,
달라져야 한다*

나 영 선 (한국직업능력개발원)**

* 이 글은 다음의 기존 원고를 수정·보완하여 작성함. 나영선, 「청년 일자리 활성화, 저출산 추세 반전을 위한 근본적 해법모색 : 고용·교육·주거대책을 중심으로」, 보건복지부·한국보건사회연구원 주관 세미나 발표 자료, 2015. 5.

** ysra@krivet.re.kr

재정 지원 청년 일자리 정책, 달라져야 한다

I. 서론

1. 청년 실업의 현황 및 원인 분석

2015년 5월 통계청 자료에 따르면 15~29세 청년층 인구는 949만 5천여 명이며 이 중 취업 인구는 390만 2천여 명, 실업 인구는 44만 5천여 명, 비경제활동인구는 514만 8천여 명으로 조사되었다.[1] 비경제활동인구 중 학교에 다니지 않는 비학생 인구는 102만 6천 명에 달한다. 매년 발간되는 OECD 교육통계(Education at A Glance)의 취업 상태에 있지 않으면서 학교에도 다니지 않는 비학업 인구' 기준을 적용할 때, 니트, 즉 청년층 인구 중 실업 인구(44만 5천여 명)와 비경제활동인구 중 학생이 아닌 인구(102만 6천여 명)를 합하였을 때 147만 1천여 명에 달한다.[2]

그간 청년층 고용률은 2000년 43.4%에서 2004년 45.1%까지 점차 상승하였으나 그 이후로 지속적인 하락세를 보여 2013년에는 2000년대 이후 최저치인 39.7%를 기록하였다. 이후 2014년 청년층 고용률이 40.7%로 소폭 상승하였으나 OECD 국가 중 높은 수준을 보이는 니트의 규모는 감소되지 않았음을 고려할 때 여전히 청년 고용 문제는 근본적으로 해결되지 않았다는 것을 알 수 있다.

그동안 대표적인 정부는 청년층 고용 문제 해결을 위하여 다양한 정책을

---

1 통계청(2015. 5). 2015년 경제활동인구조사 청년층 및 고령층 부가 조사 결과.
2 니트(Non-Employment and Non-education & Training)의 줄임말임

추진하였다. 최근의 대표적인 청년 고용 정책은 다음과 같다.[3]

첫째, 중소기업 미스매치를 완화하여 고용률 제고를 목적으로 한 '중소기업 인력 수급 불일치 해소 대책'(2013. 10. 2)이 있다. 청년층 유인을 위한 산업단지 근로환경 개선 및 군 복무로 인한 청년층 경력 단절 해소 대책이 포함되어 있다.

둘째, 교육 훈련, 구직, 취업, 근속 단계별 약한 고리 해소를 위한 '학교에서 직장까지 일자리 단계별 청년 고용 대책'(2014. 4. 15)이 있다. 청년 미취업자 대상 조기 취업 촉진 및 장기 근속을 유도하기 위해 일학습병행제 및 계약학과 확대 등 학교교육과 직업훈련 측면에서 다양한 정책 프로그램이 제시되었다.

셋째, 학력주의를 지양하고 능력 중심 사회를 실현하기 위한 방안으로 고졸 자들에게 선취업 후진학을 지원하는 '고졸 취업 활성화 방안'(2014. 10)이 있다. 민간 기업의 고졸 채용 활성화를 지원하고 중소기업 통근 및 거주환경 개선, 취업 연계 산학관 협력 활성화를 통한 취업 지원 방안 등이 포함되어 있다.

넷째, 교육 훈련 개편 및 기업, 지역, 산업계 거버넌스를 구축하여 교육 훈련 체계의 인프라 혁신을 지향하는 '능력 중심 사회 조성 방안'(2014. 12. 18), 능력 중심 채용 문화 및 보상 체계의 확산을 지향하는 '능력 중심 사회 구현 방안'(2015. 1. 22) 등이 있다.

이와 같은 정책들이 2013년 10월을 기점으로 시행되었으나, 2005~2012년 기간 동안 재정 지원 일자리 사업의 재원 배분의 관점에서 살펴볼 때, 정작 이러한 정책들로 수혜를 받은 것은 청년층이 아닌 장년층이었다. 재정 지원 일자리 사업에 상당한 예산이 투입되었으나 주로 장년층이 수혜를 받았는데, 직접적 일자리 창출 사업과 관련이 있는 국방, 사회보장, 보건 및 사회복지 서비스업 분야에서 장년층은 3만 7,600명 증가하였으나 청년층은 오히려 2,400명 감소하였다.[4]

---

3 고용노동부 내부 자료(2015. 2) '청년 고용 대책 년도별 추진내용.' 청년고용포럼 회의자료에서 발췌 요약.

지난 10여 년간의 추세를 살펴볼 때 청년층 실업의 원인은 다음과 같이 세 가지로 요약할 수 있다.

첫째, 과도한 대학 진학과 대학생의 재학 기간 연장이 청년층 고용률의 저하를 야기하였다. 대학 진학률은 90년대 초 상승하기 시작하여 2008년 83.3% 까지 지속적으로 상승하였으며 청년층 중 재학생 비중은 45.3%(2003)에서 53.0%(2014)으로 7.7%p 상승하였으며, 고학력 청년층이 늘어난 만큼 한정된 선망 일자리(대기업 등 양질의 일자리)에 대한 초과 수요 현상이 발생하였다.[5] 취업 시험 준비 인원은 68만 2천여 명(2007)에서 104만여 명(2014)으로 대폭 증가한 사실에서도 이를 짐작할 수 있다.[6]

둘째, 근본적으로 우리 경제가 선진국형으로 변모하면서 저성장, 저고용 국면에 진입하였다는 점이다. 대기업의 고용 흡수력이 저하되면서 인건비 절감을 위해 핵심 업무에 투입되는 인원만 정규직화되는 현상이 발생하였다. 또한 중소 제조업 및 서비스업의 낮은 생산성, 전문 기술 인력 부족, 중소기업 취업 기피 현상 등이 원인으로 분석된다.

셋째, 청년층의 실업의 주요 원인 인력 수급 미스매치 현상이 여전히 해소되지 않고 있어, 이를 해결하고자 능력 중심 채용 및 보상 시스템 개편을 국정 과제로 추진하고 있으나 정착·확산에 있어서 다소의 시간이 소요된다. 그간 인력 수급 미스매치 현상에 대응한 많은 정책들이 추진되었으나 실효성이 부족하였다. 교육 훈련 현장에서는 수요자 중심 인력 양성 체계 혁신을 위해

---

4 김용성, 「청년취업활성화를 위한 방안」, KDI포커스, 2014. 이 자료에 의하면, 우리나라는 직접적 일자리 창출 관련 비중(67.3%)이 압도적으로 높은 반면 직업훈련 및 능력 개발(17.2%), 고용 서비스(2.7%)의 비중이 낮은 편임.
5 한국은행, 「최근의 고용상황과 양질의 일자리 창출」, 2012에 의하면 양질의 일자리 수는 사업체 규모별(6개) 및 직업별(9개) 54개 부문에서 평균 임금을 상회하는 부문에 종사하는 상용직 근로자(대기업은 모두 포함)로 추정하고 있으며 양질의 노동력은 전문대졸 이상 학력 소지자를 의미함. 양질 노동력은 965만 명에 달하고 있으나 양질의 일자리 수는 581만 개 수준에 불과하여 일자리 수 격차가 심각함.
6 오호영, 「대졸 등 고학력 청년고용촉진 지원방안 연구」, 청년고용포럼 내부 발표 자료, 2015.

NCS(국가직무능력표준)[7] 기반 직업교육 훈련 개편, 교육과정 편성 등이 단계적으로 추진되고 있다. NCS를 기반으로 현장 중심의 자격 및 교육 훈련 과정을 개발, 운영하고 일/교육 훈련/자격을 연계하여 산업체가 요구하는 인재를 양성 및 공급할 것으로 예상하였지만, 아직 기업의 인식 및 준비 부족으로 직업능력이 채용-승진-보상과 연계되는 NCS 기반 채용과 보상 시스템 구축 확산에 어려움을 겪고 있다. 결국 기업 주도로 NCS 기반 채용-승진-보상 시스템이 구축되어 청년층 충원 여유가 발생해야 하나, 기존의 연공서열적 인력관리 시스템 개선이 많이 어려운 실정이다.

2. 재정 지원 청년 일자리 사업의 현황 및 문제점

2015년 현재 청년 일자리 사업 전체 예산은 7,734억 원으로 2008년의 2,168억 원에 비해 3배 이상 증가하였으며, 전년 대비 4.9% 증가하였다. 이때 청년 일자리 사업(청년 참여자 50% 이상)의 비중은 전체 적극적 노동시장 정책(ALMP) 예산의 8.3% 수준으로 조사되었다(표 1). 재정 지원 일자리 정책의 예산은 증가하고 있으나 청년 고용의 관점에서 사업 추진상에 나타나는 일자리 정책의 문제점은 다음과 같다.

첫째, 직접 일자리 창출 사업의 청년 고용 창출 효과가 미미하다는 점이다. 재정 배분 비중이 가장 높은 '직접 일자리 사업'의 청년층 개선 효과가 미미하고, 2005~2012년 기간 동안 해당 산업의 장년층(50~59세) 취업 상황은 크게 호전된 반면 청년층 취업 개선 효과는 미미하였다. 결국, 사회 안전망이 충분치 못한 현실에서 '직접 일자리 사업'이 장년층의 생활 안정에 기여하는 긍정적 효과도 있었으나, 노동시장 측면에서 배려가 필요한 청년층에게 혜택이 돌아가지 않았다고 볼 수 있다.

---

7   NCS(National Competency Standards)란 산업현장의 직무를 수행하기 위해 요구되는 지식, 기술, 태도 등의 내용을 국가가 산업부문별, 수준별로 체계화한 것(우리 나라에 존재하는 1만 2천여 개의 직업에서 필요로 하는 직무를 857개로 표준화).

[표1] 노동시장 정책 유형별 청년 일자리 사업 현황

구분	사업 내용	2015년 전체 예산 (억 원)	2015년 청년 예산 (억 원)	비중(%)
직접 일자리	임시적 일자리(청년인턴제 등)	24,663	1,678	6.8
직업능력 개발 훈련	직업훈련, 인력 양성 (청년취업아카데미)	17,851	3,700	20.7
고용 서비스	사업주, 구직자 취업 지원 서비스 제공(스펙초월멘토스쿨)	6,102	478	7.8
고용 장려금	고용 촉진 및 유지 보조금 (중소기업 근속 장려금)	25,961	1,677	6.5
창업 지원	대부, 시설 제공, 경영 조언	18,339	201	1.1
ALMP 계		92,916	7,734	8.3

주 : 청년 예산이란 실제 참여자의 50% 이상인 일자리 사업의 예산을 말함
자료 : 주무현 외, 「청년고용정책 효율화 방안 토론자료」, 청년고용포럼 내부 발표 자료, (2015. 4.

둘째, 좀처럼 개선되지 않는 직업능력 개발 훈련의 산업 수요와의 괴리를 들 수 있다. 2014년 직업능력 개발 훈련 취업 현황을 보면 전직 실업자 훈련, 신규 실업자 훈련(내일배움카드제 훈련)의 총 훈련 인원 24만 7천 명 중 절반 수준에 못 미치는 46.2%의 취업률을 기록하였다. 그간 취업 성과가 우수한 것으로 알려진 국가 기간 전략 직종 훈련(6개월 이상 장기 훈련)도 기계, 건설, 신성장 산업 관련 직종 훈련 인원 4만 1천 명 중 58.4%의 취업률을 보여 기대에 미치지 못했다. 한편, 청년층 특화 훈련의 경우에는 취업률이 다소 높은 수준으로 나타났는데, 취업 성공 패키지 II[8]의 경우, 2012년 58.9%, 2013년 62.4%, 2014년 74.8%로 점차 취업률이 상승하는 모습을 보였다. 또한 다솜학교는

8   자료 : 고용부 직업능력정책국(2015). 취약애로 계층 직업훈련 현황. 노사정위원회 발표 자료. 취업 성공 패키지II 유형은 만18~34세 이하 고졸 이하 비진학청년, 대졸 이상 미취업자, 니트, 영세자영업자 등을 대상으로 함. 취업률은 종료자수 대비 취업자수 비중이며 참가자 및 종료자 수는 매년 차이가 있음(2012년 43,046 참여자 중 33,855명 종료, 2014년 68,263 참여자 중 31,011명 종료).

2014년 취업 대상 23명이 모두 취업에 성공하여 취업률 100%를 달성하였으며, 105명을 대상으로 한 2014년 취업사관학교 취업률은 69.5%를 기록하였다.

셋째, 청년층 고용 장려금 제도의 실효성이 부족하다는 문제가 있다. 중소기업 인력난 해소 및 중소기업으로의 청년 취업 유인책으로 중소기업근속장려금 제도 및 중소기업청년인턴제가 추진되었으나 2013년을 기준으로 이 프로그램에 참여한 청년층의 중도 탈락률은 25.4%로 높게 나타난 반면, 정규직 전환률(65.3%)과 전환 후 1년간 고용 유지율(59.2%)은 낮은 수치를 보였다. 또한 근로자의 직업, 직무 탐색 및 능력 향상 기회가 부족하고, 직업능력 개발과 무관하게 추진되는 정책들이 많아 반복 실업이 양산되지 않을지 우려된다.[9]

[표 2] 청년층 고용 장려금 사업

	중소기업근속장려금(2015 신규)	중소기업청년인턴제(2015 개선)
목적	고졸 근로자의 장기 근속을 유도하여 숙련 기술 습득, 중소기업 인력난 해소	청년 실업 해소 및 중소기업의 인력난 해소
지원 금액	3년간 매년 100만 원	월 60만 원(최대 3개월 180만 원)+정규직 전환시 추가 지원(6개월간 월 65만 원, 최대 390만 원)
지원 자격	고등학교 졸업 후 1년 이내 신성장동력, 뿌리산업의 중소기업에 취업하여 근속할 경우 연 100만 원 3년간	만 15세 이상 34세 미만 미취업 청년이 5인 이상 중소기업 취업시 지원
2015 예산	1,496백만 원	166,180백만 원

자료 : 한국노동연구원, 「청년고용 지원사업군 평가」, 고용보험평가사업 연구시리즈, 2014.

넷째, 청년 실업 해소책으로 청년 창업에 대한 관심 및 지원이 이루어지고 있으나 지원 사업의 파편화로 인해 유기적 연계가 미흡하다. 중앙부처의 청년층 창업 지원 사업은 총 20개(청년 참여자 50% 이상)이며, 대부분 중소기업청이 전담하고 초기 창업 과정에서 사업 공간 제공, 기술 사업화, 시제품 제

---

9 자료 : 한국노동연구원(2014). 청년고용 지원사업군 평가. 고용보험평가사업 연구시리즈.

작, 창업지원센터 운영 지원이 절반을 차지한다. 청년 창업 사업의 주관 부처는 중기청으로 단일화되었으나 동일 유형의 사업이 복잡하게 개별 사업으로 파편화된 점도 문제점으로 지적되었다.[10] 창업 프로세스의 관점에서 선순환이 이루어져야 하지만 선진국 수준의 기업가 정신 교육 부족, 아이디어를 구체화하는 단계의 지원 프로그램 부족, 전문화된 실전 교육 및 멘토링 부족, 자금 지원 부족, Death Vally 극복 및 사후 관리 지원 부족, 재기하기 어려운 사회 분위기와 창업 환경 등이 걸림돌이 저적되고 있다.[11]

Ⅱ. 정책 방안

1. 이행 노동시장의 구축[12]

이행노동시장론(Transitional Labor Market)의 창시자 슈미트는 이원화 학습제도가 교육제도와 노동시장을 긴밀하게 연결시켜주는 교량 역할을 한다는 점을 지적하면서 독일 및 스위스의 이화화 교육 훈련 제도를 모범적인 사례로 꼽았다. 두 사례를 구체적으로 살펴보면 다음과 같다.

첫째, 현재 국정 과제로 추진 중인 일학습병행제의 모델로 알려진 스위스 이원화 직업교육 훈련 제도를 들 수 있다. 이는 기업 내 훈련(In-Company Training)과 학교 내 훈련(In-School education)으로 구성되어 듀얼트랙 접근법에 따라 학생들은 VET학교에서 1~2일 수업에 참여, 3~4일은 실무 기술을 습득하기 위해 기업 도제 훈련에 참여한다. 기업 내 훈련은 일종의 도제 훈련 시장으로서 국가가 기업(공급 측)과 학생(수요 측) 간의 중개 역할을 담당하게 된다. 스위스에서의 직업교육 훈련은 장래성을 보장받을 수 있는 진로로 간주되

---

10 주무현 외. 「청년고용정책 효율화 방안 토론자료」, 청년고용포럼 내부 발표 자료, 2015. 4.
11 김진수, 「대학창업 활성화 방안」, 청년고용포럼 내부 발표 사료, 2015. 4.
12 자료 : Schmid(2013), 한국의 청년 실업 : 독일 및 이행 노동시장 관점에서. The HRD review. 이슈분석.

며 노동시장과의 밀접한 연계가 중요한 성공 요인으로 분석된다.[13]

둘째, 고등교육 단계에서 진행되는 독일의 이원화 대학 교육, 즉 직업아카데미를 모범 사례로 들 수 있다. 직업아카데미는 직장인의 심화 교육 및 재교육의 필요성이 증가하면서, 대학 교육을 통해 심화된 학문적 지식과 사업장에서 쌓은 경험을 실무에 즉시 투입하기 위한 준비된 인재를 선호하는 경향에 대응하여 생긴 제도이다. 독일 직업아카데미의 입학 자격은 전문대 및 종합대학 입학 자격 소지자 또는 직업교육 과정을 수료한 직장 경력자이다. 먼저 실무 교육을 담당할 사업장과 학생 간의 계약 체결이 필요하며(근로계약, 볼런티어 계약, 실습 계약, 대학 교육 계약 등), 대학 교육에 참여하면서 실무 담당 기업으로부터 보수를 지급받는다. 강사진은 대부분 직업교육 실무를 담당하는 기업의 직원들로 구성된다. 교육과정으로는 직업교육 통합 과정, 직업교육 병행 과정, 실습 통합 과정, 실습 병행 과정, 직업 통합 과정, 직업병행 과정 등 총 6종의 교육과정이 개설되어 있다.[14]

이상의 이원화 교육 훈련이 주는 시사점은 비교적 일-학습(Work Study) 프로그램이 잘 구축된 국가에서 청년층의 고용 비중 감소폭이 작았다는 점이다. 학교교육과 사업체의 커리큘럼 구성 및 학업 관리에 있어서 긴밀한 협력을 통해 학습자의 실제 기업 환경 적응력을 제고하였으며 청년층 입장에서 이원화 교육 훈련 참여는 일정 수준의 소득과 지위를 성취할 수 있는 매력적인 경력 개발 기회를 제공하였다. 따라서 교육 및 노동시장 시스템 내에서 다양한 방식으로 청년층의 노동시장 진입에 필요한 숙련을 배양할 수 있는 제도적 장치 구축이 필요하다.

결국 슈미트의 이행노동시장론은 사회의 '실업'이라는 위기에 직면하여 일종의 '위기 관리 메커니즘'라는 점에서도 의의가 있다. 사회적으로 청년 실업은 경제적 비용뿐만 아니라 개인과 사회 모두에 사회적 비용을 발생하게 만

---

13 자료 : 정원호 외(2011). 이행 노동시장 연구 : 이론과 정책 과제. 한국직업능력개발원.
14 자료 : 주 독일 대사관(2014), 독일의 이원화 대학 교육현황.

드는 요인인데(실업의 낙인 효과, 높은 범죄율, 건강 악화, 정치적 · 사회적 참여의 감소 등). 능력이 아닌 학벌에 의해 취업하는 것은 잘못된 경제적 유인을 창출하고 저소득 청년을 차별하게 되는 부정적 효과를 야기한다고 보았다. 이에 따라 훈련과 결합된 일자리, 고용 보조금 지급 등 교육제도와 노동시장 간의 교량을 구축하는 것 외에 실업 보험, 조업 단축 수당, 연금 등 임금 근로자가 경제 위기시 일자리 손실을 버틸 수 있는 사회 안전망 구축을 이행 노동시장의 과제로 강조하였다.

2. 정책 과제

이상과 같이 청년 실업의 현황 및 원인 분석, 재정 지원 일자리 정책의 현황 및 문제점, 향후 사회 경제 정책으로서 재정 지원 청년 일자리 정책의 개선 과제는 다음과 같이 제시할 수 있다.

첫째, 적극적 노동시장 정책 강화를 통해 청년 취업 활성화가 이루어져야 한다. 현재의 단기 일자리 창출 중심에서 고용 서비스, 직업능력 개발, 창업 지원 강화가 이루어져야 하며, 청년인턴제의 직업훈련, 직업체험 프로그램이 보완되어야 한다. 또한 일학습병행제와 청년인턴제와의 연계 및 취업 성공 패키지 II(청년, 중장년층 대상)의 개선, 즉 능력 개발 훈련 참여 2단계에서 고용 보조금을 통한 일자리 제공과 교육 훈련의 연계가 필요하다(김용성, 2014). 또한 사회 안전망으로서 구직중인 신규 청년층에게도 고용보험 적용 범위 확대를 검토할 필요가 있다.[15]

둘째, 유망 서비스 분야 청년 일자리 창출을 지원해야 한다. 과거에는 서비스업이 저부가가치 일자리 증가를 주도하였으나, 청년층 일자리 문제를 해소하기 위해 유망 서비스업의 집중 육성이 필요하다. 사업 서비스에서 부가가치

---

15 근로자 1인당 GDP의 1%만큼 실업사 1인당 직극적 노동시장 정책 지출을 증가시키면 전체 청년 니트의 위험을 0.15%씩 낮출 수 있음(European Foundation, 2012).

를 높여 질적인 고용 창출을 실현하며, 개인 및 사회 서비스에 ICT 결합을 통해 부가가치화하는 전략이 수립될 필요성이 있고, 생산성 향상을 견인할 서비스 전문 인력의 양성이 필요하다. 유망 서비스 분야로서 문화·예술 분야(공급 과잉이나 고급 인력 필요 분야) 패션 분야(고급 인력 양성 수요가 있는 분야), 방송 서비스 분야(방송 제작 관련 인력 양성 필요 분야), 환경 및 안전 관리(현장 전문 인력 부족 분야), 관광 컨벤션 분야(상품 기획 관리, 호텔 모바일 등), IT 융합 분야(빅데이터, 사물 인터넷 등)을 들 수 있다(나영선 외, 2013 ; 2014). 특히 고부가서비스 분야는 고급 숙련이면서 융합 지식에 기반을 두기 때문에 기존의 훈련 프로그램이 담당했던 제조 및 전통적 서비스 분야와는 속성이 전면적으로 다른 직종이 대부분으로 일학습병행 교육, 실무형 산학협력 프로젝트를 지원하여 관련 교육 훈련과 관련 사업장이 연계된 프로그램 운영 등이 필요하다. 이를 위해 교육 훈련 기관 간 공동 사업형 및 교육과정 연계형 비즈니스 모델을 발굴·지원한다(나영선 외, 2013)

셋째, NCS 기반 능력 중심 사회 구현을 위해 NCS 기반 교육 훈련 체계 개편, 자격 체계 구축, NCS 기반 채용, 인사관리 등이 확산되어야 한다. NCS 기반 능력 중심 사회란 산업계가 개발하고 적용한 기준에 의한 직업교육 훈련을 이수하고 노동시장에 진입했을 때 그 근로자가 보유한 숙련이 노동시장에서 제대로 평가받을 수 있다는 것을 의미하며 사용자는 노동시장에 진입한 졸업생 및 교육 훈련 이수 재직자의 능력을 신뢰할 수 있다는 것을 의미한다. 정부는 산업계가 요구하는 수준 및 분야로 인력 양성, 공급이 적절히 이루어진다면 교육 훈련 투자 성과를 극대화할 수 있을 뿐만 아니라 학벌을 중시하는 사회 풍토를 획기적으로 개선할 수 있을 것으로 기대한다. NCS 및 학습 모듈의 개발과 활용을 통해 교육과정과 현장 직무의 연계성을 강화함과 아울러 직무능력이 사회적으로 제대로 보상받을 수 있는 방향으로 노동시장과 교육시장의 동시적 개혁이 필요하다. 이때 비로소 직업적 성공을 위해 대학에 진학하기보다는 조기에 노동시장에 진입하기를 희망하는 청년층이 증가할 것으로 본다. 관련 정책 과제는 능력 중심 선취업 후진학 제도, 산학일체형도제학교,

일학습병행제 등 현장 중심 직업교육 훈련 프로그램, 대학 내 청년 취창업 원스톱센터 설치 등을 들 수 있다.

넷째. 청년을 위한 창업 프로세스의 단절성 해소이다. 기존의 창업 교육, 기업가 정신 함양에 머물지 말고 실전 창업을 위한 다양한 인프라와 프로그램, 기업의 적극적인 참여 네트워크 구축이 필요하다. 관련 정책으로는 창업에 대한 비전 제시(M&A 시장 활성화 등 성공적 출구 생태계 구축), 실전 창업 원스톱 서비스 체계 구축(디자인 팩토리 실전 창업 교육 투자 유치 등), 대학생 창업기업에 대한 적극적 투자 유치 환경 구축(엔젤펀드 조성 및 투자 유치 네트워크 등)을 들 수 있다(김진수, 2015 ; 박동, 2014).

다섯째, 노동시장 구조 개선을 위한 정규직과 비정규직, 그리고 대기업과 중소기업 간의 격차 완화이다. 이는 양질의 일자리가 더 많이 창출될 수 있고, 일한 만큼 공정하게 대우받을 수 있도록 근로시간, 임금 등 노동시장의 룰을 변경하는 것을 의미한다. 임금 체계와 관련하여 이전에는 개인 능력, 일의 성격 및 성과보다 장기간 고임금의 연공서열형 임금 체계가 주도하였다면 이후에는 합리적이고 생산성에 기반한 임금피크제, 직종, 직군별 임금 정보, 직무평가기준에 의한 임금 체계가 주가 된다. 근로시간과 관련해서도 과거에는 한국이 OECD 28개국 중 3위의 장시간 근로 국가였다면 이후에는 탄력적 근로시간제, 재량 근로, 근로시간저축계좌제가 주된 제도로 정착한다. 고용 관행과 관련하여 과거에는 업무능력과 무관한 채용 및 인사관리 관행 위주였다면 이후에는 직무, 능력 중심, NCS 기반 채용 및 보상이 정착, 확산된다.[16]

Ⅲ. 제언

이상의 정책 과제는 대부분 구조 개혁에 속하는 것이 많다. 따라서 당장 좋은 일자리가 없거나 직업교육 훈련에 참여하고 있는 청년층에게 즉각적인 일

---

16 고용노동부, 「노동시장 구조개선 추진현황」, 2015.3.

자리를 제공하지 못하는 단점이 있다. 학업을 중단하지 않고 직업체험 기회를 확대하거나 노동시장 일자리로 신속하게 이행하도록 이행 국면을 관리할 필요가 있다. 청년층 일자리 안착을 촉진할 뿐만 아니라 사회 통합의 관점에서 향후 과제를 다음과 같이 제안하고자 한다.

첫째, 직업체험대학생인턴제, 중소기업인턴제뿐만 아니라 다양한 보조금 등 한시적 프로그램을 발굴하여 대부분의 청년층이 니트 상태에 있지 않도록 지원할 필요가 있다. 구직 상태에 있거나 직업교육 훈련 및 임시적 일자리에 있는 경우 생활 수당을 지급하는 방안 등도 전향적으로 검토하여야 한다. 니트의 개인 특성 및 생활 시간 조사에 의하면 니트의 수면 시간은 매우 길고 일반 청년과 비교하여 TV 및 컴퓨터 게임에 많은 시간을 보내는 것으로 나타났으며, 취업자 및 실업자와 비교할 때도 TV 시청, 영화, 개인 운동, 컴퓨터 게임, 유흥 시간이 길었다. 이렇게 개인 시간이 많음에도 불구하고 생활 만족도는 낮았다(김기헌, 2008 ; 2015). 청년층 취약 계층에 대한 적극적인 정책개입, 강력한 일자리 정책, 청년의무고용할당제 등 발상의 전환이 필요한 시점이다.

둘째, 청년층 재정 지원 일자리 정책이 현장에서 이해 당사자의 니즈에 부합하도록 효과성을 제고하기 위해 이해 당사자 간의 협업 체계, 거버넌스 체계 구축이 필요하다. 각종 청년 일자리 정책이 쏟아지고 있으나 사업 간의 분절성, 지속성이 부족하고 이해 당사자, 즉 청년 구직자. 신규 대졸자, 여성 등의 입장이 고려되지 못하였다. 산업별 단체 및 협회, 경영자 단체, 근로자 단체, 지역사회 등 인력 수요자의 관심과 기준이 현장에 적용되지 않아 각종 일자리 정책의 효과성이 발휘되지 못하고 있다. 청년 고용 문제는 청년층의 졸업 유예, 결혼 유예 또는 비혼인, 저출산 및 출산 미루기, 주거 빈곤, 경력 단절, 근로 빈곤층 확대 등과 관련이 있다. 노동시장 구조 개혁이 추진되는 과정에 청년 일자리 이슈를 둘러싼 이해 당사자의 목소리가 체계적으로 전달되는 시스템을 구축해야 한다.

제3부

일자리 미스매치 해소를 위한
노동시장 장벽 넘기

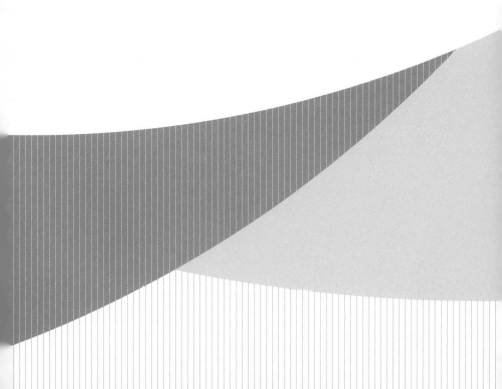

청년 취업자의 **노동시장 차별,**
무엇이 문제인가

오 민 홍 (동아대학교)

* 본고는 오민홍·윤혜린(2014)의 연구 일부를 발췌하여 분석한 글이다.

** mhoh@dau.ac.kr

청년 취업자의 노동시장 차별,
무엇이 문제인가

Ⅰ. 서론

노동시장에서 성별 임금 격차는 오랜 기간 동안 지속되어온 사회현상이다.[1] 비록 그 격차가 여성 교육률 및 노동시장 참여율 확대 등 양성평등 실현을 위한 여건 변화로 인해 축소되고 있지만 여전히 상당한 수준으로 남아 있다. 이러한 성별 임금 격차는 우리나라를 비롯하여 대다수의 선진국에서도 보편적으로 나타나는 현상으로 평가된다. OECD 보고서(2006)에서는 대부분의 OECD 회원국이 성별을 떠나 동일 노동 동일 임금을 보장하기 위한 고용평등법이 입법되었음에도 불구하고 성별 임금 격차가 좀처럼 줄어들고 있지 않다고 보고하고 있다.

일반적으로 성별 임금 격차의 원인을 두 가지로 볼 수 있는데 하나는 인적자본의 축적에 의한 생산성의 차이 때문이고, 다른 하나는 여성에게 불리한제도 및 관행을 통한 차별 때문이다. 인적 자본은 정규 교육이나 훈련을 통해축적되거나 일자리 경험, 근속과 같이 노동시장 참여에 따라 축적되기 때문에성별 임금 격차에서 차이에 의한 부분과 차별에 따른 부분을 나누기는 쉽지않다. 특히 출산과 육아로 인해 여성의 경력이 단절되는 경우에 나타나는 숙련도의 하락은 일반적인 노동시장 경험이나 근속과는 다른 차원의 문제이다.

---

1 노동시장 성과 격차에 관한 논의는 성경에서도 찾을 수 있다. "The Load said to Moses, 'Say to the people of Israel, …… your valuation of male from twenty years old up to sixty years old shall be fifty shekels of silver, …… If the person is a female, your valuation shall be thirty shekels.(The Bible, Berndt(1991)에서 재인용)

따라서 여성의 일시적 휴직에 따른 생산성의 하락 정도를 계측하는 것은 그리 쉽지 않은 일이다. 이런 이유 때문에 본 연구에서는 연구 대상을 대졸 신규 취업자로 제한한다.

한편 노동시장에서 나타나는 성별 성과 격차는 취업률에서도 확인해볼 수 있다. 전통적 노동시장 모형에서 설명되는 성 역할에 따르면, 여성은 선택(self-selection)에 의해 가사 노동에 전념하거나 단시간 근로의 형태로 노동시장에 참여하는 것이 고작이었다. 하지만 여성의 학력 수준이 높아지고, 또한 공학 계열이나 상경 계열 등 노동시장 성과가 상대적으로 높은 전공을 선택하면서 이들의 취업에 대한 의지나 능력은 과거와는 다르게 평가되어야 할 것이다. 그럼에도 불구하여 여전히 여성의 취업률이 남성에 비해 낮은 것은 성별 임금 격차의 원인과 유사하게 생산성의 차이와 함께 어느 정도는 차별에 기인한다고 볼 수 있을 것이다.

본고에서는 노동시장에서 나타나는 대표적인 성차별의 형태인 임금 격차와 취업률 격차 중 차별에 의한 성과 차이가 존재하는지를 논의한다. 특히 청년 신규 취업자만을 분석 대상으로 하여 입직시 차별에 의한 임금 격차는 존재하는지, 그리고 취업에 있어서 성차별이 존재하는지를 살펴보고 이에 대한 시사점을 제시한다.

II. 성별 노동시장 성과 격차

남성과 여성의 임금 격차는 대다수의 선진국에서 보편적으로 나타나고 있다. OECD 회원국에서 남성의 중위 임금은 여성에 비해 약 18% 높은 것으로 나타나는데, 특히 우리나라와 일본과 같은 아시아권 회원국의 성별 임금 격차는 30%를 초과하여 여타 회원국에 비해 비교적 성별 임금 격차가 큰 것으로 나타난다.

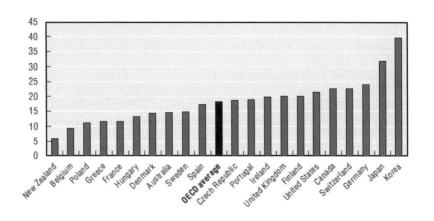

자료 : OECD(2006)
주 : 임금 격차는 상용직 근로자의 중위 임금으로 계산되었기 때문에 일가족 양립을 위해 자발적으로
    단시간 근로를 선택한 여성의 임금 수준은 통제되었음

[그림 1] 국가별 성별 임금 격차

더 나아가 성별 임금 격차를 저소득층과 고소득층으로 분리하여 살펴보
면 저소득층에 비해 고소득층의 임금 격차가 더욱 크게 나타났다. 이러한 성
별 임금 격차의 요인은 승진에 있어서 남녀 차별이 나타난다는 유리천장(glass
ceiling)현상이 작용한 결과이거나, 고소득 직종에 남성의 집중도가 높기 때문
인 것으로 추정할 수 있다. 이와 반대로 저소득층에서 성별 임금 격차가 상대
적으로 적은 이유는 저소득층에 대한 최저임금이나 부의 소득세제 등과 같은
사회보호제도가 비교적 효과적으로 정비된 결과로 평가할 수 있다.

OECD회원국 중에서도 비교적 높은 수준의 최저임금을 지급하고 있는 호
주($11.16), 프랑스($11.07), 벨기에($10.45), 뉴질랜드($7.56)에서는 저소득층
의 성별 임금 격차가 상대적으로 낮았다. 이에 반해 2006년 당시 최저임금액
이 $3.02로서 한국의 최저임금액 $3.83보다 낮은 수준이었던 포르투갈은 저소
득층의 성별 임금 격차가 고소득층에 비해 크게 나타났다.[2] OECD 국가의 사

---

2 물론 최저임금액만으로 저소득층의 성별 임금 격차를 설명하기는 어렵다. 예를

례를 통해 최저임금 수준이 성별 임금 격차와 어느 정도 관계가 있음을 확인할 수 있는데, 이를 통해 사회보호제도가 성별 임금 격차의 완화에 비교적 효과가 있다고 판단할 수 있다.

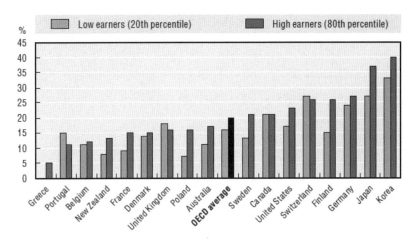

자료 : OECD(2006)
주 : 저소득층은 하위 20분위, 고소득층은 상위 80분위로 구분되었음

[그림 2] 저소득층과 고소득층의 국가별 성별 임금 격차

한편, 남녀 차별과 관련하여 성별 임금 격차만큼이나 중요한 주제가 직종 분리 현상이다. 직종 분리 현상 또한 고용 차별, 승진 차별 등 성별 임금 격차의 경우와 마찬가지로 성차별의 영향이 있는지, 또한 직종 분리 현상이 성별 임금 격차의 원인이 되는지에 대해서는 다양한 연구 결과가 있다. 예컨대, 김영미(2007)는 고용주들이 근로자를 선발하거나 승진시키는 과정에서 특정 성에 편향적인 결정을 내리는 차별 행위가 성별 직종 분리를 초래하였다고 주장

들어 저소득층에서의 성별 임금 격차가 큰 것으로 나타난 영국의 2006년 당시 최저임금액은 $11.06로서 OECD 회원국 중 세 번째로 높다.

하고 있다.[3] 다른 한편으로, 여성들은 노동시장 진입 및 퇴출에 있어서 출산과 육아와 같은 생애 주기의 영향을 많이 받기 때문에 숙련의 감가상각 등을 고려하여 사전적으로 특정 직종을 선택(self-selection)할 수 있다. 여성의 자기 선택에 따라 특정 직종에 과도한 진입이 발생하면 자연스럽게 직종 분리가 일어날 것이고, 이것이 성별 임금 격차를 확대하는 요인이 될 수도 있을 것이다.

성별 직종 분리 현상 또한 보편적인 사회현상으로 자리 잡았는데, 다음의 [표 1]은 OECD 회원국의 성별 고용 집중도를 보여준다. ILO는 직업을 총 110개로 분리하여 공표하였는데, 아래의 표는 이들 직종 분리가 가능한 국가만을 대상으로 정리하였다.

여기서 집중도는 남(여)성 대비 여(남)성 종사자 수 배율로서, 취학 전 아동 교육 준전문가(Pre-primary education teaching associate professionals)의 경우 여성은 남성에 비해 14.5배 더 많이 근무하고 있다고 볼 수 있는데, 즉, 관련 직종에 남성이 1명 일할 때, 여성은 14.5명 근무하고 있음을 의미한다. [표 1]에 따르면 여성은 교육, 간호, 요양 보호 및 판매직에서 비교적 높은 집중도를 보이고 있는 반면, 남성은 광업 관련직, 건설 및 갑판원 관련직에서 높은 집중도를 보이고 있다.

[표 1] OECD 20개 회원국의 성별 고용 집중도

여성 집중 직종		남성 집중 직종	
직종	집중도	직종	집중도
Pre-primary education teaching associate professionals	14.5	Miners, shot firers, stone cutters and carvers	80.2
Nursing and midwifery professionals	10.1	Building frame and related trades workers	64.8
Personal care and related workers	9.3	Ships' deck crews and related workers	52.9

---

3 이러한 주장은 Becker(1968)의 개인 편견 이론에 근거한 결론으로 평가된다.

여성 집중 직종		남성 집중 직종	
직종	집중도	직종	집중도
primary education teaching associate professionals	6.2	Building finishers and related trades workers	35.4
Shop, stall and market salespersons and demonstrators	5.8	Mining and construction laboruer	35.3

자료 : OECD(2006)
주 : 분석에 포함된 국가는 ILO의 직종 분류에 따라 직종을 구분하는 국가에 한정되어 한국, 일본은 제외되었음.

또한 여성이 특정 직종 전체 근로자의 반 이상을 차지하는 직종의 수도 남성에 비해 현저히 낮은 것으로 나타나 노동시장에서 여성의 입지가 낮은 것을 확인할 수 있다. [그림 3]을 보면 OECD 회원국에서 여성의 비중이 직종 전체의 과반을 차지하는 경우는 남성과 비교했을 때 절반 이하의 수준인 것으로 나타났다. 이와 같은 현상은 특정 직종으로의 진입에 있어서 여성 간 경쟁이 보다 격화되고 있으며, 그 결과 과밀 모형(crowding model)이 예측하는 바와 같이 여성의 임금 수준이 자연스레 낮아질 수 있음을 추론할 수 있다.

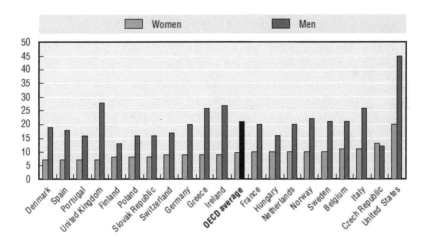

자료 : OECD(2006)

[그림 3] 성별 비중이 전체의 과반 이상인 직종 수

이와 같은 성별 직종 분리 현상은 우리나라에서도 확인할 수 있는데, 경제활동인구조사의 중분류 직종을 활용하여 성별 집중도를 분석한 결과에 따르면 여성 집중도가 높은 직종은 이미용 관련직, 의료 및 보건사회복지 관련직 등 대부분 서비스 직종이며, 여성 강세 직종의 개수는 남성 강세 직종의 개수에 비해 작은 것으로 나타났다.

성별 직종 분리를 살펴보는 또 다른 방법은 던칸의 상이성지수(index of dissimilarity : 이하 던칸지수)를 활용하는 방법이다. 이 지수는 근로자의 성별 분포가 직종에 대해 얼마나 분절되었는가를 나타내며, 각 직종의 성별 분포가 전체 근로자의 성별 분포와 동일한 분포를 갖기 위해서 여성 근로자의 몇 %가 직종 간에 이동해야 하는가를 보여준다.

[표 2] 성별 강세 직종

구분	직종
남성 강세	운전 및 운송 관련직, 운송 및 기계 관련 기능직, 영상 및 통신 장비 관련 기능직, 공공 및 기업 고위직, 상하수도 및 재활용 처리 관련 기계 조작직, 건설 전기 및 생산 관련 관리직, 금속 성형 관련 기능직, 전기 및 전자 관련 기능직, 건설 및 채굴 관련 기능직, 임업 숙련직, 행정 및 경영 지원 관리직, 운송 관련 단순 노무직, 금속 및 비금속 관련 기계 조작직, 판매 및 고객 서비스 관리직, 공학 전문가 및 기술직, 건설 및 광업 관련 단순 노무직, 농축산 숙련직, 기타 기능 관련직, 영업직, 경찰 소방 및 보안 관련 서비스직, 전문 서비스 관리직, 기계 제조 및 관련 기계 조작직, 목재가구악기 및 간판 관련 기능직, 정보통신 전문가 및 기술직, 경영 금융 전문가 및 관련직, 법률 및 행정 전문직, 화학 관련 기계 조작직, 목재 인쇄 및 기타 기계 조작직, 법률 및 감사 사무직
여성 강세	교육 전문가 및 관련직, 제조 관련 단순 노무직, 문화예술스포츠 전문가 및 관련직, 농림어업 및 기타 서비스 단순 노무직, 금융 및 보험 사무직, 청소 및 경비 관련 단순 노무직, 섬유 및 신발 관련 기계 조작직, 전기 및 전자 관련 기계 조작직, 식품 가공 관련 기계 조작직, 경영 및 회계 관련 사무직, 과학 전문가 및 관련직
여성 초강세	이미용예식 및 의료 보조 서비스직, 보건사회복지 및 종교 관련직, 방문 노점 및 통신판매 관련직, 섬유 의복 및 가죽 관련 기능직, 상담 통계 안내 및 기타 사무직, 조리 및 음식 서비스직, 가사 음식 및 판매 관련 단순 노무직, 매장 판매직, 운송 및 여가 서비스직, 어업 숙련직, 식품 가공 관련 기능직

자료 : 통계청, 「경제활동인구조사」(2012).

참고로 본고에서 활용한 던칸지수는 김애실(2004)의 연구와 다르게 지수에 100을 곱하였다. 따라서 지수는 0≤D≤100의 범위를 따르며, 지수가 클수록 성별 직종 분리 현상이 심화되는 것으로 해석할 수 있다. 즉, 지수가 0이면 각 직종의 성별 분포가 서로 동일하여 노동시장의 성별 직종 분리 현상이 전혀 없다는 것을 의미하고, 이 지수가 100이 되면 완벽한 성별 직종 분리 현상이 나타난다고 해석할 수 있다. 통계청의「고용 형태별 근로 실태 조사」[4] 자료를 활용하여 성별 직종 분리 정도를 분석한 결과, 2007년까지 하락하던 던칸지수는 이후 점진적으로 상승하여 최근 들어 성별 직종 분리 현상이 심화되고 있는 것으로 나타났다.

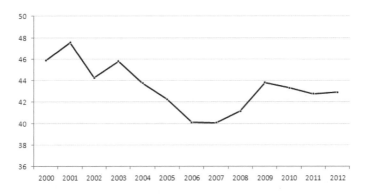

자료 : 통계청,「고용 형태별 근로 실태 조사」(www.kosis.kr)
주 : 던칸지수의 계산을 위해 직종 중분류를 활용함

[그림 4] 던칸지수 추이

지금까지 우리는 노동시장에서의 성별 임금 격차가 생산성의 차이, 차별, 그리고 직종 분리 현상에 기인한 결과라고 가정했는데, 이상과 같은 요인 외에도 여성, 특히 본 연구의 분석 대상인 대졸 신규 취업자에게 있어서는 비정

---

4 「고용 형태별 근로 실태 조사」에 흡수 통합 조사하기 위해 2008년 6월 24일 통계 작성이 중지된 (구) 임금 구조기본통계조사 포함.

규직 여부 및 지방대생 여부에 따른 차별 또한 임금 격차의 요인으로 작용할 수 있다.

비정규직 문제가 심각한 사회문제로 여겨지고 있는 우리나라와 일본에서는 비자발적 선택에 의한 여성의 비정규직 비중이 높다. OECD(2011)는 일본 노동시장의 가장 시급한 문제를 노동시장 양분화 해소에서 찾고 있는데, 1994년 전체 근로자의 20%를 차지하던 비정규직은 2010년 들어 전체 고용의 1/3을 차지하게 되었고, 이 때문에 비정규직과 관련한 형평성의 문제가 심각한 사회문제로 자리 잡게 되었다고 평가하였다. 특히, 비정규직은 여성에 집중된 것으로 나타나는데, 여성의 노동시장 참여가 증가함에 따라 여성 비정규직의 비중이 높아지고 있다.

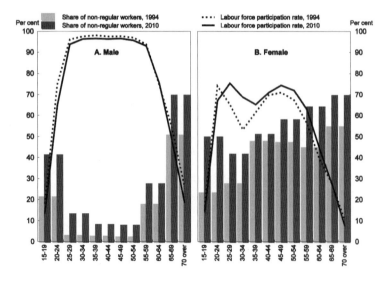

자료 : OECD(2011)

[그림 5] 성별 연령별 비정규직 비중 변화

문제는 [그림 5]에서 볼 수 있는 바와 같이 1994년에 비해 2010년 들어 거의 모든 연령대에서 여성의 비정규직화가 심화되고 있다는 점이다. 이처럼 여성에 집중된 비정규직 비중은 성별 임금 격차의 구조적 요인이 될 수 있다.

마지막으로 우리나라 특유의 노동시장 현상으로서 중앙과 지방이라는 공간적 프레임으로 나타난 지방대생의 차별 또한 여성 신규 취업자의 임금 격차를 확대하는 요인으로 평가된다. 류장수 외(2012)와 서옥순 외(2012) 등 근년들어 급격히 늘어난 지방대생 관련 논문들은 지방대생의 노동시장 성과가 수도권 소재 대학 졸업자에 비해 비교적 낮은 것으로 분석하고 있다. 더 나아가 서옥순 외(2012)의 연구에서는 지방대생 중 대학의 소재지를 떠나 타 도시로 이동하는 경우 그렇지 않은 경우보다 높은 임금을 받거나 보다 안정적 일자리로 매칭된다고 결론짓고 있다. 물론 이러한 현상의 배경에는 지방대생 차별이라는 구조적인 문제가 자리 잡고 있음을 알 수 있다(오호영, 2007).

이상에서 제시된 임금 격차의 요인을 중심으로, 본 연구에서는 우리나라 청년 신규 취업자의 성별 임금 격차가 어떠한 이유에서 발생되며, 만약 특정 요인이 성별 임금 격차의 원인으로 작용한다면 그 크기는 어떠한지를 살펴보고자 한다. 또한, 성별 임금 격차를 자질의 차이와 차별에 의한 부분으로 분해하여 신규 취업자들 간에 성차별이 존재하는지, 존재한다면 그 크기는 어느 정도인지 확인하고자 한다.

Ⅲ. 청년 신규 취업자의 노동시장 성과 격차

대졸 취업자의 성별 임금 격차와 취업 결정 요인의 차이를 분석하기 위해 본 연구에서는 한국고용정보원의 대졸자 직업 이동 경로 조사(Graduates Occupational Mobility Survey : GOMS)를 활용한다. 본 연구에서는 청년 신규 취업자를 연구 대상으로 하고 있기 때문에 분석 대상인 청년층의 연령대는 20세에서 34세로 한정하였고, OECD의 청년 기준인 15세~24세와는 다르다. 청년층을 이와 같이 정의한 이유는 20세 미만의 경우 대다수가 정규 교육과정에 참여하고 있고, 또한 20대 초반의 남성 대다수가 군 복무 중이기 때문에 OECD의 기준으로 청년층을 제한하는 것은 국내의 특수성을 간과할 수 있기 때문이다. 덧붙여 오민홍(2007), 채창균(2008)의 연구에서와 다르게 청년의 연령을 29세까지가 아닌 34세까지로 확장한 이유는 근년 들어 더욱 어려워진 청년 고용 문제를 고려했기 때문이다. 2010 GOMS 기초 분석 보고서에 따르면 2010년 대졸자 중 60.6%가 휴학 경험이 있는 것으로 나타났으며, 이러한 수치는 2009년 대졸자의 휴학 경험 비율보다 2.0%p 높은 수준이다. 또한 대졸자의 연령은 29세가 이하가 87.3%이나 30세에서 34세까지의 졸업자도 5%를 차지하고 있다[5].

또한 이 연구에서는 분석 대상을 현 직장이 첫 직장과 일치하는 경우만 한정하였는데, 이는 첫 직장이 아르바이트인 경우나 졸업 이전에 시작한 일자리가 비교적 많았기 때문이다. 물론 현 직장을 아르바이트로 응답한 관측값도 표본에서 제외하였다. 또한 관측치의 이질성을 최소화하기 위해 야간대 졸업자를 포함하여 전문대 및 교육대 졸업자도 분석 표본에서 제외하였다.

한편, 본고에서는 취업자를 '지난 4주간 주로 한 일'과 관련한 설문에서 '일하였음'으로 응답한 경우로 한정했으며[6], 구직자로는 '구직 활동', '취업을 위한 학원 등 수강,' 그리고 '취업 준비'로 응답한 경우 모두를 포함하였다. 이는 우리나라의 실업자의 정의가 구직 활동 요건 등에서 ILO 국제 기준과 차이를 보인다는 황수경(2010)의 연구를 고려한 결과이다.

이하에서는 분석에 사용될 표본을 활용하여 대졸자의 인적 속성을 포함한 취업 전 사항과 취업시 일자리의 특성, 그리고 여성의 직종별 집중도를 살펴보고자 한다. 먼저 [표 3]은 분석 표본의 인적 속성과 함께 재학 시 전공 계열 및 취업 준비 정도를 주요 스펙을 중심으로 정리하고 이들 변수를 활용하여 성별로 통계적 유의한 차이가 있는지를 나타낸 것이다.

---

5 물론 여기서 제시한 연령은 졸업 후 약 20개월이 지난 시점으로 졸업 시기와 조사 시기 간의 시점 차이를 고려한다면 청년층의 정의는 졸업 시기를 기준으로 할 때 최저 18세에서 33세 정도로 예측할 수 있다.

6 일시 휴직자는 표본 수도 작지만 본 연구의 주요 분석 변수라고 할 수 있는 임금이 누락된 경우가 많아 분석 표본에서 제외하였다.

[표 3] 인적 속성 및 재학시 특성

변수	남성	여성	전체	t-stat
합계	4,277	3,010	7,287	
기혼	7.4	2.8	5.5	
나이	27.7	25.0	26.6	
수도권 소재 대학 졸업	41.2	43.0	41.9	
전공 계열				
인문	8.0	17.3	11.9	
사회	29.2	28.2	28.8	
교육	4.7	10.8	7.2	
공학	37.7	11.3	26.8	
자연	11.4	15.1	12.9	
의약	2.4	5.9	3.8	
예체능	6.6	11.4	8.6	
주요 스펙				
졸업 평점	79.83	83.60	81.39	−18.6071
토익	764.8	764.9	764.9	−0.0228
자격증 소지 여부	68.5	76.8	72.0	−7.7791
자격증 개수	2.27	2.29	2.28	−0.3076

주 : 졸업 평점은 100점 만점으로 환산하여 계산한 값임

분석 표본의 인적 속성 및 재학시 특성을 살펴본 결과, 나이는 남성이 여성에 비해 2.7세 높게 나타나 군 복무 등의 이유로 남성의 졸업 연령이 여성보다 높은 것으로 확인되었다. 기혼자 비중은 남성 7.4%, 여성 2.8% 수준으로 기혼율과 연령 간에 상관관계가 작용한 결과로 판단된다. 취업자 중 수도권 소재 대학 졸업자 비중은 여성이 1.8%p 높았으며, 전공 계열의 경우 예측할 수 있는 바와 같이 인문, 교육, 자연, 의약, 예체능에서 여성 강세가 나타났다. 한편, 주요 스펙이라고 할 수 있는 졸업 평점, 자격증 소지 여부에서는 여성의 우세가 확인되었으며, 토익 성적은 남녀 모두 756점가량을 획득한 것으로 나타났다.

이처럼 분석 표본의 여성이 보편적으로 평가되는 취업 스펙에서 우위를 보인다는 점은 여성이 남성에 비해 비교적 나은 노동시장 성과를 가질 수 있음을 예측해볼 수 있는 부분이다. 하지만 다음 [표 4]의 현 일자리와 관련된 기초통계 분석 결과는 여성의 주요 스펙이 남성에 비해 높은 수준이었음에도 불구하고 여성의 월평균 임금 수준이 남성에 비해 18만 원가량 낮은 수준임을 보여준다. 비록 남성에 비해 여성의 평균 연령이 낮아 일반적 경험의 차이에 따른 임금 격차가 다소 발생할 여지가 있지만, 이에 따른 임금 격차는 취업 준비와는 무관하며, 여성에게 불리하게 작용하는 무언가가 있음을 추정케 한다. 아울러 현 직장에서의 승진 여부 또한 여성은 남성에 비해 약 3%p가량 낮은 것으로 나타났다.

한편, 여성의 비정규직 비중은 전체 여성 취업자의 18%로 남성에 비해 5.2%p가 높은 것으로 나타났는데, 이는 상대적으로 낮은 임금을 받는 비정규직으로의 취업 비중이 여성이 더 높기 때문에 남성에 비해 낮은 임금을 받는 요인으로 작용할 수 있음을 시사한다. 하지만 개별 특성이 어떤 형태로 임금에 영향을 끼치는지는 회귀분석을 통해 개별 독립변수의 효과(ceteris paribus effect)를 확인해봐야 할 것이다. 마지막으로 노조 가입 비중은 남성이 여성에 비해 약 2.2%p 높은 것으로 나타나 내부자-외부자 이론에서 예측하고 있는 노조의 임금 프리미엄이 나타날 수 있음을 보여준다.

[표 4] 현 일자리 특성

변수	남성	여성	전체	t-stat
월평균 임금	239.9	190.0	219.7	19.54
승진 여부	8.1	5.7	7.1	3.80
지역 이동	66.3	62.4	64.7	3.38
비정규직 (임금)	12.8 (186.1)	18.0 (148.9)	14.9 (167.7)	-6.13 (5.47)
한시 근로	8.5	12.7	10.2	-5.89
시간제 근로	1.3	3.3	2.1	-5.87

변수	남성	여성	전체	t-stat
비전형 근로	4.2	4.9	4.5	−1.32
노조 가입	10.8	7.0	9.2	5.57

주 : 괄호 안의 숫자는 비정규직의 임금 수준을 나타냄

한편 [표 5]는 20세에서 34세까지 여성의 직종별 집중도를 나타낸 것으로 기준 값은 1이며, 1.25 이상인 경우 해당 직종에 여성이 집중된 것으로 판단한다. 집중도를 살펴보면 과거에 비해 관리자와 같은 비교적 고임금 및 고위 직종에서 여성 집중도가 높아지고 있는 반면, 단순 기능직 등 비교적 임금 수준이 낮은 직종의 여성 집중도는 과거에 비해 낮아지는 추세를 보이는데, 이는 여성의 교육 수준 확대와 같은 요인이 여성의 고급 직종 진출을 용이하게 해 왔던 것으로 추정된다. 서비스 종사자의 경우 예전과 같이 여전히 여성의 집중도가 높은데, 2010년에 집중도가 잠시 낮아졌으나 2012년에는 1.25 이상의 값을 보이고 있다. 서비스 직종과 함께 여성 집중 직종 중 하나인 판매직의 경우 2005년 1.24의 값으로 집중도가 낮아지면서 2010년에는 1값에도 미치지 못하였다. 2012년에는 1.05의 값을 보이면서 더 이상 여성 집중 직종이라고 불리기에는 어려움이 있다고 보인다.

[표 5] 20~34세 여성의 직종별 집중도

5차 개정			6차 개정		
직종	2000년	2005년	직종	2010년	2012년
전 직종	1.00	1.00	전 직종	1.00	1.00
고위 임직원 및 관리자	0.38	0.48	관리자	0.72	0.76
전문가	1.32	1.29	전문가 및 관련 종사자	1.11	1.16
기술공 및 준전문가	0.62	0.73			
사무 종사자	1.49	1.35	사무 종사자	1.40	1.33
서비스 종사자	1.18	1.26	서비스 종사자	1.03	1.27

5차 개정			6차 개정		
직종	2000년	2005년	직종	2010년	2012년
판매 종사자	1.30	1.24	판매 종사자	0.90	1.05
농업, 임업 및 어업 숙련 종사자	0.43	0.15	농림어업 숙련 종사자	0.61	0.29
기능원 및 관련 기능 종사자	0.32	0.21	기능원 및 관련 기능 종사자	0.13	0.14
장치, 기계 조작 및 조립 종사자	0.49	0.55	장치, 기계 조작 및 조립 종사자	0.36	0.39
단순 노무 종사자	0.71	0.66	단순 노무 종사자	0.51	0.50

자료 : 통계청, 「고용 형태별 근로 실태 조사」 직종/성별 임금 및 근로조건
주 : 직종 분류 5차 개정시 '5) 서비스 근로자 및 상점과 시장 판매 근로자'는 '4) 서비스 종사자'와 '5) 판매 종사자'로 분리되었으며, 6차 개정시 '1) 전문가'와 '2) 기술공 및 준전문가'는 '2) 전문가 및 관련 종사자'로 통합되었음

한편, Blinder-Oaxaca 모형을 이용하여 성별 임금 격차 분해 결과를 살펴보면 인적 속성 및 인적 자본이 반영된 자질 차이는 전체 임금 격차의 45.5%, 그리고 소위 보상 격차의 차이로 평가되는 임금 격차는 9.0%, 그리고 자질 차이와 보상 격차 간 상호작용에 의한 차이는 전체 임금 격차의 45.9%로 나타났다.[7]

[표 6] 성별 임금 격차 분해 결과

구분	Coef.		P > z	95% 신뢰 구간	
남성 임금	5.467	***	0.000	5.444	5.491
여성 임금	5.247	***	0.000	5.219	5.275
임금 격차	0.220	***	0.000	0.184	0.257
자질 차이	0.100	***	0.000	0.045	0.154
보상 격차(차별)	0.020		0.576	−0.049	0.089
상호작용	0.101	**	0.014	0.021	0.182

주 : ***은 0.01, **은 0.05, *은 0.1% 수준에서 유의함

---

7   분석에 활용된 방법론은 오민홍, 윤혜린(2014)를 참조.

차별에 따른 성별 임금 격차가 존재하는지 여부와 관련한 논의만큼이나 입직시 성차별이 존재하는지 여부도 노동시장의 성차별 문제에서 중요하게 다뤄볼 만한 주제이다. Sinning et al.(2008) 모형을 활용하여, 취업에 있어서 성차별이 존재하는지 분석한 결과를 살펴보았다.[8] 다음 표에 따르면 취업 가능성에 있어서 남녀의 생산성 차이에 따른 격차는 전체의 80.7%를 차지하는 것으로 나타났다. 반면 취업 가능성에서 약 20% 정도는 남녀 차별에 의한 것으로 분석되었는데, 이 중 12.7%는 남성이 차별로 인해 이익을 본 부분이며, 나머지 6.4%는 같은 이유로 여성이 손해를 보는 부분으로 해석할 수 있겠다.

[표 7] 성별 취업 가능성 격차 분해 결과

구분	Coef.	%
Omega = 1		
자질 차이	0.105663	258.4%
보상 차이(차별)	−0.06478	−158.4%
Omega = 0		
자질 차이	−0.05653	−138.2%
보상 차이(차별)	0.097416	238.2%
Omega = wgt		
생산성 격차	0.03301	80.7%
남성 이익	0.005228	12.7%
여성 손실	0.002648	6.4%
취업 가능성 차이	0.040885	100%

주 : Omega = 1은 $\beta^* = \Omega\beta_m + (I - \Omega)\beta_f$ 에서 $\beta^* = \beta_m$로 계측되었음을 의미하며, Omega = 0은 $\beta^* = \beta_f$를 의미함. 한편, Omega = wgt는 Neumark의 방법론처럼 합동회귀분석 결과의 추정계수가 β^*로 활용되었음을 말함.

---

8 분석에 활용된 방법론은 오민홍 · 윤혜린(2014)를 참조.

Ⅳ. 요약 및 시사점

본고는 4년제 대졸자 중 신규 취업자의 성별 임금 격차의 요인을 분해하여 노동시장에서 남녀 간 차별의 존재 여부 및 크기를 분석하는 데 있다. 기존의 성별 임금 격차를 분석한 연구와 다르게 본 연구는 신규 취업자만을 분석 대상으로 함으로써 전 연령대를 분석 대상으로 했을 때 나타날 수 있는 경력 단절 여성의 숙련도 하락 문제를 어느 정도 제어할 수 있었다.

임금 분해 결과 성별 임금 격차 중 차별에 의한 부분은 상호작용 항에서만 나타났으며 그 크기는 전체의 46% 수준으로 기존의 연구에서 보고하고 있는 차별의 크기보다는 비교적 적은 것을 확인할 수 있었다. 연구 결과물 간에 나타나는 차별의 크기 격차는 분석 표본의 차이에 기인하는 것으로 추정되는데, 본고와 같이 신규 취업자만을 대상으로 한 연구는 경력 단절로 인해 나타날 수 있는 숙련 하락의 가능성을 사전적으로 제어한 결과로 해석할 수 있다.

한편 성별 취업 가능성 격차를 분해한 결과, 입직시 성별 취업 가능성은 다른 모든 조건이 동일함에도 불구하고 여성이 남성에 비해 소폭 낮은 것으로 나타나 입직시부터 남녀 간 성차별이 존재하는 것을 확인할 수 있었다. 성별 취업 가능성 격차에서 차별에 의한 부분은 약 20% 정도를 차지하고 있었으며, 남성을 선호한 결과는 그중 12.7%, 여성을 비선호한 결과는 나머지 6.4%가량 차지하는 것으로 나타났다.

이상의 분석 결과를 바탕으로 성별 노동시장 성과 격차를 감소시키기 위한 대책은 크게 생산성(혹은 자질)에 영향을 끼치는 속성에 관한 부분과 차별에 따른 부분으로 나눠볼 수 있겠다. 먼저 생산성에 영향을 주는 부분은 여성의 학력 수준이 높아짐에 따라 입직시의 성과 격차에는 비교적 적은 영향을 끼쳤다. 하지만 임금 수준에 미친 영향은 상대적으로 크다고 볼 수 있는데 이와 같은 임금 수준의 차이를 축소시키기 위해서는 전공 계열의 다양화를 통해 성별 직종 분리 현상을 완화시킬 필요가 있을 것으로 보인다.

한편, 차별에 따른 성별 노동시장 성과 격차를 완화하기 위해서는 기존의 남녀고용평등법의 확대 적용을 통해 제어해나갈 필요가 있겠다. 이는 현행 적극적 고용 개선 조치가 500인 이상 사업체에 한정되었기 때문으로, 이들 500인 이상 사업체의 종사자 수 비중은 전체의 10% 수준에 불과하다.

마지막으로 성별 임금 격차의 완화책으로 최저임금의 현실화 혹은 정규직형 단시간 근로의 확대 또한 중요한 정책 수단이 될 수 있을 것이다. 이는 여성의 경우, 생애 주기의 특성상 단시간 근로의 가능성이 남성에 비해 높기 때문이다. 특히 최저임금의 확대는 저소득층의 임금 수준을 지지함으로써, 상대적 소득 불균등을 완화하는 효과 또한 가질 수 있을 것으로 예측된다.

물론 최저임금 인상이 절대 빈곤 해소와 상대 빈곤 완화라는 긍정적 효과 이면에 실업자를 양산할 수 있다는 한계를 가진다는 것이 학계의 정설이었다. 하지만 현실의 노동시장이 경제학 교과서에서 가정하고 있듯이 완전 경쟁적이지 않다는 점이나 노동 수요가 (저숙련자의) 노동 공급에 비해 탄력적이라는 점 등을 고려할 때, 최저임금의 인상은 실보다 득이 더 많은 수단으로 이해될 수 있다.[1] 아울러 최저임금 인상은 저학력, 저숙련층의 소득을 일정 수준 보장하기 때문에, 장기적으로는 청년층의 대학 진학의 집중을 완화시킬 수 있는 방안으로도 활용될 수 있을 것이다.

---

9   탄력성이 큰지 작은지는 수요, 공급자 중 누가 교섭력이 더 강한지를 고려해 보면 쉽게 이해할 수 있다.

청년 노동시장의 직무 및 임금의 개편을 위하여

오 계 택 (한국노동연구원)**

* okt8941@kli.re.kr

청년 노동시장의 직무 및 임금의 개편을 위하여

Ⅰ. 서론

청년 노동시장의 문제는 단지 청년층 노동시장에만 국한되는 문제는 아니고 우리나라 노동시장 전체가 안고 있는 문제라고 할 수 있다. 특히, 청년 노동시장에서의 직무 및 임금 관련 이슈들은 우리나라 전체 노동시장 차원에서 해결되어야 하는 문제이지 단순히 청년 노동시장 문제에만 국한하여 다루거나 해결할 수 있는 문제들은 아니라고 할 수 있다. 이를 역발상으로 생각하여 보면, 우리나라 노동시장 전체에서의 직무 및 임금 관련 이슈들을 해결할 수 있다면 청년, 중년, 장년 노동시장 등 모든 연령대의 노동시장에서의 문제를 한 번에 해결할 수 있다는 의미이기도 하다. 따라서, 이 글에서는 청년 노동시장의 직무 및 임금 관련 이슈들을 청년 노동시장에만 국한하는 것으로 보지 않고 우리나라 노동시장 전체 차원에서 동시적으로 다루고자 한다. 하지만, 이러한 접근을 통해 얻어진 시사점은 청년 노동시장에서의 직무 및 임금 관련 이슈들을 파악하고 이에 대한 정책적 대안을 제시하는 데 매우 유용하게 작용할 것이다.

이러한 노동시장에서의 직무 및 임금 관련 문제들을 위해 현 정부에서는 NCS, NQF, 일학습병행제 등 다양한 제도들을 도입하여 운영하고 있으며, 아직까지는 제도 도입 단계이므로 가시적인 성과를 논하기는 어렵지만 우리나라 노동시장 개편에 어느 정도의 효과는 있을 것으로 판단된다. 다만, 이러한 제도들의 도입이 중요한 것이 아니라 그 제도들이 실제로 어떻게 작동할 것인지가 중요한 과제이며, 특히 이 과정에서 기업들이 어떻게 참여할 것인지가 정책의 성패를 판가름할 것으로 보인다.

이러한 정책들과는 별개로 우리나라 노동시장은 노동시장 개편의 기로에 서 있다고 보여진다. 과거 우리나라 경제가 누렸던 고성장이나 상대적으로 젊은 인력으로 이루어진 노동시장 인적 구성에서 가졌던 이점들을 이제는 저성장과 고령화로 인해 더 이상 기대하기 어렵게 되었다. 이러한 상황에서는 과거 상대적으로 이점을 가졌던 사람 중심의 인사관리나 이에 기반한 연공급적 임금 제도들도 이제는 장점보다는 단점이 더 많이 나타나게 될 것이다. 따라서, 인사 제도를 직무 중심이나 성과 중심으로 개편할 필요가 있는데 과거 우리나라 기업들에서 뿌리 내려온 사람 중심 인사관리의 전통으로 인해 개편 작업이 쉽지는 않은 상황이다. 하지만, 장기적으로는 직무나 성과 중심의 인사관리로 개편할 필요가 있다.

우리나라 노동시장의 또 다른 문제점 중의 하나는 기업 중심의 노동시장 발달로 인한 직종 수준의 노동시장 및 임금 구조의 미비이다. 모든 노동시장이 반드시 직종 중심 노동시장이 될 필요는 없지만, 우리나라의 경우 기업 중심의 노동시장이 고착화되면서 몇몇 문제점을 보이고 있다. 가장 큰 문제점은 직종 수준 임금 구조의 붕괴라고 할 수 있을 것이다. 즉, 비슷한 일을 하는 경우에도 어떤 기업에서 일하느냐에 따라 임금 차이가 나타나는 문제이다. 이러한 직종 수준에서의 임금 격차 발생은 장기적으로 우리나라 노동시장과 우리나라 기업들의 경쟁력을 약화시킬 것으로 보인다. 따라서, 장기적으로 이를 해결할 수 있는 방안 마련이 시급하다.

이상에서 본 바와 같이 우리나라 노동시장은 몇몇 시급하게 해결해야 할 과제들을 안고 있다. 이러한 과제들이 해결되지 못한다면 청년 노동시장의 양과 질에 부정적인 영향을 미칠 것으로 보이기 때문에 이러한 문제들은 청년 노동시장 활성화를 위해서도 해결할 필요가 있는 과제들로 여겨진다. 이러한 문제들을 극복하기 위하여 필요한 정책적인 방안들에 대해 몇 가지 살펴보고자 한다.

Ⅱ. 정책 방안

1. 능력 중심 노동시장 구축

1) 노동시장을 능력 중심으로 재편

최근 논의되고 있는 우리나라 노동시장 정책들의 핵심 중의 하나는 노동시장을 능력 중심으로 구축하는 것이다. 노동시장을 능력 중심으로 재편한다는 것은 과거에 우리나라 노동시장에서 능력이 무시되어왔다는 의미는 아니며, 능력을 무엇을 통해 파악하고 평가할 것인가의 문제로 볼 수 있을 것이다. 과거에는 노동시장 입직시에는 학력을 그리고 노동시장 재직시에는 연공을 가장 중요한 능력에 대한 지표로 활용하여왔다. 하지만, 위에서 지적되었던 노동시장 환경의 변화로 인해 입직시에는 학력을 포함한 다양한 직업능력을 측정할 수 있는 지표들이 그리고 입직시에는 연공을 포함한 다양한 역량 및 성과 측정 지표들이 활용될 필요가 있을 것이다. 이러한 지표들을 통해 근로자들의 직무능력을 측정하고 이에 기초하여 승진, 배치, 보상 등 인사관리를 할 수 있을 때 능력 중심 노동시장이 구축될 수 있을 것이다.

2) NCS 기반 채용 제도 정착

NCS의 활용과 관련하여 현재 가장 중점적으로 추진되고 있는 정책 중의 하나는 NCS 기반 채용 제도 정착이라고 할 수 있을 것이다. NCS를 활용할 수 있는 인사관리 제도들 중에서 채용 정책을 NCS 제도 활용의 최우선적인 분야로 선정하였다는 것은 의미가 특별하다. 외국의 경험에서 보더라도 NCS 활용이 가장 쉽게 적용될 수 있는 분야는 기업의 교육 훈련 분야일 것이다. 하지만 그런 만큼 파급력에 있어서는 한계가 있을 수밖에 없다. 채용은 기업에서 핵심적으로 고려하는 인사관리 분야로 이를 NCS 기반으로 개편한다는 것은 기업의 인사관리를 전향적으로 개편한다는 의미가 있다. 따라서, 채용 제도가 NCS 기반으로 이루어진다면 이후 평가, 승진, 보상 등 다른 인사관리 제도들도 NCS 기반으로 재편될 수 있는 물꼬를 텄다는 의미에서 그 파급력이 클 것으로 여겨진다. 하지만, 우리나라 기업주들, 특히 기업 규모가 작은 기업의 기업주들은 신입 사원을 뽑는 데 있어 자신들의 영향력을 행사하고 싶어하는 경향이 있다. 따라서, 현재 NCS 기반 채용 제도 도입은 공기업을 제외하고는 별다른 성과를 거두지 못하고 있는 실정이다. 하지만, NCS 기반 채용 제도가 우리나라에 정착되기 위해서는 민간 분야 기업들이 이를 도입하고 확산하여야 할 것이기 때문에 민간 기업들이 어떻게 NCS 기반 채용 제도를 도입하도록 할 것인지를 고민할 필요가 있다.

3) 능력 중심 및 성과 중심 인사관리

과거 우리나라 인사관리는 연공에 기초한 인사관리가 주류를 이루어왔다고 할 수 있다. 외환 위기 이후 대기업을 중심으로 일부 성과 중심의 인사관리 제도가 도입되기는 하였지만 주로 성과 연동 성과급 등의 제도를 도입하는 수준이었다. 물론 성과급의 도입도 성과주의 인사관리에 영향을 주기는 하겠지만 보다 근본적인 차원에서의 능력 및 성과 중심의 인사관리 제도로의 개편이 필요하다.

일본의 경우, 우리나라와 비슷한 사람 중심의 인사관리를 하였었고, 연공급적인 임금 제도를 가지고 있었지만 1980년대에 일본식 직능급을 도입하여 이를 능력 및 성과 중심으로 개편하였다고 볼 수 있다. 이러한 개편에서 핵심적인 사항은 단순한 성과 연동의 성과급의 도입이 아니라 임금 곡선 자체를 어떻게 성과와 능력 중심으로 개편할 수 있을까의 문제라고 할 수 있다. 현재 우리나라 기업들의 임금 제도에 대한 대안으로 직무급이나 직능급이 논의되고 있기는 하지만 일본처럼 서구의 직무급을 따라하는 것이 아니라 자신들의 노동시장에 맞은 직능급을 고안해낸 것처럼 우리나라 노동시장에 맞는 새로운 임금 제도를 고안할 필요가 있을 것이다.

4) 능력 중심 인사관리 체계 구축

우리나라 노동시장이 능력 중심으로 개편된다면 기업의 차원에서는 기업의 인사관리 제도가 능력 중심으로 개편될 필요가 있을 것이다. 이를 위해서는 여러 가지 인사관리 제도들이 체계화될 필요가 있을 것이지만 특히 평가 제도의 정비가 필요하다. 현재 대부분의 근로자들이 평가 제도의 필요성은 인정하고 있지만 막상 평가 제도를 기반으로 승진이나 보상과 같은 인사관리 제도를 연동하여 운영하는 것에는 아직 거부감을 보이고 있다. 이러한 거부감의 근원에는 평가 제도의 공정성이나 객관성에 대한 신뢰 부족이 기저에 깔려 있는 것으로 보인다. 따라서, 이러한 근로자들의 불신을 불식시키고 근로자들의 수용성을 확보하기 위해서는 업종이나 직종별로 적합한 평가 제도를 개발하고 보급시킬 필요가 있을 것이다.

인사관리 제도의 완성은 보상 제도에 반영되었을 때라고 볼 수 있다. 우리나라는 연봉제라는 모호한 임금 제도를 통해 과거 연공급과 성과급적 요인을 적절하게 혼합한 형태의 임금 제도를 많이 활용하고 있다. 하지만, 이러한 연봉제는 능력 중심에 기초한 인사관리 제도라고 보기에는 미흡한 측면을 많이 가지고 있다. 따라서, 근로자들의 역량과 성과를 적절하게 반영할 수 있는 보상 제도의 개발 및 보급이 필요하다.

2. NCS 기반 노동시장 구축

1) NCS 기반 인사관리 체제 구축

현재 우리나라 정부에서 NCS 개발을 하고 있는 것은 NCS 기반으로 인력을 양성하기 위해 교육 및 훈련 분야에서 활용할 목적도 있지만 궁극적으로는 기업에서 NCS를 기반으로 인사관리를 할 수 있는 기반을 조성하는 것을 최종적인 목적으로 하고 있다고 볼 수 있다. NCS가 발달한 국가들은 주로 직종 중심 노동시장이 발달한 국가들이라고 할 수 있는데 이러한 국가들에서는 이미 기업에서 직종 중심 인사관리를 하고 있기 때문에 NCS를 위해 기업에서 별도로 NCS 기반 인사관리 제도를 도입할 필요가 없다. 하지만, 우리나라는 전통적으로 사람 중심의 인사관리를 하여왔기 때문에 NCS가 도입되어 이에 기초한 인사관리를 하기 위해서는 별도의 체계 구축이 필요하다.

최종적으로는 채용부터 평가 및 보상 등 모든 인사관리 제도들이 NCS 기반으로 이루어져야 하겠지만 사람 중심 인사관리를 하던 우리나라 기업들이 한 번에 NCS 기반 인사관리 제도를 구축하는 데에는 무리가 있을 것으로 보인다. 따라서, 일종의 과도기적 인사관리 체계 구축이 필요하다고 보여진다. 이러한 과도기적 인사관리 제도로는 역량 중심 인사관리 제도가 적절할 것으로 보여진다. 역량 중심 인사관리는 외환 위기 이후 대부분의 대기업에서 도입하였던 경험도 있고, 우리나라나 일본 등 사람 중심의 인사관리를 하는 기업에서도 운영 가능하다는 측면에서 과도기적 인사관리 제도로 적절할 것으로 보인다. 사실 역량 중심 인사관리에서 핵심적인 역량을 NCS 기반으로 정의하여 활용한다면 이것이 NCS 기반 인사관리가 될 수 있기 때문에 우선은 일반적인 역량 중심 인사관리 제도를 확립하고 차후에 이를 NCS 기반으로 전환시켜나간다면 장기적으로는 NCS 기반 인사관리 제도가 정착될 수 있을 것이다.

2) NCS 기반 임금 체계 구축

영국의 경우, 구인 광고에 채용되고 난 후 어떤 업무를 수행하게 될 것인지에 대한 정보를 제공할 뿐만 아니라 NCS 기준으로 어떤 업종이고 또 몇 단계에 속하며, 이에 따라 어느 정도의 임금을 받게 될 것인지에 대한 정보도 제공하고 있다. 결국, NCS 기반 임금 체계를 통해 구인 구직을 하고 있는 것으로 볼 수 있다. 이처럼 NCS 기반 임금 체계가 구축되어 있으면 구인 및 구직에서도 표준화되고 체계화된 직무 관리 및 임금 관리가 가능하게 될 수 있다.

자료 : 국가직무능력표준(http://www.ncs.go.kr).

[그림 1] 국가직무능력표준(NCS)의 개념

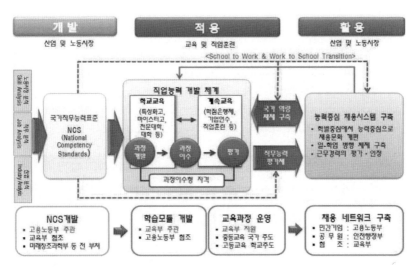

자료 : 김주섭, 「국가직무능력표준 활용 활성화 방안」, 2014.

[그림 2] 국가직무능력표준 개발 및 활용의 연계

하지만, 이를 위해서는 우선 각 기업에서 활용하고 있는 직무들이 NCS 기준으로 어떤 직종에 속하는지를 명확하게 할 필요가 있다. 직종에 대한 구분뿐만 아니라 직급에 대한 구분도 기업 간 비교가 가능한 방식으로 이루어질 필요가 있다. 이러한 직종 및 직급에 대해 노동시장에서 어느 정도의 임금이 주어지고 있는지에 대한 정보를 결합하면 어느 정도 NCS 기반 임금 체계가 구축되었다고 볼 수 있다.

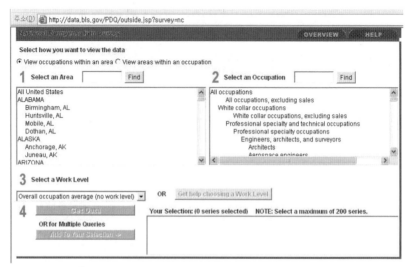

자료 : 정진호 외, 『임금직무관련 정보구축 방안』, 2005.

[그림 3] 미국 노동통계국 Wage Query System-1

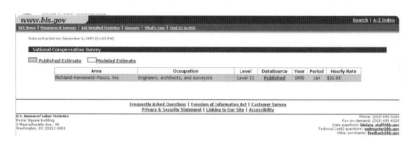

자료 : 정진호 외, 『임금직무관련 정보구축 방안』, 2005.

[그림 4] 미국 노동통계국 Wage Query System-2

3. 업종 수준 직종 노동시장 구축

1) 업종 수준 노동시장 구축을 위한 준비

영국이나 독일 등 대표적인 서구 선진국들의 경우 업종 수준의 노동시장을 구축함으로써 서로 비슷한 업무를 담당하는 직종의 경우 비슷한 수준의 임금을 받을 수 있도록 하는 사회적 기제를 형성하고 있다. 일본의 경우, 서구 국가들과는 달리 직무보다는 사람 중심의 인사관리를 하여왔기 때문에 직종 수준의 노동시장 구축은 상대적으로 미약하지만, 서로 비슷한 직능 수준(주로 학력을 중심으로 하기는 하지만)의 초임을 서로 비슷하게 시작하도록 함으로써 노동시장에서 서로 비슷한 일을 하는 경우 지나친 임금 격차가 발생하지 않도록 하고 있다.

우리나라의 경우, 1980년대까지만 하더라도 대기업과 중소기업 간의 임금 격차가 그렇게 심하지 않은 편이었지만 대기업-하청업체 구조가 공고화되기 시작하면서 임금 격차가 증가해왔다. 이러한 임금 격차는 서로 비슷한 직종에서 비슷한 일을 하더라도 어떤 기업 규모에서 근무하느냐에 따라 커다란 임금 차이를 나게 하여 여러 가지 부정적인 영향을 미칠 수 있다. 이러한 비슷한 직종에서의 임금 격차를 줄이기 위해서는 업종 수준의 노동시장을 구성할 필요가 있으나 우리나라의 경우 이미 기업 규모에 따른 격차가 많이 벌어진 상황이기 때문에 단기간에 하나의 업종 시장을 구성하기는 어려울 것으로 보인다.

[표 1] 대기업과 중소기업의 임금 격차(단위 : 천 원)

규모별	2008	2009	2010	2011	2012	2013	2014
중소기업(A)	2,271	2,338	2,479	2,512	2,664	2,764	2,836
대기업(B)	3,786	3,809	4,140	4,154	4,290	4,447	4,678
임금 격차(B-A)	1,515	1,471	1,661	1,642	1,626	1,683	1,843

자료 : 고용노동통계(http://laborstat.molab.go.kr/).
주 : 산업분류는 전체임. 기업 규모가 5~299인은 중소기업, 300인 이상은 대기업으로 정의.

이러한 우리나라의 노동시장 특성을 감안하여 중단기적으로는 어느 정도 서로 비슷한 임금 수준을 가지고 있는 대기업군, 중견기업군, 중소기업군 등 각 기업군 내에서 어느 정도의 직종 노동시장을 구성하는 것이 필요하다. 이후 장기적으로 이러한 기업군들을 통합하여 직종 노동시장을 구성할 수 있도록 하는 것이 필요할 것이다. 각 기업군에서 직종 노동시장을 구축한 경험은 이후 하나의 직종 노동시장을 구성하는 데 있어서도 도움을 줄 수 있을 것이다.

2) 직종 수준의 직무 중심 임금 관리

직종 수준의 노동시장이 구축되면 직종 수준에서 직무 중심의 인사관리 방안을 구축할 필요가 있을 것이다. 영국이나 독일의 경우 산별 협약에서 각 직종의 직무 평가를 할 수 있는 기준들을 제시하는 등 산업별로 직종에 대한 정보를 구축할 수 있는 방안들을 운영하고 있다. 이러한 직무 평가 도구는 그 자체가 직무 가치에 대한 정보를 제공할 수는 없지만 개별 기업들이 이러한 직무 평가 도구를 활용하여 직무 평가를 실시하고 그 결과를 직무 관리에 활용할 경우 직종 수준 직무 중심 인사관리의 근간으로 작용할 수 있다. 우리나라의 경우, 아직까지 각 산업별로 이러한 직무 평가 도구들이 개발되어 있지 않아 직종 수준의 직무 중심 인사관리의 기초가 형성되지 못하고 있다. 우리나라 전체에 적용될 수 있는 직무 평가 도구는 너무 범위가 넓어 실효성을 거두기 어려우므로 서구 선진국에서 하고 있는 방식처럼 산업별로 직무 평가 도구를 개발하여 개별 기업들이 직무 평가에 활용하도록 하는 방안이 필요하다. 이를 위해서는 적어도 직종 대분류 수준에서는 직무 평가 도구 개발이 필요하다. 최근 개발된 NCS 대분류 24개 직종별로 직무 평가 도구를 개발하고 보급하여 해당 산업의 기업들이 활용할 수 있도록 할 필요가 있다.

직무 중심 인사관리를 위해서는 직무의 가치에 대한 정보뿐만 아니라 시장 임금에 대한 정보도 필요하다. 어느 정도의 직무 가치를 가지는 직종에 대해 어느 정도의 임금을 주는 것이 적절한지에 대한 정보가 필요한 것이다. 이를 위해서는 노동시장에서 시장 임금 정보를 수집하여 가공하고 이를 임금 정보

소비자들에게 전달하는 체계 마련이 필요하다. 이를 위해서는 직종별 및 직급별 임금 정보 생산 및 전달 체계를 마련할 필요가 있다. 직무 평가를 통해 획득한 직무 평가 정보를 활용하기 위해서는 임금에 대한 정보도 직종별로 구성될 필요가 있는 것이다. 같은 직종이라고 하더라도 직급에 따라 임금 차이가 있을 것이기 때문에 직급에 대한 정보도 필요하다. 결국, 각 직종별 그리고 각 직급별 임금 정보를 수집하여 해당 직종의 직무 평가 결과와 결합하면 직무 중심의 임금 관리가 어느 정도는 이루어질 수 있을 것이다.

4. 청년층 진로 정책 관련 과제

1) 청년 눈높이 진단 도구 개발 및 활용

우리나라의 청년들은 현재 대학 졸업 후 취업 준비, 이직 등 시행착오를 반복하다가 대략 30세에 도달하면 어느 정도 눈높이 조정이 마무리되고 중소기업이라도 취업하는 양상을 보이고 있다. 하지만, 이러한 노동시장 눈높이 조정 기간 동안 많은 바로 노동시장에 진입하고 안착하였다면 지불하지 않아도 되었던 시간과 자원이 허비되는 문제를 일으키고 있다. 이러한 문제를 해결하기 위해서는 청년층 자신이 스스로의 취업 눈높이에 대해 적정성을 판단할 수 있도록 객관적 정보를 제공해줄 필요가 있으며, 취업 눈높이 진단 검사지의 개발이 그 대안이 될 수 있을 것이다. 성별, 학력별, 전공별, 지역별 등 청년층의 특성을 고려한 취업 눈높이 진단 검사를 개발하고, 이를 적용함으로써 좀더 객관적으로 노동 공급 측면에서의 변화를 포착할 수 있게 될 것이다.

[표 2] 미스매치로 인한 임금 손실 총액

	미스매치 빈도	평균 임금 손실 (노동시장 진입 초기)	총액 (노동시장 진입 초기)	생애 임금 손실 금액 (현재가치)
4년제 남자	23,060 (17%)	330만 원	760억 원	2.57조 원
4년제 여자	27,960 (21.4%)	255만 원	712억 원	2.46조 원

	미스매치 빈도	평균 임금 손실 (노동시장 진입 초기)	총액 (노동시장 진입 초기)	생애 임금 손실 금액 (현재가치)
전문대 남자	22,580 (21.3%)	177만 원	400억 원	1.49조 원
전문대 여자	23,742 (19.4%)	136만 원	322억 원	1.19조 원
전 체	97,342		2,194억 원	7.71조 원

자료 : 남재량·김세움, 「우리나라 청년 니트(NEET)의 특징 및 노동시장 성과 연구」, 2013.

2) 대학 및 학과별 취업 성과 정보 시스템 구축

대학 전공과 직업 간의 매칭 관계가 중요하다는 점을 고려하면, 고등학교에서 대학으로 진학하는 단계에서 희망 직업을 염두에 둔 학과 및 전공 선택이 이루어지도록 할 필요가 있으며, 이를 위해서는 대학별 그리고 학과별 심층적인 취업 정보 제공이 필요하다. 현재는 졸업 당해 연도의 취업률만을 제공하고 있으나, 대학의 명성이 있고 서열이 높은 대학에 진학하면 된다는 낡은 진로관에서 벗어나도록 하기 위해서는 좀 더 심층적이고 다양한 정보가 필요하다. 예를 들어, 해당 학과 졸업 후 주로 취업하는 업종, 대기업, 공기업, 공무원 등 청년층 선망 직장 취업자 수, 졸업생의 임금 수준, 졸업 직후, 5년 후, 10년 후 등 중장기적인 취업 성과, 상장사 임원 비율 등의 정보가 제공될 경우, 대학 진학 단계에서 취업을 염두에 둔 학과 및 전공 선택을 하는 데 있어 좀 더 도움이 될 수 있을 것이다.

3) 청년층 인턴제의 내실화

청년인턴제는 원래 구직자에게 직장 체험 기회를 제공하고, 적성 및 경력 개발에 도움을 주는 한편 기업에게는 인재 선발을 위한 선별의 도구로서, 그리고 차세대 인재 양성에 기여한다는 우호적 평판 형성 등에 도움이 된다는 취지로 도입되었다. 하지만, 현행 청년인턴제는 청년층의 임시적인 일자리 제공이라는 임시방편적 성격이 강하다고 볼 수 있다. 특히, 청년 인턴들에게 본

연의 임무보다는 잔심부름 등의 허드렛일을 시키는 등 청년인턴제의 취지와는 거리가 있는 운영도 이루어지고 있는 것으로 알려져 있다. 이러한 파행적인 청년인턴제 운영으로 특히 중소기업에서 청년 인턴으로 근무한 경험이 있는 청년층의 경우 오히려 중소기업에 대한 이미지를 악화시켜 중소기업을 더 회피하도록 하는 부작용도 일어나고 있다. 이러한 문제를 해결하기 위하여 인턴제 본래의 취지에 적합하게 운영하는 기업에 대해 차등적 인센티브를 부여할 필요가 있으며, 인턴제에 참여한 청년층에 대한 만족도 등을 파악하여 체계적인 청년인턴제를 운영할 필요가 있다.

[표 3] 인턴제에 대한 업무 수행 과정에서의 의견

기업 인턴 담당자	· 업무 숙련도가 낮고, 단기 근무로 업무에 관여할 수 있는 수준이 한계가 있어 인턴 사원을 검증할 수 있는 과제 중심으로 진행하고 있으며, 인턴 기간 동안 회사와 직무를 경험하도록 참여 프로그램을 마련하고 있음. · 그러나 부서 특성상 현장, 매장 관리, 공장에서는 멘토의 caring이 지속적으로 이루어지기 어려운 상황을 인정, 방치될 수 있는 가능성을 배제하지 못함. · 기대 대비 인턴 능력 뛰어나고 일에 대한 열정이 강하다는 긍정적 평가.
인턴 경험자	· 기업, 부서, 직무, 멘토 특성에 따라서 인턴이 수행했던 업무 내용의 범위, 업무량의 편차가 크게 나타나 업무 만족도 역시 차이가 큼. · 전반적으로 인턴 지원 전 기대했던 만큼의 실무를 경험하지 못하였음 : "업무량에 따라서 본인 스스로가 느끼는 인턴 만족도가 달라지는 것 같아요." · 불만족 사유로는 업무 없이 방치되어 시간 때우기, 단순한 업무 지시, 체계적이지 못한 상황적 업무 지시, 낮은 업무 관여 수준 등.

자료 : 김향아, 「국내기업의 채용관행 변화 실태와 개선과제 — 대졸 인턴제를 중심으로」, 2013.

4) 기업의 신입 직원 스펙 공개

기업의 채용 기준에 대한 기업과 구직자 간의 정보의 불일치는 과도한 취업 준비 경쟁을 부채질하고, 인적 자본 투자의 미스매치를 가져오게 된다. 정부가 채용 기준을 설정할 수 있는 공무원과 공기업부터라도 실제 업무와 무관한 과도한 채용 기준을 검토해서 과감하게 조정하고, 이를 구직자에게 명확히 알릴 필요가 있다. 이와 관련하여 현재 공기업을 중심으로 NCS 기반 채용 제도 확산을 위해 노력이 이루어지고 있다. 해당 직무에서 필요로 하는 요건을 명시하고, 이를 중심으로 채용함으로써 불필요한 스펙 쌓기 경쟁을 줄일 수 있을 것이다. 또한, 매년 채용한 신입 직원의 출신 학교, 전공, 학점, 자격증, 영어 점수 등의 자격 요건을 공시하는 방법도 있을 것이다. 결국, 추상적이고 모호한 채용 기준을 공시하는 것은 구직자에게 명확한 정보 전달에 한계가 있으므로, 실제 신입 직원 선발 시험을 통과하여 채용이 확정된 합격자의 인적 정보의 특성을 공개함으로써 좀 더 명확하고 확실하게 취업 정보를 제공할 수 있을 것이다.

5) 중소기업별 맞춤형 인력 채용 지원

청년층이 중소기업을 기피하는 이유는 낮은 임금과 열악한 근무환경도 이유가 되겠지만 통근의 용이성, 근무시간의 규칙성 등과 같은 비임금적 원인도 크게 작용하는 것으로 보인다. 장기적으로는 중소기업의 임금이나 근무환경도 점차적으로 개선해나가야 하겠지만 단기적으로는 중소기업의 임금을 획기적으로 상승시키거나 근로조건을 획기적으로 개선하기 어려운 한계를 가지고 있다.

이러한 상황에서 조직 문화와 근로자의 인성 특성 등 노동시장의 무형적 요인들의 적합성도 개인 수준의 고용 성과에 영향을 미칠 수 있음을 주목할 필요가 있다. 노동시장 무형적 요인의 개인-조직 적합성을 위해서는 우선 기업들이 어떠한 조직 문화를 가지고 있는가를 이해할 필요가 있다. 대기업의 경우에는 기업 문화가 강하기도 하고, 또 널리 알려져 있는 경우가 많다. 하지만, 중소기업의 경우에는 외부에 알려져 있지도 않을뿐더러 기업 자체적으로 자신의 기업 문화를 파악하기 어려운 경우도 많다. 따라서, 중소기업의 기업 문화 진단 등을 지원할 필요가 있다. 개별 근로자의 경우에는 근로자의 인성, 가치관, 소명 의식 등 심리적이고 정서적인 특성 파악이 필요하다. 기업 혹은 정부 차원에서 이러한 근로자의 특성 프로파일링에 대한 노력이 필요하다. 마지막으로, 기업 문화와 개인 특성에 대한 정보를 결합하는 방식이 필요하다. 다양한 고용 서비스 과정에서 기업과 개인에 대한 정보를 취합하고 분석하여 매칭시키는 과정이 필요하다.

물론, 이러한 무형적 노동시장 미스매치 해소는 한계를 가지므로 장기적으로는 중소기업의 지급 능력을 높이기 위한 정부의 세제 혜택이나 중소기업 또는 중소기업 근로자에 대한 금전 보전 정책 등을 통해 중소기업의 근로조건을 지속적으로 향상시킬 필요는 있을 것이다.

Ⅲ. 제언

현재 우리나라 노동시장이 가지고 있는 문제점은 과거 우리나라 노동시장에서 장점으로 작용하였던 점들이 이제는 단점으로 작용하고 있다는 것이다. 연공급적 임금 제도가 가장 대표적인 예가 될 수 있을 것이다. 과거에는 우리나라 노동시장 환경이 지금과 달랐기 때문에 장점으로 작용할 수 있었지만 이제는 노동시장 환경이 달라졌으므로 우리나라 노동시장과 기업들이 이에 적응할 필요가 있는 것이다. 우선적으로는 우리나라 노사정 각 주체들이 이러한 상황 변화에 인식하고 이러한 상황 변화에 따라 우리나라 노동시장과 기업의 인사관리에 변화가 필요하다는 사실에 대해 어느 정도 인식을 같이할 필요가 있을 것이다. 이러한 인식의 공유 없이는 우리나라 노동시장의 개혁도 그리고 기업들이 인사관리 변혁도 어려울 수밖에 없으며, 이러한 노동시장 개혁 미진의 부담은 아직까지 노동시장에 들어오지 못했거나 들어왔더라도 충분히 안착하지 못한 청년층에게 돌아갈 가능성이 높다.

우리나라 노동시장의 또 다른 과제 중의 하나인 비정규직 문제는 청년층과 관련이 깊다. 우리나라 청년 노동시장이 가지고 있는 과제 중의 하나가 청년층이 취업을 하더라도 대부분 비정규직 위주로 취업하고 있어 일자리의 안정성이 떨어지고 일자리의 질도 낮다는 것이기 때문이다. 이러한 비정규직 문제에 대해 현재 정부는 출구 중심의 정책을 취하고 있다. 즉, 언제 비정규직을 정규직으로 전환시킬 것인지에 대해 정책적 관심을 집중시키고 있다. 하지만, 기업들이 비정규직을 낮은 임금으로 근로자를 활용할 수 있는 방안으로 활용하는 한 비정규직의 정규직 전환을 통한 비정규직 문제 해결 방안는 한계를 가질 수밖에 없다. 더 전향적인 접근은 비정규직 입직구에 대한 정책이라고 할 수 있다. 즉, 기업의 활동에 핵심적이고 상시적인 업무의 성격에 따라 비정규직으로 활용할 수 있는 업종을 제한하고 이러한 업종에 대해서는 정규직만을 활용하도록 하는 방안이 필요하다. 기업에서 일단 비정규직으로 활용을 시작하고 나면 이들을 정규직으로 전환시키는 데 너무 많은 시간과 노력이 들어가고 있기 때문이다.

이외에도 위에서 지적되었듯이 우리나라 노동시장을 능력 중심으로 재편하는 문제, 이를 위해 현재 개발되고 있는 NCS를 기반으로 기업의 인사관리를 재편하는 문제, 직종 중심의 노동시장을 구축하는 문제 등 우리나라 전체 노동시장과 청년 노동시장이 공통적으로 직면하고 있는 문제들과 청년층 진로 정책과 같이 청년층 노동시장에 특수한 정책적 이슈들이 산재되어 있다. 이들을 해결하기 위한 노사정 주체들의 관심과 노력이 필요한 시점이다.

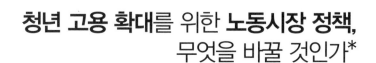

청년 고용 확대를 위한 **노동시장 정책,**
무엇을 바꿀 것인가*

강순희 (경기대학교)**

* 본 내용은 강순희 외(2015. 11)를 수정, 보완한 것임.

** soonhiekang@kgu.ac.kr

청년 고용 확대를 위한 노동시장 정책, 무엇을 바꿀 것인가

I. 문제의 제기

2009년 이후 우리나라의 고용 상황은 양적인 측면에서 유례 없이 양호한 추이를 보여왔다. 2014년에는 취업자 증가가 53.3만 명으로 50만 명 이상을 기록하였으며 고용률도 60.2%로 고용률 통계 작성 이래 최고를 보였다. 올해 들어서도 메르스 사태와 유럽 및 중국 경제 불안 등 대내외 경제적 어려움에도 불구하고 취업자가 전년 동월에 비하여 30만 명이 넘는 증가를 보이는 등 고용의 양적 개선 추이는 지속되고 있다.

이러한 전반적인 고용 개선 상황 속에서 청년층 취업자 역시 2013년 9월 이후 최근까지 연속 증가세를 지속하고 있다. 하지만 장기적인 추세에서 보면, 이러한 청년층 고용률은 2000년대 초반보다 크게 낮은 수준으로서 OECD 평균의 2/3 수준에 그치고 있다. 더구나 청년층 실업률은 일반 실업률과는 달리 지속적으로 상승 추세를 보이고 있으며, 이로 인하여 청년 실업률은 전체 실업률의 두 배를 크게 넘고 있다.

또한 최근 청년 고용 사정이 양적으로 개선되고 있기는 하지만 내용적으로 보면, 구조적인 문제가 여전히 존재하고 있다. 니트(NEET) 청년이 증가하고, 어느 지표로 보든 구직 기간이 상대적으로 길게 나타나는 등 노동시장 이행 지체 현상이 지속되고 있으며, 실업-비경활-취업, 또는 취업 내에서의 빈번한 노동 이동, 낮은 임금과 불안정한 고용 등 취약한 노동환경이 좀처럼 개선되고 있지 않다. 이러한 청년층 고용 문제의 원인은 교육 훈련 등 인력 공급 측면에서 산업 수요에 부합하지 못하는 문제, 즉 공급 측면에서 기인한 직무 및 숙련 불일치(job and/or skill mismatch), 그리고 청년층에 적합한 일자리 부족, 대중소기업 간 근로조건 격차 심화 등 수요 측면에서의 문제가 지적되고 있다.

그간 정부는 노동시장 진입기, 경력 형성기에 있는 청년들이 학교에서 노동시장으로 원활하게 이행하고 노동시장 진입 후 안정적인 노동 생활을 영위할 수 있도록 하기 위해 다양한 정책들을 모색해왔다. 특히, 청년 일자리 문제가 좀처럼 개선되고 있지 않은 가운데, 내년 이후의 60세 정년 실시, 에코 세대인 청년 인구의 일시적인 급증, 대졸자의 피크 등으로 인하여 향후 몇 년간 청년의 고용 문제가 더욱 어려워질 것으로 예상됨에 따라 최근 들어 대부분의 중앙부처뿐만 아니라 지자체 등에서도 청년 대상의 한 다양한 일자리 정책을 추진하고 있다. 2015년 초 기준으로 고용노동부가 파악한 중앙 및 지방의 청년층을 주된 대상으로 한 사업은 298개에 이르고 있다(고용노동부, 2015).

하지만 그간 많은 정책에도 불구하고 청년층의 고용 문제가 좀처럼 개선되지 않음에 따라 정책의 실효성에 대해서 논란이 많다. 정책의 유사, 중복에 따른 비효율, 전달 체계의 문제, 모니터링 및 평가 시스템의 문제 등이 여러 차례 지적이 되기도 하였다. 이러한 현황과 문제점에 기초하여 본 장에서는 청년 고용의 현황을 분석하고, 이를 바탕으로 문제의 원인을 진단한 후 정책 방향과 대안을 제시하여보고자 한다.

Ⅱ. 청년 고용의 현황과 문제점

1. 일반 고용 현황

청년 고용 현황을 분석하기에 앞서 전체 고용 현황을 간략히 살펴보고자 한다. 글로벌 금융 위기를 거친 2009년 이후 우리나라는 유례 없이 양호한 노동시장 성과를 보여왔다. 취업자는 매년 꾸준히 증가하여 2014년에는 취업자 증가가 53.3만 명으로 50만 명을 넘고 있으며, 고용률은 60.2% 통계 작성 이래 최고치를 기록하였다. 전반적인 고용 사정의 추이를 월별로 보면, 고용률

70% 로드맵 발표 이후인 2013년 중반 이후에 개선 추이가 비교적 큰 것으로 나타나고 있다. 하지만 취업자 증가폭은 최근 들어 감소하는 경향을 보이고 있다.

올해 들어 경제 상황의 호전이 지체되고 더구나 최근의 메르스 사태와 중국, 유럽 등 해외 경제 사정의 어려움 속에서 고용 상황은 전년보다 어려워질 것으로 전망되고 있으나 인구 구조 변화와 경제활동 참가 성향의 변화 등과 같은 노동 공급 측 요인이 취업자 증가에 긍정적인 영향을 끼치면서 그다지 나빠질 것으로 전망되고 있지는 않다. 2015년 4월 한국은행 전망에 의하면 올해 취업자 수는 2014년보다는 낮은 수치지만 42만 명 내외 증가할 전망이며, 실업률은 3.5%로 예년 수준, 고용률은 60.5%(OECD 기준 65.9%) 수준으로 예상되었지만, 그 이후 메르스 사태, 중국 등 대내외 경제 여건의 불안 등으로 이 보다는 다소 저조한 실적을 보일 것으로 전망되고 있다[1].

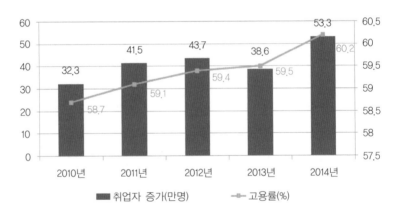

주 : 고용률은 15세 이상 기준

[그림 1] 취업자 증가와 고용률 현황

---

1 지난 7월 한국고용정보원에서는 상반기 실적과 하반기 전망을 종합하여, 2015년 취업자 수는 35만 명(1.4%) 증가하고, 실업률은 3.7%로 작년보다 0.1%p 높을 것으로 전망하고 있다(『격월간 고용이슈』, 2015. 7).

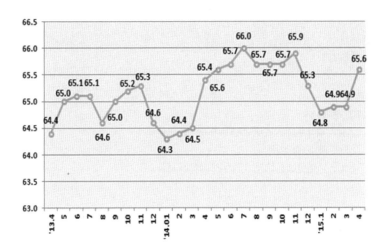

[그림 2] 월별 취업자 증감(15세 이상, 천 명)

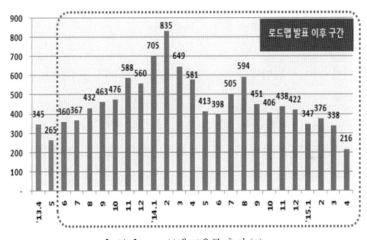

[그림 3] 15-64세 고용률 추이 (%)

[표 1] 고용 전망(한국은행, 2015년 4월)(만 명, %)

	2014			2015		
	상반	하반	연간	상반	하반	연간
취업자 수 증감	60(2.4)	47(1.8)	53(2.1)	41(1.6)	43(1.6)	42(1.6)

	2014			2015		
	상반	하반	연간	상반	하반	연간
실업률	3.8	3.3	3.5	3.8	3.2	3.5
고용률	59.8[65.0]	60.6[65.7]	60.2[65.3]	60.1[65.6]	60.9[66.2]	60.5[65.9]

자료 : 한국은행(2015. 4)

주 : 1) 전년 동기 대비 증감, ( ) 안은 전년 동기 대비 증가율(%)

2) 〈 〉 안은 2015.1월 전망치

3) 고용률은 15세 이상, [ ] 안은 15~64세(OECD 기준)

2. 청년 고용 현황

15~29세 청년층을 대상으로 보면, 취업자 수는 증가폭은 줄어들기는 하였지만 지난 8월까지 2년 가까이 증가세를 보이고 있다.

하지만 [그림 4]에서 보듯이 청년층 고용률은 2000년대 초반보다 현저히 낮으며, 실업률은 상승 추세를 보이고 있다. 청년층 실업률만을 놓고 보면 올해 들어 10%를 넘는 등 2000년 이후 최고치를 보이고 있으며, 전체 실업률의 3배에 육박하고 있다. 반면에 청년층 고용률은 2004년 이후 하락세를 보이고 있으며, 이로 인하여 OECD 평균의 2/3 수준에 불과하다.

더구나 2016년 이후 60세 정년 의무화, 통상 임금 범위 확대 등으로 청년의 고용 여건은 당장 개선되기 어려울 것으로 전망되고 있다. 조세연구원의 조사에 의하면, 2016년에 공공 기관 신규 채용 여력은 3,367명 감소할 것으로 나타나고 있다(조세연구원, 2015). 지난 2015년 초 고용노동부의 조사에 의하면, 올해 상반기 주요 대기업에서는 채용 계획 없음이 39%, 미정이 18%로 나타나 민간 기업의 청년층 고용 여건도 우호적이지 않음을 시사하고 있다.

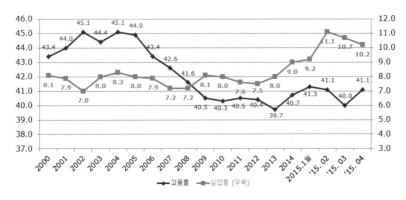

자료 : 통계청

[그림 4] 청년층 고용 추이

한편, 2014년까지의 청년층 취업자 수 증가를 연령별로 살펴보면, 20대 초 저학력자가 주도하고 있음을 알 수 있다. 2014년을 기준으로 보면, [표 2]에서 보듯이 20~24세 연령층에서 81천 명이 증가하고 있으며, 다음으로 19세 미만이 2만 명 증가하고, 25~29세에서는 25천 명이 감소하고 있다.

[표 2] 연령별 청년층 취업자 증감 추이(단위 : 천 명)

구분	2009년	2010년	2011년	2012년	2013년	2014년
19세 미만	−12	27	22	4	−6	20
20~24세	−39	−10	−11	89	29	81
25~29세	−76	−59	−47	−128	−73	−25

자료 : 통계청

학력별로는 고졸자와 전문대 이상 재학 중 취업이 각각 48천 명, 39천 명 증가하고 있으며, 전문대졸 이상 고학력 취업자는 감소하고 있다. 이러한 저연령 고졸 취업자 증가는 2012년부터 강조되어온 '선취업 후진학', '열린고용', '스펙 초월 고용' 등 지나친 고학력화 완화 정책, 전문대 이상 재학 중 취업 증가는 '계약학과' 등 성인학습 지원 정책이 반영되어 나타난 것으로 해석된다.

[표 3] 교육 정도별 청년층 취업자 증감 추이(단위 : 천 명)

		2009	2010	2011	2012	2013	2014
재학 중 취업	고등학교 재학	−3	6	4	2	−	−3
	전문대 이상 재학	14	4	30	6	−16	39
졸업 후 취업	중졸 이하	5	14	−14	−20	−3	22
	고졸	−107	−37	−73	−30	−29	26
	전문대 이상 졸업	−38	−29	17	5	−1	−8

자료 : 통계청, 「경제활동인구조사」.

그런데, 이러한 저연령 청년에 대한 노동 수요는 향후에도 증가할 것으로 보인다. Katz & Murphy(1992) 방식에 의하여 연령별로 노동 수요의 증가를 분석한 결과에 의하면 최근으로 올수록 19세 이하 청년층에 대한 수요가 급증하며, 20대 초반 청년층에 대한 노동 수요도 상대적으로 많이 증가하는 것으로 나타나고 있기 때문이다(박진희 외, 2015).

[표 4] 연령별 노동 수요의 변화(단위 : %)

	2008~2009	2009~2010	2010~2011	2011~2012	2012~2013	2013~2014
19세 이하	−2.47	−0.31	0.52	1.96	1.64	3.66
20~24세	0.26	1.74	2.36	2.34	2.16	3.49
25~29세	1.00	2.51	2.65	2.11	1.76	2.96
30~34세	0.44	2.10	2.18	1.91	1.57	2.63
35~39세	0.00	1.72	1.90	1.87	1.42	2.53
40~44세	−0.28	1.55	1.77	1.76	1.48	2.47
45~49세	−0.94	1.28	1.32	1.67	1.51	2.38
50~54세	−1.03	1.08	1.48	1.68	1.55	2.17
55세 이상	−0.90	0.11	1.14	1.46	1.40	0.48

주 : Katz&Murphy(1992)의 산업별 노동 수요 변화를 고려한 특정 연령층에 대한 노동 수요의 변화율.
자료 : 통계청, 「경제활동인구조사」(각 연도) 원자료(박진희 외(2015)에서 재인용).

3. 청년 고용의 문제점

1) 노동시장 이행의 지체

그간 청년층 고용의 문제로 지적되어온 것 가운데 대표적인 것은 학교로부터 노동시장으로의 이행이 지체된다는 점이다. 이러한 학교로부터 노동시장으로의 이행 지체의 문제는 최근으로 올수록 거의 만성화되고 있는 것 같다. 지난 10년간의 추이에서 보면, [그림 5]에서 보듯이, 졸업 전 1년 이내 취업자 비중은 18%대에서 13%대로 감소하고 있으며, 졸업 후 6개월 이상의 구간에서 취업한 자의 비중은 최근 2년간 35% 이상으로 증가하는 등 취업 시점이 과거에 비해 늦춰지고 있다.

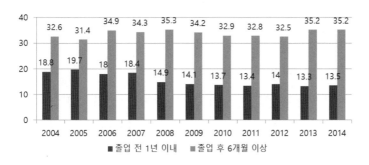

주 : 최종 학교 졸업자만을 대상으로 하고, 졸업 시점 기준 1년 이전에 취업하여 졸업 당시까지 취업
유지자 제외
자료 : 청년층 부가 조사 각 연도, 통계청

[그림 5] 첫 일자리 취업 시점(단위 : %)

[표 5] 첫 일자리 입직 기간별 취업자 비중(단위 : %)

	졸업 전 1년 이내	졸업 후 2개월	2~6개월	6~10개월	10~14 개월	14개월 이상	6개월 이상
2004	18.8	34.1	14.5	6.2	6.5	20.0	32.6
2005	19.7	34.3	14.7	6.4	6.2	18.8	31.4

	졸업 전 1년 이내	졸업 후 2개월	2~6개월	6~10개월	10~14 개월	14개월 이상	6개월 이상
2006	18.0	33.4	13.7	6.9	6.3	21.7	34.9
2007	18.4	34.4	12.9	7.2	6.4	20.6	34.3
2008	14.9	34.5	15.3	7.4	7.2	20.8	35.3
2009	14.1	37.1	14.7	6.9	6.6	20.6	34.2
2010	13.7	37.0	16.4	7.2	6.6	19.1	32.9
2011	13.4	37.4	16.5	6.7	6.8	19.3	32.8
2012	14.0	36.0	17.4	7.0	6.6	19.0	32.5
2013	13.3	36.1	15.4	8.0	6.7	20.5	35.2
2014	13.5	35.8	15.6	7.2	6.7	21.3	35.2

주 : 최종 학교 졸업자만을 대상으로 하고, 졸업 시점 기준 1년 이전에 취업하여 졸업 당시까지 취업
유지자 제외
자료 : 청년층 부가 조사 각 연도, 통계청(박진희 외(2015)에서 재인용)

2) 일자리의 불안정

청년층이 일자리를 가진다 할지라도 그 일자리가 불안정하다는 것도 큰 문제이다. 청년층의 첫 일자리의 근속 기간을 보면, 2004년에는 20.8개월이었으나 2014년에는 17.9개월로 감소하고 있으며, 이러한 추이는 고졸 이하에서 두드러지게 나타난다.

[표 6] 첫 일자리 근속 기간(단위 : 개월 수)

구분	25세 미만	25세 이상	고졸 이하	전문대	대학 이상	전체
2004	13.3	25.0	22.8	19.6	18.7	20.8
2007	12.6	23.4	21.0	20.5	18.9	20.2
2009	11.5	22.5	19.9	20.3	19.1	19.8
2010	10.3	22.3	19.1	19.7	18.2	19.0
2011	10.9	21.8	19.1	19.5	18.3	19.0
2012	11.0	21.8	18.0	19.6	18.2	18.7
2013	10.6	21.9	17.3	18.9	18.7	18.4

구분	25세 미만	25세 이상	고졸 이하	전문대	대학 이상	전체
2014	10.7	21.4	16.5	18.0	18.8	17.9

또한 청년층의 첫 일자리의 고용 형태를 보면, 단기 계약 기간 비중이 상승하는 추세를 보이고 있다. 최종학교 졸업 후 첫 일자리의 계약 기간이 '1년 이하'의 비중은 2006년 8.7%에서 2014년 19.6%로 상승하였고, 계약 기간 '1년 초과' 비중은 6.8%에서 2.9%로 감소하고 있다. 특히 금융 위기 시점인 2009년에서 2011년 사이에 1년 이하의 단기 계약자 비중이 급증하였으며, 그 이후 20%대를 유지하고 있다. 고용이 비교적 안정적인 '계약 기간을 정하지 않음' 비중 역시 전반적으로 낮아지는 추세이다.

[표 7] 연도별 첫 일자리 고용 형태별 분포(단위 : %, 천 명)

	1년 이하	1년 초과	계약 기간 정하지않음	일시적 일자리	자영업	전체
2006	8.7	6.8	66.9	14.4	3.2	4,756
2007	10.8	5.6	64.3	16.2	3.2	4,624
2008	11.1	6.6	64.5	15.2	2.6	4,564
2009	12.5	8.1	61.9	14.8	2.7	4,393
2010	16.7	5.4	60.7	14.3	2.9	4,271
2011	20.3	3.4	61.6	11.6	3.0	4,185
2012	20.0	3.0	63.0	11.0	3.0	4,173
2013	21.2	3.1	61.6	11.6	2.5	4,116
2014	19.6	2.9	62.7	11.9	2.8	4,085

자료 : 통계청, 청년층 부가 조사 각 연도(박진희 외(2015)에서 재인용)

최근 들어 청년 취업이 증가한 부문에서도 일자리의 불안정성이 감지되고 있다. 종사상 지위별로 보면, 상용직(54천 명)에서 증가가 가장 많았지만 임시직(38천 명)에서도 상당수 증가하고 있다. 남성은 임시 근로자 중심으로 증가한 반면 여성은 상용 근로자 중심으로 증가하고 있다. 직종별로는 서비스 종사자(58천 명) 및 판매 종사자(11천 명), 장치 기계 조립 조작자(21천 명) 중심으로 청년 취업이 증가하고 있는데, 서비스 종사자 대부분은 남성이 차지하고 있다. 산업별로는 주로 음식 및 숙박업(57천 명), 제조업(31천 명), 공공 행정(16천 명), 도소매업(12천 명) 등에서 증가하고 있는데, 음식 및 숙박업, 도소매업은 남성 중심으로 증가하고 있으며, 공공 행정, 제조업은 여성 중심으로 증가하고 있다.

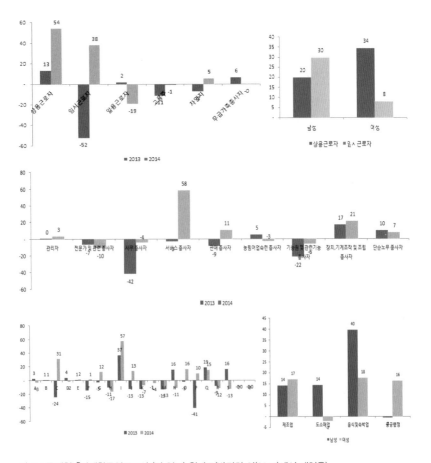

자료 : 통계청, 「경제활동인구조사」(각 연도) 원자료(박진희 외(2015)에서 재인용).

[그림 6] 청년 취업자의 부문별 증감(단위 : 천 명)

또한 고용 형태 측면에서 보더라도 전체적 추세와는 정반대로 청년층의 경우 비정규직 비중은 지속적으로 증가하는 추세를 보이고 있다. 전체 임금 근로자 중 비정규직 근로자의 비중은 2007년 35.9%에서 2014년 32.4%로 낮아지고 있으나 청년층은 같은 기간 33.5%에서 34.6%로 완만하게 상승하고 있다.

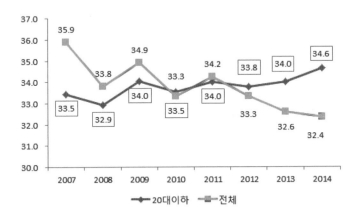

자료 : 근로형태별 부가 조사(8월) 각 연도, 통계청

[그림 7] 청년층의 비정규직 비중 추이(단위 : %)

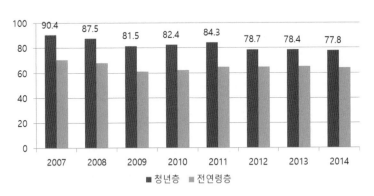

자료 : 근로형태별 부가 조사(8월) 각 연도, 통계청

[그림 8] 청년층 비정규직의 정규직 대비 임금 수준(단위 : %)

청년층의 경우 정규직과 비정규직 간 격차의 확대도 문제이다. 청년층 비정규직의 임금 수준은 2014년 기준으로 정규직의 77.8%인데, 이는 전 연령층에 비하여 아직 높기는 하지만 2007~2014년간을 보면 전 연령대 하락폭인 -6.5%p보다 두 배 가까운 수준인 12.6%p 하락하고 있다. 즉, 청년층의 경우 정규직과 비정규직 간 임금 격차가 빠르게 확대되고 있는 것이다.

3) 고학력 청년의 고용 사정 악화와 니트화

최근 대졸 청년층 노동시장은 남성을 중심으로 고용 사정이 악화되고 있다. 2014년 대졸 청년층 노동시장을 보면, 경제활동 참가율은 높아지는 가운데 노동 수요가 개선되지 않아 고용률은 감소하고 실업률은 상승하고 있다. 2014년 대졸 청년층 고용률은 73.5%로 전년 대비 0.1%p 하락하였으며, 실업률은 8.5%로 전년 대비 1.1%p 상승하고 있는 것이다. 특히, 남성 대졸 청년의 고용률은 2014년에 전년 대비 2.7%p 하락했으며 실업률은 1.8%p 상승하고 있다.

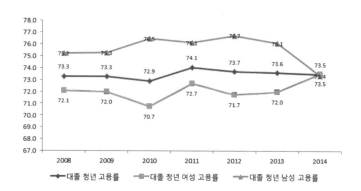

자료 : 통계청, 「경제활동인구조사」.

[그림 9] 대졸 청년층 고용률 추이(단위 : %)

대졸 청년층 중 일부는 노동시장에 진입하지 않고 좋은 일자리에 취업하고자 취업 준비를 위해 졸업 유예를 선택하는데, 이는 청년층 노동시장 이행 지체의 또 다른 원인이 되고 있다. 최근 시점에서 확인은 어렵지만, 2011년 기

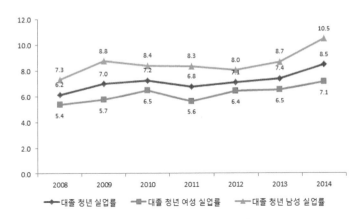

자료 : 통계청, 경제활동인구조사

[그림 10] 대졸 청년층 실업률 추이(단위 : %)

준으로 보면 대졸 예정자의 20% 가까이가 졸업을 유예하고 있는데, 특히 취업 때문에 졸업을 유예하고 있는 비율은 6.2%로 나타나고 있다.

[표 8] 대졸 예정자의 졸업 유예 현황

구분		빈도	비중
졸업 유예자 전체	전체	2,151	(19.70)
	남자	1,152	(19.25)
	여자	999	(20.24)
취업을 이유로 한 졸업 유예자	전체	674	(6.17)
	남자	349	(5.83)
	여자	325	(6.59)

자료 : 한국고용정보원, 『2011 대졸자 직업 이동 경로 조사(2011 GOMS)』

이러한 졸업 유예자들은 졸업자에 비해 졸업 평점은 낮은 반면 토익 점수 및 인턴 경험 등은 높은 것으로 나타나, 이들이 낮은 학점을 보완하기 위해 초과 등록을 선택하고 그 기간 동안 취업에 필요한 학점 이외의 스펙을 높이는 것으로 보인다(박진희 외, 2015).

[표 9] 졸업 유예자의 취업 준비 현황

		졸업 평점(점)	토익 점수(점)	인턴 경험(%)	취득 자격증(개)
졸업 유예자 전체	전체	81.89	764.06	17.97	0.88
	졸업 유예자	79.93	813.04	25.84	1.22
	졸업자	82.37	748.84	16.04	1.45
	t 값	12.14***	−12.33***	−10.66***	5.76**
취업을 이유로 한 졸업 유예자	전체	81.89	764.06	17.97	0.88
	졸업 유예자	79.41	819.45	26.85	1.31
	졸업자	82.05	759.04	17.39	1.41
	t 값	7.91***	−7.44***	−6.20***	1.60*

주 : ***, **, *는 각각 1%, 5%, 10% 수준에서 통계적으로 유의함.
자료 : 한국고용정보원, 『2011 대졸자 직업 이동 경로 조사(2011 GOMS)』

청년층이 노동시장 이행 초기에 이동이 심하다는 것은 국내외 연구에서 공통적으로 밝혀진 사실이다. 그런데, 작업 여건 불만족, 계약 만료 등의 사유로 취업에서 미취업으로 이동하는 경우가 많아 청년층은 상대적으로 열악한 일자리에 취업하기보다는, 더 나은 일자리로의 전직 등을 위해 미취업을 선택하여 취업 준비를 하거나 니트화하는 것으로 보인다.

[그림 11]에서 취업에서 미취업 상태로 이동한 청년층의 이직 사유를 보면, 개인, 가족적 이유 이외에 작업 여건 불만족의 비중이 높으며 이 비중은 증가 추세에 있다. 돌려 말하면, 노동시장 경험이 있는 취업 준비자는 취업한 일자리가 불안정하거나 질적 수준이 낮아 안정적이고, 근로조건이 더 나은 일자리, 장래성 있는 일자리를 얻기 위해 취업 준비 상태에 머물러 있음을 의미하며, 이는 일정하게 니트의 증가로 나타난다.

한편, 취업을 하고 있지 않은 청년 가운데 학교에 다니거나 직업훈련을 받지도 않으면서 동시에 구직 활동도 하지 않고 있는 청년 니트는 2014년 기준으로 최소 301천 명 정도로 추정되고 있다.[2] 이들 청년 니트를 성별로 보면, 남성이 여성보다 많고 최근 들어 증가하는 경향을 보이고 있다. 또한 최근에

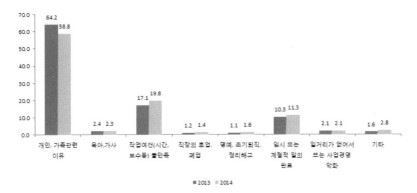

자료 : 통계청, 「경제활동인구조사」(박진희 외(2015)에서 재인용).

[그림 11] 취업에서 미취업 상태로 이동한 청년층의 이직 사유(단위 : %)

들어 고학력 청년 니트가 늘어나는 추세이다. 청년 니트의 원인으로는 취업 의욕이 아예 없거나, 직업능력이 부족하거나, 정확한 직업 정보를 얻지 못하여 취업 실패로 장기간 미취업 상태에 있거나, 취업을 했었는데 낮은 임금 등 근로조건 때문에 취업에 대해 부정적인 생각을 가지고 있거나, 수입을 목적으로 하지 않고 자기만족을 위해 봉사나 문화 활동을 하는 집단에 이르기까지 스펙트럼이 다양하다.

[표 10] 청년 비경제활동인구 중 '쉬었음'으로 응답한 사람

구분	2008	2009	2010	2011	2012	2013	2014
청년 니트 전체	232	300	262	299	300	338	301
대졸 미만 니트	173	203	187	182	188	219	198
대졸 니트	57	96	72	114	109	119	102
여성 니트	87	136	105	142	126	138	118

---

2   비경제활동인구 중 그 사유를 '쉬었음'으로 응답한 청년들로서 선행 연구에서의 통상적인 니트 정의보다 작은 범주이다.

구분	2008	2009	2010	2011	2012	2013	2014
남성 니트	145	163	156	156	174	20	182

자료 : 통계청, 「경제활동인구조사」(각 연도).

한편, 청년층의 노동시장 이행 지체, 니트 증가는 우리나라 노동시장의 이중구조, 즉 중소기업과 대기업, 정규직과 비정규직 간의 격차가 심하며 이들 간의 이동이 어려운 현실 때문으로 볼 수 있다. 즉, 청년층은 노동시장의 이중구조 때문에 노동 생활을 시작하는 초기 일자리 질이 향후 생애에 걸쳐 자신의 일자리 질에 영향을 미친다는 것을 인식하고 있으므로 필사적으로 괜찮은 일자리에 진입하기 위해 노력하거나 차라리 유휴인력화하는 것이다.

이는 졸업 유예자의 졸업 후 노동시장 성과나 노동시장 내 이동 효과에서도 일정 부분 확인할 수 있다. [표 11]에서 보면, 졸업 유예는 임금이나 정규직 취업 여부, 첫 직장 대기업 취업 여부에 긍정적인 영향을 미치고 있다. 또한 청년층의 규모별 직장 이동 현황을 보면, 첫 일자리로 중소기업에 취업한 청년들의 경우 중소기업 내에서의 상호 이동은 많은 반면 대기업으로의 이동이 제약됨을 확인할 수 있다(표 12). 노동시장이 고임금을 포함한 양호한 근로조건을 가진 1차 노동시장과 낮은 임금 등 열악한 근로조건으로 대변되는 2차 노동시장으로 이중구조화되어 있어, 첫 일자리를 2차 노동시장을 선택한 경우 향후 2차 노동시장에 지속적으로 머무를 가능성이 높음을 보여주는 것이다.

[표 11] 취업의 질적인 측면 분석 결과

	첫 직장 임금		첫 직장 고용 형태 (정규직=1)		첫 직장 대기업 여부 (300인 이상 대기업=1)	
넓은 의미 졸업 유예	0.004 (0.032)		0.015 (0.039)		0.027 (0.039)	
좁은 의미 졸업 유예		0.117** (0.051)		0.091* (0.046)		0.063 (0.062)

	첫 직장 임금		첫 직장 고용 형태 (정규직=1)		첫 직장 대기업 여부 (300인 이상 대기업=1)	
성별 (남자=1)	0.137*** (0.039)	0.144*** (0.039)	0.124*** (0.047)	0.128*** (0.047)	0.054 (0.049)	0.054 (0.049)
나이	−0.064 (0.264)	−0.097 (0.263)	0.069 (0.320)	0.051 (0.320)	0.110 (0.328)	0.105 (0.328)
(나이)2	0.001 (0.004)	0.001 (0.004)	−0.001 (0.006)	−0.001 (0.006)	−0.001 (0.006)	−0.001 (0.006)
졸업 평점	−0.001 (0.001)	−0.001 (0.001)	−0.001 (0.002)	−0.001 (0.002)	0.004** (0.002)	0.004** (0.002)
토익 점수	0.000*** (0.000)	0.000*** (0.000)	0.000 (0.000)	0.000 (0.000)	0.000*** (0.000)	0.000*** (0.000)
인턴 경험	−0.188*** (0.028)	−0.194*** (0.028)	−0.322*** (0.032)	−0.326*** (0.032)	0.092*** (0.034)	0.091*** (0.034)
취득 자격증 수	−0.005 (0.007)	−0.005 (0.007)	−0.001 (0.009)	−0.001 (0.009)	0.002 (0.009)	0.002 (0.009)
복수전공 여부	−0.021 (0.031)	−0.017 (0.031)	−0.034 (0.037)	−0.032 (0.037)	0.013 (0.039)	0.012 (0.038)
해외경험 여부	0.060** (0.027)	0.061** (0.027)	0.039 (0.034)	0.041 (0.033)	−0.022 (0.034)	−0.021 (0.034)
1~10위 대학	0.080** (0.040)	0.079** (0.040)	−0.013 (0.049)	−0.014 (0.049)	0.045 (0.049)	0.047 (0.049)
11~20위 대학	−0.031 (0.045)	−0.033 (0.045)	−0.035 (0.057)	−0.035 (0.057)	0.163*** (0.055)	0.163*** (0.055)
Adjusted R2 Pseudo R2	0.123***	0.127***	0.094***	0.096***	0.065***	0.066***
N	1,087		1,092		1,092	

주 : 1) ***, **, *는 각각 1%, 5%, 10% 수준에서 통계적으로 유의함을 나타냄.

2) OLS는 계수값을, 로짓 분석은 한계효과(marginal effect) 값을 나타냄.

3) 전공 계열변수 및 졸업 연도 변수는 분석에 포함하였으나, 표에서는 생략하였음.

자료 : 한국고용정보원, 『2011 대졸자 직업 이동 경로 조사(2011 GOMS)』(박진희 외, 2016)에서 재
인용).

[표 12] 기업 규모별 직장 이행률(단위 : %)

		첫일자리-2001년	2001년-2003년	첫일자리-2003년
소기업	→ 소기업	70.6	62.7	58.2
	→ 중기업	6.4	17.0	19.6
	→ 대기업	3.4	6.8	8.8
	→ 기타	19.6	13.5	13.4
중기업	→ 소기업	16.2	24.6	29.3
	→ 중기업	58.8	54.6	46.7
	→ 대기업	4.6	9.6	11.9
	→ 기타	20.5	11.3	12.2
대기업	→ 소기업	18.1	12.3	26.0
	→ 중기업	10.8	21.9	21.1
	→ 대기업	57.4	60.7	42.7
	→ 기타	13.7	5.2	10.3

주 : 한국고용정보원 청년패널 1~3차 조사
자료 : 김성환 · 박상우, 「기업규모에 따른 청년층의 직장이행과정 분석 ― 첫 직장규모를 중심으로」,
『산업경제연구』 제21권 제4호, pp.1479~1501, 2008.

4) 청년 고용 문제의 원인

이러한 청년 고용 문제의 원인은 복합적이다.

먼저 공급 측 원인으로서는 통상 지적되듯이 산업 수요에 부응하지 못하는 학교교육의 문제를 지적할 수 있다. 또한 노동시장으로 진출하기 이전 학교 내 외에서의 진로 및 직업 지도가 미흡하여 노동시장 이행 준비가 미흡하다는 점, 제공되는 일자리와 구직자의 눈높이 간 미스매치 등도 주요한 원인이 된다.

[표 13] 대학생의 지난 1년간 진로 지도 경험과 향후 의향

조사자 수(명)	진로 지도를 받은 학생 비율	받은 진로 지도 의 평균 횟수	진로 지도에서 도움받은 비율	향후 진로 지도 를 받을 의향	진로 지도 유경 험자가 진로 지 도 받을 의향
2,351	6.2%	1.6	61.3%	30.3%	75.2%

자료 : 한국고용정보원, 청년패널 2011

더구나 우리나라의 경우 과잉 고학력화로 인한 숙련 수준 간 미스매치도 청년층 고용을 어렵게 하는 원인이다. 지나친 교육열 속에서 사회에서 필요한 수요 이상으로 젊은이들이 대학에 진학함에 따라 고학력, 고숙련 인력은 과잉 공급되고 반면에 사회에서 여전히 상당한 규모로 필요한 저숙련 인력은 공급이 부족하다는 점이다. 이러한 측면에서 볼 때, 대학 진학률이 최고점에 이른 2008년 전후에 입학한 학생들이 최근 노동시장에 대거 참여함에 따라 향후에도 당분간은 높은 청년 실업률은 불가피할 것으로 보인다. 여기에다 베이비부머의 자녀들인 에코 세대가 주된 통학 연령인 20대 초반 인구로서 노동시장에 대거 진출하는 시기라는 점도 당분간 청년층의 고용 사정 개선을 기대하기 어렵게 하는 요인이다.

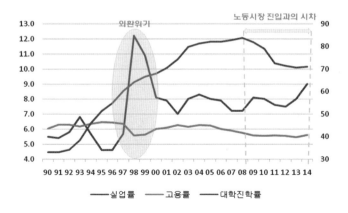

자료 : 통계청, 「경제활동인구조사」 ; 교육부, 「교육기본통계」(고용노동부(2015. 7)에서 재인용

[그림 12] 청년 고용과 대학 진학률

노동 수요 측 원인으로는 무엇보다도 저성장 기조가 지속되고 있어 일자리 창출 여력 자체가 줄어들고 있다는 점을 지적할 수 있다. 경제성장률은 2000년에 8.9%에서 2014년에는 3.3%로 크게 낮아지고 있다. 뿐만 아니라 성장과 고용의 연계도 약화되고 있다. 국민경제에서 10억 원 투자했을 경우에 창출되

는 고용량을 의미하는 고용유발계수는 2000년에 14.8명에서 2012년에는 8.8 명으로 감소하고 있다. 특히, 최근에 들어 일자리 증가가 서비스업, 저부가가 치 일자리 중심으로 나타남에 따라 청년들이 취업할 수 있는 괜찮은 일자리가 감소하고 있기도 하다. 통상 괜찮은 일자리로 일컬어지는 300인 이상 대기업, 공공 부문 또는 근로조건이 양호한 업종에 속하는 일자리는 2014년 기준으로 3,007천 개에 그치고 있다(김주섭 외, 2014). 또한 경력직 수시 채용 등 대기 업 등에서의 대규모 신입 공채가 줄어들고 경력직 선호 현상 등이 최근에 더 크게 작용하는 것도 청년층의 취업을 어렵게 하는 요인이다.

이러한 노동의 수요와 공급 측면 요인 이외로 노동시장 내의 구조적인 문 제로 인한 미스매치도 하나의 원인으로 지적할 수 있다. 예를 들면, 노동시장 이중구조화 등으로 양질의 일자리의 공급과 수요와의 격차가 지속되는 현상 이다. 한 예로 시간당 임금 수준(2013년 6월 기준)을 비교하여 보면, 대기업 정규직을 100으로 하였을 때, 대기업 비정규직은 66, 중소기업 정규직 54, 그 리고 중소기업 비정규직 37 등으로 나타나고 있다.

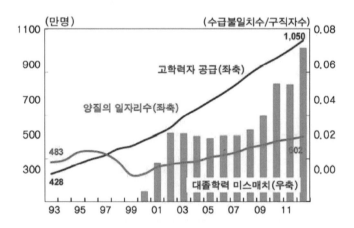

자료 : 박세준 외, 2013(고용노동부(2015. 7)에서 재인용)

[그림 13] 양질의 일자리 수와 노동력

임금뿐만 아니라 사회보험 가입률, 부가 급여 적용률에서도 부문 간에 현격한 차이를 보이고 있다. 또한 부문 간 이동이 제한적이고, 과도한 유노조 · 대기업 부문의 경직성과 기타 부문의 불안정성이 공존하고 있다. 특히, 청년층을 포함한 노동시장 외부자(outsiders)의 노동시장 진입에 매우 불리한 구조이다.

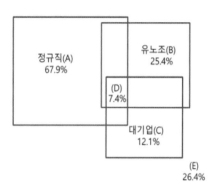

자료 : 이인재, 「청년 실업의 실태와 정책 방향」, 2015. 11에서 재인용

[그림 14] 한국 노동시장의 구조

[표 14] 한국 노동시장의 부문별 차이

	대기업/유노조/정규직	중소기업/무노조/비정규직	전체 평균
월평균 임금(만 원)	392.0(100)	134.5(34.3)	223.4(57.0)
근속년수(년)	13.4	2.3	5.6
신규 채용률(%)	6.2	54.4	31.3
국민연금 가입(%)	99.5	34.2	68.4
건강보험 가입(%)	99.8	40.9	71.8
퇴직금 적용(%)	99.6	36.4	68.9
상여금 적용(%)	99.1	36.6	70.4
근로자 수(천 명)	1,363(7.4)	4,852(26.4)	18,397(100.0)

자료 : 이인재, 「청년 실업의 실태와 정책 방향」, 2015. 11에서 재인용

이러한 현실 속에서 청년들은 초기 일자리 질이 전 생애 일자리 질에 영향을 미친다는 것을 인식하여 상대적으로 열악한 일자리에 취업하기보다는 필사적으로 괜찮은 일자리에 진입하기 위해 노력하거나 유휴화하게 되며 이는 청년층의 노동시장 이행 지체, 높은 실업률 등으로 나타나고 있는 것이다.

Ⅲ. 청년 일자리 대책의 현황과 성과

1. 현황

그간 정부는 이러한 청년의 고용 문제를 해결하기 위하여 다양한 정책을 마련하고 시행하여왔다. 전반적인 일자리 예산이 크게 증가하였으며, 이 가운데 청년층 일자리 대책 예산이 차지하는 비중도 크게 증가하여왔다.

먼저 중앙부처 일자리 예산을 보면, 2011년 8.8조 원에서 2015년 14조 원으로 최근 5년간 정부 총지출(5.0%)보다 높은 연평균 12.3% 증가를 보이고 있다. 2015년 예산(13조 9,748억 원)은 직접 일자리 창출, 직업능력 개발 훈련, 고용 서비스 등 6개 분야 23개 부처 사업(214개)으로 구성되어 있는데, 이 가운데 직접 일자리 사업은 19개 부처 69개 사업으로 2조 4,663억 원 수준이다.

한편, 2015년 기준으로 청년 일자리 대책 예산은 1조 5천억 원에 이른다. 사업으로는 고용노동부 등 13개 부처에 54개 사업이 있다(고용노동부, 2015. 5월 기준). 하지만 청년 일자리 관련 사업명을 정리한 자료를 기준으로는 파악하여 보면, 중앙부처 139개(20개 부처청), 17개 지자체 159개로 총 298개 사업에 이르고 있다(고용노동부, 중앙부처 및 지방자치단체 청년 고용 대책, 2015. 4월).

[표 15] 재정 지원 일자리 사업 현황(단위 : %, 억 원)

구분	소계	직접 일자리	직업훈련	고용 서비스	고용 장려금	창업 지원	실업 소득 유지 지원
OECD 평균 GDP 대비 일자리예산 비중	1.42	0.05	0.17	0.14	0.20	0.01	0.85

구분	소계	직접 일자리	직업훈련	고용 서비스	고용 장려금	창업 지원	실업 소득 유지 지원
한국 일자리 예산 (GDP 대비 비중)	139,748 (0.89)	24,663 (0.16)	17,851 (0.11)	6,102 (0.04)	25,961 (0.17)	18,339 (0.12)	46,832 (0.29)
청년 일자리	15,042	3,338	6,613	496	1,742	2,853	–
해외 진출	1,784	1,279	218	72	54	161	–

자료 : 고용노동부 내부 자료(2015. 5)

2. 청년층 일자리 대책의 성과

청년층 고용 사정이 보다 악화되고 있지만 이에 대한 뾰족한 대책이 여의치 않은 실정이다. 많은 정책들이 쏟아져 나오고 있음에도 불구하고 청년층 고용 사정은 좀처럼 나아지고 있지 않다.

재정 지원 일자리 사업을 통해 추진되고 있는 청년층 대책들을 유형화하면 크게 훈련 및 인력 양성 사업, 둘째, 고용 촉진을 위한 보조금 사업, 셋째 직접 일자리 제공 사업, 넷째, 기타 창업 지원 및 해외 취업 지원 사업 등으로 구분될 수 있다. 청년 구직자를 대상으로 시행하고 있는 사업을 구체적으로 살펴보면 고용노동부가 고용보험사업기금을 활용하여 청년취업진로지원, 국가기간전략산업직종훈련, 청년직장체험프로그램, 청년취업아카데미, 중소기업 청년취업인턴제, 취업사관학교 운영 지원 등의 사업을 시행하고 있으며, 실업자의 직업능력을 개발하기 위해 고용노동부가 일반회계 예산으로 신규 실업자 직업능력 개발 지원(내일배움카드제), 농어민 지역 실업자 직업훈련 등을, 광역특별회계 예산으로 신규 실업자 직업훈련(내일배움카드제), 자치단체 직업능력 개발 지원, 장애인고용촉진 및 직업재활기금으로 장애인 직업능력 개발 지원 등을 시행하고 있다. 2015년 기준으로 예산 규모 면에서 1,000억 원을 상회하는 사업들을 보면 국가인적 자원 개발컨소시엄 지원(229,594백만 원), 국가기간전략직종훈련(185,657백만 원), 중소기업청년인턴제(166,180백만 원) 등이다. 세부 사업들을 중심으로 보면 크게 직업훈련 사업과 부조금 사업이 주를 이루고 있다.

[표 16] 청년 일자리 대책 현황

		청년 100%	청년 50% 이상 (고용노동부)	청년 50% 이상 (전 부처)
2015 년도	사업 수	22 고용부 13개 타 부처 9개	18 청년 100% 참여 13개 청년 50%이상 참여 5개	46 고용부 50% 이상 18개 타 부처 50% 이상 28개
	예산	4,964억 원	8,928억 원	1조 3,965억 원
2014 년도	사업 수	20 고용부 11개 타 부처 9개	18 청년 100% 참여 11개 청년 50% 이상 참여 7개	50 고용부 50% 이상 18개 타 부처 50% 이상 32개
	예산	4,689억 원	8,669억 원	1조 3,654억 원

자료 : 고용노동부 내부 자료(2015. 5)

여기서 우리는 청년층 노동시장의 문제와 제공되는 일자리 사업의 특성을 고려하여 이러한 정책들의 효율성이나 성과 문제를 들여다볼 필요가 있다.

먼저, 기존의 훈련 및 양성 정책의 성과는 인적 자본 투자라는 점에서 중요하지만 양질의 일자리 기반이 미흡하고 노동시장의 미스매치가 심각한 여건에서 이와 같은 공급 중심의 정책이 타당한 것인지에 대해서는 재고의 여지가 있다. 또한 유사한 목적의 사업이 여러 부처와 재원에 의해 상호 연계 없이 사업을 추진하기 때문에 개별 사업은 많지만 각 사업별로 별도의 홍보를 하고 대상자를 모집하기 때문에 취약 계층은 증가하고 있으나 사업별로 대상자 모집에 애로를 겪고 있으며, 사업의 효과도 반감되고 행정 부담은 증가하는 부작용이 발생하고 있기도 하다.

청년층 노동시장 문제의 진단에 대한 논의 중 핵심적인 사항 중의 하나가 양질의 일자리가 부족하다는 점이다. 이는 청년층의 고학력화에 따라 대졸자가 급증하였으나 이들이 선호하는 일자리가 상대적으로 부족하다는 것으로부터 시작된다. 지난 10여 년 동안 청년층이 선호하는 일자리 수는 454천 개 증가하였으나 전체 일자리 수에서 차지하는 비중은 2005년 16.6%에서 2014년에 16.0%로 감소하였을 뿐만 아니라 같은 기간 동안 이 부문에서의 청년층 종사자 수는 75천 명이 감소하였다.[3] 이로 인해 대졸 고학력 인력의 저활용이 나타나고 있으며 중소기업을 중심으로 인력 부족 현상이 심화되는 인력 수급 미스매치가 양적, 질적으로 확대되고 있는 실정이다. 이와 같은 청년층에 대한 수요 감소 및 청년층 노동시장 진입의 어려움은 청년층 일자리 문제를 더욱 어렵게 만드는 요인으로 작용하고 있다.

이러한 상황에서 초기 노동시장 진입에 초점을 맞추어 노동 공급 중심의 예산 투입으로 청년층 일자리 문제를 해결하려는 방안은 결과적으로 청년층 문제에 대한 적극적인 해결 방안이 되는 데 한계가 있으며 예산의 사중손실 우려도 있다. 즉, 현행과 같은 방식으로는 청년층 일자리 문제의 해소를 위한 재정 지원 일자리 사업의 효과는 낮을 가능성이 크다. 청년 인턴과 같이 사업주 지원 방식의 일자리는 청년층의 유인책이 되기보다는 사업주에 대한 지원 정책으로서 자리매김하고 있고 사중손실의 가능성이 높다. 인력 양성이나 훈련정책 또한 투입된 인적 자본의 성과를 확대하고 지속성을 높이기 위한 연계 정책이 마련되지 않는 한 훈련에 대한 예산 투자 대비 높은 효과성을 기대하기가 쉽지 않다. 그간의 많은 노력에도 불구하고 아직도 인력 양성이 산업 수요를 적절하게 반영하고 있지 못하며, 특히 상대적으로 일자리 창출 여력이 큰 중소기업 현장 수요와 인력 양성 규모 및 취업자의 직무능력 간의 괴리 현상이 지속되고 있기도 하다.

아울러 중소기업에서의 인력 수급 불일치 문제의 근본 원인인 임금·복지·장래성 등 3저 문제의 적극적 개선이 미흡하여 미스매치에 따른 중소기업의 인력난과 청년층의 중소기업의 유인이 적극적으로 이루어지지 못하고 있는 여건에서 공급자 중심의 정책이 소기의 성과를 기대하기는 쉽지 않다.

또한 청년층 노동시장 이행 촉진 및 경력 형성과 노동시장의 상향 이동이

---

3 청년층 선호 일자리는 300인 이상 대기업, 공공 부문 또는 근로조건이 양호한 업종에 속하는 일자리로 2014년 기준 3,007천 개이다. 김주섭 외(2014).

라는 취업 성과의 지속성이라는 관점에서 볼 때 현재와 같은 개별적 사업 추진을 통해서는 일자리 성과를 제고하는 데 한계가 있다.

3. 낮은 성과의 원인

그렇다면, 그간의 수많은 청년 일자리 대책에도 불구하고 사업의 효율성과 성과가 낮은 원인은 무엇인가?

먼저 앞에서도 지적하였지만, 초기 노동시장 진입에 초점을 맞춘 공급 중심 대책의 한계이다. 예를 들면, 청년 인턴 사업은 청년층을 노동시장으로 유인하고 경력을 형성하여 안정적인 일자리로 나아가도록 하여야 하나 그간 이보다는 사업주에 대한 지원 정책으로 변질된 감이 있으며, 이에 따라 사중손실 가능성도 크다. 그리고 유망 중소기업 등 현장 수요 및 인력 양성 정책과의 연계도 미흡하여 사업의 효과가 낮다.

둘째는 부처별, 그리고 재원별 대책으로 사업간 연계가 미흡하고 분절적으로 사업이 집행되는 데서 나타나는 비효율과 낮은 효과이다. 일자리 대책이 효과를 극대화하기 위해서는 각 사업 간, 그리고 노동시장 이행 단계 간에 연계가 잘 이루어져야 한다. 그러나 청년 일자리 사업을 보면, 이행 단계별 대책 간의 분절화가 심하다. 예를 들면, ① 학교 단계에서 청년취업아카데미, LINC 등이 서로 연계가 이루어지지 못하고, 이는 다음 단계인 ② 노동시장 초기 진입 단계에서 일학습병행제, 중소기업청년인턴, 국가기간산업직종훈련 등과도 분절되어 있다. 2단계에서도 각 사업 간에 연계도 거의 이루어지지 않고 있다. 나아가서 이들은 ③ 졸업 후 재직 단계, 그리고 ④ 실업 단계의 대책들과 연계 하에 집행될 필요가 있다. 특히, 청년층 일자리 대책의 주요한 전달 플랫폼인 대학 내에서의 대책 간 분절이 심하다. 예를 들면, 대학 내 취업 지원 기능이 자체 취업 지원 부서, 대학 청년고용센터, 산학협력단 등 정부 지원 사업별로 분절되어 있어 비효율과 낮은 성과를 초래하고 있다. 현재 대학 기반 청년 취업 지원 사업은 산학협력선도대학(LINC), 평생학습중심대학육성사업, 장기현장실습제(CO-OP), 산업연계교육지원사업(PRIME), 청년취업아카데미, 대학 청년고용센터, 취업지원관, 여대생커리어개발지원사업, 중소기업계약학과운영, 대학생창업아카데미, 창업선도대학육성사업, 대학기업가센터 등이 있다.

셋째는 일반적으로 지적되는 것으로 전통적인 양질의 일자리 부족 문제이다. 이미 앞에서도 살펴보았듯이 청년층이 선호하는 대기업, 공공 부문 등 양질의 일자리 증가는 청년층의 증가하는 수요에 상당히 못 미치고 있다. 반면 중소기업 부문에도 상당수 양질의 일자리가 있음에도 이들에 대해서는 체계적으로 정보가 제공되지 않고 또한 선입견 등으로 청년들이 제대로 인지하고 있지 못하다.

넷째는 취약 청년 계층에 대한 고려가 미흡하여 이들이 노동시장 이행과 정착에서 애로를 겪는다는 것이다. 노동시장 정책에서 고교 중퇴자, 인문계 고졸 비진학 청년에 대한 정책적 고려가 미흡하다. 최근에 들어 특성화고 및 마이스터고에 중점을 둔 정책도 강조하여왔으나 졸업생들의 노동시장 진입 후 고용 지속성이나 경력 개발과의 연계 방안 등에는 미흡하여 문제점이 나타나고 있다. 또한 최근에 새롭게 정책적으로 강조되고 있지만, 취업 희망 인문사회계 대졸자에 대한 새로운 대책 마련과 배려도 매우 중요한 문제가 되고 있다.

다섯째는 그간 확대되어온 해외 취업 지원 사업에 대한 전략적 관리가 미흡한 것도 사업의 효과를 제고시키지 못한 원인이라고 볼 수 있다. 해외 취업 지원 사업은 대상에 따라 사업 성격을 달리하여 대상 국가, 사업 내용, 지원 내용과 방법 등을 달리하여야 할 것이다. 예를 들면, 청년층 해외 일자리 지원 사업을 글로벌 인력 양성(경력 형성), 해외 일자리 개척(해외 취업), 그리고 해외 진출 예정 국내 기업의 경쟁력 제고 등으로 나누어 목적에 맞추어 각각의 전략적 지원을 할 필요가 있다.

IV. 청년 일자리 대책의 방향

이러한 문제 인식 및 원인 진단에 기초할 때, 청년 고용 대책의 방향은 초기 노동시장 진입에서 그치는 것이 아닌 노동시장 이행 이후 성과 제고라는 관점에서 접근할 필요가 있다. 이러한 방향 설정은 산업계의 일자리 수요에 더 다가선다는 의미에서 노동 수요의 제약이나 미스매치 문제 완화에도 더 적절하다고 본다.

이를 세부적으로 살펴보면, 첫째 청년층을 노동시장으로 유인하고 이들의 경력을 형성시키며 보다 나은 일자리로 이동시키는 방향으로 청년층 일자리 지원 체계를 개편할 필요가 있다. 물론 현행 일자리 지원 사업도 각 연령계층별로 다양한 프로그램이 마련되어 있다. 가령 학교 단계에서는 청년취업아카데미를, 그리고 노동시장 초기 진입 단계에서는 일학습병행제, 중소기업청년인턴, 국가기간전략산업직종훈련 등의 프로그램이 있다. 재직자를 대상으로는 근로자 직업능력 개발, 사업주 훈련 지원, 그리고 실직자 대상으로는 실업자 훈련, 취업성공패키지 등의 프로그램이 운영되고 있다. 학교 단계-노동시장 진입 단계-노동시장 정착 단계별로 노동시장 정책들이 운영되고 있다. 그러나 문제는 이러한 프로그램들이 각 개인의 노동시장 이행 단계별로 연계되지 못하고 각각 운영됨으로써 사업의 비효율성이 야기되고 있다는 점이다. 따라서 재정 지원 일자리 사업을 참여자의 특성 및 이들의 노동시장 이행 단계에 적합하도록 재편성하고 이를 토대로 각 사업간 연계나 전달 체계의 효율화를 도모하고 무엇보다도 노동시장 이행 이후의 성과, 예를 들면 취업과 고용 지속성, 취업의 질 등을 제고할 수 있는 측면에 집중할 필요가 있다.

둘째는 청년층 일자리 지평을 중소기업으로 확대하기 위한 정책을 강화할 필요가 있다. 이를 위하여 청년층들의 중소기업 유인을 위한 취업 촉진 방안을 확대하여야 한다. 청년층 취업 지원의 주요 사업 중의 하나인 청년인턴제와 같이 노동 수요를 촉진하는 정책 이외로 청년층의 중소기업 공급 촉진을 위한 별도의 유인 체계를 마련할 필요가 있다.

셋째, 대학 미진학자나 청년층 취약 계층에 대한 정책 강화가 필요하다. 그간 청년 고용 정책이 고학력화에 따라서 수급 불일치 등의 문제가 심각해지면서 주로 대졸자에 집중하는 정책에 집중되었으며, 고졸자나 취약 청년층에 대한 정책은 매우 제한적으로만 추진되어왔다. 근간의 고졸 대책도 주로 특성화고나 마이스터고 중심의 정책으로 이루어지고 있고 청년취업성공패키지사업 등이 확대되면서 취약 청년층에 대한 정책 영역이 확대되고 있으나 여전히 고졸자나 취약 청년층에 대한 정책은 규모나 전달 체계의 면에서 취약하다.

마지막으로 청년층 일자리 지원을 위해 최근 강조되고 있는 해외 일자리 개척을 통한 일자리 지도 확대 사업을 전략적으로 재구축할 필요가 있다. 해외 일자리 지도는 단순히 국내 일자리가 부족하기 때문에 외국의 일자리를 찾아 청년들을 해외로 내보내는 것이 아니라 해외 진출을 통한 글로벌 인력의 양성, 해외 일자리 개척과 국내 기업의 경쟁력 제고 등 다양한 목적을 갖고 있으며 특히 해외 취업을 희망하는 청년들에게 보다 양질의 일자리 지원 서비스를 제공하는 데 의의가 있다.

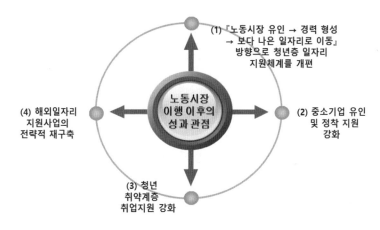

[그림 15] 청년 고용 대책의 방향

V. 청년 일자리 대책 효율화 과제

1. 노동시장 이행 단계별로 대책이 패키지 제공과 연계

청년 일자리 대책은 구직 기간 단축, 청년 여성의 경력 단절(경력 포기) 완화, 노동시장 정착과 고용 안정성 제고, 그리고 괜찮은 일자리의 창출 등 이행 단계에 따라 다기적인 목적을 가지고 있는데, 정책 개발에서 이러한 측면에 대한 고려가 필요하다.

먼저 노동시장 이행 단계별 대책 간의 연계가 필요하다. 즉, 청년을 노동시장으로 유인하고 경력을 형성하도록 하며 이를 기반으로 보다 나은 일자리로 이동할 수 있는 방향으로 청년층 일자리 지원 체계를 개편할 필요가 있다. 학교에서 이루어지는 청년 일자리 대책, 노동시장 진입 전후의 대책, 노동시장 정착 단계에서의 대책들을 각 개인의 이행 단계에 맞추어 연계 제공하도록 하여야 하는데, 이는 예방적 조치(proactive action), 훈련 우선(training first)의 원칙에 근거할 필요가 있다. 예를 들면, 인턴십 등 재학 중 일 경험이 현장에서 필요한 역량을 키워 실제 채용으로 연계될 수 있도록 하여야 하며, 최근에 시도되고 있는 한국형 도제 제도, 즉 고교단계의 산학일체형 도제 학교, 고교-전문대 통합 교육과정인 Uni-tech, 그리고 대학에서의 장기현장실습형 일학습병행제도인 IPP 등이 안정적인 일자리로 연계되도록 하여야 한다는 것이다.

또한 이를 위해서는 현재 재원과 부처, 사업부서별로 유기적 협력 및 연계 없이 제각각 추진되는 유사 사업을 통폐합하는 등 청년 일자리 사업의 효율화 작업도 지속될 필요가 있다. 이를 위하여 신규 사업 도입 및 예산 작업시 관계 부처 간 사전 협의를 의무화하고 주무부처가 중심이 되어 사전 조정을 하도록 하는 방안을 고려할 필요가 있다. 이를 위해서는 전달 체계도 재정비하여야 한다. 대학을 포함한 각급 학교, 지역에서 청년 일자리 사업의 전달 체계를 노동시장 이행성과 관점에서 재정비하여야 한다. 분절된 대학 취업 지원 기능을 취업 지원 단계별로 연계하기 위해 최근에 대학창조일자리센터가 대학별로 설치되고 있는데, 고용복지+센터와 같은 원스톱 고용 서비스 전달 체계로서 취업 단계별 맞춤형 서비스 제공으로 청년층의 진로 지도 및 취업 지원 수요를 충족할 수 있도록 체계적으로 관리, 육성할 필요가 있다. 대학창조일자리센터가 당초 계획하였듯이 대학의 취업 지원 기능 연계, 체계적 진로 지도, 교원 역량 제고, 취업 정보 제공 강화 등 자체 취업 역량 강화, 해외 취업 지원,

창업 지원, 권역 내 청년 취업 지원, '대학-고용센터-지자체-지역인자위-기업-공기업' 권역별 협업 체계 구축 등을 총괄할 수 있도록 하여야 할 것이다.

아울러 사업의 효과를 제고하기 위하여 프로그램 간 패키지 제공이 필요한데, 예를 들면, 취업 알선, 무료 직업훈련, 직업훈련 기간 동안의 생계비 지원 등을 패키지로 하는 맞춤형 서비스를 더 강화하고 확대할 필요가 있다. 그리고 청년층 일자리 대책을 목표 집단별로 차별화하여 정책을 추진 및 관리할 필요가 있다. 즉, 대졸자, 고졸자, 그리고 취약 청소년 등 목표 집단의 특성들을 고려하여 학교에서 노동시장으로의 이행 시스템을 구축해야 한다. 대졸자 대상 취업 지원 서비스는 산학협력이나 대학의 취업 지원 기능을 강화하는 방향으로, 고졸자 취업 지원 서비스는 산업현장과 연동된 교육 훈련 정책과 고졸자에게 적합한 일자리 발굴과 일자리의 질 개선 정책 등과 연계하도록 한다. 위에서 보았듯이 최근의 몇몇 시도가 있기는 하지만, 대졸자의 경우 산업현장을 반영하는 교육 프로그램을 강화하거나 대학 내에 취업 지원 기능을 강화하는 방식으로 고용 서비스를 확충하며 고졸자의 경우 교육 훈련 프로그램의 성과가 가능한 한 양질의 일자리로 연결할 수 있도록 고용 보조금이나 취업 알선 정책 등을 연계하도록 한다.

2. 중소기업 유인 및 정착 지원 강화

청년층들의 중소기업 유인을 위한 취업 촉진 방안을 마련할 필요가 있다. 청년층 취업 지원의 주요 사업 중의 하나인 청년인턴제는 노동 수요를 촉진하는 정책으로 자리매김하고 있는데, 이와는 별도로 청년층의 중소기업 공급 촉진을 위한 별도의 유인 체계를 마련할 필요가 있다. 예를 들면, 고졸자의 경우 교육 훈련 프로그램이 양질의 일자리로 연결할 수 있도록 고용 보조금이나 취업 알선 정책 등과 연계하는 것을 검토할 필요가 있다. 중소기업에 일정기간 근무한 청년층 근로자에 대한 근속 장려금 지급, 청년층 기술 인력의 유입을 위한 능력 개발 및 인재 육성 지원 체계 등 청년층의 취업 유인을 위한 인센티브를 도입하는 것이다. 중소기업으로의 여성 인력 유입 및 활용 전략은 특히 청년층 여성에게 중요하다. 그 동안 노동시장 이행에서 취업률 제고에만 초점을 맞추었으나 여성의 경우 경력 단절 이후 노동시장 재진입 등을 고려한다면 중소기업에 대한 인식의 전환, 중소기업으로의 취업 촉진 등 중소기업 맞춤형 청년 여성 취업 전략을 고려할 필요가 있다.

물론 청년층을 대상으로 한 중소기업에 대한 인식 제고, 정보 제공, 컨설팅 등을 체계적으로 실시하여 중소기업 취업을 통하여 청년들이 비전을 가질 수 있도록 하여야 한다. 중소기업 맞춤형 경력 및 역량개발 프로그램 지원도 확충하여야 할 것이다. 아울러 중소기업에서 우수한 청년 인재들을 받고 활용할 수 있도록 하는 체계적인 인력 관리, 근로조건의 적극적 개선에 대한 정책도 동시에 이루어져야 할 것이다.

이 이외로 기존의 양질의 일자리 창출 지원을 내실화하여야 한다. 청년들이 선호하는 일자리가 될 수 있는 유망 서비스업 육성, 서비스업 선진화를 통한 양질의 일자리 창출을 포함하여 청년의 창업 및 창직에 대한 지원을 내실화하여야 할 것이다. 특히, 기술 창업 촉진, 제2벤처 붐 조성으로 상대적으로 참가가 낮은 고학력자들의 창업을 촉진할 필요가 있다.

3. 취업 애로 계층 취업 지원 강화

상급학교 미진학자를 포함한 청년층 취업 애로 계층에 대한 정책 강화가 필요하다. 과도한 고학력화에 따라서 수급 불일치 등의 문제가 심각해지면서 청년 고용 정책이 주로 대졸자에 집중되었으며, 고졸자나 취약 청년층에 대한 정책은 제한적으로만 추진되어왔다. 고졸 대책도 주로 특성화고나 마이스터고 중심의 정책으로 이루어지고 있고 청년취업성공패키지사업 등이 확대되면서 청년층 취약 계층에 대한 정책 영역이 확대되고 있으나 여전히 고졸자나 취약 청년층에 대한 정책은 규모나 전달 체계의 면에서 취약하다. 따라서 이러한 점을 고려하여 정책을 재점검할 필요가 있으며, 특히 이 과정에서 청년층 여성의 고용 촉진을 위하여 이들의 특성을 감안한 프로그램 설계가 필요하다. 또한 특성화고 및 마이스터고 졸업생들의 고용 지속성 및 경력 개발을 위한 다양한 인센티브 부여 방안 마련이 필요하다. 현재는 취업률 제고에만 정책의 초점이 있으며 이들의 활용도 제고를 위한 경력 형성 등 인적 자원 개발이 필요하다.

또한, 노동시장으로부터 배제되거나 불완전하게 통합되어 있는 청년층에 대한 정책 방향을 강화할 필요가 있다. 취약 청년층을 대상으로 하는 노동시장 정책의 개발도 중요하지만 이들을 정책 프로그램에 참여하기 위한 노력이 필요하다. 이를 위해 고용부, 교육부, 복지부, 지자체, NGO 등의 유기적 협력을 통해 취약 청년층을 파악하는 시스템을 구축할 필요가 있다. 취약 청년층을 파악하기 위해 부처 간 정보를 공유하는 시스템을 구축하고 취약 청년층에 관한 정보를 연계하는 방안을 검토할 필요가 있다

아울러, 취업 애로 청년층에 대한 일자리의 질 제고와 패키지형 고용 서비스 체계를 구축하도록 한다. 이들 청년층에 대해서는 공급 측면의 정책뿐만 아니라 수요 측면의 정책도 적극적으로 결합할 필요가 있는데, 저임금 일자리의 개선을 위하여 일차적으로는 최저임금과 사회보험 적용을 강화할 필요가 있고, 영세 중소기업들의 부담을 최소화하기 위하여 사회보험료 지원 정책인 두루누리사업을 적극 활용하도록 한다. 취업 이후 이동이 심한 특성화고 및 마이스터고 졸업생들의 고용 지속성 및 경력 개발을 위한 인센티브로서 앞서 언급한 근속 장려금 제도가 기여할 수 있으며 또한 일학습병행제도도 적극 활용하도록 한다. 또한 새로운 취업 애로 청년층으로 부상하고 있는 인문사회계 대졸 미취업자에게는 최근 검토되고 있는 맞춤형 직업훈련 제공을 통하여 새로운 일자리를 찾도록 할 필요가 있다. 이 이외로 인문계 고졸 미진학자, 학교 중퇴자 등 취약 청년층 대상 프로그램도 노동시장 이행의 관점에서 재검토하여 확충하고 이들이 적극 참여할 수 있도록 하여야 할 것이다. 여기에서도 현재 고용부, 교육부, 복지부, 시사체, NGO 등이 세각삭 시행하고 있는 사업과 프로그램을 유기적으로 연계하고 협력하여 효과를 제고

하도록 하여야 할 것이다.

4. 해외 일자리 지원 사업의 전략적 재구축

청년층 일자리 지원을 위해 최근 강조되고 있는 정책 중의 하나가 해외 일자리 개척을 통한 일자리 지도 확대이다. 해외 일자리 지도는 단순히 국내 일자리가 부족하기 때문에 외국의 일자리를 찾아 청년들을 해외로 내보내는 것이 아니라 해외 진출을 통한 글로벌 인력의 양성, 해외 일자리 개척과 국내 기업의 경쟁력 제고 등 다양한 목적을 갖고 있으며 특히 해외 취업을 희망하는 청년들에게 보다 양질의 일자리 지원 서비스를 제공하는 데 의의가 있다.

해외 일자리 진출 전략 및 이를 위한 정책 방향을 제시하면 다음과 같다.

먼저, 해외 진출 전략을 위한 수요를 적시에 파악할 수 있는 체계를 갖추어야 한다. 구체적으로 각국의 비자 체계 및 인력 도입 분야에 대한 수요의 파악, 해당 분야의 자격 요건, 기술 수준 등에 대한 정보 파악, 인력 수요 동향의 변동을 파악하고 이러한 정보가 구직자에게 적기에 전달되도록 함으로써 일자리 진출 국가의 인력 수요에 부합하는 맞춤형 공급 능력을 제고하도록 할 필요가 있다.

다음으로 해외 일자리 개척을 위한 지원 프로그램의 개선이 필요하다. 이를 위해서는 인력 수요 동향, 교육 훈련 및 자격, 인력 알선 서비스의 연계 체계를 구축할 필요가 있다. 이러한 서비스가 가능하기 위해서는 진출되는 인력의 숙련 특성에 따라 차별화된 전략이 필요하다. 가령, 숙련 인력 자격으로 선진국 진출을 고려할 경우 단기간의 직업훈련을 통한 해외로의 진출 가능성이 크지 않은 만큼 현행과 같은 연수 취업 방식보다는 적격자의 매칭 기능 강화에 초점을 맞추는 것이 타당하다. 즉 훈련이나 숙련 자격을 갖춘 인력을 대상으로 적격자를 선발하여 현지 적응 및 언어 교육을 시키는 것이 보다 바람직하다. 숙련 수준이 높지 않은 경우에는 일자리의 질보다는 일자리 경험을 강조하거나 혹은 적절한 교육 훈련을 통해 수요 국가에서 원하는 자격과 요건을 갖춘 후 해외 취업 경험을 쌓도록 하고 이러한 경험을 토대로 상향의 일자리 이동이 이루어질 수 있도록 하는 방안을 고려할 필요가 있다.

이와 관련하여 노현종(2015. 6)은 청년층 해외 취업 사업의 전략적 운영 모델을 [그림 15]와 같이 네 가지로 제시하고 있다. 첫 번째는 틈새시장 침투 모형으로서 한국무역협회 등 OPT visa, H1b visa 취업을 위한 현지 교육훈련센터 건립을 통한 글로벌 핵심 인재 양성이 필요하다고 한다. 두 번째는 글로벌 역량 체험 모델로서 이 경우에는 전문대학형과 민간 연수형으로 나누어 관리하고, 취업의 질보다는 역량 체험 중심으로 운영할 필요가 있다고 한다. 또한 이 모델에서는 비자 요건, 연봉 하한선 등 취업의 질 제고를 위한 기존 진입 규제를 과감히 철폐할 필요가 있다고 주장하고 있다. 세 번째는 ODA 연계 창업 모델인데, 대우경영경제연구소의 미얀마, 베트남 등 동남아 창업 특화 모델이 그 사례로서 이 경험을 확대 개편하면 될 것이라고 보고 있다. 네 번째는 맞춤형 공급 모델로서 국가별, 업종별로 맞추어 본격적으로 해외 취업을 위한 인력을 육성, 공급하도록 하는 것이다. 이를 위한 국내 거점 대학이나 우수 민간 기관 등을 양성할 필요가 있다고 한다. 그는 선도적 사례로서, 일반 4년제 대학 및 세계로 우수 대학의 경우 대구보건대 치기공과, 영진전문대 주문형 학제 운영 등을 들고 있으며, 민간 연수 기관의 경우 워크앤드림의 베트남의 섬유 업종(자라, H&M, 유니클로 등 SPA 관련 업체), 코쎈취업지원센터 중동 플랜트 현장 관리자 양성 사업 등을 들고 있다.

해외 취업처의 개척시 국내 기업의 해외 진출 전략과 연계하는 방안도 검토할 필요가 있다. 현행 해외 인턴 참여자들의 대부분이 국내 취업을 하고 있으며 해외 취업자 또한 취업 기간 종료(비자 기간 만료) 후 급여 및 근로조건, 비자 갱신의 어려움으로 국내 복귀가 많은 현실을 감안할 필요가 있다. 따라서 단순히 인턴십이 개인적 경험으로 끝나거나 혹은 인턴십에 대한 부정적 평가를 고려하여 제도를 없애기보다는 이들의 해외 경험이 국내 중소기업의 해외 진출이나 새로운 시장 개척 및 국제화에 기여할 수 있도록 국내 기업의 해외 진출이나 글로벌 역량이 필요한 국내 중소기업과의 연계가 가능한 제도를 설계할 필요가 있다.

이를 위한 정부의 역할은 다음과 같다.

먼저 정부의 해외 일자리 개척 지원 사업의 목적을 재정립할 필요가 있다. 이는 무엇보다도 청년층 해외 진출 사업의 목적을 청년층 일자리 해소에서 나아가서 해외 진출 지원을 통한 글로벌 인력 양성 및 국가경쟁력 제고의 관점에서 이들의 경험 및 축적된 인적 자본의 활용에 초점을 맞출 필요가 있다. 즉, 청년층 해외 취업 사업을 (1) 경력 형성(글로벌 역량 강화), (2) 해외 취업, (3) 해외 진출 또는 글로벌 역량을 필요로 하는 국내 기업의 경쟁력 제고 등으로 목적을 나누고 이에 맞추어 전략적으로 지원하는 것이다. '해외 취업'이 주목적인 경우 일자리 진출 국가의 인력 수요에 부합하는 맞춤형 능력을 갖추도록 하는 것이 중요하다. 앞서 지적한 인력 수요 동향, 교육 훈련 및 자격, 알선 서비스 등의 연계 체계 구축은 물론이고, 인력의 숙련 특성에 따른 차별화 전략, 적격자 매칭 기능 강화, 연수 취업 방식보다는 일정한 숙련 자격을 갖춘 인력을 대상으로 적격자를 선발하여 현지 적응 및 언어 교육을 시키는 것이 필요하다. '해외 일자리 경험'이 주목적인 경우 일자리 경험 측면에서 수요와 공급을 매칭할 필요가 있는데, 이는 현행의 해외 인턴제를 정비하여 적용하는 것으로서, 단순히 보자면, 사업장만 해외인 경우로서 국내 인턴제 원칙을 준용하면 될 것이다. 이 경우에는 현행 연수 취업을 준용하여 최소한의 사전 교육과정을 이수하도록 한다. 그럼에도 불구하고 일자리 경험을 토대로 상향의 일자리 이동이 일자리 경험이 해외에서 취업으로 연결될 수 있도록 하는 방안은 강조될 필요가 있다. 세 번째의 국내 기업의 해외 진출 전략과 연계하는 경우에는 주로 해외 인턴 종료시 급여 및 근로조건, 비자 갱신의 어려움 등으로 국내로 돌아온 청년을 대상으로 하는 것으로서, 이들의 해외 경험이 국내 중소기업의 해외 진출을 통한 국제화에 기여할 수 있도록 해외 진출 가능성이 높은 국내 중소기업과 해외 취업 경력자를 연계 지원하는 것이다.

둘째, 해외 일자리 지도에 대한 정보 지원 체계의 강화이다. 해외의 비자 체계나 수요의 특성에 대해 정보를 지속적으로 파악 및 제공하여 교육 훈련 시장에서 적합한 인력의 양성 및 취업 알선이 효율적으로 이루어질 수 있는 해외 인력 지원 체계를 구축하여야 한다. 또한 해외 진출자를 대상으로 현지 적응에 필요한 교육이나 체류에 필요한 정보를 제공함으로써 성공적인 정착률을 제고하고 해외 진출자의 체류 지원 및 보호를 강화할 필요가 있다. 특히 최근 들어, 금융, 의료 등 해외 진출 분야의 확대 및 국내 인력의 전문 분야에 대한 해외에서의 수요가 증가하고 있음을 고려할 때 각 직종별 숙련 수준별 일자리 지도를 구축하고 양질의 정보를 제공하며 필요한 경우 자격이나 학력의 상호 인정이나 기타 비자 문제 등의 해결 방안을 모색할 필요가 있다. 특히 국가별 취업비자 및 인력 유치 정책, 취업 희망 국가의 노동시장 정보의 구축 및 제공, 국가 간 양해각서(MOU)를 통한 인력 공급 직종 및 쿼터 확보 노력 강화 등은 정부의 중요한 기능이라고 볼 수 있다.

셋째, 해외 일자리의 확보와 구축이다. 기존의 해외 일자리 개척 이외로 자격증 국가 간 상호 인정을 통한 청년 기술 인력의 해외 취업 활성화, 외국인고용허가제 체결 국가와 일자리 교류(work trade) 차원의 송출 쿼터를 상호 인정하는 방안을 모색할 필요가 있다. 예를 들면 송출국 쿼터의 10% 규모의 국내 인력을 해외 송출 쿼터로 확보하고, 국가별/업종별 쿼터에 따른 특화된 해외 취업을 맞춤형으로 지원하는 것이다.

넷째, 정책 사각지대 해소 및 사후 관리의 내실화가 필요하다. 해외 취업 기간 종료 후 이직이나 전직에 대한 사후 관리를 강화하여 성과 확산을 지속할 필요가 있다. 현실적으로 해외 취업 이후에는 운영 기관과의 유기적 연계가 현실적으로 어렵기 때문에 통합 정보망을 통한 통합 관리 및 지원 체계를 구축하여야 한다. 이를 통해 사업 중도 탈락자, 미취업자, 사업 종료 후 복귀자에 대해 취업 지원 서비스가 이루어지도록 하여야 한다. 이와 관련하여 해외 취업 프로그램 종료 귀국 후 국가별/업종별로 취업 알선(job-matching) 프로그램을 도입하여 청년층 일자리를 제공한 워크앤드림의 사례를 참고할 필요가 있다. 워크앤드림은 섬유산업협회와 협소하여 해외 취업 기국자를 대상으로 헤드헌터 역할로서 취업처를 발굴하여 연계하였을 뿐만 아니라 귀국 후 사후 관리까지 담당하였다고 한다. 운영 기관과 산업별 인적자원개발위원회(ISC)가 협조하여 해외 취업 사업을 활용한 사례로서 주목이 된다.

마지막으로, 해외 취업은 공공 행정만으로는 수요처 개발, 정보의 신속적인 대응 등 일자리 수급 기능을 효율적으로 지원하는 데 한계가 있는 만큼 보완적으로 민간 운영 기관의 전문화 및 육성이 필요하다. 이를 위해 신규 운영 기관의 진입 촉진 및 경험과 노하우를 갖춘 운영 기관의 사업 지속성을 유지할 수 있는 민간해외 취업 지원 기능의 활성화를 조성할 필요가 있다. 민간 전문 기관이 적절하게 활동한다면, 해외 일자리 발굴, 정보의 신속한 대응 등 일자리 수급 기능을 더욱 효율적으로 할 수 있을 것이다. 또한 구인처 발굴을 다양화할 필요가 있다. 국내 외국인 투자 기업만 10,000여 개가 있으며 이중 우수 기업만도 1,000여 개가 있고, 한국과 교역업체, 한상, 주한대사관(108개), 주한상의 등을 적극적으로 활용할 필요가 있다. 또한 현재 KOTRA 등의 해외 취업처 발굴이 부차적 업무로 되어 있는데 이를 적극적으로 할 수 있도록 이에 대한 지원 방안을 모색할 필요가 있다. 아울러 대학에서도 졸업 예정자의 해외 취업에 적극 참여하도록 대학 평가 지표를 개선할 필요가 있다. 예를 들면, 대학 평가 국제화 지표에 '해외 취업'과 '해외 취업 연수 참여'를 포함하고, '해외 취업 연수 참여 졸업생'의 경우 대학 평가 취업률 산정 모수에서 제외하

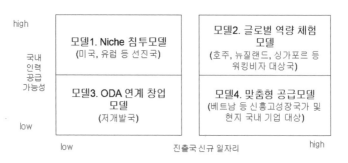

자료 : 노현종(2015. 6)

[그림 16] K-move 사업의 전략적 운영 모델

도록 하는 것이다. 현재는 당해년도 졸업생이 해외 취업 연수에 참여하여 다음 해 해외 취업에 성공할 경우, 당해 대학 평가 지표 취업률에서 누락됨으로써 대학은 불이익을 보기에 해외 취업 연수에 적극적이지 않은 경우가 많다.

중소기업과 청년층 간
고용의 미스매치를 해결하자

지 민 웅 (산업연구원)*

* econji@gmail.com

중소기업과 청년층 간
고용의 미스매치를 해결하자

I. 서론

인적 자본 이론(Human capital theory)은 기본적으로 교육의 노동시장 성과를 긍정적으로 바라본다. 이 이론에 따르면 개인이 교육을 더 받게 되면 인적 자본이 한층 더 축적되어 직무 수행 능력, 즉 직무에 대한 생산성이 상대적으로 향상된다. 고생산성에 대한 보상으로 과거보다 높은 수준의 임금을 제공받은 개인은 회사에 대한 충성도가 상승하고 이는 또다시 기업 특수적 인적 자본의 축적으로 이어진다. 보다 높은 수준의 교육이 생산성을 증가시키는 이러한 호순환 구조 속에서 근로자 개개인은 고임금 획득을 통해 빈곤에서 벗어날 수 있고, 기업은 경쟁력을 강화할 수 있다. 교육이 경제 전반에 긍정적인 영향을 미치는 이러한 메커니즘에 근거하여, 직업훈련을 포함한 교육에 대한 사회적 투자와 교육정책의 중요성이 끊임없이 제기되는 것이다.

한편 교육이 근로자 개개인의 생산성을 증가시키는 것이 아니라 낮은 생산성을 가진 근로자와 높은 생산성을 가진 근로자를 선별하는 신호(Signal)로만 작동한다고 주장하는 이론 역시 존재하는데, 선별 이론(Signalling theory)이 그것이다. 선별 이론이 적용되는 사회에서 보다 높은 수준의 교육을 받는 것은 근로자 개인에게는 여전히 이롭다. 근로자 개인이 높은 교육 수준을 확보했다는 의미는 해당 근로자가 보유하고 있는 능력이나 생산성이 상대적으로 교육을 덜 받은 근로자에 비해 우월하다고 해석되고, 그 결과 상대적으로 고임금을 제공받기 때문이나. 반면 이 경우 교육이 기업이 경쟁력을 강화시키는 효과는 지극히 제한적이다. 교육이 근로자의 생산성을 증가시키지 않기 때문이다. 이러한 사회에서 특정 기업이 경쟁 기업들을 제치고 생존하는 방법은 우월한 능력을 가지고 있다고 '추정되는' 고학력 구직자를 유치하는 길뿐이다. 두말할 나위 없이, 교육 혹은 교육정책에 대한 '사회적' 투자는 수지타산이 맞지 않는 소모적인 것으로 간주된다. 다만 기업들이 근로자가 획득한 교육 수준을 통해 그가 보유하고 있는 능력 혹은 생산성을 제대로 식별할 수 있도록 돕는 교육제도의 디자인이 주된 관심사가 된다.

오랜 기간 동안 지속되고 있는 인적 자본 이론과 선별 이론 간 논쟁으로 주의를 환기시키는 이유는, 고학력화되어 있는 청년층의 구직난 속에 중소기업의 구인난이 양립하고 있는 우리나라 노동시장의 특수한 구조와 결코 무관하지 않기 때문이다.

통계청에 따르면 전체 실업률 대비 15~29세 청년의 실업률은 약 2배, 15~24세 청년의 실업률은 약 3배가량을 꾸준히 웃돌고 있다. 2008년 83.8%를 정점으로 감소 추세에 있지만 대학 진학률은 여전히 70%를 상회하고 있으며, 더구나 청년 실업자 중 대졸 인력의 비율은 [그림 1]에서 보듯이 꾸준히 증가하고 있다.

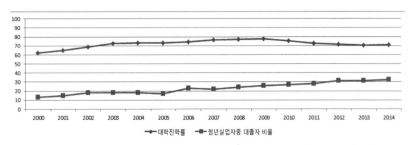

주 : 여기서 청년이라 함은 15~29세를 의미하며, 대학 진학률은 2010년까지는 대학 합격자 기준인 반면, 2011년부터는 조사 지침이 변경되어 대학 등록자 기준임.
자료 : 통계청(www.kosis.kr)

[그림 1] 대학 진학률과 청년 실업자 중 대졸 인력의 비율(단위 : %)

고학력화된 청년층의 이러한 구직난에도 불구하고 중소기업들은 해당 직무에 적합한 인력을 확보하고 유지하는 데 매우 큰 곤란을 겪고 있다.

[표 1] 중소 제조업의 인력 부족 현황(단위 : 개, %)

유효 응답 수	일반적으로 인력이 부족하지 않음	일반적으로 인력은 부족하나, 채용 계획에 비해 지원자 부족	채용 계획에 비해 지원자가 더 많이 지원하지만, 지원자 중 맘에 드는 자가 없음
1,680	41.9	41.2	16.9

자료 : 조덕희 · 지민웅 · 신종원 외(2015)

중소 사업체들을 설문 조사한 조덕희 · 지민웅 · 신종원 외(2015) 연구에 따르면, 전체 중소기업의 약 58%가 일반적으로 인력이 부족한 상태이며, 심지어 전체의 41.2%는 채용 계획에 비해 지원자가 부족하다고 응답하고 있다.

[표 2] 중소 제조업의 이직 문제 현황(단위 : 개, %)

유효 응답 수	심각하지 않음	1년 미만 근속자의 이직 문제 심각	1년 이상 ~2년 미만 근속자의 이직 문제 심각	2년 이상 ~3년 미만 근속자의 이직 문제 심각	3년 이상 ~4년 미만 근속자의 이직 문제 심각	4년 이상 ~5년 미만 근속자의 이직 문제 심각	5년 이상 근속자의 이직 문제 심각
1,680	59.3	21.7	9.7	4.7	2.5	0.7	1.4

자료 : 조덕희 · 지민웅 · 신종원 외(2015)

이직 문제에 있어서도 전체 중소기업의 40.7%가 이직 문제를 심각하게 경험하고 있는 것으로 나타났는데, 특히 전체 중소기업의 31.4%는 채용 인력이 2년 내에 이직하는 현실에 애로를 크게 호소하고 있는 것으로 조사되고 있다.

[표 3] 지역별 석 · 박사 인력 부족 인원 수 및 비율(단위 : 명, %)

	석사			박사		
	현재인력	부족인력	부족률	현재인력	부족인력	부족률
수도권	57,195	1,627	2.77	15,677	164	1.04

	석사			박사		
	현재인력	부족인력	부족률	현재인력	부족인력	부족률
충청권	12,015	404	3.25	6,807	252	3.57
호남권	2,638	320	10.82	1,050	71	6.33
대경권	5,977	144	2.35	1,477	166	10.10
동남권	6,477	72	1.10	1,628	13	0.79
강원권	446	43	8.79	214	2	0.93
제주권	86	9	9.47	77	3	3.75
전체	84,834	2,619	2.99	26,930	671	2.43

자료 : 산업 기술인력 수급동향 실태조사(2011), www.itl.or.kr. 조영삼 · 지민웅 · 신종원 (2014) 재인용.

고학력화된 청년층의 구직난 속에서도 심각하게 나타나고 있는 이러한 중소기업의 구인난 현상은 특히 비수도권 지역의 중소기업들이 석 · 박사로 대표되는 전문 인력을 확보하는 상황에서 두드러지고 있는 것이 현실이다([표 3] 참조).

Ⅱ. 청년층의 중소기업 취업 기피 현상의 근원

청년층과 중소기업 간 이러한 고용의 불일치 현상은 근본적으로 선별 이론의 작동 메커니즘이 내재화되어 있는 우리나라 노동시장의 특수성에서 비롯되고 있다고 해도 과언이 아니다. 즉 구인자인 기업은 학력 혹은 대학 간판을 중심으로 구직자의 능력을 평가하여 채용하고, 구직자는 보다 나은 능력을 보유하고 있음을 입증하기 위해 높은 수준의 학력이나 사회적으로 널리 인정받는 대학 간판을 지속적으로 추구하는 노동시장의 구조적 문제가 청년 인력의 고학력화를 부채질하고 미스매치의 악순환으로 이어지고 있는 것이다.

현장에서의 오랜 숙련 과정 없이도 기업이 필요로 하는 인재로 인정받을 수 있는 현장맞춤형 교육 시스템이 미흡한 탓에, 그동안 구인자인 기업은 학력이나 대학 간판 등을 중심으로 구직자를 선별해왔다. 청년이 보유하고 있는 능력을 같은 날 테스트하는 대학입시제도의 존재는 교육을 이수하고도 구직자의 생산성을 파악하기 쉽지 않은 기업의 입장에서 비용을 전혀 들이지 않고 구직자의 능력을 식별할 수 있는 합리적 수단이었던 것이다. 만약 현실의 교육 시스템이 기업의 요구에 부응하는 인력을 다양하게 배출하였다면, 인력을 채용할 때 각 기업들은 현재와 같이 학력이나 대학 간판이라는 시그널에 의존하기보다는 해당 기업에 적합한 인력을 찾을 수 있도록 각 기업 특유의 인력 채용 시스템을 구축하고 사용하였을 것이다.

이와 같이 기업들 대부분이 학력을 중심으로 선별·채용해온 탓에, 구직자인 청년들은 자신의 특기, 선호에 맞는 교육을 통해 고유한 재능을 발전시키기보다는 대학 간판이나 토익 점수 등을 확보하는 데 집중해왔다.

이에 덧붙여 대·중소기업 간 구조적 격차는 상대적으로 더 나은 학력 간판을 취득하여 대기업에 취업하기를 갈망하는 청년층의 구직 양상을 더욱 심화시키는 요인으로 작용하고 있다.

현재 우리나라 중소기업의 실질 임금 수준은 대기업의 50% 수준까지 추락한 실정이다(조덕희, 2013). 이러한 사업체 규모별 임금 격차는 인력 전반을 넘어 과학기술 인력에서도 상당한 수준이다. 연령, 성별, 혼인 여부, 학력, 종사상 지위, 근속, 주당 노동시간, 산업, 직업, 지역, 연도 등 많은 변수들을 통제하여 가능한 동일 조건 하에서 사업체 규모별 과학기술 인력의 임금을 비교한 지민웅(2015a)에 따르면 규모가 작은 사업체에서 일하는 과학기술 인력은 300인 이상 사업체에서 근무하고 있는 과학기술 인력에 비해 많게는 32%에서 적게는 7.2% 정도 임금을 적게 받고 있는 것으로 나타났다. 300인 이상 사업체에 종사하는 과학기술 인력의 월평균 임금이 약 330만 원임을 감안하면, 연령, 성별, 혼인 여부, 학력, 종사상 지위, 근속, 주당 노동시간, 산업, 직업, 지역, 연도 등 많은 면이 동일한 과학기술 인력이 중소 사업체에 근무한다는 이유만으로 월평균 23~105만 원을 적게 버는 셈이다.

[표 4] 사업체 규모별 과학기술 인력의 월평균 임금 격차

5~9인 사업체(300인 이상 사업체 대비)	-20.5%
10~29인 사업체(300인 이상 사업체 대비)	-12.9%
30~99인 사업체(300인 이상 사업체 대비)	-10.4%
100~299인 사업체(300인 이상 사업체 대비)	-7.5%
300인 이상 사업체 과학기술 인력의 월평균 임금	338,268만 원

주 : 1) 임금 근로자(상용, 임시, 일용 근로자)만을 대상으로 한 분석임
　　2) 상기의 분석은 연령, 성별, 혼인 여부, 학력, 종사상 지위, 근속, 주당 노동시간, 산업, 직업, 지역,
　　　 연도 등을 통제한 후 가중치를 적용하여 추정한 결과
자료 : 경제활동인구 8월 부가 조사 원자료(2009, 2010, 2011), 지민웅(2015a) 재인용.

　　심지어 근로시간을 포함한 다양한 근로 및 복지 조건, 고용의 안정성, 미래
의 커리어와 관련한 취업한 기업의 전도 유망성 면에서도 우리나라 전체 사
업체의 99%, 전체 고용의 86%를 차지하고 있는 중소기업은 매우 열악한 상황
이다.

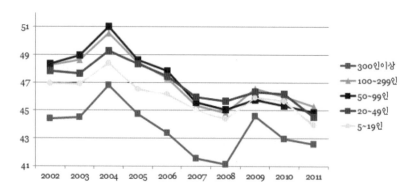

자료 : 임금구조 기본 통계조사 원자료(2002~2011), 조영삼 · 지민웅 · 신종원(2014) 재인용.

[그림 2] 사업체 규모별 주당 평균 근로시간의 추이

　　이러한 대 · 중소기업 간 생애 보상 격차가 지불능력 격차, 연구개발 여력

격차, 설비투자 여력 격차 등 대·중소기업 간 구조적 격차에서 비롯되고 있음을 구직자는 누구보다 잘 알고 있다. 더구나 이러한 구조적 격차가 중소기업에 대해 원가 절감을 요구해온 한국 특유의 하도급 구조에서 상당 부분 비롯되고 있으며[1], 근 시일 내에 이러한 구조적 문제가 해소되기 쉽지 않다는 것도 인지하고 있는 상태이다. 이러한 상황에서 중소기업 취업을 기피하고 개인의 직무 적합성에 대한 충분한 고려 없이 대기업에 취업하기 위해 '취업 재수·삼수생'으로 남거나 혹은 상급 교육기관에 진학하려는 청년층 구직자의 태도는 어찌 보면 지극히 합리적이다.

이러한 현실에서 원가 및 인건비 등 비용 절감 구조에 강하게 제약되어 있거나 인력을 기업 성장의 기초가 아닌 비용의 주요인으로 간주하는 중소기업들은 인력에 대한 투자를 소홀히 하면서 학력이나 대학 간판 중심으로 청년층 구직자를 선별하는 것이 효율적이다. 대기업의 취직문이 너무 비좁은 탓에, '최신의 일반적인' 지식을 습득하고 졸업한 고학력자 청년들 가운데 대부분은 결국 중소기업에 취업할 수밖에 없기 때문이다. 하지만 이러한 구인 행위는 지극히 근시안적이어서 저성장과 인력난의 악순환이라는 결과로 이어지고 있다. 이들 중소기업에 취직한 신규 입사자의 상당수가 상대적으로 열악한 생애보상 격차—임금·근로·복지 조건, 고용의 안정성, 취업한 기업의 전도 유망성 등[2]—를 경험하면서 더 나은 직장으로 끊임없이 이직을 시도하거나 보다 높은 학벌을 확보하여 대기업 취직에 재도전하고자 아예 사직하는 행위를 서슴지 않고 있기 때문이다. 실제로 최근에는 많은 중소기업들이 인력 확보의 어려움보다 입사 후 2년 길게는 3년 내에 발생하는 이직 문제와 관련한 애로

---

1 낙후된 하도급 구조하에서 대기업에 의해 수시로 자행되는 원가 절감 압력은 중소기업에 종사하는 인력의 임금 상승을 억제하는 가장 좋은 명분으로 작용한다. 심한 경우에는 중소기업이 종업원에게 특별 보너스를 제공했다는 이유만으로 추가적인 원가 절감을 요구하기도 한다(지민웅, 2000)

2 이에 덧붙여 가족 문화로 치장된 권위주의적 문화, 재벌의 친족 경영과 유사한 전근대적 경영 시스템을 경험하기도 한다.

를 호소하고 있다(조덕희 · 지민웅 · 신종원 외, 2015). 하지만 이러한 현실을 '변명' 삼아 임금 · 근로 · 복지 조건의 개선은 물론 훈련 투자에까지 인색한 중소기업들이 저임금 · 장시간 근로, 그리고 이로 인한 인력의 저생산성 등이 초래한 성장 지체에 직면한 결과 청년층의 취업 기피 및 빈번한 이직 등의 애로를 상대적으로 더 크게 그리고 지속적으로 호소하고 있을 가능성이 높다는 점을 직시할 필요가 있다.

문제는 중소기업의 성장이 전반적으로 지체되어[3] 모든 중소기업들이 상술한 노동 절약적 형태를 띠는 것처럼 청년층 구직자들에게 비춰지고 있다는 점이다. 이는 임금 · 근로 · 복지 조건의 획기적인 개선 및 훈련 시스템의 자체적 확립 등 인적 자본에 대한 투자에 기초하여 성장을 도모하고 있는 중소기업들의 의욕을 저해하고 있을 가능성이 크다. 이들 기업에 대한 정보가 구직자들에게 제대로 전달되지 않아 인적 자본 투자에 부응하는 수준의 인력을 원활히 수급하기 쉽지 않은 상황에서 인력들에게 보다 나은 근로조건과 양질의 교육 훈련과 같은 인적 자본 투자 등을 지속할 유인은 없기 때문이다. 유수의 대학이 밀집해 있는 것을 포함하여 사회 · 경제 · 문화 모든 면에서 수도권이 비수도권 지역에 비해 엄청난 우위에 있는 탓에 극심한 인재 유출을 경험하고 있는 지방 중소기업의 경우에는 매력적인 일자리를 제공하려는 유인은 더욱 감소할 수밖에 없다. 이는 구직자들이 이들 지방 중소기업을 외면하는 양상을 더욱 심화시켜, 중소기업의 인력난-인적 자본에 대한 저투자-중소기업의 저성장-청년층의 중소기업 기피에 따른 구직난 및 고학력 추구 현상-중소기업 인력난으로 반복되는 악순환을 지방 중소기업들이 보다 크게 호소하는 상황으로 이어지고 있는 것이다.

---

3 서경란(2011)에 따르면, 2003~2008년 동안 중소기업이 중견기업 이상으로 성장한 경우는 533개 기업(0.9%)에 불과하고 중견기업의 40.9%인 402개 기업은 중소기업으로 오히려 후퇴한 것으로 나타나고 있다. 이와 관련한 추가적인 논의는 지민웅(2015b)을 참조하라.

III. 정책 제언

이렇게 볼 때, 청년층의 중소기업 취업 기피 현상은 어느 하나의 원인만을 치료한다고 해서 해소될 수 있는 것이 아니다. 현장 중심의 수요자맞춤형 교육 시스템에 대한 진지한 검토, 낙후된 하도급 구조에서 나타나는 원가 절감 압력, 대금 지급 지연 행위, 기술 탈취 등 불공정 거래 행위를 감독하여 대 · 중소기업 간 구조적 격차를 근본적으로 완화시키려는 정부의 의지, 비수도권 지역 발전 정책들이 동시에 고려되어 추진될 때 해소 가능한 것이다. 하지만 이러한 정책들은 중소기업의 발전에 기초하여 고용이 확대되게 하는 장기적이고 근본적인 정책 방향일 뿐이다.

청년층의 고학력화와 대기업 취직의 비좁은 문이 고착화되어 있는 현실에서 청년 인재의 대부분은 중소기업에 취업해야 하는 현실에 직면하고 있다. 동시에 기존의 낙후된 하도급 구조에서 상대적으로 자유롭거나 인력을 성장의 기초로 간주하여 자발적으로 활발한 인적 자본 투자를 행하고 있는 중소기업들조차 노동 절약적인 중소기업이 대다수를 차지하는 현실에서 비롯된 편견으로 의해 그러한 투자에 부응하는 수준의 인력을 원활히 수급하지 못하고 있다(조영삼 · 지민웅 · 신종원 외, 2014).

바로 이 점에서 중소기업과 청년층 간 고용의 미스매치 완화 정책의 필요성이 대두된다. 시장 기능이 제대로 작동하고 있다면 신지식과 창의로 무장한 청년층 인력들이 절실한 중소기업은 근로조건의 향상, 내실 있는 훈련 시스템의 개발 등 이들을 유인할 수 있는 다양한 노력들을 자발적으로 추구하게 된다. 그리고 이러한 노력은 노동시장을 통해 청년층 구직자들에게 전달되어 인적 자본 투자 수준에 부응하는 인력들의 수급 원활화로 이어지게 될 것이다. 그 원인이 낙후된 하도급 구조에서 비롯되었는지 여부와 관계없이 상대적으로 인적 자본 투자를 소홀히 하고 있는 중소기업들에 비해 이들 기업군이 청년층 구직자들에게 외면받을 이유는 없다. 하지만 현실에서는 정보의 비대칭성에 의해 이러한 유형의 중소기업조차 청년층 인재의 수급이 원활하지 못한 실정이다. 이는 상대적으로 높은 수준의 생애 임금을 제공하고 있음에도 불구하고 직면하는 노동 공급 수준이 그러한 노력에 못 미치고 있는 시장 실패의 전형이다.

결론적으로 현 시점에서 필요한 것은 임금·근로·복지 조건을 포함한 높은 수준의 생애 임금 및 내실 있는 훈련 시스템의 제공 등 인적 자본 투자와 관련한 노력을 아끼지 않는 중소기업들이 청년층 인재들을 원활히 수급할 수 있도록 시장 기능을 회복하게 만드는 일체의 정책 방안이다.

1. 청년층 입장에서 매력적인 일자리를 제공하는 중소기업의 발굴

무엇보다 시급한 정책은 청년층 입장에서 매력적인 일자리를 제공하는 중소기업의 발굴이다. 주지하듯이 노동 절약적인 중소기업이 대다수를 차지하는 현실에서 비롯된 구직자의 편견으로 의해(김세종, 2014 ; 노민선, 2015 ; 백필규, 2014), 자발적으로 활발한 인적 자본 투자를 행하고 있는 중소기업들조차 인력난을 호소하고 있기 때문이다. 특히 상대적으로 고학력화된 청년층일수록 대기업만을 선호하고 중소기업에 관한 정보에는 아예 무관심할 가능성도 배제하기 어렵다. 따라서 매력적인 일자리를 제공하는 중소기업의 발굴 정책의 시행은 중소기업과 청년층 간 고용 미스매치의 근본 토대로 작용하게 될 것이다. 더 나아가 이러한 정책의 시행으로 매력적인 일자리를 제공하는 중소기업들의 인력난 문제가 해소되기 시작한다면, 그간 상대적으로 그렇지 않던 중소기업들 역시 인력난 문제 완화를 위해 인적 자본 투자에 집중하게 되는 긍정적 도미노 효과로까지 이어질 가능성도 적지 않다.

청년층 입장에서 매력적인 일자리를 제공하는 중소기업을 발굴하기 위해 우선적으로 어떠한 특성을 지닌 중소기업을 청년층 구직자들이 매력적이라고 간주하는지를 청년층 구직자를 대상으로 한 대규모 조사에 기초하여 정밀하게 분석할 필요가 있다. 이때 동 조사에는 응답자의 가족 사항, 학력, 직업력 등 다양한 인적 속성과 종사하기를 희망하는 산업·지역은 물론이고 희망

임금 수준, 일·학습병행제도 제공 유무, 훈련 시스템 제공 유무, 기업의 전도 유망성 등 취업 결정 요인과 관련한 사업체의 다양한 특성들이 설문 문항으로 포함되어야 할 것이다.

인력 지원 시책에 참여했던(혹은 하고 있는) 청년층에게 그들이 몸담았던 기업에 대한 만족도 및 이에 대한 이유를 설문하는 방법도 동시에 고려될 필요가 있다. 예를 들어 현재 중소기업청년취업인턴제에 참여한 청년층은 취업한 중소기업에 대한 만족도를 의무적으로 제공하게 되어 있는데, 현재의 만족도 설문에 해당 청년 인턴이 어떠한 이유로 인턴을 그만두게 되었는지 등 해당 중소기업에서의 인턴 경험과 관련한 설문 문항을 확충할 필요가 있다. 이러한 유형의 조사에 기초하여 각종 중소기업 인력 지원 시책에 참여한 경험을 분석하는 것은 청년층에게 매력적인 중소기업을 발굴하는 데 현실적이고 중요한 기초 자료로 충분히 활용될 수 있다.

현재 청년층이 많이 취업하고 있는 중소기업 일자리에 대한 분석 역시 동반될 필요가 있다. 물론 청년들이 많이 분포하고 있는 중소기업 일자리가 곧 청년층에게 매력적인 일자리를 의미하는 것은 아니다. 하지만 임금 및 복지 수준과 장시간 근로 등 근로조건이 상대적으로 열악하다거나, 입사 후 3년 내에 청년층의 대다수가 이직을 한다거나, 외국인 노동자 비율이 매우 높은 수준을 보이고 있는 등 관찰 가능한 노동 절약적 특성을 제거하고 난 후에도 청년들이 다수를 이루고 있는 중소기업은 청년층에게 어필하고 있는 일자리일 가능성이 높다. 이러한 분석이 가능하기 위해서는 인력 구성, 임금 수준, 근로시간 수준, 이직률, 외국인 노동자 비율, 매출액, 수출액, 판로 구성 등 개별 사업체와 관련한 각종 정보의 구축이 선행되어야 한다. 현재 각 부처가 파편적으로 확보하고 있는 개별 사업체에 대한 정보를 부처 간 밀접한 공조 및 이에 기초한 협업 체계를 통해 통합적으로 구축하는 방안이 절실하게 요구되는 시점이다.

상기한 자료들 및 분석에 기초한 매력적인 중수기업 발굴 정책에 현실성을 강화하기 위해 청년층이 많이 활용하고 있는 민간 리크루트 업체와의 협력 및 연계도 고려될 필요가 있다. 어떠한 중소기업들이 청년층 구직자들에게 매력적으로 간주되고 있는지를 누구보다 정확하고 상세하게 체감하고 있을 것으로 판단되기 때문이다. 더 나아가 구인자와 구직자 간 정보의 비대칭성이 비수도권 지역에서 상대적으로 더 심각하다는 점을 감안하여, 각 지방의 청년층 구직자와 해당 지방의 중소기업을 매칭해주는 전문 인력을 양성·공급하고 이 과정에서 청년층 선호도가 높은 중소기업 일자리 등 지방의 중소기업 일자리와 관련한 다양한 정보를 이들 인력으로부터 제공받는 정책도 고려될 필요가 있다.

매력적인 중소기업 발굴과 관련하여 마지막으로 강조되어야 할 사항이 있다. 각 부처 사업에 의해 우수 중소기업으로 인증받은 기업이 청년층에게는 매력적인 중소기업이 아닐 수도 있다는 점이다. 청년 실업 문제와 고용률 제고 등 일자리 창출 문제가 모든 정부 정책의 화두로 떠오르면서, 그간 고용 창출과 관계없이 각 사업이 추구하는 목표에 맞게 추진되어오던 정부 정책에 고용 창출 효과의 입증이 추가적으로 요구되고 있다. 이러한 상황에 부처 간 경쟁 및 이에 따른 단기적 성과 도출 유인이 결합하면서 높은 고용 증가율을 보이고 있는 중소기업(가젤 기업), 수출에 강점을 보이는 글로벌 전문 기업·월드클래스 300기업·글로벌 강소기업·상대적으로 우수한 기술력을 보유하고 있다고 정부로부터 인증받은 벤처·이노비즈 기업, 상대적으로 우수한 경영 시스템을 보유하고 있다고 확인받은 메인비즈 기업 등이 고용 친화적 기업 혹은 청년층에게 매력적인 기업으로 홍보되는 사례가 적지 않게 나타나고 있다. 물론 이들 기업의 잠재적 혹은 관찰 가능한 전도 유망성에 의해, 인증을 받지 못한 기업에 비해 이러한 유형의 중소기업이 청년층 구직자에게 어필할 만한 기업일 가능성은 높다. 하지만 매출액, 성장률, 고용 성장률, 기술 수준이 높은 중소기업이 반드시 인력의 중요성 및 인적 자본 투자를 강조하는 기업이라는 보장은 없다. 심지어 지금까지 산업계 및 중소기업계에서 가장 강조되어온 원칙이 인력 한 명의 고용으로 가능한 많은 이윤을 창출하고 성장을 실현하는 것이었음을 감안하면 관 주도의 이들 중소기업에 대한 홍보는 섣부른 판단일 가능성도 배제하기 어렵다. 인증 여부를 포함하여 어떠한 중소기업들이 청년층 구직자들에게 진정 매력적인 기업인지를 상술한 모든 자료에 기초해 분석하는 것이 절실한 이유다.

2. 매력적인 중소기업 정보의 원활한 전달을 위한 정보 인프라의 구축

청년층에게 매력적인 일자리를 제공하는 중소기업들을 발굴한다고 하여도 그러한 정보가 청년층 구직자에게 제대로 전달되지 않는다면, 그러한 유형의 중소기업이 청년층 인재들을 원활히 수급하는 시장 기능의 회복은 요원하다. 따라서 이러한 매력적인 중소기업에 대한 '신뢰 가능하고 다양한 정보'를 구직자들에게 전달하여 구직자와 구인자 모두가 만족하는 일자리 매칭을 도모할 수 있도록 정보 인프라를 구축하는 정책의 필요성은 재론할 여지가 없다. 따라서 상술한 과정을 통해 발굴된 매력적인 중소기업과 다양한 형태의 기업정보를 청년층 구직자 친화적 데이터베이스에 통합적으로 구축하여 제공하는 것은 중소기업과 청년층 간 고용의 미스매치 완화의 필요조건이다.

이러한 종류의 중소기업 정보 인프라 구축 시책이 그간 존재하지 않았던 것은 아니다. 고용노동부의 워크넷 사업은 그러한 시책의 대표 주자로 알려져 있다. 하지만 어떠한 중소기업이 취업할 만한 기업인지와 관련한 정보는 워크넷에 존재하지 않는다. 심지어 워크넷을 통해 구인하고 있는 중소기업들이 괜찮은 기업인지조차 의심스럽기까지 하다. 2012년의 경우 전체 구인 정보 수에서 30인 이상 사업체 구인 정보 수가 차지하는 비중은 20%에 못 미치는 수준이며 그마저도 계속 감소 추세에 있기 때문이다(양지운, 2012). 또한 부처 간 정보 교류의 부재로 이들 30인 이상 사업체 가운데 어떠한 기업이 중소기업청, 산업부, 미래부 등 각 부처에 의해 전도 유망하다고 홍보되고 있는 기업인지에 대한 정보도 부재하다. 더욱 심각한 점은 상당수의 중소기업이 워크넷을 통해 인력난이 완화되리라고 크게 기대하고 있지 않다는 점이다. 양지운(2012)에 따르면, 구인 업체의 대부분은 워크넷을 통해 20~30대 청년층 인력의 확보를 희망하는 반면 구직자의 대부분은 40~50대의 미취업자이다. 그 결과 워크넷을 통해 구직하고 있는 인력을 우수하지 못한 시장 실패자로 간주하는 분위기도 감지되고 있다(한국고용정보원, 2014a). 워크넷이 현재와 같이 운영되는 상황에서 중소기업과 청년층 간의 미스매치를 효과적으로 완화 혹은 해소할 가능성은 크지 않다.

각종 자료와 방법론에 기초하여 발굴한 매력적인 중소기업에 대한 정보는 물론 이러한 과정 속에서 확보된 채용 계획 기업들의 정보를 사용자 친화적 데이터베이스를 통해 한곳에서 제공하는 것이 시급하다. 예를 들어 구글, 네이버, 다음 지도 같은 인터페이스에 청년층 구직자의 취업을 결정하는 데 크게 영향을 미치는 각종 사업장 정보를 수록한 뒤 청년층 구직자가 클릭만 하면 주거지에서 해당 사업장까지의 교통편, 해당 사업장 주변의 편의 시설까지도 검색할 수 있는 정보 인프라가 구축될 필요가 있다. 상대적으로 소수의 구직자만 접근하고 있으며, 매우 적은 수의 활용 가능한 정보마저도 통합적으로 제공되고 있지 않은 현재의 관용 데이터베이스로는 한계가 분명하다. 많은 구직자들이 활용하고 있는 민간 리크루트 업체와의 협조도 고려해볼 시점이다.

이렇게 제공될 중소기업의 정보가 절대적으로 신뢰할 만한 수준이어야 하는 것은 기본 전제다. 또한 청년층 구직자들이 궁금해하는 정보 내역을 기업 스스로 적극적으로 제공할 수 있도록 하는 체계의 구축까지 고려될 필요가 있다. 이를 위해 인력 지원 시책을 포함한 정부의 각종 시책에 참여하고 있는 중소기업의 경우 의무적으로 자신들의 정보를 제공하게 하는 등 해당 기업의 정보공개 노력과 정책 지원을 연계하는 방안이 우선적으로 검토될 필요가 있다.

3. 매력적인 중소기업에 대한 인력 지원 시책의 선택과 집중

중소기업과 청년층 구직자 간 고용의 미스매치 문제의 핵심에는 모든 면에서 중소기업에 비해 우위에 있는 것으로 비춰지는 대기업 취직에 대한 청년층의 열망이 자리 잡고 있음을 감안할 때, 청년층 구직자에게 매력적인 중소기업을 우선적으로 지원하는 정책을 진지하게 검토할 필요가 있다. 이러한 정책의 시행으로 청년층의 구직난과 인적 자본 투자에 기초하여 성장을 갈망하는 중소기업의 인력난이 동시에 그리고 보다 빨리 완화될 가능성이 크기 때문이다. 또한 이를 통해 직접적인 재원 투입 없이 그간 노동 절약적 사고방식을 고수하여 심각한 인력난에 직면하고 있던 중소기업의 인적 자본에 대한 투자를 자극·유도하는 긍정적인 효과로 이어질 수 있다. 더 나아가 이러한 과정 속에서 보다 우수한 청년층 인재를 유치하기 위해 중소기업들 스스로 구직자들이 궁금해하는 자신들의 정보 내역을 적극적으로 제공하는 등의 경쟁을 유발할 가능성까지 존재한다.

청년층에게 어필 가능한 중소기업에게 인력 지원 시책을 집중하는 정책이 필요한 또 하나의 주요한 이유는 해당 시책에 참여한 청년층 구직자들이 해당 중소기업의 전도 유망성 혹은 일자리로서의 매력을 경험하는 것이 아니라 노동 절약적 방식을 관찰할 가능성이 높기 때문이다. 주지한 바와 같이 기존의 낙후된 하도급 구조에서 비롯된 각종 대·중소기업 간 구조적 격차 및 악순환 메커니즘으로 인해 우리나라 중소기업의 다수가 노동 절약적 방식을 추구하고 있다. 이들 기업이 직면하고 있는 인력난을 해소하기 위해 인력 지원 시책에 특히 많이 신청하고 있을 가능성을 고려하면, 해당 시책을 통해 중소기업에 취업한 청년층은 '역시 중소기업에서는 생애 직무 커리어를 설계하고 펼치는 것이 바람직하지 않다'는 인식이 오히려 확고해질 가능성이 존재한다. 이는 중소기업에 대한 편견을 심화시켜 인적 자본에 활발히 투자하고 있는 중소기업에게까지 악영향을 미치는 시장 왜곡 현상을 심화시킬 수 있다.

인턴 과정을 통해 창업 노하우 및 창업 아이템 습득 기회를 제공함으로써 잠재적인 창업자의 양과 질을 향상시키는 데 주요한 목적을 두고 있는 고용노동부의 창직인턴제와 중소기업청의 벤처포코리아사업에서, 실제로 상당수의 인턴들은 그들이 근무하는 창업기업이 그러한 노하우 및 아이템, 창업에 대한 자신감을 불어넣어줄 만한 기업들인지에 대해 의문을 제기하고 있는 상황이다. 심지어 고용 지원금 제공을 통해 상대적으로 저렴한 임금으로 청년 인턴들을 창업기업에게 제공하는 사업들이 부처별로 적지 않게 존재하는 까닭에 특정 사업에서 규정한 기간이 지나면 인턴 계약을 해지하고 또 다른 사업을 통해 인턴을 공급받는 창업기업들이 적지 않게 분포하고 있는 것으로 추정되고 있다. 결국 청년 미취업자 및 기업에게 금전적 유인을 제공하여 중소기업으로의 취업을 유도하는 현 인력 지원 시책은 청년층의 구직 시야를 잠시 동안만 중소기업으로 향하게 할지는 몰라도 중소기업을 외면하는 근본적인 양상은 변화시키지 못하고 오히려 심화시킬 가능성 또한 존재하는 것이다[4].

물론 중소기업으로의 인력 유입을 촉진하는 현 시책들은 참여 기업의 질적 수준을 제고하기 위해 일련의 기준들을 명시화하고 있다. 일례로 고용노동부의 중소기업청년취업인턴제의 경우, 인턴 약정 체결시 임금을 일정 수준(월 최저임금의 110% 수준인 128만 원) 이상 지급하는 기업에 대해서만 참여를 허용하고 있다. 또한 인턴의 중도 탈락률이 3년 평균 40%를 초과하는 기업, 인턴의 정규직 전환율이 3년 평균 30% 미만 기업 등 성과가 부진한 기업의 참여를 제한하고 있다. 더 나아가 연간 2회 이상 임금 체불 또는 근로시간을 위반한 사업장에 대해서는 1년간 참여를 제한하고 있다.

인력 지원 시책에 참여하고 있는 기업의 질적 수준을 제고할 수 있다는 측면에서 참여 기업의 기준에 대한 명시는 환영할 만한 일임에는 분명하다. 하지만 이러한 기준은 참여 기업의 질을 규정하는 '최소한의 가이드라인'일 뿐이다. 즉 이러한 기준에 의해 선별된 중소기업이 청년층 구직자에게 매력적인 기업을 뜻하는 것은 아님을 유의할 필요가 있다. 이러한 최소한의 가이드라인을 통과한 중소기업 가운데 다수는 청년 취업자에게 여전히 좋지 않은 업무 경험을 제공할 가능성이 높다. 청년층에게 매력적인 중소기업에게 인력 지원 시책이 우선적으로 집중될 필요가 있는 현실적인 이유다.

---

4   그 결과 중소기업청년인턴제가 상당한 수준의 중도 탈락률과 높지 않은 수준의 고용 유지율을 보이고 있을 가능성이 존재한다.

다만 이러한 시책의 시행 속에서 당장 소외받게 될 중소기업과 취업 취약 계층을 고려하여, 인력 지원 시책을 취업 취약 계층의 고용 정책과 매력적인 중소기업에게 인력 지원을 우선하는 정책으로 이원화하여 운영되는 방식도 고려될 필요가 있다. 청년층 구직자에게 매력적인 중소기업들이 발굴된다고 하더라도 현실에서는 그러한 중소기업들의 숫자가 청년층 미취업자의 규모에 비해 크게 부족할 가능성이 높고, 벤처기업, 창업기업과 같이 업력이 짧은 중소기업들 가운데 일부 기업들은 추후 청년층에게 매력적인 일자리를 제공할 수 있는 잠재성을 보유하고 있음에도 불구하고 현재 시점에서의 성과는 그렇지 못하여 청년층에게 매력적인 기업으로 발굴되지 못할 가능성이 존재하기 때문이다.

마지막으로 매력적인 중소기업에게 인력 지원 시책을 우선적으로 집중하는 방안이 실효성을 거두기 위해서는 이들 기업이 정부 시책에 적극적으로 참여할 수 있도록 기업 유치 노력 및 유인 방안이 전제되어야 함이 강조될 필요가 있다. 청년층 구직자들에게 매력적인 중소기업들은 '상대적으로' 노동력을 수월하게 확보 및 유지하고 있어, 현실의 인력 지원 시책 참여에 소극적일 가능성이 존재한다. 중소기업청년취업인턴제를 포함하여 대다수의 현 중소기업 인력 유입 시책은 '신청'한 중소기업만을 대상으로 시행되고 있는데, 청년층에게 어필 가능한 중소기업이 인력 지원 시책에 적극적으로 참여할 수 있도록 기업에 대한 유치 노력 및 방안의 모색이 필요한 시점이다.

Ⅳ. 결론

중소기업과 청년층 구직자 간 고용의 미스매치 완화를 위해 현 시점에서 가장 필요한 정책 방향은 임금·근로·복지 조건을 포함한 높은 수준의 생애 임금과 함께 내실 있는 훈련 시스템을 제공하는 등 인적 자본 투자와 관련한 노력을 아끼지 않는 중소기업들이 청년층 인재들을 원활히 수급할 수 있도록 시장 기능을 회복하게 만드는 것이다.

이를 위해 각종 자료 및 방법론에 기초한 분석을 통해 청년층 입장에서 매력적인 일자리를 제공하는 중소기업을 발굴하고 이들 중소기업에 대한 정보는 물론 이러한 과정 속에서 확보된 채용 예정 기업들의 정보를 사용자 친화적 데이터베이스를 통해 한곳에서 제공하는 것이 시급하다.

정책의 실효성을 강화하기 위해 청년층에게 매력적인 중소기업에 인력 지원 시책을 집중하는 방식도 고려될 필요가 있다. 이러한 정책의 시행으로 매력적인 일자리를 제공하는 중소기업들의 인력난 문제가 해소되면서, 직접적인 재원 투입 없이 그간 노동 절약적 방식을 고수해왔던 중소기업들 역시 인력난 문제 완화를 위해 인적 자본 투자에 집중하게 되는 긍정적 파급효과로 이어질 가능성이 높기 때문이다. 그 결과 청년층에 대한 중소기업의 고용 확대 효과가 강화될 수 있다. 더 나아가 이러한 과정 속에서 보다 우수한 청년층 인재를 유치하기 위해 중소기업들 스스로 구직자들이 궁금해하는 자신들의 정보 내역을 적극적으로 제공하는 등의 경쟁을 유발할 가능성까지 존재한다. 또한 이러한 방안은 현재의 중소기업 유입 지원 시책에 참여한 청년층 구직자들이 해당 중소기업의 전도 유망성 혹은 일자리로서의 매력을 경험하는 것이 아니라 노동 절약적 방식을 관찰함으로써 야기되는 시장 왜곡을 방지하는 효과로도 작용할 수 있다.

다만 청년층에게 매력적인 중소기업에 인력 지원 시책을 집중하는 방식의 정책 집행 속에서 당장 소외받게 될 중소기업과 취업 취약 계층을 고려하여, 인력 지원 시책을 취업 취약 계층의 고용 정책과 매력적인 중소기업에게 인력 지원을 우선하는 정책으로 이원화하여 운영하는 방식도 고려될 필요가 있다[5].

이 밖에도 중소기업으로의 청년층 취업을 촉진하는 정책에 내실 있는 훈련

---

5 이 경우, 청년층에게 매력적인 일자리를 제공하는 중소기업에게는 모든 직종의 인력이 아니라 해당 기업이 절실하게 필요한 청년층 전문 핵심 인력이 유입될 수 있도록 하는 방안이 추진될 수 있다.

프로그램이 결합될 필요가 있다. 즉 중소기업에게는 직접 참여를 통해 필요한 기술 및 인력을 선별하고 교육시킬 수 있는 유인이 존재하고, 동시에 청년층 구직자 또는 기존 청년층 재직자들에게는 굳이 학력 간판을 따지 않아도 충분할 만큼의 신지식과 신기술이 지속적으로 공급될 수 있는 프로그램의 운영이 그것이다. 현재의 중소기업청년취업인턴제에는 이러한 훈련 프로그램이 병행되고 있지 않아, 채용한 인턴이 해당 중소기업에 진정 필요한 근로자인지 여부를 정확하고 면밀하게 식별하는 기회로 활용되지 못하고 상대적으로 저렴하게 인력을 사용하는 수단으로 전락하고 있는 실정이다. 만약 해당 중소기업의 수요에 부응하는 훈련 프로그램을 인턴이 이수해야 하는 과정이 존재한다면, 이를 통해 해당 인턴이 정규 근로자로 전환된 뒤에도 해당 중소기업에서 요구하는 직무를 큰 문제 없이 수행할 수 있을지를 식별하기가 상대적으로 수월해질 것이다. 따라서 해당 중소기업에게 필요하며 동시에 청년층 구직자도 이수할 가치가 충분하다고 판단할 만한 프로그램을 내실 있게 설계하여 제공할 필요가 있다. 이때 청년층 구직자의 훈련 수요를 잘 파악하고 있는 민간 리크루트 업체와 함께 기업 요구에 부응하는 내실 있는 훈련 프로그램을 설계·제공하는 방안도 고려될 수 있다. 이러한 형태의 훈련 시스템과 인력 지원 시책의 연계는 고용 지원금과 더불어 청년층 구직자에게 매력적인 중소기업들이 동 사업에 적극적으로 참여할 수 있게 하는 유인으로 작용할 가능성이 충분하다.

지금까지 상술한 방안이 실효성을 갖기 위해서는 청년층 구직자에게 전달되는 정보가 절대적으로 신뢰할 만한 수준이어야 한다. 이를 위해 매력적인 기업으로 발굴된 중소기업이 청년들에게 어필할 만한 수준을 지속해서 유지하고 있는지, 정보의 수집 및 분석과정은 투명한지, 청년층 구직자에게 제공되는 다양한 정보들은 신뢰할 만한 수준인지, 그러한 정보의 수집·분석과정·전달 체계는 투명한지를 엄정하게 관리·감독해야 하는 임무는 정부의 몫이고, 이는 동 방인의 기본 전제다.

이러한 방식의 인력 지원 시책 추진과 더불어 현장 중심의 수요자맞춤형 교육 시스템에 대한 진지한 검토, 낙후된 하도급 구조에서 나타나는 원가 절감 압력, 대금 지급 지연 행위, 기술 탈취 등 불공정 거래 행위를 감독하여 대·중소기업 간 구조적 격차를 근본적으로 완화시키려는 정부의 의지, 비수도권지역 발전 정책들이 동시에 추진되어야 함은 물론이다.[6]

---

6 추가적으로 인문계 전공 대졸 여성 인력이 중소기업과 청년층 구직자 간 고용의 미스매치 현상의 주요인으로 작용하고 있을 가능성도 배제해서는 안된다. 결혼 및 출산에 의한 이직의 위험성, 남성 중심적인 조직 문화 등을 고려하여 적어도 제조업 중심의 중소기업은 여성 인력, 특히 인문계 전공 대졸 여성 인력의 채용을 꺼리고 있기 때문이다. 비록 실효성 있는 구체적인 정책 방안을 제시할 수는 없지만, 이러한 문제의 완화를 위한 각종 시책의 강구가 필요한 시점인 것만은 분명하다.

청년층의 **중소기업 취업,**
어떻게 **활성화**할 것인가*

노 민 선 (중소기업연구원)**

* 제3차 중소기업 인력지원 기본계획 수립에 관한 연구(2016~2020) 보고서와 제
52회 미래인재포럼에서 발표한 자료를 보완, 발전시킨 것임.

** msnoh@kosbi.re.kr

청년층의 중소기업 취업,
어떻게 활성화할 것인가

Ⅰ. 청년 취업의 현황 및 문제점

청년층의 취업난은 우리나라 노동시장에서 시급히 해결해야 할 문제이다. 2012년 기준 우리나라의 청년 고용률은 26.3%(15~24세 기준)로 OECD 국가 평균(39.7%) 대비 낮은 수준이며, 미국, 독일, 영국, 일본의 청년 고용률은 모두 40% 이상으로 우리나라보다 1.5배 이상 높은 것으로 나타났다.[1] 2015년 기준 우리나라 전체 고용률은 60.3%로 2010년 이후 증가하고 있으나, 이 중 15~29세 청년 고용률은 41.5%로 전년 대비 다소 증가했지만 40% 수준에서 정체 상태를 보이고 있다. 이에 반해 30~64세 중장년 고용률은 2015년 기준 74.3%로 청년에 비해 높게 나타나며, 꾸준히 증가하고 있다.

[표 1] 연령별 고용률 비교(단위 : %)

구분	전체 (15~64세)	청년				중장년 (30~64세)
		15~29세	15~19세	20~24세	25~29세	
2005	59.7	44.9	8.0	51.6	68.9	71.5
2010	58.7	40.3	6.1	44.3	68.2	72.1
2013	59.5	39.7	6.9	43.2	68.8	73.4
2014	60.2	40.7	7.7	44.8	69.1	74.1
2015	60.3	41.5	7.9	46.2	69.0	74.3

주 : 고용률 = (취업자 수 / 15세 이상 인구) × 100
자료 : 통계청, 경제활동인구조사, 각 연도.

1　OECD Data(http://data.oecd.org/)

우리나라의 전체 실업률은 2015년 기준 3.6%로 2013년 이후 증가하는 추세를 보이고 있다. 이 중 15~29세 청년 실업률은 10.6%로 2012년 이후 계속해서 증가하고 있으며, 2000년 이후 가장 높은 수준을 보이고 있다. 청년층의 실업률은 다른 연령층 대비 약 3~5배 정도 높게 나타난 반면, 40대 이상 실업률은 2% 수준을 유지하고 있다. 우리나라 청년 실업률은 장년층의 3.7배 수준으로 OECD 평균(2.1배)보다 높게 나타난다.[2]

[표2] 국가별 비정규직 근로자 비중(단위 : %)

구 분	2012	2013	2014	2015
전 체	3.2	3.1	3.5	3.6
15~29세	7.5	8.0	9.0	10.6
30~39세	3.0	3.0	3.1	3.1
40~49세	2.0	2.0	2.2	2.3
50~59세	2.1	1.9	2.2	2.3
60세 이상	2.4	1.8	2.3	2.5

자료 : 통계청, 경제활동인구조사, 각 연도.

청년층이 노동시장에 진입하면서 겪는 어려움은 생애 전반에 걸친 경제활동에 부정적 영향을 미치고 있다. 우리나라의 15~29세 니트족(NEET) 비중은 18.5%로 OECD 국가 중 가장 높은 수준이다. 니트족은 구직 의사 자체가 존재하지 않는다는 점에서 실업자와 다르다. 청년의 능력이 충분히 발휘되지 못하여 국가적으로 소중한 인적 자원의 손실이 발생하고 있다는 점에서 문제가 심각하다.

우리나라는 주요국들에 비해 근로의 질이 상대적으로 낮다. 우리나라의 비정규직 근로자 비중은 21.7%로 OECD 평균(11.1%)보다 높다. 이 중 청년층의 비정규직 비중은 25.7%로 장년층(16.4%)에 비해 높게 나타난다. 기업의 전

---

2   OECD, OECD Skills Outlook 2015 : Youth, Skills and Employability, 2015.

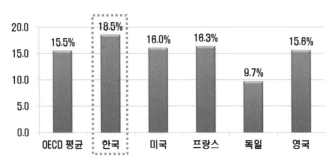

자료 : OECD, Youth not in employment, education or training(NEET)(indicator), 2015.

[그림 1] 국가별 니트족 비중

략적 의사 결정과 고용의 유연성 측면에서 비정규직 근로자 채용을 반드시 나쁘다고 할 수만은 없다. 그러나 우리나라 비정규직 근로자는 비정규직 상태를 유지하거나 그만두는 경향이 높다. 우리나라에서 비정규직 근로자가 3년 후에 정규직으로 전환되는 비중은 22.4%로 OECD 평균(53.8%)보다 매우 낮다.[3] 3년 후에도 비정규직 상태를 유지하는 비중은 50.9%이며, 무직으로 전환되는 비중(26.7%) 또한 OECD 주요국에 비해 높은 수준이다.

[표 3] 국가별 비정규직 근로자 비중(단위 : %)

구 분	전체(15~64세)	청년층(15~24세)	장년층(25~54세)
OECD 평균	11.1	24.1	9.2
한국	21.7	25.7	16.4
독일	13.0	53.4	9.3
영국	6.4	15.2	4.7
일본	7.6	14.4	5.4

자료 : OECD, OECD Employment Outlook 2015, 2015.

---

3 OECD, Strengthening Social Cohesion in Korea, 2013 ; 『서울경제신문』, 2015. 8. 18.

중소기업의 20대 이하 인력 비중은 계속해서 감소하는 추세이다. 제조업을 영위하는 중소기업의 20대 이하 인력 비중은 12.8%(2010) → 10.8%(2014)로 감소하였다. 중소기업 R&D 인력의 20대 이하 인력 비중은 17.6% (2011) → 14.5%(2015)로 줄어들었으며, 대기업(18.9%)에 비해 그 비중이 낮게 나타난다. 고령화 시대를 고려했을 때 40대 이상 인력 비중이 늘어나는 것은 어찌 보면 당연한 일이다. 그러나 문제는 20대와 30대 인력의 고용이 증가하지 않는데 있다. 중소기업의 20~30대 R&D 인력 수는 91,563명(2012) → 91,481명(2014)으로 사실상 정체 상태를 보이고 있다.

[표 4] 중소기업 연령별 인력 구성비 변화(제조업)(단위 : %)

구 분	구 분	2010	2011	2012	2013	2014
제조업 인력	20대 이하	12.8	12.8	12.1	13.1	10.8
	30대	30.7	30.8	31.0	30.8	30.2
	40대	35.1	34.3	33.5	32.8	34.4
	50대 이상	21.4	22.1	23.5	23.2	24.6
R&D 인력	20대 이하	17.6	16.2	15.5	14.9	14.5
	30대	56.1	54.7	52.7	50.1	47.6
	40대	20.5	22.3	24.2	26.4	28.3
	50대 이상	5.8	6.9	7.5	8.6	9.6

주 : 보고서 발간 연도가 아니라 조사 기준 연도를 의미
자료 : 1. 중소기업청, 중소기업실태조사보고서, 각 연도.
　　　 2. 미래창조과학부, 연구개발활동조사보고서, 각 연도 재가공.

중소기업이 고용 창출에 기여하는 바는 매우 크다. 기업에 근무하는 종업원 1,534만 명 중에서 87.5%(1,342만 명)가 중소기업에서 근무하고 있으며, 중소기업의 고용 기여율은 93.9%로 대기업(6.1%)에 비해 압도적으로 높다. 사실상 중소기업이 일자리를 만들어내고 있는 것이다. 따라서 청년 고용 문제 해결을 위해서는 중소기업으로의 취업이 보다 활성화되어야 한다.

[표 5] 기업 유형별 고용 기여도

구 분	대기업	중소기업	비 고
종사자 수	192만 명(12.5%)	1,342만 명(87.5%)	2013년 기준
고용 기여율	6.1%	93.9%	2010~2013년 기준

주 : 1. 종사자 1인 이상 사업체 기준
　　 2. 고용 기여율은 전체 증감분에 대한 중소기업(또는 대기업) 증가분의 백분비(5)
자료 : 1. 통계청, 전국사업체조사 재가공.
　　 2. 통계청, 광업 · 제조업 조사 재가공.

Ⅱ. 중소기업 인력 수급 현황 및 전망

청년층은 아직까지 중소기업 취업에 적극적이지 않다. 통계청이 2015년에 청년층(13~29세)을 대상으로 실시한 조사 결과에 따르면, 청년층은 국가기관(23.7%), 공공기관(19.5%), 대기업(18.7%) 등의 순으로 취업을 선호하는 것으로 나타났다. 2013년 조사 결과와 비교했을 때, 대기업은 21.0% → 18.7%로 취업 선호 비중이 감소하였으며, 공공 기관으로의 취업을 선호하는 비중은 17.7% → 19.5%로 증가하였다. 청년층의 중소기업 선호 비중은 2013년(5.4%)에 비해 다소 상승했지만, 6.1%에 불과했다.

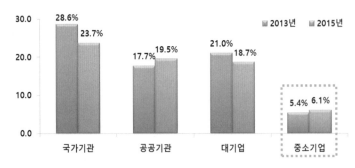

자료 : 통계청, 2015년 사회조사 결과, 2015.

[그림 2] 청년층이 선호하는 직장(13~29세)

중소기업중앙회의 조사 결과에 따르면, 청년층의 80.4%가 중소기업 취업을 기피하는 것으로 나타났다.[4] 이는 중소기업 취업을 기피하지 않는다는 응답(15.0%)과 모르겠다는 응답(4.6%)에 비해 압도적으로 높은 수치다.

청년층의 중소기업 취업 기피 현상으로 인해 중소기업은 심각한 인력난을 호소하고 있다. 중소기업 인력의 부족률과 미충원율은 대기업에 비해 높게 나타난다. 사업체의 정상적인 경영 활동을 위하여 현재보다 추가로 필요한 인원의 비율을 의미하는 인력 부족률은 중소기업이 대기업에 비해 전체 인력은 2.7배, 산업 기술 인력은 8.0배 높게 나타났다. 적극적인 구인 노력에도 불구하고 채용하지 못한 인원의 비율을 의미하는 인력 미충원율의 경우 중소기업이 대기업에 비해 전체 인력은 3.1배, 산업 기술 인력은 2.5배 높은 것으로 조사되었다.

[표 6] 기업 유형별 인력 부족률 및 미충원율(단위 : %)

구분	전체		산업 기술 인력	
	대기업	중소기업	대기업	중소기업
인력 부족률	1.0	2.7	0.4	3.2
인력 미충원율	4.3	13.5	5.0	12.3

주 : 1. 인력 부족률 = [부족인원/(현인원+부족인원)]×100
　　 2. 인력 미충원율 = [(구인인원−채용인원)/구인인원]×100
자료 : 1. 고용노동부, 직종별 사업체 노동력 조사보고서, 2015(하).
　　　 2. 산업통상자원부, 산업기술인력 수급실태 조사보고서, 2015.

중소기업연구원에 따르면 중소기업의 80.5%가 현재 회사에서 필요한 인력을 채용하는 데 어려움을 겪고 있다.[5] 업종별로는 제조업(84.3%)이 비제조업(77.0%)에 비해 채용에 어려움을 겪는다는 비중이 높게 나타났다.

4　중소기업중앙회, 중소기업 인재상 조사결과, 2013.
5　노민선, 제3차 중소기업 인력지원 기본계획 수립에 관한 연구(2016~2020), 중소기업연구원, 2015.

우리나라의 향후 고용 성장률은 OECD 주요국들에 비해 급격하게 감소할 것으로 예상되며, 중장기적으로 고용 성장률이 마이너스를 기록할 것으로 전망된다.[6] 통계청에 따르면, 우리나라 생산 가능 인구(15~64세)는 2016년에 최고점인 3,704만 명을 기점으로 그 수가 줄어들기 시작할 것으로 예상된다. 전체 인구에서 생산 가능 인구가 차지하는 비중 또한 73.1%(2012) → 63.1%(2030)로 감소할 것으로 전망된다. 25~49세 연령층을 의미하는 핵심 생산 가능 인구 또한 2,043만 명(2010) → 1,624만 명(2030)으로 그 수가 계속해서 줄어들 것으로 예상된다.

[표 7] 생산 가능 인구 전망(단위 : 만 명)

구 분	2010	2012	2016	2020	2030
생산 가능 인구(15~64세)	3,598	3,656	3,704	3,656	3,289
핵심 생산 가능 인구(25~49세)	2,043	2,002	1,925	1,865	1,624

자료 : 통계청, 장래인구추계, 2011 재가공.

중소기업연구원의 조사 결과, 현재 추세를 고려했을 때 향후 5년간(2016~2020) 인력 수급이 악화될 것으로 전망하는 중소기업이 41.0%로, 인력 수급이 개선될 것이라는 응답(33.0%)보다 그 비중이 높게 나타났다. 인력 수급 악화를 전망하는 중소기업 비중은 혁신형 중소기업(46.6%)이 일반 중소기업(36.6%)에 비해 높았다. 지역별로는 비수도권 소재 기업(47.3%) 비중이 수도권 소재 기업(35.8%)에 비해 높았으며, 업종별로는 제조업 영위 기업(42.7%)이 비제조업 영위 기업(39.4%)에 비해 높게 나타났다.

---

6   OECD, OECD Economic Outlook 2013, 2013.

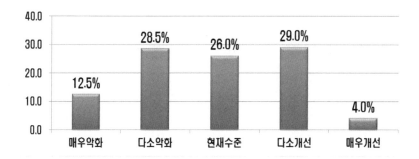

자료 : 노민선, 제3차 중소기업 인력지원 기본계획 수립에 관한 연구(2016~2020), 중소기업연구원, 2015.

[그림 3] 중소기업 인력 수급 전망(2016~2020)

Ⅲ. 중소기업 인력 수급 애로 요인

중소기업 인력 수급 애로 요인은 낮은 급여 수준, 경력직 선호 현상, 짧은 근속 기간, 취업 정보 부족 등을 우선적으로 꼽을 수 있다.

첫째, 낮은 급여 수준이다. 우리나라는 OECD 회원국 대비 임금 불평등 현상이 심각한 수준이다. 하위 10% 임금 대비 상위 10% 임금 비중을 의미하는 임금 불평등은 4.7배로 OECD 평균(3.4배)보다 높으며, 중위 임금 3분의 2미만을 의미하는 저임금자 비중은 25.1%로 OECD 평균(16.3%)보다 높게 나타난다. 우리나라에서 최저임금 또는 그 이하 임금을 받는 근로자 비중은 2015년 기준 14.6%이며, 일본(2.0%), 미국(4.3%), 프랑스(8.2%) 등 OECD 주요국들에 비해 높은 수준이다.[7]

---

7 최저임금위원회, 「2015년 최저임금 심의편람」, 2015 ; OECD, Focus on Minimum wages after the crisis: Making them pay, 2015.

[표 8] 임금 불평등 및 저임금자 비중(2012년 FTE 기준)

구 분	임금불평등(배)[1]	저임금자 비중(%)[2]
OECD	3.4	16.3
한국	4.7	25.1
미국	5.2	25.3
프랑스	3.0	–
독일	3.3	18.3

주 : 1. 상위 10% 임금 / 하위 10% 임금
2. 중위 임금 2/3 미만
자료 : 1. World Economic Forum(WEF), The Global Competitiveness Report 2014~2015(2015).
2. OECD, OECD Employmetn Outlook 2015(2015).

우리나라의 임금 불평등 현상과 저임금 수준은 주로 중소기업에서 나타난다. 중소기업연구원에 따르면 중소기업의 34.2%가 인력 채용이 어려운 이유로 '적합한 지원자는 있는데 급여 수준 차이 존재'를 꼽아서 그 비중이 가장 높았다.[8] 제조업 기준으로 중소기업 근로자 1인당 월평균 임금 수준은 287만 원으로 대기업(547만 원)의 52.5% 수준에 불과한 것으로 조사되었다. 상용직 근로자의 경우 대기업의 53.2%, 임시 일용직 근로자의 경우 대기업의 51.8%로 각각 나타났다. 대기업과 중소기업 근로자 간의 임금 격차는 상여금, 성과급 등 특별 급여의 차이에 기인한다. 중소기업 근로자의 정액 급여 수준은 대기업의 74.3%인 데 반해, 특별 급여 수준은 대기업의 17.8%에 불과하다.

[표 9] 대기업과 중소기업 간 임금 격차(제조업 기준)(단위 : 만 원, %)

구 분	전체 임금	상용직 임금				임시 일용직 임금총액
		임금총액	정액 급여	초과급여	특별 급여	
중소기업 (5~299인, A)	287	293	228	32	33	131

---

8 노민선, 제3차 중소기업 인력지원 기본계획 수립에 관한 연구(2016~2020), 중소기업연구원, 2015.

구 분	전체 임금	상용직 임금				임시 일용직 임금총액
		임금총액	정액 급여	초과급여	특별 급여	
대기업 (300인 이상, B)	547	551	307	58	185	253
A/B	52.5	53.2	74.3	55.2	17.8	51.8

자료 : 고용노동부, 사업체 노동력 조사(2014년 연평균)

둘째, 중소기업의 경력직 선호 현상이다. 중소 제조업의 63.8%는 경력직을 선호하고 있으며, 신규직을 선호하는 비중은 36.2%로 나타났다. 전체 중소기업의 50.0%가 2~5년의 경력을 가장 선호하는 것으로 조사되었으며, 5~10년의 경력과 10년 이상의 경력을 선호하는 비중도 각각 13.5%, 0.3%로 나타났다.

[표 10] 중소기업 인력 채용시 선호 경력(단위 : %)

구 분	신규 직원	경력직 (2~5년)	경력직 (5~10년)	경력직 (10년 이상)	합 계
비 중	36.2	50.0	13.5	0.3	100.0

자료 : 중소기업청, 중소기업 실태 조사보고서, 2015.

한국경영자총협회는 대졸 신입 사원의 업무 수행 역량 저하를 경력직 선호 현상의 주된 이유로 지적하고 있다. 대졸 신입 사원의 업무 수행 평균 점수는 79.0점(2010) → 77.9점(2012) → 76.2점(2014)로 계속해서 감소하는 추세를 보이고 있다.

셋째, 짧은 근속 기간이다. 중소기업은 인력 확보의 어려움 뿐 아니라 종업원의 잦은 이직으로 인해 인력 유지 측면에서 이중고를 겪고 있다. 중소기업의 인력 이직률은 2015년 12월 말 기준 5.0%로 대기업(3.8%)에 비해 높게 나타나고 있다.[9] 중소기업의 34.5%는 최근 3년간 핵심 인력이 경쟁 업체 등으로

---

9 고용노동부, 2015년 12월 사업체 노동력 조사 결과, 2016.

이직하여 경영상의 피해를 경험한 것으로 조사되었다. 핵심 인력이 이직한 중소기업은 1개사당 평균 5.2억 원의 매출액 감소 피해와 대체 인력 1인당 평균 4,607만 원의 양성 비용이 소요되는 것으로 분석되었다.

〈핵심인력 이직 피해 경험〉	〈핵심인력 이직 건수 및 피해금액〉
중소기업의 **34.5%**가 최근 3년간 핵심인력이 경쟁업체 등으로 이직하여 경영상의 피해 경험	피해 중소기업은 최근 3년간 평균 **1.9건**의 핵심인력 이직과 핵심인력 이직 1건당 평균 **2.7억원**의 매출액 감소피해 경험
〈핵심인력 이직 기업 평균 피해금액〉	〈핵심인력 퇴사시 대체인력 양성비용〉
핵심인력이 이직한 중소기업은 1개사당 평균 **5.2억원**의 매출액 감소 피해	핵심인력 퇴사로 인한 대체인력 1인당 평균 **4,607만원**의 양성비용 소요

자료 : 노민선, 중소기업 핵심인력 이직현황 및 장기 재직 활성화 방안, 중소기업연구원, 2014.

[그림 4] 중소기업 핵심 인력 이직 피해 현황

우리나라 근로자의 평균 근속 기간은 5.6년으로 프랑스(11.4년), 독일(11.0년), 영국(8.8년) 등 OECD 주요국에 비해 짧다.[10] 근속 기간 1년 이하 근로자 비중은 30.8%로 OECD 평균(17.5%)보다 높으며, 1년 이하 기간 동안 근무하는 청년층(15~24세)의 비중은 70.8%로 OECD 평균(48.7%)보다 20%p 이상 높게 나타난다. 특히 중소기업 근로자 중에서 동일 직장에 10년 이상 근속하고 있는 비중은 11.0%에 불과하다.[11]

중소기업 근로자의 짧은 근속 기간은 낮은 생산성의 주요 원인으로 볼 수 있다. 중소기업의 생산성은 대기업의 28.0% 수준에 불과하다. 2007년부터

---

10 OECD Statistics(http://stats.oecd.org/).

11 중소기업청, 중소기업실태조사보고서, 2015.

2011년까지 중소기업과 대기업의 생산성이 모두 증가하고 있지만, 대기업 성장 폭 대비 중소기업의 성장 폭은 매우 낮게 나타난다.

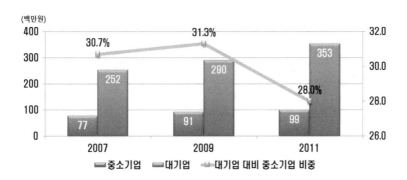

자료 : 통계청, 광업 · 제조업 조사, 2013 재가공

[그림 5] 대 · 중소기업 생산성 비교

넷째, 취업 정보 부족이다. 대졸자는 취업을 준비하면서 '취업 정보 부족 (22.5%)'에 대한 애로를 가장 크게 느끼고 있다. 그다음으로 수입 보수 부적합 (20.5%), 경력 부족(14.5%), 요구 자격 불일치(13.5%), 근무환경(7.6%) 등의 순으로 취업 준비에 어려움을 겪고 있었다.

자료 : 한국고용정보원, 2011 대졸자 직업 이동 경로 조사 기초 분석 보고서, 2013.

[그림 6] 대졸자의 취업 준비 애로 사항

중소기업연구원 조사 결과에 따르면, 중소기업인력중개알선서비스는 응답 기업의 절반이 넘는 59.0%가 사업 내용을 일부라도 알고 있는 것으로 나타났다. 동 사업의 인지도는 중소기업 인력 지원 사업 중에서 중소기업청년인턴제(79.1%) 다음으로 높다. 중소기업의 23.5%가 인력중개알선서비스를 활용한 경험이 있다고 응답하여, 다른 지원 사업에 비해 활용도가 상대적으로 높게 나타났다. 그러나 중소기업인력중개알선서비스 만족도에 대해서는 제도 활용 중소기업의 42.5%만이 경영 성과에 기여했다고 응답하여 다른 인력 지원 사업과 비교했을 때 가장 낮게 나타났다.

[표 11] 중소기업인력중개알선서비스 만족도(경영 성과 기여도)(단위 : %, 점)

구분	매우 기여	다소 기여	보통	기여하지 못한 편	거의 기여하지 못함	5점 만점
비율	10.6	31.9	29.8	19.2	8.5	3.17

자료 : 노민선, 제3차 중소기업 인력지원 기본계획 수립에 관한 연구(2016~2020), 중소기업연구원, 2015.

청년층을 대상으로 중소기업 취업 확대 정책 필요성에 대한 설문 조사 결과, '우수 중소기업에 대한 취업 정보 제공 강화(4.25점)'에 대한 정책 수요가

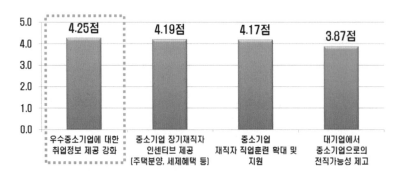

자료 : 기획재정부, 청년층 대상 취업실태 설문조사 결과, 2014.

[그림 7] 중소기업 취업 확대 정책 필요성(5점 척도)

가장 많았다. 그 다음으로 주택 분야, 세제 혜택 등 '중소기업 장기 재직자 인센티브 제공(4.19점)', '중소기업 재직자 직업훈련 확대 및 지원(4.17점)' 등의 순으로 나타났다.

IV. 청년층의 중소기업 취업 활성화 방안

1. 중소기업 인력정책 지원 방식 전환

우리나라 중소기업 인력정책 대부분은 사업주를 대상으로 하기 때문에 일정 수준 이상의 역량을 보유한 개인의 입장에서는 실익이 없다. 중소기업 R&D 인력을 대상으로 하는 대표적 고용 보조금 지원 사업인 '고급연구인력활용지원사업(현 기술혁신형 중소·중견기업인력지원사업)'은 사업 참여 인력의 66.4%가 지원 기간 종료 이전에 퇴사하고 있다.[12] 이공계 석·박사 인력을 대상으로 하는 병역대체복무제도인 전문연구요원제도의 경우 중소기업에서 지원 종료일까지 근무한 연구 인력의 61.9%가 지원 종료 당일에 퇴사하고 있다.

중소기업 인력 정책의 패러다임을 '기업' 대상 → '기업 + 사람' 대상으로 전환할 필요가 있다. 이를 위해서는 다양한 정책 간 연계 지원(Policy Mix)이 검토되어야 한다. 고용 보조금 지원 사업의 지원 형태를 '기업 보조금'에서 '기업 보조금+직업능력 개발 비용'으로 변경할 필요가 있다. 여기에서 직업능력 개발 비용 지출에 대한 의사 결정을 근로자가 직접 할 수 있도록 함으로써 자기주도형 학습(Self Directed Learning)을 보장할 필요가 있다. 상당수 전문가들은 실증 분석 결과 등을 통해 고용 안전성 증대를 위해 임금 보조금과 직업훈련을 연계시킬 것을 제안하고 있다.[13] 자기주도형 학습은 기술 경영이나 전공 업무 관련 교육 프로그램 수강, 업무 관련 국내외 학회 참석 등 다양한 형태로

---

12 노민선, 이희수, "프로그램 논리모형을 활용한 중소기업 연구인력 고용지원사업의 효과성 분석",「정책분석평가학회보」, 제22권 제3호, 199~229쪽, 2012.
13 Cocks et al., 1996 ; Katz, 1998 ; OECD, 2003 등

이루어질 수 있을 것이다.

중소기업에 복무하는 전문 연구 요원이 의무 복무 기간(3년) 경과 후 해당 기업에 근무하면서 박사과정에 진학할 경우 등록금의 일부를 장학금으로 지급하는 방안을 검토할 필요가 있다. 박사 과정 지원은 계약학과 형태로 지원하는 방안이 우선적으로 검토될 수 있을 것이며, 박사과정 지원시 일정 기간 동안 해당 중소기업에 의무 복무(대법원 판례에 따라 교육비에 대한 채무 면제의 형태로 일정 기간 의무 복무)하는 형태로 장기 재직과 연계하는 방안도 고려될 수 있을 것이다.

전문 연구 요원의 배정 인원 대비 편입 인원 비중을 의미하는 편입률은 중소기업이 45.4%로, 많은 중소기업이 배정 가능 인원 상당수를 실제 편입시키지 못하고 있다.[14] 이는 이공계 분야 군미필 석·박사 우수 인력에게 아직까지 중소기업이 매력적이지 못함을 의미한다. 그들에게 중소기업 취업 이후에 제공할 수 있는 강점을 제시함으로써 중소기업으로의 우수 인력 유입을 촉진할 수 있을 것이다.

중소기업과 핵심 인력의 동반 성장을 지원하는 프로그램 도입을 검토할 필요가 있다. 중소기업 핵심 인력은 '직무 기여도가 높아 해당 중소기업의 대표자가 장기 재직이 필요하다고 지정하는 근로자'를 의미한다(중소기업 인력 지원 특별법 제2조 제6호). 중소기업청은 2014년 8월부터 중소기업 핵심 인력 성과보상기금(내일채움공제) 사업을 시행하고 있으며, 2015년 11월에 가입자 수 1만 명을 넘어섰다.[15] 성과보상기금에 가입한 중소기업을 대상으로 핵심 인력 역량 강화 프로그램 운영을 통해 핵심 인력에 대한 생애 주기별 성장 경로를 제시할 필요가 있다. 아울러 핵심 인력의 보유 역량에 대한 내부 전수 프로그램 도입을 통해 중소기업의 경쟁력 강화를 도모할 수 있을 것이다.

---

14   노민선, 전문연구요원제도 현황 및 과제, 중소기업연구원, 2015.
15   중소기업청, 「인재 육성이 중소기업의 희망이다」(보도자료), 2015. 12. 17.

2. 중소기업 인력 공급에 대한 사고의 전환

보상 격차의 심화 등으로 인해 석·박사급 우수 인력은 일반적으로 중소기업을 선호하지 않는다. 어설픈 '석사−박사'보다 괜찮은 '고졸−학사'를 뽑아서 제대로 키우는 형태로 정책적 관심을 기울일 필요가 있다. 특히 우수한 고졸 인력 확보에 대한 관심을 가질 필요가 있다. 2014년부터 2023년까지 향후 10년간 고졸자는 신규 인력 수요(2,847천 명)에 비해 공급(747천 명)이 부족하여 2,100천 명의 초과 수요가 예상된다.[16]

[표 12] 학력별 신규 인력 수급 차 전망(2014~2023)(단위 : 천 명, %)

구 분	신규 인력 공급	신규 인력 수요	초과 공급	연평균
고 졸	747	2,847	−2,100	−210
전문대학	1,131	977	154	15
대학교	2,367	2,666	−299	−30
대학원	888	740	148	15
전 체	5,133	7,230	−2,097	−210

자료 : 한국고용정보원, 중장기 인력수급 전망 2013−2023, 2014.

이를 위해서는 고졸−학사에 대한 성장 단계별 지원 체계를 구축해야 한다. 특성화고 및 마이스터고 졸업생에 대한 성장 단계별 인력 양성 프로그램을 설계할 필요가 있다. 부처간 협업을 통해서 중소기업 현장의 수요에 최적화된 인재 양성 방안이 우선적으로 검토되어야 할 것이다.

[예시] 특성화고−전문대 졸업생에 대한 성장 단계별 양성 프로그램

(1) 1단계
 − 특성화고 육성사업* 또는 특성화고−전문대 연계 사업** 참여
  * 중소기업특성화고인력양성(중기청, 2008) vs. 특성화고취업역량강화사업(교육

---

16 한국고용정보원, 중장기 인력수급 전망 2013~2023, 2014.

부, 2009) vs. 산학일체형도제학교(고용부 · 교육부, 2015)
** 중소기업기술사관(중기청 · 교육부, 2009) vs. 취업보장형 고교 · 전문대 통합
교육 육성사업(Uni-Tech)(고용부 · 교육부, 2015)

(2) 2단계
  – 병역대체복무(2년 10개월)
    · 산업기능요원으로 중소기업에 근무(병무청)

(3) 3단계
  – 핵심 인력으로 성장(회사 생산성과 자기개발의 조화)
    · 계약학과 학위 취득(HRD)(교육부, 산업부, 미래부, 중기청 등)
    · 핵심 인력 성과보상기금 가입(중기청)

(4) 4단계
  – '산업현장 마이스터' 또는 '기업연구소장' 등으로 성장
    · 회사 및 국가 발전에 기여

병역대체복무제도의 보충역 활용도를 제고할 필요가 있다. 병무청에서는 국가의 산업 발전을 위하여 군 필요 인력 충원에 지장이 없는 범위 내에서 병역 자원의 일부를 민간 기업에 제조 · 생산 인력으로 활용할 수 있도록 지원하는 제도인 '산업기능요원제도'를 1973년에 도입하여 시행하고 있다. 관련 규정의 개정에 따라 2014년부터는 특성화고 · 마이스터고 졸업생으로 100% 인원을 배정하고 있다. 동 제도는 중소기업만을 대상으로 하여 인력 수급에 어려움을 겪는 중소기업들이 산업 인력을 확보하는 데 기여하고 있다.

편입 자격은 현역과 보충역으로 나뉘는데 학력의 제한이 없이 편입 가능한 보충역 복무 대상을 대폭 확대할 필요가 있다. 현재 보충역 복무를 위해 공공 기관에서 단순 행정 업무를 수행하는 인력인 사회복무요원을 축소하고, 대신에 이들을 산업기능요원으로 편입한다면 중소기업 현장으로 청년층의 인력 유입을 확대할 수 있을 것이다.

이공계 석 · 박사 학위 소지자를 대상으로 하는 병역대체복무제도인 전문연구요원제도의 경우 보충역 편입이 중소기업 연구소에 한해 활용이 가능하며 기업의 수요에 따라 자유롭게 편입할 수 있다. 편입 자격 또한 이공계 학사

로 완화되어 있다. 그럼에도 불구하고 보충역 전문 연구 요원 규모는 2014년 말 기준으로 159명에 불과하다.[17] 따라서 이공계 학사 이상 보충역에 대한 전문 연구 요원 편입을 확대할 필요가 있다.

3. 중소기업 취업에 대한 강력한 Signal Effect 부여

중소기업을 대상으로 하는 정부의 인력 지원 사업은 300개 이상 존재한다. 그러나 일반인들은 중소기업 인력에 대한 지원 정책을 제대로 알지 못한다. 중소기업연구원 조사 결과, 정부의 중소기업 인력 지원 정책에 대한 인지도는 대부분 50% 미만으로 낮게 나타나고 있다.[18]

중소기업 인력에 대한 지원 방식을 '다수 사업에 대한 소규모 지원'에서 '소수 사업에 파격적 지원'으로 바꿀 필요가 있다. 이를 위해서는 청년이 중소기업에 취업할 경우 3년간 세금 납부를 면제하는 방안을 우선적으로 검토할 수 있을 것이다. 현재 조세특례제한법에 따라 중소기업 취업자에 대한 소득세를 3년간 70% 감면하고 있다(조세특례제한법 제30조). 동 감면제도는 2012년에 도입되었으며, 도입 당시에는 100%의 감면율을 적용하였다. 2014년에는 감면율을 50%로 축소하였으며, 2016년에는 감면율이 70%로 다소 확대되었다. 소득세 감면을 위해 30만 4,401명이 약 2,265억 원을 신고했지만, 실제로는 결정세액이 있는 4만 1,708명이 약 193억 원의 감면을 받았다. 청년층이 중소기업에 취업할 경우 3년간 세금을 면제받는다는 것은 구직자를 중소기업으로 유인하는 데 강력한 시그널을 줄 수 있다. 실제로 구직자의 입장에서는 소득세 감면율 50%와 70%의 차이를 그다지 크게 느끼지 못하기 때문이다.

---

17 병무청, 전문 연구 요원 편입 및 관리현황(2015 4/4분기), 2016.
18 노민선, 제3차 중소기업 인력지원 기본계획 수립에 관한 연구(2016~2020), 중소기업연구원, 2015.

[표 13] 중소기업 취업자 소득세 감면 신고 현황(2014년 기준)(단위 : 명, %, 백만 원)

구 분	결정세액이 있는 자	결정세액이 없는 자	전 체
인 원	41,708(13.7)	262,693(86.3)	304,401(100.0)
금 액	19,304(8.5)	207,190(91.5)	226,494(100.0)

자료 : 국세청, 국세통계연보, 2015.

중소기업에 일정 기간(예 : 5년 이상) 근속할 경우 상급 과정 학비를 지원하는 방안을 검토할 필요가 있다. 이를 통해 중소기업 재직 근로자의 경력 개발과 장기 재직의 연계가 가능할 것이다. 이를 위해서는 중소기업 계약학과나 부처별 대학(원) 지원 사업을 활용할 수 있을 것이다. 특성화고를 졸업한 중소기업 재직자 전용의 국내외 학위 과정 또는 연수 사업을 추진하는 것도 방안이 될 수 있을 것이다.

4. 중소기업에 대한 바로 알기 노력 강화

중소기업에 대한 긍정적 인식은 우수 인력을 중소기업으로 유입시키는 데 중요한 역할을 하게 된다. 중소기업연구원 조사 결과에 따르면 중소기업에 대한 인식이 개선되고는 있지만 아직까지 부정적인 것으로 나타났다. 과거와 비교했을 때 중소기업에 대한 인식이 개선되었다고 응답한 비율이 57.5%로 높게 나타났지만, 인식 개선의 확산에도 불구하고, 중소기업에 대한 인식이 부정적이라는 응답 비율은 39.5%로 긍정적 응답(12.5%)보다 3배 이상 높았다.[19]

중소기업중앙회의 조사 결과에 따르면, 중소기업에 대한 대국민 인식도는 54.6점으로 대기업(72.8점)에 비해 낮게 나타났다. 중소기업의 인식도는 주로 안정성, 근로조건 등에서 대기업에 비해 낮게 조사되어 여전히 부정적인 것으로 분석되었다.

---

19 노민선, 「제3차 중소기업 인력지원 기본계획 수립에 관한 연구(2016~2020)」, 중소기업연구원, 2015.

[표 14] 대·중소기업 간 인식도(단위 : 점)

구 분	자아실현	사회적 지위	안정성	성장성	근로조건	전 체
중소기업(A)	55.9	57.5	52.0	57.4	50.4	54.6
대기업(B)	69.9	74.5	80.7	69.4	69.7	72.8
격차(B-A)	14.0	17.0	28.7	12.0	19.3	18.2

자료 : 중소기업중앙회, 대국민 중소기업 인식도 조사결과, 2015.

이러한 문제를 극복하기 위해서는 중소기업에 대한 바로 알기 노력을 보다 강화하여 중소기업에 대한 인식 개선 활동을 보다 적극적으로 추진해야 한다. 인식 개선 활동은 인식 개선 교육(강의) 등 기존의 소극적 방식에서 벗어나 현장 체험이나 프로젝트형 프로그램 등 적극적 방식으로 전환될 필요가 있다. 중소기업에 대한 이해도 향상을 위해 혁신형 중소기업, 으뜸 중소기업, 인재 육성형 중소기업, Best HRD 기업 등 괜찮은 중소기업에 대한 다양한 현장실습 프로그램을 마련할 필요가 있다. 대학생이 참여하는 프로젝트형 인식 개선 프로그램 마련도 검토할 필요가 있다. 기업 애로 해소, 아이디어 개발 등 프로젝트를 통해 참가자와 중소기업 간에 채용 연계를 추진하는 등의 형태로 추진될 수 있을 것이다. 기업 현장 탐방 및 체험 활동을 전 국민에게 공유할 수 있도록 다큐멘터리로 제작함으로써 중소기업에 대한 긍정적 인지도를 제고하는 방안도 함께 검토할 수 있을 것이다.

중소기업 근무 경력에 대한 우대 등을 통해 중소기업 근무에 대한 긍정적 인식을 확산하는 방안도 검토할 필요가 있다. 공공 기관 채용시 중소기업 경력자 등 중소기업을 이해하는 인재를 우대하는 형태로 추진될 수 있을 것이다(예 : 중소기업진흥공단의 경우 중소기업에서 인턴 경험이 있는 자에 한해 5점의 가점 부여). 중소기업 근무 경력이 보다 좋은 직장으로 이직하는 등 경력 발전(Career Change, Career Development)에 실질적으로 도움이 된다면 중소기업 취업 활성화를 견인하는 데 나름대로의 역할을 할 수 있을 것이다.

아울러 중소기업에 대한 인식 개선을 종합적으로 지원할 수 있도록 중소기업인식개선지원센터를 설치하거나, 중소기업 인식 개선 성과를 측정할 수 있는 지표를 설계하는 방안도 검토할 수 있을 것이다.

제4부

일 경험을 통한
청년 고용 자신감 찾기

청년의 일 경험을 확대하자*

이 영 민 (숙명여자대학교)**

* 이 내용은 이영민 등(2015), 「청년의 '일 경험' 기회 확대를 통한 고용촉진 지원방안 보고서」의 내용을 발췌, 수정, 보완한 것임.
** ymlee@sm.ac.kr

청년의 일 경험을 확대하자

I. 서론

청년 일자리 창출과 청년 실업은 현재 가장 중요한 국가정책 과제 중 하나이다. 고용 문제 해결은 정부의 노력으로 점차 나아지고 있는 노동시장 상황에도 불구하고 여전히 개선되지 않고 있어 심각한 사회문제로 대두되고 있다. 2015년 통계청 고용 동향에 따르면 전체 실업률은 점차 나아지고 있는 반면 청년 실업률은 계속해서 상승세를 보이고 있다. 이들 간의 격차는 점점 심화되어 심각한 전망이 예상되고 있다. 전체 고용률도 전반적으로 상승한 데 비해 청년 고용률은 계속해서 감소했으며 OECD 회원국 가운데 청년 고용률이 40%대인 나라는 한국이 유일하다(OECD, 2014). 이처럼 고용 상황은 점점 악화되고 있는 추세이다.

이로 인해 정부는 청년의 일 경험 기회를 제공하여 청년 고용 문제 해소를 위한 다양한 정책을 실시하였으며, 소기의 성과도 달성하였다. 현 정부 출범 이후 청년 고용 문제의 본질을 감안한 미스매치 해소, 노동시장 조기 진입 등 맞춤형 대책을 수립 추진 중이며, 고용률 70% 달성을 위하여 청년취업인턴제, 공공기관청년인턴제, 청년창직인턴제, 장년인턴제, 시니어인턴십 등의 다양한 인턴십 제도를 도입 활용하고 있다.

청년인턴제는 청년층의 일 경험 및 취업 가능성을 제고하고 일자리 창출 및 중소기업의 인력난 해소에 기여하고 있는 것으로 평가되고 있다. 실제로 청년인턴제를 통해 취업한 인원은 2009년부터 2014년까지 연간 3만여 명 이상으로 2013년도에는 4만 명을 넘어서며, 청년 취업률 상승에 큰 역할을 했다

(신혁준, 2014). 이와 같이 청년을 위해 다양한 일자리 정책을 실시하고 있지만, 단기적으로 양적 확대에 초점을 맞춘 성과 위주의 정책들이 많아 고용 지표상의 일시적인 개선 효과는 있을지 몰라도 양질의 일 경험을 높이고자 하는 정책에는 큰 역할은 못했다는 평가이다. 청년 고용 문제의 주체인 청년들은 그 효과성에 대해서 의문을 가지고 있으며 대학에서 일 경험 쌓기를 위한 다양한 제도들이 제대로 갖추어졌는지에 대한 의문이 제기되고 있다(박수명, 2013). 실제로 고용노동부가 청년인턴제 사업 시행 이후 성과를 파악한 결과, 고용을 유지하고 있는 사람은 매우 낮은 것으로 나타났으며 취업자의 절반 이상이 2년 이내에 일자리를 그만두고, 이 가운데 절반은 인턴 기간 수료 이전에 그만두는 것으로 파악되었다. 무엇보다 청년인턴제 관련한 각 사업들의 지원 내용 및 조건 등이 모두 제각각으로 실효성 파악 및 체계적인 사후 관리 시행 여부 파악에 어려움이 있다.

대표적인 일 경험 관련 경험인 인턴 제도에 대한 법적, 제도적 개선 방안에 대한 연구는 행정 운영 기관의 통합, 법률 정비를 통한 제도화 강화 방안 등을 다룬 연구(김우영, 2010) 등이 있으나 인턴제도뿐 아니라 청년의 '일 경험' 전반을 아우르는 제도 및 법적 개선에 대한 연구는 존재하지 않는다. 참고로 직업교육의 경우 주로 교육과학기술부 소관의 법령에 영향을 받는 반면, 직업훈련은 고용노동부 소관의 법령에 의해 규정된다. 이 둘에 속하지 않는 평생교육 관점의 직업교육 훈련은 대체로 교육과학기술부 소관 법령에 영향을 받는다(한국직업능력개발원, 2013).

청년은 근로기준법상 근로자로 취급되지 않는 경우가 다수이며 따라서 최저임금, 산재보험 등 근로자로서의 최소한의 보호로부터 사각지대에 놓여 있다. 또한 정부의 청년인턴지원제도를 악용해 정부 지원금만 받거나 정규직으로 전환하지 않고 우수 인재를 저임금 혹은 무급으로 이용하는 사례도 나타났다. 따라서 일 경험의 원활한 운영을 위한 정책 방안을 모색하고 노동법적 보호 방안을 마련해야 한다. 또한 정부에서는 청년들의 제대로 된 일 경험 쌓기를 위해 기존 청년 인턴 관련 사업의 운영 실태를 파악하여 통합적·유기적인 운영 시스템을 구축하고, 체계적인 사후 관리를 실시해야 한다. 대학에서는 청년 취업 활성화를 위해 청년층에 특화된 정보 시스템 구축이 필요하며 경력 개발이나 교육 훈련을 통해 취업 능력 제고 및 활용 방안을 모색해야 한다. 청년은 재학 중에 양질의 일 경험을 통해 직업의식과 태도를 함양하고, 직업 세계에 대한 인식을 높이며 현장에 필요한 지식을 습득할 수 있도록 해야 한다.

Ⅱ. 정책 방안

1. 대학의 일 경험 재정 지원 방안 설계

1) 신규 재정 지원 사업 신설

중앙정부의 고등교육 재정 지원 사업은 1990년 이후 확대되기 시작하여 다양한 형태로 전개되고 있으나(유현숙 외, 2006) 기존 대학 재정 지원 사업들은 대학의 산학협력 강화, 대학 특성을 반영한 교육 강화, 학부 교육 내용 내실화, 기술 인력 양성 내실화 등을 목표로 대부분의 사업이 교육부 중심으로 이루어지며, 프로그램의 목적이 일 경험의 촉진과는 다소 거리가 있다. 기존 대학 재정 지원 사업에서 일 경험은 현장학습 강화, 산학협력 실습 강화 등의 형태로 나타나고 있다. 따라서 재학생의 일 경험을 활성화할 수 있는 가장 중요한 주체인 대학 참여 확대를 위한 재정 지원 방안을 새로 계획하는 것이 필요하다.

2) 청년고용기금 마련

청년 일 경험 사업 촉진을 위해서는 지속적인 청년 일 경험과 관련된 투자가 필요하다. 그러나 청년 일 경험과 관련된 지속적인 투자 및 예산 확대는 현실적인 장벽으로 마련이 어려워질 수 있으며, 매년 예산 확보에 실패 위험을 갖고 있어 청년 일 경험과 관련된 안정적인 예산 확보가 시급하다. 고용노동부에 따르면, 2015년 기준 청년 일자리 및 고용에 특화된 20개 항목의 예산은

4,933억 원으로 집계되었다. 청년 일 경험 사업에 투자되는 금액은 정부 및 지자체 출자금이 대부분이며, 기업, 대학 등 이해관계자의 일 경험 사업 진행 관련 출자금은 미미한 수준이다. 따라서 더 많은 지원금을 통한 일 경험 사업 확산을 위해서는 이해관계자의 지원이 필요한 상황이다.

기금 마련 초기의 경우, 장기적인 관점에서 운용 가능한 재정 지원 방안을 확립하는 의미에서 활용보다는 축적에 집중하여 현 정부 및 지자체 재정 지원을 통한 일 경험 촉진을 지원하며, 충분한 기금이 조성되었을 시 청년고용기금을 본격적으로 활용하여 기금 마련 및 환급이 가능하도록 지원한다. 펀딩을 통해 기금을 조성하고 일 경험 진행 혹은 취업시 이를 환급받을 수 있도록 지원하며, 청년고용기금을 조성한 후 청년이 일 경험을 하거나 고용이 되었을 시 이를 환급해주어 일 경험 활동을 장려하는 동시에 일 경험과 관련된 제반 비용 충당에 일조할 수 있다.

3) 기존 재정 지원 사업과의 연계

기존 재정 지원 사업에서 일 경험은 지역 산업 내의 산업현장실습 인원수 위주로 평가되었으나 이를 확대하여 다양한 형태의 일 경험이 모두 평가 항목에 적용될 수 있도록 평가 기준을 확대할 필요가 있다.

2008년 이명박 정부 이후 대학 재정 지원의 형태는 포뮬러 방식이라 불리는 선별적 차등 지원 원칙이 유지되고 있다. 대학 재정 지원을 위한 주요 평가 지표는 취업률, 재학생 충원율, 국제화 등의 성과 지표, 전임교원 확보율, 장학금 지급률, 교육비 등 여건 지표를 기준으로 하고 있다(강홍준, 2012). 일 경험 진행 여부를 타사업의 필수 평가 항목으로 추가하여 일 경험 사업이 원활히 이루어지지 않는 대학에 타 사업 재정 지원을 제재하는 수단으로 사용한다면 가시적인 성과를 거둘 수 있을 것으로 기대된다. 다만 대부분 대학 재정 지원 사업의 주관 부처가 교육부이기 때문에 부처 간 원활한 협의가 필요할 것으로 보인다.

4) 장학 재단 사업과의 연계

기존의 중소기업 취업전제 희망사다리장학금[1] 혹은 국가근로장학금[2] 등과 같은 한국장학재단의 장학 사업을 청년 일 경험 사업과 연계, 확대 적용시켜 일 경험을 실행하는 학생에게 장학금 혜택을 지원할 수 있도록 하여 청년의 일 경험의 유인책으로 활용하는 동시에 일 경험 재정 지원 루트를 개척할 수 있다.

2. 일 경험 프로그램 운영 기업 컨설팅 실시

1) 기업맞춤형 프로그램 추천

개별 기업은 다양하게 이루어지고 있는 일 경험 프로그램에 대한 정보 부족으로 인해 참여하지 못하는 경우가 다수 발생하고 있다. 2015년 현재 중앙 정부 부처에서 운영하고 있는 일 경험 관련 프로그램은 24개이며 지방자치단체에서 운영하는 일 경험 관련 프로그램은 10개로 파악되었다. 이 프로그램 중 다수가 매년 참여 기업을 신청받아 재정을 지원하는 방식으로 운영하고 있으며 각 기업은 해당되는 프로그램에 지원하여 금전적, 비금전적 지원을 받으며 일 경험 프로그램에 참여하고 있다. 기업맞춤형 프로그램 추천을 위해 한국고용정보원 내 청년고용센터를 설립하여 기업 및 민간 위탁 운영 기관의 컨설팅을 수행하도록 해야 한다. 개별 기업은 기업의 규모, 위치, 산업, 필요 인력, 프로그램을 통해 일 경험 재학생들에게 제공할 수 있는 사항 등이 상이하기 때문에, 청년고용센터를 통해 각 부처 및 지자체에서 운영하고 있는 일 경험 프로그램 중 해당 기업에 가장 적합한 일 경험 프로그램을 추천하여 개별 기업이 일 경험 프로그램에 적극 참여할 수 있도록 독려하며 해당 기업에 적

1　희망사다리장학금 : 취업 및 창업을 희망하는 대학생들에게 장학금 지원을 통해 등록금 부담 완화와 중소기업 인력난 해소 및 창업 분위기를 조성.

2　국가근로장학금 : 경제적 여건에 관계없이 누구나 능력과 의지에 따라 균등한 교육 기회를 가질 수 있도록 안정적 학업 여건을 조성하고 다양한 직업 체험의 기회를 제공하여 취업 역량 제고.

합한 교육 프로그램을 설계하고 제공하도록 한다.

2) 대학과의 연계 지원

개별 기업의 업종과 규모, 사업 영역 등에 따라 기업들이 필요로 하는 일 경험 프로그램 참가자의 구체적 요건이 달라진다. 기업이 위치한 지역 내의 대학 중 세부 전공 및 수강 과목 등 기업이 원하는 조건의 참가자가 있는 대학(학과 단위)과 기업을 연계하도록 지원할 수 있다. 전국 대학 195개교 설문 결과, 기업과 협약을 맺고 해당 기업을 관리하는 대학은 전체 응답 중 75%로 높은 비율을 차지하였으나 모집 방법의 대다수가 학교에서 먼저 의뢰하여 기업과 협약을 맺는 형태로 이루지는 것으로 나타났다. 또한, 대학 취업센터 및 일 경험 담당자 중 67%가 기업 모집에 대한 어려움을 호소하였다. 기업과 대학의 매칭이 이루어지면 해당 대학(학과)과 기업이 협약 기업, 가족 기업 등의 형태로 맺어질 수 있도록 하여 대학(학과)의 학생들이 기업에서 일 경험을 수행하는 맞춤형 프로그램을 만들어 운영하도록 지원해야 한다.

3) 청년취업인턴제 신청과의 연계

청년취업인턴제 신청의 지원 자격을 '청년 대상 일 경험 사업을 최소 1개월 이상 제공한 경험이 있는 사업장'으로 제한하여 청년취업인턴제의 지원 자격을 충족하기 위해 일 경험 프로그램 실행이 필수가 되게끔 구성한다. 청년취업인턴제 신청 자격을 얻기 위한 일 경험 프로그램 실행시, 프로그램 구성에 대한 컨설팅을 통해 맞춤형 일 경험 프로그램을 제공할 수 있도록 지원한다.

4) 일 경험 프로그램 운영 및 참여시 금전적 혜택 지원

기업들이 일 경험 관련 프로그램에 참여하는 주된 유인은 인건비 등 비용의 절감에 있기 때문에, 컨설팅을 통해 일 경험 프로그램에 신규로 참여하거나 기존보다 규모를 확대히는 기업에 추가적 금전 혜택을 지원하여 참여를 독려할 수 있다. 금전적 혜택은 컨설팅 후 인건비 보조, 프로그램 운영 장려금,

설비 지원 등 기업에 가장 적합한 형태를 선정한다.

5) 일 경험 프로그램의 지속적 질 관리 지원

일 경험 컨설팅의 일환으로 모니터링 및 상담 등을 통한 지속적 질 관리가
이루어져야 한다. 질 관리의 시행은 컨설턴트, 일 경험 학생 소속 대학 담당
자, 기업 담당자가 함께 해야 하며 1회성 중간 관리가 아닌 주체들 간 지속적
협의가 이루어질 수 있는 시스템을 구축해야 한다. 질 관리를 위한 시스템은
지속적인 대면형 회의 형태가 어려울 수 있음을 고려하여 스마트폰 애플리케
이션을 이용하는 방법도 생각해볼 수 있다. 기업 담당자는 일 경험 참여자의
상황 보고, 대학 관계자는 학생과의 접촉을 통해 애로 사항 해결을 위한 상황
보고, 컨설턴트는 이들을 종합한 해결 방안 제시 등을 통해 질 관리를 시행할
수 있다.

3. 대학과 기업이 일 경험 평가와 인증 체계 도입

1) 대학 일 경험 평가 및 인증 체계 도입

대학의 평가 및 인증 기준에 재학 중 일 경험을 포함시켜 대학의 일 경험
프로그램 수용성을 높일 수도 있다. 대표적인 대학 평가인 대학교육협의회의
대학 평가는 한국대학교육협의회법 제18조 '한국대학교육협의회는 대학 교육
과 대학 행정의 발전을 위하여 그에 필요한 자료를 확보하고 주기적으로 대학
의 학사 및 운영 전반에 관한 평가를 실시하여야 하고, 평가의 결과는 지체 없
이 교육부 장관에게 제출하여야 한다'는 법적 근거에 의해 실시되고 있다. 현
재 대학 평가 및 인증 제도의 평가 결과는 대학 교육 여건의 개선, 대학의 교
육과정 개선, 교수의 연구 활동 촉진, 대학 행정 및 학사 조직 개선, 대학 간
선의의 경쟁 체제 확립 등에 기여하였고 재정 지원, 정원 감축 등에 활용되어
강력한 제재 효과가 있는 것으로 나타났다(최한선 외, 2000). 이는 대학 평가
및 인증 기준으로 활용되는 지표들이 대학에 강력하게 수용될 수 있다는 것을

의미한다. 여타 기준들처럼, 재학 중 일 경험을 대학 평가 및 인증 기준에 추가하면 대학의 수용성을 향상시킬 수 있다.

운영 중인 일 경험 프로그램의 수, 일 경험 프로그램 참여 재학생 수 및 전체 학생 중 일 경험 참여 학생 비중, 재학 중 일 경험이 실제 취업으로 연결되는 비율, 일 경험 전담 부서 및 전담 인원 유무, 일 경험 운영을 위한 가족 및 협약 기업의 수 등을 지표로 활용할 수 있다. 정량적 지표 외에 일 경험을 확대하기 위하여 추진하고 있는 계획을 지표에 추가하고, 다음 해에 계획 이수 여부 등을 확인해 이를 지표로 적용할 수 있다. 대학 자체의 일 경험 질 관리 방법 또한 평가 항목으로 이용 가능하다. 이는 대학 자체의 질 관리 효과를 동시에 높이는 효과가 있을 것으로 보인다.

또한 고용노동부의 고용창출우수기업 인증, 사회적기업 인증, 교육부의 BEST HRD 인증 제도 등과 같이 우수 사례를 가진 대학에 '일 경험 우수 대학 인증'을 수여하는 제도를 도입해야 하며, 선정된 우수 대학에는 우수 대학 상장 수여, 인증마크 사용, 추가 재정 지원, 입학 정원 감축 유예 등의 혜택을 제공할 수 있다.

2) 기업 일 경험 평가 및 인증 체계 도입

고용창출, 사회적기업, HRD, 고용평등, 노사문화, 장애인고용 등의 경우, 인증 체계를 갖추어 기업을 대상으로 우수 기관 선정 및 혜택을 제공하여 해당 주제에 대해 여러 기관이 자발적으로 인증 기준을 획득하려고 노력하는 선순환 체계가 이루어지고 있다.

기업의 일 경험 참여 확대 및 질 관리를 위한 목적으로도 인증 체계를 도입할 수 있다. 그러나 일 경험과 관련된 인증 체계 마련이 부재한 상태로도 일 경험과 관련된 체계적인 관리가 이루어지지 않을 뿐 아니라, 우수 일 경험 사례의 확산이 어렵다. 기업의 일 경험에 대한 질 관리 측면과 우수 사례 확산과 기업에 대한 이미지 제고 및 인센티브 제공으로 인한 유인책 마련 차원에서 인증 제도가 필요하다.

4. 일 경험 채용 우대 제도 정착

1) 일 경험자 공공 기관 채용 우대 제도 도입

기업마다 기준 및 상황이 달라 당장 적용이 어려운 민간 영역보다 공공 부문에서 우선적으로 채용시 재학 중 '일 경험'에 대한 우대를 시행해야 한다. 안정된 일자리와 높은 보수의 장점을 가진 공기업 및 공공 기관 등 공공 부문에 취업하기 위하여 가산점이 있는 각종 자격증 취득에 많은 비용이 발생하고 있는 현실이다. 4년제 대졸자의 경우, 흔히 취업 사교육이라 불리는 정규 과정 4년을 제외한 어학 연수, 공무원 시험 준비, 자격증 취득 등의 취업 준비를 위한 사교육비로 평균 511만 원을 지출하는 것으로 나타났다(안승섭, 2015). 공공 부문 채용에서 자격증 대신 재학 중 일 경험자를 우대하는 것은 구직자의 취업 준비 비용 절감에 도움이 될 수 있으며 기관 입장에서는 해당 분야에 이해가 높은 구직자를 선발할 수 있는 방법이 될 것이다.

2) 일 경험자 민간 기관 채용 우대 제도 도입

기업 등의 일 경험자 채용 우대 문화를 확산시키기 위해 일 경험과 관련된 사업에 있어서 일 경험자 채용시 각종 인센티브와 지원을 해주는 일 경험자 채용 우대 제도 도입해야 한다. 이의 일환으로 동 기업 내에서 현장실습 혹은 교육 목적으로 일 경험을 진행하는 체험형 일 경험 프로그램을 진행한 참여자를, 정식 채용 혹은 채용 여부를 판단하기 위해 일 경험을 진행하는 채용연계형 일 경험 프로그램을 통해 채용하는 경우 기업 및 일 경험 프로그램 참여 청년에게 인건비 지원 등 인센티브 및 추가 지원을 제공하는 제도를 도입해야 한다. 이를 통해 기업의 체험형 및 채용연계형 일 경험 프로그램 제공에 대한 촉진 기능과, 기업 내 일 경험자 채용 확산의 단초를 마련할 수 있게 된다. 이와 더불어 직업훈련 분야의 사업과 일 경험 사업 간의 연계를 통해 일 경험을 촉진시키며, 일 경험자의 채용을 우대할 수 있다. 청년취업아카데미 등 직무훈련을 제공하는 사업의 참여 기업이 중소기업청년인턴제 등을 활용하여 훈련에 참여한 청년을 채용하도록 지원하여 일 경험자의 채용을 증진시키는 효과를 가져올 수 있다.

3) NCS 중심 채용시, 일 경험 적정 수준 인정 및 자격화

국가직무능력표준(National Competency Standards : NCS)은 각 능력 단위별로 수준이 지정되어 있다. 현재 공공 기관에서 인력을 채용할 때 NCS 중심으로 각 능력 단위의 수준을 판단하여 해당 지원자의 업무 적합성을 파악하고 있어 구직자들은 이력서 형태의 입사지원서와 자기소개서를 함께 제출해야 한다. 자기소개서에는 입사지원서의 '직무 관련 기타 활동'에 대한 경험 기술서가 포함되어 구직자들의 본인의 일 경험을 어필할 수 있다. 이를 통해 재학 중 일 경험이 있는 구직자에게 가산점을 주거나, NCS 수준상에서 같은 단계로 파악되는 지원자 중 일 경험이 있는 사람을 한 단계, 혹은 반 단계 높은 수준으로 평가하는 방식을 적용할 수 있다. 이러한 채용 문화가 확산되면 취업을 위해 반드시 관련 일 경험을 해야 하는 분위기가 확산되고 기업에서도 일 경험이 있는 지원자에게 우대하는 전반적 문화가 확산될 수 있다.

III. 제언

대학의 일 경험 프로그램 수용성 제고를 위한 방안의 일환으로 일 경험과 관련된 대학 재정 지원 사업의 체계적 설계가 필요하다. 이를 위해 먼저 기존의 재정 지원 사업과 별개로, 인건비 및 장학금을 근간으로 하는 신규 재정 지원 사업을 시행하여 일 경험에 특화된 안정적인 재정 지원 방안을 구성하는 방안을 생각할 수 있다. 이를 통해 대학 및 기업의 적극적인 참여를 유도할 수 있으며, 나아가 일 경험 전담자 배치 및 프로그램 관리를 통한 일 경험 질 관리를 기대할 수 있게 된다. 또한 청년의 일 경험을 포함하는 청년 고용 관련 이해관계자들의 자체적인 런닝을 통한 청년고용기금을 조성한다면 장기적인 관점에서의 일 경험 운용을 위한 준비를 할 수 있다. 이 밖에 대학 평가 등 기존의 재정 지원 사업에서도 일 경험 관련 평가 항목을 추가 반영하여 일 경험을 독려하는 방향도 있으며 장학 사업과의 연계를 통해 장학 재단의 지원 재정을 활용하는 방법도 고려할 수 있다.

일 경험 프로그램은 일 경험 프로그램을 제공하는 기업에 의해 성패가 좌우되며, 운영에 있어서의 모든 권한 및 책임은 기업에 있기 때문에, 기업의 입장에서 일 경험 프로그램을 구성하고 제공하는 것에 부담을 느낄 수 있다는 문제점이 있다. 따라서 이를 해결하고자 일 경험 프로그램 운영과 관련된 기업 컨설팅을 실시할 필요가 있다. 지역 대학과의 연계를 통해 맞춤형 프로그램을 지원하거나, 기업을 대상으로 맞춤형 일 경험 프로그램 컨설팅을 제공하여 일 경험 프로그램을 구성하고 운영하는 제반 사항에 대한 컨설팅을 통해 기업 내 일 경험 사업 진행의 효율성과 성공률 및 수용성을 높일 수 있으며, 청년취업인턴제의 신청 자격을 일 경험을 제공한 경험이 있는 기업으로 제한하여 이를 활성화할 수 있다. 또한 일 경험 프로그램을 운영하거나 참여했을 경우 금전적 혹은 비금전적인 형태로 혜택을 제공하여 이를 촉진할 수 있으며, 일 경험 컨설팅의 일환으로 지속적인 일 경험 프로그램의 질 관리가 이루어질 수 있도록 지원해야 한다.

대학의 적극적인 참여를 격려하기 위해 대학 평가시, 재학 중 일 경험을 평가 항목 또는 인증 기준으로 추가 반영하는 방법을 고려할 수 있다. 대학 평가에 대한 평가 항목 추가뿐 아니라, 일 경험 우수 대학 인증 제도를 도입하여 다양한 혜택이 주어질 수 있도록 지원하여 대학 내 일 경험에 대한 관심의 증가와 참여를 유도할 수 있다. 같은 맥락에서 기업의 일 경험 참여 확대 및 기업의 일 경험 질 관리를 위해 인증 체계 도입이 요구됨에 따라 이를 충족시킬 수 있는 기업의 일 경험 인증 체계 도입이 시급하다. 일 경험 인증 및 일 경험 우수 기업 선정을 통해 혜택을 제공하여 일 경험을 유인하고, 긍정 사례 확산을 기대할 수 있다.

일 경험과 연계된 주체들의 적극적인 참여를 촉진하기 위해서는 사회 전반의 일 경험 인식을 확대하고 채용 우대 문화를 정착할 필요가 있다. 이를 위해 공공 기관 채용시, 일 경험 경력에 대해 채용 우대를 해주는 제도를 도입할 필요가 있다. 공공 기관 채용시 우대 조건으로 '관련 일 경험자' 항목을 추가함으로써 취업을 위한 사교육비 등 사회적 비용 감소를 기대할 수 있다. 민간 기관의 일 경험자 채용을 우대하기 위해, 동 기업 내 체험형 일 경험 참여자를 채용연계형 일 경험 프로그램을 통해 채용할 시 인센티브 및 추가 지원을 해주어야 한다. 또한 직업훈련 분야의 사업과의 연계와 정규직 전환률이 높은 기업에 대한 인센티브 확대를 통해 민간 기관의 일 경험자 채용 우대 문화를 확산시키도록 해야 한다. 또한 NCS 중심 채용시, 일 경험을 각 단계보다 높은 수준으로 인정할 수 있도록 하여, 일 경험 우대 문화가 정착될 수 있도록 지원해야 한다. 또한 일 경험에 대한 사회 전반적인 필요성 인식 제고와 이에 대한 제도적인 지원을 위해 안정적인 일 경험 재정의 확보가 필요하다. 이를 위해 일 경험 관련 이해관계자들의 펀딩을 통해 청년고용기금을 조성하고 이를 대학 및 기업의 평가 항목에 추가하는 방안을 생각해볼 수 있으며, 이를 통해 대학 및 기업의 일 경험에 대한 노력을 촉진할 수 있다. 일 경험을 우대하는 채용 제도 정착의 일환으로 청년취업인턴제의 신청 자격을 조건화하는 방안도 생각해볼 수 있다. 청년취업인턴제의 신청을 기존에 일 경험을 제공한 적이 있는 기업으로 한정시켜 무분별한 지원을 막아 일 경험 사업의 효율성을 높이고, 청년취업인턴제 사업에 있어서 일 경험 경력을 우대하도록 하는 것을 골자로 한다. 마지막으로 일 경험 관련된 행정적 기반을 일 경험 친화적으로 재정비하여 일 경험의 수용성을 높이고 이를 우대할 수 있는 제도로 제반 시스템을 갖추는 노력이 필요하다.

노동법을 통해 **일 경험 실습생**을 어떻게 **보호**하고 **지원**할 것인가

권 혁 (부산대학교 법학전문대학원)*

* khyuk29@daum.net

노동법을 통해 일 경험 실습생을 어떻게 보호하고 지원할 것인가

I. 서설

최근 민간 기업, 공공 기관, 정부 부처 등에서 대학생 위주로 인턴형의 일 경험 프로그램이 많이 운영되고 있다. 대학에서 피교육자인 학생들에게 향후 직업 활동에의 유연한 편입과 직업 지식에 관한 정확한 정보 제공을 목적으로 한 일 경험 프로그램은 상당히 적극적인 청년 일자리 창출 정책이라고 할 수 있다.

문제는 일 경험의 주체인 대학생들이 직업교육 · 훈련 · 실습을 목적으로 일 경험 프로그램에 참여하는 경우에도 다양한 노동법적 문제가 발생될 여지가 있다는 데 있다. 예컨대 일 경험 차원에서 민간 기업의 업무 수행 인턴으로 활동하다가 질병이나 사고에 따른 재해 발생이 있을 수 있다. 이러한 경우에 이들에 대한 사회법적 보호가 필요함은 물론이다. 그 외에도 일 경험 참여 학생들에 대하여 사실상 일 경험 교육 효과보다는 저렴한 비용으로 회사의 업무를 수행하도록 하는 경우에는 사실상 근로계약 관계와 유사한 문제가 발생할 수도 있다. 이른바 '열정페이' 논란이 바로 그런 경우다. 현장에서의 실습 경험이 구직에 있어 매우 중요한 요건이 되고 있는 실태 때문에 대학교 등에서 학생들에게 현장실습을 강조하고 있다. 이 과정에서 비록 인턴이나 수련생, 학습 연수생 등에 대해 교육이나 훈련의 목적을 떠나 사실상 근로를 시키면서, 노동법상의 제반 의무를 비켜가는 문제가 발생하고 있는 것이다. 예컨대 교육생의 신분이지만, 실은 근로자로서의 실질을 기지는 경우 마땅히 최저임금법이 적용되어야 하는데, 단지 교육생이라는 이유로 최저임금에 이르지 못하는 임금을 지급하는 경우가 발생하고 있는 것이다. 그러나 여기에서 간과하지 말아야 하는 것이 있다. 지금 우리 노동현장에서 발생하고 있는 이른바 '열정페이'의 문제는 수련생이나 실습생 등이 '피교육생'으로서의 지위에 있지만, 그 실질을 보면 '근로자'로 인정되는 경우이다. 이러한 경우에 마땅히 근로자에 대한 제반 노동법상의 보호 규정이 엄격히 적용되어야 함은 물론이다.

나아가 일 경험 인턴 대학생이 근로자의 카테고리에 들어가지 않고 사실상 교육의 터전을 기업으로 옮긴 피교육생으로서의 지위를 지니는 경우라 하더라도, 회사의 근로 관계 내에 '편입'된 상황에서 일 경험 등 직업 실무 교육이 이루어지는 특성이 있음에 유의할 필요가 있다. 노동법의 전면적 적용 여부로 인턴에 대한 보호를 실행하고자 하는 것이 과연 타당한 것인가는 의문이다. 피교육생으로서의 속성과 근로자로서의 속성이 혼재되는 인턴에 대해, 과연 근로자 또는 피교육생 어느 하나의 개념에 획일적으로 포섭시키는 것이 옳은가의 문제이기도 하다. 이들에 대한 사회적 보호의 필요성을 부인할 수는 없다. 그러나 이것이 교육의 요소와 실질을 부정하거나 상호 조화될 수 없도록 만들 위험도 있다. 문제는 바로 여기에 있다. 오히려 그들에 대한 맞춤형 보호를 모색하는 것이 인턴의 법적 지위에 부합될 수도 있다. 즉, 일 경험 교육을 내용으로 하는 것이지만, 회사 내 조직에의 편입이라는 현상을 부수하게 되므로, 이에 따른 합리적인 노동법적 보호의 관점에서 일정한 개입이 이루어지도록 할 필요가 있다.

이하에서는 이른바 현장실습생 등 다양한 명칭으로 불리우는 일 경험 대학생에 대한 노동법적 개념 평가와 맞춤형 보호 체계를 모색하기로 한다.

II. 일 경험 실습생의 법적 지위

1. 원칙

원칙적으로 근로기준법상의 근로자에 해당하는지 여부에서 계약의 형식이나 명칭은 중요하지 않다. 비록 그 명칭이 고용계약인지 도급계약인지 또는 위임계약인지는 상관없다. 중요한 것은 오로지 그 실질이다. 만약 그 실질에 있어 근로자가 사업 또는 사업장에 임금을 목적으로 종속적인 관계에서 사용자에게 근로를 제공하는 관계라면 그 근로의 제공 주체는 근로자가 된다. 노동법상의 보호 대상이 되는 것이다. 따라서 노무 제공을 둘러싸고 실제로 행하여졌던 실태를 정확하게 파악하는 것이 관건이 된다. 실질적으로 근로 관계로서의 본질을 가지면서도 이를 은닉하는 차원에서 명목상 다른 학습 계약을 체결하는 경우가 발생되면, 그 법형식에 상관없이 근로자의 보호를 위한 강행법률이 우선하여 적용되어야 한다. 따라서 법률 관계의 법적 성격은 그 계약의 실질적 내용에 따라 결정되어야 하는데, 이러한 법리를 이른바 '계약형식강제(Rechtsformzwang) 법리'라고 한다.

실질적으로 근로 관계로서의 본질을 가지면서도 이를 은닉하는 차원에서 명목상 다른 학습 계약을 체결하는 경우가 발생되면, 그 법형식에 상관없이 근로자의 보호를 위한 강행법률이 우선하여 적용되어야 한다. 따라서 법률 관계의 법적 성격은 그 계약의 실질적 내용에 따라 결정되어야 한다.

2. 기존 개념

1) 근로자

노동법상의 보호 대상은 '근로자'이다. 특히 근로계약 관계를 둘러싼 근로 조건 등에 대한 노동법적 보호 체계는 근로기준법상 근로자인가 여부가 핵심 쟁점이 된다.[1] 근로자인자 아닌지 여부는 노동법상 보호가 전면적으로 주어질 것이냐 아니냐의 문제이기 때문에 대단히 중요하다고 할 수 있다. 이러한 근로자 개념과 관련하여 '근로기준법'에서는 '근로자'의 정의를 "직업의 종류를

---

1 다른 한편 근로기준법상 근로자 개념 외에도 노동조합에의 가입 자격 여부를 중심으로 하여 노조법상 근로자 개념이 따로 인정된다.

불문하고 사업 또는 사업장에 임금을 목적으로 근로를 제공하는 자"라고만 규정하고 있다(동법 제2조 제1항 제1호).

근로계약 관계의 존부를 판단함에 있어 가장 중요한 실질은 바로 '근로'의 제공 여부다. 이때 근로는 종속적 지위하에서의 노동력 제공을 말한다.

이때 종속적인 노무 제공 관계, 즉 '근로의 제공'이 있었는가와 관련하여 대법원은 다음과 같이 판시하고 있다. "업무 내용을 사용자가 정하고 취업 규칙 또는 복무(인사) 규정 등의 적용을 받으며 업무 수행 과정에서 사용자가 상당한 지휘·감독을 하는지, 사용자가 근무시간과 근무장소를 지정하고 근로자가 이에 구속을 받는지, 노무 제공자가 스스로 비품·원자재나 작업 도구 등을 소유하거나 제3자를 고용하여 업무를 대행하게 하는 등 독립하여 자신의 계산으로 사업을 영위할 수 있는지, 노무 제공을 통한 이윤의 창출과 손실의 초래 등 위험을 스스로 안고 있는지와, 보수의 성격이 근로 자체의 대상적 성격인지, 기본급이나 고정급이 정하여졌는지 및 근로소득세의 원천징수 여부 등 보수에 관한 사항, 근로 제공 관계의 계속성과 사용자에 대한 전속성의 유무와 그 정도, 사회보장제도에 관한 법령에서 근로자로서 지위를 인정받는지 등의 경제적·사회적 여러 조건을 종합하여 판단하여야 한다"는 것이다.[2]

2) 현장실습생

'산업재해보상보험법'(이하 '산재보험법') 제123조(현장실습생에 대한 특례) 제1항에서는 "이 법이 적용되는 사업에서 현장실습을 하고 있는 학생 및 직업훈련생(이하 "현장실습생"이라 한다) 중 고용노동부 장관이 정하는 현장실습

---

2   대판 2006. 12. 7, 2004다29736 ; 대판 2003.11.28, 2003두9336. 다만, 기본급이나 고정급이 정하여졌는지, 근로소득세를 원천징수하였는지, 사회보장제도에 관하여 근로자로 인정받는지 등의 사정은 사용자가 경제적으로 우월한 지위를 이용하여 임의로 정할 여지가 크다는 점에서, 그러한 점들이 인정되지 않는다는 것만으로 근로자성을 쉽게 부정하여서는 안 된다고 한다(대법원 2007. 1. 25, 2005두8436).

생은 제5조제2호에도 불구하고 이 법을 적용할 때는 그 사업에 사용되는 근로자로 본다"고 하고 있고 관련 조항에 따르면 고용노동부 장관이 정하는 현장실습생은 '직업교육훈련촉진법'과 같은 법령에서 인정하는 직업교육 기관에 소속되어 교육 훈련을 받던 교육생을 의미하는 것으로 되어 있다.[3]

'현장실습생에 대한 산업재해보상보험 적용범위'(1998. 1. 19. 노동부고시 제98-10호)가 그러하다. "노동부 장관이 정한 현장실습생"이란 '직업교육훈련촉진법'에서 인정하는 직업교육기관에 소속되어 교육훈련을 받던 교육생으로서 위 직업교육의 일환으로 산재보험 적용사업장에서 '직업교육훈련촉진법' 제7조의 규정에 의한 현장실습을 이수하고 있는 자를 말한다. 이러한 사업장은 다음과 같다.

1. '산업교육진흥 및 산학연협력촉진에 관한 법률' 제2조 제2호의 규정에 의한 산업교육기관. 예컨대, 실업계 고등학교, 실업계 과정을 설치한 일반계 고등학교, 전문대학, 개방대학 등.
2. '고등교육법' 제2조 제6호의 규정에 의한 기술대학.
3. '근로자직업능력개발법' 제2조 제1호의 규정에 의한 직업능력개발훈련을 실시하는 기관. 예컨대, 공공직업훈련원, 인정직업훈련원, 사내직업훈련원 등.
4. '학원의 설립운영 및 과외교습에 관한 법률'에 의해 설립된 학원 중 기술 분야 교습 학원.
5. 기타 다른 법령에 의해 설립된 직업교육훈련 기관.

관련 법령에 따른 현장실습생이나 직업훈련생은 곧바로 산재보험법의 보호라도 받도록 되어 있다. 그러나 일반적인 무급 인턴은 법령상 인정되는 현장실습생에 해당한다고 단정하기도 어렵다.[4]

근로자처럼 일을 하지만 근로자로 취급받지 못하고 취업을 미끼로 각종 착취에 노출되기 때문이다. 더구나 인턴은 법률 용어도 아니어서 법적 개념도

---

3 현행 '산재보험법'상 이 부분에 대한 고시는 없고, 구법상 동일한 조문에 대한 고시가 존재한다.
4 노호창, 「무급인턴의 법적 지위와 보호방안에 대한 검토」, 『노동법논총』 제32권, 2014, 113쪽.

없고 현행 노동법하에서는 적절한 대응이 쉽지 않다.[5] 구체적 사건에서 일일이 그 법적 성격을 따져야 하는 복잡한 상황에 이르게 되었다.

2. 일 경험 실습생의 피교육자로서의 지위와 기업 조직 편입원으로서의 지위 혼재

1) 병원 수련의

(1) 대법원 1998. 4. 24. 선고 97다57672 판결

공립병원의 전공의가 그 교과과정에서 정한 환자의 진료 등 수련을 거치는 피교육자적인 지위와 함께 병원에서 정한 진료 계획에 따라 근로를 제공하고 그 대가로 임금을 지급받는 근로자로서의 지위를 아울러 가지고 있었고, 병원의 지휘·감독 아래 노무를 제공함으로써 병원과의 사이에 실질적인 사용 종속 관계가 있었던 경우, 그 전공의는 병원에 대한 관계에서 구 근로기준법 제14조에 정한 근로자에 해당한다고 할 것이고, 이는 전공의가 지방공무원법이 정한 공무원 자격과 임용 절차에 의하여 임용된 공무원이 아니라거나, 병원에서 전공의에 대하여 수련 기간 중 마지막 6개월간은 실제 근무를 하지 않고 자율적으로 시험 공부를 하도록 하였다고 하더라도 마찬가지이다.

(2) 대법원 1989. 7. 11. 선고 88다카2920 판결

전문의 시험 응시 자격 취득을 위한 수련 과정의 이수를 위해 병원의 전공의로 임용되어 인턴의 경우에는 통상 24시간 병원에 대기하고, 레지던트의 경우에는 통상 매일 07 : 00 출근하고 19 : 00 퇴근하되 평균 주 2회 야간 당직 근무를 하면서 병원에서 수립한 진료 계획에 따라 주간 근무 중에는 전문의의 지시, 감독을 받고 야간 당직 근무 중에는 독자적 판단에 의하여 환자들에 대

---

5   노호창, 「인턴의 법적 지위」, 『노동법연구』 제33호, 서울대학교 노동법연구회, 2012년 하반기, 198~206쪽.

한 치료, 검사, 처방, 집도 등 의료 행위를 해왔으며, 병원 경영자로부터 매월 정기적으로 본봉, 연구비, 야간 근무 수당, 장학 수당, 조정 수당 등의 급여를 지급받아왔다면, 비록 전문의 시험 응시 자격 취득을 위한 필수적인 수련 과정에서 제공된 근무라 하더라도 전공의들은 병원 경영자에 대하여 그 교과과정에서 정한 환자 진료 등 수련을 거치는 피교육자적인 지위와 함께 병원에서 정한 진료 계획에 따라 근로를 제공하고 그 대가로 임금을 지급받는 근로자로서의 지위를 아울러 가지고 있고 또한 이들은 병원 측의 지휘 감독 아래 근무를 제공하므로 병원 경영자와의 사이에는 실질적인 사용 종속 관계가 있다 할 것이다.

2) 특성화고등학교 실습생

(1) 대법원 1987. 6. 9. 선고 1996다카2920 판결

고교 졸업 예정자인 실습생이고 그 작업 기간이 잠정적인 것이라 할지라도 근로자가 아니라고 단정할 수 없으며, 사업주와 실습생 사이의 채용에 관한 계약 내용, 작업의 성질과 내용, 보수의 여부 등 그 근로의 실질 관계에 의하여 사용 종속 관계가 있음이 인정된다면 근로자이다.

(2) 행정 해석(근로기준과-4521. 2009.11.3.)

순수하게 훈련이나 교육만을 목적으로 인턴사원제를 운영할 경우 인턴 사원의 근로자성을 인정할 수 없을 것이나, 일반 근로자와 동종 또는 유사한 업무를 수행하면서 재화 및 서비스 생산 과정에 직접 참여 또는 보조하는 등(특히 일반 근로자와 유사하게 연장 · 야간 · 휴일 근로에 참여하는 경우) 사업주가 인턴 사원을 사실상 업무에 종사시키고 있다면 근로자성이 인정되어 근로기준법 등 노동 관계법 적용 대상이 될 것이다.

3) 교육 훈련생 (대전지법 2012.9.5.선고 2012나8688 판결)

이벤트 회사에 고용되어 근로를 제공한 자에 대해 사업주가 교육 훈련이었다는 명분 및 교육 훈련 등을 제대로 이수하지 않았다는 이유를 대면서 임금 (최저임금액 정도)을 지급하지 않으려고 한 사례가 있다. 대상 판결에서는 "노무를 제공하면서도 그에 대한 보수를 지급받지 않기로 약정하는 것은 이례적인 경우에 해당하고, 따라서 이를 쉽게 인정할 경우 노무를 제공받고도 교육 훈련이라는 미명하에 임금 착취의 수단이 될 가능성을 배제할 수 없으며, 한편 '근로자직업능력개발법' 제9조 제1항은 "사업주와 직업능력 개발 훈련을 받으려는 근로자는 직업능력 개발 훈련에 따른 권리·의무 등에 관하여 훈련 계약을 체결할 수 있다"고 규정하면서도 같은 조 제3항에서 "제1항에 따른 훈련 계약을 체결하지 아니한 경우에 고용 근로자가 받은 직업능력 개발 훈련에 대하여는 그 근로자가 근로를 제공한 것으로 본다"는 규정을 두고 있는바, 위 규정 취지에 비추어 보아도 결국 무보수 노무 공급 계약으로서 교육 훈련 계약을 쉽게 인정하여서는 아니 된다. … 단순히 교육 훈련 계약만을 체결하였다고 인정하기에 부족하다⁶"면서 임금을 지급하라고 판시한 바가 있다.

3. 일 경험 실습생의 개념적 특성

1) 조직에의 편입과 지시권에의 복종

일 경험은 독특하다. 일 경험은 '근로자와 동일한 업무 수행을 경험'하는 것을 목적으로 하는 관계다. 따라서 외형상 일 경험은 근로 관계를 징표하는 가장 중요한 요소인 '편입'과 '지시권 관계'에 놓이게 된다. 물론 정식 근로자와 그 강도와 밀도에는 차이가 있겠지만 사용자의 지시권 행사와 조직에의 편입이 이루어질 수밖에 없다는 특성을 가진다. 유의할 점은 바로 이러한 조직에의 편입과 지시권 행사 관계가 '경험'이라는 교육적 목적에서 실행된다는 데

---

6   판결에 대한 상세한 검토는 장우찬, 「무보수노무공급계약으로서의 교육 훈련 계약 인정문제」, 『노동법학』 제45호, 한국노동법학회, 2013. 3, 469~473쪽 참조. 이 판결에 대해 사용자는 상고하였으나 심리불속행으로 원심 내용대로 확정되었다 (대법원 2013.1.24. 선고 2012다93145 판결 참조).

있다. 따라서 일 경험 관계하에서 실습생과 사용자는 근로 관계에 놓인다고
보기 어렵다. 다만 이들 관계가 자칫 근로 관계로 변질될 위험이 높은 것도 사
실이다. 특히 일 경험 실습의 기회를 제공하는 회사의 경우 전문적인 교육기
관이 아니다. 이러한 경우에는 실제로 근로자의 근로 제공 관계와 사실상 동
일한 상황이 나타날 수 있다는 의미이다. 이런 점에 비추어 매우 섬세한 노동
법적 개입이 요구된다.

2) 인사권의 배제

(1) 근로자성 판단 지표

근로자성을 판단하는 지표로서 오랫동안 다양한 논의가 이어져왔다. 대체
로 ① 인사권[7] ② 편입의 발생[8] ③ 인력 공급자의 인력 조직권의 존부 ④ 지시
권의 행사 여부 ⑤ 기업가적 위험 인수 여부[9] 등이 학자에 따라 지지되고 있
다. 그중에서 일 경험 실습생의 경우에 유의해야 할 대목은 바로 인사권(Per-
sonalhoheit)이다. 독일의 법학자 Dauner-Lieb은 인사권의 보유 여부를 근로
자 판단의 결정적 지표로 보고 있다.[10] 이는 독일연방노동법원의 1991년 1월
30일자 판결[11]에 영향을 받은 바 크다. 본 판결에서 법원은 사용자가 자신의
기업 경영상의 필요에 따라 자신의 인력을 합리적으로 조정하고, 이를 배치,
투입하는 것이야말로 가장 전형적인 사용자적 지위에서의 권한이라고 보았기
때문이다.[12]

7   Walle, Der Einsatz von Fremdpersonal auf Werkvertragsbasis, 1998, S. 114 ff.
8   Becker, ZIP 1981, S.705 ff.
9   Erdlenbruch, Die betriebsverfassungsrechtliche Stellung gewerbsmäßig überlassener
    Arbeitnehmer, 1992, S. 21ff.
10 Dauner-Lieb, NZA 1992, S.817ff.
11 BAG 30. 1. 1991, NZA 1992, S.19.
12 BAG 30. 1. 1991, NZA 1992, S.19.

(2) '근로자' 개념과의 차이점 : "인사권 보유 여부"

일 경험 실습생의 경우, 교육의 목적 차원에서 일 경험, 즉 사용자로부터의 지시에 기초한 노동력 제공을 경험하게 된다. 이러한 점에서 지시권 행사 여부가 근로자성을 판단하는 지표로 볼 수는 없다. 그렇다면 일 경험 실습생의 지위와 근로자와의 지위 간 차이는 어디에 있을까? 판단컨대 인사권에 있다고 본다. 사용자는 근로자의 노동력 제공 관계에서 그 성과를 평가하고 합리적인 경영권 행사 차원에서 인사권을 행사하게 된다. 징계나 제재의 경우도 인사권 차원에서 행사된다.

일 경험 실습생의 경우, 비록 사용자의 지시권 행사에 따라 노동력이 제공되지만, 그 노동력 제공 관계에 대한 사후적인 성과 평가나 제재 등의 문제는 발생하지 않는다. 승진 등 인사상 유불리한 조치도 없다.

결과적으로 일 경험 실습생의 경우는 정규 근로자와 달리 사용자의 인사권 행사 대상 범위에서 배제되어 있다는 점에서 본질적으로 근로자와 구별된다.

3) 소결 : 교육의 목적

(1) 교육 활동의 자기 목적성

수련생의 경우 임금을 목적으로 하여 근로를 제공하는 경우로 볼 수 없다. 오히려 그 목적이 일 경험. 즉 직업 실무 교육에 있다. 임금을 목적으로 하는 노동력 제공과 본질적으로 구별된다. 교육에 목적을 두는 경우, 피교육자적 지위와 교육자적 지위의 당사자 관계로 보아야 한다. 이러한 한도에서 이 양 당사자 사이에서 임금을 급부 내용으로 하는 채권 채무 관계는 발생할 여지가 없다. 왜냐하면 교육 수련 활동은 그 자체로서 자기 목적성을 가지는 활동이라고 보아야 하기 때문이다. 교육 수련 활동이 타인의 지시나 감독에 따라 그 타인을 위해 이루어지는 업무 수행이라고 볼 수는 없는 것이다.

노동력의 제공과 '자기 목적성'

(1) 비교 사례 : 스포츠 활동[13]

종래 오랫동안 논란이 되어온 쟁점 중 하나가 바로, 스포츠 활동이 노동일 수 있는가 하는 점에 관한 것이었다. 이러한 논쟁은 스포츠 활동이 갖는 개념적 특수성에 유래한 것이었다.

스포츠는 기본적으로 '자기 목적성'(Selbstzweck)을 가지는 행위이다. 즉, 스포츠 활동은 경쟁을 통해 승부를 가르는 일련의 신체 활동으로서, 행위자에게 상당한 희열을 제공하게 된다. 이 때문에 많은 사람들은 자발적으로 스포츠 활동에 몰입하게 되는바, 이를 스포츠의 자기 목적성이라고 한다.[14] 요컨대 스포츠 활동 자체가 개념상 자기 중심적인 것이어서, 기본적으로 타인(사용자)의 업무를 수행하는 것으로 보기 어려운 측면이 있다. 나아가 스포츠는 그 개념 속성상 처음부터 타인의 업무상 지시를 전제로 하는 노동 활동이 아니다. 노동법적 보호는 임금 지급을 목적으로 하는 행위를 전제로 한다. 독일 법원 역시 스포츠 활동이라도 노동법상 의미를 가지는 노동 활동으로 보기 위해서는 반드시 그 스포츠 활동이 근로에 대한 보상으로서의 성격을 가져야 한다고 보는 이유다.[15] 실제로 스포츠 활동이 생계 유지 목적을 가지는 경우도 있다. 직업 스포츠 선수의 경우가 특히 그렇다.

프로스포츠 선수에 대한 사회적 보호 필요성은 노동법의 전면적 적용만으로 충분하지 않다. 스포츠 활동이 갖는 특수성이 분명 존재하기 때문이다. 이러한 점 때문에 스포츠 선수에 대한 사회적 보호 필요성은, 이들을 다른 일반 근로자와 동일하게 취급하여 보호하는 것을 의미한다고 단정할 수는 없다. 근로 제공 장소나 시기, 근로 지시 및 근로시간 등에 있어서 생산직 근로자와 구별되는 특성이 있을 수 있기 때문이다. 따라서 스포츠 선수가 갖는 특수성과 조화될 수 있도록 하면서, 그 사회적 보호를 합리적으로 제공하는 것이 타당하다고 할 수 있다.

(2) 유사 사례 : 연구 활동

대학 교수나 대학 시간강사는 '교육 활동'의 주체이면서 동시에 학문 후속 세대로서 '연구 활동'의 주체이기도 하다. 오랜 동안 이들에 대한 노동법적 지위가 논란거리였다. 이러한 데에는 과연 대학교수가 종속적 노동을 제공하는가에 대한 의문에 기인한 것이었다. 왜냐하면 대학교수의 경우는 그 연구 활동 역시 다분히—스포츠와 마찬가지로—자기목적성을 가진다고 볼 수 있기 때문이다. 다음과 같은 속성 때문이다.

---

13 이에 대해 자세히는 권혁, 「프로스포츠 선수의 노동법적 지위와 보호」, 『법학연구』, 제53권 제4호, 2012. 11, 10쪽 이하 참고.
14 Fritzweiler/Pflister/Summerer, Praxishandbuch Sportsrecht, 1998, S.3.
15 BSG 2005. 12. 13. B 2 U 29/04 R.

우선 학문 연구 활동은 기본적으로 이윤 생산을 본질적 목적으로 하지 않는다. 이런 이유로 학문 활동에 대한 독립성 보장을 통해 그 자유로운 연구를 보장하는 것은 헌법 상 학문의 자유 차원에서 엄격히 보호받게 된다. 학문 활동에 대한 자유 보호는 헌법적 기본권인 것이다.[16] 다른 한편—학문 활동의 자유 보장에서 암시되어 있듯이—학문 활 동은 타인의 지시, 종속을 통해 진행될 수 있는 속성의 것이 아니다. 학문 활동은 그 연 구자의 재량적 판단을 가능한 존중하여 주는 것이 효율성을 높이는 것이다.[17] 마지막으 로 학문 연구 활동을 목적으로 하는 연구자의 노동 활동은 그 대가로서 지급되는 금품 제공자(사업주)에게 이익이 되는 것이 아니다. 오히려 학문 연구 활동의 결과는 학문 연 구자 본인에게 귀속된다. 학문 연구 활동의 자기목적성을 긍정할 수밖에 없는 이유다.[18]

결국 학문 활동은 그 개념 속성상 처음부터 타인의 업무상 지시를 전제로 하는 노동 활동이 아니라고 보아야 한다. 이러한 속성은 타인에 종속되어 노동력을 제공하게 되는 '근로'와는 본질적인 차이가 있음을 보여준다.

이는 대학 시간강사의 경우도 마찬가지라고 할 수 있다. 대학 시간강사 역시 교육 활 동을 주로 하지만, 대학 교육 활동이 독립성과 자율성을 본질로 하고, 또한 연구 활동을 주된 역할 내용으로 하기 때문이다. 종래 우리나라에서는 대학 시간강사에 대한 노동법 적 근로자성을 인정할 것인가에 대한 논란이 거듭되어왔다. 실제로 많은 판례가 대학 시간강사의 노동법상 근로자성을 인정하고 있다.[19] 그러나 근로자성과 조화될 수 없는

---

16 Dieterich/Preis, Befristete Arbeitsverhältnisse in Wissenschaft und Forschung, Konzept einer Neuregelung im HRG, 2001, S.52f.

17 이러한 이유로 현행 근로기준법에서도 고도의 연구 업무자의 경우에 재량적 근로 시간제를 가능하도록 한 것이다(근로기준법 제58조).

18 스포츠 활동에서의 자기목적성에 관하여는 Gitter, NZS 1996, S.247.

19 대학교 시간강사들은 학교 측에서 시간강사들의 위촉·재위촉과 해촉 또는 해임, 강의시간 및 강사료, 시간강사의 권리와 의무 등에 관하여 정한 규정—물론 그 명 칭은 '시간강사 위촉 및 관리규정', '촉탁강사 위촉규정' 등 각 대학교마다 다양하 다고 할 것이나—에 따라 총장 등에 의하여 시간강사로 위촉되며, 대학교 측이 지 정한 강의실에서 지정된 강의 시간표에 따라 대학교 측이 개설한 교과목의 강의 를 담당하게 된다는 점, 대학교 측의 학사 관리에 관한 규정 및 학사 일정에 따라 강의 계획서를 제출하고 강의에 수반되는 수강생들의 출·결석 관리, 과제물 부 과와 평가, 시험문제의 출제, 시험감독, 채점 및 평가 등 학사 관리 업무를 수행하 며, 이와 같은 업무 수행의 대가로 시간당 일정액에 실제 강의 시간 수를 곱한 금 액(강사료)을 보수로 지급받은 바가 있다는 점, 나아가 시간강사가 제3자를 고용 하여 위와 같은 업무를 수행하는 것은 규정상 또는 사실상 불가능한 점, 시간강사 가 위와 같은 업무를 수행하면서 업무 수행에 불성실하거나 대학교의 제반 규정 을 위반하고 교수로서의 품위를 유지하지 못하는 경우 등에는 전임 교원에 대한

부분도 있음을 부인하기 어렵다.[20]

사실 이들에 대한 보호는 연구자이자 교육 주체로서의 속성에 부합하는 방식이어야 한다. 과거 산업혁명 초기의 대공장 체제하에서의 근로자 보호 방식과 내용을 통해서 이들을 보호하는 것은 타당하지 않다. 오히려 노동법적 속성의 보호 내용과 연구자로서의 속성을 가지는 보호를 상호 혼재시켜, 그들에게 가장 알맞은 사회적 보호 필요성을 구현하도록 하는 것이 타당하다고 볼 수 있다.[21] 요컨대 대학과 시간강사와의 기간제 계약에 대한 새롭고 합리적인 노동법적 규제 방식이 시급하게 요구된다. 사회국가적 관점에서, 독립적 학문 연구자의 연구 활동에 대한 적극적인 국가 지원 방안을 통해 굳이 노동법상의 보호 여부에만 매달리는 일은 없어야 한다.

(2) 인사권의 배제

일 경험 실습생의 개념은 독특하다. 일 경험 실습생은 기본적으로 임금을 목적으로 하여 근로를 제공하는 경우로 볼 수 없다. 일 경험 실습생은 '근로자성'을 경험하는 것이다. 즉, 그 목적이 일 경험 그 자체에 있다. 이때 일 경험은 근로자로서의 업무 수행 그 자체이므로, 사용자로부터의 지시, 감독 등도 일 경험의 내용이 된다. 이러한 점에서 외형상 일 경험과 근로는 구별되기 어려울 수 있다. 하지만 일 경험 실습생의 경우는 사용자의 인사권 행사 대상이 아니라는 점에서 근로자의 본질적 특성과 차이를 보인다.

이러한 본질적인 차이는 결국 그 목적에서 나온다. 일 경험은 교육의 목적에서 이루어지는 근로 경험 프로그램이다. 임금을 목적으로 하는 노동력 제공과 본질적으로 구별된다. 교육에 목적을 두는 경우, 피교육자적 지위와 교육자적 지위의 당사자 관계가 된다. 따라서 이 양 당사자 사이에서 임금을 급부 내용으로 하는 채권 채무 관계는 발생할 여지가 없다고 보아야 한다.

이러한 점을 염두에 둘 경우, 일 경험 관계에 관한 노동법적 규제는 사용

재임용 제한 및 해임 또는 파면 등 징계 처분과 동일한 의미를 갖는 조치인 재위촉 제한 또는 해촉(해임)을 받도록 되어 있다는 점을 근거로 하여 근로자성을 긍정한 바 있다(서울고법 2005. 9. 15 선고 2004누26750, 26767(병합)판결).

20 이러한 관점에서, 권혁, 「대학 시간강사의 노동법적 지위와 그 보호」, 「법학연구」 제51권 제3호, 2010. 11, 1쪽 이하 참고. 특히 결론 부분은 31쪽 참고.

자에 대한 해당 제도 운영 체계를 점검하고, 규제하며, 나아가 지원하는 방식이 되어야 할 것으로 보인다. 물론 '교육의 목적'을 벗어났다고 평가되는 경우에는 전면적인 노동법적 보호가 단행되도록 하여야 함은 의문의 여지가 없다.

Ⅲ. 일 경험 실습생에 대한 교육 목적 지표 검토

1. 외국의 실습생(이하 '인턴')에 관한 근로자 여부에 관한 판단[21]

1) 미국

(1) 미국 노동부 '공정노동기준법' Fact Sheet 71 : 무급 인턴십 판단 기준 (6가지 기준)

- 인턴 업무가 사업체의 실질적 운영과 관련되어 있지만, 교육적 목적에서 제공되는 교육 훈련적 성격이 있어야 함
- 인턴 업무에서 체험하는 경험이 인턴에게 이익이 되어야 함
- 인턴은 정규 근로자와 대체 관계가 아니어야 하고 직원에 의한 밀착된 감독(일시적으로 특정 시점에서 인력을 확충하기 위해 인턴 사용 불가)이 이루어져야 함
- 훈련을 제공하는 사용자는 인턴 활동으로부터 즉각적인 이익을 받지 않아야 하고 때로는 자신의 업무가 인턴 교육으로 방해될 수 있는 것이어야 함
- 인턴은 채용을 위한 과도적 관계가 아니어야 함(필수적으로 인턴십의 결과로서 채용 자격이 부여되는 것은 아님)
- 사용자와 인턴은 인턴 기간 동안 임금이 없다는 사실을 충분히 인지했을 것

---

21 이하의 외국 사례 비교는 주로 노호창, 「무급인턴의 법적 지위와 보호방안에 대한 검토」, 『노동법논총』, 2014년에서 재인용한 것임을 밝혀 둠.

(2) '뉴욕시의 보수와 연장 근로에 대한 최저임금과 임금 체계' 하위 부칙

· 모든 훈련은 그 활동에 충분한 지식과 경험을 갖춘 사람의 감독과 지휘하에 수행되어야 하고

· 훈련생은 피고용인의 혜택을 받지 않음을 원칙으로 하며(건강보험, 연금 등)

· 훈련은 일반적인 것으로, 유사한 기업에서도 할 수 있는 성질의 것이어야 하고, 사용자가 일을 위해 특정하게 설계한 훈련이어서는 안 됨

· 인턴십 평가 과정은 채용을 위한 평가와 동일해서는 안 되고 목적도 유사해서는 안 됨

· 홍보, 모집에 있어 고용이 아닌 훈련과 교육 목적임을 분명히 명시하여야 함

2) 독일

(1) 개요

독일의 경우, 직업교육법 외에 근로시간법이나 청소년근로보호법 등이 있으나, 이는 근로 관계에 가까운 구체적 사정이 발생할 경우에 개별적으로 적용되는 법 체계이다. 이에 근거하여 직업훈련 교육은 8시간을 초과할 수 없으며, 휴일, 휴게에 관한 보호가 이루어지게 된다.

다만 독일연방노동부는 직업훈련 교육 계약을 체결할 것을 권고하면서, 제반 규제를 가하고 있다. 예컨대 직업훈련 계약서를 작성함에 있어서 서면 작성 의무, 사용 기간, 주당 훈련 시간, 과업 내용, 기대 혜택, 보수 등을 기재하도록 하고 있다.

(2) 근로자와의 구별

인턴에 대한 교육 내용이 사실상 채용을 전제로 한 시용과 유사한 형태여서는 안 된다. 다만 인턴 계약서에 교육적 목적 외에 일정 노무 성과에 대한 요구가 포함되어 있을 경우에는 이 양자의 요소를 비교 형량하여 교육 기회 제공의 의미가 더 큰 경우에 비로소 인턴으로 간주하게 된다.

<Fair Company Initiative>[22]

· 정규직 자리를 인턴으로 대체하지 않음
· 인턴에게 정규직의 일을 제공하지 않을 것임
· 인턴에게 향후 정규직 일자리에 대한 모호한 약속을 하지 않을 것임
· 인턴이 자신의 직업 전망을 찾는 데 도움이 되도록 할 것임
· 인턴에게 적정한 비용을 제공할 것임

(3) 보수의 성격으로서 임금성 여부

예컨대 2015년 독일은 일반적 최저임금제도 도입에 따라 모든 인턴에게 최저임금을 적용하게 되었으나, 직업훈련생과 학과 실습생 그리고 3개월 미만의 기간으로 행해지는 인턴십의 경우에는 적용되지 않도록 하고 있다.

3) 기타

(1) 프랑스

프랑스는 Cherpion법을 통하여 인턴의 권리를 보호하고 있다. 그 내용을 간단히 살펴보면,
① 사용자-인턴-교육기관 간 3자 계약 서명 의무화
② 인턴십 기간 제한(1년에 6개월을 넘을 수 없음)
③ 인턴 기간 만료 3개월 전 인턴 채용시 인턴십 기간은 수습 기간에 포함
④ 일정 비율 이상의 인턴 고용 금지하고 있다.

(2) 일본

일본에서는 인턴제를 대학 교육과정의 일환으로 인식하는 경향이 있다. 일본 역시 무급 인턴 자체를 규제하는 별도 법령은 없고, 노동기준법상 견학·

---

22 www.faircompany.de

체험 목적을 벗어나 인턴의 근로자성이 인정될 경우, 사용자에 대해 근로조건에 관한 노동 관련법(남녀고용기회균등법, 최저임금법, 노동안전위생법, 노재보험법, 직업안정법 등) 준수 의무 즉시 적용하는 방식을 취하고 있다.

2. 소결 및 시사점

종래의 판례와 외국의 입법례에 비추어볼 때 다음과 같은 점이 시사될 수 있을 것으로 보인다.

1) 일 경험의 교육 목적성과 비근로자성

일 경험을 위한 실습생의 경우, 교육을 목적으로 한 것인 한 노동법적 보호의 대상인 근로자와는 구별되어야 하는 것은 분명해 보인다. 따라서 전면적인 노동법적 규율 대상으로 삼을 수는 없다.

다만 이때 일 경험의 교육 목적성을 담보하는 지표를 구체화하는 것이 필요해 보인다. 이와 관련하여 외국의 사례를 종합하여 검토하여 보면 몇 가지 공통적인 지표를 유형화해낼 수 있다.

(1) 일 경험 실습생과 해당 기업 근로자 간의 대체 관계성

일 경험 실습생은 교육을 담당하게 되는 해당 기업 근로자와 대체 관계에 놓여서는 안 된다. 만약 해당 기업 근로자와 대체 관계에 놓인다면, 이는 일 경험이라는 교육적 목적보다는 해당 기업의 인력 활용 목적이라고 볼 여지가 있기 때문이다. 이러한 대체 관계성을 부인하기 위해서는, 일 경험 실습생이 일 경험 활동을 하는 동안 기존 기업 근로자는 감독과 교육 활동을 하여야 한다. 이는 미국에서 그 기준으로 제시된 바인 '기업에게 이익이 되는가'라는 기준과도 밀접한 관련성을 가진다.

(2) 일 경험 실습 과정과 채용에의 연계성

일 경험 실습생의 교육과정이 향후 정식 근로자 채용에 긍정적인 영향을 미치는 것은 불가피하며, 나아가 긍정적인 교육 효과라고 할 수 있다. 그러나 일 경험 실습 과정을 공식적인 근로자 채용의 과도적이면서도 필요적 과정으로 설정해놓을 경우는 그 평가를 달리해야 할 여지가 있다. 왜냐하면 해당 일 경험 실습생은 사실상 시용 관계에 놓이는 셈이 되어, 근로자에 준하는 지시, 종속 관계를 형성하게 되기 때문이다.

(3) 일 경험 실습 과정의 기간과 내용의 명확성

일 경험 실습 과정의 일정과 내용은 사전에 구체적으로 확정되어야 하며, 이에 대하여 일 경험 실습생에게 충분히 설명됨으로써 상호 명확한 인식이 있어야 한다. 만약 일 경험 실습 과정의 제반 일정과 내용이 사전에 정해지지 아니하거나 매우 포괄적이고 모호한 경우에는 ① 교육적 목적이 희석될 여지가 있고, ② 사실상 일 경험 실습생의 노동력 그 자체를 지배하는 관계로 평가될 여지가 있다. 예컨대 교육 내용과 목적에 상관없이 그때마다 회사의 사정에 따라 인력이 필요한 업무에 일 경험 실습생을 투입하는 경우, 이는 근로 관계로 인식될 여지가 높다.

2) 일 경험 실습 과정에서의 실습생 보호를 위한 제반 조치

일 경험 실습생이 근로자가 아니라는 점에는 동의하더라도 일정한 범위에서의 보호 필요성이 제기될 수 있다. 이러한 요소로는 다음과 같은 점이 고려될 수 있을 것이다.

(1) 일 경험 실습 계약에 대한 표준화와 서면 작성 의무

일 경험 역시 인간의 노동력 제공과 직간접적 관련성을 가진다는 점에서, 일 경험 실습 과정에 대한 계약을 체결하도록 하되, 그 기간과 중요 내용에 대하여는 이를 서면으로 명시하도록 하는 방안을 고려할 수 있을 것으로 본다.

(2) 일 경험 실습 과정의 내용에 대한 외부 공개

일 경험 실습 과정의 내용과 성과가 외부로 투명하게 공개될 수 있도록 하는 것은, 이후 일 경험 실습생의 선호와 직결될 수 있다는 점에서도 필요하므로, 이를 위한 정부의 지원 체계 마련이 필요해 보인다.

(3) 산업안전 보건 체계에 대한 일 경험 실습생의 포섭

일 경험 실습 과정은 교육의 목적으로 실행되는 것이지만, 사업장의 안전 보건 체계 질서 범위 내에 포섭되는 것이다. 요컨대 산업안전보건법 체계상에서의 근로자 개념에는 일 경험 실습생을 포함하는 것이 타당하다. 다만, '산업재해보상보험법'(이하 '산재보험법') 제123조(현장실습생에 대한 특례) 제1항 및 '현장실습생에 대한 산업재해보상보험 적용범위'(1998.1.19. 노동부고시 제98-10호)에서 "노동부 장관이 정한 현장실습생"이란 '직업교육훈련촉진법'에서 인정하는 직업교육 기관에 소속되어 교육 훈련을 받던 교육생으로서 현장실습을 이수하고 있는 자를 말한다고 규정하고 있다. 유의해야 할 바는 바로 '직업교육 기관에 소속된 교육생'이라는 점이다. 일 경험 실습생은 일선 기업에서의 교육을 받는 경우이다. 따라서 일 경험 실습 과정에서의 실습생은 업무 수행 과정에서의 산업안전 보건 의식이 일반 근로자보다 하회할 수 있으므로, 이에 대한 제도적 보완 조치가 필요하다.

일 경험 실습생에 대한 산업재해 위험의 예방 및 보상 체계는 정비되어야 하며 이에 따른 추가적인 비용은 사용자의 부담이어서는 안되고, 정부의 지원이어야 한다. 왜냐하면 당초 교육의 목적성을 담보하는 중요한 지표가 바로 실습생에 대한 이익 표지이고, 기업은 이익을 향유할 수 없도록 하였음을 앞서 살펴보았다. 만약 산업재해 관련 비용을 기업에게 부담시키면, 불가피하게 일 경험 교육과정이 기업의 이익으로 직결되는 근로 형태로 변질될 위험이 그만큼 높아지기 때문이다.

Ⅳ. 일 경험 실습생에 대한 법적 지원 및 보호의 근거

1. 보호 규범의 체계 정합성과 수규자

1) 노동법적 규율의 대상

일 경험 실습생에 대한 노동법적 규제의 규율 형식은 원칙적으로 '사용자'를 그 주체로 삼는 방식이어야 한다. 노동법은 기본적으로 근로계약 관계를 규율 대상으로 삼는다. 이에 따라 그 보호의 대상과 의무 주체는 '근로자'와 '사용자'이다. 이때 근로자란, 임금을 목적으로 하여 근로를 제공하는 자를 말한다. 사용자는 근로를 대가로 하여 임금을 지급하는 자이다. 일 경험 프로그램이 경우에 따라서는 그 실질에 있어 근로 관계로 평가될 수 있는 경우가 있을 수 있음은 앞서 설명한 바와 같다.

2) 일 경험 실습 관계의 경우

원칙적으로 일 경험 과정에서 일 경험 실습생은 근로자로 볼 수 없다. 즉, 일 경험 실습 과정은 교육의 목적을 가지는 것으로서, 근로 관계로서의 실질을 가진 것으로 보기 어렵다. 따라서 일 경험 실습생에 대한 법제도적 보호 필요성은 노동법적 차원에서의 것이라기보다는 일 경험 실습생에 고유한 권리 체계로 형성될 필요가 있다.[23] 요컨대 일 경험 실습 과정에 갖는 당초의 목적에 최적화된 프로그램을 운영하도록 하되, 교육 목적에 관계없으면서도 실습생의 '근로 경험' 과정에서 노동법적 보호의 필요성이 존재하는 부분이 발생하는 경우에는 이를 합리적으로 규제하는 장치를 마련하는 것이 옳다. 예컨대 연장 야간 근로에 대한 실습 과정이 있을 수 있으나, 이것이 지나치게 광범위하게 실습 과정에서 임의적이고 비정형적으로 활용되는 것은 막을 필요가 있

---

23 물론 독일에서도 대학생 무급 인턴과 같은 경우 그 보호를 위하여 실습생 권리 (Praktikumsrecht)를 인정함으로써 이들에 대한 보호를 구체화하고자 하는 논의가 있다.

다. 나아가 비록 근로자는 아니지만, 근로 관계상의 상황을 경험하는 취지의 교육 관계 프로그램이므로, 산업재해보상보험법상의 보호 대상에 포섭하는 것이 타당하다. 다만 이때 그 비용은 국가의 지원과 교육기관의 재정에 바탕하도록 하는 것이 옳다.

2. 기본 방향

1) 청년고용촉진특별법상의 관련 규정 신설 필요성

앞서 언급한 대로 일 경험 실습생의 경우 교육 목적을 유월하지 않는 한 원칙적으로 근로자의 지위를 인정할 수 없다. 따라서 일 경험 실습생에 대한 노동법적 보호의 대상으로 삼을 수는 없다. 다만 일 경험 자체가 근로의 경험이므로 합리적 보호의 필요성까지 부인할 수는 없는바, 이에 알맞은 보호 장치를 입법적으로 마련해두는 것이 바람직해 보인다.

즉, 일 경험 실습생의 경우, '근로자로서의 경험'을 교육의 대상으로 하는 경우이다. 따라서 외형상 근로자의 그것과 다를 것이 없다는 점에서, 필요한 범위에서 개별적인 노동법적 보호 규정 내용을 염두에 두고, 이와 유사한 규정들을 개별적으로 청년고용촉진특별법 등에 별도로 규정해두는 방안을 고려할 수 있을 것으로 보인다.

예를 들면, 청년고용촉진특별법 제8조 제1항에서는 "정부는 청년이 직업을 선택하기 전에 기업 등에서 직업을 체험할 수 있는 기회를 제공하도록 노력하여야 한다"고 규정하고 있다. 동조 제2항에서는 "정부는 기업 등이나 경제 단체 또는 대학 등이 제1항에 따른 직장 체험 기회 제공 사업에 참여하는 경우 그 소요 비용의 전부 또는 일부를 지원할 수 있다"고 규정하고 있다. 즉, 기업 내에서의 직업 체험 기회 제공 노력 의무(제1항)과 이에 상응하여 비용 지원 규정(제2항)을 두고 있는 것이다.

> **청년고용촉진특별법 제8조(청년에 대한 직장 체험 기회 제공)**
>
> ① 정부는 청년이 직업을 선택하기 전에 기업 등에서 직업을 체험할 수 있는 기회를 제공하도록 노력하여야 한다.
> ② 정부는 기업 등이나 경제 단체 또는 대학 등이 제1항에 따른 직장 체험 기회 제공 사업에 참여하는 경우 그 소요 비용의 전부 또는 일부를 지원할 수 있다.
>
> 제3항 : 정부는 직업 체험 기회 과정에서의 청년에게 발생한 재해나 근로 경험 시간 등에 대하여는 별도의 시행령으로 두어 이를 보호하도록 한다.

여기에 더하여 제3항을 두고, "직업 체험 기회 과정에서의 청년에게 발생한 재해나 근로 경험 시간 등에 대하여는 별도의 시행령으로 두어 이를 보호하도록 한다"는 규정을 두는 것이다.

2) 교육 목적성을 담보하기 위한 표준 계약 또는 매뉴얼 제정 필요성

일 경험 실습생에 대한 법적 지위 및 보호의 가늠하는 가장 중요한 개념 요소는 결국 교육으로서의 목적성을 견지하는 것이다. 이때 교육으로서의 목적성을 담보하는 다양한 지표를 계발하고, 이를 바탕으로 일 경험 실습생 표준 계약서 또는 매뉴얼을 제정할 필요가 있다. 즉, 표준화된 계약서대로 일 경험 프로그램을 진행하는 경우, 근로자로의 오해를 불식시킴으로써 불필요한 분쟁을 미리 예방할 수 있도록 해야 한다.

여기에는 ① 일 경험 프로그램의 사전 구체성과 확정성 ② 일 경험 프로그램의 시용 근로적 성격으로의 변질 예방 ③ 일 경험 프로그램 기간의 합리성 등등이 내용으로서 담길 필요가 있어 보인다.

3. 일 경험 실습생에 대한 법적 보호

1) 산업안전 및 산업재해보상보험 관련 규정

일 경험 실습생에 대하여도 산업재해 예방을 위한 산업안전 교육 참여 등 산업안전관련한 사항과 산업재해의 발생시 그 보상에 관한 노동법적 보호는 근로자의 경우와 구별됨이 없이 그대로 적용하도록 하는 것이 옳다.

다만 이에 소요되는 재정은 주로 청년고용촉진특별법 제8조에 의거, 국가가 부담하되, 일부 대학 등 교육기관이 선별적으로 부담을 나누도록 하는 방안을 고려할 수 있을 것으로 본다.

2) 근로시간 등에 관한 규정

일 경험 실습생은 비록 경험 차원에서 이루어지는 교육생이지만, 근로기준법상의 근로시간 관련 규정을 유월하는 실습 과정을 규제할 필요가 있다. 실제 노동현장에서조차 불법인 장시간 근로 등이 실습 과정에서 이루어질 수는 없기 때문이다.

원칙적으로 근로 교육시간은 법정 근로시간(근로기준법 제50조) 범위 내에서 이루어지는 것으로 하고,

> **제50조 (근로시간)**
>
> ① 1주 간의 근로시간은 휴게시간을 제외하고 40시간을 초과할 수 없다.
> ② 1일의 근로시간은 휴게시간을 제외하고 8시간을 초과할 수 없다.
> ③ 제1항 및 제2항에 따른 근로시간을 산정함에 있어 작업을 위하여 근로자가 사용자의 지휘·감독 아래에 있는 대기시간 등은 근로시간으로 본다.

다만 연장 근로 등에 관한 교육 및 실습이 이루어지는 경우에는 근로기준법 제53조의 적용을 받도록 해야 한다.

제53조 (연장 근로의 제한)

① 당사자 간에 합의하면 1주간에 12시간을 한도로 제50조의 근로시간을 연장할 수 있다.

② 당사자 간에 합의하면 1주간에 12시간을 한도로 제51조의 근로시간을 연장할 수 있고, 제52조 제2호의 정산 기간을 평균하여 1주간에 12시간을 초과하지 아니하는 범위에서 제52조의 근로시간을 연장할 수 있다.

③ 사용자는 특별한 사정이 있으면 고용노동부 장관의 인가와 근로자의 동의를 받아 제1항과 제2항의 근로시간을 연장할 수 있다. 다만, 사태가 급박하여 고용노동부 장관의 인가를 받을 시간이 없는 경우에는 사후에 지체 없이 승인을 받아야 한다.

④ 고용노동부 장관은 제3항에 따른 근로시간의 연장이 부적당하다고 인정하면 그 후 연장 시간에 상당하는 휴게시간이나 휴일을 줄 것을 명할 수 있다.

나아가 휴게시간의 경우도 적용되도록 함이 옳다. 즉 교육 체험 차원에서 근로가 이루어지는 경우라도 그 근로시간이 4시간인 경우에는 30분 이상, 8시간인 경우에는 1시간 이상의 휴게시간을 근로시간 도중에 주어야 한다(근로기준법 제54조).

3) 임금 관련

임금에 관한 규정은 원칙적으로 일 경험 실습생의 경우에는 적용되지 않는다고 보아야 한다. 임금을 목적으로 하는 관계가 아니기 때문이다. 예외적으로 일 경험 실습생의 근로 성과를 기업에서 실제 판매 등 이윤 창출에 활용하는 경우에는 합리적 범위에서 성과를 배분하는 방안은 고려될 수 있을 것으로 보인다.

4. 일 경험 표준 계약상의 주요 내용(안)

그 외에도 청년고용촉진특별법상에 일 경험 실습 과정에 대한 합리적 운용을 담보하기 위한 별도의 표준화 작업이 필요하며, 이를 시행령 등의 형식을 빌려 명문 규정으로 명시해둘 필요가 있어 보인다. 여기에는 다음과 같은 내용이 포함될 수 있을 것으로 보인다.

1) 사업주의 학습일지 작성 의무

일 경험 실습생이 근로자와 개념상 구별될 수 있는 가장 중요한 표지는, '교육'을 그 목적으로 한다는 점이다. 교육이라는 개념적 카테고리를 벗어나는 경우, 전면적인 노동법적 개입이 불가피하다.

이러한 점을 염두에 둔다면, 일 경험을 목적으로 하는 실습생과 회사와의 관계는 교육 기능에 집중되어야 한다. 따라서 일 경험 관계가 지속되는 일련의 과정에 대해 사업주의 학습일지 기록이 필요하다. 이러한 학습일지의 작성을 의무화해놓음으로써, 일 경험 관계의 교육적 효과를 제고함은 물론 근로계약 관계로의 변질을 예방할 수 있을 것이다.

2) 일 경험 계약의 형식적 요건(서면 요건 등) 규제의 불필요성

독일의 경우, 직업교육 관계 설정에는 직업훈련 계약의 체결이 필요하며[24] 계약서의 주요 내용을 서면으로 작성할 것을 강제하고 있다.[25]

그러나 직업교육법 제26조에서는 "근로 관계가 합의된 것이 아닌 한, 이 법률상의 직업훈련에 해당함이 없이 직업상의 숙련, 지식 및 능력, 직업상의 경험을 습득할 목적으로 채용된 자에 대하여는 제10조 내지 제23조와 제25조가 적용되도록 하되, 다만 계약서를 작성하지 않을 수 있다"고 보고 있다. 결국 독일의 경우를 예로 든다면 직업교육법의 적용 대상인 직업학교의 학생이 아닌 경우로서, 예컨대 대학생 무급 인턴과 같은 경우에는 계약서의 작성이 필요하지 않다고 볼 수 있다.

우리의 경우에, 일 경험을 목적으로 한 실습 관계도 서면 계약서 작성을 의

---

24 BBiG 제10조 제1항.
25 BBiG 제11조.

무화할 것인지는 입법정책적 판단의 문제로 보인다. 그러나 일 경험 실습 계약은 양 당사자에게 일정한 급부와 반대급부를 내용으로 하지 않고, 오히려 교육이라는 목적으로 행하여지는 관계라는 점을 염두에 둘 때 계약서를 서면으로 반드시 작성하게 할 필요는 없다고 본다. 다만, 계약의 체결 과정에서,— 연령 등에 의거 필요할 경우—대학 관계자나 학부모의 참여 또는 교육기관의 확인 절차 등을 의무화할 수는 있을 것으로 본다.

3) 교육시간 등에 대한 사전 확정의무

사업주에게 일 경험 실습생에게 교육시간이나 기간 면에서 과도한 부담을 지우지 않도록 할 필요가 있다. 원칙적으로 교육시간은 '통상 근로시간' 내에서 이루어지도록 할 필요가 있다. 연장 근로나 휴일 근로 등 비통상적 근로시간 대에는 이루어질 수 없도록 사업주에게 의무화할 필요가 있다.

다만 업종이나 업무의 속성상 야간 근로나 휴일 근로의 실무적 경험이 요구되는 경우에는 예외로 허용할 필요가 있다. 이러한 경우에는 일 경험 계약 시 미리 설명하고 제시되도록 하는 것이 필요해 보인다. 다만 독일의 직업교육법은 제17조 제3항에서 교육시간 외 추가적 고용에 대해 피교육자의 수당 청구권 내지 상응하는 휴식청구권을 법정함으로써 교육이라는 명목하에 실질적으로 근로를 강요당하는 것을 방지하고 있다. 나아가 휴게시간은 근로기준법상의 규정에 준하여 부여할 수 있도록 하는 것이 필요하다.

4) 교육기간의 합리성

나아가 일 경험 기간에 관한 규제도 필요하다. 일 경험 기간이 지나치게 길어질 경우, 자칫 교육적 효과보다는 노동력 착취의 기회로 변질될 우려가 있으며, 나아가 시용 근로나 기간제 근로에 관한 노동법적 규제를 형해화시킬 위험도 있다. 따라서 일 경험 계약 관계의 존속 기간에 관한 일정한 규제가 필요하다. 예컨대 사업주가 일 경험 실습생과의 계약을 체결하는 경우, 최대 6개월을 초과할 수 없도록 규정하는 방식으로 할 수도 있을 것이다.

5) 위약 예정 금지 원칙 등 계약 원칙

독일의 경우, 직업교육 관계는 어떠한 경우에도 최소 1개월 최장 4개월의 기간의 제한을 받는다.[26] 이와 관련하여 직업훈련에 대한 대가로 직업훈련생에게 금전 지급을 강제한다거나 위약금 등을 인정할 수 없도록 하고 있다.[27] 이러한 법리는 우리의 일 경험 실습생 계약에서도 그대로 적용될 수 있을 것이다. 요컨대 근로기준법상의 위약 예정 금지 규정에 준하는 내용의 규정을 일 경험 실습생 계약에 조화될 수 있도록 명시하는 규정이 필요해 보인다.

V. 소결

일 경험 실습 관계는 근로 관계의 경험을 내용으로 하는 교육과정으로 보아야 한다. 다만 교육의 내용이 '근로 관계'이므로, 그러한 교육과정이 진행되는 동안 필요한 노동법적 보호는 열거적으로 제시될 수 있을 것으로 보인다. 그러나 일 경험 실습생의 법적 지위는 근로자로 볼 수 없다. 따라서 노동법적 보호의 내용을 모형으로 하여 일 경험 실습생에 최적화된 별도의 규정을 청년고용촉진특별법상에 근거 규정을 두고, 자세한 내용은 시행령 등으로 규정하는 방안을 고려해볼 수 있을 것이다.

일 경험 실습 과정은 교육과정으로서의 실체, 즉 교육의 목적을 유월하지 않도록 해야 한다. 이를 위해 일 경험 실습 과정의 프로그램 주체에 국가나 대학 등 교육기관이 참여하도록 하고, 실습 과정의 내용도 세밀하게 사전적으로 확정하는 노력이 병행되도록 해야 한다.

우선 일 경험 실습생이 경우 임금에 관한 규정은 적용될 여지가 없다. 일 경험 실습생의 경우 임금을 목적으로 근로를 제공하는 것이 아니기 때문이다. 다만 산업안전 및 산업재해보상에 관한 규정은 실습생의 경우에도 적용될 수

26　BBiG 제20조.
27　BBiG 제12조 제2항.

있도록 하고, 근로시간에 관한 노동법상의 규정도 이를 모형으로 하여 실습 교육 프로그램 작성 및 운영에 참고하도록 할 필요가 있다. 예컨대 야간 시간 대에 실습 교육 차원에서 근로가 이루어지는 것은 지양하여야 하기 때문이다. 그러나 교육 차원에서 야간 근로나 휴일 근로 등의 경험이 필요한 경우가 있으며, 이러한 경험이 사전 실습 프로그램에 예정된 경우에 이것이 허용되어야 함은 물론이다.

이러한 제반 사항을 청년고용촉진특별법상에 담아두는 법 개정 작업을 서두름으로써, 일 경험 실습 과정이 활성화되도록 함은 물론 불필요한 법적 분쟁도 미리 예방할 필요가 있어 보인다.

청년 대상 직업훈련을
개선해야 한다

최 영 섭 (한국직업능력개발원)*

* youngsup.choi.yc@gmail.com

청년 대상 직업훈련을
개선해야 한다

I. 서론

현재 우리나라 노동시장에서 나타나는 일자리 위기는 이중의 위기, 즉 청년층의 'No job'과 중장년층의 'Bad job'의 위기로 요약할 수 있다. 특히 우리나라 청년 노동시장의 문제는 ① 정규직 일자리의 제한, ② 비정규직 일자리의 '디딤돌' 기능 취약, ③ '또래' 문화에 따라 한 번 이탈하면 재기하기 어려운 상황으로 요약된다.

우선 우리나라에서 청년층이 선호하는, 정규직의, 안정된 일자리는 2000년대 중반 이후 꾸준히 감소해온 것으로 평가된다(이인재, 2015). 특히 독점 대기업의 제한된 입직구에 대한 입사 경쟁은 매년 수십만 명의 청년들이 삼성직무능력테스트에 응시하는 것으로 대변되고 있다. 두번째, 제대로 된 일자리로의 진입 기회가 제한된 상태에서, 일단 일자리를 잡은 후 경력을 쌓아 더 나은 일자리로 옮겨가는 것도 용이하지 않다. 즉 우리나라에서는 임시직 1년 근무 후 정규직으로의 전환 가능성이 OECD 국가들에 비해 크게 낮기 때문이다([그림 1]).

세 번째로, 또래 문화와 관련하여, 한국 사회는 외국과 달리 연령이 사회적 관계 유지에 결정적 중요성을 차지한다. 이에 따라 학교 진학이나 취업에서 같은 연령대와 함께 행동하는 것이 향후의 사회생활에 지속적인 영향을 미친다. 특히 남성의 경우, 25~29세, 30~34세 연령 집단 고용률과 5년 후 30~34세, 35~39세 연령 집단 고용률의 상관관계([표 1]의 '5년 후 상관관계 1')를 구해보면 0.605, 0.336으로 나타난다. 이는 20대 후반의 고용 상황이 이들의 30

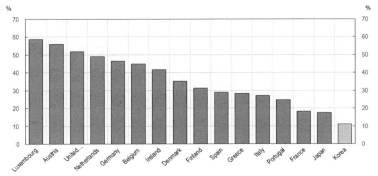

자료 : OECD. Skills Strategy Review on Korea, 2014

[그림 1] OECD 국가의 임시직 1년 후 정규직 전환 가능성

대 초반 고용 상황과 연관성을 높게 갖는 반면, 30대 중반 이후 생계의 부담으로 인해 5년 전의 고용 상황과 연관성이 낮아지는 것으로 해석된다.

[표 1] 연령 집단별 고용률 및 상관관계

	고용률 %			40~44세 대비 고용률 격차 %P		
	25~29세	30~34세	35~39세	25~29세	30~34세	35~39세
2013	69.6	88.4	92.1	−22.5	−3.7	0.0
2012	70.4	89.0	91.7	−21.7	−3.1	−0.4
2011	71.6	87.9	91.6	−20.6	−4.3	−0.6
2010	70.0	87.5	91.2	−21.5	−4.0	−0.3
2009	69.4	87.9	90.1	−22.2	−3.7	−1.5
2008	70.7	88.8	91.6	−21.7	−3.6	−0.8
2007	71.3	88.5	91.9	−21.0	−3.8	−0.4
2006	72.6	89.0	92.2	−19.5	−3.1	0.1
2005	74.7	89.8	92.3	−17.4	−2.3	0.2
2004	75.5	90.5	92.6	−17.1	−2.1	0.0
2003	76.5	91.4	92.8	−16.2	−1.3	0.1
2002	77.6	91.3	92.9	−14.2	−0.5	1.1

	고용률 %			40~44세 대비 고용률 격차 %P		
	25~29세	30~34세	35~39세	25~29세	30~34세	35~39세
2001	77.8	91.2	92.1	−13.2	0.2	1.1
2000	78.2	91.2	92.3	−12.9	0.1	1.2
5년 후 상관관계 1	0.605	0.336	0.088			
5년 후 상관관계 2				0.696	0.398	

자료 : 통계청, KOSIS DB, 「경제활동인구조사」.

또한, 각 시점에서의 전체 노동시장에 대한 노동시장 충격을 통제하기 위해 각 년도에 고용이 가장 안정된 40~44세 집단 고용률과 차이를 기준으로 상관관계를 구해보면([표 1]의 '5년 후 상관관계 2'), 25~29세 집단, 30~34세 집단에서 각각 0.696, 0.398로 상관계수가 증가하고 있다. 이는 각 연도의 고유한 충격을 통제하면 특정 시점에서 25~29세, 30~34세 집단에 발생한 고용사정이 5년 후에도 지속되는 것이 더 뚜렷하게 나타남을 의미한다.

물론, 이러한 분석은 개인별 분석이 아니므로 현재 우리나라에서 노동시장 이력 효과(labor market hysteresis effect)의 특수한 형태로서 연령 효과의 정도가 어느 정도인지, 또한 시기별로 어떻게 변화하고 있는지 정확히 보여주지 못한다. 그러나, 최소한 이러한 분석으로도, 우리나라 노동시장에서 학교−노동시장의 이행이 동년배 집단과 유사한 패턴으로 이뤄지지 못할 경우, 혹은 노동시장 진입 이후 정착 과정이 동년배 집단과 유사한 패턴으로 이뤄지지 못할 경우 그러한 패턴에서 배제된 사람들은 지속적으로 아웃사이더로 남게 될 가능성이 존재함을 확인할 수 있다.

청년 일자리 정책과 관련하여 이러한 결과가 갖는 시사점은 첫째, 청년 일자리 대책을 각 시점에 제한된 연령 집단으로 한정하는 것이 실제 노동시장의 구조적 불일치 해소에 적절하지 않을 수 있다는 것이다. 둘째, 각각의 이행 단계(학교급별, 학교−노동시장, 노동시장 내에서의 일자리 이동)에서 '작은 마찰'(marginal friction)(혹은 시간의 경과에 따른 지속적 누적)이 '심각한 부조화'(significant discordance)로 이어질 수 있다는 점에서, 각 이행 단계의 사소해 보이는 불일치를 최소화하려는 노력이 필요하다. 셋째, 특히 일단 심각한 부조화가 발생한 이후 정상 궤도로 되돌리기 힘들 가능성이 외국보다 크다는 점에서, 예방적 조치에 대한 투자가 훨씬 중요할 수 있다. 이하에서는 이러한 관점에서 청년 대상 직업훈련의 개편 방안을 검토하고자 한다.

Ⅱ. 정책 방안

1. 청년 대상 소규모 직업훈련 사업에 대한 정비 및 연계성 강화

채창균 · 최영섭(2014)에 따르면 일모아 DB에 수록된 2010~2014년 청년 대상 사업 약 100개 중 대부분의 사업이 사업 인원 200~250명 이하의 사업들이다. 이처럼 소규모로 운영되는 사업들의 경우 지자체나 중앙부처에서 각자 고유한 사업 목적에 따라 수행하는 경우들이 대부분이다. 이들 소규모 사업의 경우 나름대로는 타당성을 갖는 경우가 있다. 특히 고용노동부의 직업능력개발사업은 고용보험기금을 재원으로 고용보험 가입 경력이 있는 실업자나 재직자를 주 대상으로 하며, 취업과 실업의 경계에 있는 경우들을 지원하지 못하는 경우가 있다. 이에 따라 사업 내용이나 사업 대상 측면에서 고용노동부의 직업능력개발사업에서 소외되는 계층에 대한 지원 관점에서 필요성이 인정되는 경우들이 있다. 그러나, 동시에 사업 내용이나 사업 대상 측면에서 별도 운영의 필요성을 뚜렷이 발견하기 어려운 경우도 존재한다. 물론, 별도 운영의 필요성이 뚜렷하지 않은 경우에도 사업간 경쟁을 통해 사업 전달 방식의 효율성과 효과성이 높아지기를 기대할 수도 있다. 그러나 현실에서는 소규모 훈련 사업을 실제로 담당하는 훈련 기관들이 훈련 실적의 달성에 초점을 두고 경쟁적으로 훈련생을 유치하는 상황이 발생하게 된다. 그 결과는 훈련생 관점에서 뚜렷한 필요성을 갖지 못하는 훈련이 남발되는 것으로 이어질 수 있다. 따라서, 중앙부처와 지자체를 총괄하여, 청년층 대상 직업훈련 사업 선반에 대해 사업 내용과 사업 대상의 특수성 관점에서 엄밀하게 평가하고 정비하는 것이 필요하다. 물론, 이러한 정비가 각 사업의 통폐합만을 의미하지 않으며, 각 사업의 고유성을 유지하면서 타 사업들과의 연계성을 강화하는 것도 고려할 수 있다.

2. 청년 대상 직업훈련 정보 인프라 개선

청년 대상으로 관련 사업에 대한 정보가 효과적으로 전달될 수 있도록 정보 인프라도 정비해야 한다. 물론, 현재 청년 구직자 대상으로 워크넷(www.work.go.kr)에 청년 인턴, 청년 훈련 사업 등에 대한 정보가 통합 제공되고 있다. 그러나 일모아 DB에도 관련 사업들에 대한 정보가 제대로 집적되지 않는 상황에서 통합 정보 인프라가 제대로 작동하고 있는지, 이에 대한 청년들의 인지도가 충분한지 의심스럽다. 따라서, 현재 청년 일자리 사업 관련 정보를 보다 효과적으로 전달할 수 있도록 정보 인프라의 개선 방안을 마련하는 것이 필요하다.

3. 청년층 대상 사업의 범위를 '구직자'로 재설정

일반적으로 청년층에 대한 직업훈련은 '현재 일이 없는 청년층'을 대상으로 실시되는 경우가 많다. 예를 들어 청년들이 주로 참여하는 취업성공패키지 훈련의 경우에도 '현재 일이 없음'이 핵심 사업 참여 요건 중 하나이다. 문제는, 현재 다수 청년들, 특히 생계의 압박을 강하게 받는 청년들이 단시간의 저임금 일자리(상당수가 고용보험 미가입)를 갖는 경우가 많다는 점이다. 사실 단시간 저임금 일자리에 취업한 청년들의 경우 노동시장에서의 취업 경쟁력이 취약한 경우가 많기 때문에, 이들을 대상으로 직업훈련이 적극적으로 추진될 필요가 있다. 따라서, 객관적으로는 직업훈련을 절실히 필요로 하지만 현재 직업훈련 정책 구조에서는 체계적으로 배제되어 있는 청년들에게 직업훈련을 제공하기 위해서는 직업훈련의 대상 범위를 '일자리의 유무'와 상관없이 '일자리를 찾는 청년층'으로 확대할 필요가 있다. 즉 '일자리가 없으면서 일자리를 찾는' 청년층이 아니라, '현재 일자리 유무와 상관없이 보다 나은 일자리를 찾는' 청년층으로 청년 대상 직업훈련의 범위를 확대할 필요가 있다. 예를 들어 취업성공패키지의 사업 대상을 원칙적으로 '현재 일자리가 없는 구직자'가 아니라 '구직자 일반'으로 확대하고, 대신 현재 경제활동 상태(일자리의 성격, 일자리의 소득 수준 등)을 검토하여 취업성공패키지 사업 대상자로 포함시키는 것을 고려할 수 있다. 이러한 사업 대상의 확대는 현재 청년들이 취업과 실업의 경계를 부단하게 오가며 대단히 불안정한 상태에 빠져 있는 것을 해소하는 데 중요하게 기여할 수 있을 것이다. 실제로 일본의 경우 우리나라와 유사한 취업 지원 사업을 수행함에 있어 그 대상을 '실업자'가 아니라 '구직자'로 설정하고 있는 점도 참고할 수 있다.

4. 청년 대상 직업훈련의 위상 재검토

보다 근본적으로, 현재 우리나라의 사회경제적 여건하에서 청년 대상 직업훈련이 갖는 사회정책적 의미를 다시 생각해봐야 한다. 전통적으로 청년들을 대상으로 하는 직업훈련은 직업 세계에서 필요로 하는 기초 숙련을 갖추지 못한 경우 그에 필요한 역량을 갖추도록 하는 것을 목표로 하여왔다. 그러나 우리나라의 경우 거의 대부분의 청년들이 최소한 고등학교 이상의 학력을 보유하고 있다. 물론 고등학교를 마치지 못하였거나, 고등학교를 마쳤어도 직업 세계에서 요구하는 기초 소양을 갖추지 못한 경우도 있으므로 전통적 의미의 직업훈련의 목표가 완전히 불필요해졌다고 보기는 어렵다. 그러나 적어도 대다수 청년들이 고교 졸업 이상의 학력을 보유한 상황에서 청년 대상 직업훈련이 어떤 사회정책적 의미를 갖는지 근본적으로 재검토하는 것이 필요하다. 이는 현실적으로 현재 정부의 청년 대상 직업훈련이 그 정체성의 혼란을 겪고 있다는 판단에 기초한다.

예를 들어, 대표적 청년 대상 직업훈련 프로그램 중 하나인 청년 취업 아카데미의 경우, 대학 졸업 예정자 및 졸업자를 대상으로 '기업, 사업주 단체'가 주도가 되어 대학 프로그램과 '별도'의 교육 훈련 프로그램을 제공하고 있다.[1] 이러한 프로그램은 사실 대학 프로그램 자체가 산업현장에서 요구하는 역량 위주로 개편, 운영되었다면 불필요한 프로그램이라고도 할 수 있다. 따라서, 대학 프로그램과 별도의 프로그램을 대학의 외부에서 주입하는 방식의 청년 대상 직업훈련이 아니라, 아예 대학 프로그램 자체를 산업현장의 수요에 맞춰 개편하는 방식으로 청년 대상 직업 '교육' 훈련을 제공하는 것이 보다 바람직하다. 이러한 주장은 나아가 직업훈련과 직업교육의 구획, 특히 적어도 청년들을 대상으로 하는 양성 단계에서의 직업훈련과 직업교육의 구획 필요성에 대한 문제 제기로도 이어진다.

5. 청년 취업 아카데미 등을 대학 구조조정의 지렛대로 활용

대학의 구조개혁이 청년 노동시장 미스매치 해소의 핵심 계기라는 점을 감안할 때 정부의 직업훈련 예산을 적절히 활용하는 것도 필요하다. 이 경우, 정부가 기존 교육 프로그램 외부에서 별도의 외삽적 개입을 하는 경우에도, 그것이 기존 교육 프로그램 개편 혹은 대학 구조조정 등의 지렛대로 활용하는 것이 필요하다. 예를 들어, 청년 취업 아카데미를 통한 취업 실적은 대학 취업률 산정시 제외함으로써, 대학이 자체 노력 없이 정부 지원에 편승하여 대학 평가 등에서 유리해지지 않도록 해야 한다. 또한, 청년취업아카데미사업 참여 일정 기간 경과 후 그와 같은 프로그램들을 정규 교과의 일부로 편성하고, 대학 자체 자금으로 운영토록 유도해야 한다. 이러한 제도적 보완을 통해 대학이 대학 내부의 변화를 적극적으로, 주체적으로 이뤄내기보다는, 정부의 경쟁적 재정 지원(특히 청년 취업난 해소를 목표로 하는 재정 지원)에 기대어 기존의 구조를 이어가지 못하도록 할 것이다.

---

1 비록 대학 등과 기업이 '협력'하도록 하고 있으나, 별도의 교육과정에 대해 별도의 훈련생을 선발한다는 점에서 기존 교육 프로그램에 대한 '외삽적' 개입이라는 점은 동일하다.

6. 학점은행제의 직업 기반 전면 재편

현재 학점은행제와 독학사제도가 학위 장사의 중요한 창구 중 하나로 악용되고 있다. 이는 독학사의 취득 자체가 문제되는 것이 아니라, 이를 발판으로 고등교육기관에 편입함으로써 학위 세탁의 경로로 악용되는 경우가 많기 때문이다. 이러한 상황은 우리나라의 고질적 학위 추구 경향, 그리고 전통적 직업훈련 기관이었던 직업전문학교와 각종 평생학습 기관들의 마케팅에 기인하는 것으로 보인다. 사실 청년층 중 상당수가 정규 고등교육기관으로 진학하고 있지만, 여전히 일부의 경우 정규 고등교육기관으로 진학하지 못하고 있으며, 설령 정규 고등교육기관으로 진학한 경우에도 보다 빠른 학위 취득을 위해 학점은행제를 활용하려는 경우가 존재한다. 이러한 문제에 대응하기 위해 교육부에서 개편 방안을 추진하고 있지만, 그 주된 내용은 학점은행제의 형식적 측면에서의 관리 강화로, 내용적 측면에서의 사회적 타당성에는 아무런 영향을 미치지 못하고 있다. 현실적으로 학위에 대한 열망이 존재하는 조건에서 이를 보다 생산적 방향으로 이끌어내기 위해서는 학점은행제 자체를 직업 기반으로 전면 개편하는 것이 필요하다. 기왕에 대학 및 전문대 교육도 직업 기반으로 개편시키는 상황에서, 학점은행제를 직업 기반 교육 훈련에서 제외시키는 것도 타당치 못하다. 이에 따라, 학점은행제 과정들을 NCS 기반 교육 훈련 과정으로 전면 개편하고, 이에 대한 품질 관리를 대폭 강화해야 한다. 사실 정부의 직접 재정 지원이 없는 경우 교육 훈련 기관에 대한 품질 관리가 느슨하게 이뤄지는 경우가 있다. 그러나 NCS 기반 교육 훈련의 사회적 효용성 확보를 위해서는 설령 정부의 재정 지원이 직접 이뤄지지 않는 경우에도 엄격한 품질 관리를 실시하는 것이 필요하다. 이를 위해 교육부와 고용노동부가 조속히 학점은행제의 직업 기반 개편에 대한 준비에 조속히 착수하고, 그를 실행하기 위한 지원 관리 시스템을 구축해야 한다. 일부의 경우 인문학 관련 평생학습 수요를 들어 이러한 변화에 부정적일 수 있으나, 인문학 관련 평생학습 수요는 방송통신대와 같이 검증된 기관을 통해 흡수하는 것이 바람직하다.

7. 폴리텍의 학사 관리를 성과 기반으로 개편 및 유연화

폴리텍의 청년 대상 직업훈련 기능의 강화를 대학 구조조정, 학점은행제 개편 등과 연계하여 추진해야 한다. 현재 일부 폴리텍에서는 과거 산업대학의 일반대학화와 같이 장기 과정을 중심으로 아카데믹 교육화하려는 경향도 존재한다. 사실 지식 기반 사회에서 장기 과정에 보다 이론적 요소를 강조하는 것도 필요하다고 할 것이다. 그러나 폴리텍 커리큘럼에서의 이론적 요소 강화가 자칫 폴리텍 교육과정 자체의 경직화로 이어질 경우 산업 수요 대응성이 저하될 수 있다. 이를 방지하기 위해서는 폴리텍 대학의 학사 관리를 일반 고등교육기관과 같이 경직적 커리큘럼에 따라 산업학사 등의 취득이 이뤄지도록 운영하기보다는, 학생들의 역량 평가 결과에 따라 조기 취득이 가능하도록 하는 등의 학사 관리 유연화를 추진해야 한다. 만약 성과 기반 조기 취득 등이 어려울 경우 1년 3학기제, 1년 4학기제 등과 같이 전공별로 다양한 학사 일정을 자율적으로 편성, 운영할 수 있도록 하는 것도 필요하다. 또한, 학점은행제의 직업 기반 개편을 전제로, 학점은행제를 통해 일정 학점을 취득한 경우 폴리텍 대학 편입이 가능토록 하는 등의 조치도 강구해야 한다.

8. 청년 대상 훈련 내용과 방법의 다양화

청년 대상 직업훈련이 확대되고 있지만, 대부분의 경우 전통적 교실 기반 교육 훈련 방식으로 이뤄지고 있다. 이는 청년 고용 문제가 심각해 지고 있지만, 여전히 직업훈련에 대한 사업 관리 방식이 과거 교실 기반 훈련에 대한 관리 방식을 이어가는 상황에서(여전한 출결 관리 중심의 훈련 관리!), 교육 훈련 기관들이 새로운 혁신적 교육 훈련 방식을 개발, 적용하기 꺼리는 경우가 많기 때문이다. 그러나 현재 우리나라 청년들의 평균적으로 높은 인지적 역량과 최근의 빠른 기술 변화 속도를 감안하면 전통적 교실 기반 교육 훈련을 이어가는 것은 타당치 않다. 이에 따라, 청년층 직업훈련에 대해서도 보다 과감하게 새로운 교육 훈련 방법과 내용을 시도하는 것이 필요하다. 예를 들어 최소한의 교실 기반 직업훈련과 최대한의 현장 경험을 엮어 일터 기반 직업훈련을 제공할 수도 있다. 이러한 프로그램은 현재 확산되고 있는 일학습병행제의 일환으로도 추진할 수 있다.

또한 직업훈련의 내용도 제한된 범위의 전문적 기술만 전수하는 것에서 탈피해야 한다. 특히 빠른 기술 변화 속에서 청년들 스스로 변화하는 상황에 적응토록 하기 위해서는 모든 직업훈련 과정에 '창의성'과 '기업가 정신' 항목을 포함시키는 것이 필요하다. 즉 과거로부터 주어진 지식과 기술을 반복하는 것에서 벗어나 스스로 새로운 대안을 찾도록 촉구해야 하며, 임금노동만이 아니라 스스로의 역량을 기반으로 새로운 직업 세계를 개척하도록 유도해야 한다. 다시 한 번 강조해야 할 점은 창의성이 특별한 개인의 전유물이 아니며, 기업가 정신 또한 당장 자영업 창업을 목표로 하는 사람들에게만 필요한 것이 아니라는 점이다. 직업훈련이 과거의 답습으로 그치지 않고, 청년들에게 미래를 열어갈 새로운 기회를 제공하기 위해서는 직업훈련의 내용 또한 미래지향적으로 재편될 필요가 있다.

Ⅲ. 제언

청년의 구직난과 기업의 구인난이 병존하는 현실은 비단 개별 개인이나 개별 기업의 불행으로만 그치지 않는다. 장기적으로 이러한 현실은 한국 경제의 핵심적인 혁신 역량의 훼손으로 이어질 것이며, 중국의 부상 앞에서 한국 경제의 앞날을 어둡게 하는 핵심 요인이다.

사실 청년 일자리 대책이 그간 무수히 제기되었음에도 불구하고, 과연 그러한 정책들이 '한국 경제의 혁신'이라는 관점에서 검토되고 모색되었는지 의문이다. 예를 들어 대학의 구조조정에 대해 단순히 수량적으로 입학 자원의 부족에 따라 대학 정원을 조정하는 방식으로 접근하고 있다. 과연 대학 구조

조정의 목표가 단순히 적절한 입학 경쟁률을 보장하는 데 있는 것인지 심각한 회의를 갖게 한다. 대신, 대학의 구조조정을 미래 경쟁력 확보 차원에서 접근한다면 과연 현재 대학들이 미래 청년들에게 요구되는 혁신 역량을 제대로 길러주고 있는가라는 관점에서 현재 대학 상황들을 평가하고, 그러한 요구에 부응하지 못하는 대학에 대한 과감한 구조조정을 추진하는 것이 필요하다.

이러한 혁신 지향적 인재 육성 관점의 청년 대책은 직업훈련에도 마찬가지로 적용될 수 있다. 즉, 청년 대상의 직업훈련을 과거 산업화 단계에서 초보적 교육도 받지 못했던 청년들을 대상으로 했던 양성 훈련의 틀을 벗어날 필요가 있다. 대다수 청년들이 상당한 정도의 교육 수준을 갖고 있는 상황에서 과감하게 교육과 훈련, 직업교육과 직업훈련의 틀을 탈피하여 청년들에게 미래 직업 세계에서 요구하는 역량을 키워줄 수 있는 사업들을 시도하는 것이 필요하다. 이러한 시도는 결국 청년들이 노동시장에서 구직난에 봉착한 후 사후적으로 미스매치를 해소하기 위한 프로그램에 참여하는 것이 아니라, 정규교육 단계에서부터 사전적으로 미스매치를 해소할 수 있도록 하는 것이다. 이 경우 직업훈련 측면에서의 개입이 기존 정규교육의 혁신과 효과적으로 융합되도록 하는 정책 조율이 필요하다.

물론, 현실적으로 사전적 미스매치 해소를 기대하기 어려운 경우들이 존재하므로 사후적 미스매치 해소 차원에서 별도의 직업훈련 프로그램들을 운영하는 것도 필요하다. 이 경우, 청년들에게 좁은 범위의 지식과 기술을 가르치는 것에서 탈피하여, 미래 직업 세계에서 요구하는 핵심 역량, 특히 창의성과 기업가 정신 등을 직업훈련 프로그램에도 녹여내는 것이 필요하다. 이러한 시도를 폴리텍의 학사관리 유연화와 연계하여 각종 청년층 대상 프로그램부터 시작할 수 있을 것이다.

또한 청년 대상 각종 프로그램의 제도적 사각지대를 없애는 것도 중요하다. 현실적으로 청년들이 불안정한 취업과 실업을 반복하고 있는데, 제도적으로는 실업자를 대상으로 하는 훈련 사업만 제공함으로써 정작 직업능력 개발이 필요한 취약 계층 청년들을 소외시키고 있다. 직업훈련의 공급 측면에서도 평생학습의 핵심이 직업능력 개발이라는 점에서 학점은행제와 같은 평생학습 프로그램들을 직업 기반으로 전면 개편하는 것이 필요하다. 현재 교육부와 고용노동부의 중간 지대에서 각종 평생학습 프로그램에 대한 제도적 관리가 제대로 이뤄지지 않는 점을 악용하여 노동시장 경쟁력이 취약한 청년들을 사취하는 경우가 있다. 이러한 상황을 타개하기 위해서는 기존의 평생학습에 대한 담론을 직업 관점에서 전면 재검토하고, 그에 바탕하여 학점은행제를 비롯한 평생학습 프로그램들을 직업 기반으로 재정비하는 것이 필요하다.

이러한 노력들이 실제로 구현될 때 청년 대상 직업훈련의 양적 확대와 질적 제고가 이뤄질 수 있을 것이며, 청년들의 노동시장 미스매치가 일부라도 완화되고 그를 통해 한국 경제의 혁신 역량이 제고되는 계기가 마련될 것이다.

대학생 장기현장실습 시스템을 활성화하자

이 문 수 (한국기술교육대학교)*

대학생 장기현장실습 시스템을
활성화하자

Ⅰ. 서론

최근 우리나라의 실업률은 점차 나아지고 있는 추세이나 국가경쟁력의 핵심 요소라고 할 수 있는 청년 실업 문제는 아직도 지속적으로 증가하고 있는 추세로 이를 해결하는 것이 핵심적인 국가정책 과제 중 하나로 떠오르고 있다. 2012년 기준으로 OECD 회원국 가운데 우리나라의 청년 고용률은 가장 낮은 수준에 머무르고 있는 것이 현실이다.

[그림 1] 한국과 OECD 주요국의 국가별 청년 실업률 비교[1]

---

1 「OECD "한국 청년 최고 교육수준에도 상대 실업률 1위"」, 연합뉴스, 2015. 5. 27.

이러한 낮은 수준의 청년 고용률의 근본적인 원인은 현재의 대학 교육의 결과물과 수요처인 산업체와의 요구간의 불일치에 기인한다고 할 수 있다. 즉, 우리나라 대학 교육의 양적인 측면은 세계 최고 수준이지만 질적인 측면에서는 산업현장과 괴리된 인력을 양성한다는 비판의 목소리가 높은 것이 현실이다. 실제 대학 졸업자 수는 지속적으로 급증하고 있으나 산업현장 수요에 대한 반영 미흡, 대졸자의 현장 실무 경험 부족 및 특정 분야의 인력 수급의 불균형 등으로 인해 대학 졸업과 동시에 청년 실업자를 양산하고 있다는 비판에 직면하고 있다. 실제로 대학 진학률(2011년 기준)이 일본 50%, 미국 60~70%, 유럽 주요 선진국 40~50% 등 OECD 국가 평균이 56%인 데 반해 우리나라의 인문계 고등학교 졸업생의 대학 진학률이 82%(1990년 33.2%)로 OECD 최고 수준일 뿐만 아니라(실질적인 직업교육을 시키는 실업계 고등학교의 경우에도 70% 이상이 대학에 진학하고 있는 실정이다.

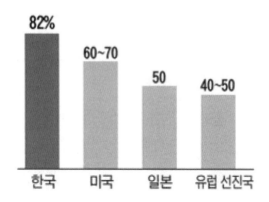

[그림 2] 한국과 주요 선진국의 국가별 대학 진학률 비교[2]

대학 교육의 질적인 측면에 대한 여러 연구 중 IMD 고등교육의 사회 부합도 평가에서 한국은 매년 최하위 수준을 보여왔으며, 2009년 조사에서도 조사

---

2 「한국의 대학 진학률 82% OECD 최고수준」, 『조선일보』 2011. 5. 24.

대상 57개국 중 51위를 기록하였다. 또한 한국대학교육협의회의 2009년 조사에 의하면 대졸 신입 사원의 대학 교육 산업현장 적용도는 100점 만점에 48점에 불과하고, 대학 교육과정도 변화되는 산업계 수요를 제대로 반영하지 못하고 있는 것으로 평가되었다. 이로 인해 대학을 졸업하고도 다시 취업을 위해 재교육이 필요한 상황이 지속되고 있으며 경총의 연구(2008, 2014. 6)에 따르면 대졸 신입 사원의 1년 이내 이직률이 25.2%에 이르고 있을 뿐만 아니라 대졸 신입 사원의 평균 재교육 비용은 6,088만 원, 기간은 19.5개월에 이르고 있다. 기존 연구에 의하면 대학 교육에 대한 불만족도가 높은 요인은 실습 및 현장교육 부족(87%), 창의력 배양 교육 부족(78%), 커리큘럼 현실성 부족(72%), 교수 방법의 다양성 부족(70%), 교원의 현장 감각과 능력 부족(68%) 등 주로 현장 문제 해결을 위한 능력 부족으로 나타났다.

Ⅱ. 정책 방안

1. 대학의 장기현장실습 운영 시스템의 개선 방향

현재 각 대학에서 수행 중인 장기현장실습(IPP)의 성과 관련 설문(한국기술교육대학교, 기간 : 2014. 2. 1~2. 28, 표본 : IPP 참여 학생 42명, 방법 : 설문/인터뷰 진행)을 실시한 결과를 바탕으로 다음과 같은 3가지의 운영 시스템 개선 방향을 도출하였다.

1) 장기현장실습을 위한 기업 정보의 전국적 통합 DB 구축

현재 대학에서 제공하고 있는 기업 정보에 대한 학생들의 만족도를 보면 전체의 37%가 만족하지 못하고 있다고 응답하고 있으며 만족한다고 답변한 학생들도 상당수가 자신이 스스로 찾아야 하는 정보가 많다고 응답하고 있었다. 이는 IPP를 수행하고 있는 대학들마다 자체적으로 기업에 대한 정보를 DB화하여 학생들에게 필요한 정보를 제공함으로써 학생-기업 간 매칭을 하고 있으나 학생들이 실질적으로 원하는 정보의 부재, 각 학교별 정보 수준의 편차 등으로 참여 대부분의 참여 학생들이 얻고자 하는 정보를 사전에 충분히 얻고 있지 못하고 있는 것으로 나타나고 있다. 특히 대학에서 제공하는 정보의 수준에 대해 불만을 표현한 학생들은 공통적으로 배치될 부서 및 맡게 될 직무에 대한 자세한 정보를 요구하고 있었고 이는 이후 학생들이 장기현장실습을 수행하는 데 겪는 어려움으로 바로 연결되어지고 있었다.

따라서 기업에 대한 정보량을 학생들의 요구 사항들을 반영하여 전국적 통합 DB로 구축하고 이를 IPP 참여 대학들이 공통적으로 활용할 수 있도록 하는 것이 필요하며 이를 위한 재정적 지원 방안을 마련하는 것이 요구된다.

2) IPP 프로세스의 표준화를 통한 도입의 용이성 확보

IPP 프로그램의 표준화는 크게 커리큘럼의 모듈화, 현장실습 단위 기간(학점)의 표준화 및 현장실습의 학점은행제 도입 등을 고려할 수 있다.

(1) 커리큘럼의 모듈화

현재 한기대의 IPP 프로그램과 타 대학에서 수행하고 있는 장기현장실습 관련 커리큘럼을 비교하여보면 상당한 차이가 존재하며 이는 각 대학의 특성이나 상황을 고려하면 피할 수 없는 부분인 것은 사실이나 IPP 프로세스의 표준화를 통한 확산이라는 관점에서 보면 최대한 공유할 수 있는 부분을 확대시키는 것이 반드시 필요한 부분이다. 예를 들어 한기대의 IPP 프로그램에서 사전 필수과목으로 운영되는 HRD 교과목들을 모듈화, 표준화하여 타 대학도 내용상으로 같은 것을 학습시키도록 하는 것이 중요한 부분이다. 이를 위해 현재 개발, 활용 중인 NCS를 활용하는 것도 하나의 방안으로 고려할 수 있을 것으로 현재 정부는 지난 2002년부터 2012년까지 331개 NCS 및 180개 학습 모듈을 개발했고, 2013년에도 NCS 기반 학습 모듈을 47개 분야 376종 개발했으나 아직까지는 그 활용도가 미미한 상태로 이미 개발된 NCS 및 학습 모듈을 IPP 프로그램 설계에 적용하면 그 활용도를 높일 수 있을 것으로 판단된다. 현재 여러 분야의 NCS 및 학습 모듈 개발은 산업현장에서 요구하는 지식 · 기술 · 태도를 충분 반영하고 체계화하는데 이러한 NCS의 개선에 IPP 결과를 활용한다면 NCS 자체의 품질뿐만 아니라 대학에서 활용하는 기존의 학습 모듈과 크게 차별화할 수 있을 것으로 판단된다.

(2) 현장실습 단위 기간(학점)의 표준화

앞의 커리큘럼의 경우와 마찬가지로 현장실습을 현재 운영하고 대학마다 각기 다른 학점을 현장실습에 부여하고 있으며 그 기간 또한 상이한 실정으로, [표 1][3]은 국내 5개 대학의 현장실습 현황을 분석한 자료로 자료상의 모든 대학의 각기 다른 학점 부여 체계 및 기간을 가지고 있음을 알 수 있다. 따라서 향후 IPP 프로그램을 확산하기 위해서는 이러한 부분을 통일하고 표준화하는 부분이 반드시 필요하다. 기업의 입장에서도 이러한 표준화를 통해 각 대학마다 상이한 기간과 이에 따른 각기 다른 학점 부여 체계로 인한 현장실습 수료생들에 대한 평가의 어려움을 상당 부분 감소시킬 수 있을 것이다.

(3) 현장실습 학점의 학점은행제(대학 간 연계 체제 구축)

이는 표준화된 현장실습 체계, 학습 모듈 및 성과 평가 체계를 바탕으로 현장실습을 진행하는 대학들 간의 상호 학점 교류 및 기업 교류를 가능하도록 하는 것으로 이를 활용하면 지역 간 기업 간 학생들의 교류가 가능해지고 특정 대학 및 기업에의 쏠림 현상을 방지하고 다양한 리소스를 공유할 수 있는 체계가 확립 가능할 것이다. 또한 현장실습을 비롯한 모든 교육과정은 정부 및 지역사회와 산업체 그리고 대학의 관계자들이 공동으로 협의하여 개발하여야 한다.

---

3 김현아 · 홍철호 · 김병삼, 「한국과 프랑스의 현장실습 중심의 공학교육 운영에 관한 사례 분석」, 『공학교육연구』 10권 2호, 2007.

[표 1] 각 대학의 현장실습 운영실태 비교

	추진 실적	운영 방안	추진 방법
순천대	학과 : 6개 학생 : 42명 기업 : 16개	– 학점제 운영	– 현장실습 수요 조사 – 현장실습과 인턴 사원 연계 – 전담교수의 현장실습 업체 방문 – 현장실습 일지 – 현장실습 결과 보고서 – 산업체의 현장실습 학생 평가서 제출
강원대	학과 : 13개 학생 : 193명 기업 : 62개	– 학점제 운영 : 13개 학과(2학점, 3학점) – 학점 부여 : Pass/Failure – 학기제와 계절제 운영	– 현장실습 수요 조사 – 현장실습과 인턴 사원 연계 – 전담교수의 현장실습 업체 방문 – 현장실습 일지 – 현장실습 결과 보고서 – 산업체의 현장실습 학생 평가서 제출 – Capstone Design과 연계 – 실습 시행 전 오리엔테이션 실시

부산대		– 학점제 운영
		  인턴십 : 18학점, 24주
		  현장실습 1 : 6학점 3주
		  현장실습 2 : 3학점, 4주
		  현장실습 3 : 1학점, 1주
		– 현장실습 Recall A/S 프로그램 운영
			– 수요 조사 및 업체선정
			– 홈페이지 공고 후 Web에 학생이 수강 신청
			– 현장실습과 인턴 사원 연계
			– 전담교수의 현장실습 업체 방문
			– 현장실습 일지
			– 현장실습 결과 보고서
			– 산업체의 현장실습 학생 평가서 제출

한양대	국내 학과 : 10개 학생 : 137명 기업 : 48개 해외 학과 : 2개 학생 : 25명 기업 : 6개 (2개국)	– 학점제 : 4학점, 5주 – 해외 현장실습과 해외 인턴십의 강화	– 현장실습 수요 조사 – 현장실습과 인턴 사원 연계 – 전담교수의 현장실습 업체 방문 – 현장실습 일지 – 현장실습 결과 보고서 – 산업체의 현장실습 학생 평가서 제출

	추진 실적	운영 방안	추진 방법
서울 산업대	학과 : 21개 학부 학생 : 1846명	– 학점제 운영	– 현장실습 수요 조사 – 현장실습과 인턴 사원 연계 – 전담교수의 현장실습 업체 방문 – 현장실습 일지 – 현장실습 결과 보고서 – 산업체의 현장실습 학생 평가서 제출 – Capstone Design과 연계

3) 장기현장실습의 운영 결과 공유 체계 마련

장기현장실습 수행과 관련하여 담당교수 및 지도교수의 보고서에 대한 지속적인 피드백 제공뿐만 아니라 타인이 열람할 수 있도록 보고서를 개방하는 방안을 마련하는 것이 필요하다. 담당교수 및 지도교수의 지속적인 피드백뿐만 아니라 기업 내 담당자의 의견이 함께 첨부된다면 학생의 기업에 대한 시각뿐만 아니라 기업의 학생에 대한 생각도 알 수 있어 다음 학생 선정시 도움이 될 것으로 판단되며, 학생들이 수행하는 업무는 매일 비슷하므로, 업무일지보다는 전공 및 비전공 역량에 대한 내용 및 느낀 점 등을 따로 정리하는 부분을 추가하는 것이 필요하다.

또한 다른 기업에서 실습 중인 학생들과의 월말 및 종합 보고서를 공유하면 학생의 자기반성 및 성찰이 가능할 것으로 보여지므로 IPP 홈페이지에 업로드하여 학생들이 열람할 수 있는 방법을 강구하는 것이 필요하다.

4) 장기현장실습의 사후 취업 관리 지원 시스템 구축

현재 대학의 IPP센터로부터 현장실습 완료 후의 어떠한 형태의 취업 관련 관리도 이루어지고 있지 않는 것으로 나타나고 있어 이에 대한 개선이 필요하다. 특히 현장실습을 수행했던 기업과의 취업 연계 정보 등을 학생들은 원하고 있었으며 이를 위해서는 향후 학생들의 취업 지원시 장기현장실습에서 학생들이 수행했던 직무와 연관된 기업들에 대한 맞춤형 취업 지원이 이루어질 수 있도록 대학의 취업 지원 시스템을 설계, 운영하는 것이 필요하다.

2. 지역별 편차를 고려한 장기현장실습 참여 기업의 지속적 참여 유도

지역별 편차를 고려한 IPP 프로그램의 확산 방안으로는 크게 지역 산업에 특화된 맞춤형 현장실습 운영 체계 구축, 현장실습과 산학연구를 연계하는 지역 산업 클러스터 체계를 구축 운영 및 IPP와 지역 기업의 S-OJT 활성화와 연계 등을 고려할 수 있음.

1) 지역 산업에 특화된 맞춤형 현장실습 운영 체계 구축

이를 위한 지역별, 현장실습 운영 협의체를 대학, 정부, 기업이 주체가 되어 구축하고 이를 통해 지역 산업을 고려한 지역 특화된 현장실습, 기업(대학) 맞춤형 현장실습을 실시할 수 있도록 하는 것이 필요하다. 지역 산업을 고려한 맞춤형 현장실습이란, 지역별로 거점 대학 및 참여 대학을 두고 해당 지역의 특화된 산업을 대상으로 현장실습의 차별화를 실현한다는 것이다.

2) 현장실습과 산학연구를 연계하는 지역 산업 클러스터 체계 구축 운영

장기현장실습은 팀 프로젝트에 의한 공동 성과 창출과 이러한 결과물의 실용적인 응용에 대한 부단한 훈련을 학부 과정에서 실현하는 것을 목표로 해야 한다. 현장실습 교육은 대학 교육과정과 연계하여 현장 실무와 대학의 고유 기능인 연구를 연계한 체계 중심으로 이행되어야 하는데 선진국의 경우 대부분 대학에서 1~2년간의 전공 기초 교육을 이수한 다음 집중적으로 현장실습 교육을 이수하고 그 결과를 졸업 연구과제 수행과 연계하도록 하고 있다. 예를 들어 네덜란드의 경우 3학년 때 실시하는 현장실습 교육을 마친 4학년 과정에서는 현장실습에 의한 프로젝트를 계속 수행하고 이를 졸업 연구논문 및 졸업 시험으로 연결하는 교육을 진행함으로써 특히 현장실습 교육과정과의 연계성을 높여주어 실무 능력을 신장시킬 수 있는 직업교육을 수행하고 있다.

이러한 부분을 고려하여 6개월간의 현장실습과 4개월간의 공동 프로젝트

(연구) 수행에 따르는 인증서를 학교 혹은 산업체 명의로 발급하여 IPP 수료 학생의 차별적 경쟁력을 부각시키면, 이를 바탕으로 팀 프로젝트에 의한 창의적인 연구와 독창적인 성과 활용(창출)의 경험을 쌓도록 하는 방안이 마련될 수 있을 것이다. 따라서 다음과 같은 부분을 고려하여 수행할 필요가 있다.

· 자신이 선택한 진로 방향에 맞추어 팀을 구성하여 과제를 수행하고 팀별로 지도교수와 대학원생 혹은 산업체 현장 실무자로 구성된 멘토 배정
· 매주 지도교수는 팀 프로젝트의 성과 측정과 방향성 제시
· 멘토는 팀 프로젝트의 팀장으로 정해진 기일 안에 과제 수행을 완수할 수 있도록 지휘 감독
· 교내 국책연구센터/각종 연구기관 및 인근 산업체를 클러스터로 구성하여 팀 프로젝트 수행에 필요한 지원 실시
· 장기적으로는 팀 프로젝트 성과물로 일률적인 영어 위주의 졸업 인증 시스템 대체

3) IPP와 지역 기업의 S-OJT 활성화와 연계

기업의 S-OJT 트레이너를 IPP 과정을 이수한 학생들을 대상으로 양성할 수 있도록 IPP 프로그램을 설계하는 것이 필요하다. 이를 통해 이론과 실습을 겸비한 동시에 해당 기업의 경험이 있는 학생들로 S-OJT 트레이너를 구축 운영할 수 있을 것이다.

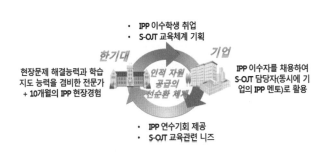

[그림 3] 기업과 대학(예 : 한기대)의 인적 자원 공급의 선순환 체계

IPP 참여 한기대 졸업생(10개월의 산업현장 경험자)을 기업의 S-OJT 담당자로 활용하는 동시에 IPP 학생의 관리자(멘토) 역할을 수행하여 한기대가 제시하는 듀얼시스템의 인적 선순환이 이루어질 수 있는 제도적 장치를 마련하는 것도 필요한 부분이다.

3. 장기현장실습 수행 성과에 대한 모니터링 체계 구축

효과적인 IPP 프로그램의 모니터링 계획 수립 방안으로는 크게 IPP 프로그램 성과 평가를 위한 표준화된 체계 구축과 IPP 프로그램의 모니터링 체계 구축 등을 고려할 수 있다.

1) IPP 프로그램 성과 평가를 위한 표준화된 체계 구축

엄기용 외(2012)[4]의 연구에서 제시한 장기현장실습의 성과 평가 모형은 결과 중심 모형인 Kirkpatrick의 4단계 평가 모형에 기반하여 설계되었으며 세부 내용은 다음의 [표 2]와 같다.

반면에 과정 중심 모형의 Bushnell(1990)이 제시한 IPO 모형을 기반으로 IPP 프로그램의 평가 모형을 고려해보는 것도 의미가 있는 부분으로 투입(Input)-과정(Process)-산출(Output/Outcome)의 4단계를 기본으로 다음과 같이 각 평가 단계별로 세부 내용에 대한 평가가 진행될 수 있다. 전체적으로는 장기 산출의 결과가 다시 투입으로 피드백되며 과정 운영의 결과물로 도출되는 단기 산출물들은 다시 과정 운영상의 고려 요인으로 피드백되는 구조를 가지고 있다. 보다 세부적인 단계별 평가 지표, 평가 시점 및 방법에 대해 추후 논의가 필요하며 앞서 기술한 결과 중심 모형 및 과정 중심 모형을 동시에 고려한 평가 지표의 개발도 고려해볼 필요가 있을 것이다.

4　엄기용 · 오창헌 · 하준홍 · 조재수 · 김남호, 「해외 Co-op 프로그램의 성과 평가 사례분석 및 IPP 제도를 위한 적용방안 연구」, 『한국실천공학교육학회지』14권 2호, 2012.

[표 2] 장기현장실습 성과 평가 모형

단계	평가 지표	평가 주체	평가 시점	평가 방법
1단계 반응	- 학생 자신(동기부여, 태도, 노력, 지식, 스킬 능력) - 기업(동료, 상사, 업무, 시설, 장비, 도구, 정보, 문화, 분위기, 가치) - IPP센터(공고, 모집, 선발, 사전 교육, 질의 응답, 고충 해결, 현장 방문, 평가 방법, 요구 사항, 파견 전후의 지원 서비스) - 지도교수(질의 응답, 고충 해결, 현장 방문)	학생	IPP 종료 시점	설문 조사
	- 학생(지식, 스킬, 능력, 동기부여, 태도, 노력) - IPP센터(접촉, 정보 제공, 업무 협의, 현장 방문) - 지도교수(현장 방문)	기업	IPP 종료 시점	설문 조사
2단계 학습	- 지식(보고서, 인터뷰) : 전공 관련 및 비관련	학생	- 사전 (파견 전) -사후 (종료 시점)	자기 평가
	- 스킬(보고서, 인터뷰) : 전공 관련 및 비관련 - 태도(설문 조사) : 취업 관련	센터, 교수		보고서, 인터뷰, 설문 조사 활용
3단계 행동	- 귀교 후 행동 변화 관찰 : 수업 관련 (학점, 수업 참여 등), 대학 생활 관련(적극성, 팀워크, 의사소통 등)	교수	IPP 종료 후 졸업까지	관찰, 인터뷰
		센터		학점 분석
	- 취업 후 행동 비교 : 비참가 학생들과의 차이	기업	취업 후	설문 조사
4단계 결과	- 졸업 전 취업 여부 - 취업의 질(정규, 비정규, 기업 규모, 전공 적합도) - 초봉 수준 - 재학 기간	센터	졸업 시점	설문 조사
	- 연봉, 직급 - 이직률 - 개인-조직 적합도 - 직무 만족, 조직 몰입 - 기업 성과 향상에 기여(상사)	센터	졸업 후 추적 평가	설문 조사

단계	평가 지표	평가 주체	평가 시점	평가 방법
4단계 결과	- 커리큘럼 개선 - 산학협력 촉진(프로젝트, 기술 이전, 지도, 특강 등) - 대학 이미지 제고	교수	IPP 종료 후 1년	설문 조사

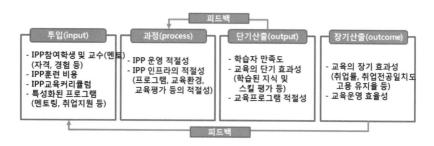

[그림 4] IPO 모형 기반의 장기현장실습 성과 평가 체계

2) 장기현장실습 프로그램의 체계적인 모니터링 체계 구축

모니터링은 크게 모니터링의 시기에 따라 사전 모니터링과 과정 모니터링 및 사후 모니터링으로 나누어볼 수 있고 모니터링의 범위에 따라 기본 모니터링 및 수시 모니터링으로 나누어볼 수 있는데 사전 모니터링에서는 주로 앞의 그림에서 제시한 교육 훈련의 4단계 과정 중 투입(input) 단계를 중심으로 진행되며 과정 모니터링은 과정(process)에 대한 심층적인 점검과 확인을 통해 이루어진다. 예를 들어, 과정 모니터링 단계에서는 훈련 현황을 지속적으로 파악하고 현재 현장실습 참여 학생이 제대로 현장실습 훈련을 받고 있는지, 사전 준비 과정은 적절한지, 실습 중에 문제점(중도 포기/장기 결석, 훈련 미참여)은 없는지를 파악하고자 하는 것이라고 할 수 있다. 이러한 사전 모니터링은 참여 학생이 갖고 있는 문제점을 확인하고, 문제점별로 참여 학생을 일목요연하게 분류하여 효과적으로 조치하고자 하는 것으로 이러한 문제 상황별로 원인을 파악하여 학생이 현장실습을 성공적으로 수료할 수 있도록 지원하고 이를 통해 취업률 및 취업 만족도를 높이는 데 그 목적이 있다.

사후 모니터링은 말 그대로 교육 훈련이 종료된 후의 2가지 단계들, 즉, 단기산출(output) 및 장기산출(outcome)을 중심으로 진행되는데 여기에는 IPP 교육과정에 대한 참가자의 평가 검토, 현장실습 수료 후 취업률 파악, 취업 유지율 및 취업에 대한 만족도(전공 일치도) 파악 등이 포함된다. 기본 모니터링의 경우에는 자료 분석, 현장실습 실태 현장 조사, 만족도 조사 등을 실시하는 전반적인 모니터링을 의미하며 기존에 수립한 모니터링 계획에 따라 실시하게 되며 수시 모니터링은 성과 평가 결과 및 내·외부 지적 사항 등 현안 사항 중심의 모니터링으로 현장 조사, 집단 면접 및 개별 심층 조사 등 모니터링 특성에 따라 다양한 방법으로 실시할 수 있다.

4. 장기현장실습의 제도적 지원 방안

1) 장기현장실습을 고용부의 자격 과정과 연계 실시

현재 장기현장실습을 운영하고 있는 각 대학에서 도제 자격 과정과 연계한 교육과정(Level 5 수준)을 정립하여 향후 고용노동부의 자격 과정과 연계하여 장기현장실습을 수행함(자격증 취득)으로써 더 많은 대학으로의 확산 및 정착을 쉽게 할 수 있도록 제도적인 뒷받침이 마련되어야 한다. 이를 위해 각 대학들의 현장실습 교과과정을 표준화하고 이를 고용부의 자격 과정과 연계할 수 있도록 설계하여야 하며 현장실습의 성과를 객관적으로 평가하고 평가 프로세스 자체를 체계적으로 관리할 수 있는 제도가 필요하다. 이러한 사항들은 현재 한기대의 IPP허브센터를 통해 중장기적인 관점에서 수행하는 것이 가능할 것이다.

2) 정부 차원의 현장실습 관리 지원 기구

현재는 현장실습과 관련되어 실습 시기, 실습 시간, 실습비 및 실습 내용 등 종합적인 관리를 전담할 수 있는 정부 차원의 중앙기관이 필요하다. 선진국의 경우 대부분 대학 단계 직업교육 기관의 교육과정은 중앙정부의 관련 위원회에서 기본 방향을 정하고 지역사회 단위에서 구체적인 운영 방안을 정하여 시행하며 일정한 주기마다 재검토하여 개편하도록 하고 있다. 현재에는 각 대학별로 산학협력 역량 및 참여 교수의 역량 등의 편차가 너무 크기 때문에 대부분의 우수한 현장실습 사례가 특정 대학 및 지역에 편중되어 나타나고 이러한 우수한 대학의 성공 모델을 확산시키고 DB 구축 등을 하나의 시스템으로 관리할 수 있는 중앙기구를 설립 운영하는 것이 필요하다. 이를 위한 하나의 방안으로 현재 각 주요 대학별로 운영되고 있는 현장실습지원센터(LINC)들을 하나로 묶어 관리할 수 있는 정부기구의 설립을 고려해보는 것도 가능할 것이다. 향후 4년제 대학뿐만 아니라 전문대학, 및 실업계 고교의 현장실습도 담당할 수 있게 하여 우리나라의 현장실습 교육을 총괄할 수 있는 중앙 통제기구로 운영하는 것이 바람직하다. 또한 이러한 기구의 운영은 현재 활발한 논의가 진행되고 있는 NQF의 평생능력학습체계의 틀에서 IPP를 고려할 수 있도록 하는 방향으로 논의되어야 한다.

3) 학생들의 현장실습시 신분을 보장할 수 있는 제도적 방안

현재 현장실습 참여 학생들은 현장실습 수행시 학생의 신분과 근로자의 신분 사이에서 모호한 부분이 있는 것이 현실로, 이 때문에 실습 현장에서(특히 영세한 중소기업의 경우)는 학생 신분으로 인해 노동권 보호의 사각지대에 놓이는 상황이 발생할 수 있으므로 이를 제도적으로 보장해줄 수 있는 방안에 대한 고려가 필요하다. 현제의 관계법령인 '직업훈련촉진법'의 보완을 통해 현장실습과 취업을 엄격히 구분하고 산업체에 파견된 현장실습생의 노동권을 보장하여야 하며 필요시 추가적인 현장실습 관련법을 제정하거나 기존 제도들을 정비해야 할 것이다. 예를 들어 현장실습생에게 휴일 실습이나 연장 실습을 실시하는 기업들에 대해서는 제제를 가할 수 있는 규정 등이 필요하다.

4) 향후 모든 대학에서 현장실습의 제도적 의무화

예를 들어 영국, 독일 및 프랑스 등의 선진국의 경우 모두 6개월에서부터 2

년(영국의 thick sandwich)까지 현장에서 집중적으로 실무 능력을 배양시키고 있으며, 이 실습 과정을 이수하여야 졸업이 가능하도록 의무화하고 있다. 특히 독일에서는 산업체의 생산 현장에 배치되지 않고 연구 개발에 종사하게 되는 일반 종합대학 교육과정에서도 6개월 이상의 현장실습 교육을 필수적으로 이수하도록 하고 있다. 영국의 경우 초기에는 학교와 산업체에서 6개월씩 정시제(part-time)로 교대 교육하는 데서 출발하였지만, 대학 4년 과정에서 3년째의 1년간을 산업체에서 현장실습만을 집중적으로 실시하는 전일제(full-time)로까지 발전하고 있다.

Ⅲ. 제언

대학의 장기현장실습의 확산과 프로그램 운영의 효과성을 극대화하기 위해서는 참여 기업과 대학에 대한 다양한 인센티브를 고려해야 한다. 또한 현장실습 성과의 질을 높이기 위해서는 현장실습을 운영하고 지도하는 인력의 전문성 확보가 시급하다. 특히 기업에서 현장실습을 담당하고 있는 멘토의 경력이나 자격, 지식이 많지 않은 경우가 많아 이 때문에 학생들의 현장실습이 편법으로 운영되거나 소기의 목적을 달성하지 못하는 경우가 많아 개선이 필요한 실정이다. 선진국의 경우 현장실습 교육은 전문 기술자급이 담당하며 기본적으로는 마이스터(Meister) 칭호를 가진 숙련된 전문 기술자들이 실습 교육을 직접 담당하도록 하고 있으나 우리나라 중소기업의 현실에서 이러한 인력이 현장실습을 담당하는 것은 무리가 있으므로 국가 차원에서 이러한 사람들을 중심으로 컨설팅 그룹(자문단)을 구성하고 이를 활용하는 방안도 고려할 수 있을 것이다. 또한 기업의 현장실습 관리자를 대상으로 정기적인 교육이 실시되어야 하며 기업이 이에 적극적으로 참여할 수 있도록 다양한 혜택이 제도적으로 마련되어야 할 것이다.

중장기적으로는 장기현장실습에 대한 우리나라 기업의 인식 전환이 필요하다. 즉, 현장실습 교육은 학생과 산업체의 상호 필요성 때문에 활성화되어

야 함에도 불구하고 아직 많은 수의 기업이 장기현장실습 프로그램에 참여해
준다는 인식을 가지고 있으며 이 때문에 프로그램 참여에 소극적인 것이 현실
이다. 장기현장실습 프로그램을 통해 학생의 입장에서는 실무 적응 능력과 지
도력을 신장시키며 이를 졸업 과제와 연계하여 창의적인 연구를 수행할 수 있
고 나아가서 취업 진로의 기회와 연계시킬 수 있으며, 기업의 입장에서도 유
능한 인재를 조기 발굴하여 채용할 수 있고 채용 후에는 별도로 직무 연수를
위한 시간과 비용을 절약할 수 있다. 이러한 부분을 기업에게 적극적으로 홍
보하고 참여 기업에게도 실질적인 이익이 돌아갈 수 있는 방안을 중장기적으
로 모색해야만 장기현장실습의 성공을 보장할 수 있을 것이다.

일학습병행제의 **성과**와 **질을** 높여야 한다

강 경 종 (한국직업능력개발원)*

* kkj3498@krivet.re.kr

일학습병행제의 성과와 질을
높여야 한다

Ⅰ. 서론[1]

최근 전 세계적인 경제 불황에 따라 청년 고용률에 대한 관심이 증대되고 있다. 특히 2013년 유럽연합 정상회의에서도 청년 실업 문제가 주요 이슈로 제기된 바 있고, 일부 국가의 경우 청년 실업 문제 해소와 관련하여 '긴급 대책 (urgent action)'이 언급되기도 하였다(전승환 · 강경종, 2014 : 1). 우리나라의 경우도 예외는 아니어서 전 세계적인 경제 불황에 따른 저성장 시대가 도래함에 따라 청년 실업 문제가 사회적인 문제로 부각되고 있고, 우리 사회가 근본적으로 지니고 있는 학력 및 스펙 중심 사회를 개선하기 위한 다각적인 노력이 이루어지고 있다.

이러한 노력의 일환으로 박근혜 정부에서는 '희망의 새 시대'를 국정 비전으로 제시하고, 능력 중심 사회 실현을 통한 국가 고용률 70% 달성을 주요 국정 과제로 제안하고 있다(관계부처 합동, 2013a : 1). 특히 '국정 과제 75. 능력 중심 사회를 위한 여건 조성'을 주요 국정 과제로 제시하고, 실력 중심의 스펙 초월 채용 시스템 정착, 국가직무능력표준(NCS) 구축, 직무능력평가제 도입, 평생 직업능력 개발 체제 구축 등을 주요 추진 과제로 제시하여 본격적으로 추진 중이다(관계부처 합동, 2014 : 132~133).

한편, 능력 중심 사회 실현과 관련된 국정 과제의 목표를 달성하기 위한 다

---

1 서론은 '전승환 외(2015), 「일학습병행제의 운영 실태 및 개선 방안」의 자료를 일부 발췌 및 수정하여 제시하였음.

양한 방안들 가운데 최근 가장 주목받고 있는 것은 '일학습병행제'이다. 일학습병행제는 관계부처 합동(2015)에 따르면 "독일·스위스식 도제 제도를 한국의 실정에 맞게 설계한 도제식 교육 훈련 제도로서 현장 교사가 주로 기업현장에서 NCS 기반의 교육 훈련 프로그램과 현장 훈련 교재에 따라 가르치고, 보완적으로 학교 등에서 이론 교육을 시킨 후 산업계가 평가하여 자격을 주는 새로운 교육 훈련 제도"(1쪽)를 의미한다. 특히 전 세계적으로 도제 훈련을 성공적으로 정착하여 운영하는 국가들의 청년 고용률이 매우 높은 점을 감안해볼 때, 우리나라의 청년 실업 문제 해소 및 능력 중심 사회 실현에 있어서 한국형 도제 훈련 시스템인 일학습병행제의 성공적인 정착·운영은 핵심적인 사안이라 할 수 있다.

일학습병행제는 ① 기업 선정, ② 일학습병행 프로그램 개발(NCS 기반) 및 현장 훈련 인프라 구축, ③ 일학습병행 프로그램 인증, ④ 학습 근로자 선발·계약, ⑤ 교육 훈련(이론 교육 및 현장 훈련)실시, ⑥ 학습 근로자 교육 훈련성과 평가, ⑦ 성과 평가 결과에 따라 수료증 등 자격 부여, ⑧ 기업 내 일반 근로자와 동일한 근로조건을 가진 근로자로 전환 등의 절차에 따라 운영된다(고용노동부·한국산업인력공단·한국직업능력개발원, 2014).

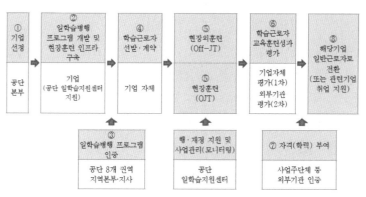

자료 : 고용노동부·한국산업인력공단·한국직업능력개발원(2014), 「일학습병행제 운영 매뉴얼」, 7쪽.

[그림 1] 일학습병행제 운영 절차

일학습병행제는 2013년 9월부터 시범 사업이 시작되어 2014년부터 본격적으로 추진되고 있다. 2015년 12월 기준으로 약 5,000여 개 기업의 10,000여 명의 학습 근로자가 일학습병행제에 참여하고 있다. 특히 일학습병행제에 참여하는 기업 중에는 명장기업, 월드클래스 300기업, 으뜸기업, ISO 인증기업, 벤처기업, 혁신기업, 강소기업, 이노비즈, Best HRD 기업 등의 우수 기업들도 다수 참여하고 있다. 또한, 최근에는 산학일체형 도제 학교, 유니테크, IPP형 일학습병행제 등의 사업이 추진되면서 일학습병행제의 대상이 기존의 입직자에서 재학생 단계까지 확대되고 있는 추세이다.

일학습병행제는 도입된 지 2년이 채 경과되지 않았음에도 불구하고, 참여 기업 및 학습 근로자의 만족도와 정책에 대한 호응도가 비교적 높은 점은 긍정적으로 평가할 수 있으며(관계부처 합동, 2015 : 13), 일학습병행제의 경제ㆍ사회적 성과를 논하기에는 아직 이른 감이 있지만 주요국의 도제 훈련 비용 편익 구조와 비교해볼 때 상당히 긍정적인 효과를 거두고 있는 것으로 나타나고 있다(강경종 외, 2014 : 131).

그러나 일학습병행제는 제도 수혜 범위가 아직 제한적(특성화고 졸업자, 중소기업 중심)이고, 제도 지속성에 대한 우려 등으로 속도감 있는 확산과 함께 제도 내실화가 필요한 시점이다(관계부처 합동, 2015 : 2). 특히 고용노동부와 유관 기관을 중심으로 제도 확산이 추진 중이나, 아직 지역ㆍ산업ㆍ범국가적 추진 체계는 정착되지 않은 상황이고, 참여 기업 및 학습 근로자 역시 제도 지속성에 대한 우려를 지속적으로 제기하고 있어 이를 해소하기 위한 다각적인 정책적 대안이 필요한 시점이다. 또한, 향후 일학습병행제의 성공적인 정착ㆍ운영을 위해서는 운영 실태에 대한 면밀한 진단을 바탕으로 부족한 점을 보완하기 위한 노력이 이루어질 필요가 있다.

따라서 본고에서는 일학습병행제의 성과 제고 및 질 관리를 위해 필요한 정책 제언을 ① 제도 설계, ② 제도 운영, ③ 제도 성과 측면으로 구분하여 제안하고자 한다.

II. 정책 방안[2]

1. 제도 설계 측면

1) NCS 기반 신직업 자격 부여 계획 수립 추진

일학습병행제를 통한 NCS 기반 신직업 자격 부여 계획을 구체적으로 수립할 필요가 있고, 이에 필요한 법적 근거가 조속히 마련되어야 한다. NCS 기반 신직업 자격은 NCS 24개 대분류 중 2014년도에 7개 분야, 2015년도에 17개 분야가 개발되고 있으며, 자격 종목별 교육 훈련 프로그램(일학습병행 프로그램) 개발 기준, NCS 기반 신직업 자격 검정 기준 및 문제 원형이 함께 개발되고 있다. 그러나 일학습병행 프로그램을 이수한 학습 근로자에게 누가, 언제, 어떠한 방식으로 평가를 실시하여 자격을 부여할 것인지에 대한 구체적인 계획이 수립되어 있지 못한 상황이다. 이로 인해 일학습병행제 참여 기업에서는 신직업 자격에 대한 이해도가 부족하고, 학습 근로자에게도 신직업 자격에 대한 충분한 사전 설명이 제공되지 못하고 있다.

따라서 NCS 기반 신직업 자격 부여를 위한 외부 평가의 주체, 시기, 방법, 기준 등에 관한 구체적인 세부 계획이 수립될 필요가 있으며, NCS 기반 신직업 자격의 취지를 최대한 반영하여 자격 제도의 운영 체계를 산업계 주도로 단계적으로 개편해나갈 필요가 있다. 즉, 제도 도입 초기에는 산업별 협의체의 역량 및 경험이 충분하지 않으므로 한국산업인력공단 주도의 자격 제도 운영이 전제되어야 하겠지만, 장기적으로는 자격 설계에서부터 운영, 검정까지의 일련의 절차를 산업별 협의체가 직접 관리하는 체계로의 전환이 검토되어야 한다.

---

2 정책 방안은 전승환 · 강경종, 「일학습병행제의 성공적인 정착을 위한 추진 과제」, 한국직업능력개발원, 2014 ; 강경종 외, 「일학습병행제의 경제 · 사회적 성과분석」, 고용노동부, 2014 ; 전승환 외, 「일학습병행제 운영 실태 및 개선 방안」, 한국직업능력개발원, 2015에 제시된 정책 방안 중 핵심 이슈를 선별하여 제시하였음.

2) 직무능력 향상 관점에서의 제도 활성화 및 NQF/SQF와의 연계 강화

일학습병행제는 장기적으로 NQF 및 SQF와의 연계를 전제로 제도 활성화가 필요하다. 국가역량체계(NQF)는 '교육, 훈련, 자격 및 경력의 등가성(equivalence)을 나타내는 체제로서 산업현장에서 요구하는 직업능력 관점에서 다양한 역량 간 연계가 가능한 통합적인 수준 체제'를 의미하며, 전 세계적으로 150개국 이상의 국가에서 NQF 시스템을 도입하였거나 도입할 계획을 갖고 있다. 최근 우리나라에서도 2017년까지 NQF 시스템을 구축하기 위한 시도를 하고 있으며, 2014년도에는 시범적으로 자동차 정비, 미용, 숙박 서비스 등 3개 분야에 대한 분야별 역량 체계(SQF)가 마련된 바 있다.

따라서 일학습병행제를 장기적으로 우리나라 직업교육 훈련의 핵심적인 시스템으로 정착시키기 위해서는 NQF 및 SQF와의 긴밀한 연계가 필수적으로 고려되어야 한다. 이를 위해 NCS 기반 신직업 자격 설계 및 보완시 NQF 및 SQF와의 연계가 필수적으로 고려되어야 하고, 일학습병행제를 통한 학습 결과를 NQF 시스템과 연동하여 학습 근로자의 학습 결과를 NCS 능력 단위별로 누적·관리할 수 있는 시스템 마련이 적극적으로 검토되어야 한다.

3) 산업계 주도의 거버넌스 체계 구축

일학습병행제가 성공적으로 정착하고, 장기적으로 우수한 직업교육 훈련 모델로 자리매김하기 위해서는 산업계 주도의 거버넌스 체제 구축이 선행되어야 한다. 독일이나 스위스와 같이 과거부터 도제 훈련이 성공적으로 운영되고 있는 국가들의 공통점은 산업계 주도의 운영체제를 구축하고 있다는 점이다. 반면, 우리나라는 과거부터 전통적으로 학교교육 중심의 직업교육 훈련이 제공되어왔고, 산업계의 직업교육 훈련을 위한 인식 및 인프라가 충분하지 않다는 점에서 단기간에 산업계 주도의 제도로 정착하기는 어렵겠지만, 단계적으로 정부 주도에서 산업계 주도로 패러다임을 전환해나갈 필요가 있다.

이를 위해서는 우선적으로 ISC(Industry Skills Council)와 RC(Regional Council)를 중심으로 한 산업계 주도의 거버넌스 체계 구축이 필요하다. 먼저

ISC는 인력 수급 전망 및 실태 조사 분석에서부터 NCS와 신직업 자격의 개발·보완, 일학습병행제 참여 기업 발굴, 학습 근로자 채용 연계, 교육 훈련 프로그램 개발, 외부 평가, 자격 부여 등에 이르기까지의 일학습병행제 전 과정에 주도적으로 참여할 필요가 있다. 또한, RC는 지역별 인력 수요 분석 결과를 토대로 지역 인력 양성 계획을 수립하고, 이를 토대로 지역 일자리 목표

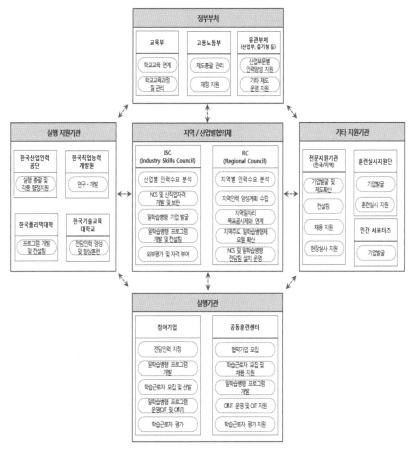

자료 : 전승환·이수경·이한별, 「일학습병행제 운영 실태 및 개선 방안」, 한국직업능력개발원, 182쪽, 2015.

[그림 2] 지역/산업별 협의체 주도의 일학습병행제 운영 거버넌스 체제

공시제와 연계하여 지역 주도의 일학습병행제 모델을 확산시켜나갈 필요가 있다. 특히 ISC뿐만 아니라 RC에서도 인력 수요 조사를 실시하고 있는 만큼, ISC와 RC의 수요 조사 결과를 상호 연계하고, 긴밀한 정보 공유를 통해 보다 효과적으로 일학습병행제 운영을 지원해나갈 필요가 있다.

이와 같이 산업계 주도의 거버넌스 체제 구축을 위해 주무부처인 고용노동부는 제도 총괄, 기획 및 재정 지원의 역할을 담당하고, 교육부는 학교 교육과정과의 연계 및 질 관리를 담당하며, 유관 부처에서도 산업부문별 인력 양성 관점에서 관련 사항을 적극 지원할 필요가 있다. 이 밖에도 한국산업인력공단, 한국직업능력개발원, 한국폴리텍대학, 한국기술교육대학교 등 실행 지원기관은 보텀 업(bottom up) 방식으로 정책에 반영할 수 있는 사항을 적극 발굴하는 역할을 수행할 필요가 있다.

4) 행정 절차 및 방식 간소화

일학습병행제 참여 기업 및 관계자들이 공통적으로 일학습병행제 운영상 가장 큰 어려움으로 지적하고 있는 것은 복잡하고 경직된 행정 절차에 관한 것이었다. 특히 행정 처리를 위해 필요한 지침과 양식이 수시로 변경됨에 따라 동일한 업무를 수 차례 수행하여야 하는 경우가 다수 발생하고 있는 점은 반드시 개선되어야 한다는 의견이었다.

따라서, 이러한 문제점들을 해소하기 위해서는 기업이 처리하여야 하는 행정적인 부담을 최소화하고, 행정 절차를 최대한 간소화할 필요가 있다. 특히 전산관리시스템(HRD-Net)의 작성 양식 및 절차는 대폭 간소화하거나 실제 참여 기업에서 작성이 용이한 형태로 개편할 필요가 있다. 또한 행정적인 애로 사항이나 문제가 발생하였을 경우 이를 문의하고 지원해줄 수 있는 전담 기관을 마련하여 운영할 필요가 있다.

2. 제도 운영 측면

1) 학습 근로자 경력 개발 경로 구축

일학습병행제 학습 근로자의 경력 개발 경로를 제시하여 학습 근로자에게 명확한 꿈과 비전을 제시해줄 필요가 있다. 학습 근로자 대상 사례 분석 및 인터뷰 결과 학습 근로자들은 대부분 조기 취업, 일반 근로자에 준하는 임금 및 처우, 업무에 필요한 직무 수행 능력 향상 등의 측면에서는 긍정적인 인식을 보이고 있으나, 장기적인 본인의 경력 개발에 관해서는 계획이 없거나 구체적이지 못한 경우가 많은 것으로 나타나고 있다.

따라서 일학습병행제 학습 근로자의 경력 개발 경로를 분야별로 제시함으로써 학습 근로자가 구체적으로 어떠한 경로를 통해 해당 분야의 최고 전문가로 성장이 가능한지를 제시해줄 필요가 있다. 또한, 경력 개발 경로상에 성장 과정에서 필요한 자격 취득, 경력, 교육 훈련 과정 이수 등에 관한 사항을 구체적으로 명시해줄 필요가 있다.

2) 학습 근로자에 대한 지원 강화를 통한 중도 탈락 최소화

먼저 학습 근로자의 이직을 최소화하기 위한 대안적 조치가 마련될 필요가 있다. 학습 근로자 관리와 관련한 가장 큰 애로 사항은 학습 근로자의 이직이었다. 즉, 일학습병행 프로그램을 통해 많은 시간과 비용을 투입하여 교육 훈련시킨 학습 근로자가 다른 곳으로 이직하게 되면 기업 입장에서도 큰 손해가 아닐 수 없다. 그러나 참여 기업 입장에서도 이직을 강제적으로 규제할 법적, 제도적 장치가 없는 상황이고, 사실 이것을 규제하는 것도 바람직하지 않다. 그러므로 학습 근로자의 이직을 최소화하기 위해서는 일학습병행 프로그램을 이수 과정 혹은 이수한 후에도 다른 곳으로 이직하지 않은 경우 별도의 인센티브를 부여하는 방안의 검토가 필요하다.

또한, 학습 근로자의 병역 문제로 인한 경력 단절을 방지하기 위한 대안이 마련될 필요가 있다. 일학습병행제 참여 기간 중 군에 입대하여야 할 경우, 기업 입장에서도 그리고 학습 근로자 입장에서도 큰 손해가 아닐 수 없다. 따라서 일학습병행제 참여 기간 중 병역 연기, 일학습병행제 직무와 연계된 특기병 선발, 일학습병행제 참여 기업을 우선적으로 산업기능요원 배정 기업으로 우선 지정 등의 다양한 방안이 검토될 필요가 있다. 또한, 산업기능요원 선발시 NCS 기반 신직업 자격 취득자가 기존의 국가기술자격에 준하여 인정받을 수 있도록 하는 방안의 검토가 필요하다. 그러나 현실적으로 생각해볼 때, 산업기능요원 제도는 연도별 배정 인원이 정해져 있고, 특기병 제도 역시 배정 인원이 한정되어 있어 근본적인 대안이 되기는 제한적인 상황이다. 이러한 현실적인 여건을 감안해볼 때 대안적으로 생각해볼 수 있는 방안은 군 복무 이후 학습 근로자가 원소속 기업으로 복귀할 수 있도록 의무화하는 것이다. 이를 위해서는 학습 근로자 채용시 군 미필자의 경우에는 군 복무 이후 원소속 기업으로 복귀한다는 내용을 계약서에 명시하거나 상호 협의하는 절차가 필요하다.

마지막으로 학습 근로자의 재정적 어려움으로 인한 중도 탈락 최소화를 위한 방안 마련이 필요하다. 일학습병행제 참여 학습 근로자의 상당수는 특성화고 및 마이스터고 졸업생이고, 특성화고 재학생의 상당수가 가정 형편 및 재정적 여건이 어렵다는 점을 감안해볼 때, 학습 근로자를 위한 재정적 지원 방안이 강구될 필요가 있음을 유추해볼 수 있다. 따라서 호주의 대출 제도를 벤치마킹한 대출 제도의 도입도 검토해볼 수 있다. 호주의 경우 도제생이 중도에 훈련을 중단하는 것을 방지하기 위하여 2014년 7월부터 'Trade Support Loan' 제도를 도입하여 훈련 기간 내에 정부로부터 최대 2만 달러(AUD)까지 빌릴 수 있고, 도제 훈련을 마친 후 정식으로 계약되어 연봉이 5만 달러(AUD)가 넘으면 대출 금액을 갚도록 하고 있다.

3) OJT에 대한 질 관리 강화

OJT와 업무(work)와의 구분을 명확히 하고, 사전에 준비된 훈련 계획에 따라 체계적으로 OJT가 실시되는지를 관리할 필요가 있다. 현재 운영되고 있는 일학습병행제는 업무(work), OJT 및 Off-JT가 혼합되는 형태이지만, OJT는 사실상 업무와 통합된 형태로 운영된다는 점에서 과연 OJT가 업무와 구분하여 충실하게 실시되고 있는지에 대한 의문이 있다. 따라서 OJT에 대한 관리는 OJT의 개념 및 필수 요소를 근거로 하여 충실하게 진행되고 있는지 여부를 관리할 필요가 있다. 즉, 단순하게 OJT를 몇 시간 실시하였는지가 중요한 것이 아니라, 교육목표 및 과정, 평가의 전 과정이 사전에 준비된 계획에 따라 실시되었는지를 관리하는 절차가 더욱 강화될 필요가 있다.

이를 위해 OJT를 위한 효과적인 교수 학습 방법 및 평가 방법에 대한 우수 사례를 발굴하고, 이를 공유해나갈 필요가 있다. 기업 내에서 OJT를 담당하는 기업현장 교사는 해당 분야의 충분한 경험과 역량을 보유한 내용 전문가이기는 하지만, 교수 역량이나 경험은 상대적으로 부족한 경우가 많다. 특히 일학습병행제에 참여하는 기업현장 교사 중 상당수는 실제로 OJT를 어떠한 방식으로 운영하고, 학습 근로자의 학습 결과를 어떠한 방식으로 평가해야 하는지를 정확하게 인지하지 못하고 있다. 따라서 OJT를 위한 효과적인 교수 학습 방법 및 평가 방법의 우수 사례를 분야별, 운영 유형별, 기업 규모별로 다양하게 발굴하여 실제로 OJT를 담당하는 기업현장 교사에게 보급할 필요가 있다.

4) Off-JT 운영 방식의 유연화

Off-JT 과정 운영은 기존의 운영 방식에서 벗어나 좀 더 유연한 교육 운영 방식을 취할 필요가 있다. 특히 공동훈련센터에서 운영하는 Off-JT 과정은 다양한 기업의 교육 훈련에 대한 수요를 반영하기가 어렵고, 개별 기업별로 Off-JT 과정을 운영하기에는 가용한 인력 및 예산이 부족한 문제가 있다. 또한, 개별 기업 입장에서도 공동훈련센터에서 제공하는 스케줄에 따라 Off-JT가 실시되다 보니 다소 애로 사항이 있다는 지적이 있다.

특히 개별 기업의 다양한 교육 훈련 수요를 반영하기 위해서는 모듈화된 프로그램의 개발 및 운영이 필요하다. 즉, 모듈화된 교육과정을 개발하여 운영하고, 개별 기업에서 필요한 학습 모듈을 취사선택하여 이수하도록 하는 방안 마련이 검토될 필요가 있다. 또한, 운영 장소에 있어서도 다양한 선택지가 존재할 수 있도록 유연성을 확대할 필요가 있다. 예를 들어 개별 기업에 Off-JT를 운영할 만한 충분한 시설 및 기자재가 갖추어져 있고, 인근의 기업과 연합하여 충분한 교육 수요가 있다고 판단되는 경우에는 굳이 공동훈련센터에서 Off-JT를 실시하지 않더라도 개별 기업에서 Off-JT를 실시하는 방안도 충분히 검토 가능하다. 또한, 교수 학습 방법 측면에서도 온라인 교육을 병행하는 blended learning 방식까지도 폭을 넓혀 검토 가능하다.

5) 학습 근로자 내부 평가 및 외부 평가 방식 정교화

내부 평가의 지침, 절차, 기준 및 방법 등에 관한 매뉴얼을 개발하여 보급할 필요가 있다. 일학습병행제에서 내부 평가는 학습 근로자가 학습한 능력 단위에 대한 이수 관리를 목적으로 외부 평가 응시 여부 및 자격 유형과 무관하게 모든 참여 기업에서 반드시 실시하도록 하고 있다. 내부 평가는 능력 단위(교과목)별 교육 훈련 진도율 80% 이상 시점부터 교육 훈련 종료 전까지 수시로 실시하고, 능력 단위 수행준거 및 문제 원형을 참고하여 평가 방법, 평가 시간 등은 교육 훈련 기관 자율적으로 결정한다는 지침은 제시되어 있으나, 구체적인 가이드라인이나 예시가 없다 보니 기업에서 개별적으로 내부 평가를 실시하기에는 많은 어려움이 있는 실정이다. 따라서 기업에서 자체적으로 내부 평가시 참고할 수 있는 내부 평가 가이드라인 및 매뉴얼을 개발하여 보급할 필요가 있다. 특히 가이드라인 및 매뉴얼에는 NCS에 제시된 12가지 평가 방법에 대한 구체적인 사례와 활용 방법을 제시함으로써, 기업에서 능력 단위(교과목)별로 평가를 실시할 때 적합한 방법을 선별하여 활용할 수 있도록 지원할 필요가 있다. 또한, 내부 평가시 활용 가능한 문제 원형 풀을 제공하여 기업에서 이를 참고 및 수정ㆍ보완할 수 있도록 할 필요가 있다.

또한, 외부 평가의 주체, 시기, 방식 등과 관련된 시행 계획을 조속히 확정하여 보급할 필요가 있다. 외부 평가는 수료(자격) 관리를 목적으로 한국산업인력공단의 평가 계획에 따라 정기적으로 실시되며, 신직업 자격 과정 운영 기업은 외부 평가에 반드시 참여하도록 하고 있다. 그러나 여전히 일학습병행제 참여 기업에서는 외부 평가에 대한 이해의 수준이 매우 낮고, 어떠한 방식과 절차, 문항으로 평가가 이루어지는지에 대한 상세한 정보가 제공되지 못하고 있다. 따라서 NCS 기반 신직업 자격 종목별로 외부 평가의 주체, 시기, 방식 등을 포함한 구체적인 시행 계획이 조속히 확정되어 보급될 필요가 있다. 물론, 이러한 절차가 지연되고 있는 가장 큰 이유는 NCS 기반 신직업 자격의 근거법이 마련되지 못함에 기인한 것이라 볼 수 있다. 그러므로 NCS 기반 신직업 자격의 근거법을 조속히 마련하고, 이에 근거한 시행 계획이 조속히 마련될 필요가 있다.

3. 제도 성과 측면

1) 학습 근로자의 노동시장 정착 관련 시스템 구축 운영

학습 근로자의 노동시장 정착 관련(생산성, 직무 수행 능력, 직무 만족도, 이직률, 취업 유지율, 경력 개발 등) 시스템(DB)을 구축하여 운영할 필요가 있다. 학습 근로자의 노동시장 정착을 지원하기 위해서는 관련 DB를 구축하여 운영할 필요가 있음에도 불구하고, 현재는 학습 근로자를 대상으로 한 연구 자체가 거의 이루어지지 못하고, 필요한 데이터는 산발적으로 설문 조사를 통해 취합하여 활용하고 있는 실정이다. 따라서 '(가칭) 일학습병행제 운영 실태 조사 시스템'을 구축하여 학습 근로자의 개인 인적 사항은 물론 직무 수행 능력 향상 정도, 중도 탈락 및 이직률, 수료 후 경력 개발 경로 등에 관한 데이터를 축적하여 관리해나갈 필요가 있다. 이를 통해 학습 근로자의 노동시장 정착 관련 성과와 문제점을 진단하고, 개선이 필요한 사항을 도출하여 정책에 반영할 수 있는 체계를 구축할 필요가 있다.

2) 연차별 비용편익분석 실시 및 기업 차원의 경제적 성과 누적 · 관리 시스템 마련

일학습병행제에 대한 비용편익분석을 연차적으로 실시하고, 이를 통해 정부 차원의 적정 재정 지원 규모를 산출함으로써, 경제적 성과를 최대화할 필요가 있다. 독일, 스위스, 호주 등 도제 훈련을 운영하고 있는 국가에서는 대부분 비용편익분석 방법을 활용하여 고용주 관점에서 도제 훈련의 경제적 성과를 도출하고 있었다. 비용편익분석시 비용(cost) 항목으로는 국가별로 차이는 있으나, 대체로 인건비(견습생 임금, 트레이너 임금 등)와 운영비(교육 훈련 시설 및 기자재 비용 등) 등을 활용하고 있었으며, 반면 편익(benefit) 항목으로는 대부분 견습생의 생산성(숙련 인력 대비 견습생의 생산성)을 주요 지표로 활용하고 있었다.

주요국의 비용편익분석 결과를 비교해볼 때, 대체로 1년차에는 편익보다는 비용이 크게 발생하나 연차가 지날수록 이익이 증대되어 순편익이 발생하는 경향을 보이는 것으로 나타나고 있다. 스위스와 호주의 경우 도제 훈련 시작 이후 2~4년차부터 대체로 비용보다 편익이 커지는 구조를 보이는 것으로 나타났으며, 독일의 경우 중·장기적인 관점에서 편익이 발생하였다.

[표 1] 주요국의 도제 훈련 비용편익구조 비교

구분	1년차	2년차	3년차	4년차	5년차	산출법
스위스	−	+	+	+	+	(편익)−(비용)
호주	−	−	−	+	+	(비용)−(편익)
독일	중·장기적 관점에서 순편익 발생					(비용)−(편익)

자료 : 전승환 · 강경종 · 이한별 · 장혜정 · 정동열, 「일학습병행제의 경제 · 사회적 성과분석(2015)」, 한국산업인력공단. 44쪽, 2016.

이와 같이 도제 훈련을 과거부터 운영하고 있는 국가의 경우 대체로 2~4년차부터 본격적으로 편익이 발생한다는 점을 감안해볼 때, 우리나라도 주기적으로 비용편익분석을 실시하여 순편익이 발생하는 시점을 예측해볼 필요가 있다. 이를 통해 정부 지원금 없이 순편익이 발생하는 시점을 예측하여 정부 지원금을 단계적으로 축소시켜나감으로써 재정 지원을 효율화하고, 일학습병행제에 투입되는 비용 대비 산출되는 편익을 최대화함으로써 경제적 성과를 제고해나갈 필요가 있다.

이를 통해 기업의 생산성 향상, 재교육비 및 채용 비용 절감 등과 같은 기업 차원의 경제적 성과를 누적·관리함으로써, 기업의 지속적이고 자발적인 참여를 유도할 필요가 있다. 사실 기업의 가장 큰 목적은 생산성 향상을 통한 이윤 추구에 있고, 아무리 좋은 제도라 할지라도 기업 입장에서 경제적인 편익이 없으면 지속적인 참여를 유도하기에는 한계가 있다. 따라서 종단 연구를 통해 기업의 생산성 향상, 재교육비 및 채용 비용 절감 등과 같은 경제적 성과 관련 지표들을 누적·관리해나갈 필요가 있다. 이를 통해 기업에서 일학습병행제를 통해 필요한 인력을 양성하는 것이 장기적으로 보았을 때 기업의 생산성 향상을 통한 이윤 확보에 도움이 될 수 있다는 점을 강조할 필요가 있다.

3) 학습 근로자의 기초 학습 능력 및 직업 기초 능력 향상 방안 마련

학습 근로자의 기초 학습 능력 및 직업 기초 능력, 직업윤리 향상을 위한 방안 마련이 필요하다. 일학습병행제 참여 기업에서는 학습 근로자의 기초 학습 능력 및 직업 기초 능력 부족, 기본적인 소양 및 인성 부족 문제를 애로 사항으로 토로하고 있다. 특히 특성화고 졸업자들의 경우 이러한 현상이 더욱 심하고, 대학연계형으로 진입하는 경우 대학의 정규 교육과정을 이수하기도 벅찬 상황이 다수 발생하고 있다. 더욱이 일학습병행제에서 일과 학습을 병행하여야 하는 어려움을 감내할 수 있는 인성이나 의지가 부족한 학습 근로자도 적지 않다는 문제가 있다.

따라서 학습 근로자의 기초 학습 능력 및 직업 기초 능력 향상을 위한 별도의 프로그램을 운영할 필요가 있고, 직업윤리를 비롯한 기본적인 소양 및 인성 함양에 필요한 프로그램도 함께 운영할 필요가 있다. 특히 대학연계형의 경우에는 대학 수업을 이수하는 데 필요한 기초적인 교과목에 대한 사전 교육 프로그램을 제공히어 일정 수준이 기초 학습 능력을 갖춘 학습 근로자만 진입이 가능하도록 유도할 필요가 있다. 또한, 일학습병행 프로그램 중 일정 비중

이상을 기초 학습 능력 및 직업 기초 능력, 직업윤리를 비롯한 소양 및 인성 함양을 위한 교과목으로 편성하여 운영하는 방안도 검토 필요하다.

Ⅲ. 제언

일학습병행제는 능력 중심 사회 실현을 위한 핵심적인 현 정부의 정책으로 추진되고 있으며, 제도 도입 초기 단계임에도 불구하고 양적 측면(참여 기업 수, 학습 근로자 수)에서는 상당 부분 가시적인 성과를 달성하고 있다. 그러나 도제 훈련을 과거부터 운영해온 독일이나 스위스 등의 국가와는 다른 우리나라의 여건을 감안해볼 때, 성공적으로 제도가 정착되기 위해서는 향후에도 지속적인 제도 보완 및 개선이 이루어질 필요가 있다.

특히 일학습병행제의 성과를 지속적으로 창출하기 위해서는 무엇보다도 일자리 주체인 기업 및 산업계의 적극적인 참여와 협조가 가장 중요하다. 즉, 일학습병행제의 가장 주도적인 운영 주체는 기업 및 산업계이기 때문에 기업 스스로 체계적으로 교육 훈련 프로그램을 설계하여 제공하기 위한 노력이 선결되어야 할 것이다. 물론 이에 필요한 제도 및 관련 법령 개선, 예산 지원 등에 관한 사항은 정부 부처를 비롯한 산업계, 연구기관 등이 지속적으로 상호 협력하여 숙의를 통해 제도를 보완해나감으로써 기업과 청년 구직자가 모두 만족할 수 있는 제도가 될 수 있도록 보완해나가야 할 것이다.

이를 위해 일학습병행제 참여 기업은 필요한 인력을 직접 양성한다는 관점에서 일학습병행제에 대한 자발적인 참여가 이루어져야 한다. 일학습병행제 참여 기업은 물론 SC 및 사업주 단체가 일학습병행제 운영의 중요성을 인식할 수 있도록 하고, 명확한 역할 및 책임과 함께 지속적으로 제도가 추진될 수 있는 여건을 마련할 필요가 있다. 장기적으로는 정부 주도의 지원 형태를 산업계 주도로 전환하여 일학습병행제가 명실상부한 산업계 중심의 제도로 발전해나갈 수 있도록 여건 마련이 필요하고, 이를 위해서는 SC, 사용자 단체 및 근로자 단체 등이 일학습병행제와 관련하여 보다 주도적인 역할을 수행할 수 있도록 구체적인 역할, 기능 및 인센티브를 명확히 인지할 필요가 있다.

또한, 기업 내 훈련에 대한 질 보증 및 신뢰 확보가 필요하다. 일학습병행제를 성공적으로 정착시키고, 특히 교육 훈련 이수 결과를 공식적으로 일학습병행 자격과 연계시키기 위해서는 일학습병행 프로그램에 대한 철저한 질 관리가 선행되어야 한다. 이를 위해서는 기업 자체적으로 프로그램 질 관리 체제를 마련하고, 이를 일학습병행 프로그램 개발 기준 및 검정 기준과 연계하여 운영할 필요가 있다.

인문사회계열 취업 지원, 시급한 개선이 필요하다

이 상 준 (한국직업능력개발원)*

* sjlee@krivet.re.kr

인문사회계열 취업 지원,
시급한 개선이 필요하다

Ⅰ. 융복합 교육 훈련 운영 방안

1. 기본 방향

첫째, IT 또는 SW 전문 인력 양성 교육 훈련으로 인문학과 이공계 전공 간의 융합을 통해 창의적인 기술 인력을 양성하는 것을 목적으로 한다.

본 훈련은 인문사회계 학생에게 이공계의 전공 지식을 부차적인 지식 수준으로 알려주는 것이 아니라 인문학과 이공계 전공의 융합을 통해 새로운 분야의 전문 인력을 양성하는 것이다. 단순한 이공계 지식을 알려주는 것이라면 정부가 일반 학원비를 제공하는 것 이상의 의미를 가지기 어려울 것이다.

둘째, 자신의 전공 분야를 선택했을 때보다 취업의 가능성이 높아야 하며 취업처의 근로조건이 더 좋아야 한다.

셋째, 인문학 전공자가 SW 분야를 배우는 것이기 때문에 교육 훈련의 질적 차이가 기업에게 명확히 인식되도록 해야 한다.

기존의 훈련 운영과 지원 방식에서 벗어나 단 한 명이라도 좋은 인력을 양성하는 교육 훈련이 되어야 한다. 또한, 훈련의 규모보다 훈련의 질을 높이도록 운영해야 한다. NCS 기준 적용시에는 훈련의 결과 L4 이상의 수준이 되도록 설계함으로써 저숙련 인력 양성 사업이라는 비판을 받지 않도록 주의해야 할 것이다.

넷째, 교육 훈련의 기본적인 주체는 학교가 되어야 한다.

학교의 자발성을 원칙으로 해야 한다. 학교의 자발성이 없으면 이공계 관련 실습실을 비전공자인 인문계 학생을 위해 대여, 임대 등이 어려울 수 있을 것이다. 이를 위해 학교나 학생이 부담 없이 참여할 수 있는 환경을 조성해야 한다.

다섯째, NCS 과정으로 훈련 과정을 한정해야 한다.

적성검사 통과자에 한해 초급, 중급, 고급 수준별 훈련 과정으로 나누고 각 단계별 CUT-OFF 방식을 도입하여 인력 수요처에 훈련 과정의 질에 대한 신호 기제로 사용해야 한다. 훈련비 지원을 개인별 인원수에 따른 지원이 아닌 훈련 학급(CLASS) 기준으로 지급하여 훈련 운영 기관이 훈련비를 많이 받으려고 중도 탈락을 숨기거나 속이는 일이 없도록 지원할 수 있다. 아카데미 교육 훈련에서는 중급 수준으로 과정을 운영하되 초급 수준은 다른 훈련에 비해 상당히 집약적으로 교육을 실시해야 한다.

여섯째, NCS 능력 단위별 평가를 통한 CUT-OFF를 적용해야 한다.

능력 단위별로 평가를 진행하여 훈련생의 능력을 수준별로 알 수 있으며 이를 통해 신자격과 연결이 가능하다. 이러한 평가는 가칭 '경력 개발 증명서'에 작성하게 하고 이를 기업 채용에 제공함으로써 훈련생의 능력을 정확히 파악하도록 기여할 수 있다. 경력 개발 증명서에는 NCS 평가 외에 현장실습에 대한 기업 평가, 기술외에 사회성, 조직성, 성실성과 같은 태도에 대한 평가를 반영한다.

중요한 것은 앞서 언급한 대로 이공계 전공자와 달리 관련 분야의 초급 단계부터 관련 분야로의 채용이 가능하려면 장시간의 훈련 시간이 필요한 만큼 재학 중의 학생들을 대상으로 어떻게 훈련 시간을 확보하는가가 큰 관건이다. 예를 들면 학기 중 주당 8시간 정도로 100시간은 이론 중심과 과제물 중심으로 교육 훈련을 하고 방학 중에 실습과 실기 등의 교육 훈련을 하는 기존과 다른 교육과정 개발이 필요해 보인다.

- 총 3학기를 한다고 가정하였을 때 초급, 중급, 고급을 한 학기당씩 집중적으로 실시

또 다른 대안은 정부가 NCS에 기반한 이공계 교육 훈련 과정을 설계하고

이 훈련을 실시할 수 있는 교육기관을 지정해 학생들이 수강을 해보게 한 후 4학년 2학기에 인턴으로 연계하는 방식이 있다. 이 방식은 NQF라는 시스템에서 경험 학습 인정 등을 할 수 있는 사회적 요구와 학교와의 합의가 이루어져야 가능할 것이다.

2. 취업 연계 방안

협약 기업을 인턴 사업 참여 기업으로 전환해야 한다. 현 아카데미 사업은 협약 기업의 의무를 강조하고 있으며 협약 기업으로 취업을 촉진하도록 독려하고 있음에도 협약 기업의 인센티브 부재로 그다지 실효적인 효과를 나타내고 있지 않다. 따라서 기업의 실질적인 인센티브 지급을 통한 훈련 사업의 적극성 담보와 그간 인턴 정책의 비효율성을 극복하기 위해 협약 기업을 인턴 사업 참여 기업으로 전환하는 방안을 채택할 수 있다. 과거 인턴의 경우 졸업 후 바로 정규직으로 갈 수 있는 사람을 인턴으로 우회시킨다는 비판이 있었으나 본 사업에서 인턴은 학생 신분을 가진 사람의 현장 일 경험 차원이기 때문에 참여 기업을 인턴 기업으로 한정하여도 무방할 것이다.

- 훈련을 끝낸 수료생이 인턴 기업에 참여하는 것을 단순히 허용하는 수준에서 그친다면 현장실습에 가장 중요한 멘토와 평가가 올바르게 진행되기 어려울뿐더러 현재 인턴 사업의 부정적인 측면을 수정할 수 없을 것이다.

즉 과거 비정규직 근로자 신분의 인턴이 아니라 학교와 직장으로의 이행(SCHOOL-TO-WORK)이라는 본연의 목적에 충실히 하는 형태로 전환해야 한다. 또한, 훈련 운영 기관 모집시 인턴 기업과 같이 컨소시엄 상태로 지원하여 심사하는 방안이 있다.

3. 교육과정 개편 방안

인문사회계 학생의 이공계 교육 훈련을 학교에서 또는 외부에서 실시하기 위한 교육과정 개편 방안은 다음과 같다.

첫째, 특정 학과에서 교육과정을 운영하기 보다는 취업지원센터 또는 공동 학과(가상학과)를 통해 진행하고 전공 학점을 부여한다. 본 과정은 인문계 학생의 취업 촉진을 위한 융복합 전공 지원 방안으로서의 의미가 있다.

둘째, 600~1,000시간 확보 및 교육의 질 관리를 위해 최소 3학년 1학기부터 교육과정을 실시하되 한 학기는 예비 과정으로 운영하고 여기서 통과된 학생에 한해 지속적인 교육 훈련을 진행할 수 있다. 학교가 전공 학점을 부여하고 부전공 형태로 운영하게 하기 위해서는 일정 정도 훈련 운영비를 학교에 직접 주는 방안을 검토할 필요가 있다. 현재 아카데미 운영 방식은 운영 기관이 모든 예산을 운영하도록 되어 있으므로 기존의 아카데미와 이원화하는 방안으로 운영하고 현재 졸업생까지 참여할 수 있는 인문계 특화 과정은 현안 방식을 유지할 수 있다. 학교에서는 멘토 지원 및 협약 기업과의 일 경험 지원을 유도하되 현행 운영 기관보다는 운영 방식의 유연성을 보장하거나 또는 운영 기관에서 취업 지원이나 일 경험의 지원을 하는 것이 필요하다.

셋째, 훈련 운영 방안으로는 학기 중에는 최대 100시간 안으로 운영하되 방학 중 집중 훈련을 진행하고 4학년 1학기에 현장실습을 하여 2학기 12월 안에는 취업이 가능하도록 하는 운영이 필요하다. 그러나 IT, SW처럼 인문사회계 학생의 이공계 과정 입문에 대한 두려움을 해소하고 자신의 소질과 적성을 파악하기 위해 도움이 필요하다고 판단되는 경우 단기 예비 과정을 개설하도록 유도할 수 있다. 단기 예비 과정은 본 과정과 패키지로 운영하도록 하며 과정 내용은 본 과정의 초급 수준으로 운영될 수 있으나 본 과정의 전체적인 프리뷰 단계로 학생들의 과정에 적응할 수 있는 기회를 부여하는 차원에서 운영되어야 한다. 이 경우에는 본 과정의 인원 이상을 모집할 수 있으며 단기 예비 과정 운영에서 탈락하는 학생을 중도 탈락으로 집계하지 않는다.

Ⅱ. 훈련 과정 모델 제안

1. 집체 교육 형태의 운영 방안

1) 1안

일종의 장기 과정 형태로 학교에서 운영하여 1년 반 이상의 지속적인 부전공 교육과정처럼 운영되는 과정으로 현장실무형 이공계 융복합 교육을 원하는 학생들에게 제공된다. 즉, 이 과정은 인문사회계 학생의 이공계 융합 과정 교육을 통한 취업 능력 제고가 목적인 반면에 단기 과정은 인문사회계 학생이 능력에 맞는 교육 훈련을 이수하게 하여 취업을 시키는 것이 목적이다. 이 과정은 3학년 2학기 재학부터 하되 이 과정 또한 예비 과정을 부여할 수 있도록 한다. 단, 학교의 공식적인 학점 인증이 필요하며 해당 학과 교수들의 자발적인 참여가 매우 중요하다.

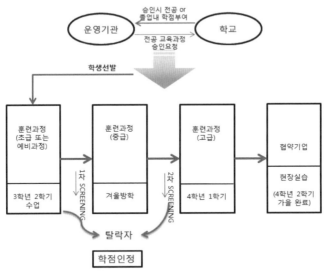

[그림 1] 현장실무형 융복합 전공 과정

2) 2안

1안과 동일하지만 자신의 능력에 맞는 단계로 바로 갈 수 있다는 차이가 있다. 이 과정은 동시다발적으로 운영하기 때문에 학교의 수업 과정으로 개설하는 방식이 선호되며 학교와 운영 기관의 관리가 요구되며, 학생이 일정 정도 이상 모집되어야 하는 단점이 있다.

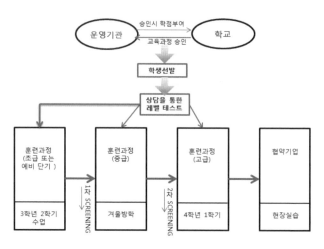

[그림 2] 수준별 융복합 현장 실무 전공 과정

3) 3안

현재 운영되고 있는 아카데미 운영 방식에 과정의 특성상 단기 예비 과정이 필요할 경우 앞서 말한 방식대로 학생들의 적응성을 높여주는 차원에서 시도한다. 예비 과정은 학생들이 부담 없이 본 과정에 적응하고 자신의 적성을 찾는 데 도움을 주고자 하는 것임에 따라 교유평가를 제외하고는 그 어떤 제약을 두어서는 안 될 것이다. 단, 단기 예비 과정이 필요하지 않을 경우에는 현행처럼 운영한다.

여러 가지 안에서 무엇보다 중요한 것은 모든 과정과 방식 모두 기존의 아카데미 운영 방식처럼 학점을 학교와 협의하는 것 외에 인문사회계 학생들이 있는 학교와의 협의와 협조가 매우 중요하다는 것이다. 이는 본 사업의 학생 선발에 결정적 요인이 될 것으로 보인다.

훈련 기간은 주로 3학년 2학기 재학부터 시작하되 2학기 방학부터 매 방학마다 집중 교육 훈련으로 일종의 계절학기처럼 운영하도록 권고하고 4학년 2학기 인턴 등 직업 체험을 필수 과정으로 설정하며 12월 이내에 취업이 가능하도록 유도할 수 있다. 사업 운영 기한은 기존의 아카데미처럼 1년 단위가 아닌 2년 단위로 부여하고 학교의 운영비 지원과 학점 상한제를 두지 않음으로써 간접적인 인센티브 방안을 마련해야 한다. 결론적으로 3안 과정이 학생 모집이나 학교 및 운영 기관 참여 측면에서 가장 현실적인 안이라 할 수 있을 것이다.

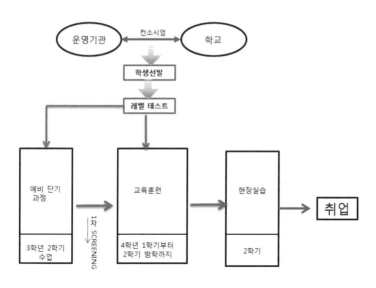

[그림 3] 현장 중심형 융복합 과정

[표 1] 모델 운영 방식별 특징

	1안	2안	3안
계약 방식	장기 계약	장기 계약	단기 계약
지원 방식	사업비 지원 방식	과징비 지원	과정비 지원 방식

	1안	2안	3안
운영 방식 및 운영 주체	· 예비 과정이 필요한 과정의 경우 예비 과정부터 고급 과정 패키지로 지원 · 운영 주체는 학교로 운영 기관과 협의	· 운영 주체는 학교 과정당 200시간 내외로 총 600~800시간 · 난이도 패키지 지원 · 훈련 시간 배분은 운영 기관 재량으로	운영 기관
예비 과정 운영 여부, 학점(훈련 시간)	· 예비 과정 운영시 학점은 최소화로 부담 없이 수강하는 분위가 조성(예비 과정에 어떠한 평가도 하지 않음으로써 자유로운 분위기 조성) · 훈련 시간은 200시간 이내 또는 전체 훈련 시간의 20% 이내	· 예비 과정 없으며 레벨 테스트하여 과정별 학생 배분 운영 –학생 상담을 통하여 과정별 분배	· 예비 과정 필요시 인원에 상관없이 운영, 필요 없는 사람은 본 과정 진입(단 예비 과정 운영시 패키지 지원) · 예비 과정 학점 없이도 가능
과정 승인	운영 기관이 학교에 사전에 훈련 과정 승인 요청 → 학교에서 부전공 등 학점 승인	운영 기관이 학교에 사전에 훈련 과정 승인 요청 → 학교에서 부전공 등 학점 승인	교육과정의 학교 승인이 의무는 아니지만 인문학과 교수의 동의시 학생 참여가 많을 것임
졸업생 참여 여부	재학생 중심으로 하되 졸업생 참여는 학교 재량	재학생 중심으로 하되 졸업생 참여는 학교 재량	재학생 중심으로 하되 졸업생 참여는 구성원 50% 이내
교수 참여	학교 재량으로 하되 전체 훈련 시간의 50% 미만	학교 재량으로 하되 전체 훈련 시간의 50% 미만	학교 재량으로 하되 전체 훈련 시간의 50% 미만
탈락자 지원	탈락자 학점 인정	탈락자 학점 인정	탈락자 학점 인정
훈련 시기	3학년 2학기 재학 중 또는 겨울방학	3학년 2학기부터 4학년 1학기 여름방학 사이에 운영	예비 과정은 3학년 2학기 재학 중 또는 겨울방학
학점	학교 재량으로 하되 상한선 없음	학교 재량으로 하되 과정당 6학점 내(3개 과정 총 18학점)	학교 재량으로 하되 상한 선 없으나 졸업 내 학점으로 한정
현장실습	일 경험 의무로 하되 모든 과정이 4학년 2학기 졸업 전 취업 가능하도록 설계	현장실습은 4학년 2학기 안에 종료	현장실습은 4학년 2학기 안에 종료
관련 전공	IT, SW, 데이터 관리 등 이공계	무역, 경영, 회계 등	모든 분야 가능

	1안	2안	3안
장점	교수들이 학생을 독려함에 따라 학생 참여 증가 예상	· 교수들이 학생을 독려함에 따라 학생 참여가 활발 · 능력에 따라 과정 선택 가능	학과 교수의 지원 필요
단점	교수들의 반발, 학교의 학칙 개정		교수 지원 없이는 참여 저조
평가 지표	· 학점 중 전공 학점 비율 · 모집률, 참여 인원수 · 해당 학교 참여 비중 적정성 또는 학교 적극성(행정 지원 및 학과 교수 참여, 매칭 비용 등) · 졸업 후 1년 내 타 전공 또는 타 직무 취업 비중 · 수료율		· 모집률 · 학점 중 졸업 내 학점 비율 · 학교 및 운영 기관의 해당 과정 관련 기업 확보율 · 졸업 후 1년 내 타 전공 또는 타 직무 취업 비중 · 수료율

2. 체험형 예비 과정 운영 방안

1) 체험형 예비 과정의 의의

기존의 아카데미 운영 방식과 달리 인문사회계 학생을 대상으로 하는 과정의 경우 이들의 새로운 도전을 돕기 위해 예비 단기 과정을 만들도록 하고 있다. 앞의 예비 과정은 집체 교육 방식의 관련 분야의 내용을 숙지시키는 방안을 고려하고 있으나 인문사회계 학생에게 새로운 이공계 관련 분야의 이해를 돕는 방법은 비단 집체 방식만이 아닌 다양한 방식이 동원될 수 있을 것이다. 즉, 자신이 배운 전공과 다른 분야의 직간접 체험이나 경험 등을 통한 예비 과정 운영이 가능할 것이다.

따라서, 본 연구에서는 집체 교육 방식의 예비 과정과 함께 학교나 운영 기관이 전체 본 과정의 일부분을 직업체험형을 통해 자신의 적성이나 새로운 도전을 할 수 있도록 지원하는 방안을 제시하고자 한다.

2) 운영 방식

(1) 목적

인문사회계 학생들에게 이공계 관련 직업에 대한 정보와 직무에 대한 정보를 사전에 제공함으로써 이들에게 새로운 동기 부여를 하는 요인으로 작용.

- 이는 교육부 직능원 진로센터의 자유학기 지원센터의 프로그램과 유사.
  · 현 초중고 진로 체험을 보면 공공 기관 45개부·처·청에서 프로그램 제공
- 대학도 109개 대학, 177개 교육청, 전국의 진로체험지원센터 130개 운영

(2) 대상

3학년 2학기 인문사회계 재학생 누구나.

(3) 운영 방안

본 프로그램의 핵심은 학생들이 직업 체험을 할 수 있는 기업을 찾아 발굴하는 것이 매우 중요함에 따라 운영 기관을 통해 의미 있는 기업을 발굴.

- 의미 있는 기업이란 인문사회계 학생들이 직무를 경험하거나 업무에 대한 유익한 정보를 제공해주거나 멘토가 될 수 있는 기업을 말함.

(4) 운영 기관의 역할

현장체험형 기업현장 방문을 통해 인문사회계 학생이 자신의 새로운 직업과 적성을 찾을 수 있도록 지원하되 단순 방문 견학이 아니라 직무 관련한 업무를 직접 수행하는 체험형.

- 이때 기업은 중복되지 않은 직무의 대표적인 기업을 발굴하여 최소 1박 2일로 진행.

캠프형 기업, CEO 전문가, 또는 인문사회계 학생들에게 귀감이 될 만한 선배등의 특강, 간담회, 상담을 통해 학생들에게 지원.

- 이때 방식은 하나로 끝내지 말고 강연과 상담, 간담회(또는 토크 콘서트) 등을 하루 동안 또는 1박 2일 캠프형으로 지원.

– 강연과 상담, 간담회 따로 개최할 수 있으며 최소 각각 3회씩 시행.

견학형 현장 견학을 통해 직접 직무 체험은 아니지만 간접적으로 직무에 대한 정보와 자신이 무엇을 준비해야 하는 지를 알려줄 수 있는 견학형 프로그램.

혼합형 진로 체험형 예비 과정은 특정한 방식이 전체 훈련 시간의 50%를 넘지 않도록 하여 다양한 경험을 학생들에게 주는 방식이 필요할 것임.

집체 교육과 연계 방식 이 방식은 앞서 언급한 집체 교육 방식에서 일부 훈련 시간에 현장 체험을 할 수 있도록 하는 것으로 이는 기존의 교육 훈련 과정에 현장 체험 또는 현장 실무를 포함시키도록 한 것의 축소판이라 할 수 있음.

(5) 운영시 주의점

– 운영 기관의 의미 있는 기업 발굴이 본 프로그램 성공의 핵심이니 이 부분에 대해 정확한 정보를 서류상으로 파악하기 어렵다는 한계가 있음.
– 운영 기관의 프로그램 운영당 20명을 넘을 경우 효과성에 의문이 들면 기업 방문시 단순 견학 외에 기업이 일일이 학생들에게 상담하거나 응대할 여유가 없을 수 있음.
  · 일부 기업의 경우 다른 운영 기관과 중복될 가능성 높음.
– 기업 방문시 일정 비용 지불 필요.
– 모든 분야의 기업으로 넓힐 경우 의미 없는 기업 발굴로 인해 당초 정책 취지와 어긋나는 일이 발생할 가능성이 높아질 것으로 예상됨에 따라 IT, SW, DATA 또는 빅데이터 분석, 마케팅, 금속, 금융 등 분야로 한정하는 것이 좋을 듯함.
– 현장체험형 예비 과정은 비용이 집체 교육과는 비교가 되지 않을 정도로 시간당 비용이 많이 들기 때문에 집체 과정보다는 훈련 시간을 단축해야 힐 깃임.

제5부

고질적 청년 고용 문제 해소를 위한
체질 개선 전략

청년 고용 확대를 위해 대학도 나서야 한다

김 호 원 (한국고용정보원)*

* labour21@keis.or.kr

청년 고용 확대를 위해
대학도 나서야 한다

Ⅰ. 서론

2000년대 들어 국내 경제는 선진국 문턱에서 겪는 이른바 저성장·고비용·저효율 현상이 뚜렷하게 나타나고 있으며, 한국 사회에서 취직도 하지 않고 교육이나 훈련 과정에도 참여하지 않는 실업자나 비경제활동인구화된 청년층인 청년 니트(NEET, Not in Employment, Education or Training)가 사회 문제로 비화된 지는 이미 오래되었다. 또한 기업의 채용 환경은 IMF 사태 이후 슬림화된 기업 조직에 맞는 소수, 수시 채용 형태가 정착된 가운데 핵심 인재만 선발하다 보니 고학력 노동시장에서는 전례 없는 취업난 사태가 속출하고 있다.

정부는 IMF 사태 이후 고학력 취업난 타개를 위한 다양한 고용 정책을 실시해왔다. 특히 2006년 이후에는 대학 사회에 취업 지원금을 투입하는 특단의 대책을 계속하고 있지만 대졸 취업 환경은 개선되지 않고 있다(김호원 외, 2010).

이로 인하여 2000년 이후 청년 실업률은 8% 안팎을 기록하다, 2014년부터 가파르게 높아져 외환 위기 시기를 제외한 최고치를 지속하여 2015년 5월 9.3%를 기록하였다(관계부처 합동, 2015. 6).

한편 경영자총연합회(2008)는 대졸 신입 사원을 재교육하는 기간이 19.1개월에 달하며 1인당 비용이 약 6천만 원이나 소요되어 인력을 양성하는 대학에 대한 불만을 드러내고 있다. 또한 직업능력 개발원(2006)이 기업 인사 담당자들을 대상으로 한 조사에서도 인사 담당자의 77.8%가 대졸자들이 기업현장의 요구에 미치지 못한다며 불만이다.

이처럼 만성적인 청년들의 실업난 해소를 위한 정부의 청년 고용 대책이 집중적으로 추진되고 있는 가운데 산업계에서 대졸 인력 양성에 대한 불만이 팽배하면서 취업 진로 기능을 수행하는 취업 진로 기구가 대학 내에서 자연스럽게 주목받기 시작하고 있다.

취업 및 진로 지원은 대학생들에게 필수적이며, 선진국 각 대학에서는 학생들에게 대학 졸업 이후 노동시장에서 요구하는 핵심 역량을 개발시키고 체계적인 취업 및 진로 지원을 하고 있다.

이러한 가운데 최근 각 대학의 취업 지원 기구 구조 개편에서 나타나는 특징이자 공통점은 규모의 확대와 프로그램의 다양화로 집약된다. 하지만 급격한 변화 속에서 드러나는 문제점 또한 심각하다. 취업 지원 기구의 규모 확대에도 불구하고 대학 취업 지원 기구 운영상의 문제점이 심각한 것이다.

이는 준비되지 않는 상태에서 진행된 만큼 이미 예고된 문제라고 볼 수 있다. 우선 조직 확대에 필수적으로 수반되어야 할 전문화·특성화가 전혀 이루어지지 않고 있으며, 취업 지원 관련 인적·물적 인프라도 아직 부족하다. 상황이 이렇다 보니 취업 부서 차원에서 심사숙고하여 연구개발(R&D)한 프로그램이 아닌 검증되지 않은 취업 비즈니스 업체들이 공급하는 프로그램들이 난립하고 있다. 또한 국내 대학의 취업 지원 프로그램은 대부분 비전문가에 의해 진행되는 만큼 그 결과 또한 심각한 폐단을 야기할 수 있다(김호원 외, 2010).

또한 그동안 어느 대학 할 것 없이 취업 위주로 기구가 재편되다 보니 부실했던 진로 관련 연구, 상담, 교육 등은 더욱 허술해진 상태이다. 이는 진로 교육이 취업 교육의 상위 개념인 점에 비춰보았을 때 국내 대학들이 반드시 극복해야 할 과제이다. 그나마 취업 관련 인프라 또한 취업 비즈니스 업체에게 대부분 의존하고 있다. 하지만 외부 업체든 대학 내 취업 부서 행정 인력이든 양자 모두 R&D 능력이 부재한 관계로 기구 체제가 순조롭게 운영되지 못하고 있다. 특히 중앙 취업 진로 기구와 단과대학 간에 관련 취업 진로 업무가 전혀 공조되지 않아서 학생들만 피해를 보고 있는 상황이다. 이는 중앙 취업 기구가 부실하여 여력이 없을 뿐만 아니라 단과대학 또한 이에 대한 개념조차 없기 때문에 사실상 방치되고 있는 실정이다(이종구 외, 2007).

따라서 현재 심화되어가는 대졸 취업난 사태와 산업계의 대졸 인력 양성에 대한 불만에 대응하여 대학의 취업 지원 기능 확대를 위한 방안을 모색함으로써 향후 국내 대학들이 지향해야 할 올바른 취업 진로 기구 역량 강화 방향을 설정하고 청년 고용 확대에 기여할 수 있을 것이다.

Ⅱ. 정책 방안

1. 대학 취업지원역량인증제 도입[1]

취업률이 중요한 대학 평가 지표로 부상했음에도 불구하고 대학에서는 여전히 모집률·충원률이 우선되고 있고, 취업 지원 조직의 위상과 역량은 여전히 부족하다.

이는 대학의 취업 관련 지원금이 교비 예산 대비 약 0.93%에 불과하고, 종사 인원도 행정 지원 직원의 10% 수준(2014년 취업 진로 사업 대학 실태 조사 결과)인 것인 이러한 현실을 여실히 보여주고 있다. 또한 시스템에 따른 체계적 지원보다는 총장의 의지에 따라 조직 위상·기능·지원 수준에 큰 차이가 나고, 인력·예산 부족으로 소수 학생에 대한 단순 지원이 이루어지고 있는 것에 그치고 있다.

따라서 대학에서 체계적인 취업 지원을 위하여 대학 취업지원역량인증제 도입을 통하여 대학의 취업 지원 서비스에 대한 표준적인 인증 기준을 설정하고, 서비스 성과 및 과정을 평가하여 이를 달성한 우수한 대학에게 정부가 인증함으로써 학교와 노동시장의 연계를 강화할 수 있을 것이다.

1 　김호원·박희열, 「취업지원역량 우수대학 인증제 도입 및 운영에 관한 연구」, 한국고용정보원, 2010 중 일부 내용 요약.

정부는 민간 고용 서비스 기관의 자율 혁신을 촉진하고 소비자의 합리적 선택을 지원하기 위하여 구인·구직자가 편리하게 이용할 수 있는 시설과 장비를 갖추고 직업 소개 또는 직업 정보의 제공을 통하여 구인·구직자에 대한 고용 서비스 향상에 기여하는 기관을 전문가의 평가를 통해 선정하고 정부에서 이를 고용 서비스 우수기관으로 인증하는 제도를 이미 지난 2008년부터 도입하고 있다.

그러나 취업 지원 역량이 우수한 대학에 대해 권위 있는 공적 기관에서 인증 기준에 의거, 평가를 통해 우수한 대학을 인증하는 인증 제도는 아직 마련되어 있지 않다. 다만 지난 2011년 고용노동부에서 취업지원역량인증제 시범 사업을 실시했을 뿐이다[2]. 따라서 대학 취업지원역량인증제를 실시함으로써 대학생들의 합리적인 취업 지원 서비스 선택을 지원하고, 대학 스스로 취업 지원 서비스 품질 향상을 위한 동기부여를 함으로써 대학의 취업 지원 서비스 선진화를 촉진시킬 수 있을 것이다.

인증 대상 대학의 참여 조건은 4년제 일반대학 및 전문대학으로서, 최근 3년간 대학 정보 공시 관련 정부로부터 행정·재정 제재를 받지 않은 대학을 그 대상으로 한다. 그리고 인증 대상 유형 분야는 4년제 일반대학교와 전문대학 두 분야로 구분하되, 필요할 경우 인증 지표는 동일하게 유지하면서 가중치와 배점을 조정하여 두 분야의 차이를 반영한다.

우리나라 대학 취업지원역량인증제에 관한 논의는 인증제의 기준을 우수 대학으로서의 최소한의 기준 통과에 초점을 맞출 것인지, 아니면 단계적인 등급제를 두어 우수대학에 대한 인센티브를 차등화할 것인지에 모아지고 있다.

우수대학 최소 기준 통과에 초점을 맞춘 인증제일 경우, 취업지원역량 우수대학 인증제의 장점은 초기 인증 사업의 시작 단계에서 많은 대학들이 합

---

2 2011년 하반기, 교과부에서 취업률 중심으로 평가하고 있는데 또 다른 정부 부처에서 취업 인프라 중심의 평가를 한다는 점과 고용부가 대학 사업에 지나치게 개입한다는 입장에서 기획재정부가 본 사업 예산을 승인하지 않아 시범 사업으로 마무리한 바 있다.

류할 수 있는 가능성을 높일 수 있다. 이때에는 취업 지원 역량 서비스의 질을 높이기 위해 많은 대학에서 인적·물적 자원의 투여가 예상되며, 대학 취업지원역량인증제에 참여한 전체 대학이 평균적인 질을 확보할 수 있게 된다.

한편 보다 상위의 전문적인 인증을 획득하기 위해 각 대학들이 자발적으로 참여하게 하기 위해 단계화되어 있는 인증제를 시행하여 이것을 정부 지원과 연계할 때의 자격 조건으로 활용하는 것도 고려해볼 수 있다.[3]

이 경우 우수대학에 대한 인센티브제를 강조하는 인증제가 된다면 우수대학의 단계화된 '모범'이나 '모델'을 전체 대학에 제시함으로써 전반적인 취업 지원 서비스의 질이 향상될 수도 있지만, 역으로 보면 대학 간의 과당경쟁을 촉진시킬 수 있는 위험이 있다. 이 안이 채택될 경우 현재 열악한 상황에 있는 대학들이 참여하여 취업 지원 서비스의 역량 제고를 할 수 있는 기회를 찾기가 어려울 수 있다.

따라서 취업지원역량 우수대학 인증제의 초기 사업을 안착시키고 그것을 토대로 우리나라 대학 취업 지원 서비스의 질적 제고를 위해서는 현재의 일반적인 대학들을 끌어안을 수 있는 방안인 우수대학 최소 기준 통과가 적절하리라 판단된다.

현행 민간 고용 서비스 우수기관 인증의 경우 인증 기준을 직업 소개 사업 분야는 6,600여 개 업체의 1~2%(60~120개), 정보 제공 사업 분야는 300여 개 업체의 5~10%(15~30개)에 수준을 맞추어 인증 모델을 개발하여 상위 우수 업체를 더 잘하게 하고 많은 업체를 끌어올릴 수 있도록 하고 있다.

지난 2010년 취업지원역량 우수대학 인증제 전문가 자문회의에서도 인증 모델 개발 방향으로 대학 간 최소한의 변별을 유지하기 위해 상위 10~20%[4]의 대학이 포함될 수 있는 최소 기준으로 인증 수준을 설정하고 인증제 초기 단

---

3   김승택·노상헌·신현구, 「민간고용서비스 활성화 방안 연구」, 한국노동연구원, 2006, 184쪽 참조.

4   대학교와 전문대학을 포함 전체 330여 개 대학 중 약 33~66개(교육대 제외).

계에는 상위 5%[5] 이내 수준으로 엄격히 적용하기를 자문한 바 있다.

주요 인증 지표 선정 및 구성은 경영진의 취업 지원 의지를 반영할 수 있는 취업 지원 조직 운영 지표를 반영하기 위하여 취업 관련 예산과 취업 부서의 독립성 등을 평가 항목으로 반영해야 한다. 또한 취업 지원 기구의 전문 인력 확보를 지표에 반영하기 위하여 상담 전문 인력, 취업 지원 기구 인력의 근속 연수 등을 평가 항목으로 반영할 수 있다.

특히 대학 경영진의 취업 지원 의지를 반영할 수 있는 취업 지원 조직 운영 지표를 반영하기 위하여 먼저 취업 지원 기구의 부서 편제상 독립 및 총장 직속 기구 여부, 취업 지원 기구 부서장의 대학 내 의사결정 기구 참여 수준 등에 대해 평가한다. 여기서는 대학 직제 규정 및 취업 지원 업무 집행 프로세스 확인을 통해 취업 지원 기구가 부서 편제상 독립 및 총장 직속 기구인가를 판단하고 대학 위원회 규정 및 위원회 구성 내부 문서를 통해 취업 지원 기구 부서장이 대학 의결 권한 회의(예 : 교무회의 또는 교무위원회)에 당연직 또는 위촉 위원으로 참여하고 있는지를 확인해야 한다. 왜냐하면 그렇게 해야만 취업 지원 기구가 실질적인 발언권을 지니고 단과대로부터 업무 협조를 이끌어낼 수 있고 취업 진로 지원을 위한 인력 및 예산 확충 등이 용이할 것이기 때문이다.

이 경우 고려해야 할 사항으로 취업 지원 기구는 대학 직제 규정에 명시되어 있는 경우에만 인정하며 취업 지원 기구의 현 부서 편제 구성 시기 등이 최근 6개월 미만으로 확인된 경우 평가 척도 수준을 한 단계 낮추는 것을 고려할 수 있다. 또한 취업 지원 기구가 부서 편제상 독립적이고, 대학 의결 권한 회의에 참여하지만, 취업 지원 기구 부서장이 타 행정 기구의 부서장을 겸직하는 경우 평가 척도 수준을 한 단계 낮추는 것을 고려할 수 있다.

그리고 해외 선진국 대학을 벤치마킹하여 국내 취업 지원 기구가 지향해 나가야 할 지표로서 단과대 진로 사무소 운영, 취약 학생 지원 서비스 등을 평가 항목으로 반영한다.

---

5   4년제 대학교와 전문대학을 포함한 16개 수준.

먼저 대학 내에서 재학생 및 졸업생의 진로 설정과 취업에 관한 의사결정과 사업 진행에 있어 대학 전체가 유기적으로 협력하고 해당 사업을 진행하고 있는지를 평가한다. 이를 위하여 단과대학 또는 계열 혹은 학과별 사무실(이하 '단과대학 사무실')과 연계하여 사업을 추진한 경험한 있는지, 취업 지원 기구의 예산을 집행함에 있어 단과대학 사무실의 직접적인 지원이 있었는지, 단과대학 혹은 전공별로 진로·취업을 위한 공간을 확보하고 있는지, 단과대학 혹은 전공별 취업 진로를 담당하는 담당자가 있는지 등을 확인하여 평가한다. 다음으로 장애인, 미취업 졸업자 등 취업 취약 계층을 위한 프로그램 운영을 평가하는데 이를 위하여 장애인, 미취업 졸업생 관리를 위한 DB 구축 여부와 장애인, 미취업 졸업생의 취업 지원 프로그램 참여 비율을 파악한다.

또한 취업 지원 프로그램 수혜자인 재학생과 졸업생뿐만 아니라 기업 담당자의 만족도 결과를 지표에 반영하는 것을 고려해볼 수 있다. 그러나 이 경우 추후 설문 조사에 따른 예산 소요를 고려해야 할 것이다.

마지막으로 취업 지원 프로그램 지표의 경우 취업 강좌와 (취업) 진로 지도 및 상담 그리고 역량 강화 프로그램의 충실도를 평가 항목으로 반영한다.

2. 취업 지원 인력 및 전문가 확충[6]

대부분의 대학이 행정직을 제외한 취업 지원 인력을 계약직으로 활용하고 있는 경우가 많다. 그리고 취업 전담 교수의 경우 경희대 등 몇몇 학교를 제외하고는 대부분 비정년 트랙으로 채용하는 것이 일반적이고 대학청년고용센터 컨설턴트, 취업지원관 등 취업 지원 인력의 대부분을 계약직 인력으로 충원하고 있다. 그나마 정규직 학교 행정 인력은 순환 보직이 되어 취업 진로 업무에 대한 전문성이 축적되기가 어렵다. 따라서 해당 학교와 재학생들의 특성을 잘 파악하고 그에 적합한 직업 진로 정보 제공 및 구인처 확보를 할 수 있는 전문

---

6 김호원·이종구·김흥유, 「국내 대학 취업진로기구 운영실태 효율성 분석에 관한 연구」, 한국생산성학회, 『생산성논집』 25(1), 322~327쪽, 2011 중 조사 결과 인용.

인력을 확보해야 한다. 이를 구체적으로 살펴보면 다음과 같다.

1) 취업 지원 업무 담당 직원 확충

2010년 고용부 협조 요청으로 대교협과 전문대교협을 통하여 회원 학교 전수조사를 실시한 결과에 따르면 취업 지원 업무 담당 직원(계약직 포함) 수를 살펴보면, 평균 5명 정도의 취업 지원 업무 담당 직원(계약직 포함)이 있는 것으로 나타났고, 전체 대학 중 33.6%는 2명 이하의 취업 지원 업무 담당 직원(계약직 포함)이 배치된 것으로 나타났다.

집단별 취업 지원 업무 담당 직원(계약직 포함) 수를 살펴보면, 4년제 대학이 평균 7.7명으로 전문대 3.1명보다 2배 이상 많은 것으로 나타났고, 국공립대학은 평균 7.2명으로 사립대학(평균 4.7명)보다 높았다.

취업 지원 업무 담당 직원(계약직 포함) 1인당 재학생 수는 평균 1,271명 정도로 파악되었으며, 학교 유형별로 살펴보면 4년제 대학이 평균 1,222명으로 전문대학 보다 다소 적은 것으로 나타났으며, 국공립대학에서 취업 지원 업무 담당 직원(계약직 포함)의 1인당 재학생 수가 상대적으로 적었다. 따라서 계약직원을 제외한 취업 지원 업무 담당 직원 수를 확충하여 재학생 및 졸업생에 대한 취업 지원 서비스가 원활히 이루어질 수 있도록 해야 한다.

한편 한국직업능력개발원이 2015년 10월 한 달 동안 실시한 대학 취업 지원 실태 조사 결과에 따르면 4년제 대학 93개와 전문대학 73개 취업 지원 부서에 취업 지원만을 전담하는 직원 현황에서, 전담 직원이 있는 경우가 4년제 대학은 77.4%, 전문대학은 89.0%로 나타났다. 다시 말해 취업 지원 전담 직원이 없는 대학이 4년제 대학은 22.6%, 전문대학은 11.0%로 적지 않은 대학의 취업 지원 부서에 취업 지원 전담 직원이 없는 것이다. 전담 직원이 있는 경우 전담 직원 수는 4년제 대학이 5.1명, 전문대학이 3.4명이었다. 직원 분포를 보면 4년제 대학은 5~9명이 33.3%로 가장 많고 다음으로 2명이 23.6%로 많았다. 전문대학은 3~4명인 경우가 27.7%로 가장 많고, 다음으로 5~9명이 24.6%로 많이 나타났다.

2) 취업 지원 전문가 확충(취업 전담 교수 충원)

2010년 조사에서 취업 전문가 현황을 살펴보면, 전체 대학 중 26.1%는 1명의 취업 전문가를 두고 있는 것으로 나타났으며, 20.9%는 2~5명 정도의 취업 전문가를 두고 있다. 참고로 여기서 취업 지원 전문가라고 하면 소정의 경력(취업 관련 업무 평균 3년)과 관련 자격증(직업상담사 등)을 가지고 취업 관련 업무를 전담하는 인력을 의미하는 것으로 정의하였다.

학교 유형별 취업 전문가 현황을 살펴보면, 전문대학이 2.5명으로 4년제 대학(평균 1.7명)보다 취업 전문가가 많이 배치되어 있는 것으로 나타났으며, 국공립대학은 4.8명으로 사립대학(평균 1.6명)보다 높다.

취업 전문가 1인당 재학생 수는 평균 4,266명 정도로 파악되었으며, 학교 유형별로 살펴보면 전문대학(평균 2,838명)이 4년제 대학(평균 5,648명)보다 취업 전문가 1인당 재학생 수가 적은 것으로 나타났고, 또한 사립대학(평균 3,913명)이 국공립대학보다는 상대적으로 적다.

특히 진로 교육은 스펙이 낮은 학생들에게 중소기업에 대한 인식 전환을 갖게 한다는 점에서 중요하고, 외국의 경우 직업 진로 교육은 충분히 받고 있지만 그렇지 않은 우리나라의 경우는 취업전담교수제가 필요하다. 특히 취업 실무 담당자들은 담당 부서장의 전문성 강화와 대학 취업 지원 기능의 중요성 인식이 필요하다고 하였다(이요행, 2010).

3) 취업 지원 업무 전문성 인정

전국 대학교 취업 지원 기구에서 근무하고 있는 교직원들의 '취업 진로 관련 인프라에 관한 의식 조사' 결과[7](이종구, 2006)를 통해서 취업 지원 기구의 문제점과 시사점을 발견할 수 있다.

우선 순환보직제인 관계로 전문화가 매우 어렵다는 점을 들 수 있다. 의식

---

7 이종구, 「한국대학교육협의회 2006 대학교수 · 직원연수 취업실무행정직 워크숍 (100개 대학 조사)」, 2006. 3. 29~31.

조사 결과 취업 기구의 가장 큰 문제점으로 47%가 전문 인력의 부족이라고 응답했다. 관계자들의 전문 지식이 '보통 이하'라고 대답한 응답자도 50%나 되었다. 주목할 만한 것은 취업 지원 분야에 대한 연구 만족도에 98.8%가 '보통 이하'라고 대답했다는 점이다.

따라서 취업 지원 서비스의 질과 관련하여 학교 규모 및 업무량 대비 취업 지원 기구에서 근무하고 있는 담당자 수의 적절성과 전문성은 대학의 취업 지원 역량을 평가하는 데 있어서 중요한 평가 요소이다. 그리고 취업 지원 기구 인력의 근속 연수는 취업 지원 서비스의 전문성 제고와 밀접한 관계가 있다.

따라서 학교 규모에 맞는 취업 지원 서비스를 제공하기 위한 인력 규모를 갖추었는지 여부를 판단하려면 취업 지원 업무 담당자별 재학생 수를 확인하고 업무의 전문성을 확인하기 위한 취업 전담 교수 및 취업 전문가[8](연구원, 취업지원관)의 수를 평가하도록 해야 한다. 그리고 취업 지원 기구 인력의 평균 근속 연수를 취업 지원 역량 평가 등에 반영함으로써 취업 지원 서비스를 안정적으로 제공하기에 알맞은지 판단할 수 있다.

4) 취업 지원 전문가 육성 프로그램 운영 및 투자

직원들의 업무 전문성 개발 차원에서 교육 훈련이 일회성으로 끝나는 것이 아니라 지속적으로 시행되고 있는지? 그리고 학교가 취업 지원 기구 직원의 인적 자원 능력 향상을 위하여 얼마나 투자하고 노력하는지를 취업 지원 역량을 평가하는 지표에 반영해야 한다.

이를 위하여 직원들의 능력 개발을 위한 투자가 적정하게 이루어지고 있는가를 판단하고 사내·외 프로그램이 직원의 직무 내용, 수준 및 요구에 따라 이루어지고 있는가를 판단하기 위해 1인당 교육 훈련 시간이 적정한지를 평가한다. 이 경우 교육이 단발성으로 끝나지 않기 위해서 평가 대상 기간 직전

---

8 소정의 자격증(직업상담사 등)과 관련 학위(석사, 박사)를 소지하고 경력(소정의 취업 부서 직원 평균 업무 경력 혹은 이에 준하는 취업 관련 업무 경력)을 가지고 취업 업무를 담당하는 자.

총 3년간의 교육 훈련 실적을 평가에 반영하고 부실 교육이 이루어질 수 있는 민간 기관 교육 참여를 방지하기 위해 한국고용정보원(정부공인 교육기관) 등 전문 기관의 교육만 인정해야 할 것이다.

추가적으로 총장이나 부서장의 관심도, 역량 등에 따라 관련 사업을 수립하고 운영하는 데 편차가 있으므로 총장을 비롯한 부서장들이 학생들의 취업률 제고의 중요성을 인식하고 이에 따른 지원을 강화해주어야 하는데 대학의 경우 아카데미즘만을 고집하는 경우가 많아 학생들의 취업에 적극적인 지원이 이루어지고 있지 못한 경향이 있다. 이에 따라 대학 내에 취업 전담 교수의 필요성과 취업 및 직업 진로 지도의 중요성을 인식시킬 수 있는 부서장 교육이 필요하다.

3. 취업 진로 기구 자체 프로그램 수행 역량 강화

대학 자체 취업 역량 강화를 위해 전적으로 외부 민간 취업 지원 전문 기관에 의존하기보다는 대학 취업 지원 기구의 인적 물적 인프라를 활용하여 프로그램을 개발하고 실행할 수 있는지가 중요하다. 따라서 외부 위탁의 경우 학교가 직접 운영해야 할 프로그램과 외부 위탁을 주어야 할 프로그램으로 구분해야 한다. 예를 들어 상담 기능 강화, 잡-매칭 프로그램 등 전문성이 요구되는 업무는 학교에서 직접 진행하면서 관련 정보 DB를 구축함으로써 취업 지원 업무의 내부 역량을 강화하는 것이 필요하다.

그 밖에 취업 박람회 등 행사성 프로그램은 축소해가면서 상담 시스템 선진화 차원에서 상담 시간 예약과 학과 담당 교수와의 연계 등 관련 시스템 구축 등으로 취업 지원을 위한 내부 역량을 강화시켜나가야 한다.

왜냐하면 검증되지 않은 취업 비즈니스 업체들이 공급하는 프로그램들이 난립하고 있는 가운데 범용형 취업 지원 서비스를 적용함으로써 대학 고유의 특성을 반영할 수 없을 뿐만 아니라 관련 노하우가 학교 내부에 축적되지 않기 때문이다.

이처럼 취업 지원 민간 위탁의 부정적인 측면이 존재함에도 불구하고 대학청년고용센터는 물론이고 대학창조일자리센터의 경우 우선협상대학 22개교 중 대학이 직접 운영하는 기관은 가천대, 구미대, 아주대, 영진전문대 등 4개소이며 나머지 대학은 민간 기관과 컨소시엄을 구성하여 신청하는 등 대부분의 대학들이 자체 역량 강화보다는 외부 민간 기관에 취업 지원 역량을 의존하는 경향이 높다.

이 경우 해당 사업의 계약 기간이 만료되면서 사업을 수행한 외부 민간 위탁 기관이 철수하게 되면 해당 대학에서 자연스럽게 그 취업 지원 기능이 사라지게 될 가능성이 높다.

따라서 정부 지원 예산을 통해 취업 지원 프로그램을 실행함에 있어서 취업 지원 부서의 자체 인력이 활용되고 있는지 확인하고 외부 위탁 프로그램의 비율 등을 통하여 취업 지원 역량 평가에 활용하거나 해당 사업 예산 지원시 참고해야 한다. 그리고 취업 지원 부서 인력의 활용 범위가 행정 부분에만 국한되어 있는지 프로그램 진행을 위한 전문성을 축적하고 이를 활용하는지 확인하는 것이 필요하다.

그러나 이 경우 단순히 취업 지원 프로그램 외부 위탁 비율의 경우 수의계약으로 이루어지는 경우 외부 위탁 여부를 확인하기 어렵고, 외부 위탁이 무조건 나쁘다고 규정지을 수 없으므로 그 반영에 신중을 기하도록 평가 척도를 개발하여 반영해야 할 것이다.

4. 기업 요구에 맞는 실무형 인재 육성 프로그램 선제적 개발[9]

최근 한국 기업들은 기업 현장에 바로 투입이 가능한 실무형 인재 육성을 위해 대학의 취업 진로 인프라 지원에 많은 투자를 하고 있다. 대부분의 기업

---

9   김호원·이종구, 「기업의 실무형 인력공채를 위한 대학의 취업지원인프라 분석에 관한 연구」, 한국기업경영학회, 『기업경영연구』 19(2), 189~211쪽, 2012 중 일부 내용 요약.

이 산학 인턴십 형태로 직간접적인 투자를 하고 있다. 이는 대학에서 배출하는 인재의 최종 수요처가 바로 기업이기 때문이다. 따라서 국내 기업들은 자사의 사업 특성에 맞는 인재 양성을 위해 전략적으로 대학을 선정하여 산학 인턴십 프로그램을 체결하고 있다.

기업의 주력 사업과 맞는 학과가 있을 경우 수도권 대학이든 지방 대학이든 관계없이 산학 인턴십 과정을 체결하고 있으며 자사의 사업 특성에 부합하는 학과가 없을 경우에는 특정 대학을 지정해서 학과를 신설하고 있다(삼성전자, 2007). 기업들이 산학 인턴십 제도를 운영할 때 기본적으로 고려하고 있는 사항은 대학 특성과 재학생 인적 특성 분야이다.

대학 특성의 경우 다시 수도권 대학과 지방 대학으로 나눌 수 있으며 대학의 성격 또한 국공립대학과 사립대학으로 세분된다. 이를테면 기업의 공장이 대부분 지방에 있거나 혹은 공기업의 경우 본사가 거의 지방에 위치한 점을 감안, 지방 국공립대학 혹은 지방 사립대와 산학 인턴십 과정을 개설하는 형태이다. 수도권 대학과 산학 인턴십을 맺을 경우는 그 성격이 전자와는 또 다르게 전개되고 있다.

기업의 투자 형태는 프로그램 개발 및 공유, 시설 및 기자재 지원, 교육 강사 지원 등 다양한 모습으로 전개되고 있다. 특히 기업 내에서 신입 사원 선발을 맡고 있는 인사부의 경우 국내 대학 특성과 재학생들의 인적 특성을 대부분 파악하고 있다. 특히 대학 특성과 취업 지원 인프라 분야에 대한 자체 판단을 기준으로 산학협동 시스템의 큰 틀을 잡고 이를 보완, 지원하는 형태로 인턴십 프로그램을 운영하고 있다.

삼성의 경우 2008년에 성균관대에 휴대폰학과를 신설하여 신입생을 선발했다. 전형 절차도 대학의 신신입생 전형 절차와 삼성전자의 신입생 전형 절차, 두 번 거쳐서 최종 선발했다. 이는 '산학협동의 대표적인 윈윈(win-win) 케이스'로 인정받을 만큼 대단히 큰 주목을 받은 사례이다(이종구·최승권, 2009). 삼성전자는 "차세대 이동통신 기술을 포함한 휴대폰 분야에 특화된 고급 인력 양성"을 학과 개설의 취지로 표방했다. 삼성전자는 교육과정 및 연구

분야, 차별화된 교육과정, 등록금 전액 지원, 학업 장려금 지급, 졸업 후 삼성전자 입사 보장 등 파격적인 특전을 부여했다. 삼성전자는 현재 고려대와 연세대에도 같은 학과를 설치, 운영 중에 있으며 특히 지난해 9월 기존 프로그램의 확대된 형태인 IT융합학과를 이들 3개 대학에 개설, 휴대폰 분야를 포함한 IT 완제품 부문의 우수 인력 양성을 위해 한층 더 발전된 산학 인턴십 과정과 취업 지원 인프라 투자에 더욱 적극적인 모습을 보이고 있다.

이외에도 서울대와 현대중공업, 서강대와 T3엔터테인먼트, 대구과학대와 동아백화점, 한국폴리텍대학과 현대위아, 재능대학과 CJ그룹, 대원대와 지텍에스 등 산학 인턴십과 취업 지원 프로그램이 연결된 기업들의 투자가 최근 들어 눈에 띄게 증가하고 있다. 산학 인턴십에 관심을 쏟는 기업들은 하나같이 공통된 특징을 보이고 있다. 대학을 선정할 때 자사의 사업 영역과 대학 특성 및 학과의 성격, 재학생 인적 특성, 대학의 위치 등 전반적으로 기업의 전후방 사업 효과 및 시너지 효과를 극대화할 수 있는 방법을 고려하고 있다는 점이다. 상황이 이렇다 보니 최근 들어 기업의 사업장이 많이 분포된 지역에 있는 지방 대학들이 산학협동에 더욱 적극적으로 참여하고 있다. 기업들은 단순한 인턴십 프로그램을 떠나 투자와 인력 채용을 함께 하는 쪽으로 선회하고 있으며 대학들은 이에 부응하여 기업들의 취업 지원 인프라를 최대한 활용하려는 윈윈 전략을 모색하는 방향으로 산학협동 체계가 구축되고 있다. 특히 최근 들어 정부의 청년 일자리 확대 정책과 맞물려 기업들과 대학 간 산학협동 체결 추이는 더욱 늘어날 전망이다. 따라서 이와 관련된 프로그램들을 대학에서 선제적으로 개발하고 홍보함으로써 기업 요구에 맞는 인력을 공급할 수 있을 것이다.

5. 청년 고용 서비스 민간 위탁 기관 선정 방식 개선 및 파트너십 강화

1) 주 계약자 방식으로 민간 위탁 기관 선정

청년 고용 서비스 민간 위탁 시장을 경쟁적으로 만들어 양질의 서비스 공급자가 진입할 수 있도록 하기 위하여 민간 위탁 사업에 참여할 동기를 가질 수 있는 위탁 비용을 지불해야 한다. 그리고 이를 위하여는 '규모의 경제'를 달성할 수 있을 만큼의 일정 규모 이상을 보장해주고, 위탁계약 기간을 비교적 장기간으로 하면서 취업 성과가 우수한 기관에 대해서는 계속하여 위탁할 것이라는 예측 가능성을 높여 민간 기관이 양질의 서비스를 제공하기 위한 인프라에 투자하고 서비스에 대한 단위 비용을 낮출 수 있도록 여건을 조성해야 한다(유길상, 2010).

즉, 주 계약자를 적극 활용하고 각 수탁 기관별 고객 수를 '규모의 경제' 가 가능한 수준으로 단계적으로 확대하여 위탁 사업의 거래 비용을 최소화하여야 한다.

따라서 청년 고용 서비스 관련 민간 위탁 기관 선정에서 고려해야 할 사항으로 예를 들어 대학청년고용센터의 경우 유·무료 직업 안정 기관이 사전 컨소시엄을 구성하여 신청하는데, 이 경우 특정 민간 고용 서비스 기관이 2015년의 경우 29개 대학에 참여하고 있는 만큼 적어도 유·무료 직업 안정 기관에서만이라도 주계약자 방식의 도입을 검토해볼 수 있을 것이다. 가령 경쟁력을 인정받은 일정 규모 이상의 민간 고용 서비스 기관(유·무료 직업 안정 기관)을 주계약자로 선정하여 위탁계약을 체결하고, 주계약자가 여러 전문 고용 서비스 기관에 재위탁한 뒤 그에 대한 모니터링을 할 수 있을 것이다.

이 경우 현재처럼 대학과, 유·무료 직업 안정 기관이 사전 컨소시엄을 구성하는 것이 필요하지 않고 지원 대학만 먼저 선정하고 민간 고용 서비스 기관은 대학 선정 이후 매칭 방식으로 배정하는 형태가 될 것이며, 따라서 기관 선정을 위한 거래 비용을 어느 정도 낮추고 민간 고용 서비스 기관의 경우 규모의 경제를 실현할 수 있어 참여한 대학에서 보다 형평성 있게 양질의 취업 지원 서비스를 제공할 수 있을 것이다.

2) 민간 위탁 기관에 대한 파트너십 강화

취업 지원 서비스 제고를 위하여 정부 부처, 고용센터, 지방자치단체, 지역 상공기관, 민간 협회 등 다른 기관과 협력 체계를 구축해야 한다. 이를 위해 정부 부처, 고용센터, 지방자치단체, 민간 협회 등 다른 기관과 취업 지원 기구의 협업 실적을 관련 기관 평가에 반영해야 한다. 그리고 다른 기관과의 협약 체결 시 내용이 구체적이고 실현 가능성이 담보되어야 하며, 또한 재학생 또는 졸업생의 참여가 실제 있었거나 가능성이 높은 취업 지원 서비스인지를 판단할 수 있어야 한다. 이 경우 별도의 협약은 없었지만 취업 지원 서비스에 참여하거나 협력한 실적이 있으면 협약을 체결한 것으로 간주해야 할지 고려해야 한다.

또한 대학이 정부 지원 예산을 받는 경우 단순히 민간 위탁 기관으로 생각하지 않고 정부의 취약한 부분을 보완해주는 파트너로 인식하고 이들 대학의 사업 실적에 대한 평가도 줄 세우기가 아닌 실적에 대한 피드백을 통해 취업 지원 서비스 질을 개선할 수 있는 방향으로 작동해야 할 것이다.

이러한 부분은 정부 예산을 지원하고 있지만 해당 사업에 대한 평가는 하지 않고 있는 프랑스 PÔle emploi(공공 고용 서비스 기관)와 Mission Locale(지역 민간 고용 서비스 기관)의 파트너십 관계와 민간 위탁 기관을 파트너로 인정하고 평가는 하지만 사업 참여 제한 등에는 반영하지 않는 벨기에 VDAB(공공 고용 서비스 기관) 사례를 벤치마킹할 필요가 있다.

프랑스와 벨기에는 파트너 기관을 공공 고용 서비스 기관의 단점을 보완해줄 수 있는 강점을 보유한 전문 기관으로 인정하고 있다. 즉, 이들 두 나라는 기본적으로 파트너를 평가의 대상으로 보지 않고 전문성 있는 기관으로 인정하고 있다.

우리나라의 경우 정부 예산이 지원된 경우 전체 또는 일부 위탁, 인소싱 및 아웃소싱 등 다양한 방식으로 민간 위탁 기관과 협약을 맺고 사업을 추진하고 있으나 서비스를 보충한다는 측면에서 파트너십 관계가 미설정되어 있는데 선진국 같은 형태의 파트너십으로 발전시키기 위해 전문성을 강화한 파트너 관계를 강화할 필요가 있다.

특히 민간 위탁 기관의 경우 항상 평가를 통한 통제의 대상으로 보는 측면이 강했는데 진정한 파트너십 구축을 위해서는 평가 결과 활용에 있어서의 발상의 전환이 필요하다는 것을 의미한다(김호원 · 오성욱, 2015).

따라서 우리나라도 민간 위탁 기관의 대형화 등을 통해 청년 고용 서비스 위탁 기관을 그 전문성이 인정되는 경우 파트너 기관으로 격상시키는 등 차별화시켜서 민간 위탁 기관을 관리하는 방안도 고민할 필요가 있다.

6. 청년 고용 서비스 플랫폼 구축

전국 대학취업지원센터의 취업 정보를 통합하여 검색할 수 있는 시스템을 구축하여 시너지 효과를 제고시켜야 한다. 대학취업지원센터에 추천 의뢰한 기업의 채용 정보가 특정 학교 출신들이 선호하지 않는 우량 중소기업 혹은 지방기업 취업 정보인 경우 해당 학교 학생들에게는 취업 정보로서 가치가 낮지만, 다른 학교 학생들에게는 충분히 관심을 줄 수 있는 취업 정보일 수 있다. 그런데도 취업 정보 접근의 어려움으로 취업 매칭이 이루어지지 않는 경우가 발생한다. 물론 구인 정보 제공 기업으로부터 취업 정보 공유를 희망하는 대학을 사전에 동의받는 작업이 필요하다.

따라서 한국고용정보원이 중심이 되어 전국 대학의 취업 정보를 통합하여 검색할 수 있는 시스템을 구축하고 대학의 참여를 위해 전국 대학 통합 취업 정보 시스템 이용 권한 부여는 물론 한국고용정보원에서 취업 지원 담당자 전문성 향상 교육 및 취업 관련 기업 정보 공유 등을 지원해야 한다.

이를 통하여 전국 대학 취업 정보를 공유하여, 취업 정보 불일치로 인한 취업 미스매칭 최소화 및 취업 매칭 효과를 극대화할 수 있을 것이다.

다만 이 경우 취업 관련 부문을 취업률 중심으로만 평가하는 교육부의 평가 방식을 변경해야 한다. 왜냐하면 취업률 평가에서 경쟁 관계인 다른 대학을 위해 각 대학이 구인 정보를 공유하기 쉽지 않을 것이기 때문이다. 따라서 취업률 중심 평가가 아닌 취업 인프라를 통한 평가 정보의 공유와 협업 실적에 대한 평가 등이 도입되는 것이 시스템을 성공적으로 구축하기 위한 선결 요건이다.

7. 청년 고용 서비스 전달 체계 개선

정부의 경우 각 부처가 대학생의 취업 지원(일 경험 등)을 위한 다양한 사업을 추진 중이나 사업 간 유기적 협력 및 연계 없이 제각각 추진되고 있다. 예를 들어 재학 중 직장 체험·취업 촉진 지원 사업의 경우 국가근로장학사업(교육부), 이공계인턴십(미래부), 중소기업청년인턴(고용부), 공공 기관채용형 인턴(기재부), 글로벌농업인재양성(농진청), 이공계전문기술연수(미래부), 중소기업인턴사원(경북), 기업인턴사원(대구), 중소기업청년인턴(부산) 등이다(관계부처 합동, 2015. 6).

그리고 이렇듯 각 부처마다 분절적으로 이루어지는 정부의 취업 지원은 청년의 입장이 아닌 부처별·예산별로 사업을 설계·집행하여 취업 지원 사업의 체감도 및 효과성이 저하되고 있다. 또한 청년층은 고용센터를 꺼리고, 대학의 진로 지도·취업 지원 관련 기능도 여러 기관으로 분절되어 학생들이 손쉽게 접근하여 체계적 지원을 받기 어렵다(관계부처 합동, 2015. 6). 예를 들어 각기 다른 기준으로 우수 중소기업(강소기업)을 지정·홍보하나, '일자리의 질' 측면에서는 미흡한 경우가 많아서 신뢰도가 저하될 가능성이 높다.

[표 1] 청년 고용 정책 인지 현황(단위 : %)

		취업 지원	직업 능력 개발 지원	창업 지원	해외 취업 지원
들어본 경험	있음	31.7	21.7	31.7	20.1
	없음	68.3	78.3	68.3	79.9
	전체	100.0	100.0	100.0	100.0

자료 : 이만기(2015)

이로 인하여 청년 고용 정책 4가지 유형 중 들어본 경험이 없다는 비율이 68% 이상을 상회하고 있으며(이만기, 2015), 대학·대학원 취업 준비생의 구직정보 취득 경로 조사 결과 고용센터와 지자체 등이 차지하는 비중은 2.3%

수준(금재호, 2015)에 불과하였다.

따라서 이를 개선하기 위하여 각 부처·지자체별로 시행하고 있는 청년 고용 서비스 사업 운영을 조정할 수 있는 범부처 청년고용서비스성과 관리위원회를 설치·운영할 필요가 있다. 해당 위원회는 각 부처 및 지자체 청년 고용 서비스 사업간 연계를 강화하여 청년 고용 서비스 사업 역량을 제고하고 종합적인 정책 수립·집행이 가능하도록 지원하는 역할을 수행한다.

특히 민간 위탁 사업의 경우 거래 비용을 최소화하기 위해 고용부 내의 위탁 사업뿐만 아니라 다른 부처의 유사한 민간 위탁 사업을 대폭 통합·조정하여 위탁 사업의 공모, 관리, 모니터링, 평가 등의 거래 비용을 최소화하는 것이 바람직하다.

위원 구성은 청년 고용 서비스 사업을 추진하고 있는 각 부처 및 지자체 소속 정부 위원과 각 부처 및 지자체 간 입장을 조정할 수 있도록 민간 위원을 참여시켜 구성하고 주요 기능은 각 부처 및 지자체의 유사한 청년 고용 사업을 조정하여 사업의 공모, 관리 모니터링, 평가를 위한 위탁 서비스 내용 및 선정 기준 마련, 정부 청년 고용 서비스 사업 물량 총량 관리 및 주무 부처 선정 등을 수행하도록 한다.

또한 각 부처·지자체별로 시행하고 있는 청년 고용 서비스 사업 성과 평가를 전담할 수 있는 범부처 청년 고용 서비스 성과 관리 전담 기구를 설립·구성하여 운영한다.

그리고 성과 관리 전담 기구를 통하여 사업에 대한 평가뿐만 아니라 사업 수행 기관의 고용 서비스 내용과 성과를 확인할 수 있도록 모니터링 체계를 구축한다.

Ⅲ. 제언

대학의 취업 지원 기능 강화를 위해서는 다음과 같은 선진국 대학의 사례를 벤치마킹하는 것이 필요하다.[10]

선진국 대학들은 1980년대 초반부터 취업 지원 교육에 대한 중요성을 인식, 다양한 형태로 역할 정립에 힘을 기울여왔다.

1. 진로 상담 기능 강화

콜로라도주립대학의 경우 각 단과대별 진로 상담원 1명을 배치하여 상담원 비중이 높고(센터 포함 전체 8명), 싱가포르 난양기술대학은 취업 관리 기구 '커리어 허브'에 전문 상담원인 커리어 코치가 7명 있으며, 각 단과대학에도 보조 커리어 코치가 1명씩 배치되어 있는 등 진로 상담 인력이 많은 것으로 나타났다.[11]

진로 교육이 취업 교육의 상위개념인 만큼 선진국 대학의 경우 진로 개발과 진로 상담, 진로 연구 등에 주력하고 있다. 물론 취업 관련 서비스는 별도로 분리해서 제공한다. 국내 대학의 경우는 진로 교육보다는 취업 정보 위주로 취업 진로 기구가 돌아간다. 국내 대학 가운데 취업 관련 부서에서 진로 연구와 진로 개발을 하는 대학은 거의 찾아볼 수 없다. 다시 말해 모든 프로그램이 취업 위주로 전개되는데 이는 바로 전문 인력이 없기 때문에 빚어지는 현상이다.

2. 단과대학별 특성 반영

미주리대학은 8개 단과대학별 진로센터 운영, 콜로라도주립대학은 6개 단과대학 자체 진로 사무소 운영 등 단과대학별 진로 사무소 설치를 통한 단과대학의 학문적 특성을 반영한 취업 및 진로 서비스를 제공하고 있으며, 우리

---

10 이종구·김준석·김호원,「취업진로기구 국제비교를 통한 국내 대학의 선진모형 개발에 관한 탐색적 연구」, 국제지역학회,『국제지역연구』11(3), 782~808쪽, 2007 중 일부 내용 참고 및 요약.
11 국내의 경우 상담 업무 수행직원 평균 2.21넝(4년세 2.3명, 진문대 2.06명, 2009년 설문 조사 결과).

나라의 경우에도 경희대와 이화여대 등 일부 대학에서 경영대학 단독의 취업 지원 사무소를 운영하고 있다는 점에서 이 부분을 확대하는 것을 검토해볼 수 있을 것이다.

단과대학이 지니고 있는 학문적인 특성과 이에 기초한 직업과 연계된 진로 지도를 하기 위해서는 단과대학 내 진로 사무소를 별도로 개설하는 것은 불가 피한 일이다. 미주리대학과 콜로라도주립대학이 단과대학 내 별도의 취업 진 로 기구를 운영하고 있는 이유는 단과대학의 특성화에 기인한 밀착 서비스를 제공하겠다는 취지이다. 중앙기구가 하는 역할은 두 개 대학 모두 전반적인 지원 업무 체제이다. 단과대학 안에서 이루어지는 모든 취업 진로 서비스는 단과대학이 자율적으로 개발, 운영, 관리하는 만큼 중앙기구가 운영하는 것보 다 한층 더 특화된 진로 지원을 할 수 있다.

3. 취업 취약 학생에 대한 지원

미주리대학 진로 지도 기구는 장애인들의 노동력 향상 프로그램, 프로그램 수료생들의 취업 알선 등 취업 취약 학생들에 대한 지원을 하고 있다는 점에 서 우리나라의 경우에도 졸업 후 미취업 학생 등 취업 취약 학생에 대한 지원 프로그램 운영을 검토해볼 수 있다.

4. 취업 지원 기구의 연구 기능 수행

미시간주립대학의 경우 취업 지원 기구 내 대학고용연구소(Collegiate Employment Research Institute)를 두고 단순 취업 업무가 아닌 연구 기능을 수행 하고 있다는 점에서 우리나라의 경우에도 취업 진로 기구의 연구 기능 수행을 발전적으로 생각해볼 수 있다(이종구 외, 2007).

그 밖에 미주리대학 진로센터도 취업 연구를 하고 있으며, 콜로라도주립대 학의 경우 중앙기구 및 6개 단과대학 진로 사무소에 배치된 6명의 전문 상담 원이 연구 능력을 갖춘 전문 인력들이다.

이처럼 선진국 대학의 취업 진로 기구처럼 인프라를 갖추기 위해 취업률 중심의 평가가 아닌 취업 인프라 중심의 평가가 전제된 취업지원역량인증제를 도입하는 것이 필요하다. 그 과정에서 취업 지원 인력 및 전문가를 확충하며 자체 프로그램 역량을 강화시켜나갈 수 있을 것이다. 또한 기업 요구에 맞는 실무형 인재 육성 프로그램을 기업의 요구에 앞서 개발할 수 있을 것이다.

그리고 정부 등 공공 부문은 청년 고용 서비스 등 민간 위탁 기관 선정 방식을 주계약자 방식으로 변경하여 계약 기간을 장기화하고 사업의 안정성을 높여 규모의 경제를 통한 사업의 질을 제고시켜나가야 한다. 그 밖에 대학을 정부 예산을 지원받은 단순한 민간 위탁 기관으로 인식하여 사업의 평가 대상으로만 보지 않고 청년 고용 서비스를 함께 해결해나가는 파트너로 인식하여 대학의 취업 지원 역량 전문성을 충분히 활용하는 것이 필요하다.

마지막으로 청년 고용 서비스 플랫폼 구축을 통해 정보의 비대칭 혹은 질적 저하를 통한 미스매칭 문제는 발생하지 않도록 해야 할 것이며, 각 부처·지자체별로 시행하고 있는 청년 고용 서비스 사업 운영을 조정할 수 있는 제도적 장치를 마련해야 한다.

대학, 청년의 취업 역량을 키워라

오 호 영 (한국직업능력개발원)*

* hyoh@krivet.re.kr

대학, 청년의 취업 역량을 키워라

I. 서론

2008년 글로벌 금융 위기 이후 악화된 청년층 취업난이 지속되고 있다. 청년층 고용률은 1980년 관련 통계를 작성한 이래 2013년 처음으로 40%대 이하로 하락한 데서 드러나듯 심각성이 더해지고 있다. 지표상으로는 한국의 청년 실업률이 선진국에 비해 상대적으로 양호하지만, 일반 국민들이 피부로 느끼는 취업난은 심각한 수준이다. 신정부 출범과 더불어 정년 연장, 시간제 정규직 등 중장년층, 여성 등을 위한 실효성 있는 고용 대책이 추진되고 있지만, 유독 청년층 취업난은 아직 이렇다 할 성과를 거두지 못하고 있다.

2000년대 이후 한국 경제는 저성장의 고착화, 고용 창출력의 저하, 대졸 눈높이에 부합하는 양질의 일자리 창출 저조 등 일자리 창출에 근본적인 문제점을 안고 있다. 그동안 발표되었던 청년 고용 대책은 임시적 일자리 창출에 초점을 맞추어왔으나 그마저도 성과가 부진하였다는 점에서 한계가 있었다(국회입법조사처, 2013). 청년층 취업난 해소를 위해서는 고용 창출이 중요하나 정부 개입을 통한 일자리 창출에는 한계가 있으므로 정부는 미스매치 해소에 주력할 필요가 있다. 1990년대 중반의 대학설립준칙주의로 인해 대학 진학률이 급속히 높아지고 고학력화가 단기간에 급속히 진전됨으로써 청년층 노동시장은 인력 수급 부조화가 심화되기에 이르렀다. 그 결과 청년층 고용률의 저하가 나타났는데, 이는 과도한 고학력화로 인해 고용률이 낮은 재학생 비중이 증가한 반면, 고용률이 높은 졸업생 비중이 감소한 인구 구성 효과에 기인한다. 청년층 고용률 제고를 위해서는 대학에 진학하지 않고도 직업인으로 성장할 수 있는 양질의 일자리와 경력 경로를 발굴할 필요가 있으며, 광범위한 후진학 기회를 제공할 필요가 있다.

주지하듯이, 우리나라의 대학 진학률은 세계적으로 높은 수준으로서 청년층 취업난의 상당 부분은 청년 대졸자에게 집중되고 있다. 청년층 취업난 해소를 위해서는 과도한 대학 진학률과 그에 따른 구인난 및 구직난이 병존하는 인력 수급의 구조적 미스매치 현상의 개선이 시급한 이유다. 그동안의 청년 고용 대책이 단기·임시직 위주의 일자리 창출을 중심으로 추진되어왔다면, 이제는 인력 양성 체제를 근본적으로 재편하여 인력 수급의 구조적인 불일치를 해소하는 방향 전환을 모색할 필요성이 있다. 즉, 산업현장에서 필요로 하는 지식과 기술을 반영한 직업교육 및 직업훈련 체계를 마련하고, 교육과 노동시장의 연계성을 높여 산업계가 요구하는 인력이 양성될 수 있도록 교육 훈련 시스템을 혁신해야 할 것이다.

학교에서 노동시장으로의 이행 행태, 기간, 정착 시점 등에서 청년층 집단별로 차이가 있으므로 정책 대상, 단계에 적합한 차별화된 일자리 정책 추진이 필요하다. 스펙 및 지필고사 중심의 채용 제도를 실무 능력, 자격, 경험 등 노동시장 내에서의 숙련 형성을 평가하는 방식으로 전환하여 선망 일자리 취업 경쟁의 부작용을 제거할 필요가 있다. 아울러 학업과 학교생활이 학생의 역량을 보여주는 신뢰성 있는 시그널이 되도록 학사 관리를 엄격하게 하고, 대학의 취업 지원, 취업 역량 개발을 강화하여 대학 교육을 통해 취업 준비가 자연스럽게 이루어지도록 유도하는 것이 시급하다.

청년층의 노동시장 진입 연령이 점차 늦어지는 원인으로 학교 공부와 취업 준비가 괴리되어 있다는 점이 지적되고 있으므로 가능한 한 재학 중에 취업 준비가 가능하도록 교육과정, 학사 운영을 개선할 필요성이 있다. 예컨대, 인턴십을 대학 교육과정의 일부로 편입하고 광범위한 경험 학습 인정을 통해 노동시장 진입 시기를 조기화하고 취업 준비 시간과 비용 부담을 낮추어야 한다. 아울러 대학 입학과 더불어 학교가 적극적으로 학생들의 진로 계획을 지원하고 촉진하도록 대학 내 취업 지원 서비스를 강화할 필요도 있다. 특히, 취업난이 심화되고 있는 인문계 학생들을 위해 취업 트랙과 학문 트랙으로 이원화하여 취업 트랙 학생들에게는 광범위한 경험학습인정제를 도입하여 필수전공을 제외하고는 일정 수준 이상의 질이 담보되는 외부 학습 기회를 학점으로 인정하도록 시스템 개선이 필요하다.

Ⅱ. 청년층 취업난의 실태

2000년대 초반의 고용 없는 성장(jobless growth)에서 최근에는 성장 없는 고용(growthless job growth)이 진행되고 있다. 고용 탄력성(=취업자 증가율/경제성장률)은 2010년 하반기 이후 경제성장률을 상회하고 있는데, 저성장 기조에도 불구하고 최근 고용 탄력성이 회복세를 보이고 있는 것은 고용률 70% 달성 등과 같은 적극적인 일자리 창출 정책이 효과를 발휘하였기 때문으로 해석할 수 있다. 하지만, 일자리 창출의 엔진이라 할 수 있는 경제성장이 부진에서 벗어나지 못함에 따라 2010년 이후 고용 탄력성의 상승세가 얼마나 지속될지는 의문인 상황이다.

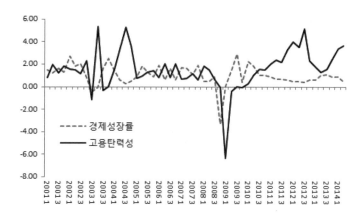

자료 : 한국은행 경제통계시스템(http://ecos.bok.or.kr/), 통계청 국가통계포털(http://kosis.kr/)에서 작성.

[그림 1] 경제성장률 및 고용 탄력성 추이

전체적으로 우리나라 고용 사정은 지표상 호전되는 양상을 보이고 있으나 유독 청년층의 취업난은 체감상으로는 물론 지표상으로도 개선되지 않고 있다. 전체 연령의 고용률은 2000년 58.5%에서 2014년 60.2%로 1.7%p 상승한 반면, 청년층(15~29세) 고용률은 같은 기간 중 43.4% → 40.7%로 오히려 2.6%p 감소하였다. 2013년 청년층 고용률은 통계가 작성된 이래 사상 최초로 40% 이하로 떨어져 취업난의 심각성을 드러냈다. 이에 따라 전체 연령 고용률 대비 청년층 고용률 비율은 2000년 0.74배에서 2014년 0.68배로 하락하였다.

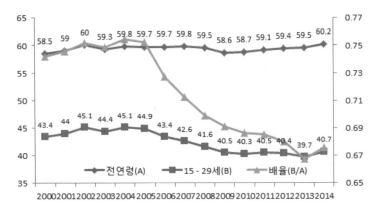

자료 : 통계청 KOSIS에서 작성.

[그림 2] 청년층과 전 연령의 고용률 추이

실업률 지표에서도 청년층의 취업난이 악화되었음은 여실히 드러난다. 전체 연령의 실업률은 2000년 4.4%에서 2014년 3.5%로 0.9%p 저하한 반면, 청년층(15~29세) 실업률은 같은 기간 중 8.1% → 9.0%로 오히려 0.9%p 상승하였다. 이에 따라 전체 연령 실업률 대비 청년층 실업률 비율은 2000년 1.8배에서 2014년 2.6배로 크게 높아졌다.

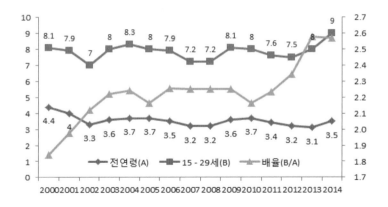

자료 : 통계청, 「지역별 고용 구조 조사」, 2008, 2013 원자료.

[그림 3] 청년층과 전 연령의 실업률 추이

청년층 취업난이 심각함에도 불구하고 각급 학교에서 졸업 및 중퇴(이하 졸업자)하여 근로가 가능한 청년층의 고용률은 2008년에 비해 2013년에는 전반적으로 개선되었다. 통계청의 「지역별 고용 구조 조사」 원자료를 이용하여 2008년과 2013년의 고용률 변화를 연령별로 분석한 결과, 고교, 전문대학, 4년제 대학의 졸업 및 중퇴자(이하 졸업생)의 연령별 고용률은 소폭 상승하였다. 연간 기준 청년층 고용률은 2008년 41.6%에서 2013년 39.7%로 1.9%p 하락하였음에도 불구하고 각급 학교 졸업자의 연령별 고용률 그래프는 소폭 상승하였다. 청년층 고용률은 25세를 전후로 최고 수준에 이르러 이후 연령에서는 큰 변화 없이 일정한 수준을 유지하며, 2008년에 비해 2013년에 20대 전반 연령대에서 고용률이 높아진 것으로 나타났다.

학력별로 살펴보면, 고졸에서 고용률의 개선 효과가 가장 두드러진 것으로 나타났으며 전문대졸 및 4년제 대졸에서도 전반적으로 개선되었다. 2013년 고졸 고용률은 23세경에 정점을 기록하며 이후 큰 변동 없이 일정한 수준을 유지하며, 2008년에 비해 19~20세 고용률이 크게 높아진 것으로 나타난다.

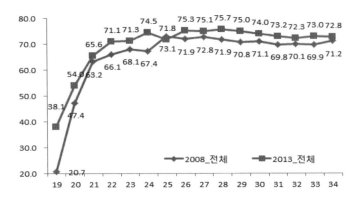

주 : 학교급이 고교, 전문대학, 4년제 대학이고 졸업 및 중퇴인 경우만으로 계산함.
자료 : 통계청, 「지역별 고용 구조 조사」, 2008, 2013 원자료.

[그림 4] 청년층 각급 학교 졸업자의 연령별 고용률

2013년 자료를 이용하여 연령에 따른 성별 노동 공급 패턴을 분석해보면, 여성은 비교적 일찍 노동시장에 진입하는 반면, 남성은 30대 이후에서도 지속적인 노동시장 진입이 이루어지는 특징을 보인다. 여성 고용률은 22세에 정점을 기록하고 높은 수준이 지속되다가 27세 이후 고용률이 낮아지나 남성은 28세 이후에도 계속해서 고용률이 상승하고 있다. 한국 노동시장에서 특유하게 관찰되는 졸업 이후 노동시장 진입이 장기간에 걸쳐 지속되는 현상은 남성에서 공무원, 공사 등 채용 시험 준비가 보다 활발하기 때문으로 보인다.

남성의 노동시장 진입 시기가 장기화되는 이유는 연애, 결혼에서 남성의 책임과 역할이 여성에 비해 큰 사회적 분위기로 인하여 채용 시험 등 취업 준비에 보다 적극적이기 때문으로 해석된다. 남성 고용률을 제고하기 위해서는 지필고사에 의한 채용 제도를 자격, 실무 능력, 경험, 경력 등 노동시장 내에서의 숙련 형성을 평가하는 방식으로 전환함으로써 학교에서 노동시장으로의 이행 기간을 단축하는 정책적 대응이 필요하다. 여성 고용률을 제고하기 위해서는 결혼, 출산, 육아, 가사노동 등에 따른 부담을 경감시켜줌으로써 20대 중반 이후의 고용률이 급격히 낮아지는 현상을 해소하는 방안을 마련해야 한다.

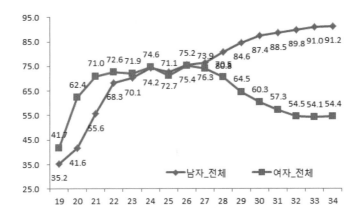

자료 : 통계청, 「경제활동인구조사 청년층 부가조사(5월)」, 2008년, 2013년 원자료.

[그림 5] 청년층 각급 학교 졸업자의 2013년 성별 연령별 고용률(단위 : %)

청년층 취업난의 원인으로는 거시적인 측면에서의 저성장과 더불어 청년층 특유의 노동시장 특성이라 할 수 있는 인력 수요 및 공급, 인프라 측면의 구조적 불일치 문제가 존재한다. 청년층 고용률 저하는 청년층이 선호하는 대기업, 공기업, 금융기관 등에서의 일자리 감소(정봉근, 2004)가 일정 부분 작용하였지만, 좀 더 근본적인 원인으로는 과도한 고학력화에 따른 미스매치 심화에 기인한다. 최근 들어 선취업-후진학, 마이스터고등학교, 스위스식 직업학교 등 대학 진학률이 하락하고 있으나 한때 동년배의 80% 이상의 대학에 진학한 과열 현상의 여파가 청년층 취업난으로 나타나고 있다. 숙련별 인력 수요 구조에 비해 고학력자가 과도하게 배출됨으로써 이들이 노동시장에 안착하기까지의 부작용이 청년층 취업난인 것이다.

청년층 고용률의 하락이 인력 수요 부족에 따른 고용 기회의 감소에 기인하는 것이라기보다는 대학 진학률의 상승, 대학생의 휴학, 졸업 유예 등으로 인한 재학 기간의 연장 등에 상당 부분 기인한다. 즉, 청년층 취업난이 대학 진학률의 상승에 따라 고용률이 높은 고졸 취업자가 감소하고, 고용률이 낮은 재학생이 증가한 인구 구성 효과에 의해 파생되었음을 의미한다. 이는 또 청년층 고용 대책이 인력 양성 구조를 노동시장의 인력 수요 구조와 어떻게 조응하도록 만들 것이냐는 정책 과제를 제시하며, 청년층 취업난이 경기변동에 따른 일시적이고 경기적인 성격이 아니라는 인식에 따라 인력 양성 체계의 근본적 부조화를 해소하기 위한 구조 개혁 과제를 제기한다.

Ⅲ. 정책 방안

1. 대학에 포괄적 학습 인정제의 도입

1) 취업 트랙과 학문 트랙의 분리

대학 진학률이 80%를 상회하는 고등교육 대중화 시대에 대학의 역할과 기능은 소수의 엘리트 교육에 머물던 과거와 달라질 수밖에 없으며, 특히 학생의 취업 역량 개발과 취업 지원 서비스의 확대는 시급한 과제이다. 대학 고유의 사명인 학문 탐구와의 조화를 위해서는 4년제 대학에 전공별로 '취업 트랙'과 '학문 트랙'을 분리하여 교육과정을 운영하는 것이 바람직하다. 직업과 학문 간의 관련성이 낮은 인문계열 등의 경우, 취업 역량 배양과 대학에서의 전공공부 간의 괴리가 심각하고 취업 경쟁이 심화됨에 따라 복수전공 이수자가 확대되고 취업 역량 배양에 대한 요구가 높아지고 있다. 한국고용정보원의 「대졸자 직업 이동 경로 조사」에 따르면 2011학년도 4년제 대졸자의 16.9%가 복수전공을 이수하였는데, 인문계열은 2배가 넘는 36.6%이고, 공학계열은 5.4%에 불과하다. 대학 졸업 후 취업을 목표로 하는 학생들에게 적합한 교육과정을 제공하기 위해서는 취업 및 학문 트랙을 구분하여 별도의 교육과정을 운영할 필요가 있다.

2) 경험학습인정제의 확대

현행 법체계 내에서 개별과목 이수에 따른 학점 부여가 가능한 것으로는 시간제 등록생, 학점은행제, 계약학과, 산업체 위탁 교육, 전문대 심화 과정

(학점 인정 과정) 등이 있다. 현행 '고등교육법'상 경험학습인정제가 적용되는 기관은 산업대학, 전문대학이며 4년제 대학은 적용 대상에서 제외되어 있다. 직업과 학문 간의 연계성이 낮은 인문계열 4년제 재학생의 경우 대학 졸업을 위한 학점 취득과 취업 준비는 사실상 별개이며, 취업을 위해 졸업 유예가 당연시되는 상황에 이르렀다. 굳이 학문 분야에 진출할 것이 아니라면 대학 교육과정에서 취업 준비가 가능하도록 커리큘럼을 개편할 필요가 있으며, 학교 내외를 막론하고 일정 수준 이상의 학습에 대해서는 학점으로 인정하는 방안이 필요하다. 즉, 4년제 대학을 경험학습인정제 기관에 포함시켜 대학 교육과 취업 준비의 연계성을 높이고, 청년층의 노동시장 진입 시기를 앞당길 필요가 있다. 경험 학습 인정 범위의 확대와 통합적 운영을 통해 대학 교육과 취업 준비의 괴리 현상을 시정하고 교내외의 학습 기회를 포괄적으로 활용하여 취업 역량을 제고할 수 있도록 유도해야 할 것이다.

3) 경험 학습 인정을 위한 세부 시행 체계 마련

'고등교육법', '계약학과 운영 지침', '자격기본법' 등에서는 대학에서 경험학습인정제를 운영하기 위한 구체적인 기준과 절차가 규정되어 있지 않다. 경험 학습 인정을 위해서는 외부 학습 기회에 대한 학점 인정 여부를 심의하기 위해 대학 및 학과 차원의 심의 · 의결 기구 구성, 전담 부서 설치 등 제도적 기반이 필요하다. 만약, 4년제 대학에 전공별로 '취업 트랙'과 '학문 트랙'을 분리하여 교육과정을 운영한다면 전공 트랙에 따라 상이하게 운영하는 방안도 검토될 수 있을 것이다.

취업 트랙 대학생들에게는 기술 및 직업 교육의 기회 확대와 직업능력 제고를 위해 폴리텍, 전문대학교 등에서 수업을 듣고 학점 이수가 가능하도록 학교 유형 간 학점 교류 체제를 포괄적으로 개방하는 방안이 있다. 이를 위해서는 취업 트랙 학생의 학점 이수, 학위 수여 등에 관한 별도의 관리 방안이 필요하다. 예컨대, 특정 대학 특정 학과에서의 학점 이수가 원소속 학과의 졸업 최소 기준에 미치지 못할 경우 학과를 표기하지 않고 대학 차원에서 학위를 수여하거나, 교육부 장관이 학위를 수여하는 방안 등도 검토될 수 있을 것이다. 소정의 학점 인정 요건을 갖춘 훈련 기관 프로그램에 대해서 경험학습 인정제를 도입하여 취업 트랙 대학생의 기술 및 직업교육 기회 확대로 활용할 필요가 있다.

국가 단위의 질 관리를 위해 정부, 직능단체, 대학의 사전 경험 학습에 관한 업무를 전담할 위원회와 전담 부서 설치가 필요하다. 아울러 무분별한 학점 이수가 되지 않도록 '능력 진단–상담–교육 훈련'이 체계적으로 연계될 수 있는 시스템 구축이 필요하며, 학점에 비례하여 교육기관 간 학비 징수 기준을 마련하는 교육 비용 정산 시스템도 도입되어야 한다.

2. 대학 응용학문 분야에 일학습병행제 도입

1) 운영 모델 개발

4년제 대학에 현재 운영되고 있는 학기 단위의 인턴제, 장기현장실습형(IPP, Industry Professional Practice) 일학습병행제는 졸업생 중심의 일학습병행제를 대학 재학생 단계의 정규 교육과정으로 확대하는 제도이다. 즉, 대학교 3~4학년 학생들이 전공 교육과 연계된 산업현장에서 장기간(4~10개월) 실무 경험을 습득하고 체계적인 현장 훈련을 받을 수 있도록 지원하는 산학협력 훈련제도이다. 학기제 방식으로 일학습병행제에 참여할 수 있으니 학생들에겐 시간적 부담도 없고, 학기도 마치는 일석이조의 효과가 있다.

일학습병행과정의 도입에 대한 반발을 최소화하고, 일학습병행과정 도입에 필요한 노하우를 축적하여 전수하기 위해 초기 단계에서는 직업·업무와 관련성이 높은 전공을 선택하여 이를 위주로 운영하는 것이 바람직하다. 프랑스의 경우, 엔지니어링이나 3차 산업(회계 관리, 호텔, 관광, 상업, 판매, 정보)과 관련한 전공 분야에서 도제 교육생의 비중이 높다. 전문 연구기관과 협력하여 전문대학 교육과정과 차별화된 교육과정을 마련하고, 일학습병행 과정 인프라 구축 등 필요한 재원을 지원하여 성과를 제고할 필요가 있다.

2) 도제 교육생에 대한 보호체계 구축

기업에서 도제 교육을 받는 교육생의 학습권을 보호하고 실질적인 보호를 위해서는 이들에 대한 법적 지위 확립이 필요하다. 프랑스의 경우 도제 교육생을 근로자 신분으로 규정하여 노동법과 노동조합의 보호를 받을 수 있도록 하고 있다. 우리나라의 경우 도제 교육생을 근로자 신분으로 규정할 경우, 기업에서 교육보다는 근로에 치중할 수 있기 때문에 신중한 법적 검토가 필요하다. 도제 교육생을 값싼 노동력으로 취급하지 않도록 도제 훈련 협약서에 근로조건, 근로시간, 업무, 기업의 의무, 도제 교육생의 권리를 명확히 규정할 필요가 있으며, 도제 교육생이 근로자 신분이 아닌 경우 별도의 법규 마련을 통해 실질적인 보호책이 강구되어야 한다.

3. 대학 내 취업 지원 서비스의 강화

1) 취업 지원 서비스의 일원화

고용노동부에서는 대학청년고용센터를 통해 여성가족부, 고용노동부, 대학의 취업지원센터 등이 제각각 제공하는 취업 지원 서비스를 일원화를 추진하고 있다. 이를 좀 더 확대하여 정부 각 부처 및 공공 기관에서 개별적으로 운영하는 취업성공패키지, 자활근로사업, 희망리본사업 등 취·창업 지원 프로그램 등을 워크넷의 취업 알선과 연계하여 대학청년고용센터에서 원스톱으로 통합 제공하는 방안을 추진할 필요가 있다.

이를 통하여 상담 및 매칭 지원 서비스 제공과 모니터링 강화로 공공 알선 기관을 통한 취업 가능성 제고를 기대할 수 있다. 청년, 여성, 고령자, 저소득층 등 취약 계층에 대한 워크넷의 상담 서비스 및 매칭 지원 서비스가 강화되고 있으며 이를 대학청년고용센터에 접목할 필요가 있다. 이와 더불어 청년고용센터, 대학취업지원센터, 지방자치단체 취업 지원 서비스에서의 구인-구직 매칭 이용 및 성과에 대한 모니터링 강화와 서비스 발전 방안을 지속적으로 모색해야 한다.

2) 패키지화된 취업 지원 서비스 제공

대학청년고용센터에 진로 상담→직업교육 훈련→고용 알선→고용 후 정착에 대한 관리 지원 서비스를 통합적이고 일관적으로 지원해줄 수 있는 시스템 구축이 필요하다. 특히, 취업 역량 강화를 위해 진로 상담을 통한 진로 지도부터 대학생 대상의 일관성 있고 지속적인 교육 훈련이 이루어져야 한다. 이를 위하여 학생 개인별 '커리어 관리 기록부'를 만들어 입학부터 학생 스스로 진로 목표를 설정하고 체계적으로 커리어를 쌓아갈 수 있도록 지원해야 한다. '커리어 관리 기록부'는 진로 탐색부터 시작하여 직업교육 훈련, 자격, 수상 실적, 공인 시험 점수, 봉사 활동 등을 체계적으로 기록할 수 있도록 하여 취업 준비의 가이드라인 제공 및 대학생의 취업 역량 제고에 기여할 것으로 기대된다.

'커리어 관리 기록부'를 대학청년고용센터 홈페이지나 대학 포털 홈페이지에서 접근할 수 있도록 하여 학생 개개인이 기록하도록 하고, 학생 개인정보(특기, 전공 등), 진로 탐색(진로 상담, 진로 심리검사 결과, 진로 목표, 진로 준비 계획 등), 직업교육 훈련 및 자기 계발 활동(봉사 활동, 취미 활동, 공모전 수상 등), 취업 활동, 고용 및 교육 훈련 프로그램/자격 알선에 대한 부분으로 구성한다. 고용 및 교육 훈련 프로그램/자격 알선은 학생의 희망 직업과 취업처, 직업교육 훈련과 자기 계발 활동 등을 고려한 맞춤식 정보를 제공하며 활동의 중요도에 따라 점수를 부여하고, 점수가 높은 학생을 매년 선발하여 인턴십, 현장실습, 장학금 수여 등에 우선권을 부여한다.

3) 거점 대학 중심의 취업 지원 서비스 네트워크 구축

대학생 취업 지원 인프라가 잘 갖추어진 대학을 지역의 거점으로 지정하여 지역 차원에서 대학들이 협력을 통한 고용 서비스의 질적 개선을 모색한다. 거점 대학은 고용 서비스 영역별로 조직을 구성하고, 협력 대학은 상담 영역과 지역 기업 발굴에 특화하는 방식으로 역할을 분담할 수 있을 것이다. 거점 대학의 역할은 통합 취업 지원 시스템 구축 및 관리, 인턴십/현장실습 참여 및 구인 기업, 지방자치단체, 고용센터의 컨택 포인트, 고용 지원 프로세스 정립,

진로 · 취업 프로그램 · 취업 박람회 기획 및 실행 등으로, 협력 대학의 역할은 거점 대학과 협력하여 지역 기업 발굴, 맞춤형 진로 · 취업 상담 등으로 나눌 수 있을 것이다.

인턴십/현장실습 참여 및 구인 기업, 진로 지도 프로그램 일정을 통합 시스템에 등록 → 거점 대학 및 협력 대학 학생은 통합 시스템에 이력서 및 자기소개서 작성, 희망 기업/진로 프로그램 지원 → 선발 결과 공지 → 현장실습, 인턴십, 산학협력, 진로 프로그램 평가 및 보고서를 통합 시스템에 업로드 등의 방식으로 운영이 가능하다. 통합 시스템 구축 등 제반 비용을 정부가 거점 대학에 지원함으로써 양질의 고용 서비스가 지역을 단위로 제공될 수 있는 기틀을 마련할 수 있을 것이다.

4. 고품질의 고용 정보 서비스 제공을 위한 워크넷 개편

1) 다양한 고용 정보 발굴 및 신뢰도 개선 노력

고품질의 고용 정보 서비스 제공을 위해서는 정부 3.0 시대에 부응하는 부처 간 자료 및 정보 공유를 확대하여 취업 정보를 파악하고 제공할 수 있는 기반을 마련하고 다채널 고용 정보 연계 및 취합 기능을 강화할 필요가 있다. 교육부가 보유하고 있는 교육 관련 정보 DB(전공, 학력 등)와 고용노동부가 보유하고 있는 노동시장 관련 정보 DB(취업, 훈련, 자격)를 연계 및 통합하여 생애경력 관리 및 관련 취업 정보를 파악할 수 있는 시스템을 구축하는 것이 한 예가 될 것이다.

이와 더불어 기존의 통계조사 방식 개선 등 신뢰성 강화 노력이 필요하다. 학교 유형, 학교 수준, 성별 진출 직업 및 산업의 세부 내용을 파악할 수 있는 수준의 전국 단위 조사 확대가 필요하다. 현재 한국고용정보원에서 실시하는 대졸자 직업 이동 경로 조사(GOMS)는 교육부에서 관리하는 대학교[1] 졸업생

---

1 경찰대학, 각종 사관학교, KAIST, 폴리텍대학, 방송내학, 각종 시이버대학 등은 조사 대상에서 제외.

중 약 4% 표본에 해당하는 18,000명 조사에 불과하다.

2) 공공 채용 정보의 워크넷 통합 및 민간 채용 정보 연계 확대

공공과 민간 연계 강화를 통해 취업 정보 사이트의 효율적 운영이 가능하도록 지원할 필요가 있다. 취약 계층 위주의 워크넷 운영 범위를 확대하기 위해 공공 분야에서 제공하는 각종 지원제도 및 서비스의 품질을 향상하고 연계 기능을 통해 보완하는 방향으로 개편을 모색해야 한다. 정보 수집 및 전달, 특화 서비스 등의 역할은 각 사이트별 역량 및 특성에 따라 운영하되, 정보검색은 통합 운영하는 방향이 바람직하다.

또한, 각 부처 및 지방자치단체의 공공 채용 정보를 워크넷으로 통합 운영함으로써 정보 탐색 범위를 확대하여 공공 기관 채용 정보 탐색을 통한 우수 중소기업 및 중견기업에 대한 접근성을 높여나가야 한다. 공공 기관 채용 정보 탐색, 군 복무 대체 병역 일자리 탐색 등을 위해 방문한 청년층의 워크넷 이용을 통해 이용자 계층의 연령대 범위를 확대할 수 있을 것이다.

이용자의 편의 확대를 위해 제공 서비스 및 통합 운영 방식 개선이 필요하다. 통합 운영을 통해 우수 중소기업 및 중견기업에 대한 정보를 전달함으로써 해당 기업 홍보 효과 및 이미지 제고가 가능하다. 현재 제공되는 연계 서비스의 수준이 낮은데, 관련 콘텐츠 및 서비스 범위를 확대할 뿐만 아니라 사용자들이 많이 보는 페이지를 파악하여 개인맞춤형 정보를 제공하는 서비스 등을 개발해야 할 것이다.

3) 공공 기관 채용 정보 공개 시스템 운영

현재 잡알리오의 공공 기관 정보 서비스는 신규 채용 현황, 청년 인턴 채용 현황, 신입 사원 초임, 직원 평균 보수, 취업 규칙, 직원 수 등이다. 신규 채용 현황은 채용 인원 수를 여성, 장애인, 이공계, 비수도권, 총 인원 등만 밝히고 있다. 잡알리오에 공공 기관의 신규 취업자 채용 정보를 좀 더 확대하여 공개하도록 할 필요가 있는데, 예컨대 비수도권 및 여성 비율 외에 실제 합격자 기준으로 어느 정도의 스펙(예 : 평균 교육 연수, 평균 자격증 수)을 보유하고 있는지를 공개하도록 하여 청년층의 불필요한 스펙 준비 부담을 완화할 필요가 있다.

4) 청년채용공시제 도입

청년층 취업난 해소가 시급한 과제임에도 어느 기업이 얼마나 적극적으로 청년층 채용에 나서고 있는지는 확인하기 어렵다. 연초에 청년층 채용 계획을 밝힌 기업들이 실제 얼마나 채용했는지, 채용한 일자리의 질은 어떠한지 등은 알기 어려워 용두사미로 그치는 경우가 많다. 기업들의 사회적 책임을 강화하고 청년층 고용에 앞장선 기업들에 대한 사회적 평판을 높여주기 위해서는 관련 정보의 공개를 법적으로 강제하는 청년채용공시제의 도입이 필요하다. 이를 통하여 기업이 채용한 청년층 일자리의 규모, 고용 형태, 임금 수준, 채용한 청년층의 특성(학력, 출신 학교, 출신 지역 등)을 공시하도록 하여 기업의 사회적 책임을 객관적으로 파악할 수 있도록 추진할 필요가 있다.

5) 대학/학과별 진로 정보 제공

과도한 대학 진학으로 말미암아 대졸 취업난이 심화되고 있음을 감안하면, 대학/학과별 취업 정보를 제공함으로써 취업난의 실상을 알리는 노력이 무엇보다 중요하다. 대학 진학을 준비하는 중고교 학생 및 학부모 들에게 대학/학과별 취업률, 정규직 취업률, 평균 임금 수준, 3년/5년/10년후 임금 수준, 등록금, 장학금 등의 상세한 정보를 제공할 경우 합리적인 진학 의사결정이 가능할 것이다. 현재는 대학알리미를 통해 졸업 직후의 단편적인 취업률 정보만 제공되고 있고 사용자 편의성이 높지 않은 한계가 있기 때문에 많이 활용되지 않고 있다. 대학 진학을 희망하는 학생 및 학부모에게 대학의 취업 관련 정보를 충분히 제공함으로써 국민의 합리적인 진로 설계를 지원해야 할 것이다.

5. 경력 경로 지원 서비스 체계 구축

비정규직에서 정규직으로, 고용의 질이 낮은 일자리에서 '좋은 일자리'를 향하여 이직하는 과정이 개인의 사회경제적 배경과 일자리 정보의 획득보다 능력(역량)에 의해 결정될 수 있도록 청년층 노동시장을 개선해나가야 한다. 일자리 정보 그 자체를 제공하는 것만으로는 '좋은 일자리'로 이직을 희망하는 청년 취업자들을 충분히 지원하기 어렵다. 그들의 인적 특성(학력, 경력, 직무 수행 역량, 적성, 흥미, 인성, 직업관, 직업 포부 등)과 일자리 기회 간의 격차를 최대한 줄일 수 있는 방법을 찾도록 지원하여야 하기 때문이다.

고용노동부는 기업을 중심으로 2013년부터 '핵심 직무 역량 평가 모델'을 보급하고 있는데, 이 사업은 기업들이 직무와 무관한 스펙 대신 역량을 기준으로 인재를 채용하도록 지원하는 정책이다(고용노동부, 2013). 사업 내용은 채용 수요가 많은 직무를 중심으로 채용 컨설팅, 인사 담당자 등을 대상으로 한 평가모델 활용 교육 실시, 역량 중심의 입사지원서 및 활용 매뉴얼 제공, 역량 중심의 입사 면접 도구 및 활용 매뉴얼 제공, 기업별 테스트 등이다.[2] 선진국에서는 능력 중심의 고용 서비스 산업이 상당히 발전되어 있으나 우리나라는 매우 초보적인 단계에 있다. 김용성(2014)에 의하면, OECD 국가의 전체 일자리 예산에서 고용 서비스의 비중이 평균 26%(2010년 기준)이지만 우리나라는 2.7%에 불과하다. 프랑스의 경우 1986년부터 공공 고용 서비스(정부나 기금에서 비용 지원)로 재직자의 경력 발전을 지원하기 위한 '능력진단제도(Bilan de compétence)'를 시행하고 있다.

1) 온라인 평생경력개발 정보–상담센터 설치

경력 개발에 필요한 직업 정보, 정규 학교교육 및 직업훈련 정보, 경험학습인정제 등의 평생교육 정보, 도움을 받을 수 있는 기관, 분야별 경력 개발 우

---

2 핵심 직무 역량 평가 모델 인터넷 홈페이지(http://assessment.korcham.net/). 검색일 : 2014. 12. 15.

수사례 DB, 기업의 능력 중심 채용 및 인사관리 동향 등에 관한 정보 및 자료를 가공하여 제공한다. 기존의 직업 정보, 자격 정보, 훈련 정보, 구인·구직 정보, 임금 정보, 기업 정보 등 경력 개발에 도움을 줄 수 있는 모든 정보들을 전 생애 기간 동안의 경력 개발 지원의 관점에서 재구조화하여 이용자들이 직관적으로 이해할 수 있는 방식으로 제시한다. 서비스의 핵심은 누구나 참여할 수 있는 온라인 상담 서비스가 제공된다는 것이며, 간단한 상담 서비스는 직접 대응하고 전문적인 상담 혹은 시간을 요구하는 상담은 관련 기관으로 연계하여 운영한다.

2) 재학생 대상의 진로 개발 및 취업 지원

졸업 후 취업을 위해 저학년부터 조기 진로 지도(교육)를 강화하고 졸업생들이 전 생애 동안 지속적으로 경력 개발을 해나갈 수 있도록 기초 역량을 제고한다. 일반계 고교, 특성화고 및 마이스터고, 대학 및 대학원 졸업 예정자를 대상으로 진로 개발 및 취업 지원 서비스를 제공하며, 자기 이해, 직업 세계 이해, 교육의 세계 이해, 진로 의사 결정, 진로 및 취업 계획 수립 등 진로 지도(교육), 진로 상담, 진로 정보 제공 등의 서비스가 이루어진다. 이 밖에 일자리 경험(인턴, 실습 등)을 희망하는 청년들이 자신의 경력 개발 계획에 맞춰 기회를 획득할 수 있도록 지원한다.

3) 최종학교 졸업 후 5년 미만 신규 취업자 경력개발 컨설팅

최종학교 졸업 후 고용 상태가 불안정한 기간을 최대한 단축하고, 첫 번째 일자리 적응에 성공하지 못한 청년들이 노동시장에서 탈락되지 않고 자신에게 적합한 일자리를 찾아 도전할 수 있도록 지원하는 것을 목표로 한다. 고등학교, 대학, 대학원 재학 중 교사, 교수, 취업 지원 부서로부터 받았던 취업 지원 서비스와 비교할 만한 고용 서비스를 졸업 이후 5년까지 제공함으로써 직업 세계에 안착하기까지 초기 경력 개발 단계의 안전성을 제고할 수 있을 것이다. 첫 번째 취업에 성공하지 못할 수 있다는 두려움으로 노동시장에 진출하지 않고 취업 준비만 하고 있는 청년층을 노동시장으로 유도하는 효과를 기대할 수 있다.

사업 대상은 최종학교(대학원 포함) 졸업 후 5년 미만의 직업 세계 이행 초기 단계 청년층이며, 최근 2년 이내에 최소 6개월 이상의 취업 경력자(비정규직 포함, 취업 경험이 여러 번인 경우 합산하여 6개월 이상)가 대상이 된다. 정규직 취업자, 비정규직 취업자, 미취업자 모두 참여 가능하나 미취업자의 경우 최종 직장 퇴직일이 1년 이내인 자를 대상으로 하며, 이 제도에 한 번 참여한 후 다시 참여하려면 2년 이상이 경과되어야 하고 그동안 취업 경력이 6개월 이상이어야 한다. 경력 개발이 상대적으로 어려운 비정규직 취업 경력자, 중소기업 취업 경력자를 우선적인 사업 대상으로 선정하는 것이 바람직하다.

Ⅳ. 제언

대학이 사회와 적극적으로 소통하고 먼저 다가서지 않고 스스로 상아탑에 갇혀 공급자 중심으로 교육이 이루어지는 폐쇄형 구조에서는 대학과 산업계 간의 괴리, 불일치는 불가피하다. 대졸 취업난의 전부는 아니겠으나 일정 부분은 공급자 중심의 대학 교육에 기인하며, 이를 극복하기 위해서는 대학 교육을 학교 외부의 다양한 자원을 활용하고 적극적으로 사회와 소통하는 수요자 중심의 개방형 구조로 전환할 필요가 있다.

6, 70년대 개발 시대에는 소수의 엘리트만이 대학 교육을 받았고, 지식의 양, 복잡성, 변화 속도 등이 오늘날과 비교가 안 될 정도로 평이했으며, 기업들도 선진국을 모방하기 급급한 형편이었기 때문에 대학에서 기초적 소양만 쌓더라도 충분했다. 하지만, 오늘날은 고등교육이 보편화, 대중화되어 대학은 사회 진출의 관문으로 그 성격이 바뀌었고, 급격한 기술 혁신으로 지식의 수명은 점차 짧아지고 있으며, 우리 기업들은 글로벌 리더로서 혁신의 최전선(frontier)을 선도할 최고 수준의 인재를 요구하고 있다. 과거에 비해 대학 외부 환경은 급속하게 변모했음에도 우리 대학들은 학과 정원, 커리큘럼, 교원 임

용, 산학협력 등 대학 운영을 내부의 역학 관계에 따라 폐쇄적으로 결정하고 있으며, 지역사회, 교육 수요자, 이해관계자 등 대학 외부의 요구와 필요에 탄력적으로 반응하는 개방적 거버넌스 체계로 진화하는 데 실패하고 있다.

대학이 사회가 필요로 하는 인재를 양성하는 데 보다 능동적으로 반응하도록 하기 위해서는 대학 구조 개혁이 단순히 정원 조정에 그칠 것이 아니라 대학 내부의 거버넌스 체계의 개편을 통해 지역의 산업계, 지자체 등의 목소리가 대학 운영에 반영될 수 있는 기제를 만들어야 한다. 예컨대, 정부 재정 지원을 일정 금액 이상 받는 경우에는 이사회에 산업계, 지자체, 지역 시민단체 등을 일정 수 이상 선임하도록 하는 규정이 될 수 있다. 지역사회의 요구가 대학 사회 내부에서 중요하게 반영되도록 하려면 현재와 같은 대학 지배 구조하에서는 한계가 있기 때문이다.

대졸 취업난의 상당 부분은 과도한 대학 진학에 있고, 여기에는 대학에 대한 막연한 환상과 기대감이 자리 잡고 있다. 대학/학과별 취업 실태에 관한 상세한 정보 제공만으로도 중고등학교 학생과 학부모의 합리적 진로 설계에 엄청난 도움을 줄 수 있을 것이다. 아울러, 대학 진학이 학령기뿐 아니라 자신이 필요할 때 언제든 가능하도록 선취업-후진학 기회를 확대하는 것이 대졸 취업난 해소의 근본적 치유책이 될 것이다. 대학생에게도 졸업을 위한 학업 공부와 취업 준비가 괴리되지 않도록 교육과정을 개편할 필요가 있다. 대학이 학생들의 취업 역량 제고에 스스로 나서지 않는다면, 경험학습인정제를 4년제 대학생에게도 확대하여 희망하는 학생은 직업학교나 폴리텍대학 등 외부에서 학습하고 졸업 학점으로 인정받을 수 있도록 학습 기회를 개방할 필요가 있다. 물론 이를 위해서는 대학 외부의 학습에 대한 인증, 평가 등을 통해 학점 인정이 가능한 과정에 대한 질 관리 체계를 구축해야 한다.

대기업과 중소기업 간의 원하청 관계와 임금 격차, 정규직과 비정규직 간의 임금 격차 등 우리나라 노동시장의 이중구조화는 좀처럼 개선될 조짐을 보이지 않고 있다. 여기에 입직구에서의 경쟁은 치열하지만 경력직 노동시장은 상대적으로 미성숙된 우리 취업시장에서 첫 직장은 어쩌면 근로 생애 전체의 소득과 직업 지위를 결정할 수도 있기 때문에 청년층의 입장에서는 첫 일자리의 질을 최대한 높여야 하고, 학교에서 첫 직장으로 이행에 많은 시간과 노력을 투자하는 것이 합리적이다. 소위 청년층의 선망 직장은 이들이 선호하는 공무원, 공기업, 대기업, 금융기관 등을 지칭하는 것으로서 초중고 이후 대학을 졸업하고 노동시장에 진입하기까지 10여 년간 펼쳐지는 성적 경쟁, 입시 경쟁, 스펙 경쟁, 취업 경쟁의 최종적인 승부처는 다름 아닌 선망 직장 취업이라 할 수 있다. 선망 직장에 취업하기 위한 스펙 경쟁은 취업 연령을 늦추고 노동시장 진입을 지연시키는 대표적 요인이 되고 있으므로 노동시장 진입 이후에도 경력 개발이 가능한 다양한 경로를 만들어야 한다.

FL 교육 시스템으로
청년 취업 문제를 극복하자

김 국 원 (순천향대학교)*

* kimkug1@sch.ac.kr

FL 교육 시스템으로
청년 취업 문제를 극복하자

Ⅰ. 서론

최근 2015 OECD 교육 지표 조사 결과[1]에 따르면 우리나라 청년층(25~34세)의 고등교육 이수율(전문대, 4년제, 석·박사 과정 포함)은 68%로 OECD 34개 국가 중 가장 높다. 이는 OECD 평균(41%)은 물론 2위인 캐나다(58%)와 큰 격차를 보이는 수치다. 미국(46%), 일본(37%), 독일(28%) 역시 고학력 청년들의 비율이 우리보다 훨씬 적다. 자원이 부족하고 땅덩이가 좁아 인적 자원이 유일한 나라에서, 특히 21세기 지식 정보화 사회에서 청년층의 고등교육 이수율이 세계 최고인 것은 긍정적인 현상으로 볼 수 있다. 그러나 쏟아져 나오는 고학력자들에 맞는 일자리 부족으로 청년 실업자가 늘어나는 등 오히려 사회문제가 되는 상황이다.

최근 청년 고용 동향[2]을 살펴보면 청년 실업률이 2015년 4월 10.2%로 2000년 이후 4월 기준 최고치를 나타내었다. 이는 전체 실업률(15~64세, 3.9%)의 2.6배 수준으로 2012년부터 '실업률 갭'(청년 실업률－전체 실업률)이 확대되고 있다. 일시적 요인이 컸던 IMF 시기와 달리 최근에는 구조적·누적적 요인으로 높은 청년 실업률이 계속되는 심각한 상황이다. 특히, 최근 OECD 평균 청년 실업률(15~24세)은 낮아지고 있으나, 우리나라는 청년 실업률이 높아지는 상황이다.

---

1 교육부, 「2015 OECD 교육지표 조사결과 발표」(보도자료), 2015. 11. 24.
2 고용노동부, 「최근 청년고용 동향 및 정책추진방향」, 2015. 5. 21.

실업률 등에는 잡히지 않지만 극심한 취업난으로 눈높이를 낮춘 고학력자들도 많다. 건설근로자공제회에 따르면[3] 올해 건설 근로자의 5명 중 1명 이상이 대졸 이상의 고학력자였다. 대학을 졸업한 청년층의 하향 취업자 비율이 22~43%로 매우 높게 나타나고 있을 뿐만 아니라[4] 더욱 심각한 문제는 질적인 측면에서도 대학의 교육 내용과 산업계의 요구 간의 불일치 현상이 심화되고 있다는 점이다. 대학 교육이 산업 수요에 부응하지 못하여 고학력 청년 실업자 양산을 심화시키고 있으며 "대학 졸업=청년 실업자 양산"이라는 부정적 등식을 초래하고 있다.

대학 교육의 질적인 측면에 대한 기존의 여러 연구들은 한결같이 기업이 원하는 수준의 인재를 대학이 충분히 공급하지 못하고 있는 것으로 평가하고 있다. IMD의 대학 교육(경쟁 사회의 요구에 부합하는 정도) 평가에서 한국은 매년 최하위 수준을 보여왔다(2014년 조사 대상 60개국 중 53위, 2015년 60개국 중 38위). 1997년 말의 외환 위기로 초래된 한국의 노동시장 변화로 내부 종업원의 이직, 그에 따른 투자 손실 등의 도전에 직면한 기업은 과거와 달리 대학 졸업생에 대한 기초 훈련 투자를 꺼리게 되었고, 실무 역량을 충분히 갖추어 배출되는 대학 졸업생 혹은 현장에 바로 투입할 수 있는 경력직 인재를 선호하게 되었다.[5] 이에 따라 산업 인력 공급자로서 대학에 대한 기업의 요구 수준과 대학의 현실 간에 긴장 관계가 존재하며, 대학 졸업생의 숙련 및 지적 수준, 나아가 대학 교육 전반에 대한 문제 제기로 이어지고 있는 것이다. 이렇

---

3 건설근로자공제회, 「2015 건설근로자 종합실태조사」, 2015.
4 신선미 · 손유미(2008)의 연구에서는 대졸 청년층의 하향 취업자 비율이 통계적 측정 방법에 의하면 42.7%. 주관적 평가에 의하면 22.0%라고 분석하였다. 김주섭(2005)은 대졸 청년층의 하향 취업자 비율이 22.8%라고 분석하였고, 박지선 · 권태식(2005)은 청년패널 자료를 이용하여 2001년에 36.8%, 2002년에 25.8%, 2003년에 26.8%, 2004년에 28.1%의 하향 취업이 있었다고 보고하였다.
5 취입 포털 사람인이 기업 451개사를 대상으로 '올드루키 선호 여부'를 조사한 결과, 응답 기업의 74.7%가 '올드루키(신입직에 지원한 경력자)'를 선호한다'고 응답함(2014. 10. 3 기사).

듯 대학 교육과 산업 수요의 괴리 현상은 어제오늘의 얘기가 아니며, 우리나라만의 현상도 아니지만 우리나라의 경우 그 정도가 매우 심각하다는 데 문제가 있다.

정부는 대학 교육과 산업 수요의 괴리 심화 현상을 완화하기 위하여 그동안 산학협력중심대학육성사업, 공학 교육 혁신지원사업, 지역광역경제권대학지원사업, LINC사업, 대학특성화사업 등을 통해 대학 교과과정을 산업 수요에 맞춰 발전시키고, 산학 연계 및 협력을 통한 산업 수요에 맞는 인력 양성에 초점을 맞추어왔다. 이러한 노력에도 불구하고 아직까지 대학 교육과 산업 수요 간의 불일치 문제는 여전히 존재하며 근본적인 대학 교육의 혁신적 모델이 필요한 시점이다. 한국폴리텍대학은 국내 대학 최초로 산업현장과 강의실을 연동시킨 실무 위주의 학사 제도인 FL(Factory Learning) 교육 시스템을 운영하며 국내 최고 수준의 졸업생 취업률을 유지하고 있다. 따라서 10여 년간 운영되고 있는 FL 교육 시스템을 분석하고 이를 개선·확산하는 방안을 모색하여 청년 취업률을 제고할 필요가 있다.

II. 정책 방안

1. 한국폴리텍대학의 FL 교육 시스템 분석

1) FL 교육 시스템 개요

한국폴리텍대학의 FL 교육 시스템은 학생들의 현장 적응력 제고를 위한 고유의 학사 운영 모델로 '기업만족형 인재 양성을 위한 현장 실무 중심의 학습을 지향하는 교육 훈련 과정'이다. 산업체와 연계한 프로젝트 수업을 기반으로 하는 과제중심형, 현장 실무 중심의 교육 방식과 맞춤형 현장실습에 의해 학생들의 수준별, 능력별 취업이 가능한 제도이다. FL 교육 시스템의 세부 내용은 다음과 같다.

· 현장 실무 중심의 교과 편성

· 산업체의 과제를 수행하는 프로젝트실습

· 취업 약정을 위한 맞춤형 현장실습

· 학생 밀착 지도를 통한 전인교육을 지향하는 소그룹지도교수제

· 기업체와 산학협력 관계를 유지하는 기업전담제

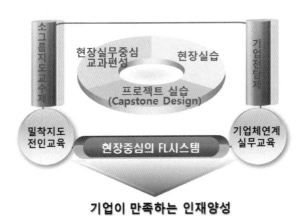

[그림 1] FL 시스템 개요

FL 교육 시스템은 2005년 폴리텍대학(당시 기능대학) 내부 연구 과제인 "기능대학 학사 운영제도 개선" 보고서에서 처음으로 제안 되었고 이후 2006년 3개 캠퍼스(바이오캠퍼스, 대전캠퍼스, 청주캠퍼스)에서 시범 운영되었다. 이후 2008년 폴리텍대학 전 캠퍼스로 확대 운영되었으며, 이후 2년간의 개선 과정을 거쳐 2010년부터 현재의 FL 교육 시스템으로 확정 · 운영되고 있다.

2) FL 교육 시스템의 현황[6]

현재 운영되고 있는 FL 교육 시스템의 주요 제도는 프로젝트실습, 현장실

---

6   한국기술교육대학교, 「한국폴리텍대학의 재직자 등 평생학습 지원기능 강화방안」, 고용노동부, 2015.

습, 소그룹지도교수제, 기업전담제 등으로 볼 수 있다.

프로젝트실습은 기업전담 업체 및 산학협력 업체 등의 산업체 전문가와 공동으로 학과의 특성에 맞는 프로젝트 과제를 개발·선정하고 학생들로 하여금 산업현장 실무 능력 향상과 자기주도적 학습을 체험할 수 있는 과목이다. 다기능기술자(2년 전문학사) 과정의 경우 3과목 14학점으로 편성되어 있고 필수 교과로 운영된다.

현장실습은 산업체 현장에서 실시하는 것을 원칙으로 하며 가능한 한 취업과 연계된 업체에서 현장실습을 실시하고 있다. 다기능기술자 과정의 경우 2번의 현장실습이 편성되어 있으며 이 중 현장실습Ⅱ의 경우 필수 교과로 8주간 운영된다.

소그룹지도교수제는 교수와 학생 사이에 멘토와 멘티의 상호 유기적이고 긴밀한 관계를 유지하여 학생의 학교생활 적응력 배양, 중도 탈락 방지, 전공 능력 함양, 진로 지도, 취업 후 사후 관리 등 입학에서 졸업 후까지 전인교육을 책임지는 제도이다. 현재 폴리텍 교원들은 1인당 평균 20.05명의 학생들을 지도하고 있다.

기업전담제는 교수 1인당 10개의 기업을 전담하여 기업의 요구를 상시 파악해 이에 적절히 대응하는 '기업 주치의'로서의 역할을 수행한다. 교수 개인별 '주중 기업체 방문의 날'을 지정해 운영하고, 학과별로 전담 기업체 대표자 초청 간담회도 열고 있다. 이를 통해 취업처를 확보하고 프로젝트실습 과제 도출, 현장실습 업체로 연결하고 있다. 현재 폴리텍 교원들은 1인당 평균 10.25개의 기업을 전담하고 있다.

3) FL 교육 시스템의 성과

FL 교육 시스템의 성과로는 무엇보다도 높은 취업률을 들 수 있다. 폴리텍 대학의 다기능기술자(2년 전문학사 과정) 및 기능사 과정의 취업률은 전문대학 및 4년제 대학의 평균보다 지속적으로 월등히 높게 나타나고 있다. 이러한 차별화된 현장 실무 교육과 높은 취업률의 영향으로 폴리텍대학은 학령 인구

감소에도 불구하고 입학 경쟁률이 지속적으로 상승하고 폴리텍이라는 브랜드 인지도도 상승하였다.[7]

[표1] 폴리텍대학과 전문대학, 4년제 대학의 취업률 변화

	폴리텍(다기능)	폴리텍(기능사)	전문대학	4년제 대학
2010	89.3%	84.4%	55.6%	51.9%
2011	85.6%	84.8%	60.7%	54.5%
2012	82.3%	76.0%	60.8%	56.2%
2013	85.2%	78.1%	61.2%	55.6%
2014	85.8%	76.6%	61.4%	54.8%

주 : 교육통계서비스, 취업통계연보 자료를 이용하였음. 전문대학은 전국 147개 대학, 4년제 대학은 전국 190개 대학을 대상으로 함

2. FL 교육 시스템 개선 연구의 필요성

1) FL 교육 시스템의 개선점[8]

FL 교육 시스템은 지난 10여 년간 높은 취업률과 학교 이미지 상승 등 긍정적인 성과를 나타내고 있지만, 변화되는 교육 및 산업 환경에 맞게 개선되고 발전되어야 할 것이다. 최근 고용노동부의 정책 연구에서 FL 교육 시스템의 현황을 파악하고 주요 4가지 제도(프로젝트실습, 현장실습, 소그룹지도교수제, 기업전담제)에 대한 개선점을 제시하였다.

개선점의 요지는 기업체와의 연계를 더욱 강화하는 방향이며, 프로젝트실습과 현장실습 그리고 기업전담제의 중요성을 강조하고 있다. 프로젝트실습은 기업체와의 연계를 필수적 요건으로 설정할 것을, 현장실습은 취업 전제

---

7 입학경쟁률 : (2009) 2.7 : 1 → (2014) 5.7 : 1, 브랜드 인지도 : (2009) 37% → (2014) 79%.
8 한국기술교육대학교, 「한국폴리텍대학의 재직자 등 평생학습 지원기능 강화방안」, 고용노동부, 2015.

형태로 기업체에서 필요한 실습 과제를 개발할 것과 더불어 IPP[9] 도입을 권하고 있다. 기업전담제의 경우 교원 인사이동 제도 때문에 학과별로 관리되는 보완이 필요하며, 참여 기업체에 대한 관리 및 지원 방안을 권하고 있다.

2) 새로운 연구의 필요성

최근 국내 대학들은 학령 인구 급감과 정부의 구조 개혁에 대응하기 위해 대학 특성화를 통한 구조조정을 추진하고 있다. 이러한 특성화는 결국 현장의 수요에 대응하는 현장 중심의 실무 인재 양성 방향으로 나아가야 할 것이다.

2년제 대학뿐만 아니라 4년제 대학의 학사 운영 시스템으로 폴리텍대학의 FL 교육 시스템은 좋은 보기가 될 수 있다. 앞에서 설명한 FL 교육 시스템의 개선점들은 현재의 주요 프로그램에 대한 세부적 개선안이었으며, 향후 자원을 충분히 투입하여 학사 운영과 관련된 다양한 고려 사항들(국가직무능력표준 적용, 장기현장실습(IPP), 일학습병행제 등)을 포함한 통합적 개선 방안을 도출할 수 있는 정책적 연구 과제가 필요하다. 이러한 연구 과제를 통해 폴리텍대학뿐만 아니라 전국 대학에 적용가능하며 다양한 전공 특성에 맞는 FL 교육 시스템의 개선·발전이 이루어진다면, 이를 통하여 대학 교육 시스템의 변화를 초래하고 청년 실업 문제와 대학 교육의 체질을 개선할 수 있을 것이다.

3. FL 교육 시스템 확산을 위한 재정 지원 방안

한국폴리텍대학의 취업률이 높은 이유는 현장 중심의 산학협력 학사 운영(FL 교육 시스템), 지역 또는 업종 특성화 학과 개설 및 유연한 학과 개편, 캠

---

9 IPP(Industry Professional Practice)는 대학교 교육과정 일부를 산업체 현장에서 4개월 이상의 장기간에 거쳐 이수하도록 하는 기업연계형 장기현장실습제도로서, 학생들에게 기업에서 실무를 장기간 경험하게 하여 기업에서 필요로 하는 실무 중심의 지식과 기술을 습득하게 하고, 명확한 진로를 설정하게 할 뿐 아니라 기업은 우수 인재를 조기에 발굴하고 검증할 수 있도록 하는 것을 목적으로 한다(한국기술교육대학교 IPP센터).

퍼스(학과) 간 경쟁 시스템(인사 평가, 승진, 보수에 반영), 높은 학생 1인당 교원 수 및 장비비 등이 지적된다.[10] 이 중에서 FL 교육 시스템이라는 특별한 학사 운영 시스템뿐만 아니라 충분한 교원 수 및 장비비가 다른 대학에 비해 가장 큰 강점이라 볼 수 있다. 소그룹지도교수제와 프로젝트실습, 기업전담제 등은 이러한 요인을 바탕으로 성공적으로 수행될 수 있었을 것이라 판단된다. FL 교육 시스템의 확산을 위해서는 정부의 재정 지원 방안이 필요하다.

최근 정부의 고등교육 재정 지원 사업들 중 산업 수요에 맞게 대학 교육 시스템을 개선하려는 사업들이 활발하게 진행되고 있으나([표 2] 참조) 대부분 특화된 분야의 교육 시스템 개선을 목적으로 하고 있으며, 부분적인 시스템 개선 효과를 보고 있다. 대학의 산학협력 체질 개선에 대한 공감대를 형성시키고 산학협력 프로그램을 활성화시킨 LINC사업, 공과대학의 교육 시스템을 산업 친화적으로 개선하고 있는 공학교육혁신센터지원사업, 학생들의 일학습 경험을 내실 있게 진행하며 산업체와의 미스매치를 개선하고자 하는 IPP형 일학습병행제 등을 통합시켜 대학의 학사 운영 시스템을 산업 실무 중심으로 근본적으로 변화시킬 수 있는 새로운 재정 지원 사업의 설계가 필요하다고 판단된다.

[표 2] 산업 수요에 맞게 대학 교육 시스템을 개선하려는 정부의 재정 지원 사업

사업명	사업 목적	소관 부처
산학협력선도대학육성사업 (LINC)	대학-기업 간 산학협력을 통하여 대학 교육 시스템을 개선함으로써 취업 미스매치 해소 및 대학과 지역 산업의 공생 발전을 견인하는 것을 목적으로 함	교육부
대학특성화사업 (CK)	지역사회의 수요와 특성을 고려하여 강점 분야 중심의 대학 특성화 기반을 조성하고, 대학의 체질 개선을 유도하고자 하는 사업	교육부

---

10 김재원 · 박양근 · 김성희 · 고진수, 「한국폴리텍순천캠퍼스는 이떻게 높은 취업률을 달성하였나?」, 『취업진로연구』 1(2), 한국취업진로학회, 6쪽, 2012.

사업명	사업 목적	소관 부처
공학교육혁신센터지원사업	공과대학 스스로 전략 유형별 공학 교육 혁신을 위한 방향을 수립하고, 산업계 수요 및 각 대학 특성에 부합하는 공학 교육 프로그램을 개발·운영함으로써 공과대학의 특성화 유도	교육부
IPP형 일학습병행제	대학생의 현장 실무 능력 향상 및 청년 고용 미스매치 해소를 위한 신(新)산학협력 훈련 모델 지원 사업	고용노동부
창업선도대학 육성사업	우수한 창업 지원 역량을 보유한 대학을 창업선도대학으로 지정하고, 창업 교육부터 창업 아이템 발굴 및 사업화 지원, 성장 촉진에 이르는 창업 지원 특성화 모델을 구축하여 '대학의 창업 기지화'를 촉진	중소기업청
산업연계교육 활성화선도대학 (PRIME)	중장기 인력 수급 전망을 고려해 산업 수요에 맞게 학과를 개편하고 정원을 조정하는 대학에 지원	교육부

4. 참여 기업 우대 제도 도입

현장의 수요에 대응하는 현장중심형 실무 인재 양성을 위해서는 기업체의 적극적인 참여가 무엇보다 중요하다. 현장 실무 중심의 교과 편성을 위해서 기업체의 요구와 변화하는 산업체의 기술 수준을 반영해야 할 것이며, 프로젝트실습시 기업체와 공동으로 과제를 발굴하고 기자재 공동 사용 및 프로젝트 결과에 대한 평가에 참여함으로써 내실 있는 프로젝트실습 수업이 이루어질 것이다. 또한 현장실습시 기업이 원하는 현장실습 과제를 발굴하여 학생들이 기업체에서 직접 실제 업무를 경험하고 취업 연계로 수월히 이어지게 된다. 따라서 FL 교육 시스템에서는 교수 1인당 약 10개의 기업을 전담하여 '기업 주치의'의 형태로 운영하며 실질적인 산학협력 중심 교육이 이루어지는 제도를 유지하고 있다.

따라서 기업체의 적극적 참여를 유도하기 위한 다양한 방안들을 모색해야 한다. 대학의 교육 시스템을 산학 실무 중심으로 개선하는 것이 기업체에도 우수 인력 유치, 재교육 비용 감소 등 결국 이익이 된다는 홍보와 지속적인 교류 프로그램을 활성화시켜야 한다. 많은 기업의 적극적 참여가 결국 FL 교육 프로그램의 성공과 확산을 이끌어낼 수 있다. 프로젝트실습, 현장실습 등에 참여하는 기업들에 대한 정부 지원 사업의 우대 사항을 규정한다든지, 정부 및 지자체 차원의 홍보 지원, 여러 가지 인센티브 제공 등 다양한 참여 유인책이 필요하다.

이러한 우대 제도 외에 참여 기업에 대한 관리 시스템의 도입이 필요하다. 대학과 산학협력을 통해 지속적으로 발전할 수 있는 강소·중견기업의 참여가 필요하고 이들 기업에 대한 지속적인 관리가 필요하다. 즉 참여 기업의 기준을 명확히 정하고 기업 규모나 기업 신용도 등 고용 안정성과 지속성을 담보할 수 있는 기준을 마련할 필요성이 제기된다.

Ⅲ. 제언

한국폴리텍대학의 FL 교육 시스템은 지난 10여 년간 운영되면서 국내 최고 수준의 졸업생 취업률로 폴리텍대학의 대표 브랜드로 자리잡았다. 현장 실무 중심의 교과 편성, 산업체와 공동으로 과제를 수행하는 프로젝트실습, 취업연계맞춤형 현장실습, 전인교육을 지향하는 소그룹지도교수제, 기업체와 밀접한 관계를 유지하는 기업전담제 등이 주요 제도들이다. 이러한 주요 제도들을 분석하고 개선·확산하여 청년 취업 향상을 모색할 필요가 있다.

최근 대학들은 학령 인구 급감과 정부의 구조 개혁에 대응하기 위해 특성화를 위한 구조조정을 추진하고 있다. 이러한 특성화는 현장의 수요에 대응하는 현장 중심 실무 인재 양성의 방향으로 나아가야 한다. 이러한 시점에 폴리텍대학의 FL 교육 시스템은 좋은 사례가 될 수 있다. FL 시스템은 학사 운영 시스템이므로 학사 운영과 관련된 NCS, IPP, 일학습병행제 등을 포함하는, 현장중심형 교육 모델의 표본을 제시하는 정책적 연구가 필요하다.

한국폴리텍대학의 취업률이 높은 가장 중요한 이유 중의 하나는 다른 대학에 비해 높은 학생 1인당 교원 수 및 장비비에 있다고 볼 수 있다. FL 시스템의 주요 프로그램들의 성공적 수행에는 이러한 요인이 바탕이 되었다. 따라서 FL 교육 시스템의 확산을 위해서는 정부의 재정 지원 방안이 필요하다. 최근 정부의 고등교육 재정 지원 사업들 중 산업 수요에 맞게 대학 교육 시스템을 개선하려는 사업들이 활발히 진행되고 있으나 대부분 특화된 분야의 개선을 목적으로 하고 있으며 부분적인 교육 시스템의 개선 효과를 보고 있다. 부분적 개선이 아닌, 폴리텍대학의 FL 시스템과 같이 대학의 학사 운영 시스템을 산업 실무 중심으로 근본적으로 변화시킬 수 있는 새로운 재정 지원 사업의 설계가 필요하다.

현장의 수요에 대응하는 현장중심형 실무 인재 양성을 위해서는 기업체의 적극적인 참여가 무엇보다 중요하다. 교육과정 개편, 기업체가 참여하는 프로젝트실습과 같은 과목 운영, 취업 연계 현장 실습 등의 내실 있는 운영을 위해서는 기업체 참여가 필수적이다. FL 교육 시스템에서는 이를 위해 교원 1인당 약 10개의 기업을 전담 관리하는 기업전담제를 시행하고 있다. 기업체의 참여를 유도하는 다양한 방안들을 모색해야 하는데, 정부 지원 사업에 우대 사항을 규정한다든지, 정부 차원의 기업 홍보, 다양한 인센티브 제공 등 참여 유인책을 생각해볼 수 있다. 이러한 우대 제도 외에 참여 기업에 대한 관리 시스템의 도입이 필요하다. 참여 기업의 기준을 명확히 정하고 기업 규모나 기업 신용도 등 고용 안정성과 지속성을 담보할 수 있는 기준을 마련할 필요성이 있다.

청년 취업을 위해 산학이 함께 노력하자

박 문 수 (한국뉴욕주립대학교)*

* mspark@sunykorea.ac.kr

청년 취업을 위해
산학이 함께 노력하자

Ⅰ. 서론[1]

청년 고용은 시대적 과제이자 미래의 성장 동력 약화와 직접적인 연관성이 있다. 청년층의 고용이 약화되면서 일하려는 청년층의 의욕이 상실되고, 이와 함께 실질적으로 일할 사람도 부족해지면서 미래 성장을 위한 인적 자원의 양과 질이 동시에 악화되는 이중의 문제에 봉착하며 이는 해결 불가능의 상황으로 치달을 수 있다는 위기의 시나리오가 만들어질 수 있다.

이러한 미래 인적 자원의 양질의 문제를 동시에 고려하기 위해서는 앞으로의 청년 고용률의 개선과 이에 대처하기 위한 통합적 정책 운영에 대한 심도 깊은 고민과 노력이 필요하다.

청년 고용 개선을 위해 왜 통합적 정책이 고려되어야 할까? 청년 고용 악화는 단순히 노동 경제의 이슈가 아니다. 교육, 노사 문제, 기술주도형 경제와 자동화, 산업 인력의 고숙련화, 높은 복지 비용 등의 복잡다단한 현상이 연계되어 나타나는 복합 문제이다. 최근 10년간 정책 당국에서도 청년 고용률 악화에 따라 청년인턴제, 중소기업청년고용보상제 등 다양한 정책 수단을 활용해왔으나 2000년대 중반 이후에는 청년 고용률은 하락세가 지속되고 있다(나승호 외, 2013). 청년층 고용은 여러 단기, 중기 정책을 써보았지만 복합적으로 얽힌 문제이기에 잘 개선되지 않고, 지속적으로 악화되는 경향이 나타나고

---

1 서론의 문제 제기는 『생산가능인구 감소시대 인력정책 10대 이슈』(2014, 푸른사상사) 중 본 저자의 「청년고용률과 통합적 인력정책의 중요성」을 인용하였음.

있는 것이다. 결국 통합적 정책 고려를 하지 않으면 안 되는 시점이 도래했다고 할 수 있다.

청년층은 학생일 수도 있고, 재직자일 수도 있고, 취업 준비생일 수도 있고, 직업교육을 받고 있는 훈련생일 수도 있거나 아르바이트를 하며 학비를 마련하는 휴학생일 수도 있다. 이러한 다양한 종사상의 지위는 청년층뿐 아니라 모든 계층에 적용될 수 있지만 청년층의 경우 중고등교육의 직접적인 수혜 대상이라는 점에서 교육정책과 직간접적인 연관 관계를 가지게 된다. 또한 학교를 휴학하거나 졸업 이후 취업을 위한 교육을 받는 직업교육의 대상자이기도 하기에 직업훈련 정책 및 고용 지원 정책의 직간접적으로 연관 관계를 가진다.

청년층은 대표적인 산업 인력으로서 산업정책과 직간접적인 연관성을 가질 수밖에 없다. 청년층의 고용과 관련하여 노사 간의 협력은 중요한 이슈이다. 노사 간의 협력을 통해 청년층 고용을 늘리고, 청년층 고용을 유지시켜주는 것 역시 중요한 정책적 요소이다. 노사 관계 정책 및 노동시장 정책 등도 청년층 고용에 중요한 영향을 미치는 정책이다. 그 이외에도 기술 혁신 정책, 지역 개발 정책 등이 모두 청년층 고용에 중요한 영향을 미친다고 할 수 있다.

그러한 청년 고용의 상황은 참담하다. [그림 1]은 청년 고용률이 얼마나 심각한지를 보여주고 있다. 전체 인구 고용률은 동일한 관점에서 전체 인구 대비 취업자의 비율을 나타내며 청년 고용률은 전체 인구 고용률과 다른 경향을 보이고 있는 것이 사실이다. 최근 몇 년간 전체 인구 고용률에 비해 청년층 고용률이 크게 감소하는 추세가 나타난다(나승호 외, 2013).

통계청이 2016년 1월 초 제시한 2015년 연간 고용 동향에 따르면 15~29세 청년층의 지난해 실업률은 9.2%로 2014년(9.0%)보다 0.2%p 상승했다. 청년 구직자 10명 중 1명가량은 일자리를 구하지 못한 채 실업자로 지냈다는 뜻이고 이러한 현상이 지난 몇 년간 고착되어 지속된다는 것을 의미한다(『동아일보』 2016. 1. 14).

이와 같이 우리나라 전체 고용률에 비해 중장년층의 고용률은 개선되고 있고, 청년층 고용률이 악화되는 것 역시 중요하고 심각한 문제이며 글로벌 비교를 통해서도 우리나라의 청년층 고용률은 상대적으로 매우 낮게 분석되는 것도 청년층 고용률의 문제가 상대적으로 심각하다는 것을 반증하고 있다.

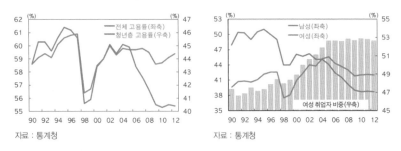

자료 : 통계청   자료 : 통계청

자료 : 나승호 외(2013), "청년층 고용 현황 및 시사점", BOK 경제리뷰

[그림 1]　전체 및 청년층 고용률 추이와 청년층 성별 고용률

그러면 청년 고용과 산학협력은 어떤 상관성을 가지고 있겠는가 근본적으로 대부분의 청년은 대학으로 가는 비율이 높다.

통계청 '2014년 한국의 사회지표'에 따르면 2000년 이후 대학 진학률을 보면 지속적으로 많아지다가 조금 주춤하고 있는 경향을 확인할 수 있지만 여전히 10명 중 7명 학생이 대학이 입학하는 수준으로 높다. 2009년 77.8%(대학 등록자 기준)로 정점을 찍었던 대학 진학률은 2010년 75.4%로 하락했다. 이어 2011년 72.5%, 2012년 71.3%, 2013년 70.7%로 매년 하락세를 이어오다 2014년 70.9%로 반등하였다.

대학으로 가는 비중이 높다는 것은 특성화고등학교 등 직업교육으로의 이행이 적고, 고등교육으로 많은 인재들이 이동한다는 것을 의미하며 이에 따라 결과적으로 많은 청년들이 대학에서 습득한 지식과 경험이 졸업 후 고용에 많은 영향을 미친다는 것을 확인할 수 있다. 대학에서 정규 교과과정에서 산업체의 경험을 하고, 산업 지식을 습득하는 등의 활동을 하는 공식적인 교과과정은 산학협력 교육 활동이 유일하다고 할 수 있다.

물론 아르바이트 등의 과외 활동은 있을 수 있겠으나 학내에서 공식적인 산업체와의 연계 및 경험을 쌓는 활동은 산학협력 활동이며 따라서 이러한 산학협력 활동이 대학을 진학하는 청년들에게 거의 유일한 산업체 학습 경험을 가지는 기회라고 할 수 있다. 그러므로 청년들에게 학업을 병행하면서 진행하는 산업체 경험들은 대단히 소중한 시간이고, 이러한 활동들이 졸업 후 취업에도 상당한 영향을 줄 수 있다고 할 수 있다. 대학 진학률이 높은 우리나라의 현실과, 산업체 이행이 늦어지는 청년들의 고용 상황을 고려할 때 산학협력 활동은 중요한 역할을 할 수 있을 것이다.

본 연구에서는 복합적인 문제의 현상인 청년 고용 악화와 이러한 한계 극복을 위해 최근 많이 논의되는 산학협력을 통한 대안 모색을 주제로 논의해보고자 한다.

Ⅱ. 정책 방안

1. 청년 취업 지원형 산학협력 정책 개편

1) 산학협력 정책에서 청년 및 학생 중심의 정책 범주화 및 체계화

기본적으로 산학협력은 법률적으로 다자간 공식 · 비공식 활동(교육, R&D, 기술 이전, 공동 활용 등)에 초점을 맞추어 개념화하고 있다. '산업교육 진흥 및 산학협력 촉진에 관한 법률'(이하 산촉법)에서는 산학협력을 산업 교육을 진흥하고, 산학연 협력을 촉진하여 교육과 연구의 연계를 기반으로 산업사회의 요구에 따르는 창의적인 산업 인력을 양성하며, 효율적인 연구개발 체제를 구축하고, 나아가 산업 발전에 필요한 새로운 지식 · 기술을 개발 · 보급 · 확산 · 사업화함으로써 지역사회와 국가의 발전에 이바지함을 목적으로 규정하고 있다.

산촉법 상 산학협력의 범위와 영역을 구체적으로 살펴보면, ① 산업체의 수요와 미래의 산업 발전에 따르는 인력의 양성, ② 새로운 지식 · 기술의 창출 및 확산을 위한 연구·개발·사업화, ③ 산업체 등으로의 기술 이전과 산업 자문, ④ 인력, 시설·장비, 연구개발 정보 등 유형·무형의 보유 자원 공동 활용 등이다. 즉, 인력 양성 및 취업 지원은 산학협력의 4가지 중요한 범주 중 하나에 국한되어 있음을 의미한다. 그에 따라 그간 산학협력 정책에서 청년 취업은 산학협력의 성과로서 논의되지 않아왔다. 상대적으로 산학협력은 현장실습, 캡스톤 디자인 등 교육과정으로서 논의되어왔고, 그에 따른 성과가 취업 개선으로 발전하지는 못하였다. 또한 연구개발, 기술 이전 등의 다양한 협력 유형을 포함하였기 때문에 청년 고용 관점의 산학협력은 충분히 논의되거나 발전하지 못하였다.

[표 1] 정책에서의 산학협력 유형화

목적	유형
연구개발	공동 연구(정부 R&D), 위탁 연구, 파견 연구, 초청 연구 등
교육 훈련	공학 교육 인증, 주문식 맞춤형 교육, 재학생 현장실습 및 인턴, 산업체 직원 재교육, 산업체 장학금 지원 등
기술 이전 및 생산 지원	대학과 연구기관의 기술 이전, 생산 현장 애로 기술 해결, 연구 시설 공동 이용, 창업보육센터 운영 등
인적 교류	연구자의 교류 및 이동, 공동 세미나 등

이를 개선하기 위해서는 산학협력 정책에서 청년 취업과의 연관성 및 성과를 정확하게 밝혀내고 지원하는 메커니즘을 확보하는 것이 중요하다. 이를 위해서는 산학협력 정책 전반에 대해 청년 고용 관점에서의 체계적 검토와 논의가 선행되어야 할 것이다.

우선적으로 고려해야 할 사항은 현재의 산학협력 정책은 4개 유형으로 세분화되어 운영되다 보니 청년 중심의 산학협력보다는 산업체 및 교원 중심으로 운영되어온 것이 현실이라는 점이다. 이는 산학협력에서 선발전시켜야 할 대상으로서 교원과 산업체가 최우선의 정책 대상이 되었다고 할 수 있다. 이러한 한계를 보완하기 위해서는 정책 방향과 목표가 교원 및 산업체 중심에서 청년 및 학생 중심으로 발전해 나아가야 할 것이다.

이는 산학협력 2.0으로서의 발전 방향이라고 할 수 있으며 산학협력 대상으로서 청년의 역할과 범위 확대라고 할 수 있다. 산학협력을 주도했던 교원과 산업체 중심에서 실질적인 수혜 대상이며 미래 성장 동력인 청년과 학생 중심으로 산학협력 정책을 고민하고, 검토하는 것은 앞으로 산학협력 정책의 중요한 정책적 변화 방향이라고 판단되며 이를 위해 다음에서 구체적인 정책 방향을 제시하고자 한다.

2) 산학협력 정책 프로그램의 취업 성과 공시 강화

대표적인 산학협력 정책 프로그램 중 하나인 산학협력선도대학사업(LINC)은 2011년부터 4년간 진행되어온 사업으로서 산학협력을 통해 산업체 수요에 부응하는 대학 교육 체제로 전환하고, 일자리 미스매치 해소 및 지역 발전을 견인하며 지역(기업)과 연계한 현장 적합성 높은 대학 교육으로 창의성과 도전정신 있는 인재 양성과 혁신적 기술 개발에 대학의 역량을 집중하는 것을 목적으로 한다. 2014년도 사업비는 총 2,388억 원이고 지원 대학 수는 총 56개교로서 2000년대 이후 가장 큰 규모의 산학협력 사업으로 평가받고 있다.

본 사업의 성과로서 산학협력 체제 개편과 우수 인력의 확보, 학생 교육의 개선 등이 제시되어왔으나 취업률 및 취업 연계 등은 체계적으로 검토되거나 공시되지 않는 한계를 보이고 있다. 이와 같은 대형 국책 사업 및 대학 재정 지원 사업 등의 청년 위주로의 정책 패러다임 개편 및 취업률 공시 확대만으로도 대학 및 산업체에 주는 정책 메시지가 명확한 편이며 이에 따라 취업 지원형 산학협력 정책으로의 변화가 가능하다. 그간 추진되어온 많은 산학협력 관련 재정 지원 사업을 취업 지원 및 청년 지원의 성과 위주로 공시하고, 개편한다면 이에 대한 정책적 성과는 상당하리라 판단된다.

산학협력 정책 프로그램의 취업 성과 공시는 해당 정책 프로그램을 참여한 학생들의 취업률 공시뿐 아니라 해당 정책 프로그램에 참여한 기업체에 직접 취업한 학생의 취업률 공시로도 나타낼 수 있다. 이러한 다채로운 취업 공시를 통해 산학협력 정책 프로그램들이 단순히 대학 기관과 교원에 국한된 사업이 아니라 청년들에게 실질적인 도움이 되는 사업이라는 것을 명확히 제시하고 각인시켜주는 것은 중요한 시도라고 본다.

3) 산학협력 정책 지표(대학 정보 공시)의 산학협력 취업 연계 성과 공시 강화

산학협력을 통한 취업 연계 성과로서 가장 많이 논의될 수 있는 제도적 프로그램은 계약학과이다. 계약학과란 국가·지방자치단체 또는 산업체 등과의 계약에 의해 정원 외로 개설·운영할 수 있는 학위 과정이며. 계약학과의 형태는 두 가지로, 특정 기업체 직원의 재교육이나 직무능력 향상을 위한 '재교육형'과 채용을 조건으로 교육과정을 운영하는 '채용조건형'이 있으며, 학부 또는 대학원 모두에 신설할 수 있다.

특히 채용조건형의 경우 교육 후 산업체로 채용이 확약되는 형태로서 최근 취업 환경 악화로 인해 학생들에게 많은 선호를 받고 있다. 2013년 산학협력 실태 조사 및 대학 정보 공시 자료의 유형별 현황에 따르면 648개 학과 중 채용조건형은 75개에 불과하고, 대부분 재교육형으로 운영되고 있다. 특히 전문 대학의 경우는 총 63개 학과 중 채용조건형은 4개 학과에 불과한 것으로 나타났다.

이와 같이 산학협력을 통한 취업 연계 성과로서 계약학과 등의 지표들이 강조되거나 활용되지 않는 것을 확인할 수 있다. 예를 들면 산학협력 교육 부문에서 많이 강조되고 있는 현장실습 지표의 경우 현장실습 산업체로의 취업 현황 등은 조사되지 않고 있다. 이와 같은 현상들은 산학협력을 지나치게 교육과정 중심으로 인식하고, 고용 중심으로 체계적으로 관리되지 않은 상황에 기인한다고 할 수 있다.

이러한 문제 개선을 위해 대학 정보 공시 및 산학협력 실태 조사에서 산학협력을 통한 취업 연계 성과를 좀 더 많이 개발하고, 이를 활용하여 산학협력과 취업과의 연관성을 높이는 지표상의 노력을 명시화할 필요가 있다. 앞 절에서 논의한 정책 프로그램 단위에서 산학협력과 취업과의 연관성을 높이는 것과 함께 정책 지표에서도 이러한 노력을 함으로써 정책 메시지를 재삼 확인할 수 있는 경로를 제시한다고 할 수 있다.

4) 인문사회·예체능 분야 산학협력 활성화를 통한 취업 역량 강화

산학협력 정책의 대표적인 특징 중 하나가 이공계 중심의 선발전 행태라는 것이다. 산학협력의 시작점은 이공계에서 선행적으로 발전해왔던 것이 사실이다. 따라서 정책적인 방향도 우선적으로 발전 성과를 낼 수 있는 이공계 분야에 집중되고 그에 따른 성과가 홍보되고 지원되었다.

하지만 산학협력 2.0의 새로운 흐름에서는 인문사회·예체능 분야 융합 전공 및 현장형 산학협력의 강화를 통해 이 분야의 청년들의 취업이 강화될 필요가 있다. 최근 일부 대학에서는 인문학에 기반한 상상력에 첨단기술을 겸비한 융합 인재 육성을 위해 다양한 진로를 확장할 수 있는 융합 전공 개설을 장려하고 있다.

일부 대학에서는 공과대학, 예술대학, 경영대학 교수들이 함께 참여하여 문화 콘텐츠 기획에서부터 촬영, 편집, 마케팅 교육을 연계한 미디어 융합 one-stop 교육과정을 운영하고 있고, 일부 대학은 인문학부에서 입학 전공(국어국문학 등) 외에 4개 융합 전공 프로그램(과학기술학, 공공수행인문학, 미디어문화, 외국어커뮤니케이션) 중 1개 전공을 조합하여 이수하는 등의 다양한 융복합 교육이 발전되고 있다.

인문 분야 대학생들에게 현장 중심의 지식과 숙달된 현장 경험을 제공하기 위한 인문사회 계열형 실습 프로그램 및 캡스톤 디자인 교과목을 신설하여 흥미로운 프로그램을 진행한 사례가 많이 있다. 예를 들어 영문학 전공 학생팀은 서울시 정책 브로셔 영문판을 번역하거나 경영학 전공 학생팀은 전통시장 상권 분석 및 컨설팅을 제공하는 등의 사례들이 이에 해당된다.

산학협력의 대상은 학생들뿐 아니라 교원들에게까지도 파급되며 이는 향후 취업 에징자들에게 영향을 미칠 수 있다. 인문학 분야 교수진과 기업 간에 신뢰와 협력 형성을 위한 네트워크를 구축한다면 지속적인 취업 지원이 가능할 수 있다.

인문 분야의 대표적인 산학협력 형태로 인문 분야 교수들의 방문 특강, 인력 교류 등 상시적 연계 채널을 구축하는 경우 관련 기업과의 협력은 강화될 수 있다. '인문 주간' 행사 등을 활용하여 인문 분야 대학, 기업 등이 참여하는 '인문사회 산학협력 모임' 개최 등을 통해 만남의 장이 마련한다면 자연스럽게 교원과 학생에 대한 이해가 높은 인문학 분야 기업들의 취업 연계가 진행될 가능성이 높아진다.

지식 콘텐츠, 사회문제, 인적 자원을 기반으로 하는 인문사회 분야 산학협력 활성화는 인문학적 지식을 활용한 사회문제 해결형 프로젝트 등을 추진할 수 있으며 영화, 방송, 게임 등 문화 콘텐츠를 기반으로 한 산학협력이 활성화되면 학생들의 직업 역량 강화와 취업 연계에도 직접적인 도움을 줄 수 있다.

경영 및 마케팅 분야 산학협력에서도 많은 사례가 있으며 이를 통해 학생들의 현장 경험을 확보하는 것은 중요한 의미를 가질 수 있다. 예를 들어 산학협력 관련 기업의 제품을 대상으로 학생들이 주도적으로 무역 지원을 해주는 형태가 있으며 이를 위해 8개월간 총 700시간의 기본 교육과 무역 심화 교육을 하고, 현장 무역 실습과 기업에 직접 파견되어 인턴십을 실시하는 사례가 있다. 이때 청년들이 해외 박람회에 해당 기업의 제품을 출품하기 위해 해외 바이어 조사에서부터 계약 체결까지 해외 무역 마케팅 분야의 전 과정을 학생들 독자적으로 수행할 수 있도록 지원하고 있다.

이러한 다양한 인문사회 분야 산학협력 경험들은 자칫 산학협력 경험이 부족하게 될 인문 사회 예체능 계열 청년들에게 취업 기회를 높이고, 실무 경험을 쌓을 수 있는 일석이조의 혜택을 제공하게 된다.

2. 글로벌 산학협력을 통한 해외 취업 지원 강화

1) 글로벌 산업체 및 기관의 협력을 통한 해외 취업 지원 확대

산학협력을 단지 국내의 활동으로 단정해서는 안 된다. 현재 글로벌화는 필수이지 선택의 요소가 아니다. 청년들에게도 이는 예외가 아니다. 글로벌 산학협력은 취업 전 글로벌 역량 강화뿐 아니라 글로벌 마인드 제고를 위해서도 의의가 있다고 할 수 있다.

일단 글로벌 산학협력을 하기 위해서는 외국어 능력의 배양이 우선이다. 따라서 글로벌 역량 제고를 위한 해외 취업 특화 교육 및 연수 품질 제고를 하는 것이 필요하다. 이를 위해 해외 유망 직종에 특화된 해외 취업반 과정을 시범 운영하는 것도 가능할 것이다.

또한 권역별로 글로벌 청년 인재 양성을 위한 지역 거점 대학을 육성하여 지방 학생에게도 각종 프로그램 참여 기회를 부여하고, 해외 인턴생에 대한 처우 수준 및 취업 가능성이 높은 기업을 우대하고, 채용약정형 인턴 기업 발굴 강화 등 글로벌 기업 취업연계형 인턴 프로그램을 적극 추진할 수도 있다.

현재 운영되고 있는 K-MOVE 스쿨을 통해 청년이 직접 연수 과정을 설계하는 구직자직접지원형 과정을 확대할 수 있다. 국가 공식 프로그램인 K-MOVE 프로그램의 확대와 위탁 기관 확대를 통해 사업 연속성 보장, 대학 졸업반 대상 정규 교과과정 편성을 유도할 수 있는 등 기존 정책 지원 프로그램의 확대도 중요한 정책 방향이다.

아울러 연구개발 인력의 소양을 가졌다면 글로벌 연구기관 및 다국적 기업의 연구원으로의 취업 지원을 확대할 수 있고, 이에 대한 정보 지원이 가능할 것이다. 현재 해외에서는 우리나라의 우수한 연구 인력에 대한 수요가 있으며 이들이 해외에서 다양한 연구 경험을 가진다면 국내 연구 인력에게도 자극 및 기회를 제공할 수 있을 것이다.

2) 해외 취업 지원을 위한 상담센터 운영 및 통합 지원 강화

해외 취업 및 산학협력 활동을 지원하기 위해서는 기본적으로 초기 상담, 역량 진단, 프로그램 안내, 알선 등의 다양한 해외 취업 지원 서비스를 원스톱으로 제공하는 해외 취업 지원센터가 운영될 필요가 있으며 산재한 유사 기관이 이를 위해 통합 운영되어야 할 것이다.

이공계 분야는 과학기술총연합회 등의 이공계 인력 중개센터의 글로벌 진출 인력 지원 기능을 강화할 필요가 있다. 또한 일반적으로 대학에 설치된 청년고용센터 등을 해외 취업 상담 및 정보 제공 창구로 적극 활용할 수 있다. 부처별로 산재된 해외 진출(취업·인턴·봉사·창업) 관련 정보의 통합 제공 등 해외 통합 정보망을 구축하고, 해외 진출 지원 사업 및 해외 일자리 정보 제공, 해외 정보 네트워크 확대, 해외 진출 경험자의 경력 관리·취업 연계 등이 체계적으로 연계되고 운영되어야 할 것이다.

구체적으로는 화상 면접 활성화, 국가별·직종별 맞춤형 채용 설명회 등 맞춤형 알선을 강화하고, 해외 취업 관련 멘토를 확대 운영하며, 해외 취·창업 관련 우수 사례 공유 및 온·오프라인 만남을 활성화하며 해외 대형 프로젝트(원전 등) 투자·수주시 청년 고용, 취업 비자 발급 지원 등을 적극 추진하는 것도 필요할 것이다.

취업 연계뿐 아니라 정착에 있어서도 지원이 필요하다. 해외 취업 후 조기 정착 및 사후 관리 강화를 진행하는 것도 중요하다. 특히 해외 취업 성공 장려금 지원을 확대하고, 취업 애로 청년층 지원 수준은 상향 조정하는 등의 지원책도 가능하다. 이러한 논의의 연장선상에서 글로벌 산학협력을 수행하고 국내에 복귀한 인력 중 해외·국내 취업 희망자에 대해 집중 알선 등 사후 관리 강화도 병행될 필요가 있다.

3) 국내 유치 글로벌 대학 및 국제기구를 활용한 글로벌 취업 지원

국내에 유치 글로벌 대학(미국 대학 3개, 유럽 대학 2개)의 경우 글로벌 교육 연구 역량을 바탕으로 우수 이공계 국내외 인력을 선발하고 육성하고 있으며 이들 중 한국 국적의 우수 인력을 대상으로 글로벌 취업 지원을 확대하는 것은 적절한 정책 방향이라고 판단된다.

현재 해외에 있는 많은 기관 및 대학, 기업들이 국내에 입주하여 정부의 지원을 직간접적으로 받으며 운영되고 있는데, 이를 국내 학생 및 청년들이 활용하지 않는 것은 안타까운 일이라고 할 수 있다.

예를 들어 인천 송도에 입주해 있는 다양한 UN 기구들 중 UNAPCICT의 Engaging Youth in ICT Community Development 프로그램의 경우 청년들이 개도국 직접 현장에서 직업교육을 실행하는 프로그램으로서 향후 국내 청년들의 참여가 기대된다. 이 프로그램은 대학생 및 청년들이 참여하여 ICT 기반으로 선진국 학생과 연구진, 개도국 학생과 연구진이 만나 공동으로 적정 기술을 확보하려는 현장 학습 프로그램이고, 실질적인 개도국 지원뿐 아니라 학생들의 적정 기술 이해도를 높이고 향후 개도국 등 신흥 지역 시장을 이해하는 데도 중요한 역할을 할 것으로 판단된다.

또 다른 사례로 한국뉴욕주립대학교가 세계은행과 함께 신흥 시장 경제 발전을 위한 정보통신기술(ICT) 분야 창업 교육인 ETHOS 프로그램을 실시했다. 이 프로그램에는 불가리아, 루마니아, 인도네시아, 베트남, 몽골, 알제리 그리고 방글라데시 등 신흥 시장에서 선발된 스타트업 30팀이 참가한다. ETHOS 프로그램은 기존에 진행되는 인재 육성 프로그램과는 달리 사업 구상에서부터 투자유치를 위한 비즈니스 제안에 이르는 실질적인 방법론을 교육하고, 보다 구체적인 글로벌 비즈니스 네트워크 구축을 위한 지원이 집중적으로 이루어진다. 총 2주간의 교육 기간 중 멘토링, 현장학습, 비즈니스 네트워킹 그리고 투자 유치 데모데이 개최 등을 통해 자국의 ICT 기반 스타트업 생태계를 이끌어갈 리더로 성장하게 된다. 이러한 사업은 국내 ICT 창업자 및 멘토들과 신흥 시장 창업자가 만나 글로벌 시장 창업에 대한 지속적인 협력이 이루어지고, 향후 창업의 경계가 확장되는 사업이며 이를 통해 국내 청년 창업자 및 청년 창업 예정자의 신흥 시장 진출에 발판이 될 수 있을 것이다. 이와 같은 다양한 국내 유치 교육기관 및 국제기구를 활용하여 국내 청년 인력의 글로벌 진출을 지원하고, 이들 국제기구 프로그램에 참여함으로써 국내 청년층의 국제협력 역량을 높이고, 개선하는 데 기여할 것으로 판단된다.

3. 산학협력친화형 고등교육과정의 부처 간 협력 강화

고등교육의 산학협력 부문 교육 내용 개편 및 확대에 대한 부처 간 역할 분담 및 협력의 필요성이 제기되고 있다. 이러한 문제 제기는 현재 진행되고 있는 고등교육의 산학협력 교육 내용으로서 산업계 교육 내용 확대(현장실습 강화, 산업계 관점 교육 확대 등)와 기존 교양 및 이론 위주의 수업으로는 학생들의 현장 적응성을 높이기 어렵고, 기업으로의 취업도 용이하지 않을 뿐만 아니라 기업에서의 추가 훈련 시간과 비용이 많이 소요되고 있다는 비판에서 출발한다.

그간 이러한 문제 제기는 다양한 주문식 교육 등의 기업 주도 및 현장밀착형 교육에 대한 부각과 맥을 같이한다. 인력 양성 분야에서 수월성 기반의 교육에 초점을 맞출 것인가 활용성 기반의 교육에 초점을 맞출 것인가에 대해서는 다양한 논의가 있어왔다. 하지만, 산학협력 확대를 통한 활용성에 기반한 교육에 대한 요구는 점차 확대되고 있다.

고용노동부와 교육부 간에도 대학 교육과정 개편에 대한 합의된 부처 간 협력이 필요한 상황이다. 고용노동부는 마이스터고 및 폴리텍대학, 한국기술교육대학교 등 특성화 고등학교와 대학을 직접 관리하는 등 직업교육 주무 부처의 성격도 가지고 있다. 산업계로 유입될 학생 자원에 대한 직업교육과 계약학과, 산업계로 유입된 근로자를 다시 대학에서 재교육시키는 훈련 시스템을 담당하는 고용노동부는 산업계 입장의 직무교육을 대학의 교육과정에 반영할 필요가 있다는 입장이다. 이러한 측면에서 국가직무능력표준(NCS)에서의 산업계 공통 직무를 대학의 교육과정에 일부 반영할 필요가 있다고 강조하고 있다.

교육부는 현장실습 등의 대학 외부 경험을 쌓는 프로그램은 적극 추천하지만 대학 내부 교육의 변화를 초래할 수 있는 대학(4년제의 경우) 내 현장 직무교육은 허용하지 않는 상황이다. 하지만 고용노동부는 현장실습 등의 외부 교육이 기업체의 부담과 학생 관리 한계 등으로 인해 교육과정의 한계가 있고, 현장실습의 표준화된 교육 프로세스가 없어 학생별 교육의 질적 편차 등의 문제가 있다는 입장이다. 교육부는 대학 커리큘럼의 자율성을 주는 것에 관심이 있고, 고용노동부는 좀 더 현장을 기반으로 한 커리큘럼으로 개편되기를 기대하고 있다.

물론 이러한 차원에서 진행되어왔던 정책이 산업계 관점 대학 평가이다. 산업계 관점 평가는 산업계의 전문가들이 대학의 학과 커리큘럼을 평가하고, 권고하는 형태로서 일부 산업업종에 한하여 진행되어왔다. 하지만 공학계열 만 진행했다는 한계와 정책적 파급력이 크지 않은 한계가 동시에 있어왔다. 이와 같이 산업계 관점 대학 평가 또는 NCS 기반 교육과정 개편 등의 중요한 사안 등에서 두 부처의 교육과정에 대한 협력을 통해 좀 더 장기적인 고등교 육의 현장성 강화에 대한 플랜이 제시될 필요가 있다. 이는 학생과 산업체를 총괄적으로 검토하고 진행해야 할 사안이다. 부처 간 협력이 필요한 지점은 교육부는 대학 교육의 고유 기능을 고민해야 하는 목표를 가지고 있고, 고용 노동부는 예비 근로자의 직업교육을 충실히 해야 하는 목표를 가지고 있다는 데서 비롯된 차이를 줄이고 장기적인 발전 계획을 수립하는 데 있다.

대학 교육과정 개편과 관련하여 고급 산업기술 인력에 대한 교육에 대해 서도 산업통상자원부(이하 산업부)와 교육부 간에 간극이 존재한다. 산자부는 신성장 동력으로 분류된 주요 산업군별 전문 대학원 및 특수 대학원을 두어 산업계 전문가를 중심으로 교원을 재편하고, 현장 산업 기술 연구 인력을 양 성함으로써 신성장 산업의 고급 기술 인력 공급에 차질이 없도록 하는 데 정 책 목표를 가지고 있다. 산자부가 지원하는 전문 대학원(풍력특성화대학원, 엔지니어링대학원, 조선학과 등)의 경우 산학협력 교육이 일상화되어 있다. 산업계 경험이 풍부한 교원 및 연구원(혹은 현장 전문가)이 채용되고, 산업계 에서 필요한 교육과정으로 구성되며 대기업 위주의 현장실습도 반드시 병행 된다.

부처 간에 추구하는 조직의 목표와 방향이 상이하기 때문에 동일한 대학의 교육과정에 대한 개편에 대해서는 다른 목소리가 나올 수밖에 없고, 산학협력 정책의 통합성을 제고하는 데 한계 요인으로 작용할 가능성이 높다.

고등교육과정의 개편은 최근 이슈가 되고 있는 역사 교과서의 국정화보다 도 실제 더 중요한 문제이다. 고등교육과정은 훨씬 복잡하고 체계화되기 어려운 분야이기 때문이다. 하지만 고등교육과정에서 현장밀착형 교육과정에 대한 수요는 지역 거점 대학 및 현장밀착형 대학을 중심으로 점점 강화되고 있다. 이에 대해 대학을 주관하는 부처인 교육부와 고용을 주관하는 부처인 고용노동부 등 관련 부처는 실질적인 부처 간 협력을 통해 청년 취업 강화를 위해 손을 잡아야 한다고 판단된다.

4. 산업 · 지역 수요에 기반한 교육—취업 연계 확대

1) 지역 중소 · 중견기업 취업연계형 인력 양성 체계 강화

지역 핵심 인재의 해당 지역 기업 취업 지원을 통한 지역 중소기업 구인난 해소 및 연구 역량을 제고하는 것은 매우 중요하다. 지역 대학의 청년인 대학원생, 포닥 · 펠로, 계약교수 등 청년 연구 인력이 지역 기업에 취업하는 경우 해당 기업의 현안 연구 수행을 지원하는 것도 중요한 정책 지원이 될 수 있다.

예를 들어 이를 확대하기 위해서는 교수, 석사과정 대학원생, 중소기업 근무연구원이 1팀을 구성하여 중소기업의 R&D 프로젝트를 수행하는 경우 학생의 연구개발 경력 확대와 중소기업 지원을 동시 진행하는 등의 다양한 정책 지원 프로그램이 가능할 것이다. 이러한 프로그램은 중소기업 취업 경험과 연구개발 협력 경험을 동시에 가질 수 있는 일석이조의 장점을 가지고 있다.

대학—산업체 계약학과 및 중소기업 연구 학생 등의 제도 확대를 통해 중소기업 기술연계형 인력 양성 강화를 시도할 필요가 있다. 대학—산업체 간 계약학과 설치 · 운영상 규제를 완화하여 산업체 참여를 유도해야 하는데 현재는 채용조건형에 한해 동일 권역(광역시 · 도 또는 100km 이내) 내만 가능한 상황이다. 이러한 제도적인 권역도 풀어주는 것이 필요하다는 판단이다.

특히 핵심 인력이 부족한 중소기업 계약학과를 통한 석사학위를 취득 지원하는 제도도 확대 운영되어야 할 것이다. 이 제도는 학위 취득 후 중소기업에 전문 연구 요원으로 취업하여 병역 해결을 가능하게 하는 등의 장점이 있다.

일학습병행제도 확대를 통해 산업 수요에 부합하는 인재 양성 및 취업 연계가 강화되어야 할 것이다. 고교—전문대 5년 통합 교육 확대를 통해 산업체 수요가 반영된 교육과 채용이 보장된 기업에서 몰입도 높은 현장실습을 강화하고, 마이스터고 및 특성화고의 채용연계형 기업맞춤반을 산업단지 인근 학교 등을 중심으로 확대하는 것도 필요하다.

산업별 인적자원개발협의체(SC) 및 지역 인적자원개발위원회(RC)의 역할 강화를 통해 지역 대학 교육-취업 연계를 지원하여 지역 산업체 교육 수요 및 인력 수급, 우수 일학습병행 기업에 장기현장실습 연계 지원, 기업 체험 및 박람회 등을 진행할 필요가 있다.

대표적인 취업연계형 산학협력 프로그램인 선취업 후진학 프로그램의 확대 적용을 통한 우수 인력 육성과 현장 취업의 동시화를 추진할 필요가 있다. 예를 들어 창원대학교 제어융합학과 사례는 선취업 대상자의 온라인 이론 수업과 현장 수업 병행을 확대하는 것을 주요 내용으로 하고 있다.

정부 인턴 사업을 통한 이공계 졸업자의 실무 능력 제고 및 채용형 인턴제 확산을 유도하는 것도 필요하다. 여성과학기술인인턴십, 중소기업청년취업인턴제, 이공계대인턴십, 공공기관청년인턴제 등 정부 인턴 사업이 대학 졸업자의 현장성 제고를 위해 확대 추진되어야 한다.

2) 지역 학교 · 기업 간 진로 정보 공유 및 대학의 취업 지원 기능 강화

지역의 유망 중소 · 중견기업(지역 강소기업)의 정보를 구축하여 대학에 제공하고, 분산된 일자리 정보망을 통합 운영하며, 지역 강소기업에 대한 주기적인 조사를 통해 기업 정보와 실시간 구인 정보 등 민간 · 대학 · 지자체 등에 강소기업 정보를 제공하여 이를 지속적으로 확대하는 것이 필요하다.

다양하게 분산된 일자리 정보망을 통합하는 것이 필요하다. 이공계인력중개센터(RND JOB), 청년층 '청년포털' 및 '대학별 워크넷' 등을 통합하고 공공 · 민간 취업(채용) 박람회 정보 등을 제공하는 것도 방법이다.

민간 취업 지원 전문 인력 활용 등을 통해 대학청년고용센터 등 취업 지원 기관의 맞춤형 지원을 강화하는 것도 가능하다. 대학 특성, 지역 산업 연계, 맞춤형 취업 특화 프로그램 개발을 강화하고, 취업, 진로 상담을 통해 적성 발견 및 직업 선택 멘토링을 지원하며, 1 : 1 맞춤 상담을 통한 개인별 맞춤 취업을 지원할 필요가 있다.

Ⅲ. 제언[2]

정책적으로만 보면 청년 과도기 노동과 청년 고용 약화를 극복하기 위해서는 이상의 논의와 같이 교육정책, 산업정책, 노동정책을 정책적으로 일관성 있게 검토하고, 체계적이고 통합적으로 산학협력이라는 정책 수단을 활용하여 청년층 고용 기회 확대를 위한 정책 혼합을 하는 것이 중요하다.

청년층 실업 대책은 정부 지원을 통한 채용 장려 등 단기적인 실업률 감축에 집중하기보다는 장기적인 관점에서 산업, 교육정책과의 조율 등을 통해 '괜찮은 일자리'를 지속적으로 만들어 청년층의 노동 공급 유인을 제공하고 고용률을 제고하는 데 역점을 둘 필요가 있다.

간략하게나마 통합적 청년 고용 정책에 대한 산학협력 관점의 정책 대안을 제시해보고자 한다.

첫째, 기업과 학교 간 교육 내용 미스매치 완화를 위한 부처, 지역, 산업, 이해 당사자 기관 간에 지속적인 협력과 대화가 필요하다. 본 연구에서 많이 강조되는 것은 학교교육과 현장간의 차이를 줄이기 위한 사회적 논의의 확대인데 이를 위해서는 공급 차원에서 학교의 커리큘럼을 수정하고, 현장실습 등의 실무형 교육을 확대하는 방법도 있을 것이고, 수요 차원에서 NCS와 같이 표준화된 직무를 만들어서 학교에서 활용하고, 실무형 교육을 활성화하기 위한 제도적인 노력도 가능할 수 있으며 지속적으로 산업 업종 차원에서 학교-현장의 칸막이를 줄이는 협의회를 확대하는 것도 필요하다.

이러한 지속적인 노력이 필요한데 독일의 조합주의형 조정과 미국의 자유

---

2 제언의 주요 내용은 『생산가능인구 감소시대 인력정책 10대 이슈』(2014, 푸른사상사) 중 본 저자의 「청년고용률과 통합적 인력정책의 중요성」을 인용하였음

주의형 조정에 대한 논의가 있지만 공통적인 것은 사회적 문제라고 인정하고 많은 논의와 미스매치의 갭을 줄이기 위한 노력을 한다는 것에 있다.

둘째, 학교교육을 넘어서는 직업교육 훈련의 확대 강화이다. 직업교육 훈련의 확대는 학교와 현장을 잇는 중요한 연결고리라고 할 수 있으며 고등교육에서 배우지 못한 현장 기술을 실무적으로 습득하는 것은 매우 중요하다는 것을 확인할 수 있다. 하지만 우리나라는 직업교육의 기능이 매우 약화되고 있고, 취미 및 범용한 교육들이 난립한 것 역시 사실인데 직업교육 훈련 기관의 활성화 또는 직업교육 기능과 고등교육 기능을 동시에 진행하는 기관(예, 폴리텍대학 등)에서 선도적으로 현장 기술과 학교교육의 미스매치를 줄일 수 있는 프로그램을 개발 확대하는 것도 중요하다고 판단된다.

셋째, 청년층 고용 기회 확대를 위한 교육 및 훈련 기회 확대와 기업의 채용 기준 변화 노력이다. 학교에서 배운 것만으로 현장에서 모든 역량을 발휘할 수 없고, 학교의 전공과 연계된 취업이 높지 않는 것이 현실이기에 고용 기회를 확대하기 위해서는 다양한 교육 및 훈련 기회를 접할 수 있도록 지원하는 것이 매우 중요하다. 대표적인 제도가 현장실습 프로그램 등으로, 이러한 다양한 교육 및 훈련 기회의 접촉은 고용 기회를 확대하는 데 장점이 될 수 있을 것으로 판단되며 교육의 다양성 차원에서 필요하다고 할 수 있다.

기업의 채용 기준을 일명 스펙이라는 동일어로 사용하는 오류를 범하고 있다. 스펙 쌓기 현상은 청년 고용에 있어 상당한 장벽 역할을 하고 있으며 영어 등의 교양 수준이 채용에 있어 일정한 사회적 기준이라는 잘못된 인식을 쌓게 하며 고등교육 부문 사교육을 확장시켜 사회적 비용을 증가하는 문제를 야기하고 있다.

물론 스펙이라는 현상이 청년 고용률을 높이거나 낮춘다고 단정할 수는 없으나 분명한 것은 대기업의 청년 취업이 몰리는 현상을 설명하고, 대기업이 몰리는 학생들을 고르는 복잡한 채용 기준이 스펙으로 귀결된다고 할 수 있다. 이를 개선하기 위해서는 기업의 채용 기준이 실무 인력에 대한 정당한 평가에서 출발하고, 불필요한 스펙 검증이 아닌 올바른 인성에 기반된 실무 역량에서 출발해야 한다. 이를 통해 정상적인 고등교육을 통해 성장한 청년이 취업과 연계되는 선순환의 과정으로 귀결되며 사회적 발전 가능성도 담보한다고 할 수 있다.

미스매치 해소,
청년고용센터부터 혁신해야 한다

박 철 우 (한국산업기술대)*

* cwpark@kpu.ac.kr

미스매치 해소,
청년고용센터부터 혁신해야 한다

Ⅰ. 서론

일자리 문제는 2000년대 초반, 고용 없는 성장(jobless growth)에서 최근 성장 없는 고용(growthless job growth) 시대가 도래하면서 사회적 우려가 심화되고 있다. 다행히, 고용 탄력성(=취업자 증가율/경제성장률)은 2010년 이후 경제성장률을 상회하고 있다. 저성장 기조에도 불구하고 최근 고용 탄력성이 회복세를 보이고 있는 것은 고용률 70% 달성을 위해 일자리 창출을 적극적으로 추진한 결과로 평가된다. 하지만, 일자리 창출의 엔진이라 할 수 있는 경제성장이 부진에서 벗어나지 못함에 따라 2010년 이후 고용 탄력성의 상승세가 얼마나 지속될지는 의문이다.

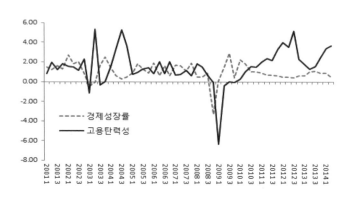

자료 : 한국은행 경제통계시스템(http://ecos.bok.or.kr/), 통계청 국가통계포털 (http://kosis.kr/)

[그림 1] 경제성장률 및 고용 탄력성 추이

지표상 고용 사정은 호전되고 있으나 청년층의 취업난은 지속되고 있다. 2000~2013년간 전체(15~64세) 고용률은 61.5% → 64.4%로 2.9%p 상승한 반면, 청년층(15~29세) 고용률은 43.4% → 39.7%로 3.7%p 감소했다. 2013년 청년층 고용률은 통계가 작성된 이래 사상 최초로 40% 이하로 떨어져 취업난의 심각성을 드러낸 바 있다. 따라서 청년 미취업 문제를 해소하기 위해서는 교육기관 양성 단계에서 체계적인 준비를 통해 입직 단계에서 미취업 문제를 최소화하는 것이 중요하다. 이러한 측면에서 고학력 미취업자를 양산하고 있는 대학의 취업 지원 체계 개편이 필요하다. 이하에는 이를 개선하기 위한 대학 체제 보완 방안을 제시하였다.

II. 정책 방안

1. 청년고용+센터(현, 창조일자리센터)의 대학 역할

1) 사업 유형별 추진 개념

청년고용+센터는 지역에서 대학의 청년 취업을 지원하는 사업으로 '공간적 범위'와 '역할' 측면에서 기존 사업을 포함하여 두 개 세부 내역 사업으로 이원화하는 것이 바람직하다고 판단된다. 두 개 사업은 창조일자리센터로 명명된 '청년고용+센터' 사업과 '청년고용Σ센터' 사업 등으로 이원화할 수 있으며, +센터는 기초자치단체를 공간적 범위로 하고, Σ센터는 +센터와의 상호 연계 및 협력 사업을 추진하는 것으로 역할을 구분할 수 있다.

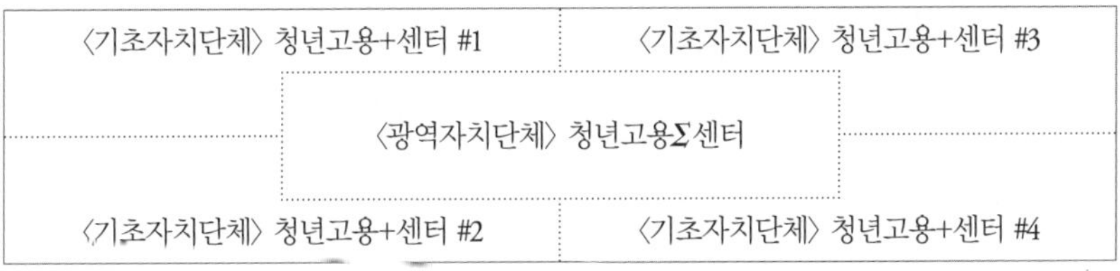

〈기초자치단체〉 청년고용+센터 #1	〈기초자치단체〉 청년고용+센터 #3
〈광역자치단체〉 청년고용Σ센터	
〈기초자치단체〉 청년고용+센터 #2	〈기초자치단체〉 청년고용+센터 #4

[그림 2] 청년고용+센터와 청년고용Σ센터의 공간적 범위

청년고용+센터 사업은 대학 내 '진로 취업 지원 체제 개편', '대학 고유 사업', '지역 연계 활동' 등 3가지 분야로 나눠 기능과 역할을 설계할 수 있다. 취업 관련 대학 체제 혁신을 위하여 취업 진로 교과목의 교양필수 반영, 정규 교과에 직업훈련 · 능력개발교과 설계를 지원하고, 특히, 센터에 취 · 창업 관련 흩어져 있는 행정 기능을 통합적으로 조정할 수 있는 역할을 부여하여 행정 효율성 제고를 지향할 필요가 있다. 대학 고유 사업으로는 기존 진로 설계, 상담, 취업 지원으로 연계되는 단계를 전 주기적으로 연계하고, 취업 역량 강화 및 해외 취업 지원 프로그램을 병행하여도 좋을 것으로 판단된다. 지역 연계 활동으로는 지역 내 교육기관, 지자체와 협력하여 지역 청년 미취업자 해소를 지향할 필요가 있다. 청년고용Σ센터(또는 청년 고용거점센터) 사업은 광역자치단체 또는 지역별 인적자원개발위원회 설치 범위 등 넓은 공간적 범위를 대상으로 거점을 지정할 필요가 있다. 기초자치단체에 대학별로 설치된 청년고용+센터와의 연계, 지역별 인적자원개발위원회의 연계를 바탕으로 지역 단위 인력, 교육 훈련 수요 미스매치 해소를 지향할 필요가 있다.

[표 1] 사업 유형별 역할

센터명		역할
청년고용 +센터	대학 체제 혁신	대학 내 취업 진로 교과목 설계 반영 - 진로 지도 교과목 교양과목 필수화 훈련 · 능력개발 교과 설계 지원(정규교과 설계) - (∨)산업 수요 반영 교과목 개편 - (∨)인문계 전공자 이공계 복수전공 기획 - (∨)인문계 전공자 융합 교육 - (∨)일학습병행제 지원 취 · 창업 관련 대학 행정부서 · 사업단 연계 체제 구축 - (∨)가족회사 기업 정보 연계 - (∨)여대생커리어개발센터사업과의 연계 - (∨)창업지원단, LINC, CK사업 등 창업 활동 연계
	대학 고유 사업	학생 취업 관련 진로 설계 · 상담 · 취업 지원 - 취업지원관 운영 - 취업전담교수제

센터명	역할	
청년고용+센터	대학 고유 사업	– 교직원 진로 지도 · 취업 지원 역량 강화 교육 운영 – 취업 알선 · 사후 관리 학생 종합 경력 관리 시스템 운영 – (가칭)역량강화포인트적립제 추진 취업 역량 · 취업 지원 자율 프로그램 운영 – 강소기업 탐방, 인턴 등 일 · 경험 기회 확대 – 취업 동아리 · 취업 준비반 지원 해외 취업 지원 – 해외 취업 발굴 및 관리 – 해외 취업 상담 및 컨설팅 – 해외 취업 준비반 운영 – 해외 취업 박람회
	공통 활동 · 지역 활동	대학 교육 훈련 기반 능력 개발 지원(비정규 교과 단기 교육 프로그램) – 인력개발센터, 평생교육원 등 교육 프로그램과 연계 – 자격 취득 프로그램 대학 단위 취업 캠프 – 기업군별, 지역 단위별 취업 캠프 운영 워크넷 대학 · 지역 정보 연계 – 지역 기업의 워크넷 자료 기반 취업 지원 – 지역 기업의 워크넷 활용 홍보
		지역 내 청년 취업 알선 · 사후 관리 – 특성화고 · 마이스터고 취업 지원 – 미취업 청년 취업 알선 – 지자체 취업 지원 활동과 상호 연계
청년고용∑센터	고유 사업	지역별 인적자원개발위원회와의 정보 연계 – 교육 훈련 수요, 인력 수요 정보 공유 청년고용+센터 지역 단위 연계 – 지역 교육 훈련 · 인력 수요를 대학 정원 설계 및 교육 훈련 반영 – 대학별 취업 현황 파악, 취업 활동 공유, 미스매치 해소 추진 – 취 · 창업 특화 모델 발굴 및 확산
	지역 활동	지역 내 취업 캠프 통합 홍보 · 공동 개최 – 광역자치단체 공간적 범위 내 취업 지원 활동 기획 – 지역 상공회의소와의 협업 체계 구축 및 취업 연계 활동

(∨) : 타부서 연계

2) 청년고용+센터의 사업 내용

사업은 대학 체제 혁신, 대학 고유 사업, 공통 활동, 지역 활동 등으로 나눠 유형화할 수 있다. 첫째, 진로 취업 관련 대학 체제를 혁신하기 위해서는 사업 계획서 제출시에 교양과목에 진로 취업 교과를 학년별로 한 학기씩 4학기를 배치하도록 의무화하고 평가 지표에 반영할 필요가 있다. '교육훈련·능력개발정규교과 설계'를 위해서는 대학 내 '공학교육혁신센터' 또는 교무처와의 협업 체계가 필요하다. 특히, 본 센터를 기반으로 청년고용Σ센터를 통해 지역별 인적자원개발위원회가 제작한 지역 산업 인력 수요, 교육 훈련 수요 통계 및 설문자료 등 산업 수요 자료를 취득하여 대학 공학교육혁신센터·교무처에 자료를 제공하고 대학 교육과정을 개편할 수 있도록 연계 역할을 부여할 필요가 있다. 일학습병행 프로그램 등은 대학의 교무처, 사업단이 추진하고 있기 때문에 본 센터가 주도적 역할을 하기보다는 산업 수요, 인력 수요를 바탕으로 정책 방향을 정하는 데 기여하는 연계 전략이 중요하다. '취·창업 관련 대학 행정부서·사업단 연계 체제 구축'은 산단, 가족회사종합지원센터, 현장실습센터, 여대생커리어개발센터 등 행정부서와 LINC, CK사업단 등 대학 지원 사업 활동 내역과의 연계가 중요하다. 다만, 각종 부서의 역할 중에서 취업 관련 기능은 본 센터로 통합하고, 창업 기능은 독립적인 창업 지원 부서와 연계하도록 체계화할 필요가 있다. 연계의 핵심은 가족회사종합지원센터를 기반으로 확보된 지역 기업 목록, 창업지원단의 창업 기업 목록과 협력 관계이며, 이들 데이터가 취업과 연계될 수 있는 학내 행정 업무 협조 관계 구축을 지향할 필요가 있다. 또한, 대학 취업 통계 구조화가 요구된다. 지역, 산업, 전공, 직무 등 다양한 형태로 대학의 취업 현황을 파악하여 대학 정원 및 특성화 설계에 반영하고, 지역 단위에서 각 대학과의 통계 정보 공유를 통해서 지역 인적 자원 미스매치 해소 지향할 필요가 있다.

둘째, 대학 고유 사업을 설계할 필요가 있다. 본 세부 추진 내용은 취·창업을 진흥하기 위한 프로그램으로 구성되며, 재정 지원 규모에 의존할 수 있다. '학생 취업 관련 진로 설계·상담·취업 지원' 프로그램 추진을 위한 핵심 내용은 취업지원관 운영, 취업전담교수제, 교직원 진로 지도 · 취업 지원 역량 강화 교육 프로그램, 취업 알선 · 사후 관리 프로그램으로 구성될 수 있다. '학생 종합 경력 관리 시스템 운영' 등은 전산망 구축과 관련이 있으며, 학생들의 취업 진로 관련 노력을 점수화하여 관리할 필요가 있다. 특히, 가족회사 관리, 현장실습 · 인턴십 시스템 매칭 등 산학협력 기반 일 · 경험을 연계할 수 있다면 통합 연계 체계 구축 지원을 위해 비용 산정이 가능하도록 추진할 필요가 있다. '취업 역량 · 취업 지원 자율 프로그램 운영'은 대학과 지역의 취업 환경이 다르기 때문에 이를 특화한 프로그램을 설계하고 운영하는 데 있다. 예를 들어, 강소기업 탐방, 인턴, 취업 동아리 운영, 취업 준비반 등 다양한 프로그램이 반영될 수 있다. '해외 취업 지원'의 경우, 취업 활동을 해외 기업을 대상으로 하는 데 있으며, 외국 기업 또는 해외 지점을 가지고 있는 국내 기업을 대상으로 추진하면 효과가 있을 것으로 기대된다. 대표적인 활동으로는 해외 취업 기업 발굴 및 관리, 해외 취업 상담 및 컨설팅, 해외 취업 준비반 운영, 해외 취업 박람회 등이 제안될 수 있다.

셋째, 지역 공통 활동은 센터를 운영하는 대학 구성원뿐만 아니라 지역 내 청년 등을 대상으로 운영하는 사업을 의미한다. 본 사업은 대학 교육 훈련, 대학 단위 취업 캠프 운영, 워크넷 활용 등으로 구성될 수 있으며, 지역의 고유 특성을 반영하는 방향으로 추진되어야 한다. '대학 교육 훈련 기반 능력 개발 지원' 프로그램은 대학 내 인력개발센터, 평생교육원 교육 프로그램과 취업을 연계하는 프로그램을 의미한다. '대학 단위 취업 캠프'는 기업군별, 지역 단위별 특성을 고려하여 취업 캠프를 운영하는 것으로 대학과 지역 인재(특성화고 · 마이스터고 등)를 포함하는 개념으로 추진할 수 있다. 워크넷 활동은 센터가 워크넷 정보를 활용한다는 측면과 지역의 취업 정보를 입력한다는 쌍방형 체제를 지향할 필요가 있다.

3) 청년고용Σ센터의 사업 내용

청년고용Σ센터(②)의 고유 사업으로는 지역 단위 교육 · 훈련 기관 조직 체계인 청년고용+센터(①)와 지역별 인적자원개발위원회(RSC)를 네트워크화하는 임무가 필요하다. 지역인적자원개발위원회의 설립 목적을 확산하고, 진흥하기 위하여 지역인자위가 조사·분석한 지역 단위 인력 수요, 교육 훈련 수요를 청년고용Σ센터를 통해 지역 내 교육·훈련 기관에 확산할 필요가 있다. 청년고용Σ센터는 공식적으로 지역인적자원개발위원회와의 연락망 구축을 전문적으로 추진하기 위하여 인적자원개발위원회 TF의 기능과 대응할 수 있는 기능으로 구성될 필요가 있다. 청년고용+센터 지역 단위 연계 활동으로는 대학별 취업 현황 파악, 취업 활동 공유 등을 통해 미스매치를 최소화하는 데 주요 목적이 있다. 교육기관의 교육과정과 지역 단위 취업률을 고려하여 산업별 업종과 교육기관의 전공 트랙을 상호 연계할 필요가 있다. 대학 취업 통계를 통하여 산업단지 취업률, 기초자치단체, 시도, 광역, 전국 단위 공간 범위로 연계 취업률을 산출하는 등 지역의 산업 구조와 교육 훈련 양성 기능을 연계하여 대학 학과별 특성화 전략과 양성 규모를 산출할 수 있는 기반을 마련함으로써 지역 취업률을 제고에 기여할 수 있다.

청년고용+센터의 지역 단위 연계 활동으로 지역 교육 훈련·인력 수요를 대학 정원 설계 및 교육 훈련에 반영할 수 있도록 정보 제공 임무가 있을 수 있다. 지역 단위에서 지역인적자원개발위원회가 조사·분석·평가(지역 생활권, 행정권역 등 노동시장이 형성되고 있는 지역 내 정보를 확보)한 지역 노동시장의 인력 수요(산업별 인력 수요 등)를 파악하고, 파악된 지역 수요를 바탕으로 대학 내 공학교육혁신센터·교무처 등과 협력하여 대학의 특성화 방향을 모색하고, 정원 조정, 산업 수요에 바탕을 둔 교육과정 설계가 가능하도록 지원할 필요가 있다. 기타 지역 활동으로는 광역자치단체 등 사업의 공간적 범위 내를 대상으로 취업 캠프 공동 홍보, 공동 개최를 기획할 수 있다. 또한, 지역 상공회의소와의 협업 체계 구축 및 취업 연계 활동, 각종 설문 조사 등을 공동으로 추진하여 기업의 업무 경감을 지향할 필요가 있다.

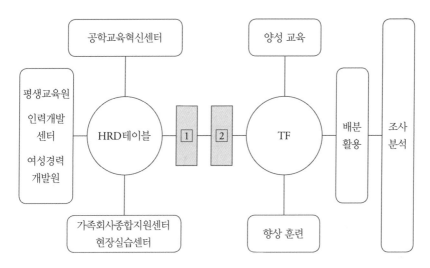

[그림 3] 청년고용+센터와 청년고용Σ센터와의 연계 관계

　지역인적자원개발위원회는 지역에서 산학연관 대표자로 구성하여 HRD 정책을 주도적으로 끌어갈 수 있는 기반을 마련한 조직이다. 지역인자위는 지역인적자원개발협의체의 실무 지원을 위하여 지역 HRD 전문가로 구성된 지역 HRD센터를 상설로 설치하고 있다. 지역인적자원센터에는 HRD 전문가인 상임위원과 조사 · 분석, 양성 교육 혁신, 배분 · 활용, 향상 훈련 등 4개 분야 비상설 TF의 팀장이 중심이 되어 정책 기획 기능을 수행할 필요가 있다. 현재, 지역인적자원개발위원회는 비상임 대표위원과 지역별 HRD 정책센터 상임위원을 당연직으로 포함하고 있다. 인자위의 여러 임무 중에서 지역 내 교육 훈련 기관과의 연계가 중요하다. 연계는 단순히 교육 훈련 재원을 나눠주는 기능보다 통계 및 인력 수요를 바탕으로 지역 HRD 생태계를 효율적으로 만들어가는 역할이 중요하다.

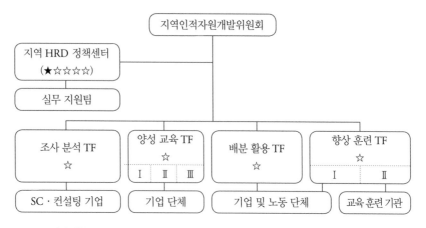

주 : ★-상임위원, ☆-TF 위원장

[그림 4] 지역인적자원개발위원회 제안 모델

4) 기타 제언

현재, 사업 내용으로 포함되어 있는 취업지원관의 자격 요건은 모두 직업과 관련된 전문가로 요구하고 있으나, 절반 정도는 산업체 경력자, 즉 산업 경험을 갖고 기업과의 네트워크를 추진할 수 있는 사람도 필요하다. 그리고 센터의 역할은 대부분 센터를 기반으로 구성되어 있으나, 역할을 직접과 간접으로 나눠 센터와 대학의 역할을 구분하여 제시할 필요가 있다. 본 사업은 대학 조직의 연계가 매우 중요하다. 그런 측면을 고려할 때, 평가 요소에 중복(연계)를 장려하는 방안 모색이 필요하다. 각종 취·창업 관련 사업들을 유기적으로 연계하여 사업의 효율성을 제고하기 위해서는 중복(연계)이 필수적이다. 여기서 굳이 중복이라는 용어를 사용한 것은 정부 재정 지원 사업 때마다 중복 시비로 인해 연계가 좌절된 경우가 많기 때문에 의도적으로 중복을 허용한다는 의미를 전달할 필요가 있기 때문이다. 이러한 의도를 위해, 계획과 보고서 양식에 사업의 연계 대신에 '중복(연계)'으로 병행 표현하도록 하되, 다만 재정적 중복 집행이 되지 않도록 가이드라인을 만들어 제공할 필요가 있다.

2. 학문교육과 직업교육의 병행 구조 마련

1) 과정평가형 자격 제도 도입

학문교육을 중심으로 하는 대학은 전문화된 산업 수요를 100% 충족하기 어려운 것이 현실이다. 이를 보완할 수 있는 것이 특별한 산업 분야의 자격을 취득하는 것이다. 그런 점에서 대학 내에 과정평가형 자격을 신설할 수 있도록 구조화할 필요가 있다. 이를 위해, 자격 검정 및 시행 과정에서 '과정평가형과 검정형', '양성과 향상' 등 신규 유형화가 필요하고, 검정 시행 기관의 다양한 참여를 위해 '민간 검정 시행 기관의 범위'를 보다 구체화할 필요가 있다. 현재 공단 일학습병행사업은 학위연계형, 자격연계형 두 가지로 진행되는데 학위연계형은 과정평가형 자격의 범주로 분류하여 공단이 전담하고, 교육 훈련을 기업(단독기업형)이나 민간(공동훈련형)이 진행하는 자격연계형은 민간 검정 시행 기관이나 ISC에서 전담하는 것도 고려할 필요가 있다. 과정평가형 자격은 신규 도입되는 과정으로 평가 대상을 특성화고·마이스터고, 전문대학 등 NCS 기반 교육과정을 도입하는 교육기관을 대상으로 하여 자격 시장의 범위를 확대할 필요가 있다.

[표 2] 양성과 향상 훈련을 고려한 과정평가형과 검정형 인정 기관(예시)

구분	양성	향상
과정평가형	공단	ISC, KSQA, 민간 검정 시행 기관
검정형	민간 검정 시행 기관	민간 검정 시행 기관

2) 비학점·비교과 현장교육 프로그램 강화

4년제 대학의 학문교육의 경우, 기초 공통 과목만으로도 많은 시간이 필요하기 때문에 다양한 기업의 전문화된 교육을 모두 이수하는 것은 어려울 수 있다. 그래서 대학을 졸업히면, 취업 대상이 되는 산업과 기업이 매우 넓다. 즉, 전문화가 되어 있지 못하다는 증거다. 이를 보완하기 위하여 대학의 전공 교육을 보완할 수 있는 다양한 비학점, 비교과 현장교육이 개설될 필요가 있다. 이러한 교육과정은 학위나 자격과 관계가 없으나 학생들의 직업 비전을 완성하는 데 도움이 될 수 있다. 특히, 기존 정규 교육과정의 이론 교과와 재직자를 위한 비정규 특별 과정을 조합한 현장교육 프로그램(K–innovator)으로 자격 취득이 가능하도록 시장 변화를 선도할 필요가 있다.

주 : * 학문교육 : 학사 이상, ** 직업교육 : 전문대학 과정

[그림 5] 학과 단위별 세부 전공과 산업별 업종 연계 개념도

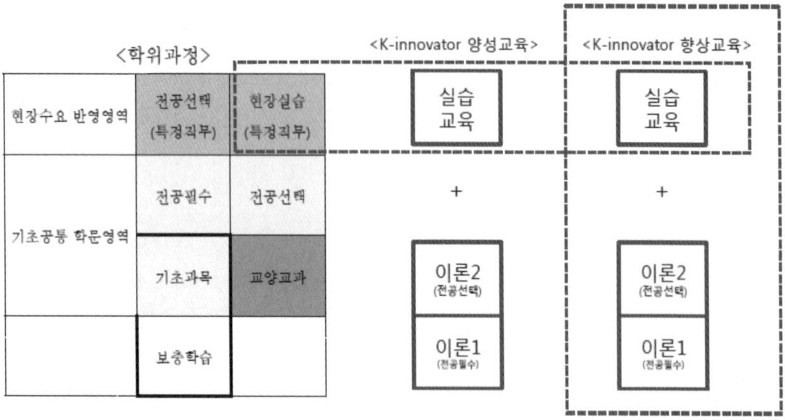

[그림 6] 고등교육 정규 교과를 보완한 자격 취득 교육 프로그램

3. 지역 산업 수요 기반 정원조정 및 취업 연계

1) 대학정원 재구조화

지역에서 산업 수요를 고려하여 정원 조정을 만들어가는 지역 HRD 생태계를 구축할 필요가 있다. 우선, 지역인적자원개발위원회의 지역 인력 수요를 기반으로 정원을 설계할 필요가 있다. 보통 대학은 교육부, 고교 단계는 교육청 주관으로 설계되고 있다. 그러나 실질적인 기획은 지역의 교육기관이 주도하고 있다. 따라서 지역 인재의 진학률, 지역 유출 통계, 각 교육기관의 지역단위 취업 특성 등 부가적인 통계와 정보를 바탕으로 미스매치 요인을 제거할 수 있도록 생태계 환경을 지속적으로 구축할 필요가 있다.

[표 3] 산업통계 기반 전공별, 수준별 인력 수요 예측[1]

석사					정책지원단위 (국가산단)	광 역 시 · 도	
학사	전공 #1		교체 인력				
전문학사		업종#1		산업 통계	×		전국권
고교							
석사			신규 인력		기초자치단체	광역경제권	
학사	전공 #2						
전문학사							
고교							

2) 지역 산업구조 맞춤형 전공 트랙 신설

고교 · 대학의 학과 구조와 지역 단위 취업률을 고려하여 산업별 업종과 교

---

1 산업구조가 안정된 주력 산업의 경우, 산출이 용이하나 신성장 동력이나 신산업의 경우에는 사업체가 생겨나는 과정에 있으므로 사업회 일정과 규모, 인력 수준 필요 시기 등 산출 방법을 다르게 고려할 필요가 있음.

육기관의 전공 트랙을 상호 연계할 필요가 있다. 일반 대학 기준으로 대학 학과의 경우, 대부분 세부 전공 트랙이 2~3개로 구성되어 있음을 고려하고, 졸업 후, 취업을 선택하는 경우, 전공을 찾아 취업하는 경우를 고려하여 '졸업생 취업자 전공 취업 비율'을 도입할 필요가 있다. 그리고 대학취업지원센터 취업 통계를 통해 산업단지 취업률, 기초자치단체, 시도, 광역, 전국 단위 공간 범위로 연계 취업률을 산출한다. 이후, 지역의 산업구조와 연계하여 대학 학과별 특성화 전략과 양성 규모를 산출할 수 있는 기반을 마련할 필요가 있다.

[표 4] 대학 학과 졸업자의 업종별 지역 단위 취업 연계 관계

학과	졸업생 취업자 전공 취업 비율	업종 #1 연계 취업률					합계
		정책 단위	기초	시도	광역	전국	
전공 #1	50%	10	15	15	5	5	50
전공 #2	50%	15	10	10	10	5	50

Ⅲ. 제언

대학에서 배출되는 인력이 미취업자로 남지 않고, 취업을 통해 사회적으로 기여하기 위해서는 진로 탐색도 중요하지만 동시에 전공 교육이 중요하다. 대학이 산업현장의 수요를 선도하기 위해서는 산학 연계를 통하여 필요한 전문 지식과 기술을 갖춘 인력을 양성하여야 한다. 그러나 대부분의 대학에서는 산업 수요보다 이론 위주의 공급자 중심형 교육에 치중함으로써, 산업계의 불만과 추가 인력 개발 투자를 유발시켜왔다. 특히 고학력 실업으로 인한 인적 자원의 사장을 막고 기업의 우수 인력 확보를 촉진하기 위해서는 전공별 인력 양성 규모에서 구체적인 교육과정 개발에 이르기까지 대학 교육에 산업현장의 인력 수요가 반영되어야만 한다. 현재, 인문계열은 물론이고 산업현장과 직결되는 이공계열의 경우에도 대학의 교육과정이 노동시장과 괴리되어 있어 기업이 요구하는 다양한 지식과 기술을 갖춘 인력이 배출되지 못하고 있다고

지적받고 있다. 이러한 가운데 기업들은 대학의 역량을 불신하고 독자적 기술 개발에 주력하여, 막대한 투자에도 불구하고 기술 혁신 성과는 미흡할 수밖에 없는 실정이다. 많은 사람들은 대학과 기업 간의 이러한 괴리를 '죽음의 계곡'(death valley)이라고 부르고 있다. 다른 한편으로 정부 부처들의 사업 간 통합 및 조정이 이루어지지 못해 중복 투자가 발생하는 등 산학협력의 시너지 효과가 발휘되지 못하고 연구개발과 인재 양성 등 모든 측면에서 재정 투자의 효율성이 미흡한 면이 있었다. 이러한 상황 속에서 인력 수급의 불균형이 심화되어 청년 실업은 날로 악화되는 반면, 기업은 인력 부족을 호소하는 취업 난 속의 구인난이 발생하게 되었다. 더구나 기업이 재교육 비용이 많이 소요되는 신규 인력보다 경력직 채용을 선호함으로써 청년 실업이 날로 확대되는 추세를 보여주고 있다. 뿐만 아니라 기술 지원의 측면에서도 기업에 대한 상용화 기술 이전이나 특허 기술의 사업화가 활발하지 못해 기업의 경쟁력 제고에 기여하지 못하고 있으며, 특히 국내 창업보다 해외 투자를 선호하면서 국내에서의 혁신적 기업의 신규 창업이 부진을 면치 못하는 상황이다.

이상과 같은 문제점들을 효과적으로 극복하기 위해서는 대학과 기업이 항상적·항구적 혁신 창출을 위해 서로 자극함으로써 상생형·상승형 협력 관계를 구축해나가지 않으면 안 된다. 그리고 수요자 중심의 맞춤형 교육을 확대해 심각한 청년 실업 문제를 해소함과 동시에 중소기업에 대한 기술 인력 지원을 확대하며, 연구개발의 사업화 및 상업화를 촉진하고, 기술 지도 및 기술 이전의 활성화를 통해 지식과 기술을 확산하며, 효과적인 창업 위주의 기술 혁신 정책으로 새로운 첨단의 혁신적 기업 창업 붐을 일으켜 적극적으로 고용을 확대하는 산학협력 노력이 적극적으로 추진될 필요가 있다.

제6부

청년 고용 확대를 위한
틈새시장 찾기

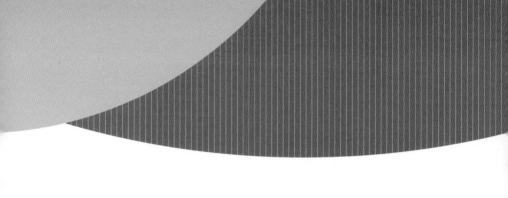

열린고용 확산
: 청년 취업 해결의 실마리*

박 윤 희 (한국기술교육대학교)**

* 이 원고는 2012년 고용노동부 용역 연구에 의해 수행된 박윤희 외(2012), 「열린고용 확산에 따른 기업의 채용 및 인사관리 행태 변화 연구」와 박윤희 외(2013), 「고졸자 채용에 대한 특성화고 교사·학생·학부모의 인식 비교 연구」의 내용을 정리하여 제시한 것임. 또한 2013년 고용노동부 용역 연구에 의해 수행된 박윤희 외(2013), 「병역애로 해소를 위한 기업의 숙련유지 지원 방안 연구」와 박윤희·오계택(2014)의 「병역애로 해소를 위한 기업의 숙련유지 지원 방안 연구」의 내용이 포함되었음.

** park878@koreatech.ac.kr

열린고용 확산
: 청년 취업 해결의 실마리

I. 서론

청년 취업 활성화는 중요한 국정 과제 가운데 하나이다. 고졸 채용 지원 정책의 일환으로 시행된 일명 '열린고용' 정책은 고등학교 졸업자의 고졸 취업을 지원하는 정책이다. 기업의 고졸자에 대한 '열린' 채용은 청년 취업을 활성화하는데 도움이 되는 동시에 고졸자의 노동시장 조기 진입을 촉진시킬 수 있다.

그러나 얼마 전까지 우리나라 학생들의 대학 진학률은 2008년 83.8%로, 같은 해 미국 68.6%, 중국 68.4%, 일본 52.8%, 독일 42.7%와 비교하였을 때 상당히 높은 수준이다(관계부처 합동, 2011). 특히 특성화고등학교의 대학 진학률은 2009년 73.5%, 2010년 71.1%의 수치를 보임으로써(교육과학기술부, 2012), 취업을 지향하는 특성화고등학교의 정체성은 유명무실화되었다. 이는 우리 사회에 뿌리 깊게 박혀 있는 과도한 학력주의로 인하여 국민 대다수가 사회적 성공이 학력(學歷)에 의해 결정된다고 인식할 뿐만 아니라, 실제로 학력이 취업과 임금이나 승진 등에 큰 영향을 미쳐왔기 때문이다. 이에 따라 우리나라 청소년의 대부분이 자신의 적성이나 진로와는 관계없이 높은 수준의 학력을 추구하고 있어 사회적 낭비가 심각한 실정이다.

또한 학력주의는 고용상의 학력 차별 문제와 인력 수급의 불일치 문제와 같은 노동시장에서의 여러 문제를 야기하였다. 2012년 현재 청년 실업률은 7.5%에 달하고, 고학력 청년층은 구직난을 겪고 있는 동시에 중소기업 현장에서는 인력난을 겪고 있어 노동시장의 구조적 인력 수급 불일치 문제가 심화되고 있다. 고용노동부가 발표한 2011~2020 중장기 인력 수급 전망에 따르면,

향후 10년간 고졸자는 초과 수요가 32만 명이 발생하여 부족할 것으로 예상되는 반면, 전문대졸 이상자는 50만 명(전문대졸 22만 명, 대졸 26.5만 명, 대학원졸 1.5만 명)이 초과 공급될 전망이다.

이러한 인력 수급의 미스매치 문제를 해소하고 고교 직업교육을 취업 중심으로 전환하며, 학력과 학벌에 기반을 둔 고용시장을 정상화하기 위하여 지난 정부에서는 신(新)고졸시대 정책을 범정부 차원에서 단계적으로 추진하여왔다. MB 정부는 출범 이후 특성화고(구 전문계고)에서의 취업 역량을 강화하고 노동시장에서 필요로 하는 인력 공급 기능을 강화하기 위하여 일련의 정책을 추진하였다. '한국형 마이스터고 육성(2008. 7)', '고등학교 직업교육 선진화(2010. 5)', '교육 희망사다리 구축 프로젝트(2010. 9)', '학업ㆍ취업 병행 교육 체제 구축(2011.1)', '공생 발전을 위한 열린고용사회(2011.9)' 등의 정책들이 이에 해당된다.

이와 같은 정책 방안을 통해 MB 정부는 특성화고 졸업 이후 대학 진학을 지양하고, 고교 졸업생들의 우선 취업을 촉진하는 동시에 이들의 계속교육 요구에 부응하기 위하여 이른바 '선취업 후진학' 체제를 강화하였다. 이를 위해 특성화고 및 마이스터고에서의 취업 역량 강화를 위한 다각적인 조치가 추진되었다(장명희 외, 2012). 또한 우리 사회에 만연한 학력주의 폐해를 완화하고 능력 중심의 사회를 구현하기 위하여 정부는 지난 2011년 9월 2일에 '공생 발전을 위한 열린고용사회 구현 방안'의 열린고용 대책을 발표하였다. 열린고용 정책은 대기업 및 공공 기관 등을 중심으로 고졸 채용 확대 및 인사관리상 학력 차별을 해소하려는 데 주안점이 있다.

고졸 취업이 다시 활성화되고 있는 상황에서 특성화고 졸업생들의 '선취업'을 지속적으로 추진하기 위해서는 기업 및 공공 기관에서 고졸자 채용 관행의 정립이 무엇보다 중요하다고 볼 수 있다. 또한 고졸 남학생의 병역은 기업에서 장기적 인력 운용과 업무 중단의 어려움으로 인해 고졸 인력의 채용을 기피하는 주된 원인으로 지적되고 있다. 열린고용의 확산을 위해서는 기업에서 고졸 근로자의 군 복무로 인한 숙련 단절의 어려움을 극복할 수 있도록 병역 애로 해소를 위한 기업의 숙련 유지 지원 방안을 모색하는 것도 필요하다. 이에 따라 본고에서는 청년 취업의 활성화를 위해 열린고용의 지속적인 발전 과제를 검토해보고자 한다.

Ⅱ. 열린고용 정책

1. 열린고용 정책의 도입 배경

열린고용 정책은 우리 사회에 만연한 과도한 학력주의로 인한 문제를 완화하고 능력 중심의 사회를 구현하기 위해 도입되었다. 오래전부터 우리 사회는 과도한 학력주의로 인해, 국민 대다수가 사회적 성공이 학력에 의해 결정된다고 인식할 뿐만 아니라, 실제 취업과 임금, 승진 등의 경력 경로에 학력이 큰 영향을 미쳐왔다. 이에 따라 우리나라 청소년의 대부분이 자신의 적성이나 진로와는 관계없이 높은 수준의 학력을 추구하고 있는 등 사회적 낭비가 심각한 실정이다.

과도한 학력주의는 가계경제에도 부담으로 작용하였다. 그동안 우리 사회의 뿌리 깊은 문제로 지적되었던 과도한 사교육비 지출은 학력주의에 따라 가계 부담이 심화된 형태의 일환으로 볼 수 있다. 특히나 우리나라 대학 등록금은 높은 수준이고 진학을 위한 사교육비 지출은 많은 반면, 취업은 쉽지 않기 때문에 대부분의 가계가 이중고를 겪고 있다(관계부처 합동, 2011).[1]

학력 수준이 가계소득과 비례하면서, 학력 차이가 계층 결정과 빈곤 대물림의 기재로 작용한다는 비판도 제기되고 있다. 즉 저소득층 자녀의 경우, 개인의 능력 유무와 상관없이 학력이 부족할 가능성이 있어 사회 진출 과정에서부터 차별을 받는 악순환의 문제가 발생할 수 있다는 것이다.

과도한 학력주의는 학력 인플레로 인한 사회적 낭비 문제 또한 야기하였

---

1 대학 총 등록금은 14~15조 원(2009), 사교육비는 20조 8천억 원(2010) 수준이다.

다. 사회 내 팽배한 학력주의로 인해 우리나라 대학 진학률은 학생 개인의 진로와 적성은 고려되지 않은 채, 급속히 증가하였다. 우리나라 대학 진학률은 2008년 83.8%로, 같은 해 미국 68.6%, 중국 68.4%, 일본 52.8%, 독일 42.7%에 비교하였을 때 높은 수준이다(관계부처 합동, 2011).

과도한 학력주의는 고용상의 학력 차별 문제와 인력 수급에 불일치 문제와 같은 노동시장에서의 여러 문제를 야기하였다. 2010년 청년 실업자 수는 34만 명이며 기업 부족 인원은 2010년 하반기 27만 명으로, 고학력 청년층은 구직난을, 중소기업 산업현장에서는 인력난을 겪는 등 노동시장의 구조적 인력 수급 불일치 문제가 심화되고 있다. 그 결과 향후 10년간 고졸은 초과 수요가 32만 명이 발생하여 부족하나, 전문대졸 이상은 50만 명(전문대졸 22만 명, 대졸 26.5만 명, 대학원졸 1.5만 명)이 초과 공급될 전망이다(고용노동부, 2011~2020 중장기 인력 수급 전망).

이와 같이 변화하는 사회의 수요에 맞춰 고졸 취업을 확대하고 직업교육을 강화할 필요가 있으나, 지금의 상황은 산업의 수요를 교육에 반영할 수 있는 현장실습과 같은 체계적인 시스템이 부실하여 직업교육의 질이 저하될 우려가 있다. 또한 사회 전반의 고학력화로 인한 노동시장 진입 연령이 높아져, 생산 활동 인구 감소 추세가 더욱 심화될 문제가 있다.

이에 따라 정부는 열린고용 정책을 도입하여, 우리 사회의 과도한 학력주의로 인한 제반 문제를 해결하고자 하였다. 이 정책은 아래의 [표 1]과 같이 고교 직업교육 강화, 고졸 일자리 확대, 열린고용의 3단계를 거쳐왔다.

[표 1] 열린고용 정책의 3단계

1단계(2008.7~) : 고교 직업교육 강화
· 마이스터고 육성 방안(2008. 7)
· 고교 직업교육 선진화 방안(2010. 5)
· 서민 희망 3대 핵심 과제(2010. 9)

↓

2단계(2011. 1~) : 후진학 확대
· 학업 · 취업 병행 교육 체제 구축(2011. 1) · 재직자 특별전형 확대 · 활성화(2011. 6)

↓

3단계(2011. 9~) : 열린고용 시작
· 공생 발전을 위한 열린고용사회 구현(2011. 9) · 특성화고 현장실습제도 개선 방안(2012. 4)

2. 열린고용 정책의 추진

열린고용 정책은 2011년 9월 2일 관계부처 합동으로 발표된 '공생 발전을 위한 열린고용사회 구현 방안', 2012년 4월 17일 관계부처 합동으로 발표된 '특성화고 현장실습제도 개선 대책', 2012년 7월 13일 국가경쟁력강화위원회와 관련 부처 합동으로 발표된 '선취업 후진학 및 열린고용 강화 방안 보고', 2012년 10월 관계부처 합동으로 발표된 '열린고용 추진 상황―그간의 성과와 향후 과제'에 따라 추진되었다.

첫째, 2011년 9월 2일 관계부처 합동으로 발표된 '공생 발전을 위한 열린고용사회 구현 방안'은 크게 직업인으로서 다양한 꿈 키우기 지원, 능력에 기초한 열린 채용, 발전의 기회가 개방된 인사관리, 능력 중심 사회를 위한 여건 조성의 4가지 과제를 달성하고자 하였다. 그 세부적인 내용은 다음과 같다.

1) 직업인으로서 다양한 꿈 키우기 지원

· 진로 · 직업교육 체계화
  - 학교별 · 계열별 진로 교육 목표 명확화 및 교육 내용 정비
  - '진로와 직업' 교과 선택을 확대하고 모든 학생이 일정 시간 진로 활동을 하도록 진로 · 직업 활동 필수화
  - 체계적 진로 지도를 위한 프로그램과 인프라 확충
· 사회 각계의 교육 기부를 직업 체험으로 연계

- 체험 활동·방학 기간 동안 기업·공공 기관 등과 연계하여 직업 체험 프로그램을 마련하는 등의 물적 기부
- 지역 인사, 학부모, CEO 등을 학교의 진로 멘토로 활용
· 현장교육을 통한 취업 역량 강화
  - 지자체·공공 기관·기업 등의 인력 양성 시설을 활용, 학생의 실무 능력 배양 및 인턴십 강화
  - 특성화고 및 마이스터고 학생의 현장실습에 기업의 적극적 참여 지원
  - 중소기업에 취업한 고졸자를 대상으로 기업 적응 훈련 과정을 신설

2) 능력에 기초한 열린 채용

· 고졸 취업 기회 확대
  - 공공 부문의 고졸 적합 일자리 발굴
  - 마이스터고를 100% 취업 학교로 육성
  - 청년 인턴제로 중소기업 취업 촉진
  - 병역 관련 애로 해소
  - 학교의 취업 지원 기능 강화
· 스펙·시험에서 경력·인턴의 직무능력 중심 채용 관행 확산
  - 공무원의 경우 기능기술직 채용시 인턴 근무를 통한 선발 방식을 도입·확대하고, 향후 일반직까지 적용
  - 공공 기관의 경우에는 고졸 인턴 경험자의 정규직 채용 경로를 새롭게 마련·확대하고, 경력자의 경우에는 업무 관련 분야 중 근무 경력 우대 방안을 추진
  - 민간 기업의 경우에는 자발적 능력 중심 채용 관행을 확산

3) 발전의 기회가 개방된 인사관리

· 연공·학력 위주에서 성과·능력 위주로의 임금·승진 제도 개선
  - 임금 체계에서 직무·성과급 확산

- 능력 중심의 열린 승진제 정착
· 지속 발전을 위한 일학습병행 여건 조성
  - 사내 대학을 활용하여 대기업-중소기업 동반 인재 양성 시스템 구축
  - 중소기업 고졸 취업자에게 계약학과 훈련비 지원
  - 산업단지 내 산업구조에 적합한 후진학 지원 시범 대학 5개교 선정
    및 확대
  - 기술 분야 사이버대학을 신설, 전문 기술·기능인에 대한 체계적 교
    육 기회 확대
  - 재직자 특별전형 채택 대학을 지속 확충하고, 사이버 학습 과정 등 재
    직자 맞춤 수업 모델 개발

4) 능력 중심 사회를 위한 여건 조성
· 전문 기술·기능인에 대한 제대로 된 대우
  - 낮은 학력을 딛고 성공한 최고 숙련 기술인을 발굴하여 '국민스타'화
    추진
  - 산업현장 전문가로 대한민국 산업현장 교수단 구성
  - 기업체에서 채용·임금·승진·정년 등 인력 관리에서 숙련 기술·
    기능인을 우대하는 정도를 평가, 인센티브 부여
· 현장 전문가 중심으로 정부 위원회 개편
  - 교수 등 이론 중심 전문가 위주인 정부 위원회의 위원에 현장 전문가
    참여 확대
· 경력이 학위로 이어지는 체계 구축
  - 재직 경력이나 재직 중 학습 경험을 학점으로 인정하여 학위 취득 기
    회 확대
  - 국민의 평생학습 결과를 온라인에 누적하여 관리하는 평생학습계좌
    제 활성화

둘째, 2012년 4월 17일 관계부처 합동으로 발표된 '특성화고 현장실습제도 개선 대책'은 현장실습 내실화 역량 강화, 현장실습생 근로조건 보호 강화, 현장실습을 중소기업 우수 인재 양성 통로로 개선하는 3가지 과제의 달성을 목표로 하였다.

1) 현장실습 내실화 역량 강화

· 기업 현장실습 프로그램 및 인프라 구축 지원
  - 특성화고 학생 현장실습 매뉴얼 배포(고용부)
  - 현장실습 인프라 및 비용지원(고용부, 중기청)
  - 다양한 현장학습 활동에 따른 학생 사고 보상 강화(교과부)
  - 사전 적응 훈련 지원(고용부)
· 학생의 적성에 맞는 기업 선택 및 적정 대우 보장 지원
  - 학생 진로 지도 지원(고용부, 교과부, 중기청)
  - 현장실습 핸드북 배포(고용부)
  - 표준 협약서 개정 · 고시(고용부)
· 학교 산학 연계 현장실습 및 취업 지원 역량 강화 지원
  - 교원의 현장실습제도 운영 역량 강화(교과부, 고용부)
  - 산업체 전문가 활용, 학교의 취업 지원 역량 강화(교과부, 고용부)
· 정부의 모니터링 및 감독 강화
  - 학교는 표준 협약서 준수 여부를 지속적으로 모니터링 · 평가하고 시 · 도 교육청은 학교별 현장실습 계획과 모니터링 · 평가 결과를 통합 · 관리
  - 시 · 도교육청은 학교별 현장실습 계획과 현장실습 모니터링 · 평가 결과를 취합하여 지방 고용청에 송부
  - 고용부는 시 · 도교육청이 송부한 현장실습 평가 · 모니터링 결과를 분석, 사업장 근로 감독 계획에 반영하여 정기적 실태 조사
  - 기업의 현장실습 가이드라인 준수 등 현장실습 우수 사례를 발굴하여

포상하는 등 인센티브 부여

2) 현장 실습생의 근로조건 보호 강화

· 현장실습생의 법적 지위 명확화
  - 명목상 현장실습생으로 일부 OJT 교육 등을 실시하고 있으나, 채용을 약정하고 교대제 근무조 편성 등 사업장 근로자와 동일하게 근로시키는 경우 근로계약(사용계약 등)을 체결
· 근로계약 체결 지도
  - 사실상 취업과 연계되어 현장실습이 이루어지는 경우에는 기업과 학생이 실습 협약과 동시에 근로계약을 체결하도록 지도

3) 현장실습을 강소기업 우수 인재 양성 경로로 개선

· 강소기업-학교-학생 간 교류 확대
  - 고졸 취업자를 기업의 미래 경쟁력을 좌우하는 인재로 육성하는 캠페인 전개
  - 강소기업 DB 구축 및 연계 활용 지원
  - 취업하고 싶은 500대 강소기업을 선정하여 취업 지원
· 다양한 우수 현장실습 모델 제공을 통한 현장맞춤 인재 양성
  - 강소기업-학교-정부 연계 현장실습 우수 모델 개발 · 보급
  - 기업-학생(학교) 연계 맞춤형 실습 지원
· 기업에 대한 인센티브 지원
  - 청년인턴제를 활용한 인건비 지원
  - 사업주 훈련을 통한 훈련비 지원
  - 채용 예정 교육 훈련 및 현장실습시 소요 비용 세액 공제

셋째, '선취업 후진학 및 열린고용 강화 방안 보고'는 2012년 7월 13일 국가경쟁력강화위원회와 관련 부처 합동으로 발표되었다. 발표된 방안은 현장

중심 직업교육 공고화, 고졸 취업 분위기 확산, 후진학 생태계 활성화 및 열린 고용 인사관리 확산을 기본으로 한다.

1) 현장 중심 직업교육 공고화

· 중학교부터 진로 교육 활성화

  – 2013년까지 학생 100명 이상 모든 중 · 고교에 진로 교사 배치

  – 현장성 있는 다양한 학교 진로 교육 콘텐츠 개발 보급

  – 학교 진로 검사 지원 및 온라인 상담 서비스 확대

  – 교육 기부 참여 확대로 다양한 직업 체험 확대

  – 학부모 진로 아카데미 등 연수를 통해 학부모의 진로 및 직업에 대한 인식 개선 추진

· 마이스터고 지속 육성

  – 마이스터고 정착을 위한 행 · 재정 지원 체제 구축

  – 정부 부처 주도의 Top-down식 마이스터고 지정 도입

· 범정부적 특성화고 지원 체제 공고화

  – 인력 수요 정부 부처의 직접 지원 확대

  – 국가직무능력표준(NCS)에 기반한 특성화고 모델 개발

  – 교원 현장 중심 직업교육 역량 강화

  – 산업체 실무 인재 육성을 위한 교육과정 운영 자율화

  – 현장 중심 실습을 위한 여건 조성 및 산학협력 체제 구축

  – 산업체 주도 직업 기초 능력 평가 조기 정착

  – 분야별 전문가, 기술사 등을 활용한 멘토링 추진

2) 고졸 취업 분위기 확산

· 범정부적 취업 지원 강화

  – 고졸자 채용 문화 정착

  – 고졸 유망 일자리 발굴 강화

- 산업별 여건에 따라 특화된 취업 지원 강화
- 직무 역량 평가 모델 보급
· 중소기업 취업 지원 및 일자리 매칭 강화
  - 관계부처가 합동으로 청년과 함께 성장하는 강소기업을 선정하고 매칭 강화
  - 중소기업의 고졸 우수 인력 확보를 위한 지원 강화
  - 권역별, 직종별 고졸 채용 · 진로 박람회 개최
  - 일자리–고졸자 매칭 시스템 적극 가동
· 병역에 의한 취업 애로 해소
  - 마이스터고 · 특성화고 등을 졸업한 자가 군 전역 후 복직하는 경우 해당 중소기업에 세액 공제 등 인센티브 부여
  - 고졸 전역자, 특성화고생에 대한 맞춤 훈련 실시
  - 기술 습득–군 복무–취업이 연계되도록 군 특성화고 제도 개선

3) 후진학 생태계 활성화
· 근로자의 후진학 장애 해소
  - 재직자의 학습 부담 완화
  - 근로자의 학비 부담 경감
· 후진학 경로 다양화
  - 재직자 특별전형 확대
  - 산업단지 근로자의 후진학을 위해 산업단지 캠퍼스 및 LINC의 후진학 선도대학을 확대하고, 재직자 맞춤형 교육 강화
  - 정규 대학의 후진학 참여 확대
  - 세계 수준의 전문대학 집중 육성
  - 전문대학 입학 정원의 일정 비율을 25세 이상 만학도 전형, 재직자 특별전형으로 정원 외 선발하도록 유도
  - 기술 사관 육성 프로그램 운영 강화

- 계약학과·산업체 위탁 교육 지원 확대
- 학위 과정 사내 대학 활성화
- 직무 역량 확대를 위해 근로자의 비학위 능력 개발을 지원
· 후진학 활성화 지원 및 질 관리 체제 구축
  - 고졸 시대 포털 사이트 활용, 후진학 대학 과정 홍보 강화
  - 대학의 후진학 인력 지원 및 담당자 인센티브 제공
  - 후진학 지원센터 구축·운영
  - 후진학 대학 간 학점 교류 등 협약 체결 지원
  - 인적 자원 개발 우수기업으로 인증하고, 고교 우수 인재가 입사 지원
    하도록 홍보
  - 대학 자체 평가 항목으로 후진학 제도 운영 실태를 포함하고, 점검 결
    과를 매년 대학 평가 결과에 반영·공시하도록 유도

4) 열린고용 인사관리 확산
· 능력 중심 인사관리 정착 지원
  - 공공 기관이 선도하여 공정 경쟁 조성에 적합한 인사, 보수제도 개편
    방안 마련
  - 업종별로 임금·직무 개선 모델을 보급하고, 컨설팅 서비스 제공
  - 임금·직무 개선 관련 컨설팅 기능 강화 등을 위한 지원 체계 구축
· 일하면서 능력 개발
  - 고졸 신입 직원의 원활한 직장 적응을 위해 현장 훈련 지원 강화
  - 국가직무능력표준(NCS)으로 평생 경력 개발 경로를 개발, 기업에 배
    포하여 숙련에 맞는 인사관리 지원
  - 일과 훈련을 병행할 수 있는 기회 확충
· 성공 경로 다양화
  - 고졸자가 취업 후 일정 기간이 지나면 대졸자와 동등한 직위로 승진
    하여 관리자까지 진출할 수 있는 승진 경로 마련

- 창의적 아이디어를 구체화하여 추가 일자리를 창출할 수 있도록 창직을 지원
- 열린고용을 위한 사회적 인식 변화 유도
  - 국민참여형 홍보를 강화하여 기업 및 고졸 취업 우수 사례 발굴 및 홍보
  - 유망 숙련 기술인 육성, 산업현장 인식 제고 등 숙련 기술 우대 풍토

넷째, 2012년 10월 관계부처 합동으로 발표된 '열린고용 추진 상황―그간의 성과와 향후 과제'에서는 그동안 열린고용 정책의 주요 추진 상황으로 공공 부문의 선도적 역할과 민간 부문 확산 지원 및 병역 애로 해소 및 선취업 후학습 지원을 들었다. 보다 세부적인 내용은 다음과 같다.

1) 공공 부문의 선도적 역할
- 고졸자의 공직 진출 기회 확대
- 채용·승진·보수 등 인사 운영 지침 및 경영 평가 규정을 개정하고 고졸자 채용 가이드라인 시행

2) 민간 부문 확산 지원
- 특성화고·마이스터고 졸업생 신규 채용시 '고용 창출 투자 세액 공제' 우대
- 고용센터·기업·학교 간 연계로 고졸자 취업 지원
- 열린고용 우수기업 중 모범 사례를 매월 열린고용리더, 내일희망일터로 선정하여 표창

3) 병역 애로 해소 및 선취업 후학습 지원
- 입영을 연기할 수 있는 고졸 취업자의 범위를 일반계고 졸업자까지 확대하고, 산업기능요원 중 특성화고 졸업자 규모 확대

· 사내 대학 입학 대상을 확대하고 계약학과 지원 제도 신설

· 재직자 특별전형 입학 선발 대학 확충

위에서 제시한 열린고용 정책의 주요 추진 내용을 요약하여 정리하면 다음의 [표 2]와 같다.

[표 2] 열린고용 정책 주요 추진 내용

열린고용 정책 주요 추진 경위	내용
공생 발전을 위한 열린고용사회 구현 방안 보고 (2011. 9)	**학교차원** ① 직업인으로서 다양한 꿈 키우기 지원 　– 진로 · 직업교육 체계화 　– 사회 각계의 교육 기부를 직업 체험으로 연계 　– 현장교육을 통한 취업 역량 강화 **노동시장 차원** ① 능력에 기초한 열린 채용 　– 고졸 취업 기회 확대 　– 직무능력 중심 채용 관행(스펙 · 시험 → 경력 · 인턴) 확산 ② 발전의 기회가 개방된 인사관리 　– 임금 · 승진 제도 개선(연공 · 학력 → 성과 · 능력) 　– 지속 발전을 위한 일학습병행 여건 조성 **사회 차원** ① 능력 중심 사회적 여건 조성 　– 전문 기술 · 기능인에 대한 제대로 된 대우 　– 현장 전문가 중심으로 정부위원회 개편 　– 경력이 학위로 이어지는 체계 구축
특성화고 현장실습제도 개선 대책 (2012. 4)	**현장실습 내실화 역량 강화** 　– (기업) 현장실습 프로그램 · 인프라 지원 　– (학생) 적성에 맞는 기업 선택 및 적정 대우 보장 지원 　– (학교) 산학연계 현장실습 및 취업 지원 역량 강화 　– (정부) 모니터링 **현장 실습생 근로조건 보호 강화** 　– 사실상 근로를 제공하는 실습생 법적 지위 명확화 　– 근로계약 체결 지도

열린고용 정책 주요 추진 경위	내용
특성화고 현장실습제도 개선 대책 (2012. 4)	**현장 실습을 강소기업 우수 인재 양성 경로로 개선** – 강소기업-학교-학생 간 교류 확대 – 강소기업-학교-정부 연계 현장실습 우수 모델 개발 · 보급 – 기업에 대한 인센티브 지원
선취업 후진학 및 열린고용 강화 방안 보고 (2012. 7)	**교육단계 : 취업 중심 고교 직업교육 강화** – 직업교육선도 · 취업명품마이스터고 35교 지정 · 운영 – 취업중심 · 산학협력형 학교로 특성화고 개편 – 중등교육 단계 진로 교육 강화를 위한 인프라 구축 **졸업/취업 단계 : 고졸 일자리 확대** – 공공 부문의 고졸 채용 장벽 완화 – 민간 부문의 고졸 채용 애로 사항 해소 및 채용 촉진 지원 – 고졸 취업 확대를 위해 산 · 관 · 학 협력 취업 지원 활동 전개 **취업 후 단계 : 후진학 생태계 구축 및 열린고용 문화 조성** – 후진학 여건 마련 – 열린고용 문화 조성
열린고용 추진 상황 -그간의 성과와 향후 과제 (2012. 10)	**공공 부문의 선도적 역할** – (공무원) 고졸자의 공직 진출 기회 확대 – (공공 기관) 채용 · 승진 · 보수 등 인사 운영 지침 및 경영 평가 규정을 개정(2011. 10)하고, '고졸자 채용 가이드라인' 시행(2012. 7) **민간 부문 확산 지원** – (기업 지원) 특성화고 · 마이스터고 졸업생 신규 채용시 '고용 창출 투자 세액 공제' 우대(1인당 1,500 → 2,000만 원) – (기업 · 학교 연계) 고용센터 · 기업 · 학교 간 연계로 고졸자 취업 지원 **병역 애로 해소 및 선취업 후학습 지원** – 입영을 연기할 수 있는 고졸 취업자의 범위를 일반계고 졸업자까지 확대하고, 산업기능요원 중 특성화고 졸업자 규모 확대(7,000명 중 1,351명) – 사내 대학 입학 대상을 확대하고 계약학과 지원 제도 신설 – 재직자 특별전형 입학 선발 대학을 확충(2011년 7개 → 2012년 23개)

Ⅲ. 정책 방안

1. 고졸 취업 확대를 위한 체계적 접근 필요

1) 민간 기업의 고졸 채용 인센티브 확대 및 공공 기관의 고졸 적합 직무 개발 지원

민간 기업의 고졸 채용 애로 사항을 해소하여 고졸자 채용 촉진을 지원하도록 하며, 공공 기관의 고졸 채용에 적합한 직무 개발을 지원할 필요가 있다. 민간 기업의 고졸 일자리 확대를 위해 현재 운영하고 있는 고졸자 채용시 '고용 창출 투자 세액 공제 우대', '고졸 채용 중소기업에 산업기능요원 우선 배정', '고졸 청년인턴제', '인력 부족 업종에 취업시 취업 지원금 지원' 등의 확대 운영이 필요하며, 이 외에도 고졸 취업 활성화를 위한 기업의 인센티브 제공 확대 방안에 대한 검토가 필요하다.

또한 공공 기관 고졸 적합 일자리 발굴 및 확대를 위해서는 공공 기관의 자발적 노력이 필요하고, 자발적 개선을 유도하기 위한 정부 차원의 인센티브 제공 방안을 마련해야 한다. 현재 공공 기관의 고졸 채용은 직무 수행에 필요한 인력 확보라기보다는 공공 기관 평가를 고려하여 정부 정책에 따르려는 수동적인 측면이 존재하고 있다. 이러한 흐름에서 채용된 고졸 인력은 적합 직무를 찾기가 어렵게 되어 자신의 역량을 충분히 발휘할 수 있는 기회가 줄어들 가능성이 발생한다. 따라서 공공 기관은 자체적으로 조직 진단 및 직무 분석을 통해 고졸 인력이 수행할 수 있는 직무를 발굴하고, 이 직무를 담당할 고졸 인력을 채용하는 방식으로 전환하여야 한다.

아울러 특성화고 및 마이스터고와의 맞춤형 인력 양성을 통해 채용 후 적응 기간을 최소화하도록 해야 한다. 이와 같이 적극적인 고졸 채용 노력을 보이는 민간 기업 및 공공 기관에 대하여 정부는 우수기관 지정 및 추가적인 인센티브를 제공함으로써 자발적인 고졸 채용 분위기를 확산시킬 필요가 있다.

2) 남자 고졸자의 병역 문제 지원을 통한 군 미필 고졸 인력 채용 활성화

기업에서 고졸 인력(남학생)의 채용시 가장 큰 어려움 중의 하나가 병역 문제이다. 선취업 후진학 체계에서 군 미필자인 고졸 인력의 취업이 선행되어야 하는데, 기업에서는 채용 후 군 복무로 인한 인력 공백, 직무능력 감소, 군 복무 후 복직의 불확실성 등의 이유로 군 미필자 채용을 상당히 꺼리는 편이다. 따라서 산업기능요원제도의 유지(존치), 인력 공백 해소를 위한 대체 인력 지원, 특기병 복무를 통한 직무능력 유지 및 향상, 복직자에 대한 우대 및 지원 등을 통해 군 미필 고졸 인력의 채용 활성화를 유도해야 한다.

3) 고졸 인력의 현장 실무 능력 배양

고졸 인력의 현장 실무 능력 배양을 위해서는 특성화고 및 마이스터고에서 현장 중심 교육과정의 개발 및 운영이 필요하며, 교육과정의 효율적인 운영을 위해서 교원의 현장 기반 실무 능력 및 교수 능력 신장이 무엇보다 중요하다. 교원의 역량 강화를 위해서는 기업과 연계한 현장 직무 연수 기회를 지원하여 교원들이 산업현장의 기술을 습득하고 산학협력 역량을 강화할 수 있도록 지원할 필요가 있다. 이를 위해 특성화고 및 마이스터고 교원 대상으로 6개월~1년 정도의 산업체 현장 연수 프로그램을 운영하도록 한다. 교원 역량 강화를 위해서는 고용노동부와 교육과학기술부의 긴밀한 협력이 필요하며, 고용노동부는 현장 연수 운영이 적합한 기업을 발굴하고, 교육과학기술부는 시 · 도 교육청 및 학교와의 협의를 통해 연수 대상 교원을 선발하고, 제도적 지원책을 마련해야 할 것이다.

4) 취업지원관에 대한 처우 개선

특성화고 및 마이스터고 취업 지원과 관련하여 단위 학교에서 취업지원관의 역할이 더 커지고 있고, 이들에 대한 학교의 의존도가 점차 증가하고 있다. 하지만, 이들의 고용 형태는 계약직이며, 2년간의 고용 계약이 만료되면 더 이상 해당 학교에서 채용할 수 있는 상황이다. 단위 학교의 취업 알선은 산업체와 학교, 교사 또는 취업지원관 간의 인적 네트워크에 기반을 두고 있으므로, 취업지원관의 고용 만료에 따라 새로운 취업지원관이 부임하는 경우, 새롭게 다시 네트워크를 구축해야 하는 상황이 발생된다. 이와 같이 취업지원관의 고용 불안정 및 취업지원관 교체로 인한 산업체와의 네트워킹 단절을 해소할 수 있도록 취업지원관의 정규직(무기 계약직) 전환 등 제도 개선이 시급히 요구된다.

5) 학부모 및 학생에게 취업 관련 정보 제공의 활성화

학부모 및 학생에게 취업과 관련된 구체적인 정보 제공이 필요하다. 학교 현장의 학부모나 학생들은 취업과 관련하여 총 취업률뿐만 아니라 특성화고 및 마이스터고 졸업자별 취업률, 기업 유형별 취업률, 정규직 및 계약직 취업률, 기업별 임금 수준 등과 같이 구체적인 정보를 원하고 있었다. 이와 같이 취업에 관한 세부적인 정보와 기업에 대한 정보 제공은 학생과 학부모가 취업을 준비하는 데 있어 실질적인 도움을 받을 수 있다는 점에서 중요하다. 개별 학교별로 이러한 정보를 제공하려는 노력도 필요하지만, 중앙 정부 차원에서 기업에 대한 정보 및 취업에 관한 정보를 탑재하여 누구나 언제 어디서나 원하는 정보를 얻을 수 있도록 운영하는 방안 모색이 필요하다.

2. 지속 발전을 위한 일학습병행 여건 조성

1) 계속교육 지원을 위한 다양한 학과 설치 및 대학의 참여 확대

재직 근로자가 희망하는 전공 분야에서 계속교육(학위 취득)을 받을 수 있도록 다양한 학과 설치는 물론 우수대학들의 참여 확대가 필요하다. 현재 재직자 특별전형 등 재직자 대상 입학전형을 실시하는 학과가 매우 제한적이고, 참여 대학 역시 재직자가 희망하는 우수대학들이 참여하지 못하고 있는 상황이다.

2) 대학의 유연한 학사 제도 운영

재직자는 일반 학생과 달리 주간에는 직장 생활을 하고, 주로 야간이나 주말을 이용하여 대학 교육과정을 이수해야 하며, 매일같이 등교를 할 수 없기 때문에 일반 학생과 동일한 학사 제도를 적용하기 힘든 상황이다. 따라서 재직자의 대학 교육 참여 활성화를 위해서는 대학의 학사 제도가 유연하게 변화되어야 한다. 예를 들어, 야간제, 주말제, 야간·주말 병행 등과 같은 교육 시기의 탄력적 운영은 물론, 집합 교육의 한계를 극복하기 위해 온라인 교육도 병행하여야 하며, 필요에 따라서는 시간제 등록이나 학점제 등록과 같이 직장 생활의 업무량에 따라 대학에서의 수업량을 조절할 수 있는 학사 제도의 혁신이 이루어져야 한다.

3) 직장에서의 근무 경험을 학점으로 인정

재직 근로자가 직장에서 담당하는 업무와 대학 전공이 일치 또는 유사한 경우에는 직장에서의 근무 경험을 학점으로 인정(일치 정도에 따라 학점 인정 범위를 다르게 설정)하여 학위 취득 기간을 단축시킬 필요가 있다. 학위 취득을 위해 직장 생활에서 일상적으로 하는 업무와 관련된 내용을 대학에서 반복하여 배울 필요가 없기 때문이다. 이러한 근무 경력의 학점 인정을 통해 수학연한의 단축은 물론 직장 생활과 대학 교육을 성공적으로 병행할 수 있을 것이다.

4) 계속교육 지원을 위한 기업/CEO의 인식 개선

재직자가 대학 교육을 받게 될 때 가장 큰 애로 사항 중의 하나가 기업 또는 CEO의 인식인데, 여전히 소속 근로자가 대학 교육을 받는 것에 대해 부정적으로 인식하는 것으로 나타나고 있다. 즉, 해당 직원이 야간에 잔업을 하지 않고 대학 교육을 받게 됨으로써 회사에 손해를 끼친다는 생각, 학위 취득 후 임금 인상 또는 승진을 요구할 것에 대한 부담감, 또는 이직이나 전직 등으로 인한 학위 취득 후 예상되는 문제 등으로 직원의 계속교육에 적극적이지 않다.

이에 따라 재직 근로자가 업무시간 후 편안한 마음으로 대학 교육을 받기를 기대하기 어려운 상황이므로, 직원들의 계속교육을 독려하는 기업에 대한 국가 차원의 인센티브 제공을 고려해야 할 필요가 있다.

5) 계속교육을 위한 지원금

중소기업청이나 고용노동부 계약학과 사업을 통해 대학 교육을 받는 재직자도 일부 있지만, 대부분의 재직자들은 대학 등록금을 부담해야 하는 처지이므로, 이들의 경제적 부담 없이 대학 교육을 병행할 수 있는 제도가 필요하다. 현재 학자금 융자 및 저리 대출 등이 있지만, 대부분의 근로자들이 중소기업에 근무하고 임금 수준이 높지 않은 상황에서 여전히 부담스러울 수밖에 없다. 따라서 국가장학금을 활용하여 대학에 진학한 고졸자가 대학 등록금의 일부 또는 전액을 지원받을 수 있도록 해야 할 것이다. 연간 근로소득액에 따라 지원금을 차등화하고, 기업의 규모에 따라서 차등화하는 것에 대한 검토가 필요하다.

3. 기업의 채용 제도의 합리적 정비 필요

1) 고졸 인력 적합 직무 개발 및 관리

원활한 채용 제도가 운영되기 위해서는 고졸 인력에게 적합한 직무 개발 및 직무 관리가 선행되어야 한다. 채용 제도의 정비를 위해서는 채용 제도 자체뿐 아니라 직무 개발 및 직무 관리 또한 매우 중요하다. 영미식의 직무급은 모든 업무가 직무 중심으로 이루어지기 때문에 당연히 직무 관리 및 직무 개발이 매우 중요하게 작용할 수밖에 없다. 우리나라의 경우 기업에서의 업무가 직무 중심보다는 개인이 가진 직능 중심으로 이루어지는 경우가 많아 영미식의 직무급에 비해서는 직무 관리의 중요성이 적기는 하지만 우리나라의 경우에도 직무 관리 및 개발의 중요성은 여전히 중요하게 작용한다. 인력을 채용하기 위해서는 우선 채용할 인력에게 어떠한 업무를 담당하게 할 것인가가 먼저 결정되어야 하기 때문이다.

2) 기업에서 요구하는 고졸자 취업 역량 및 선발 기준의 명확화

고졸 채용에서 나타나는 문제의 상당 부분은 선발 기준의 부재 혹은 모호성으로부터 파생되는 것으로 볼 수 있다. 따라서 고졸에게 적합한 업무가 선정되고 나면 이러한 업무를 담당하기에 적합한 인력들을 선별하는 작업이 필요하므로 기업에서 요구하는 고졸자 취업 역량 및 선발 기준을 제시할 필요가 있다. 기업에서 요구하는 취업 역량을 제시한다면, 학교에서 학생들의 취업 준비 교육에 큰 도움이 될 것이다. 실제로 학교 현장에서는 어떠한 역량을 가진 학생들을 기업에서 요구하고 있는지 잘 모르므로 학생들의 취업 교육에 애로를 겪고 있다.

고졸의 경우 대졸처럼 출신 학교의 서열화가 명확하게 되어 있지 않아 그 수준을 객관적으로 판단할 수 있는 기준이 상대적으로 부족하다. 학교에서의 성적 등을 활용할 수 있지만 고등학교에서의 성적이 기업에서의 업무 성과와 얼마나 직접적인 연관성을 가질 수 있는가에 대한 체계적인 정보도 부족한 상황이다. 대안적인 방법으로 해당 분야의 자격증 소지 여부 등을 통해 직무능력을 간접적으로 평가할 수 있고 자격증 소지에 대해 가점을 부여하는 방안을 이용할 수 있지만 이 경우 고등학생들에게 자격증 소지를 위한 과외 공부를 증가시킨다는 비난을 받을 수도 있기 때문에 조심스러운 접근이 필요하다.

또 하나의 대안적인 방법은 적성이나 인성 등의 요소를 강조하여 판단하는 것이다. 이는 최근 서구 선진국의 많은 기업들에서도 나타나고 있는 경향으로 과거에 비해 직무능력보다 인성이나 적성 등의 요소를 더 높게 평가하는 것이다. 과거에는 직무가 세분화되어 있고 해당 직무만을 전문적으로 수행하면 되었기 때문에 해당 직무에서의 적합성을 중요하게 생각하여 직무 적합성 등을 강조한 전공이나 직무 관련 능력 등을 상대적으로 높게 평가하는 경향이 있었다. 하지만 최근에는 자신이 담당하는 업무만 잘 하면 되는 시기에서 자신의 업무와 관련된 주변 업무들도 어느 정도 관리할 수 있는 능력이 상대적으로 더 중요해지고 있으며 특히 팀의 구성원으로 같이 업무를 진행시켜나갈 수 있는 팀워크나 다른 사람과의 의사소통 능력 그리고 조직의 긴박한 상황을 잘 헤쳐나갈 수 있는 위기관리 능력 등이 상대적으로 더 중요하게 부각되고 있다. 이러한 상황에서 자신의 직무에 대한 능력보다는 조직의 문화나 기존 직원들과의 융화 및 조화를 이루어나갈 수 있는 능력이 더 중요해지고 있으며 이러한 맥락에서 인성이나 적성의 중요성이 높아지고 있는 것이다. 문제는 직무능력에 비해 인성이나 적성은 판단에 있어 주관성이 더 높고 또 이를 객관적으로 측정할 수 있는 도구들이 상대적으로 부족하다는 것이다.

이를 보완하기 위해 우리나라 대기업에서도 대졸에 대해 적성 능력 검사와 같은 측정 도구들을 개발하여 사용하고 있다. 하지만, 고졸을 위한 적성 능력 검사와 같은 도구는 아직 잘 개발되어 있지 않은 상황이며 따라서 고졸 인력의 인성이나 적성을 어느 정도 객관적으로 측정할 수 있는 측정 도구의 개발이 필요하고 또 이러한 측정도구와 실제 업무 성과와의 연관성을 보여주는 연구의 축적도 필요하다. 이러한 측면에서 현재 정부에서 개발하고 있는 '핵심 직무 역량 평가 모델'은 기업 현장에 채용 도구를 지원함으로써 향후 실력과 능력 중심의 채용 관행 확산에 도움이 될 것으로 기대된다. 핵심 직무 역량 평가 모델은 기업 공통 역량 및 주요 직군별 역량을 바탕으로 평가 모델을 우선적으로 개발하고, 향후 범위를 확대할 것으로 보인다. 개별 기업에서는 기업 여건에 맞게 다양한 평가 기법을 선택적으로 활용할 것으로 기대된다. 이러한 도구들의 개발 및 확산 이전에는 면접 등을 통해 지원자들이 가지고 있는 인성이나 적성을 정성적으로 평가하여 선발 기준으로 삼는 방안이 가능할 것으로 보인다.

3) 특성화고의 계열별 고려 필요

열린고용 정책 추진에서 특성화고의 계열별 고려가 필요하다. 열린고용 연구(설문 조사 및 FGI 조사 결과)에서 열린고용 정책에 대한 지지도는 특성화고의 계열별로 차이를 보였다. 즉, 상업계열의 열린고용 정책에 대한 호응도가 가장 높게 나타났다. 실제로 교사들은 열린고용 정책의 최대 수혜자가 상업계 고등학교인 반면, 남학생들이 많은 공업계 고등학교에서는 기업의 채용 인력이 적고 군 문제 등으로 열린고용 정책의 혜택을 상대적으로 받지 못하였다고 아쉬움을 나타내었다. 이에 따라 향후 열린고용 정책의 추진에서는 공업계 및 타 계열의 고등학교 학생들이 진출할 수 있는 기업의 문호 확대 방안을 고려해야 할 것이다.

4. 능력 중심의 인사관리 제도의 정비 필요

1) 기업에서 고졸자 선발 기준의 확립 및 제시 필요

기업의 채용 제도를 능력 중심으로 전환한다면 열린고용과 관련된 이슈들을 자연스럽게 해결해나갈 수 있을 것이다. 이를 위해서는 지원자들의 능력 수준을 객관적으로 파악할 수 있는 선발 기준의 확립이 필요하다. 특히, 고졸, 전문대졸, 대졸 등 다양한 학력 수준을 가진 지원자들을 동시적으로 고려하여 해당 학력 수준에 따른 능력 기준을 마련하는 것이 중요하다. 또한, 지원자들을 선발하는 데 활용하고자 하는 선발 기준과 실질적인 업무에서의 성과와의 관련성에 대한 정보의 수집과 이를 위한 연구의 필요성도 제기된다고 하겠다.

고졸 출신 인력에 대한 채용 쿼터제와 같은 채용 방식은 대졸이나 전문대졸 출신들로부터 역차별이라는 비난을 받을 수 있는 소지를 가지고 있으나 지원자를 학력이나 학벌 등에 상관없이 능력 중심으로 채용하는 것은 채용의 기본적인 원칙에도 적합할 뿐만 아니라 모든 지원자들로부터 제도에 대한 정당성 확보나 제도의 수용성 측면에서도 유리하기 때문이다. 또한, 기업의 측면에서도 능력이 좋은 근로자를 확보하는 것은 성과의 측면에서나 조직 관리의 측면에서도 필수적인 측면이다.

2) 평가 제도의 정비

능력 중심의 인사 제도 확립을 위해서는 평가 제도의 정비가 필요하다. 평가 제도는 승진 및 보상 제도의 운영을 위한 기준을 마련하는 의미에서 중요하다. 평가를 통해 근로자의 능력 및 성과 수준에 대한 정보를 수집해야만 이를 기초로 승진 및 보상에 대한 의사결정을 할 수 있기 때문이다. 평가 제도 운영에 있어서는 평가 대상을 어떻게 할 것인가와 어떠한 기준을 통해 평가할 것인가가 중요하다.

평가의 대상은 누구와 누구를 서로 비교할 것인가의 문제이다. 예를 들어, 같은 직군에 있는 근로자들을 다 하나의 집단으로 하여 같은 평가 기준을 적용할 것인지 혹은 고졸과 대졸을 구분하여 평가할 것인지에 대한 의사결정이 필요하다. 같은 직군 내의 근로자를 학력에 관계없이 하나의 기준으로 평가할 경우 고졸 등 특정 집단에 불리하게 작용할 수 있는 여지는 없는가 등을 고려할 필요가 있을 것이다. 평가 기준의 문제는 무엇을 통해 근로자를 평가할 것인가의 문제이다. 가장 일반적으로 적용되는 평가 기준은 근로자의 성과와 능력을 통해 근로자를 평가하는 것이다. 어떤 근로자는 실질적으로 업무에서 보여주는 성과가 높은 경우가 있을 것이고 또 어떤 근로자는 실질적인 성과 수준은 높지 않더라도 갖추고 있는 능력 수준이 높아 잠재적인 성장 가능성을 많이 가지고 있을 수 있다. 기업에서 어떤 근로자를 더 높이 평가하고 더 높은 평가 점수를 부여할 것인가는 기업이 속한 산업의 특성이나 기업의 전략 등 다양한 요인들에 의해 결정될 수 있으므로 이를 절대적 기준으로 다룰 수는 없다.

그러나 열린고용과 관련하여 유심히 다루어야 할 것은 성과나 능력 등 어떤 특정 기준을 너무 강조할 경우 고졸과 같은 특정 집단이 상대적으로 불리한 경우는 없는지 등에 대한 고려가 필요하다는 것이다. 만약 특정 기준이 특정 집단에게만 불리하게 작용한다면 이는 장기적으로 승진이나 보상에 영향을 미쳐 특정 집단에 대한 차별적인 제도로 인식될 가능성도 있기 때문이다.

3) 승진 제도의 정비

승진 제도에 대해서도 고졸자와 같은 특정 집단을 어떻게 관리할 것인가에 대한 기업 차원의 의사결정이 필요하다. 승진 제도의 경우 고졸의 승진 경로를 대졸과 어떻게 다르게 설계할 것인가의 문제가 중요하다. 입직시의 학력 수준이 다르므로 이 두 집단을 완전히 동질적으로 다루기는 어려울 것이며 따라서 어느 정도의 차등을 두는 것이 필요한데 문제는 어느 정도의 차등을 두는 것이 적절할 것인가의 문제이다. 고졸과 대졸이 서로 완전히 다른 직무를 담당하고 있어 직무를 통해 두 집단이 구분된다면 직군별 승진 제도 관리를 통해 두 집단을 차등적으로 관리할 수 있지만 하나의 직군에 고졸과 대졸 출신 직원이 같이 근무한다면 고졸과 대졸 출신 직원들 사이에 승진에 있어 차이를 둘 것인지 차이를 둔다면 어느 정도의 차이를 둘 것인지에 대한 의사결정이 필요하다.

가장 단순한 방법은 고졸에 비해 대졸이 4년의 추가적인 교육 연수를 가지므로 대졸에 대해 4년에 해당하는 근무 연수를 더 산정해주는 방식이 가능할 것이다. 하지만 이 경우에도 대학에서의 4년 동안의 학업이 기업에서의 4년 정도의 업무에 해당하는 가치를 가지는지에 대한 판단이 필요할 것이다. 근무 연수 산정 이외에도 승진에 있어 고졸과 대졸이 승진할 수 있는 최고 한도를 서로 같은 수준으로 할 것인지 혹은 다른 수준으로 할 것인지 그리고 다른 수준으로 한다면 얼마나 다른 수준으로 설정할 것인지에 대한 판단이 필요하다. 이러한 판단을 위해서는 고졸과 대졸의 특성이 기업의 승진 체계에 있어 가지는 의미와 업무 성과 및 리더십 등에 대해 미치는 영향 등에 대한 종합적인 판단이 필요하고 승진 체계를 적절하게 관리하지 못할 경우 차별의 논란을 겪을 수 있고 직원들의 사기에도 막대한 영향을 미칠 수 있다.

4) 보상 제도의 정비

보상 제도의 운영에 있어서도 열린고용의 측면에서 고려할 사항이 있다. 즉, 고졸과 대졸의 초임을 어떻게 설정하고 임금 상승 폭을 어떻게 결정할 것인가의 문제이다. 고졸과 대졸의 경우 학력 수준이 서로 다르고 또 이러한 학력 수준을 달성하기 위해 필요한 교육 연수가 다르기 때문에 이를 고려하여 초임을 결정해야 한다. 하지만 만약 고졸과 대졸이 수행하게 될 업무가 같다면 초임을 어떻게 결정할 것인가의 문제가 발생한다. 직무의 가치를 중시하여 같은 초임을 결정하게 되면 대학에서 더 많은 인적 자본을 축적한 인력에 대한 상대적인 가치 절하가 될 것이고 그렇다고 대졸에게 더 높은 초임을 부여한다면 동일 노동 동일 가치 원칙에 위배될 가능성이 있다.

또한, 임금 상승에 있어서도 비슷한 문제가 발생한다. 대졸의 경우 일반적인 지식이나 교양 등 다양한 인적 자본을 추가적으로 가지고 있기 때문에 기업에 공헌할 수 있는 부분이 더 많다고 판단한다면 대졸에게 더 높은 임금 상승 비율을 적용할 수 있지만 이를 현실적으로 뒷받침할 수 있는 근거는 많지 않은 것이 현실이다. 이처럼 열린고용을 현실적으로 운영하기 위해서는 많은 인적 자원 관리 제도에서의 이슈들을 해결해야 할 것으로 보인다. 이러한 이슈들을 다루어나가는 데 있어 중요한 원칙이 될 수 있는 것이 능력 중심의 인적 자원관리 원칙이라고 볼 수 있다. 인력을 능력 중심으로 관리하면 기업의 성과에도 도움이 되고 인사 제도의 차별 소지를 줄일 수 있는 장점을 가질 수 있을 것이다.

5. 고졸 인력에 대한 기업의 능력 개발 및 경력 개발 지원 필요

1) 직업 기초 능력 함양 교육 확대

고졸 인력에 대해서는 직무 교육뿐만 아니라 사회생활에서 필수적으로 요구되는 일반적인 소양 교육과 같은 '직업 기초 능력'에 관한 교육 훈련이 요구되므로, '사업주 채용 예정자 훈련' 등을 통해 직업 기초 능력 함양 교육을 확대 운영할 필요가 있다. 최근 고졸 인력을 채용한 기업들에서 공통적으로 토로하는 어려움 중의 하나는 고졸 인력들은 대졸 인력과는 달리 사회화 과정을 덜 거쳤기 때문에 사회인으로서의 자질이 부족하고 직장인으로서의 준비가 덜 되었다는 점을 많이 지적하고 있다. 대졸자들은 대학 생활을 하고 군대를 다녀오면서 의사소통 능력이나 대인관계 능력, 문제해결 능력 등이 길러지는 데 반해 고졸자들은 그러한 기회를 가질 기회가 없기 때문이다. 고졸자 채용 이후 이러한 직업 기초 능력에 관한 교육을 기업에서 교육비를 투자하여 교육시키는 부분에 대해 현장에서는 고졸 채용에 대한 부담으로 인해 불만의 목소리도 제기되고 있다.

고졸 인력이 대졸 인력에 대해 가진 상대적인 제한점은 교육기관에서 일반적 인적 자본을 상대적으로 덜 축적했기 때문에 기업에서 고졸 인력을 장기적으로 활용하는 데 있어 한계가 있을 수 있다는 것이다. 최근 마이스터고등학교나 특성화고등학교 등에서 직무능력 중심의 교육을 진행하고 있어 노동시장 진입 초기의 직무능력에 있어서는 커다란 문제가 없을 수도 있으나 일반 지식이나 교양 지식 등을 쌓을 수 있는 대학 교육을 받지 못했기 때문에 장기적으로 기업 내에서 능력을 개발하면서 업무를 지속시켜나가는 부분에 있어서는 한계가 있을 수 있을 것으로 보인다.

이에 덧붙여 고등학교에서 진로 교육을 강화하여 직업의 의미 그리고 직장인의 자세 및 태도 등에 대해 어느 정도의 교육을 실시한다면 고졸 인력이 기업에 취업하여 적응하는 데 있어 많은 도움이 될 수 있을 것으로 보이며 기업의 입장에서도 신입 직원의 적응 기간 단축 및 오리엔테이션 교육에 필요한 자원을 절약할 수 있는 효과를 거둘 수 있을 것으로 보인다.

2) 능력 개발 및 경력 개발 지원

고졸 인력에 대해서는 특별히 입사 단계부터 미래의 계획이나 경력 개발 계획 등을 명확히 할 수 있도록 지원하고, 이를 실질적으로 수행할 수 있는 여건을 조성하여 실용적인 지원 방안을 마련할 필요가 있다. 이를 위해서는 국가직무능력표준(NCS)을 활용하여 '평생 경력 개발 경로(Career Development Path)'를 개발하여 기업에 보급하고, 고졸자가 취업 후 지속적인 능력 개발을 통해 기업의 인재로 성장할 수 있도록 경력 관리 시스템을 구축해야 할 것이다.

전통적으로 고졸 인력의 경우 대졸자에 비해 미래에 대한 비전이나 경력 개발이 약한 것이 전형적인 약점으로 인식되어오고 있다. 특히 생산직의 경우 승진 같은 조직 내 경력 개발 경로가 제한되어 있어 장기적으로 조직 내에서 자신을 개발하고 조직과 같이 성장해나가고자 하는 의지가 약한 것으로 평가된다.

그러나 실질적으로 기업 내에서 보면 학력에 상관없이 자신의 능력 개발을 통해 다양한 방식으로 경력 개발에 성공한 경우들이 많이 존재하며 또 이처럼 학력이나 학벌보다는 능력이나 자신의 노력 여부에 따라 미래의 성장 경로가 이루어지는 바람직하다고 하겠다. 또한 미래의 경력 개발 계획 수립에 있어 중요한 것이 일종의 역할 모델을 설정하는 것이므로 비슷한 환경에서 시작하여 현재 상당한 정도의 성과를 보이고 있거나 사회적으로 혹은 기업 내에서 모범적인 지위에 이른 사람들을 통해 고졸 직원들의 자기 효능감을 높이고 장기적인 비전을 마련할 수 있도록 하여야 할 것이다.

6. 남자 고졸 인력에 대한 기업의 병역 애로 해소 차원의 숙련 유지 지원

기업의 고졸자 채용 확산에서 남자 고졸자의 군 입대는 걸림돌로 작용하고 있다. 이에 따라 남자 고졸 직원의 병역 이수로 인하여 숙련 단절을 겪는 기업에게 숙련 유지 지원 방안을 제공함으로써 열린고용 확산을 통해 청년 취업 활성화를 촉진할 수 있을 것이다.

1) 제조업 기업에 대한 숙련 유지 지원 필요

산업 분야 가운데 특히 제조업 분야 기업에 대한 숙련 유지 지원이 시급하다. 이는 고졸 인력의 군 입대로 인한 숙련 단절 문제를 파악하기 위해 '경제활동인구조사자료'를 활용하여 분석한 노동시장 분석 결과와 설문 조사 분석 결과를 통해 확인되었다(박윤희 · 오계택 · 최영섭, 2013). 즉, 고졸 직원의 군 입대로 인해 가장 큰 인력 공백이 발생하는 분야는 제조업인 것으로 나타났으며, 제조업 분야 기업들은 고졸 인력의 군 복무로 인한 숙련 단절의 어려움을 많이 호소하였다. 그리고 제조업 직종에 재직하고 있는 군 미필자들은 비제조업 분야의 재직자들보다 군 복무 후 현재 기업으로 복귀하고자 하는 의향이 낮은 것으로 분석되어 제조업 분야 기업에 대한 숙련 유지 지원 방안을 중점적으로 모색할 필요가 있다.

2) 군 복무 후 기업 복귀시 고용 유지 기업에게 지원금 제공

병역 애로 해소를 위한 기업의 숙련 유지 지원 방안으로 고졸 근로자가 군 복무 후 기업 복귀시 일정 기간 동안 고용을 유지하는 기업에게는 지원금을 제공하는 방안이다. 고용 유지 기업에 대한 지원금 제공은 우선 고졸 인력을 채용하여 육성하고자 하는 의지가 있는 기업 풀 구성 단계부터 시작할 수 있으며, 이러한 고용 유지 의지가 있는 기업은 고졸 근로자가 군 복무 기간 동안에 동일 기업으로 복귀할 수 있도록 여러 가지 활동(수당, 멘토링, 회식이나 모임 초대, 업무 관련 정보 제공 등)을 시행하도록 한다. 그리고 제대 전 보도 교육 기간에는 본인이 재직했던 기업뿐 아니라 기업 풀에 포함된 전체 기업들이 취업 박람회를 개최하여 기업 정보를 제공하고 자사의 경력 개발 시스템을 소개함으로써 고졸 근로자들에게 기업 선택의 기회를 제공하도록 한다. 이러한 과정을 통해 군 제대 후 고졸 근로자는 동일 기업으로 복귀할 수도 있고 기업 풀에 포함된 타 기업에 취업할 수도 있다. 이처럼 동일 기업으로의 복귀뿐 아니라 타 기업으로의 취업 경로를 함께 고려한 것은 개인의 경력 개발 의지를 존중하고 선택의 기회를 부여하는 데 목적이 있다. 그러나 군 복무 후 동일 기업 복귀뿐 아니라 타 기업에 취업했을지라도 일정 기간 동안 재직하게 되면 기업에 지원금을 제공할 수 있을 것이다. 다만, 동일 기업으로 복귀할 경우 숙련 유지가 가능하다는 점에서 군 복무 후 고졸 근로자가 타 기업으로 취업한 경우보다 많은 지원금을 지원하는 방안을 고려해볼 수 있다.

3) 고졸 근로자의 군 복무 기간 동안 기업 복귀 유도

기업에서는 고졸 근로자가 군 복무를 하는 동안에 멘토링과 같은 지원 이외에도 수당을 지급하거나 공개 가능한 업무 관련 정보를 제공함으로써 기업 복귀를 유도할 수 있을 것이다. 고졸 근로자의 군 복무 기간 동안 은행 계좌를 개설하여 적립한 후, 군 복무 후 기업 복귀시에만 적립된 수당(월급 또는 성과급의 일부)을 지급할 수도 있다. 그리고 군 복무 기간 동안에도 지속적인 능력 개발 기회가 가능하도록 공개가 가능한 범위 내에서 기업의 업무 관련 정보나 자료를 제공하여 소속감을 고취시키고 기업의 관심을 보여주어 인력을 유지할 수 있을 것이다.

Ⅳ. 제언

기업의 입장에서는 고졸 채용이 기업의 사회적 책임의 측면이나 정부의 정책에 부응하는 측면이 아니라 기업의 성과를 향상시키고 기업의 인력 수급을 원활하게 하는 측면에서 이루어져야 할 것이다. 이러한 입장에서 보면 단순히 고졸 인력을 채용하는 자체가 중요한 것이 아니라 어떠한 직무에 고졸을 채용할 것인지, 어떠한 선발 기준에 의해 고졸을 채용할 것인지, 고졸 인력에게 어떠한 교육 훈련을 제공할 것인지, 고졸 인력들을 어떻게 평가할 것인지, 그리고 고졸 인력의 승진 및 보상 제도는 어떻게 운영할 것인지 등 고졸 인력에 대한 인적 자원 관리 제도의 측면들이 중요하게 부각될 것으로 보인다.

기업에서는 '직무 중심의 채용'을 정착시킴으로써 무조건 고졸 취업 또는 고졸 채용을 권장하기보다는 특정 직업에 필요한 지식 수준과 업무 역량에 대한 국가적 공감대를 마련해야 할 것이다. 그리고 고졸을 채용한 기업 혹은 고졸을 채용하고자 하는 기업은 고졸 채용과 관련된 인적 자원 관리 제도를 선도적으로 정비할 필요가 있으며, 정부는 정부 정책적으로 고졸 채용을 비롯한 열린고용을 장려하고 있는 입장이므로 기업들이 열린고용 정책을 효율적으로 추진할 수 있도록 지원할 필요가 있을 것이다. 하나의 방안으로 기업들이 열린고용 정책을 펴나가는 데 있어 도움이 될 수 있도록 일종의 가이드라인을 제작하여 배포하는 것도 고려할 수 있을 것이다.

기업의 열린고용이 지속 가능하도록 하기 위해서는 학교 단계에서 현장성 있는 직업교육의 시행이 무엇보다 중요하다. 중학교부터 진로 교육을 활성화하여 학생들의 직업 체험 기회를 확대하고 학부모의 진로 및 직업에 대한 인식을 개선할 필요가 있다. 그리고 학생들의 학교에서 직장으로의 원활한 이행을 돕기 위해서는 재학 기간 동안 직업의 세계를 체험하고 현장실습이 가능한 '체험형 직장 탐색' 기회가 부여될 필요가 있다.

또한 특성화고 단계에서는 기업과 학교가 연계하여 현장과 밀접한 교육을 실시함으로써 일과 학습이 함께 촉진될 수 있도록 해야 할 것이다. 이를 위해서는 특성화고 학생들의 현장실습 내실화에 역점을 두어 학생들의 '일 기반 학습(work-based learning)'이 실질적으로 이루어질 수 있도록 지원해야 한다. 또한 피상적인 현장실습 운영에서 벗어나 '도제식으로 운영하는 현장실습 체제 구축'이 요구된다. 이러한 도제식 현장실습을 통해 학생들은 기업에서 요구하는 직무능력과 직업 기초 능력을 습득할 수 있으며, 취업한 직장에 원활하게 적응할 수 있을 것이다. 이러한 목적을 달성하기 위해서는 현장실습제도가 안전한 환경에서 내실 있는 훈련 과정으로 운영되어야 한다.

아울러 학생들의 취업 역량 제고를 위해서는 직업교육을 담당하고 있는 특성화고 교원의 역량 강화가 필수적으로 요구된다. 교원역량 강화를 위해서는 기업과 연계하여 교원들이 현장에서 직무 연수를 받을 수 있도록 지원함으로써 전문 교과 교원의 현장 연수를 확대 운영할 필요가 있다. 이와 함께 보통교과 교원들의 직업교육 이해를 높일 수 있는 연수가 실시되어야 하며, 특성화고의 실습 여건 개선과 실질적인 산학협력 체제가 구축되어야 할 것이다.

마지막으로 지속적인 열린고용을 통해 청년 취업이 활성화되기 위해서는 군 미필 고졸자가 군 복무 후 해당 기업으로 복귀할 수 있도록 유도함으로써, 기업의 숙련 유지를 지원할 수 있는 방안 모색이 필요하다. 이러한 방안은 고졸 직원이 군 복무를 위해 기업을 떠남으로써 숙련 단절의 어려움을 겪고 있는 기업에게는 숙련 손실을 줄일 수 있도록 해주어 고졸자 채용을 촉진하게 되며, 군 미필 고졸 청년들에게는 기업에서 군 미필 고졸자 채용을 기피하지 않음으로써 병역 미이수로 인한 취업의 어려움을 감소시켜줄 수 있을 것이다.

직업 선택에서
NCS 채용 제도가 갖는 의미

김 진 실 (한국산업인력공단)*

* kimjinsil1510@gmail.com

직업 선택에서
NCS 채용 제도가 갖는 의미

I. 서론

"우리나라 청년들에게 직업이란 어떤 의미를 가지고 있을까?" 인생에서 직업을 선택하는 것은 중요한 일이다. 삶의 반년 이상을 함께 하는 동반자를 선택하는 일과도 같은 것이다. 따라서 어떤 직업 혹은 직무를 향해 나아갈지 정하는 것은 신중해야 할 것이다. 하지만 이런 고민에 여유를 부릴 만큼 현 취업시장은 녹록치 않은 상황이다. 내가 하고 싶은 일을 고민하기에 앞서 내가 현재 가진 스펙으로 들어갈 수 있는 곳을 찾아 취업시장의 문을 두드리게 만들고 있는 것이 현실이다. 우리나라 대부분의 청년들의 사정도 별반 다르지 않다고 생각한다. 대학 4학년, 앞으로 무슨 일을 해야 할지 고민하기보다는 내가 지금 가지고 있는 스펙으로 들어갈 수 있는 최상의 기업을 찾아 이른바 '묻지 마 지원'을 시도하며 취업 활동을 해나간다. 그래서 막상 입사를 해도 만족하지 못한 채 뉴스에서 떠들어대는 취업 반수자에 동참하는 모양새를 만들었다.

이런 상황 속에서 국가직무능력표준(National Competency Standards : NCS)[1]의 등장은 직업 혹은 직무 선택의 가장 기본을 다질 수 있는 뼈대를 만들어주지 않을까 생각한다. 내가 하고 싶은 일을 먼저 고민하여 정한 후 그에 적합한 능력만을 습득해나가면 되기 때문이다. 영어 점수 1점에 밤을 새우지 않아도 되고 관계도 없는 분야지만 가산점을 얻기 위해 달려들지 않아도 된다.

---

1 NCS는 산업현장에서 직무를 수행하기 위하여 요구되는 지식·기술·소양 등의 내용을 국가가 산업부문별·수준별로 체계화한 것을 말한다(자격기본법 제2조).

그저 자신이 하고 싶은 분야를 선택하고 필요로 하는 능력만을 배워나가면 되는 것이다. 이른바 오버스펙(Over-spec)에서 벗어나 온스펙(On-spec)만을 갖춰나가면 된다.

이런 오버스펙에 대한 부담이 줄어드는 만큼 직업 혹은 직무의 선택에 있어 좀 더 신중함이 요구될 것이라 생각한다. 자기 자신에 대해 생각해야 할 것이고 직업과의 관계성에 대해서도 고민해야 할 것이다. 사회생활을 시작할 때 흔히들 처음 선택한 직군에서 크게 벗어나지 못한다고들 말한다. 실제로 한 분야에서 오랫동안 경력을 쌓게 되면 다른 직군으로 이동하기가 쉽지 않은 것이 사실이다. 이런 상황에서 NCS의 등장은 그 첫걸음을 잘 내딛을 수 있도록 도와줄 것이라 생각한다.

Ⅱ. NCS=스펙의 재배열 함수

'학벌이 아닌 능력 중심 사회의 구현.' 문구 자체가 당위성을 띠는 좋은 말이다. 동시에 어쩌면 영원히 풀어야 할 과제가 될 명제일지도 모른다. 국정 과제로 내세운 '학벌이 아닌 능력 중심 사회의 구현', 이 말을 달리 표현하는 가장 간편한 문구는 바로 '스펙 타파' 또는 '스펙 초월'일 것이다. 그 중심에 NCS가 있다. 바로 NCS를 뼈대로 한 스펙의 '재배열'이 그 답이다.

스펙은 왜 탄생되었을까? 사상 유례 없는 청년 취업난 속에서 직무와 직접적이고 큰 상관관계를 갖지 않더라도, 좋은 학벌과 훌륭한 스펙을 가지고 있으면 취업을 잘 한다는 인식이 최근까지 팽배했다. 이유는 무엇일까 곰곰이 생각해보면 기업이 스펙에 반응하게끔 사회 분위기가 조성되었기 때문이다. '스펙'이라는 단어로 귀결되는 기업의 인사 키워드는 사실 기업뿐만 아니라 모두의 필요에 의해 만들어졌다.

부존 자원 빈국인 우리나라는 인적 자원에 대한 투자가 살 길이라는 인식 속에 교육에 열을 올렸고, 그에 따라 학벌이 조성되었다. 대학 서열이 매겨지고 좋은 대학 졸업장은 그 사람이 인재라는 증명서와 같이 작용했다. 하시만,

내실 없이 좋은 대학의 간판만 좇는 경향이 생기고 과당경쟁에 의한 상향평준화에 따라 학벌은 학점과 함께 신호 기능을 많이 상실했다. 한편, 글로벌 창의 시대를 표방함에 따라 학벌과 학점의 다음 주자로 '영어'가 등장했고 'English is a power'라는 구호가 생겼다. 그 이후의 상황은 어땠는가? "학벌부터 '봉사활동 500시간'까지."

쏟아져 나오는 고등교육 이수자들을 선별하는 마땅한 양방향 신호가 정립되지 않은 상태에서, 몇 차례 겪은 경제위기에 기업들이 채용이라는 투자에 소극적인 태도를 취함에 따라 구직자들은 모두들 나름의 신호를 강구했다. 성공적으로 보이는 신규 신호에는 쏠림 현상이 일어 너도 나도 신호를 추가해갔다. 다다익선(多多益善)이라는 사자성어는 고고익선(高高益善)으로 변했다. 이것이 스펙의 탄생이다.

스펙은 설명서, 명세서, 사양 등의 뜻을 나타내는 Specification의 줄임말이다. 구직자 스스로 취업난 상황에서 경쟁력을 표현하기 위한 방책으로 자기 자신의 사용 설명서를 작성한 것이 스펙이다. 나 자신을 표현한 설명서가 나쁘다 할 수 없다. 스펙이라는 설명서는 어쨌든 내 능력의 집합이기 때문이다. 다만, 설명서의 목록이 시의적절한 능력이 아닌데도 일단 추가하고 본, 교정되지 않은 시행착오의 산물이라는 것이 문제점이다. 그렇다면 과연 고용주의 스펙 기반 채용은 나쁜 것인가?

아니다. 결론부터 말하면 스펙 기반 채용은 제한적이지만 합리적인 선택이었다. 어떤 지원자가 능력 있는 사람인지 사전적으로 알 길이 없는 정보 비대칭 상황에서, 고용주들은 신뢰도는 차치하고 설명서 안의 목록을 몇 가지 선택만 하면, 노동 공급자들이 스스로 발산하면서 줄을 서는 상황을 마다할 필요가 없었기 때문이다. 다양한 능력의 조합 중에 필요하다고 판단한 것들을 뽑아 사용했다. 고용주가 필요로 하는 능력이 무엇인지 힌트를 줬더라면 지원자의 과잉 투자를 막을 수 있었겠지만, 한편으로는 '그 능력' 이외의 것들도 함께 가졌다고 주장하는 지원자들이 충분히 많았고, '그 능력' 이외엔 깡통인 사람을 뽑게 되는 역선택의 가능성 또한 존재하기 때문에 지원자들이 자발적으로 주는 신호를 이용한 것이다.

당시, 고용주에게 스펙을 배제한 채용을 하라는 것은 눈을 감은 채로 제비 뽑기를 하라는 주문으로 들렸을 것이다. 하지만, 고용주들도 단순히 나열된 스펙의 합이 답이 아니라는 사실을 실험을 통해 깨달아갔다. 노동 공급자들이 자발적으로 쌓아온 스펙이 부여받은 직무에 시의적절하게 사용되는 경우가 거의 없었기 때문일 것이다.

노동시장에 적절한 신호의 기준을 그 어느 누구도 제시하지 못했기 때문에 스펙이라는 '자기 능력 설명서'는 두서없이 비대해져갔고, 그것은 선택받기 위한 어쩔 수 없는 선택이었다. 이러한 측면에서 스펙은 '지원자가 가진 두서없는 능력들의 합집합'으로 다시 정의내릴 수 있다. 직무와 무관해 보이는 능력들이라고 비판을 받더라도 그 능력들이 '언젠가 쓰일 능력'이라 기대하고 선행 학습 차원으로 쌓은 것일 수도 있다. 채집한 능력이 입직 단계에 쓰이지 않는 시기상의 문제일 수 있다는 것이다. 두서가 없다면 정리해주면 된다. 이러한 관점에서 스펙은 타파되어야 할 대상이 아니라 기업이 원하는 대로 순서와 체계를 다시 정해줘야 마땅한 대상인 것이다. 즉, 재배열의 대상인 것이다.

이때 등장한 것인 NCS이다. 스펙의 재배열 함수인 것이다. NCS는 "개인이 산업현장에서 자신의 업무를 성공적으로 수행하기 위해 요구되는 직업능력(지식, 기술, 태도)을 부문별, 수준별로 체계화한 것"을 의미한다. NCS를 개발하면 8단계 수준 체계에 따라 능력 단위 및 능력 단위 요소별 수준을 평정하여 제시한다. 이러한 NCS의 수준 체계에서 스펙의 타파가 아닌 무질서한 능력들의 재배열 가능성을 생각해보았다.

특히, 입직자 수준에서 재직자들이 경력 개발 경로상에서 취득할 만한 자격증이 스펙으로 자리매김한 경우를 살펴보면 NCS를 활용한 스펙의 재배열 가능성은 조금 더 구체화될 수 있다. 예를 들어, 금융권 직종에서 영업을 하기 위한 자격으로 CFP라는 자격증이 있다. 상경계열 학생뿐만 아니라 금융권 진출을 희망하는 많은 학생들이 갖춰야 하는 스펙으로 생각한다. 하지만, 무한 스펙 경쟁 시대 이전에 금융권에 입사한 재직자들은 승진과 경력 개발 경로에서 이 자격증을 취득한 경우도 많다고 한다. 이런 경우에 NCS를 개발하여 적당한 수준 체계를 제시하고 공표하면 자격증 취득에 매몰되지도 않고, 경력 개발 경로상 어느 지점에 위치해 있는지도 알 수 있을 것이다.

이렇게 NCS를 활용하여 재배열한 스펙은 취업 이전에 갖춰야 할 능력 종합선물세트가 아니라 능력 개발 경로가 될 것이다. 또한 NCS가 교육·훈련에 활용된다는 점을 생각해보면, NCS를 활용한 맞춰 교육받은 입직 희망자가 어떠한 능력을 갖추고 있는지 몇 수준에 매칭되는지 비교적 정확한 신호로 작용하여 기업이 신뢰하고 채용을 할 수 있게 될 것이다. 스펙의 '사용 설명서'라는 사전적 의미를 되짚어봤을 때, 어떤 지원자가 어떤 능력을 갖추고 있고 몇 수준인지 신호 역할을 하는, 즉 능력 설명서의 역할을 하는 NCS가 진정한 의미의 스펙이 되지 않을까 생각한다.

무한 스펙 경쟁에 매몰된 채로 구직난에 시달리고 있는 많은 청년들을 떠올리면서 스펙의 의미에 대해 다시 생각해보았는데, NCS가 입직 희망자들에게 타파해야 할 제 2의 스펙이 아니라 '능력 사용 설명서'로서의 진정한 스펙으로 작용하는 사회가 될 수 있어야 한다.

III. 진로 교육에서의 NCS 활용 가능성

그렇다면 청년들의 직업 선택을 도와주는 진로 교육의 현실은 어떠한가? 과연 청년들에게 직업의 의미와 직업 선택의 의미는 무엇인가? 자신의 평생 경력 경로에 대한 지도가 현재 학교에서 이루어지고 있는가?

OECD 보고서(2015)에 따르면 청년들의 전공과 직업 불일치율이 50%로 OECD 국가 중 가장 심각하다고 한다. 또한 우리 사회는 전공과 무관한 직업을 갖는 청년이 유독 많아 대학 교육이 비효율적이란 비판이 제기되었다.

이와 같은 측면에서, 필자는 지난 2014년 3월부터 6월까지 NCS 진로 콘서트를 통해서 NCS가 하나의 '제도'를 넘어 현장 실수요자인 청년을 대상으로 적용되는 '삶'이라는 주제로 진로를 선택하는 과정에서 어떠한 변화가 있었는지 분석해보았다(김진실, 2014).

연구 결과에 따르면, 첫째, 우리나라 청년들은 주로 의사, 판사 등 보여지는 직업 중심으로 안내를 받아왔기 때문에, 우리나라 산업 분야와 직업에 대한 지식이 많이 부족한 것으로 나타났고, 학부모의 기대 및 요구 사항에 따라 진로를 선택하는 경향이 있었다.

둘째, 청년들은 진로 선택을 위해 스스로 인터넷을 찾아보거나 혼자 해결하려고 노력하고 있었지만, 막연하게 준비하고 있어 실제 직업에 대한 정보, 기업에 대한 정보 등을 구하는 데 한계가 있었다.

셋째, 청년들은 NCS가 다양한 직업을 이해하는 데 도움을 주고, 기업에서 요구하는 능력을 알 수 있도록 해주며, 중소기업에 대한 인식을 개선하는 데 상당히 도움을 주었다고 하였다. 넷째, 진로 선택을 하는 데 있어서 NCS가 어떠한 역할을 할 수 있는지에 대하여, 스스로 자신의 적성을 찾게 되었고, 그에 따른 직업을 선택할 수 있으며, 그 분야에서 성공할 수 있도록 자신의 경력 개발계획을 수립할 수 있었다고 제시하였다.

학생들과의 NCS 관련 인터뷰 내용

솔직히 우리나라에 다양한 직업이 있는지 몰랐습니다. **NCS에 따른 직업분류에 따라 다양한 직업이 있다는 것을 알게 되었고**, 이제 1년도 채 남지 않는 학창 시절을 이렇게 무기력하게 보내는 것보다는 남은 시간 동안 나의 적성에 대해 생각하고 직업은 무궁무진하게 많으므로, NCS에 따라 꿈을 설계해보는 시간을 갖자, 라는 목표를 다시금 설정하게 되었습니다.
(광주공고, 3학년 이○○)

NCS가 직업에서 필요한 지식, 기술, 태도를 구체적으로 알려주는 자료라는 것을 알게 되었습니다. NCS를 통해 진로의 폭이 참 넓다는 걸 알게 되었구요. 각 직업별로 어떤 능력이 필요한지를 알려주니 **NCS가 다양한 진로의 가이드를 제시해주는 유용한 자료**라고 생각합니다.
(청주공고, 2학년 김○○)

취업할 때 기업에서 고등학교 생활기록부보다는 **능력이나 기술로 평가해주셨으면 좋겠어요.** 저는 제 분야를 열심히 공부하고 준비해서 바로 취업할 거예요.
(청주공고, 3학년 김○○)

정말 사회에서 공부를 잘하는 사람보다는 자신의 적성과 능력을 발휘하는 사람을 필요로 하는 사회가 되도록 **앞으로 교육도 좀 더 변화가 필요하다고 생각합니다.** 사람과 직업에는 귀천이 없다고 생각하기 때문에 아직 학벌을 중요시 생각하며 스펙 쌓기에만 열중하는 학생들이 이제는 자신을 개발하여 더 넓은 시야에서 능력을 200% 발휘할 수 있는 사회가 되면 좋겠습니다.　　　　　　　　　　　　　　　　　　　　　(한림공고, 2학년 한〇〇)

연봉 높고 복지 좋은 기업엔 많은 사람들이 입사하고 싶어한다. 하지만 모두가 그런 기업에 들어갈 수는 없다. 원하는 기업에 들어가려면 남들과 다른 점이 있어야 하고 미리 많은 준비를 해야 한다. 강연을 듣고 나서 **NCS 홈페이지를 들어가봤는데 기업에서 요구하는 능력과 객관적인 기술 수준에 대한 기준을 볼 수 있었다.** 고등학교 1학년인 나이지만 앞으로 어떤 방향으로 나아가야 할지 계획을 세우기가 좋아졌다.
　　　　　　　　　　　　　　　　　　　　　　　　　　(수원하이텍고, 1학년 정〇〇)

행복은 돈이나 명예보다는 자신이 정말 하고 싶은 일을 하면서 살아야 행복하다고 생각했지만, 그동안은 어떠한 것이 내가 잘하는 것인지, 그것을 어떻게 펼칠 수 있는지 등을 몰랐는데 **NCS를 통해서 다양한 직업분야의 능력을 알 수 있어서, 내 적성을 찾는 데 도움이 되었습니다.**　　　　　　　　　　　　　　　　(대구조일로봇고, 3학년 김〇〇)

어렸을 때는 적성검사를 해보아도 어떻게 그 분야에 다가가야 할지 몰랐는데, 이론적인 면만 강조하는 교육에 안타깝게 생각하고 있었지만 앞으로 국가직무능력표준(NCS)이 광범위해지고 널리 사용되는 날에는 평가하는 방향도 달라지고 해서 정말 훌륭한 나라가 될 수 있을 것 같다는 생각이 들었습니다. **나의 적성과 장래에 대해 다시 한 번 계획해보는 계기가 되었습니다.**　　　　　　　　　　　　　　(수원하이텍고, 3학년 김〇〇)

1학년 2학년 때는 진로에 대해 나중에 천천히 생각해야지 하면서 안일하게 있었는데 막상 3학년이 되고 나서도 막연히 프로그래머가 되고 싶다는 생각밖에 없었는데, **NCS를 통해서 내 적성을 살리고, 그에 따른 직업에 대한 방향을 잡게 된 것 같아서 더 노력할 수 있을 것 같습니다.** NCS 홈페이지도 들어가보고 혼자서라도 더 알아보려 하고 있습니다.
　　　　　　　　　　　　　　　　　　　　　　　　　　　(성동공고, 3학년 한〇〇)

학력이나 스펙보다는 능력으로 취업하고 성공할 수 있고, NCS는 분야별로 경력 개발 경로가 나오기 때문에, **저의 경력 개발 경로에 대해 구체적인 목표를 설정하게 됐습니다.**
　　　　　　　　　　　　　　　　　　　　　　　　　　(충남기계공고, 3학년 김〇〇)

NCS를 통해 출발점이 같아지고 노력에 따라 성공할 수 있는 공평한 기회가 주어진다는 것에 힘을 얻었습니다. 저의 적성에 맞는 직업을 찾기 위해 NCS를 활용해볼 거구요. **거기에 있는 경력 개발 경로에 따라 저의 인생을 설계할 겁니다.**
　　　　　　　　　　　　　　　　　　　　　　　　　　(충남기계공고, 3학년 박〇〇)

이런 NCS의 효과는 개인뿐만이 아니라 기업의 측면에서도 이득을 줄 것이라고 여겨진다. 한 해 기업에서는 신입 사원 한 명을 채용하는 데 상당한 액수의 비용을 지불한다고 한다. 하지만 그 비용을 들여 입사시킨 신입 사원이 적응하지 못하고 조기 퇴사를 할 경우 기업이 짊어져야 할 부담액은 상당할 것이다. 이런 상황에서 개별의 취업 준비생들이 처음 취업의 문을 두드리는 단계에서부터 본인이 원하는 분야를 고민해 걸어나가게 된다면 기업의 비용적인 측면에서도 경제적인 효과를 발휘할 수 있을 것이라 생각된다. 이러한 측면에서 최근 도입되고 있는 NCS 채용은 우리나라 청년들의 직업 선택에서의 큰 가치를 전환하는 획기적인 제도가 되리라 본다.

IV. NCS 채용의 주요 이슈

1. NCS 채용의 개념

NCS 채용이 도입되기 전의 채용 관행은 채용되는 분야에서 어떠한 일을 하는지 명확한 설명이 없어, 지원자는 자신이 우수한 인재임을 스스로 증명해야 하는 구조였다. 따라서 진로나 직업에 대한 개념보다는 어디든 합격해보자라는 불명확한 목표의식하에 맹목적인 스펙 쌓기에 몰입할 수밖에 없는 구조였었다. 반면에, NCS 채용은 기업이 직무별로 원하는 요건을 제시하고, 지원자는 채용 공고에서 요구하는 부분에 대하여 자신의 준비도를 증명하는 것이다. 이를 통해 지원자들은 명확한 진로 목표를 갖게 되고, 필요한 능력만 쌓을 수 있어 불필요한 스펙 쌓는 시간과 비용을 절약하도록 하는 것이다.

즉, NCS 채용이란 해당 분야에 불필요한 스펙(Over-spec : 해당 직무와 상관없는 스펙)이 아닌 꼭 필요한 직무능력(ON-spec : 해당 직무에 필요한 스펙)만 보고 채용하는 것이고, 그때 지원자와 기업이 참고할 수 있는 기준으로 NCS를 보는 것이다. NCS는 필요한 직무능력을 체계적으로 정리한 자료로 누구든지 NCS 홈페이지(www.ncs.go.kr)에서 볼 수 있도록 오픈되어 있다.

2. NCS 채용의 변화

NCS 채용이 이전의 채용 방법과 어떤 차이점이 있을까? NCS 채용은 기존 채용과 채용 공고, 서류, 필기시험, 면접으로 이루어진 프로세스는 같지만 각 내용은 모두 바뀌었다. 먼저, 채용 공고 부분은 기존의 인재상 중심의 채용 기준이 막연했던 반면, NCS의 채용 공고문은 기업에서 수행하는 직무를 명확하게 알려주고 그에 필요한 직무능력을 알아볼 수 있게 구체적인 정보를 제공하고 있다. 따라서, 취준생들은 무분별한 스펙이 아닌 자신의 진로에 맞는 적절한 직무능력을 쌓기 위해 노력해야 한다.

둘째, 서류 부분에서는 기존의 이력서 형태에는 직무를 수행하는 데 필요 없는 학교, 지역, 취미, 특기, 종교, 키, 체중, 사진과 같은 형식적인 항목들이 중심이었다면, NCS 기반의 이력서는 자신이 직무를 수행하는 데 필요한 학습과 경험을 했는지 혹은 경력이 있는지를 중심으로 작성해야 한다. 따라서, 무분별한 직무 지원이 아닌, 자신의 진로에 맞는 직업 선택이 중요하며 그에 맞는 학습과 경험을 쌓아야 취업도 성공하고 취업 후 직장 생활도 만족할 수 있을 것이다. 자기소개서 역시 미화시킨 이야기가 아닌 진솔한 자신의 이야기를 쓸 것을 강조하면서 거창한 이야기가 아닌, 어떤 문제에 부딪혔을 때 그 문제를 어떻게 해결해나갔는지 진솔하게 이야기를 적는 것이 중요하다.

셋째, 필기시험의 경우에는 이전의 형태에서는 직업 기초 능력을 보기 위해 수리, 추리, 논리와 같은 영역들을 단시간에 가장 많이 풀 수 있는 지원자들을 가려냈다면, 지금은 어떤 상황이 주어졌을 때 사고하여 더욱 현명한 판단을 내릴 수 있는 지원자들을 가려내는 데 집중하고 있다. 이는 아직까지 개선되어야 할 부분들이 많이 있지만, 필기시험의 기본은 단시간에 훈련을 통해 문제에 답을 내는 형식의 스킬이 아닌, 독서나 토론, 오랜 경험들로 여러 가지 상황에 따라 적절한 판단을 할 수 있는 사람을 찾기 위한 것이므로, 문제에 정답을 맞히는 것이 아닌 문제해결 과정을 배우게 하자는 것이 핵심이다.

넷째, 면접의 경우에는 기존의 신상 위주의 형식적 면접이 아닌, 희망 직무와 관련된 구체적인 경험과 지원자의 진정성 등을 확인하고 직무능력과 관련된 지원자의 경험, 이해 정도, 관심 정도 등을 정성적으로 평가하는 것이다. 그렇기 때문에, 형식적인 답변이 아닌 자신의 경험과 학습 내용을 바탕으로 진솔한 답변이 필요하다.

3. NCS 채용 준비 방안

NCS 채용을 준비하는 구직자들에게 가장 중요한 것은 본인이 가고자 하는 진로를 잘 설정하는 것이다. 여기에 대해 취준생들은 '진로를 미리 선택하게 된다면 자신이 갈 수 있는 길이 줄어드는 것이 아니냐'고 반문할 수 있겠지만, 실제로 취업을 한 많은 청년들은 다시 이직을 준비하는 것을 보면 취업을 하기 전에, 충분한 고민과 시간을 보내고 나서 선택된 진로를 선택하는 것이 더욱 현명한 선택이다. 또한, 자신이 직무를 선택할 때 필요한 직무능력이 부족하다고 생각이 든다면 새롭게 학원을 등록하는 것보다, 주변의 같은 분야 취업 준비생들과 스터디와 토론을 통해서 해당 기업을 분석하고 자료를 찾아 준비하여야 할 것이다.

최근에 NCS 채용을 통해 합격한 직원들에게 'NCS 채용에 대한 만족 여부와 NCS 채용이 기존의 채용 문화와 어떻게 다르다고 생각하는가'라는 질문에 대해 NCS 채용 합격자는 "NCS 기반 채용에 만족하고 있다. NCS 기반 채용은 직무와 관련이 있는 적정 수준의 스펙만 필요하기 때문에 무분별한 고스펙을 지향하는 최근의 채용 문화와는 분명한 차이가 있다고 생각한다"며 "불필요한 스펙에 시간을 투자할 필요가 없고 그 시간을 내가 하고자 하는 직무와 연관이 있는 경험을 쌓는 것에 투자할 수 있어서 효율적이나"라고 답변했다(대통령직속청년위원회, 2015).

NCS 채용 준비는 NCS 사이트(www.ncs.go.kr)와 NCS 채용 공고문을 유용하게 활용할 필요가 있다. NCS 기반 채용 공고문은 직무에 대한 설명이 아주 자세하게 나와 있기 때문에 그것을 꼼꼼하게 숙지해서 지원하는 곳에서 수행하는 직무가 어떤 것들이 있고 그것을 준비하기 위해 어떤 것들을 해야 하는 지에 대해 이해를 먼저 해야 한다. 그 후에 NCS 사이트를 방문하여 해당 직무를 검색하고 학습 모듈을 다운받아 직무이해도를 높이고, 그 직무를 수행하기에 필요한 능력 단위가 무엇이 있는지, 또 그 능력을 내가 보유하고 있는지 있다면 근거가 무엇인지(관련 경험)를 정리해나갈 필요가 있다.

또한 필기시험 준비를 위해서는 직업 기초 능력 학습자용 자료를 통해서 공부하고, 여기에 있는 내용은 개념 이해의 용도로 활용할 필요가 있다. 즉, 직업 기초 능력은 하루 아침에 키워지는 것이 아니기 때문에, 사설 학원이나 주입식 교육에 의지하기보다는 직업 기초 능력 학습자용 자료에 나온 전략 등을 일상생활 속에서 실천할 수 있도록 하여야 할 것이다.

예를 들어 직업 기초 능력에서 의사소통 능력의 부분을 본다면, 토론을 연습하고 프레젠테이션을 하면서 의사소통 능력을 키우는 것이 바른 방향이다. 그런데 '다음 중 의사소통 능력이 바르지 않은 것은?' 하면서 주입식 교육을 하는 것은 잘못된 방법이다. 이런 부분을 취업 준비생들이 반드시 판단하여서 준비를 해야 한다. 한마디로 표현하자면 NCS를 준비하는 것은 보여주기 위한 스펙이 아닌 진짜 실력을 키우는 것이라고 할 수 있다.

V. 진로 교육에서의 NCS 활용 방안

진로 설계에 있어서 가장 중요한 시기는 언제일까? 초중고 모든 시기가 진로를 알아가는 중요한 시기가 된다. 따라서 시기별로 진로 교육도 달라져야 한다.

첫째, 초등학교 시기는 진로에 대해 결정을 내리기보다는 다양한 경험을 하면서 "다양한 직업의 세계가 있구나" 하고 느낄 수 있도록 하여야 한다. 즉 다양한 활동을 통해 적성 및 진로 탐색을 할 필요가 있다. 하지만, 지금의 현실은 어떠한가? 의사, 판사, 교사만 아는 부모들, 연예인, 운동선수만 아는 아이들……. 눈에 보이는 직업만이 직업이라 꿈꾸는 현실은 이제 바뀌어야 하지 않을까 싶다. NCS의 24개 대분류를 통해서 경영, 회계, 보건, 의료, 건축, 전기, 전자, 문화, 예술, 금융, 서비스 등 다양한 직업의 세계가 있다는 것을 알게 할 필요가 있다. 초등학생은 미래를 위해 무엇인가 결정하는 시기가 아니라 직접 보여주고 들려주고 느끼게 해줄 필요가 있다.

둘째, 중학생 시기는 좋아하는 것을 알고 계열을 정해야 한다. 우리나라 교육 환경에서는 성적에 따라 공부 잘하면 인문계고, 공부 못하면 특성화고를 가는 경향이 종종 발생된다. 기성세대들의 선입견으로 인하여 아이들의 진로 성숙도를 저해하고 아이들의 꿈을 망칠 수도 있는 위험한 발상이다. 중학교를 졸업하기 전까지는 NCS 대분류의 직업의 세계와 구체적인 능력(competency unit)들을 살펴보고, 학생 개개인의 계열 적합성을 살펴볼 필요가 있을 것이다. 초등학교 때 좋아하던 것이 그저 좋아하는 것인지, 진짜 좋아하는지, 또 잘할 수 있는지 NCS 수행 준거와 NCS 평생 경력 개발 경로 등을 통해 진로 설계를 해볼 필요가 있다.

셋째, 고등학생이 되면 어느 정도 학습 능력이 정해졌다고 보고, 현재의 상황을 현명하게 직시하고 진로를 선택할 필요가 있다. 대학을 가고 싶다면 간판보다는 전공 선택에 신중해야 하고, 취업 후 대학을 가고 싶다면 정부에서 지원하는 선취업 후진학 제도 및 일학습병행제를 꼼꼼히 살펴볼 필요가 있다. 경쟁력 있는 대학에 진학할 성적이 아니더라도 자신이 진정 원하는 과에 입학했다면, 대학 입학 후에 다른 길이 보인다. 대학에서 자신의 분야에 대한 전문성을 갖춘다면 적성과 상관없이 진학한 학생보다 더 나은 삶을 살 수 있다. 이때도 NCS의 평생 경력 개발 경로 및 NCS 능력 단위와 수행 준거 등을 꼼꼼히 살펴볼 필요가 있다.

넷째, 대학생은 자신의 실력을 최고로 만들어야 한다. 최근 NCS 채용 제도를 통해서 보여주기식 스펙이 아니라 직무에 맞는 능력과 경험, 열정이 기반이 된 '진짜 인재'를 가릴 수 있는 시대가 왔다. 아무 목표도 없이 지내기보다는 일단 목표를 가지고 열심히 노력할 필요가 있다. 자기 전공을 소홀히 하면서 부전공을 잘하겠다는 것은 불가능한 것이다. 복수전공이나 부전공에 대해 생각할 시간에 자신의 전공에 집중하면 훨씬 장점이 있다. 나중에 취업할 때 전공, 부전공 모두 성적이 그저 그러면 면접관에게 성실하지도 않고 실력도 없는 학생이라는 느낌만 줄 뿐이다. 한 가지 더! 실천하는 힘을 키울 필요가 있다. 머릿속에 아무리 많은 것을 알고 있더라도 그것을 실천한 경험이 없다면 무용지물이다.

VI. 제언

우리는 하루의 반 이상을 직업이라는 이름 아래서 생활해나간다. 그렇기에 직업의 선택에 있어 진정 자신이 하고 싶은 일을 하면서 사는지 그렇지 않는지에 여부는 중요할 것이다. NCS는 단순히 직무능력 중심의 인재 교육만을 목표로 하지만은 않을 것이다. 그전에 가장 우선시되어야 할 직업의 선택에 있어 길잡이가 되어줄 시스템이 될 것이라 생각한다. 이를 위해서는 교육의 변화가 우선시되어야 할 것이다.

첫째, 입시 위주의 교육에서 평생 진로를 설계할 수 있는 교육으로 전환해야 한다. 청년들의 성공적인 삶과 행복한 삶을 원한다면 학력, 학벌, 스펙 보다는 '능력(competency)'에 관심을 가져야 할 때이다. NCS에 나오는 평생 경력 개발 경로에 따라 자신의 적성 및 소질과 직무 적합도 등을 체크하여 자신을 이해하고, 학업과 직업을 탐색하여 진로를 계획할 수 있도록 하여야 할 것이다.

둘째, 문제풀이식 교육에서 문제해결식 교육으로 전환되어야 한다. 21세기 지식 정보 사회는 과거 지식을 많이 암기, 습득한 학생보다는 실제적으로 의미 있는 다양한 지식과 정보를 활용하여 창의 융합적으로 사고하고 행동할 수 있는 능력이 뛰어난 인재를 선호한다. 즉, 문제를 잘 푸는 인재보다 어떠한 문제를 당면하였을 때도 당황하지 않고 문제를 해결할 수 있는 인재를 선호한다. NCS 채용에서도 지식 위주의 인적성검사에서 직무 상황에서 주어진 문제에 대해서 사고하고, 상황을 판단하여 해결할 수 있는 능력(창의력, 사고력,

논리력, 문제 처리 능력 등) 을 평가하는 것도 이 때문이다.

셋째, 직업인이면 공통적이고 핵심적으로 필요한 기본적인 능력인 직업 기초 능력(core competency)을 기를 수 있도록 하여야 한다. 특히 우리나라 교과 교육에 반영될 수 있도록 정부에서 적극적으로 지원하여야 할 것이다. 국어 교과에 직업적 맥락을 가미하여 의사소통 능력을 기를 수 있도록 하여야 할 것이고, 수학 교과에서는 수리 능력을 키울 수 있도록 하여야 할 것이며, 도덕 교과에서는 직업윤리 의식을 키울 수 있도록 하여야 할 것이다. 특히, 대학에서는 인문학적 소양 등을 기본으로 하는 직업 기초 능력을 배양할 수 있도록 교양 교과목이나 전공 교과와의 통합교육을 강화할 필요가 있다.

넷째, 미래 사회를 대비하는 부모 교육을 강화하여야 할 것이다. 즉, 자녀가 행복한 삶을 살아가는 데 반드시 갖춰야 할 능력(competency)을 길러줄 수 있도록 하여야 할 것이다. 남들에게 보여주기 위한 자녀의 진로 설계가 아닌 자녀의 인생에 걸친 진로 설계를 해줄 수 있도록 인식 개선이 필요하다. 또한 최근 자유학기제, 창의지성교육과정과 혁신학교, NCS를 통한 능력 중심 사회 구현 등 정부 정책의 변화와 미래 사회의 변화를 이해할 필요가 있다. 빠르게 변하는 미래 사회를 이해하고 자녀의 성공적인 삶과 행복한 삶을 위해 학력, 학벌, 스펙보다는 자녀의 '능력'에 많은 관심을 가져야 할 때가 되었다.

청년의 해외 취업,
어떻게 **확대**할 것인가

노 현 종 (한국교통대학교)*

* nhj6508@naver.com

청년의 해외 취업,
어떻게 확대할 것인가

I. 서론

2008년 이후 글로벌 청년 리더 양성 국정 과제 추진으로 본격화된 청년 해외 취업 지원 사업의 경우 지난 8년간 성과와 한계에 대한 객관적 분석을 통해 새로운 발전 전략 마련이 필요한 시점이다. 또한, 청년 일자리 창출이라는 국가적 과제로서 해외 취업이 갖는 의미를 재정립하고 목표와 전략을 수립해야될 시기이기도 하다. 향후 경제정책은 성장률이 아닌 고용률에 초점을 맞추어 추진되어야 하며 이러한 측면에서 해외 취업은 가장 공격적이고 적극적인 청년 고용 창출 전략이 될 수 있다. 따라서 본 연구에서는 청년 해외 취업 지원 사업의 현황과 문제점에 대한 체계적 분석과 이를 토대로 향후 발전 전략 및 개선 방안 등 정책적 제언을 제시하고자 한다.

II. 해외 취업 지원 사업 현황 및 문제점

1. 사업 현황[1)]

1) 예산

고용부, 국토부, 산업부가 추진하는 해외 취업 지원 사업은 2014년 271.5

---

1 고용노동부 내부 자료(2015), 노현종 외. 「2013년 청년해외취업 연수기관 평가」, 한국산업인력공단, 2015.

고용부, 국토부, 산업부가 추진하는 해외 취업 사업은 2014년 271.5억의 예산이 집행되었으며, 2015년에는 344억 원의 예산을 투입하여 사업을 추진 중이다. 2014년 기준 부처별 집행 예산을 보면 고용부가 202.9억 원(74.7%), 국토부 34.2억 원(12.6%), 교육부 30억 원(11.2%), 산업부 4억 원(1.5%) 순으로 파악된다. 중기 재정 계획상 해외 취업 지원 사업은 계속 증가하여 2017년 427.4억 원에 달하는 것으로 나타남. 이는 2014년 집행액 대비 57.4%가 증가한 수준이다.

[표 1] 연도별 해외 취업 지원 사업 예산 및 집행 현황(단위 : 백만 원)

부처	사업명	2013		2014		2015	2016	2017
		예산액	집행액	예산액	집행액	예산액	예산액	예산액
고용부	해외 취업 지원(연수+알선)	22,501	13,863	23,729	20,289	30,737	37,541	37,541
교육부	세계로 프로젝트	0	0	3,100	3,045	0	0	0
국토부	해외 건설 현장 훈련(OJT) 지원	10,820	4,792	3,420	3,420	3,270	4,800	4,800
산업부	글로벌 취업 상담회	350	350	400	400	400	400	400
소계		33,671	19,005	30,649	27,154	34,407	42,741	42,741

자료 : 고용노동부 내부 자료, 2015.

2) 사업 성과

해외 취업 지원 사업은 사업 유형별로 실적 지표가 상이하지만 해외 취업이라는 최종 목표를 달성키 위한 중간 목표의 성격을 가진다. 2013~2014년 사업 실적을 살펴보면 연수 사업과 2014년 알선 사업을 제외하면 대부분 사업 목표를 달성하였고 2015~2017년 사업 목표는 대체적으로 2014년 실적 대비 소폭 높은 수준이다. 다만, 연수 사업의 경우 목표치가 3천 명인데 '세계로 프로젝트' 통합에 따른 효과이지만 2014년 실적 대비 37.6% 높은 수준이다.

[표2] 해외 취업 사업 실적[2] 추이(단위 : 명)

부처	사업명	2013		2014		2015	2016	2017
		목표	실적	목표	실적	목표	목표	목표
고용부	해외 취업 지원(연수)	2,000	1,696	2,200	1,690	3,000	3,000	3,000
	해외 취업 지원(알선)	800	651	700	734	850	900	950
교육부	세계로 프로젝트	0	0	450	491	0	0	0
국토부	해외 건설현장 훈련(OJT) 지원	400	424	300	335	300	400	400
산업부	글로벌 취업 상담회	0	57	65	81	80	85	90

자료 : 고용노동부 내부 자료, 2015.

해외 취업 사업의 최종 목표인 해외 취업 건수는 2013년 2,088명, 2014년 2,445명으로 나타난다. 정부는 해외 취업 성과를 2016년부터 큰 폭으로 높이는 것으로 목표를 설정하였는데 2017년 취업 목표 인원(4,243명)은 2014년 대비 73.5% 높은 수준이다. 하지만 2014년 기준 예산 10억 원당 해외 취업자가 90.0명에 불과할 만큼 사업 성과가 높지 않다. 사업별로 구분해보면 산업부 사업이 10억 원당 202.5명으로 가장 높고 다음으로 교육부 142.5명, 국토부 98.0명, 고용부 78.6명 순으로 파악된다.

[표3] 해외 취업의 해외 취업 성과(단위 : 명)

부처	사업명	2013 성과	2014 성과	2015 목표	2016 목표	2017 목표
고용부	해외 취업 지원(연수)	956	861	1,183	2,100	2,100
	해외 취업 지원(알선)	651	734	846	1,180	1,653
교육부	세계로 프로젝트	0	434	0	0	0
국토부	해외 건설현장 훈련(OJT) 지원	424	335	300	400	400

---

2 사업 실적은 연수는 연수 인원, 알선은 취업 인원, 현장 훈련은 훈련 인원, 취업 상담회는 취업 인원임.

부처	사업명	2013 성과	2014 성과	2015 목표	2016 목표	2017 목표
산업부	글로벌 취업 상담회	57	81	80	85	90
	소계	2,088	2,445	2,409	3,765	4,243

주 : 해외인턴 취업자 수를 제외한 인원임.
자료 : 고용노동부 내부 자료(2015)

[표 4] 2014년 기준 해외 취업 지원 사업의 성과 분석(단위 : 백만 원, 명)

사업명		2014년 실적		
		집행 예산(백만 원)	취업 인원	예산 10억 원당 해외 취업 건수
고용부	해외 취업 지원(연수+알선)	20,289	1,595	78.6
교육부	세계로 프로젝트	3,045	434	142.5
국토부	해외 건설현장 훈련(OJT) 지원	3,420	335	98.0
산업부	글로벌 취업 상담회	400	81	202.5
전체		27,154	2,445	90.0

자료 : 고용노동부, 내부 자료.

2014년 실적을 자세히 살펴보면 지원 인원(3,280명) 대비 해외 취업자는 2,445명으로 취업률은 74.5%, 고용부 연수 사업의 경우 2013년 연수 참여자(1,690명)의 취업률은 58.8%에 그쳤으나 2013년 9월 K-MOVE 스쿨로 개편하고 취업 인정 기준을 강화함에 따라 질적 측면에서 취업의 질이 향상되었다(K-MOVE 스쿨 취업률 : 74.2% ; 맞춤형 및 GE4U 취업률 : 56.9%). 이에 따라 각 부처별 사업의 취업률은 교육부 89.4%, 국토부 111.7%, 산업부 124.6%로 나타나 실적을 초과 달성한 것으로 나타났다. 그러나, 국토부 사업은 국내 중소 · 중견 건설업체 취업자를 파견하기 때문에 취업률로 보기 어렵고, 산업부 사업은 취업 상담회 참가자 중 해외 취업자인 관계로 지원 인원 개념이 모호한 문제가 있다.

[표 5] 2014년 기준 지원 인원 대비 취업자(단위 : 명, %)

| 부처 | 사업명 | 2014년 실적 | | |
		집행 예산(백만 원)	취업 인원	예산 10억 원당 해외 취업 건수
고용부	해외 취업 지원(연수)	1690	861	50.9
	해외 취업 지원(알선)	734	734	100
교육부	세계로 프로젝트	491	434	89.4
국토부	해외 건설현장 훈련(OJT) 지원	300	335	111.7
산업부	글로벌 취업 상담회	65	81	124.6
전체		3,280	2,445	74.5

자료 : 고용노동부, 내부 자료.
주 : 2014년 연수 인원임.

해외 취업 사업의 취업 성과는 취업 여부뿐 아니라 취업 일자리 특성(직종), 임금 등 일자리 질, 취업 비자 발급 여부, 취업 기간 등을 추가로 고려하는 것이 필요하다. 현재 해외 취업의 내용을 파악할 수 있는 자료가 구축되어 있지 않은 관계로 사업 관계자 면담 및 참여자 FGI를 통해 해외 취업 지원 사업의 현황 및 문제점을 파악해야 한다. 다음의 표는 사업 관계자 면담 및 사업 참여자 FGI를 통해 나타난 문제점 및 개선 방안을 정리한 것이다.

[표 6] 각 사업의 면담 및 FGI 결과

		성과 판단
연수 사업	목적 부합성	글로벌 역량이 부족한 청년층을 대상으로 어학 및 직무, 실습 등을 통해 해외 취업 역량을 강화한다는 측면에서 유용한 사업임.
	성과	해외 취업을 희망하는 청년층에게 연수 및 취업 알선 과정을 통해 글로벌 역량을 강화하고 이를 바탕으로 해외 취업에 대한 기회를 제공한다는 측면에서 긍정적인 의미가 있음 2014년 취업 인정 기준을 강화함에 따라 취업률뿐 아니라 취업의 질이 개선되었음은 긍정적으로 평가할 수 있음. 다만 해외 취업의 내용이나 취업의 질은 여전히 개선 필요성이 존재

성과 판단		
연수 사업	개선 사항	해외 취업 희망자들이 정보 획득에 어려움을 겪고 있는바 언제 어디서나 필요한 정보를 획득할 수 있도록 해외 취업 지원 인프라 확충(사용자 편의적으로 World job을 개선하고 월드잡 앱 개발) 해외 취업 교육의 내실을 기하기 위해서는 연수생 선발에서부터 OJT, 취업처, 사후 관리에 이르기까지 연수 프로그램에 대한 가이드라인을 제시하고 정기적인 관리·감독을 통해 사업의 내실 있는 운영 도모 해외 취업 국가 및 직종을 맞춤형으로 발굴하고 참여자의 전공과 언어 능력을 감안하여 다양한 장·단기 연수 과정을 개설 취업 인정 기준 강화로 취업의 질이 개선되었지만 여전히 고용의 질이 떨어지는 것으로 나타남. 한상 기업 활용이 불가피하지만 참여자의 직무 역량을 강화할 수 있는 취업처를 발굴하는 노력을 강화할 필요가 있음. 연수 기관 사후 관리가 출석 체크, 취업 알선 수준에서만 제공되고 있는데 체계적인 사후 관리를 위한 가이드라인을 제시(취업의 효과성 평가 및 사후 서비스 제공을 위해서라도 사후 관리를 강화할 필요성 존재) 해외 취업은 우리의 정책 의지만으로 실현할 수 있는 것이 아니므로 장기적인 관점에서 범정부 차원에서 정책 추진 필요
해외 건설 현장 인력 지원	목적 부합성	중소, 중견 건설업체의 신규 채용 인력에 대한 해외 현장 훈련지원으로 해외 건설 인력 부족 문제 해결 및 청년층 등 취업 지원
	성과	2014년 기준 업체당 평균 8.5명(94.4백만 원) 지원하여 영세 중소기업의 인력 확보와 경영에 도움 참여자가 신입보다는 경력자 비중(82.0%)이 높고, 연령대별로도 40대 이상 장년층(58.1%) 비중이 높다는 문제점이 존재. 하지만 최근으로 올수록 청년층 채용 비중이 증가해 청년층 해외 건설현장 실무 능력 제고에 기여
	개선 사항	청년들의 해외 진출 활성화를 목적으로 하는 K-MOVE 사업과 달리 동 사업은 중소·중견 건설업체의 신규 채용 인력에 대한 해외 현장 훈련 지원으로 사업 성격이 상이하며, 지원자 대부분이 40세 이상 중장년층으로 청년층 비중은 20% 내외에 그쳐 청년층 해외 취업 지원 사업으로 분류하기 어려움 사업 목적이 전문 해외 건설 인력 양성에 있지만 연수 기업 선정시 OJT 사업 계획의 충실성은 부차적인 기준으로 보여짐. 청년들의 해외 취업 지원이라는 목적을 고려할 때 지원 기업 선정시 지원 인원 요건을 강화하는 것 필요(상용직 채용만 지원하거나 지원 인원 중 일정 비율 이상을 청년층으로 제한하여 청년들의 건설업 신규 유입을 촉진) 참여 횟수 제한이 없고 예산 범위 내에서 연수 기업을 선정하는 관계로 동일 기업이 반복 참여하고 있음. 프로젝트 기간의 계약직 고용 목적이 큰데 참여 기업 관리를 통해 인력 지원 제도로 활용하는 기업의 사업 참여 제한 필요 사업 효과성 제고 및 해외 건설 인력 알선 기능 강화를 위한 사후 관리 강화 필요

		성과 판단
글로벌 취업 상담회	목적 부합성	해외 구인처와 국내 구직 청년 간 채용 주선을 위한 해외 취업 상담회를 통해 구인·구직 알선
	성과	KOTRA의 해외 네트워크를 활용해 적극적으로 일자리를 발굴하고 있으며 해외 취업 실적이 꾸준히 증가(2013년 57명 → 2014년 81명) 글로벌 취업 상담회 참여자의 만족도도 높은 수준임. 이는 참여자들이 원하는 우수한 해외 구인처에 대한 정보를 수집할 수 있을 뿐만 아니라 면접을 통해 취업으로 연계할 수 있었기 때문일 것임. 구인 기업 정보 제공시 일자리 정보 평가 후 등재하므로 해외 취업에서 문제로 제기되는 취업의 질[3]을 일정 부분 담보해내고 있음(다만 취업의 질을 체크할 수 있는 방안 검토 필요) 해외 구인 수요가 많은 전문·특수 직종 채용관을 신규 도입해 특수 직종 분야 경력직의 해외 취업 기회 발굴 및 알선 기능 강화
	개선 사항	KOTRA는 무역, 투자 전문 기관으로 해외 바이어, 투자자 등 네트워크가 풍부해 구인 수요 파악이 용이한바 KOTRA가 파악한 구인 수요에 대한 자료 분석을 통해 해외 연수 및 알선 설계에 활용 필요 해외 취업자 실태 조사를 통해 해외 취업 실태 및 사업 추진상 문제점 등을 파악하여 사업 개선에 반영 필요

출처 : 한국노동연구원 고용영향평가센터, K-MOVE 사업 현장점검평가, 2015.

3) 사업의 성과 판단

사업 개요 및 현장 점검 결과를 이용하여 각 사업의 성과를 판단해보면 다음과 같이 정리할 수 있음.

[표 7] 사업의 성과 판단

	성과 판단
연수 사업	K-MOVE 스쿨 사업 개편 후 취업률이 74.2%까지 상승한 것은 고용부의 제도 개선 노력이 일정 부분 성과를 거둔 것으로 평가할 수 있음.

---

3 산업자원통상부 내부자료(2015)에 따르면 평균 연봉은 3,000만 원 이상임. 비자 타입을 보면 총 취업자 수(13년도 기준)는 57명으로 취업 비자 44명, 인턴 비자 2명, 워킹홀리데이 11명 등으로 나타남.

	성과 판단
연수 사업	하지만 여전히 취업 비자 발급이 용이한 국가로 편중되고, 단순 판매·서비스 일자리로 취업되는 경향이 강함. 국가 및 직무별로 특화된 연수 프로그램을 개발하여 양적인 성과보다는 질적인 성과를 높이는 내실도모 필요. 취업률 목표(70%)를 달성해야만 나머지 30%의 연수 지원금을 받을 수 있는 구조이므로 안정적인 취업률을 확보하기 위해 '돌려막기' 형태의 일자리를 제공할 유인 존재. 이를 방지하기 위해서는 정기적인 모니터링을 실시하여 단순 인력 확보 차원에서 사업에 참여하는 기업의 참여를 제한하고 취업자의 직무 역량을 개발할 수 있는 업체로의 취업 알선을 강화하는 것 필요. 해외 취업자에 대한 사후 관리를 강화하여 현지에서의 애로 요인을 즉시에 해소해주고 현지 체류 중이거나 귀국한 참여자들에게도 적절한 사후 서비스 제공 필요.
해외 건설 현장 인력 지원	중소·중견 건설업체의 인력 지원 프로그램인 관계로 지원 기업 만족도가 높음. 하지만 청년들의 해외 취업 지원 사업으로 보기 어렵고 참여 기업 대부분이 위 사업을 계약직 채용에 활용하고 있는바 해외 건설 인력 양성이라는 사업 목적 달성에 한계가 있는 것으로 보여짐. 사업 목적이 해외 건설 전문 인력 양성에 있으므로 현장 실무 교육의 체계성을 기준으로 운영 기관을 선정할 필요가 있으나 이에 대한 고려가 충분치 않은 것으로 보여짐.
글로벌 취업 상담회	해외 구인처와 구직 청년 간 채용 주선을 위한 구인 구직 알선 사업으로 비교적 적은 비용으로 높은 취업 성과 달성(10억 원당 202.5명 취업). KOTRA가 해외 무역관 등 다양한 네트워크를 활용한 결과이며, 구인 기업 등재 시 일정 기준을 상회하는 기업에 대해 알선하고 있어 취업의 질 문제도 일정 부분 담보해내고 있는 것으로 보여짐. 취업 실태를 파악할 수 있는 정보를 확보하는 방안에 대한 검토가 필요.

2. 문제점[4]

1) 해외 취업 사업의 경우 정책 공급 과잉이나 유사 중복 문제는 낮음

해외 취업 사업은 연수, 알선, OJT 훈련 지원, 취업 상담회로 구성되어 정책 공급이 과다하다거나 사업간 유사·중복 문제가 존재하지는 않는다. 산업부 사업이 고용부의 해외 취업 지원 사업 중 인프라 구축 사업과 유사하지만

---

4   출처 : 노현종 외, 「2013년 청년해외취업 연수기관 평가」, 2015 ; 한국산업인력공단 및 한국노동연구원 고용영향평가센터, 「K-MOVE 사업 현장점검평가」, 2015.

해외 취업 지원 정보 제공 확대라는 측면에서 유사·중복이라고 보기는 어렵다. 국토부의 해외 건설현장 훈련은 사업 성격상 해외 취업 지원 사업으로 분류하기 어려우므로 사업 개선 방안을 도출하거나 사업을 조정하는 것이 필요하다. 해외 취업 지원 사업은 연수 사업의 성과를 제고하는 것이 가장 시급하며 해외 취업 정보 제공에서부터 상담, 알선, 사후 관리 인프라 미비로 여러 문제점이 나타나고 있는바 효과적인 인프라를 구축·정비하는 것 또한 필요하다.

2) 해외 취업 사업의 목적을 분명히 설정

해외 취업 지원 사업에 대한 정책적 노력에도 불구하고 사업 성과가 높지 않다. 전 세계적으로 고용 문제가 핵심 현안으로 다뤄지고 있어 양질의 일자리를 확보하는 것이 용이치 않으며, 유무형의 취업 장벽(비자, 언어, 직무 역량 등)이 존재하기 때문에 국가별 노동시장 구조 및 인력 수요에 맞춰 맞춤형으로 사업을 추진하는 것이 필요하다. 또한, 해외 취업 사업 추진시 사업에 대한 명확한 기준 및 정책 방향을 정립할 필요가 있다.

해외 취업 지원 사업의 궁극적인 목적이 무엇이며 해외 취업시 '취업의 기준'과 '글로벌 역량'이 무엇인지를 명료하게 설정할 필요가 있다. 그간 해외 취업 기준이 명료치 않았기 때문에 해외 취업이 단기 취업에 그쳤고 취업의 질도 높지 않았던 문제가 있다(일부 민간 기관들이 편의적으로 단순 일자리로 취업·알선하는 관행의 한 원인일 수 있음). 더불어, 해외 취업 지원 사업의 추진을 위한 인프라를 구축하고 범정부 차원의 지원 체계를 구축하는 것도 중요하다.

3) 사업 추진 성과 제고를 위한 노력 강화 필요

해외 취업 지원 사업의 예산 10억 원당 해외 취업자 수가 2014년 기준 90.0명에 불과한 것은 성과 제고를 위한 노력이 보다 강화될 필요가 있음을 의미한다. 해외 취업 지원 사업 전 과정에 걸쳐 여러 문제점이 확인된바 해당 문제점을 개선하기 위한 노력이 지속적으로 추진될 필요가 있다. 해외 취업 정보는 범부처 차원에서 집계하고 보다 정확한 정보가 신속 정확하게 공지될 필요가 있다.

또한, 적합 인재가 사업에 참여할 수 있도록 참여자 선발 기준을 정하거나 취업처, 일자리 질, 사후 관리 등에 대해서도 가이드라인을 제시해 참여기관들이 준수케 하는 것이 필요하다. 해외 취업 사업 참여 대학 및 민간 기관의 사업 실적에 대하여는 정밀한 성과 평가를 거쳐 우수기관에 사업 참여를 확대해 관련 분야 시장을 활성화하는 것이 필요하다.

4) 해외 일자리 발굴을 위한 협업 시스템 구축

해외 일자리 발굴은 범정부 차원에서 해외 일자리 정보를 수집·분석하고 맞춤형으로 접근하는 것이 필요하다. 이를 위해서는 각국 노동시장에 대한 정확한 분석이 필요하다. 사업의 효과적인 추진을 위해서는 국내 인력의 해외 취업이 가능한지, 해당국에 국내 인력에 대한 수요가 존재하는지, 제의되는 일자리가 국내에서 용인되는 수준의 일자리인지, 해당 일자리에 취업하기 위해서는 어느 수준의 학력 및 직무 능력이 요구되는지 등을 정확하게 파악하는 것이 요구된다.

현지 노동시장 상황에 대해서는 KOTRA, 무역협회, 대사관 등이 비교 우위를 가지고 있으므로 이들 기관들이 현지 노동시장 구조, 비자 문제, 현지 취업 가능성 등을 고려해 일자리를 발굴할 수 있도록 하고 고용부(공단)는 위 일자리 정보를 활용해 어떤 직무 교육이 필요한지 여부를 판단해 연수 교육 프로그램 개발에 활용하는 방식으로 기관 간 협업 시스템을 구축해야 한다. 또한, 기관 간 협력 시스템 구축을 위해서는 부처 간 연계·협력 체계를 구축할 필요가 있다.

5) 해외 취업 사업 참여자에 대한 사후 관리 강화 및 사업 참여자 DB구축

사후 관리가 출석 체크, 취업처 알선 수준에 그치고 있는데 현지 체류 기간

뿐 아니라 귀국 후에도 필요한 서비스가 제공될 수 있도록 사후 관리를 강화해야 한다. 사후 관리에 대한 명확한 기준(사후 관리 기간, 사후 관리 내용, 사후 관리 보고 의무 등)을 설정할 필요가 있다.

해외 취업의 성과 평가 및 사후 취업 지원 서비스를 제공키 위한 시스템 구축이 필요하다. 해외 취업을 경험한 상당수가 국내로 복귀 후 다시 해외 취업을 시도하는 것으로 나타나는데 이들에게 적절한 취업 지원 서비스를 제공해 해외에서 쌓은 실무 경험을 재활용할 수 있도록 범부처 차원의 해외 취업 지원 사업 참여자 DB를 구축해야 한다.

Ⅲ. 발전 전략 및 개선 방안[5]

1. 기본 방향

1) 해외 취업 지원 사업의 전략적 목표의 재구축

해외 취업 지원 사업은 청년들의 글로벌 역량 증진(경력 형성), 해외 일자리 개척(해외 취업)과 국내 기업의 시장 확대 및 해외 진출의 교두보 역할이라는 3가지 목표를 가지고 전략적으로 디자인하여 접근해야 한다.

글로벌 역량 증진(경력 형성)은 '청년들을 해외 노동시장으로 유인 → 글로벌 경력 형성 → 보다 나은 일자리로 이동'이라는 취지에서 접근하여야 하며, 해외 취업 지원 사업은 단순한 취업처 발굴·알선에 그치지 않고 해외 진출 국내 기업의 경쟁력 제고라는 측면에서 국가별, 직종별 중심으로 맞춤형 연수와 알선으로 설계 및 운영, 추진을 시행해야 한다.

---

5 노현종, 고용노동부 청년 고용과 전문가 회의 내부 자료 등, 2015.

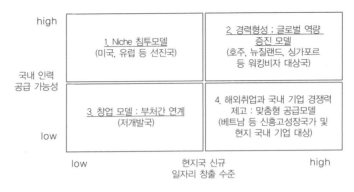

[그림 1] 전략 목표에 따른 사업 재편 운영 모델

교육부의 세계로 지원 사업 통합으로 해외 취업 지원 사업을 2번과 4번 모델로 이원화하여 전략적 목적에 맞춘 지원 사업 재설계가 필요하다. 글로벌 경력 형성이라는 목적에 맞게 세계로 지원 사업과 통합하여 글로벌 역량 증진 모델(2번 모델)로 확대 개편해야 한다. 해외 취업과 국내 기업 경쟁력 제고를 위한 맞춤형 공급 모델(4번 모델)을 집중 육성하고 장기 과정 위주로 사업을 재설계하여 국가별, 직종별로 체계적인 수요와 공급 관리 시스템을 구축하도록 해야 한다.

- 비자 유형 : 싱가포르 WP 비자 취업, 호주, 뉴질랜드 등 WH 비자 취업
   모두 취업 비자로 인정(2015년 하반기 이후 추진)
- 지원 대상 확대 : 지원 대상을 전문대학교(졸업자 포함)에서 지방 4년제
   대학교(졸업생 포함)로 확대, 개편함으로써 청년 고용 취약 계층 지원이
   라는 정책 방향에 맞게 설계
- 국가별, 직종별 맞춤형 공급 모델 우수 연수 기관
   ① 대우세계경영연구회 : 베트남, 미얀마 등 동남아시아 신흥국 전자, 건
      설, 물류 등
   ② 한국무역협회와 JSL인재개발원 등 : 일본 IT 분야
   ③ 해외교육진흥원 : 호주 유아 보육 교사 분야

2) 부처 간 협력 및 대학과의 긴밀한 파트너십 구축을 중심으로

- 정부 부처 간 협력 및 정책 조정 기능 강화

해외 취업 지원 사업은 사업 특성상 다양한 부처가 관계하는바 정책 조정 기능을 강화할 필요가 있다. 특히, 일자리 발굴은 KOTRA(혹은 KORCHAM) 및 대사관 등의 전문성을 활용하고, 연수 및 알선은 고용부, 체류 지원은 해외 국내 공공 기관의 해외 지사 및 대사관 등이 역할을 수행하는 방식으로 역할을 분담한다.

- 교육부와의 협력을 통한 제도 개선

대학 평가(대학알리미) 국제화 지표에 '해외 취업'과 '해외 취업 연수 참여'를 포함하는 방안이 있다. 현재 외국인 유학생의 경우 국제화 지표에 포함되어 있어 in-bound뿐만 아니라 out-bound까지 포함하는 것은 합리적 제도 보완이 될 것이다. 특히, 글로벌 경력 형성 모델의 경우 대학의 우수한 글로벌 인재 공급이 사업 성패의 관건인바, 이에 대한 교육부의 협력 요망된다. '해외 취업 연수 참여 대학 졸업생'의 경우, 대학 평가 취업률 산정 모수에서 유예되며 현행 제도하에선 대학 졸업생(예정자 포함)을 장기 연수 사업에 참여시킬 경우 미취업자로 분류된다(대학은 오히려 연수 참여를 기피).

- 대학과의 긴밀한 파트너십 구축

대학 중심 장기 과정 위주 사업 재설계의 성공을 위해 IPP 사업과 대학창조일자리센터가 선정되었다. 각 세부 내용은 다음과 같다.

① IPP 사업 선정 13개 대학 : 장기 연수 과정 운영시 가산점, 장기 연수 과정 참여 학생의 경우 장기현장실습자 실적으로 인정
② 대학창조일자리 센터 선정 22개 대학 : 장기 연수 과정 운영시 가산점, 장기 연수 과정 학생 참여를 실적 지표화

2. 발전 방안[6]

1) 고용부 해외 취업 지원 사업

고용부 해외 취업 지원 사업은 사업 내실화와 해외 취업 인프라 구축 측면에서 개선 방안을 도출할 수 있다. 해외 취업 지원 사업 내실화를 위해서는 범정부 차원의 전략적 접근이 필요하고 사업 수행 실적에 대한 엄밀한 평가가 필요하다.

(1) 지역별, 직종별 맞춤형 해외 일자리 발굴을 위한 협업 시스템 구축.

해외 취업 사업의 효율성 제고를 위해서는 국가별, 직무별 접근이 필요하다. 이를 위해서는 해외 노동시장에 대한 정확한 분석이 필요하다. 각국 노동시장의 상황이 다르므로 효과적인 해외 취업 사업 추진이 용이치 않은 문제가 있다. 사업의 효과적인 추진을 위해서는 국내 인력의 해외 취업이 가능한지, 사회적으로 용인되는 수준의 일자리인지, 해당국에서 한국 인력에 대한 수요가 존재하는지 등을 정확하게 파악하는 것이 필요하다.

현지 노동시장 상황에 대해서는 KOTRA, 무역협회, 대사관 등이 역량을 가지고 있기 때문에 이들이 현지 노동시장 구조, 비자 문제, 현지 취업 가능성 등을 고려해 일자리를 발굴할 수 있도록 하고 고용부(공단)는 위 정보를 활용해 직무 교육이 필요한지 여부를 판단해 연수 교육 후 취업 알선하는 방식으로 기관간 협업 시스템을 구축해야 한다. 구인처 발굴은 참여자의 글로벌 역량 증진과 국내 기업의 시장 진출 확대 지원 차원에서 접근해 재정 투입의 효율성을 제고해야 한다. 기관 간 협력 시스템 구축을 위해서는 국무조정실 주도로 부처 간 연계·협력 체계를 구축하는 것이 필요하다(해외 취업 지원 사업 특성상 고용노동부가 주관하는 것도 가능).

6　출처 : 노현종 외, 「2013년 청년해외취업 연수기관 평가」, 한국산업인력공단, 2015 ; 한국노동연구원 고용영향평가센터, 「K-MOVE 사업 현장점검평가」, 2015 ; 노현종, 고용노동부 청년 고용과 전문가 회의 내부 자료 등, 2015.

(2) 우수기관 육성을 통한 해외 취업 지원 사업 효과성 증진.

현재 해외 취업 사업에 다수의 기관이 참여 중인데 성과가 좋은 대학·기관에 보다 많은 기회를 제공하는 것이 필요하다. 기관 평가 결과 및 참여자의 만족도 조사 등을 활용하여 우수기관은 안정적으로 사업을 운영할 수 있도록 하고 인원 배정에서도 인센티브를 부여하여 역량 있는 기관을 육성할 수 있다. 이에 따라 우수기관 육성시 부실 연수, 부실 알선에 따른 문제점을 줄일 수 있으며, 해외 취업 희망자에게도 정확한 정보를 제공할 수 있다.

(3) 취업 직무 능력 향상시킬 수 있는 해외 취업처를 적극 발굴.

해외 취업의 현실을 감안하여 단계적으로 접근이 필요하다. 현지 언어나 기업 문화에 대한 낮은 이해 때문에 현지 기업 취업이 용이치 않고, 해외 취업 참여자의 취업 역량을 감안할 때 처음부터 글로벌 기업이나 현지 기업 취업은 가능성이 낮다. 이러한 이유로 일정 기간 한상 기업에서 경험을 쌓은 후 현지 기업으로의 전직을 지원하는 방식으로 접근해야 한다. 다만 해외 취업 사업이 성공적으로 안착되기 위해서는 취업시 직무를 향상시킬 수 있는 기회를 제공하는 것이 중요하다.

한상 기업일지라도 직무를 향상시킬 수 있고 career development가 가능한 업체를 발굴해 현지에서의 취업지 속성을 강화하거나 적어도 귀국하더라도 경력으로 연결될 수 있도록 하는 것이 중요하다. 이러한 문제점을 완화하기 위해서는 연수 기관 선정시 해외 취업처를 평가할 수 있는 방안을 도입하거나 해외 취업 참여자를 대상으로 하는 실태 조사를 정기적으로 실시하여 연수 기관 선정시 활용하는 방법이 있다.

(4) 해외 취업 연수 과정 가이드라인 제시

현재 기관별로 연수생 모집 기준 및 사전교육, OJT 등이 상이한데 공단이 기본적인 가이드라인을 제공하고 연수 기관은 이 기준을 준수케 하는 것이 필요하다. 미국이나 캐나다의 경우 취업 비자를 발급받기 위해서는 관련 전공자

여야 하나 비전공자를 참여하게 하는 사례가 존재한다. 또한 서비스 직종의 경우 언어 능력이 중요함에도 교육과정에 언어 수준 격차가 큰 교육생을 한 반으로 묶어 수업하는 경우가 많은 것은 연수 과정 운영에 대한 기준이 불분명하기 때문이다.

과정별로 해외 취업에 필요한 요건을 확인한 후 연수생 모집시 요건에 부합하는 연수생을 모집하는 것이 중요하다. 이러한 문제점을 해소하기 위해서는 교육과정별로 연수 과정 운영 및 취업 직종 등의 최소한의 기준을 제시할 필요가 있다. 아울러 산업인력공단은 해외 취업 대상국의 노동시장 상황이나 직업 전망, 직업별 임금 등 근로조건에 관한 정보, 기업 문화 등과 관련한 책자를 제작·배포해 사전 교육시 활용토록 하는 것이 필요하다.

(5) 사업의 효과성 평가 및 효과적인 사업 추진을 위해 연수생 및 취업자에 대한 사후 관리 강화 필요

연수 종료 후 취업까지 일정 시간이 필요하기 때문에 어느 시점까지 사후 관리가 가능한지를 판단 후 사후 관리 기준(사후 관리 기간, 사후 관리 내용, 사후 관리 방법)을 제시할 필요가 있다. 해외 취업 사업 참여 기관에 사후 관리에 대한 책임을 강화할 필요가 있으며 내실 있는 사후 관리를 위해 필요한 경우 소요 비용을 지원할 수 있다. 또한, K-MOVE 사업에 참여했던 청년들을 대상으로 연수 과정 및 해외 취업의 경험 등을 통해 글로벌 역량이 향상되었는지 등을 파악하기 위해 정기적인(2~3년 단위) 실태 조사를 실시할 수 있도록 참여자 DB 구축이 필요하다.

(6) 해외 취업 일자리 발굴을 위해 FTA나 고용허가제 활용 방안 검토

세계경제의 국제화로 상호간 무역 증진 및 물자나 서비스 이동을 자유화시키는 자유무역협정이 활발하게 진행되고 있다. 자유무역협정을 통해 국가간 인적, 물적 교류가 활발해지고 있는데 그 핵심 쟁점은 전문 인력의 이동 자유화이다. 자유무역협정시 상대국에서 인력 수요가 있는 전문직을 해외 취업 사

업과 연계시키거나 자격증 상호 인정 방안에 대한 검토가 필요하다.

또한 우리나라는 2004년 8월부터 고용허가제에 의거해 저숙련 인력을 도입하고 있는데, 2015년 3월 말 현재 55만여 명의 국적 동포 및 외국 인력이 국내에 체류 중이다. 국내의 고용허가제와 연동해 저숙련 인력 송출국에 일정 비율의 전문직 쿼터를 요청하는 방안을 검토할 수 있다.

(7) 해외 취업 인프라 구축 측면에서 해외 취업 정보 제공, 상담 및 알선 인프라 확충을 위한 지속적 노력 필요

해외 취업 인프라 구축 해외 취업 정보를 체계적으로 수집하고 정보의 접근성 강화를 위한 온·오프라인 인프라를 대대적으로 확충할 필요 있음. 즉, 범부처 차원에서 해외 취업 정보를 체계적으로 수집하고 해외 취업지원센터 등 확충, 상담 전문 인력 양성, 역량 진단 프로그램 개발, 해외 취업 앱 개발, 해외 취업 구인 구직 DB를 구축하는 등 인프라 정비가 시급하다.

K-move센터 확충 및 내실화 현지 일자리 발굴, 취·창업 지원, 기 취업자 사후 관리를 위해 2015년 현재 10개소의 K-MOVE센터가 운영되고 있다. 하지만 센터 운영비 지원을 통해 계약직 2명을 채용하여 업무를 추진 중인데 계약직 2명으로 사업이 효과적으로 추진될 수 있을지 의문이고 전문성 제고에도 한계가 존재할 것이다. 해외 취업 전초 기지인 K-MOVE센터의 내실을 도모해야 한다. K-MOVE 센터를 지속적으로 확충하되, 사업이 내실 있게 추진될 수 있도록 운영비 지원을 확대하고 우수 일자리 발굴 가능성이 높은 국가에는 지원 인원을 확대해야 한다.

K-move 멘토단 K-MOVE 멘토단에 최근에 해외 취업을 성공적으로 이수한 기 참여자를 멘토로 참여시키고, 멘토단 사업 점검을 통해 미비점을 지속적으로 보완해야 할 필요가 있다.

해외 취업 성공 장려금 해외 취업 성공 장려금은 장기 근속을 유도하는 방

식으로 개편해야 한다. 현재는 취업 1개월, 6개월 시점에 각각 150만 원을 지급하고 있는데, 사후 관리 강화 차원에서 1개월, 6개월, 1년 시점에 장려금을 지원하되 지원 차수별로 지원금을 달리하는 것을 검토할 필요가 있다(예 : 1차 50만 원 → 2차 100만 원 → 3차 150만 원).

민간 취업 알선 국내외 민간 취업 알선 업체가 양질의 일자리에 취업 알선 시 수수료를 지급하고 있는데 예산 대비 사업 성과가 높으므로 사업의 확대가 필요하다. 취업자 연봉 수준뿐 아니라 취업 일자리 질을 고려할 수 있는 방안을 장기적으로 검토해야 한다.

해외 취업 박람회 해외 취업 희망자를 대상으로 하는 해외 취업 박람회는 연 2회 KOTRA와 연계해 추진하되 국가별, 직종별로 특화된 소규모 해외 취업 박람회를 활성화해야 한다.

2) 국토부의 해외 건설현장 인력 지원

국토부의 해외 건설현장 훈련은 신규 채용 인력에 대한 해외 현장 훈련 지원 사업으로 해외 건설 인력을 양성하는 데 사업 목적이 있으나 연수 기업의 OJT가 얼마나 효과적으로 진행되는지 불분명하고 지원자 중 청년층 비중이 20% 내외에 불과해 청년층의 해외 건설산업 유입 효과도 제한적이다. 해외 취업 지원이라는 사업 목적을 달성할 수 있도록 사업을 개선할 필요가 있다. 사업 목적이 전문 해외 건설 인력 양성에 있으므로 지원 기업 선정시 OJT의 충실성을 기준으로 선정해 사업 내실을 도모하는 것이 필요하다.

지원 기업 선정시 지원 인원 요건을 강화하는 것이 필요하다. 일부 기업들이 동 사업을 계약직 채용에 활용하고 있는데 근로조건 불만족으로 인한 중도 탈락률과 이직시 비건설업 취업 가능성이 높은 것으로 보여진다. 그만큼 재정 투입에 따른 해외 전문 건설 인력 양성 효과가 제한될 가능성이 높다. 정규직 고용에 한해 지원하고 지원 인원 중 청년층을 일정 비율 이상 채용토록 함으로써 청년 고용 촉진을 도모할 필요 있다. 사업 특성상 반복 참여가 불가피한 것으로 보여지지만 사업 추진에 따른 해외 취업 효과를 제고키 위해 참여 횟수가 증가할수록 청년층 정규직 고용 비중을 높이는 방식으로 사업을 설계하는 것도 고려할 수 있다(정규직 전환 실적과 연계해 다음 연도 지원 결정).

3) 산업부의 글로벌 취업 상담회

산업부 사업은 해외 취업 박람회로 성격상 공공 기관을 통한 취업 알선으로 고용부의 인프라 구축 사업과 다소 중복된다. 고용부 사업과 통합하는 것도 방안이지만 KOTRA의 네트워크를 활용한다는 차원에서 현재와 같은 방식의 사업 추진이 적절할 수 있다. 구인처 발굴시 일정 기준을 적용하여 등재하고 있으므로 민간에 비해 취업의 질이 양호할 것으로 추정된다(다만, 사업 효과성 점검 필요).

KOTRA의 해외 네트워크를 통한 일자리 발굴 지원이라는 측면에서 사업 강화가 필요하다. 산업부 사업은 사업 예산 대비 취업 성과가 높으므로 적정 수준까지 예산을 확대하여 해외 취업 사업의 성과를 제고해야 한다. 해외 취업 지원 인프라 확대 차원에서 고용부가 소요 예산을 지원해야 하며 KOTRA를 통해 발굴된 해외 구인 정보를 연수 사업에 활용할 수 있도록 기관 간 연계 · 협력 구축 방안을 마련하는 것이 필요하다.

청년 실업을 해결하려면
청년 창업을 활성화해야 한다

김 진 수 (중앙대학교)*

* sunny@cau.ac.kr

청년 실업을 해결하려면
청년 창업을 활성화해야 한다

Ⅰ. 서론

국내 경제는 1960년대 이후 제조업 기반의 수출주도형 성장 전략으로 급속한 성장을 이루어냈으며, 그 결과 삼성, 현대, LG와 같은 글로벌 기업의 등장이 가능하게 되었다. 하지만 2000년 이후 수출 증가와 제조업 성장이 고용 확대를 유발하지 못하는 고용 없는 성장이 지속되면서 새로운 일자리 창출 방안을 찾는 것이 시급한 실정이다.

한국은행과 IBK 경제연구소에 따르면 국내 경제의 실제 성장률 및 잠재 성장률은 장기적으로 3%대로 하락할 것으로 전망하고 있다. OECD가 예측한 전 세계 잠재 성장률 역시 점차 하락하는 것으로 예측되고 있으며, 그중에서도 한국의 하락폭이 가장 큰 것으로 나타나고 있다.

이와 같은 상황에서 청년 일자리 창출을 위한 새로운 대안으로 청년 창업 활성화가 국가정책의 중요한 아젠다로 인식되고 있다. 창업 활성화를 통한 일자리 창출 효과는 많은 연구에서 제시되고 있다. 미국의 카우프만재단의 연구 결과에 의하면, 창업한 지 1~5년 사이인 신생 기업의 신규 고용 창출 규모와 평균 고용 인력 수준은 창업한 지 5년 이상 된 기업보다 더 높은 것으로 나타나 창업을 통한 새로운 일자리 창출 효과가 매우 큰 것을 알 수 있다(카우프만 재단, 2009. 11).

한편, 세계 각국의 창업 활동 지수를 연구하는 GEM(Global Entrepreneurship Monitor)의 연구 결과에 따르면 한국은 혁신형 국가에 속하는데, 이러한 국가에서는 창업이 새로운 경제 활성화를 위한 원동력이 된다고 할 수 있다. GEM이 창업 활동과 1인당 GDP 간의 상관관계를 분석한 결과 U자형 그래프 형태가 나타난 결과는 이러한 사실을 뒷받침한다.

즉, 국민소득이 낮은 저개발 국가에서는 취업할 만한 대기업들이 많지 않기 때문에 개인들이 생계를 유지하기 위해 창업 활동에 활발히 참여한다. 반면, 어느 정도 경제 발전이 되어 개발도상국이 되면 중소기업, 중견기업, 그리고 대기업이 등장함에 따라 취업을 통한 일자리가 확대되기 때문에 개인들의 창업 활동은 점차 감소한다. 하지만 국가의 1인당 GDP가 2만 5천 달러 정도 수준이 되면 그래프의 변곡점에 도달하게 되고, 이후 1인당 GDP를 3만 달러 이상으로 상승시키기 위해 창업 활동이 다시 증가하게 된다.

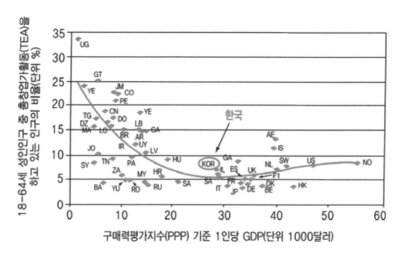

출처 : GEM, 2009

[그림 1] 국민 1인당 GDP와 창업 활동 간의 상관관계

이 같은 패턴에 따라 오늘날의 창업 강국이라 불리는 미국, 유럽, 그리고 이스라엘 등의 국가들은 이와 같은 패턴을 인지하고 1인당 GDP가 2만 달러

가 넘는 시점에서 국가 경제 발전의 원동력으로서 창업 활성화 사업을 전개하였다.

미국은 1인당 GDP가 2만 달러에 접어든 1988년부터 청소년부터 대학교까지의 창업 교육을 체계적으로 전개하기 시작하였으며, 그 결과 미국 창업 기업들의 산실인 실리콘밸리의 기적과 함께 구글, 페이스북 등과 같은 세계적인 기업들이 배출되는 성과를 거두고 있다. 특히, 실리콘밸리의 성장을 지탱해 온 스탠퍼드 대학은 기업가정신센터를 통해 동문기업 3만 9,900여 개를 배출하였으며, 이들 기업이 창출한 일자리 규모는 약 540만여 개, 연간 매출액은 2조 7천억 달러에 달하는데 이는 국내 GDP의 2배(연간 3,000조 원)에 해당하는 수준이다.

영국 역시 1인당 GDP가 2만 달러에 달한 1996년부터, 이스라엘은 2006년부터 대학 창업 교육을 확대하며 혁신형 창업 활성화를 장려하였다. 특히, 이스라엘은 세계 최고의 스타트업 국가로 불리며 전 세계의 벤치마킹 대상이 되고 있다(과학기술정책연구원, 2012).

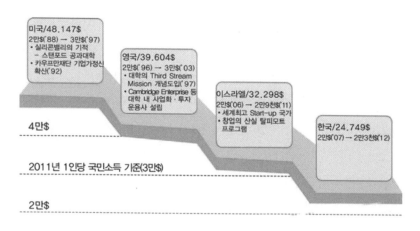

출처 : 과학기술정책연구원, 2012

[그림 2] 국가별 경제 발전 단계와 창업 활성화 시기 비교

반면, 국내는 1인당 GDP가 2만 달러를 넘어선 2007년부터 청소년은 물론 대학교까지 창업 교육을 확산해야 함에도 불구하고, 사회 전반적으로 기업가 및 창업에 대한 부정적 인식, 안정적인 직장에 대한 선호도가 높은 관계로 적절히 대응을 해오지 못한 문제가 있다.

그러나 2012년도부터 교육부의 산학협력선도대학(LINC) 육성사업 등이 확대되면서 대학 창업 교육의 양적, 질적 수준이 향상하고 있음은 다행스러운 일이다. 또한, 최근 들어 중소기업청의 벤처 · 창업 지원 예산 규모는 2014년 기준 약 2조 534억 원, 미래창조과학부 약 791억 원에 이르고 있어, 국가 전체적으로 창업 활성화를 위해 많은 예산 지원이 이루어지고 있다.

2013년 9월에는 정부가 '대학 창업 교육 5개년 계획'을 발표하여 대학생 창업 활성화를 위한 대책 및 방안 마련을 지속적으로 추진하고 있다. 이에 따라 2014년 대학생 창업자 수 및 창업 기업 수는 2012년 대비 각각 22.7%p, 17.8%p가 증가하였고 대학생 창업 기업의 일자리 창출 규모 역시 동기간 동안 16.8%p가 증가하는 성과를 보였다(대학알리미 자료, 2015).

이처럼 정부에서 많은 창업 지원 예산 투입과 다양한 창업 지원 정책을 추진하고 있지만, 정작 청년 창업률의 성장세는 기대에 미치지 못하고 있다. 통계청(2011. 8)의 자료에 의하면, 연령대별 자영업주의 분포에서도 청년층에 해당하는 15세~29세 사이의 비중은 3.6%에 지나지 않는 것으로 나타났다. 2014년에 들어서 대학생 창업 현황은 과거에 비해 개선되었음에도 불구하고, 대학생이 창업한 기업 수는 2014년 기준으로 278개, 대학생 창업자 수는 297명, 그리고 대학생 창업 기업의 고용 인원 수는 총 326명에 불과하다. 이 수치는 대학별 평균 학생 창업자가 약 1.1명에 지나지 않음을 나타내고 있어, 기대보다 대학 창업 활성화의 성과를 크게 체감하기 어려운 실정이다(대학알리미 자료, 2015).

2015년 상반기 기준 청년 실업률이 외환 위기 직후인 1999년 7월 이래 사상 최고치를 기록하고 장기적으로는 국가 경제성장률이 하락할 것으로 예측되는 시점에서, 고용 없는 저성장 문제를 해결할 특단의 대책 마련은 우리나라가 풀어야 할 시급한 과제이다. 결국, 새로운 국가 성장 동력 및 일자리 창출 방안으로 청년 창업 활성화를 말하지 않을 수 없는 시점이 되었다. 청년 창업은 고용 측면에서 청년에게 자기 고용의 기회를 제공하고 신규 창업을 통한 추가 일자리 창출 효과를 기대할 수 있는 방안이 되기도 하며, 창업 시장 측면에서는 기술·지식 집약적인 청년층의 창업 확대를 통해 창업 업종의 고도화를 이룰 수 있는 촉진제가 되기 때문이다.

따라서 청년 창업 활성화를 적극적으로 이루기 위해서는 청년 창업을 저해하는 요인은 무엇이고 기존의 창업 지원 정책이 청년층을 비켜간 측면이 없는지, 필요한 지원 정책 마련에 소홀하지 않았는지 등을 살펴보고 자문해볼 필요가 있다. 나아가 이러한 문제들을 해결할 수 있는 개선 방안을 강구하는 것이 현 시점에서 중요한 과제라 할 수 있다.

II. 정책 제언

2007년부터 중소기업청을 중심으로 창업 생태계를 선진화하기 위한 많은 노력을 기울여왔다. 하지만 여전히 청년 창업 활성화를 가로 막고 있는 9가지 장벽(barriers)이 있어 이를 개선하기 위한 노력이 시급하다.

9가지 장벽에 대하여 창업 프로세스 관점에서 살펴보면 [그림 3]과 같다.

창업의 일반적 프로세스를 보면, 예비 창업자 단계를 거쳐 개인들이 창업에 도전하게 되고, 창업보육센터 등 BI센터에 입주하여 역량을 키운 후 시제품 개발 단계를 거쳐 상용화 제품을 개발하여 제품 판매 단계에 이르게 된다. 이후 판매 확장에 성공하면 중소기업을 거쳐 중견기업으로 성장하거나, M&A를 통해 그동안의 노력을 보상받고 시장에서 엑시트(exit)할 수 있다.

이와 같은 창업 프로세스상에서 (예비) 칭입 기업이 이전 단계에서 다음 단계로 넘어가는 데 있어서 저해 요인이 없다면, IPO로 더 큰 기업으로 성장하거나 M&A 등을 통해 성공적인 엑시트가 가능하다. 그러나 현재 우리나라 청년 창업 현황은 창업 성장 단계별로 청년 창업 활성화를 저해하는 요인이 존

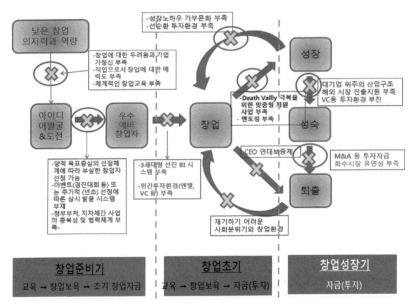

[그림 3] 국내 창업 생태계의 구조적 문제점 : 프로세스 관점

재하여, 청년들이 창업을 주저하게 되거나 창업을 하더라도 향후 글로벌 기업으로 성장하는 데 한계점이 있다.

예를 들어, 예비 창업기 및 창업 준비 단계에서는 사회 전반적인 창업에 대한 부정적 인식과 안정적인 직업 선호 추세와 더불어, 청년들의 창업에 대한 두려움 및 기업가 정신 부족이 새로운 아이디어와 창업 기회를 창출하는 데 있어 장애 요인이 되고 있다. 그럼에도 불구하고 아직까지 청년들의 창업에 대한 인식 전환 및 기업가 정신 함양을 위한 체계적인 창업 교육은 부족한 실정이다.

한편, 예비 청년 창업가들이 창업 기회를 포착하여 창업에 도전한다 할지라도, 청년 창업가를 발굴 및 육성하는 데 있어서 체계적인 지원 시스템이 미흡하다. 단순히 신규 창업률 증가에 기여하는 창업자가 아닌, 글로벌 진출 가능성, 가젤 기업과 같은 고성장형 기업으로의 성장 가능성이 높은 유망 청년 창업가를 선발하기 위한 체계적인 선발 시스템, 그리고 이들의 성장을 가속화시킬 수 있는 선진화된 인큐베이팅 시스템이 강화될 필요가 있다.

다음으로 창업 초기 단계에서는 초창기 기업들이 죽음의 계곡(death valley)을 극복하고 다음 단계로 도약할 수 있는 기반이 마련되어야 한다. 정부의 창업 지원은 성장 단계별로 창업 준비 및 신규 창업 활동이 가장 높은 비중을 차지하고 있다. 신규 창업뿐만 아니라 이들 기업이 성장기로 접어들어 높은 성과를 창출하거나, M&A 등을 통해 성공적으로 엑시트할 수 있는 환경 조성 및 지원 체계, 즉, 멘토링 지원 시스템 강화, 투자 환경 개선 및 회수 시장 활성화가 뒷받침되어야 한다.

마지막으로 창업에 실패할 경우 재기가 어려운 사회적 분위기 및 창업 환경으로 인해 유망 창업자 및 이들의 창업을 통해 창출한 혁신·기술 등의 성과가 시장에서 사장되지 않도록 하기 위한 제도 및 지원 프로그램을 구축하는 것이 필요하다.

이상과 같이 창업 프로세스별로 국내 창업 생태계의 구조적 문제점을 개선하는 관점에서 청년 창업 활성화를 위한 정책적 제언을 제시하고자 한다.

1) 창업에 대한 두려움 극복 및 기업가 정신 함양

미래학자이자 경제정책 전문가인 IT 경제학 교수 레스터 서로(Lester Thurow)는 『지식의 지배(Building Wealth)』에서 부를 창출하는 요소 중 기업가 정신을 으뜸으로 꼽는다. 현대사회에서는 지식 축적을 통한 기술 혁신이 부를 창출할 수 있는 원동력이라 했다. 즉, 모험을 즐기고 변화에 신속히 대응하는 기업가 정신 없이는 기술 혁신 그 자체가 결코 부를 창출할 수 없다는 점을 강조한다.

그러나 국내 청년들은 해외 다른 국가 청년들과 비교할 때 기업가 정신이 낮은 것으로 나타나고 있다. 세계기업가정신발전기구(2015)에서 조사한 국가별 기업가 정신 순위에 따르면 우리나라는 120개국 중 32위에 그쳐, 세계 13위에 달하는 GDP 규모를 고려해볼 때 국가 경제 발전에 비해 다소 낮은 기업가 정신 수준이다.

가장 큰 원인은 창업의 실패에 대한 두려움과 부정적 인식이 강하여 창업에 도전하는 것을 주저하고 있다는 점과 여전히 대기업, 공무원 등 안정적인 직장을 선호하는 청년들의 직업관에 있다. 또한, 청년들은 창업을 하더라도 부가가치가 높은 IT 등의 분야보다는 생계형 창업에 관심을 갖고 있는 편이다.

최근 한국무역협회(2015)[1]가 한국 · 중국 · 일본 3국의 대학생 및 대학원생 총 534명을 대상으로 실시한 온라인 설문 조사에서도 동일한 결과가 확인되었다. "창업하겠다"는 응답이 한국 6%, 중국 40%, 일본 3.8%로 한국과 중국 간 차이가 6배를 상회하였다. 양국 젊은이들의 창업 동기에도 차이가 있는데, 한국은 "취업이 어려워서"라고 응답한 학생들이 중국보다 3배 정도 많았으나 중국은 "자유롭게 일하고 싶어서"라는 대답이 1위인 것으로 나타났다. 창업 희망 업종도 한국은 요식업(31%) 등 창업과 소멸이 빈번히 일어나는 생계형 창업 업종을 가장 많이 선택한 반면, 중국에서는 IT 분야(20%)가 최고 인기 업종이다.

이처럼 한국 학생들이 '취업'을 선호하는 것과 달리 중국 학생들이 '창업'에 적극적인 분위기를 보이고 있는 것은 중국이 현재 대학 중심의 선순환 창업 생태계를 조성하여, 40여 개의 대학, 글로벌 IT기업을 비롯한 외국 기업들 2,000여 개가 위치해 있는 베이징의 중관춘에 청년 창업 관련 선진 인프라를 구축한 것이 큰 역할을 하고 있기 때문이다.

우리나라 청년들도 보다 높은 기업가 정신을 바탕으로 창업에 관심을 갖고 창업 활동에 도전하려면, 중국의 대학 중심 창업 생태계 조성 노력을 벤치마킹할 필요가 있다. 중국뿐만 아니라 창업 선진국인 미국과 유럽 역시 대학을 중심으로 한 창업 생태계 조성, 기업가 정신 교육의 확산 및 의무화에 적극적인 모습을 보여왔다.

따라서, 국내 대학 내 기업가 정신 교육의 확대는 물론 청년들에게 희망과

---

1   http://news.chosun.com/site/data/html_dir/2015/12/02/2015120203679.html

비전을 심어줄 수 있는 롤모델 발굴과 적극적인 홍보가 필요하다. 안정적인 직장만을 선호하기보다는 과감히 창업에 도전하여 꿈을 실현하는 창업인이 많이 배출되고, 이들의 직업 경로가 보다 적극적으로 홍보될 필요가 있다. 최근 '김기사'의 626억 M&A 성사, '배달의 민족'의 1조 원 매출 달성 등 성공하는 창업가 사례가 많은 청년들에게 창업에 대한 꿈과 비전을 심어줄 수 있는 좋은 예라 할 수 있다.

또한 창업에 대한 막연한 두려움을 없애고 자신감을 기를 수 있도록 경험 위주의 실전 창업 교육을 위한 자금 지원이 필요하고, 초·중·고등학생 때부터 체계적인 기업가 정신 교육을 하는 것이 필요한 시점이다.

2) 청년 예비 창업자의 체계적인 선발 시스템 개선

정부의 창업 활성화를 위한 예산 투입과 정책적 지원이 많이 이루어지고 있으며, '대학 창업 교육 5개년 계획' 발표 이후 청년 창업 역시 본격적인 지원을 위한 기틀이 마련되고 있다. 이와 같은 정부의 창업 지원 노력으로 신설 법인 수와 신규 벤처 투자 규모가 사상 최대를 기록하는 등 '제2의 벤처·창업 붐'이 일어날 것이라는 기대가 있다.

그렇다면 지금의 벤처·창업 붐이 IT 버블로 끝난 10여 년 전과 다른 점과 달라져야 할 지향점은 무엇일까? 가장 큰 차이점은 2000년대 초 대비 정부의 창업 활성화를 위한 지원이 크게 확대되었다는 점이다. 결국 정부 지원을 받는 창업 기업 역시 양적으로 성장하고 있는데 이러한 기업들이 질적 성장을 함께 달성하도록 하려면 창업 지원 기업의 선발 시스템을 개선하는 것이 필요하다.

특히, 청년 예비 창업자의 경우 시니어에 비해 창업 지원 대상 선발시 레퍼런스가 부족한 측면이 있으므로, 이들의 숨겨진 면모를 잘 파악할 수 있도록 선발 시스템을 체계적으로 개선하는 것은 더욱 중요한 과제이다. 필요하다면, 예비 창업자 선발시 일정 비율을 청년 창업가에게 배정하는 것도 바람직하다.

즉, 청년들은 시장성이 높고 독특한 창업 아이디어를 보유하고 있음에도 불구하고 시니어에 비해 전문적인 경력과 경험 수준이 상대적으로 부족할 수 있어, 유망 예비 청년 창업가들이 선발시 제외될 가능성이 있기 때문이다. 반면, 선발 기준이 명확하지 않고 선발 프로세스가 체계화되어 있지 않을 경우 창업 의도가 약하고 창업 역량이 부족한 청년들이 선발되어 사회적 비용이 발생하고 창업 실패율이 높아질 가능성도 존재한다.

따라서 청년 예비 창업자의 선발 시스템을 체계적으로 개선할 필요가 있으며, 이를 위해 첫째, 창업 역량 평가를 위한 체계적인 진단 체계를 개발하고 선발 프로세스에 적용하여 객관적 진단 평가 결과에 따라 유망 예비 청년 창업자를 선별하는 방안을 고려할 수 있다. 둘째, 1차 서류 심사, 2차 면접 평가를 통해 청년 예비 창업자를 선발하는 현행 선발 시스템에서 개인의 역량을 심도 있게 평가할 수 있는 과정을 병행할 필요가 있다. 핀란드의 Startup Sauna의 경우 1차 Demo-day 평가로 우선 유망 창업자를 선발한 후 약 한 달 동안의 집중 교육을 통해 유망 창업자를 발굴하는 관찰식 멘토링 평가 시스템을 도입하여 체계적이고 객관적인 평가를 실시하고 있다. 또한, 대부분의 해외 선진 엑셀러레이터는 3~4개월 동안의 교육을 통해 기간 동안의 예비 창업자를 관찰하고 평가하는 시스템을 갖추고 있다.

국내 역시 역량 있는 청년 창업가들을 구분해낼 수 있도록 역량 평가 진단 체계 개발, 관찰식 멘토링 평가 시스템 등의 적용을 통한 선발 과정 체계화를 고려하는 것이 중요하다.

3) 청년 예비 창업자의 인큐베이팅 시스템 선진화

정부의 대학 창업 활성화에 대한 본격적 지원 시작으로 최근 들어 대학생 창업 기업 수는 증가하고 있는 추세이나, 대학별 평균 학생 창업자가 약 1.1명에 그치고 있어 아직까지 투입 예산 대비 대학발(發) 창업률의 증가폭은 크지 않은 실정이다

이에 대한 가장 큰 이유는 대학들이 대부분 기본적인 창업 교육에 중점을 두고 있어, 대학생들이 기본적인 창업 역량을 쌓은 후 실제 시제품을 개발하는 등 실전 창업시 필요한 인프라 지원 또는 관련한 연계 지원이 대학 내에 부

족한 점이다.

반면, 청년 창업 선호도가 높은 중국은 창업 전 과정을 대학 간 활발히 연계하고 있으며 40여 개 대학이 위치한 베이징 중관춘에 대학생들의 창업 지원이 가능한 인프라를 구축하고 대학을 중심으로 한 선순환 창업 생태계를 조성해두고 있다. 즉, 창업 관리 기관, 창업 지원 기관, 창업 인큐베이션 센터, 협력 대학과 연구소, 국내외 유수 기업이 유기적으로 연결된 창업 생태계를 구축해 세계적인 기술 창업 지역으로 부상했다.

국제무역연구원 보고서(2015)에 따르면 중관춘에는 대학 과학기술원, 유학생 창업 단지, 창업 유관 시설 등이 유기적으로 통합된 중창 공간이 마련되어 있어, 대학생들이 창업 아이디어만 보유하고 있으면 저렴한 비용으로 전문적인 창업 지원 서비스를 받을 수 있다. 또한, 중관춘에 위치한 칭화대는 산학연계 활동을 활발히 수행하여 100개가 넘는 자회사를 설립하는 등 대학생 창업을 적극적으로 지원하고 있으며, 베이징대의 경우에도 창업 트레이닝(training) 캠프를 개최해 창업 멘토링과 투자를 지원하고 있다.특히 인재 유치 정책으로 중관춘 입주 기업의 임직원 평균 나이는 33세, 석·박사 인력이 20만 명이상일 정도로 젊고 고학력 청년들이 몰리고 있다.

이를 위해 중국 정부는 전폭적인 지원을 하고 있다. 정부는 첨단과학기술을 보유한 대졸자에게 베이징 거류증과 의료보험, 주거 지원 등을 패키지로 제공하고 있으며, 특히 주거 지원의 경우 일반 임대료의 20~30% 정도만 내고살 수 있는 임대 아파트를 제공하고 있다. 창업하고자 마음만 먹고, 도전할 만한 아이디어가 있다면 창업에 대한 부담과 두려움 없이 도전할 수 있는 생태계 지원이 시급하다.

국내 역시 중국의 대학 창업 생태계와 같이 청년들의 실전 창업에 필요한 인프라와 지원 프로그램을 개발하여 석극적으로 확대해나갈 필요가 있다. 특히, 창업 교육에 많은 예산이 투입되는 것과 대비하여 실전 창업률은 부족함을 감안할 때, 창업 교육 후 실전 창업에 도전할 수 있는 시제품 개발 지원, 실전 멘토링, 네트워킹 시스템 등을 보다 강화할 필요가 있다.

4) '죽음의 계곡' 극복을 위한 맞춤형 패키지 지원 시스템 강화

한국은 OECD 주요 회원국 중 창업 이후 1년 및 3년 후 생존율이 최하위 순위를 기록하고 있으며, 이는 주로 초기 창업 기업이 개발 기술을 사업화하는 과정에서 '죽음의 계곡(Death Valley)'에 직면하기 때문이다.

특히, 청년 창업에 있어서 죽음의 계곡은 해결해야 할 중요한 이슈가 된다. 이는 통상적으로 초기 기술 창업 기업이 개발 기술을 사업화하는 과정에서 죽음의 계곡에 직면하게 되는데, 기술·지식 집약적인 청년층 창업 특성상 청년 창업가들이 어려움에 직면할 가능성이 높아지게 된다. 또한, 죽음의 계곡 극복은 기업가 정신과 다양한 창업 경험을 가진 창업자가 유리한 것으로 제시되고 있으나 청년들은 기본적으로 시니어에 비해 이러한 역량을 갖추기에는 시간적인 제약이 있다.

결국, 청년 창업 활성화를 위해서는 청년들이 창업한 기업들이 죽음의 계곡을 무사히 극복하고 생존율이 제고될 수 있도록 성장 단계별 맞춤형 지원 시스템이 강화될 필요가 있다.

정부의 벤처 투자 활성화 정책에 따라 최근 벤처 투자 기업에 대한 투자 금액은 가파른 성장세를 보이고 있다. 창업 기업에 해당하는 업력 1년 이하~7년의 초·중기 기업에 대한 2014년 신규 벤처 캐피털 투자는 2011년 대비 29.9% 증가, 전년 대비 31.0%가 증가하였다. 하지만, 2011~2014년 연평균 전체 투자 규모를 기업 업력별로 살펴보면, 초·중기 단계 기업 대비 상대적으로 안정 단계에 들어선 후기 단계 기업에 대한 투자 비중이 54.2%로 가장 높으며, 2014년 역시 후기 단계 기업에 대한 투자 비중이 44.4%로 가장 높아, 여전히 초기 기업에 대한 투자 비중은 낮은 실정이다.

따라서, 우선 청년 창업 기업들이 어려움을 겪는 죽음의 계곡 구간인 초기 성장 단계에 대한 지원 비중을 확대하고, 관련 지원 정책을 강화하는 것이 중요하다. 또한, 사후 관리 강화를 통해 기업의 지속성을 높이는 노력 또한 필요하다. 중소기업청·중소기업진흥공단이 운영하는 '청년창업사관학교 지원 사업'의 경우 5년간 성장 이력 추적 관리 시스템을 도입하여 입교생이 졸업 후에도 성장을 지속할 수 있도록 지원하고 있는데, 이러한 사후 관리 시스템을 다양한 청년 창업 지원 사업으로 확대하는 것을 고려할 필요가 있다.

5) 성공한 선배 창업가들의 멘토링 지원 시스템 구축

정부는 선배 창업가들의 멘토링 지원을 확산하기 위해 2013년 '벤처 1세대 멘토링 센터'를 설립하여 1세대 벤처인들의 역량을 자산화하고, 이를 통해 (예비) 창업자들에게 멘토링을 제공하고 있다. 또한, 재기 및 재도전을 앞두고 있는 창업자들에게도 멘토링이 제공될 수 있도록 체계를 마련하고 있으며, 단계별 평가 및 지원을 통해 재창업 성공률을 제고하고자 하였다.

이와 같은 멘토링 지원 체계는 청년 창업가들이 성장하는 데 있어서 특히 중요한 부분이다. 청년들은 시니어에 비해 보유 네트워크, 관련 경력 및 경험이 상대적으로 부족할 수 있는데, 다양한 창업 경험은 창업 기업들이 죽음의 계곡 극복을 위해 필요한 주요 역량 중 하나이기 때문이다. 따라서 청년 창업가들을 대상으로 한 성공한 선배 창업가들의 멘토링 지원 시스템 구축은 청년 창업 기업의 성장을 위해 필수적인 요인이 된다.

특히, 청년 예비 창업가들의 실무적 역량을 보완할 수 있도록 해당 산업 분야의 전문성 있는 성공 창업가로 멘토를 확보하고, 단기적, 일회성 멘토링보다는 밀착형 멘토링이 가능한 선배 창업가들을 멘토 풀로 구성하여 그들의 성공 DNA가 다음 세대에 흡수하여 발전할 수 있도록 하는 것이 중요하다. 단순히 노하우와 경험을 제공하는 것 외에 애정이 결합된다면 더욱 진정성 있는 멘토링이 될 수 있을 것이다. 최근 한 대학에서는 선배 창업가들이 멘토링은 물론 창업 공간이 부족한 학생들을 위해 월 임대료를 대신 납부하여줌으로써 선후배 창업인 간의 끈끈한 멘토링과 지원 시스템을 가동하여 큰 효과를 거두고 있다.

또한, 미국의 경우 하버드, MIT, 스탠퍼드 대학원이 통합 동문회를 출범하여 창업 멘토링을 하고 있다는 점을 고려하여, 대학 동문 멘토링 프로그램을 통해 지속적인 멘토링이 이루어질 수 있는 기반 마련도 각 대학들이 앞장서 고민해볼 필요가 있다.

6) 초기 창업 기업에 대한 투자 환경 개선

국내 벤처 캐피털 시장은 2014년 GDP 대비 신규 투자액 비중을 기준으로 OECD 국가 중 다섯 번째로 큰 것으로 나타났으며, 전반적으로 OECD 평균 대비 높은 성적을 내고 있다. 또한 지난 2014년 신규 벤처 캐피털 투자 금액은 전년 대비 61.9% 증가한 2조 5천 382억 원으로, 역대 최대 규모를 기록했다.

하지만 전체적인 신규 벤처 캐피털 투자 규모가 증가하고 있음에도, 기업 성장 단계별 투자 비중은 초창기 기업 대비 상대적으로 안정적인 후기 단계 기업에 집중되어 있다. 정부의 벤처·창업 지원 예산 규모 역시 신규 창업 지원 대비 초기 성장 단계 지원에 대한 비중은 낮은 수준이다.

즉, 정부의 창업 정책 자금은 초기 창업 기업에, 민간 투자 자금은 죽음의 계곡을 지나 매출이 검증된 후기 성장 기업에 집중되어 있어 기업들이 어려움을 겪는 죽음의 계곡 구간에는 자금 조달 공백이 발생하는 경우가 많다.

그러나 고등학교를 졸업하고, 또는 대학교를 졸업하고 이제 갓 창업 시장에 뛰어든 청년 창업가들이 업력이 높은 기업으로 성장시키기란 시간적이고도 물리적인 제약이 있을 수밖에 없다. 결국 청년 창업가들이 창업을 향후 진로로 선택하고 창업한 초기 기업을 죽음의 단계 다음으로 성장시킬 수 있는 장기 로드맵을 그리기에는 이들이 접근 가능한 투자 환경은 미흡한 편이라 볼 수 있다. 따라서 초기 창업 기업에 대한 투자를 촉진할 수 있는 인센티브제 도입 등 제도적 개선이 필요한 시점이다.

7) M&A 등 회수 시장 유연성 강화 및 M&A 활성화

청년들이 창업에 도전할 때 자신이 자유롭게 즐기면서 할 수 있는 일을 선택하는 것도 있지만, 수년간 고생한다면 취업하는 것보다 훨씬 많은 자산을 축적할 수 있다는 기대감도 매우 중요한 사실이다. 실제로, 미국의 대학생들은 수년간 고생한 선배들이 M&A를 통해 수십억의 몫돈을 만드는 성공 사례를 보며 창업의 꿈을 꾸고 있다. 최근 김기사의 택시앱을 다음카카오에서 수백원에 M&A를 하여 전국을 놀라게 하였다. 이와 같은 M&A 성공 사례가 많이 나올 때, 청년들은 창업에 대한 꿈과 기대감을 높일 수 있으며, 창업에 도전하는 용기가 생길 수 있다.

과연 우리나라의 M&A를 통한 회수 시장은 어떤 수준일까? 미국과 같은 창업 강국과 비교할 때 매우 낙후되어 있다. 우리나라는 IPO 대비 M&A를 통한 투자 자금 회수 비중이 해외에 비해 낮은 편이다. 미국의 경우 2014년 상반기 건수 기준으로 M&A 비중이 76.2%, IPO가 23.8%의 비중을 차지한다. 반면, 국내 벤처 기업의 회수 시장 현황을 살펴보면, 2014년 기준으로 장외 매각이나 상환 및 프로젝트를 통한 자금 회수 비중이 70%를 상회하는 반면, IPO와 M&A 비중은 각각 20.2%, 0.5%에 불과하다.

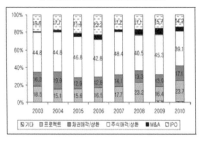
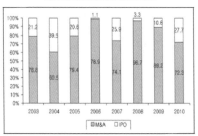

출처 : KVCA Yearbook, 2011

[그림 4] 우리나라와 미국의 투자자금 회수유형 비교

득히, 사금력이 부족한 청년 창업가들에게는 M&A가 죽음의 계곡에 빠지기 전에 투자금을 회수할 수 있는 중요한 방안이 됨에도 불구하고, 아직까지 국내 M&A 시장 상황은 예비 창업자들이 창업에 도전하는 데 있어 장애가 되고 있는 실정이다.

최근 정부의 노력으로 다양한 M&A 활성화 대책이 마련되고 있으나, 아직까지 시장에서 이를 체감하기 어려우며, M&A 기업 간 원-원하는 성공적인 사례도 찾아보기 힘든 상황이다. 따라서 M&A 활성화를 위한 혁신적이고 파격적인 제도를 개선하는 것과 지원 프로그램을 개발하는 것이 중요하다.

8) 창업 실패 시 합리적 퇴출 제도 정비

국민내비 김기사, 소셜커머스 티켓몬스터 등 청년 창업가가 일군 대표적인 청년 창업 기업들이 나타남에 따라 제2의 청년 창업 성공 사례를 꿈꾸는 청년들이 창업 시장에 합류하고 있다. 하지만 청년 창업 열풍에 따라 준비되지 않은 창업 기업들이 양산되게 되면, 창업 실패를 겪는 청년들이 급격히 증가할 가능성 역시 존재한다.

최근 정부에서는 실패 기업의 재기 및 재도전 환경 조성을 위해 관련 제도와 지원 사업을 적극 추진하고 있다. 주요 지원 제도로는 경영 위기 중소기업 재기 지원, 사업 정리 지원, 개인 신용 회복 지원, 재도전 기업인 재창업 지원 등이 있는데, 아직까지 지원 사업의 복잡성 및 부정적 사회적 인식 등 재도전 환경이 열악하여 재기 의지가 있어도 재창업 포기자 및 실패자가 발생하고 있는 실정이다.

이와 같은 창업 실패 기업에 대한 지원 문제는 특히 청년 (예비) 창업가에게는 창업뿐만 아니라 창업한 기업을 운영하는 데 있어서도 필수적인 선결 조건이 된다.

국내 청년들은 창업 실패에 대한 위험 부담으로 창업에 도전하기를 주저하기 때문에, 창업 실패에 대한 사회적 안전망이 구축되지 않으면 이들이 창업 시장에 진입하는 데 있어 큰 장벽이 된다. 또한, 청년들은 시니어에 비해 사회생활 경험이 많지 않음에 따라 자신의 순수 여유 자본보다는 주변의 인적 네트워크를 활용한 인적 보증으로 창업 기업에 투자하고, 이에 따른 채무를 지는 것이 대부분이며 추가로 투자 자금을 확보하기도 어려운 상황이다.

하지만 현행 실패 창업자 지원 정책들은 아직 도입 초기 단계로서 재기가 필요한 사람들에 있어서 지원 사업에 대한 인지도가 낮으며, 융자나 보증 방식으로 청년 창업가들에게는 너무나 높은 퇴출 장벽을 형성하고, 주로 초창기 창업 기업보다도 중소기업 위주의 지원이 많은 비중을 차지하고 있어 청년 창업가들이 선뜻 지원을 신청하기에 접근성이 높은 편이 아니다.

따라서 창업 실패시 실패 기업에 대한 신속하고 합리적인 정리를 통해 기업인이 재기할 수 있도록 여건을 정비하는 것이 중요하다. 즉, 초창기 청년 창업가들의 사회적 안전망이 될 수 있는 청년 창업 맞춤형 재도전 지원 제도 신설을 고려할 필요가 있으며, 기존의 제도를 활용하더라도 지원 사업을 합리적으로 개편 및 간소화하고 인지도를 제고시키는 방향으로 퇴출 제도를 재정비할 필요성이 있다.

이를 통해 청년 창업자들의 창업 마인드 위축을 방지하고, 이들이 창업 실패 후 사회활동 및 재기가 제한되지 않도록 사회적 안전망을 구축해야 한다.

9) 창업 실패 후 재기 문화 조성 및 극복 프로그램 강화

하버드대 경영대학원 로런 게리 교수는 "실리콘밸리의 성공 창업자들의 평균 도전 횟수는 2.8회"라고 하였다. 실패한 창업자들이 다시 성공하고, 성공한 창업자들에게 실패 경험이 있는 이유는 바로 실패 경험들이 소중한 자산으로 작용하기 때문이다. 실패 창업자들이 다시 재기하여 성공하는 것은 국내 창업 생태계의 선순환 구조 구축에도 의미가 있는 부분이다. 결국 국내 창업 생태계를 비옥하게 하기 위해서는 끊임없이 재도전할 수 있는 환경을 조성해야 한다. 특히, 청년 창업자들의 신선하고 독특한 아이디어와 우수한 기술력이 시장에서 사장되는 것을 막기 위해서는 재기에 힘을 실어주는 분위기를 조성하는 것이 더없이 중요하다. 이를 위해 실패한 창업자들 중 우수한 역량을 가진 실패자와 성실한 실패자를 집중 지원하고 이들로부터 성공 사례를 발굴하여 적극적으로 홍보할 필요가 있다.

또한, 청년들의 창업 열정이 한 번의 창업 실패로 꺾이고, 인생의 낙오자로 낙인 찍혀 사회생활이 어려워지지 않도록 극복 프로그램 강화를 통해 이들이 장래에 대한 불안을 갖지 않도록 하는 노력이 병행되어야 한다.

최근 중소기업청은 미래창조과학부·금융위원회·부산광역시 등과 함께 '재도전 지원 사업'을 통합하여 실패 후 재도전하는 창업가 지원에 힘쓰고 있다. 올해 사업 규모는 중기청 기준 2,722억 원으로 지난해보다 약 530억 원 (24.1%) 늘어난 가운데 재창업 지원 사업은 재창업 교육부터 사업화까지 평가해 최대 1억 원을 지원하는 '패키지형 재도전 지원'과 기술 개발을 지원하는 '재창업 아이디어 기술 개발 사업' 등의 교육을 받을 수 있도록 지원하고 있다.

이 같은 재도전 지원 사업을 널리 홍보하고 청년층에 적합한 형태의 다양한 맞춤형 지원 사업을 개발하고 지원함으로써, 실패 후 신용 불량자로 전락하는 것이 아니라, 실패는 성공 창업을 위한 하나의 좋은 경험과 스펙을 쌓은 것이며, 재도전을 희망하면 언제든지 도전할 수 있는 지원 프로그램이 든든히 받쳐줄 수 있도록 프로그램 강화가 필요하다.

Ⅲ. 맺음말

고용 없는 저성장 기조 속에서 청년 실업 문제는 우리나라가 가장 시급히 해결해야 할 주요한 고용 문제 중 하나가 되고 있다. 창업은 신규 일자리 창출이라는 측면에서 청년 실업을 해결하는 근본 대책이 될 수 있다. 물론 창업이 청년 실업 문제를 100% 해결하는 만병통치약이 될 수는 없지만, 고성장 가능성이 높은 혁신기회형 창업에 집약되어 있고 열정과 패기, 에너지가 넘치는 청년 창업 기업들이 미래에 창출할 가치는 현 시점에서 가늠하기 어려울 정도라고 판단된다.

최근 창조경제 정부에 들어 국내 벤처·창업 활성화를 위한 정책적 지원이 추진되고 있으며, 해외 창업 선진국들이 추진하는 방향과 같이 국내에서도 청년 창업을 위한 다양한 지원 사업들이 마련되기 시작하였다. 그럼에도 불구하고 아직까지 우리나라 청년들의 기업가 정신과 창업에 대한 인식은 다른 주요 국가들 대비, 그리고 정부의 지원 노력 대비 적극적이지 않은 모습을 보이고 있다.

이제는 창업 프로세스 관점에서 청년 창업자들이 직면할 수 있는 장벽들을 다시 한 번 되짚어보고 청년 창업 활성화를 위한 단계별 지원 및 개선 방안을 새롭게 모색해야 할 시점이다. 그럼으로써 이들의 가치창출형 에너지가 '창업 → 투자 → 성장 → M&A → 재창업(투자)'의 선순환 고리 속에서 뿜어 나올 수 있도록 국가 차원에서 적극 지원해주는 것이 장기적으로 '고용 있는 고성장'을 달성하기 위한 중요한 어젠다라 할 수 있다.

참고문헌

이영민 · 조성은 **청년 고용 정책의 역사 : 과거부터 현재까지**

관계 부처 합동,「청년실업 현황과 대책」, 2003.
──────,「청년고용 촉진대책─학교 · 노동시장 이행 원활화를 중심으로」, 2005.
──────,「고졸 이하 청년층고용 촉진대책」, 2006.
──────,「청년고용 촉진대책」, 2008.
──────,「청년고용 추가대책」, 2009.
──────,「고등학교 직업교육 선진화 방안」, 2010.
──────,「청년 내일만들기 1차 프로젝트」, 2010.
──────,「고졸시대 정책을 위한 선취업 후진학 및 열린고용 강화방안」, 2012.
──────,「청년 고용절벽 해소 종합 대책」, 2015.
고용노동부,『노동백서』, 1999~2009.
──────,「종합실업대책」, 1999.
──────,「청소년 인력개발 및 고용촉진대책 수립」, 추진 정책 해설 자료, 2000.
──────,『실업대책백서─1998~2000년까지』, 2001.
──────, 국가고용지원서비스 보고회 보도자료, 2005.
──────,『고용노동백서』, 2010~2015.
──────,「직무능력을 키우고 취업기회도 얻는 2016 고용디딤돌을 밟아라」, 고용노동부 보도자료, 2016. 2. 16.
국정홍보처,『국민의 정부 5년 국정자료집』, 2003.
김영재 · 정상완,「한국 역대 정부의 청년실업정책 비교연구」,『취업진로연구』3(2), 2013.
김우현,「고용안정정보망을 활용한 진로 지도」,『진로 교육연구』11(1), 2000.
대한민국정부,『이명박 정부 국정백서』, 2013.
이장우 · 구문모 · 황신희,「청년창직 · 창업인턴 성과 평가 및 활성화방안 연구」, 고용노동부 연구용역 보고서, 2010.

김유빈 청년 고용의 실태와 문제, 그리고 정책적 시사점

고용노동부, 「중소기업청년인턴제의 고용영향평가」, 2013.
강세욱, 「취업 취약계층 일자리 사업 평가」, 국회예산정책처, 2015.
김유빈 · 전주용, 「청년층 노동시장의 주요 특징과 정책 시사점」, 한국노동연구원, 2014.
류장수, 「청년인턴제의 성과 분석」, 한국노동연구원, 『노동리뷰』 7월호, 31~45쪽, 2015.
안주엽, 「중장기경제발전전략 노동분야」, 정책세미나, 2015.
이규용, 「청년실업과 경력형성」, 한국노사관계학회, 『산업관계연구』 11(2), 2015.
이병희, 「청년실업과 경력형성」, 한국노사관계학회, 『산업관계연구』 11(2), 2002.
전승환 · 이한별, 「일학습병행제의 현황, 성과 및 향후 과제」, 한국직업능력개발원, 2015.
천영민 · 윤정혜, 「대졸자의 직업 이동 실태분석 연구」, 고용과 직업연구, 2008b.

류장수 지역 청년 인재의 유출이 문제다

김형만 · 류장수 · 장원섭 · 강영호, 「'지역인재채용장려제' 도입을 위한 지방대생 민간기업
    취업 현황 파악 연구」, 미발표보고서, 2004.
류장수, 「지방대학 졸업생의 노동시장 성과 분석―수도권 대학 졸업생과의 비교」, 『노동경
    제논집』 28(2), 2005.
━━━, 「지역인재의 유출실태 및 결정 요인 분석」, 『지역사회연구』 23(1), 2015.
━━━ · 김종한 · 박성익 · 조장식, 「부산지역 청년층 역외유출 현황과 방지 방안에 관한
    연구」, 부산광역시 · 고용노동부, 2012.
━━━━━━━━━━━━━━━ · 곽소희, 「공공기관의 지방인재 채용실태 및 결정 요인
    분석」, 『산업관계연구』 23(3), 2013.
이병희 · 류장수 · 장수명 외, 「교육과 노동시장 연구」, 한국노동연구원, 2005.
Bruce A. Weinberg, "Developing science: Scientific performance and brain drains in the de-
    veloping world", *Journal of Development Economics*, 95, 2011.
Iowa Civic Analysis network, Brain Drain Initiatives, The University of Iowa, 2007.
━━━━━━━━━━━━, Iowa Brain Drain, The University of Iowa, 2007.
Mohammad Reza Iravani, "Brain Dain Problem: A Review". *International Journal of Business
    And Social Science*, 2(15), 2011.
Oded Stark, Christian Helmenstein, Alexia Prskawetz, "A brain gain with a brain drain", *Eco-
    nomics Letters*, 55, 1997

박가열 **취약 청년층의 취업 지원을 확대해야 한다**

교육과학기술부 외, 「고졸시대 정착을 위한 선취업 후진학 및 열린고용 강화방안」, 2012.

교육부, 「고졸 취업 활성화 방안」, 2014.

김유선 · 권혜자 · 김종진 · 이명규, 「고졸 청년층 노동시장 분석」, 한국고용정보원 연구보고서, 2009.

노경란 · 허선주, 「특성화고 졸업 청년층의 취업 결정 요인」, 한국직업능력개발원, 『직업능력개발연구』 15(2), 2012.

박성재, 「고졸자 초기 경력형성에 관한 연구―1965~79년생을 중심으로」, 한국노동연구원 연구보고서, 2014.

박진희, 「고졸 미진학 청년층의 노동시장 현황과 시사점」, 한국고용정보원, 『고용이슈』 5(2), 2012.

여성가족부, 『2014 청소년 백서』, 2015.

――――, 『청소년사업안내 II권』, 2015.

최동선, 「고졸 신입직원의 직장적응 실태」, 한국직업능력개발원, 『KRIVET Brief』 제52호, 2014.

한국청소년정책연구원, 『학교 밖 진로 가이드북』, 2014.

http://www.jobcorps.gov/AboutjobCorps.aspx 2016.02.01.

http://www.servicecanada.gc.ca/eng/epb/yi/yep/newprog/skillslink.shtml 2016.02.01.

채창균 **청년 니트 문제를 완화하자**

정연순 외, 「취업 지원을 위한 청년 니트 실태조사」, 한국고용정보원, 2013.

채창균 외, 「유휴청년연구」, 한국직업능력개발원, 2008.

――――, 「청년 니트의 실태와 정책적 시사점」, 한국직업능력개발원, 『THE HRD REVIEW』 11월호, 2015.

European Foundation for the Improvement of Living and Working Conditions(2012), NEETs Young people not in employment, education or training: Charateristics, costs and policy responses in Europe, Publications Office of the European Union.

나영선 **재정 지원 청년 일자리 정책, 달라져야 한다**

고용노동부, 『한권으로 통하는 청년 고용 정책』, 2014.

――――, 「노동시장 구조개선 추진현황」, 2015. 3.

고용노동부 직업능력정책국, 「취약애로계층의 직업훈련 현황」, 노사정위원회 발표 자료,
　2015.
관계 부처 합동, 「제1차 청년고용 T/F논의 안건」, 2015. 3.
김기헌, 「통계청 생활시간 조사」, 2004년 원자료 분석, 2008.
──, 「한국의 청년 고용쟁점:니트(NEET)」, 제5차 능력중심구현 및 청년고용 활성화 포
　럼 자료, 고용노동부·한국직업능력개발원, 2015.
김용성, 「청년취업활성화 방안」, KDI포커스, 2014.
김진수, 「대학창업 활성화 방안」, 청년고용포럼 발제 자료, 고용노동부, 2015.
나영선, 「청년 일자리 활성화, 저출산 추세 반전을 위한 근본적 해법모색 : 고용·교육·
　주거대책을 중심으로」, 보건복지부·한국보건사회연구원 주관 세미나 자료,
　2015. 5.
──·김철희·윤여인·김현수, 「고부가서비스분야 전문인력 양성방안」, 한국직업능력
　개발원, 2013.
──·이상돈·나동만·홍광표, 「국가기간·전략산업직종훈련 서비스 분야 인력 양성
　효율화 방안」, 한국직업능력개발원, 2014.
박　동·박천수·이종선, 「대학 창업교육훈련 생태계 조성방안」, 한국직업능력개발원,
　2014.
슈미트, 「한국의 청년실업:독일 및 이행노동시장 관점에서」, 『The HRD review』, 이슈분석,
　2013.
오호영, 「대졸 고학력 청년고용 촉진지원방안 연구」, 청년고용포럼 발제 자료, 고용노동부,
　2015.
정원호·나영선·류기락, 「이행 노동시장 연구:이론과 정책 과제」, 한국직업능력개발원,
　2011.
주무현, 「청년고용정책의 효율화 방안 토론자료」, 청년고용포럼 발제 자료, 고용노동부,
　2015.
주독일대사관, 「독일의 이원화 대학 교육현황」, 내부 자료, 2014.
한국노동연구원, 「청년고용 지원사업군 평가」, 고용보험평가사업 연구시리즈, 2014.
한국은행, 최근의 고용상황과 양질의 일자리 창출, 2012.
OECD, Education at a Glance, 2013.

오민홍　청년 취업자의 노동시장 차별, 무엇이 문제인가

김영미, 「경쟁과 규제─차별 완화 기제들의 효과와 한계」, 『한국사회학』 14(6), 2007.
김주영, 「한국의 임금 격차, 성별 임금 격차의 분석」, 한국노동연구원, 연구보고서, 2009.

서옥순·오민홍, 「부산지역 대졸자의 지역 이동에 관한 연구」, 『질서경제저널』 15(4), 2012.

신광영, 「한국의 성별 임금 격차 : 차이와 차별」, 『한국사회학』 45(4), 2011.

오민홍, 「Determinants of Young People Not in Education, Employment, or Training in Korea」, 『고용과 직업 연구』 1(2), 2007.

──── · 윤혜린, 「청년 신규 취업자의 노동시장차별에 관한 연구」 17(2), 2014.

오호영, 「대학서열과 노동시장 성과—지방대생 임금차별을 중심으로」, 『노동경제론집』 30(2), 2007.

채창균, 「유휴청년연구」, 한국직업능력개발원, 연구보고서, 2009.

황수경, 「실업률 측정의 문제점과 보완적 실업지표 연구」, 『노동경제논집』 33(3), 2010.

Berndt, Ernst R., The Practice of Econometrics: Classic and Contemporary, Addison-Wesley Publishing Company, 2001.

Blinder, Alan S., "Wage Discrimination: Reduced Form and Structural Variables," Journal of Human Resources, Vol. 8, 1973.

Cotton, J., "On the Decomposition of Wage Differentials," Reiview of Economics and Statistics, Vol. 70, pp.236~243, 1988.

Daymont, T. N. and P. J. Andrisani, Job Preferences, "College Major, and the Gender Gap in Earninigs," Journal of Human Resources, Vol. 19, 1984.

Neumark, David, "Employer Discrimitory Behavior and the Estimation of Wage Discrimination," Journal of Human Resources, Vol.23, No. 3, 1988.

Oaxaca, Ronald, "Male-Female Wage Differentials in Urban Labor Markets," International Economic Review, Vol. 14, 1973.

OECD, "Women and Men in OECD Countries", 2006.

────, "OECD Economic Surveys Japan", 2011.

Reilly, Kevin and Tony S. Wirjanto, "Does More Mean Less? The Male/Female Wage Gap and the Proportion of Females at the Establishment Level," Canadian Journal of Economics, Vol. 32, Issue 4, 1999.

Reimers, C. W.,, "Labor Market Discrimination agsinst Hispanic and Black Men," Review of Economics and Statistics, Vol. 65, 1983.

오계택 청년 노동시장의 직무 및 임금의 개편을 위하여

강홍준, 「대학 재정지원사업 선정 평가의 순위 역전(rank reversal) 문제와 대응 방안 : 대학 교육역량 강화사업을 중심으로」, 『교육재정경제연구』 21(4), 2012.

교육부, 「2013년 전문대학교육역량 강화사업 기본계획」, 2013.

김주섭, 「국가직무능력표준 활용 활성화 방안」, 한국노동연구원, 2014.

─────, 「일자리」, 『THE HRD REVIEW』 18(6), 한국직업능력개발원, 2015.

김향아, 「국내기업의 채용관행 변화 실태와 개선과제─대졸 인턴제를 중심으로」, 한국노
　　동연구원, 2013.

나동만 외, 「능력중심 노동시장 구축을 위한 기업의 인적 자원관리 개선방안」, 한국직업능
　　력개발원, 2015.

남재량·김세움, 「우리나라 청년 니트(NEET)의 특징 및 노동시장 성과 연구」, 한국노동연
　　구원, 2013.

오계택 외, 「기업과 구직자의 무형적 요구분석을 통한 청년층 노동시장 분석」, 한국직업능
　　력개발원, 2014.

오호영 외, 「청년층의 취업 눈높이 실태 파악을 통한 진로정책 과제」, 한국직업능력개발원,
　　2012.

유현숙 외, 「고등교육 개혁을 위한 정부의 재정지원사업 평가 연구」, 한국교육개발원,
　　2006.

정진호 외, 「임금직무관련 정보구축 방안」, 한국노동연구원, 2005.

채창균 외, 「주요 청년고용정책 이슈분석」, 한국직업능력개발원, 2012.

고용노동통계(http://laborstat.molab.go.kr/).

국가직무능력표준(http://www.ncs.go.kr).

한국장학재단(http://www.kosaf.go.kr/).

강순희 청년 고용 확대를 위한 노동시장 정책, 무엇을 바꿀 것인가

강순희·이규용 외, 「청년 해외진출 성과제고를 위한 정책연구」, 청년위원회, 2014.

강순희·전병유·이병희, 「2015~2019년 국가재정운용계획─일자리 분야 보고서」, 국가
　　재정운용계획 일자리분과위원회, 2015. 11.

고용노동부, 「미래세대를 위한 새로운 고용생태계 만들기─노동시장 구조 개선에 대한 올
　　바른 이해」, 지방관서 참고자료, 2014.

금재호 외, 「고용보험의 적극적 기능강화를 위한 고용안정사업의 개편방안」, 고용노동부,
　　2014.

김기헌, 「청년층의 고용 및 첫일자리 실태와 시사점」, 『고용동향브리프』 2013년 2월호, 한
　　국고용정보원, 2013.

김주섭 외, 「고령화·저성장 시대 노동시장 정책과제」, 경제인문사회연구회 협동과제, 2014.

김준경, 「경제구조 개혁과 노동시장」, 노사정위원회 노동시장구조개선특위 발표 자료,

2014.

나승호 외,「청년층 고용현황 및 시사점」,『BOK 경제리뷰』 NO.2013-15, 한국은행, 2013.

노현종, 중기재정계획 일자리분과 토론회 토론문, 2015. 5.

박세준 · 박창현 · 오용연,「경기-고용간 관계변화의 구조적 요인 진단과 정책적 시사점」,
『BOK 이슈 노트』 No.2013-8, 한국은행, 2013.

박진희 · 김두순 · 이재성,「최근 청년노동시장 현황과 과제」, 한국고용정보원 개원기념세
미나 자료, 한국고용정보원, 2015. 4.

유길상,「이행노동시장의 관점에서 본 고용보험제도의 발전방안」,『노동정책연구』 12(2),
2012.

윤윤규 외,「일자리지원사업 평가와 과제」, 한국노동연구원, 2011.

이규용 외,「한국의 지역고용전략Ⅱ」, 한국노동연구원, 2014.

────,「재정지원 일자리정책 현황과 과제」,『월간 노동리뷰』 2월호, 한국노동연구원,
2012.

────,「지역일자리사업의 현황과 쟁점」,『월간 노동리뷰』 2월호, 한국노동연구원,
2012.

────,「취업취약계층 노동시장정책 효율화 방안 연구」, 한국노동연구원, 2013.

이인재,「일자리창출과 노동시장 구조 개선을 위한 노사정의 역할」, 노사정위원회 노동시
장구조 개선특위 발표 자료, 2014.

임상훈,「일자리사업 전달체계의 현황 및 평가 : 2010 일자리 대책사업 평가연구시리즈
9」, 한국노동연구원, 2011.

지민웅 **중소기업과 청년층 간 고용의 미스매치를 해결하자**

기획재정부 · 한국직업능력개발원,「청년고용촉진을 위한 정책방안 연구」, 2014.

김세종,「중소기업과 청년 구직자들의 미스매치 해소방안」, 청년고용활성화 방안 세미나,
한국고용정보원, 2014.

김유빈,「청년층 노동시장의 실태와 청년고용정책」,『월간 노동리뷰』 7월호, 2015.

──── · 전주용,「청년층 노동시장의 주요 특징과 정책 시사점」, 한국노동연구원, 2014.

노민선,「중소기업 친화적 청년취업 활성화 방안」, 미래인재포럼 발표 자료, 2015.

류장수 · 김종한 · 김종호 외,「중소기업청년취업인턴제도 실태조사 및 고용효과 심층분
석」, 고용노동부 · 부경대학교, 2012.

백필규,「대학생의 중소기업 취업에 대한 인식조사 연구」, 중소기업연구원, 2014.

서경란,「2011~2015년 산업 · 중소기업분야 재정운용방향:중소기업분야」, 국가재정운용
계획 공개토론회 자료, 2011.

양지운, 「워크넷 이용자 실태분석과 품질향상 방안」, 한국고용정보원, 2012.

조덕희, 「중소기업 고용 변화의 세 가지 논점과 향후 정책과제」, 산업연구원, 2012.

───·지민웅·신종원 외, 「중소기업 경영환경 점검 및 개선방안 연구」, 산업연구원, 2015.

조영삼·지민웅·신종원, 「중소기업 성장방안 모색을 위한 인력분야 정책과제」, 한국무역협회·산업연구원, 2014.

────────── 외, 「중소기업의 성장장벽 유형과 정책과제」, 산업연구원, 2014.

중소기업중앙회, 「청년층(1929세대)의 중소기업 취업 인식 조사 보고서」, 2012.

지민웅, 「일본식 하청체제 도입에 따른 한국 자동차 산업의 하청체제 변화에 관한 일 연구 : D 자동차와 관련 부품업체에 대한 사례조사를 중심으로」, 인하대학교 석사학위 논문, 2000.

───, 「제조업에서 중소기업의 규모와 고용성장」, 산업연구원, 2013.

───, 「중소기업 인력문제의 현황 및 중소기업 인력시책에 대한 검토」, 한국노동사회연구소 발표 자료, 2015.

───, 「중소기업 재정지원 범위규정이 중소기업의 고용증대에 부정적인 영향을 미쳤는가?」, 『재정정책논집』 17(3), 2015.

지식경제부·다산경제연구원, 「중소기업 인력미스매치와 청년층 인력 활용 방안」, 2012.

최강식·박철성·장기표, 「청년−중소기업 미스매치 완화를 위한 정책과제 연구」, 연세대학교 산학협력단, 2014.

한국고용정보원, 「청년고용 심층면접조사 기초 분석 보고서」, 2014.

──────, 「청년고용, 현실과 새로운 정책패러다임」, 청년고용 활성화 방안 세미나, 2014.

──────, 「청년층 취업실태 및 의식 기획조사 분석 보고서」, 2014.

노민선 **청년층의 중소기업 취업, 어떻게 활성화할 것인가**

고용노동부, 「직종별 사업체 노동력 조사보고서」, 2015.

────, 「2015년 12월 사업체 노동력 조사 결과」, 2016.

국세청, 「국세통계연보」, 2015.

기획재정부, 「청년층 대상 취업실태 설문조사 결과」, 2014.

노민선, 「제3차 중소기업 인력지원 기본계획 수립에 관한 연구(2016~2020), 중소기업연구원」, 2015.

───, 「전문연구요원제도 현황 및 과제」, 중소기업연구원, 2015.

───·이희수, 「프로그램 논리모형을 활용한 중소기업 연구인력 고용지원사업의 효과성

분석」, 『정책분석평가학회보』 22(3), 2012.

미래창조과학부, 「연구개발활동조사보고서」.

병무청, 「전문연구요원 편입 및 관리현황(2015 4/4분기) Ⅱ」, 2016.

산업통상자원부, 「산업기술인력 수급실태 조사보고서」, 2015.

중소기업청, 「중소기업 실태 조사보고서」.

중소기업중앙회, 「중소기업 인재상 조사결과」, 2013.

─────────, 「대국민 중소기업 인식도 조사결과」, 2015.

최저임금위원회, 「2015년 최저임금 심의편람」, 2015.

한국고용정보원, 「중장기 인력수급 전망 2013~2023」, 2014.

통계청, 「경제활동인구조사」.

──, 「장래인구추계」, 2011.

──, 「2015년 사회조사 결과」, 2015.

OECD, Employment Outlook.

──, Strengthening Social Cohesion in Korea, 2013.

──, Focus on Minimum wages after the crisis: Making them pay, 2015.

──, OECD Skills Outlook 2015: Youth, Skills and Employability, 2015.

──, Youth not in employment, education or training(NEET)(indicator), 2015.

World Economic Forum(WEF)(2015), The Global Competitiveness Report 2014~2015.

이영민 **청년의 일 경험을 확대하자**

김우영, 「정책지원 인턴제도에 관한 연구」, 고려대학교 석사학위 논문, 2010.

박창규, 「관광관련학과 산학현장실습 만족도에 미치는 영향요인에 관한 연구—수도권지역 여행사 현장실습을 중심으로」, 『동북아관광연구』 7(3), 2011.

신혁준, 「청년취업인턴제가 조직사회화에 미치는 효과에 대학 연구 : 대전·충청 중소기업을 중심으로」, 한밭대학교 석사학위 논문, 2014.

한국직업능력개발원, 「산업현장 일·학습 지원 방안 연구」, 고용노동부, 2013.

OECD, OECD Employment Outlook 2013, 2014.

권 혁 **노동법을 통해 일 경험 실습생을 어떻게 보호하고 지원할 것인가**

강경종, 「일학습병행제의 성공적 추진을 위한 과제」, 한국직업능력개발원, 『직업과 인력개발』, 2014.

강순희, 「스위스의 일학습듀얼시스템과 시사점」, 한국노동연구원, 『국제노동브리프』,

2014.

권　혁, 「대학 시간강사의 노동법적 지위와 그 보호」, 『법학연구』 51(3), 2010. 11.

──, 「프로스포츠 선수의 노동법적 지위와 보호」, 『법학연구』 53(4), 2012. 11.

김주섭, 「일학습 병행제와 학습 근로자 보호」, 한국노동연구원, 『국제노동브리프』, 2014.

노호창, 「무급인턴의 법적 지위와 보호방안에 대한 검토」, 한국비교노동법학회, 『노동법논
총』 32권, 2014.

노호창, 「인턴의 법적 지위」, 서울대학교 노동법연구회, 『노동법연구』 제33호, 2012.

오종석, 『국제노동브리프』 2012년 6월호/2015년 12월호.

장우찬, 「근로자성 판단에 있어서의 실질」, 한국노동법학회, 『노동법학』, 2013.

장우찬, 「무보수 노무공급계약으로서의 교육훈련계약 인정 문제」, 한국노동법학회, 『노동
법학』, 2013.

최정훈 외, 「대학관점에서의 일학습병행제의 현안과 정착발전을 위한 제언」, 한국직업능
력개발원, 『직업과 인력개발』, 2014.

하성식, 『독일노동법실무』, 한국학술정보, 2007.

한인상, 「인턴 보호 등에 관한 법률안 주요내용 및 쟁점」, 『노동법률』, 2015.

Michael C. Haper, "미국 무급 인턴제에 관한 규제", 『국제노동브리프』, 2015. 12

Becker, ZIP 1981, S.705 ff.

Dauner-Lieb, NZA 1992, S.817ff.

Dieterich/Preis, Befristete Arbeitsverhältnisse in Wissenschaft und Forschung, Konzept einer
Neuregelung im HRG, 2001, S.52f

Erdlenbruch, Die betriebsverfassungsrechtliche Stellung gewerbsmäßig überlassener Arbeitne-
hmer, 1992, S. 21ff.

Friedrich Schade, Praktikumsrecht, Wissen Kompakt, 2011.

Fritzweiler/Pflister/Summerer, Praxishandbuch Sportsrecht, 1998,

Gitter, NZS 1996, S.247.

Walle, Der Einsatz von Fremdpersonal auf Werkvertragsbasis, 1998, S. 114 ff.

이문수　대학생 장기현장실습 시스템을 활성화하자

김현아 · 홍철호 · 김병삼, 「한국과 프랑스의 현상실습 중심의 공학교육 운영에 관한 사례
분석」, 『공학교육연구』 10(2), 2007.

엄기용 · 오창헌 · 하준홍 · 조재수 · 김남호, 「해외 Co-op 프로그램의 성과 평가 사례분석
및 IPP 제도를 위한 적용방안 연구」, 『한국실천공학교육학회지』 14(2), 2012.

이문수 · 오창헌 · 김남호 · 하준홍, 「IPP 제도의 성공적 도입 및 운영을 위한 성과 평가 모

델에 관한 연구」, 『한국실천공학교육학회지』 14(1), 2012.
「OECD, "한국 청년 최고 교육수준에도 상대 실업률 1위"」, 연합뉴스, 2015. 5. 27.
「한국의 대학 진학률 82% OECD 최고수준」, 『조선일보』, 2011. 5. 24.

강경종 일학습병행제의 성과와 질을 높여야 한다

강경종 · 김종우 · 박천수 · 황성수 · 전승환 · 이한별 · 김기용, 「일학습병행제의 경제 · 사
　　회적 성과분석」, 고용노동부 · 한국직업능력개발원, 2014.
고용노동부 · 한국산업인력공단 · 한국직업능력개발원, 「일학습병행제 운영 매뉴얼」,
　　2014.
관계부처 합동, 「박근혜 정부 국정 과제」, 2013.
──────, 「한국형 일 · 학습 듀얼시스템 도입 계획」, 2013.
──────, 「고용률 70% 달성과 능력 중심 사회 구현을 위한 고졸 취업 활성화 방안」,
　　2014.
──────, 「일학습병행제 확산 방안」, 2015.
전승환 · 강경종, 「일학습병행제의 성공적인 정착을 위한 추진 과제. 한국직업능력개발원」,
　　2014.
전승환 · 강경종 · 이한별 · 장혜정 · 정동열, 「일학습병행제의 경제 · 사회적 성과분석
　　(2015)」, 한국산업인력공단, 2016.
전승환 · 이수경 · 이한별, 「일학습병행제 운영 실태 및 개선 방안」. 한국직업능력개발원,
　　2015.

김호원 청년 고용 확대를 위해 대학도 나서야 한다

관계부처 합동, 인문계 전공자 취업촉진 방안, 2015. 6.
금재호, 민간고용서비스 시장 현황과 향후과제, 제7차 고용서비스 포럼, 한국고용정보원,
　　2015.
김호원, 「대학청년고용센터 성과와 향후 개선 과제」, 『고용이슈』 8(4), 한국고용정보원,
　　2015.
김호원 · 박희열, 『취업지원역량 우수대학 인증제 도입 및 운영에 관한 연구』, 한국고용정
　　보원, 2010.
김호원 · 오성욱, 『고용서비스 혁신사례(파트너십) 및 전달체계 실태 분석을 위한 국외 출
　　장 결과 보고』, 한국고용정보원, 2015.
김호원 · 이종구, 「기업의 실무형 인력공채를 위한 대학의 취업지원 인프라 분석에 관한 연

구」, 『기업경영연구』 19(2), 한국기업경영학회, 2012.

김호원·이종구·김홍유, 「국내 대학 취업진로 기구 운영실태 효율성 분석에 관한 연구」, 『생산성논집』 25(1), 한국생산성학회, 2011.

김호원·이종구·이재춘, 「한국 대학의 취업지원역량 평가지표 개발에 관한 연구」, 『대한경영학회지』 24(1), 대한경영학회, 2011.

─────────────, 「한국 대학의 취업지원역량 평가에 관한 연구」, 『대한경영학회지』 24(5), 대한경영학회, 2011.

유길상, 「공공고용서비스 민간위탁사업의 성공조건」, 『노동정책연구』 10(1), 한국노동연구원, 2010.

이만기, 『대학생 청년고용정책 인지 및 효과성 조사 결과 보고서』, 한국고용정보원, 2015.

이요행, 『대학교 직업진로지도 실태조사를 위한 지방 출장 결과 보고』, 한국고용정보원, 2010.

이종구·김준석·김호원, 「취업진로기구 국제비교를 통한 국내 대학의 선진모형 개발에 관한 탐색적 연구」, 『국제지역연구』 11(3), 국제지역학회, 2007.

정재호·서유정·이영민, 『대학취업지원센터 역량 실태조사』, 한국직업능력개발원, 2015.

오호영 대학, 청년의 취업 역량을 키워라

고용노동부, 「고용노동부, 능력 중심 채용 위한 「핵심직무역량 평가모델」 보급·시행」, 2013. 8. 1.

국회입법조사처, 「청년 고용현황과 정책과제」, 『NARS현안보고서』 제187호, 2013.

김용성, 「고용률 제고를 위한 일자리사업 방향의 모색」, 『KDI정책포럼』 제261호, 2014.

정봉근, 「청년 실업을 대비한 교육정책」, 한국진로교육학회 제18차 춘계학술대회 발표 논문, 2004.

통계청, 「경제활동인구조사 청년층부가조사(5월)」 원자료, 각년도.

─────, 「지역별고용조사」 원자료, 각년도.

한국고용정보원, 대졸자직업이동경로조사(GOMS), 2011.

통계청 국가통계포털 http://kosis.kr/

한국은행 경제통계시스템 http://ecos.bok.or.kr/

김국원 FL 교육 시스템으로 청년 취업 문제를 극복하자

건설근로자공제회, 2015 건설근로자 종합실태조사, 2015.

김재원·박양근·김성희·고진수, 「한국폴리텍순천캠퍼스는 어떻게 높은 취업률을 달성하였나?」, 『취업진로연구』 1(2), 2012.

김주섭, 「청년층의 고학력화에 따른 학력과잉 실태 분석」, 『노동정책연구』 5(2), 2005.

박지섭 · 권태식, 「청년층의 학력과잉 실태와 임금에 미치는 영향」, 제4회 산업직업별 고용
구조조사 및 청년패널 심포지엄, 2005.

신선미 · 손유미, 「대졸 청년층 하향취업의 결정요인」, 『직업능력개발연구』 11(1), 2008.

한국기술교육대학교, 「한국폴리텍대학의 재직자 등 평생학습 지원기능 강화방안」, 고용노
동부, 2015.

박문수 청년 취업을 위해 산학이 함께 노력하자

나승호 외, 「청년층 고용 현황 및 시사점」, 『BOK 경제리뷰』, 2013.

미래창조과학부 · KISTEP, 과학기술인재 기본계획 공청회 자료, 2015.

박문수, 「청년 고용률과 통합적 인력정책의 중요성」, 박철우 외, 『생산가능인구감소시대
인력정책 10대 이슈』, 푸른사상사, 2014.

통계청, 「한국 사회지표(2014)」, 보도자료, 2015.

「청년실업률 9.2%, 1999년 통계 이래로 최고치 기록」, 『동아일보』, 2016. 1. 14.

박윤희 열린고용 확산 : 청년 취업 해결의 실마리

관계부처 합동, 공생발전을 위한 열린고용사회 구현 방안 : 학력의 벽을 넘어 실력중심 사
회로, 제29차 보도자료, 2011. 9.

──────, 열린 고용 추진상황 : 그간의 성과와 향후과제, 2012. 10.

──────, 특성화고 현장실습제도 개선 대책, 2012. 4.

──────, 고졸시대 정착을 위한 선취업 후진학 및 열린 고용 강화 방안, 2012. 7.

교육과학기술부 평생직업교육관, 취업선도 · 명품학교 특성화고 · 마이스터고 추진현황과
과제 발표자료, 2011.

교육과학기술부, 고등학교 직업교육 선진화 방안 : 제5차 국가고용전략회의 제3호 안건,
2010.

──────, 중등직업교육정책의 추진 현황과 방향 : 특성화고 마이스터고 권역별 설
명회 참고자료, 2011.

──────, 2012년 교육기본통계 조사결과, 2012.

──────, 고졸취업문화 정착을 위한 16개 시 · 도 업무협약 추진 현황 보도자료,
2012.

국가경쟁력강화위원회, 기술력 증진, 생산력 확대, 일자리 복지를 위한 학업 · 취업 병행

교육 체제 구축 방안, 2011.

국가고용전략회의, 고등학교 직업교육 선진화 방안, 2010.

국민경제대책회의, 서민 희망 3대 핵심 과제, 2010.

박윤희 · 오계택, 「병역애로 해소를 위한 기업의 숙련유지 지원 방안 연구」, 『직업교육연구』 33(6), 2014.

박윤희 · 오계택 · 최영섭, 병역애로 해소를 위한 기업의 숙련유지 지원 방안 연구, 고용노동부 · 한국직업능력개발원, 2013.

박윤희 · 오계택 · 허영준. 열린고용 확산에 따른 기업의 채용 및 인사관리 행태 변화 연구, 고용노동부 · 한국직업능력개발원, 2012.

박윤희 · 허영준 · 오계택. 「고졸자 채용에 대한 특성화고 교사 · 학생 · 학부모의 인식 비교 연구」, 『직업교육연구』 32(3), 2013.

장명희 · 김종우 · 최동선 · 나승일 · 이영호 · 박철우, 고졸 취업 및 후진학 활성화 정책 성과분석 연구, 한국직업능력개발원, 2012.

김진실 직업 선택에서 NCS 채용 제도가 갖는 의미

김정권, 자녀의 성공적인 삶을 위한 신교육. 김정권의 신교육트렌드, 2015.

김진실, 「국가직무능력표준(NCS)의 진로교육 적용 가능성에 대한 현상학적(phenomenological) 연구」, 『직업자격연구』 3(2), 2014.

김진실, 「NCS 채용의 주요 이슈와 과제」, 『HRD review』 18(5), 2015.

대통령직속청년위원회, 'NCS 채용 준비는 이렇게!' NCS 담당자와 합격자를 인터뷰하다, 청년위원회 블로그기자단, 2015.

조진표, 『진로교육, 아이의 미래를 멘토링하다』, 주니어김영사, 2012.

한국산업인력공단, 『NCS 기반 능력중심 채용 가이드북』, 한국산업인력공단, 2015.

OECD, 전공 불일치의 원인과 결과, OECD Employment Outlook 2015, 2015.

노현종 청년의 해외 취업, 어떻게 확대할 것인가

노현종 외, 2013년 해외취업 연구기관 및 운영기관 평가, 한국산업인력공단, 2015.

─────, 글로벌 청년취업 지원제도 발전방안, 고용노동부, 2013.

─────, 성장 고용 복지를 연계한 국가고용전략 연구. 대통령직속 미래기획위원회, 2012.

노현종, 고용노동부 청년고용과 전문가회의 내부자료, 2015.

한국노동연구원 고용영향평가센터, K-MOVE 사업 현장점검, 2015.

고용노동부 내부자료, 2015.

OECD. OECD Employment Outlook 2013. Paris: OECD, 2014.

김진수 청년 실업을 해결하려면 청년 창업을 활성화해야 한다

김진수, 청년창업사관학교 졸업기업 창업성과 분석 및 발전전략 수립, 중소기업진흥공단, 2013.

조유리 · 강유리 · 김홍식(2014), ICT 중소 · 벤처의 M&A를 통한 회수시장 활성화 방안 연구 : 대기업의 역할 강화를 중심으로, 정보통신정책연구원.

통계청, 경제활동인구조사 근로형태별 및 비임금 근로자 부가조사 결과, 2011. 8.

한국벤처캐피탈협회, 창업투자현황, 2015. 7.

KVCA Yearbook, 2011

교육부 대학알리미 홈페이지 http://news.chosun.com/site/data/html_dir/2015/12/02/2015120203679.html

필자 약력

류장수   서울대학교 대학원 경제학박사, 부경대학교 경제학부 교수

박철우   연세대학교 대학원 공학박사, 한국산업기술대학교 기계공학과 교수

이영민   Florida State University 교육학박사, 숙명여자대학교 인적자원개발대학원 교수

김유빈   State University of New York-Stony Brook 경제학박사, 한국노동연구원 연구위원

박가열   중앙대학교 대학원 심리학박사, 한국고용정보원 연구위원

채창균   서울대학교 대학원 경제학박사, 한국직업능력개발원 선임연구위원

주무현   경북대학교 대학원 경제학박사, 한국고용정보원 선임연구위원

나영선   이화여자대학교 대학원 사회학박사, 한국직업능력개발원 선임연구위원/부원장

오민홍   University of Missouri-Columbia 경제학박사, 동아대학교 경제학과 교수

오계택   University of Wisconsin-Madison 인적자원관리학박사, 한국노동연구원 연구위원

강순희   성균관대학교 대학원 경제학박사, 경기대학교 대학원 직업학과 교수

지민응   Boston University 경제학박사, 산업연구원 연구위원

노민선   중앙대학교 대학원 인적자원개발정책학박사, 중소기업연구원 연구위원

권 혁   독일 Marburg University 법학박사, 부산대학교 법학전문대학원 교수

최영섭   고려대학교 대학원 경제학박사, 한국직업능력개발원 선임연구위원

이문수   Texas A&M University 산업공학박사, 한국기술교육대학교 산업경영학부 교수

강경종   서울대학교 대학원 직업교육학박사, 한국직업능력개발원 선임연구위원

이상준   성균관대학교 대학원 경제학박사, 한국직업능력개발원 연구위원

김호원   숭실대학교 대학원 경영학박사, 한국고용정보원 연구위원

오호영   서울대학교 대학원 경제학박사, 한국직업능력개발원 선임연구위원

김국원   서울대학교 대학원 공학박사, 순천향대학교 기계공학과 교수

박문수   성균관대학교 대학원 정책학박사, 한국뉴욕주립대학교 교수

박윤희   Ohio State University 인적자원개발박사, 서울대학교 직업교육학박사, 한국기술교육
          대학교 문리HRD학부 교수

김진실   서울대학교 직업교육학박사, 한국산업인력공단 NCS 기획운영단장

노현종   고려대학교 대학원 행정학 박사수료, 한국교통대학교 행정정보학과 교수

김진수   Louisiana State University 경영정보학박사, 중앙대학교 경영학부 교수